Karl Binding

Geschichte des burgundischromanischen Königreichs

Karl Binding

Geschichte des burgundischromanischen Königreichs

ISBN/EAN: 9783743626669

Hergestellt in Europa, USA, Kanada, Australien, Japan

Cover: Foto ©ninafisch / pixelio.de

Weitere Bücher finden Sie auf **www.hansebooks.com**

DAS

BURGUNDISCH-ROMANISCHE

KÖNIGREICH.

(VON 443 BIS 532 N. CHR.)

EINE

REICHS- UND RECHTSGESCHICHTLICHE UNTERSUCHUNG

VON

CARL BINDING

PROFESSOR DES ÖFFENTLICHEN RECHTS ZU BASEL

ERSTER BAND.

LEIPZIG

VERLAG VON WILHELM ENGELMANN.

1868.

Bei dem unterzeichneten Verleger erscheint ferner:

Allgemeine Weltgeschichte

mit besonderer Berücksichtigung

des Geistes- und Culturlebens der Völker und mit Benutzung der
neueren geschichtlichen Forschungen für die gebildeten Stände

bearbeitet von

Dr. Georg Weber,

Professor und Schuldirector in Heidelberg

Erster bis siebenter Band, 1. Hälfte.
gr. 8. brosch. 12 Thlr. 26¼ Ngr.

Die bis jetzt erschienenen sieben Bände enthalten:

1. **Band. Geschichte des Morgenlandes.** 1 Thlr. 26¼ Ngr.
2. „ Geschichte des Hellenischen Volkes. 2 Thlr.
3. „ Römische Geschichte bis zu Ende der Republik und Geschichte der alexandrinisch-hellenischen Welt. 2 Thlr.
4. „ Geschichte des römischen Kaiserreichs, der Völkerwanderung und der neuen Staatenbildungen. 2 Thlr.
5. „ Geschichte des Mittelalters. 1. Theil. 2 Thlr.
6. „ ——— ——— 2. Theil. 2 Thlr.
7. „ ——— ——— 3. Theil, 1. Hälfte. 1 Thlr.

Register über den 1—4. Band, enthaltend die **Geschichte des Alterthums.** 1865. 15 Ngr.

Mit dem vorliegenden siebenten Bande der „Allgemeinen Weltgeschichte" hat der Verfasser über die Hälfte des Weges zurückgelegt, den er vor zehn Jahren mit frischer Manneskraft betreten. Er glaubt der Aufgabe, die er sich bei Beginn des Unternehmens gestellt und über die er sich in den Vorreden zum ersten und fünften Band näher ausgesprochen, mit Treue nachgekommen zu sein und hofft, daß es ihm gelingen werde, auch den Schluß der zweiten Hälfte mit noch ungebrochener Kraft zurückzulegen.

Vielleicht wird es den Freunden und Gönnern des Buches erwünscht sein, zu vernehmen, auf welche Weise der Verfasser den noch bevorstehenden Weg einzurichten und einzutheilen gedenkt, damit es nicht den Anschein gewinnt, als steure er gleich einem unerfahrenen und leichtsinnigen Piloten ohne Plan und Ortskunde in das hohe Meer der Weltgeschichte hinein.

Nachdem die „Geschichte der alten Welt" in drei Bänden ihrem Abschluß nahe geführt worden, wurde in einem weiteren, dem vierten, Bande die Uebergangs= zeit dargestellt, in welcher die Alte Welt allmählich in Trümmer sank und aus und auf den Ruinen neue Lebensgebilde zur Entwickelung kamen. Ein besonderes Register sollte auch äußerlich diese geschichtliche Welt als ein abgeschlossenes Ganze begrenzen.

Ein ähnliches Verfahren gedenkt der Verfasser bei der zweiten Hauptgruppe einzuhalten. Nachdem die „Geschichte des Mittelalters" im fünften Bande in ihren wichtigsten Factoren und Trägern dargestellt und der Boden bereitet worden, auf dem sie in dem sechsten Bande zu dem Höhepunkte ihrer Entwickelung im Zeitalter der Kreuzzüge gebracht werden konnte, wird nunmehr der folgende, siebente Band die mittelalterliche Menschheit in ihrem geschichtlichen Weltgange bis zu der Periode be= gleiten, wo ihre Bildungen und Lebensformen zum Abschluß gelangten, wo die eigene Zeugungskraft abgestorben, alle Entwickelungsstufen durchlebt waren und frische Lebenskräfte und Bildungselemente von anderer Seite zugeführt werden mußten. Dieser frische Lebensprozeß, wo in den alten Boden neue Fruchtkeime eingesenkt wer= den und neues Wachsthum die abgelebten Bildungen umgestaltet, auflöst, verhüllt, wird den Inhalt des achten Bandes bilden, der somit, wie der vierte, als Brücke dienen, die Uebergangsperiode zwischen dem Mittelalter und der Neuzeit umfassen wird. Wir gedenken also im siebenten Band das dreizehnte und vierzehnte Jahrhun= dert und die nächsten Jahre bis auf Kaiser Sigismund und das Costnitzer Concil zu behandeln, so daß der erste Halbband die Zeit der Hohenstaufen und der Kreuzzüge in allen ihren Resultaten und Erscheinungen vollenden, der zweite den allmählichen Verfall der Lehnsmonarchie und der kirchlichen Hierarchie vorführen wird. Dadurch sind dem achten Band als Hauptgebiete zugewiesen: die Ausbildung der Fürstenmacht, die Reformationsversuche in der Kirche durch die großen Concilien, das neuerwachte Culturleben in den Humanisten und die großen Entdeckungen.

Auf dem durch diesen Uebergangsband bestellten Boden wird dann der neunte Band die religiösen und politischen Kämpfe und die daraus sich entwickelnde Neu= gestaltung des öffentlichen Lebens in Staat, Kirche und Gesellschaft zum Inhalt haben, ein großartiger Entwickelungsprozeß, der mit dem westfälischen Frieden und mit dem Protectorate Cromwells seinen naturgemäßen Abschluß findet. — Die Zeit des mon= archischen Absolutismus, der in Ludwig XIV. seinen Höhepunkt erreicht, und das achtzehnte Jahrhundert mit seiner Reformthätigkeit und seinen Aufklärungsbestrebun= gen wird für den zehnten Band ein reiches Feld von Erscheinungen darbieten, worauf dann die neueste Geschichte, mit der französischen Revolution beginnend, in den zwei letzten Bänden einen genügenden Raum und Rahmen finden wird.

Diese Anordnung, die der Verfasser im Großen und Ganzen sicher einzuhalten gedenkt, giebt nicht nur ein getreues Bild des Entwickelungsganges der allgemeinen Menschengeschichte, sie hat auch den Vorzug, daß mit Ausnahme der drei zusammen= hängenden Bände des Mittelalters, jeder einzelne Band einen bestimmten Haupt= inhalt hat, als ein abgeschlossenes Ganzes gelten kann, wie auch der Separattitel: 1. Geschichte des Morgenlandes; 2. Geschichte des hellenischen Volkes; 3. Römische Geschichte; 4. Geschichte des römischen Kaiserreichs, der Völkerwanderung und der neuen Staatenbildungen andeutet.

Band 7. wird das 13. und 14. Jahrhundert, Kaiser Sigismund, das Costnitzer Concil umfassen (die 2. Hälfte befindet sich bereits unter der Presse);

„ 8. die Uebergangszeit vom Mittelalter in die Neuzeit;

„ 9. das Reformationsjahrhundert;

„ 10. die Periode der absoluten Fürstenmacht;

„ 11. das Zeitalter der Revolution und der Völkerkämpfe;

„ 12. die Geschichte des neunzehnten Jahrhunderts.

Nachdem somit der Verfasser den Inhalt der folgenden Bände seiner „Allgemeinen Weltgeschichte" angedeutet und den Plan und Weg bezeichnet hat, den er verfolgen wird, sei es ihm noch gestattet, über sein Verfahren bei Verarbeitung des Stoffes einige Bemerkungen zu wiederholen, die er in einer früheren Vorrede über Aufgabe und Behandlung der Universalgeschichte ausgesprochen hat: „Der Verfasser wird beflissen sein, so viel als möglich den neuesten Standpunkt der historischen Wissenschaft einzunehmen. Neben der Benutzung der wichtigsten Quellen werden die neuesten Werke und Monographien über Geschichte und Völkerkunde von anerkanntem Werthe zu Rathe gezogen und in ihren sicheren Resultaten in die Darstellung verarbeitet werden. Die Quellenschriftsteller müssen bei der Erzählung und Darstellung die Grundlage bilden, aber in der Auffassung schwieriger, dunkler und streitiger Fragen soll die Ansicht der Gegenwart, so weit sie aufgeklärt und entschieden vorliegt, zur Geltung kommen. Denn eine „Weltgeschichte" muß der Spiegel sein, in dem man die Summe des historischen Wissens der Zeit in deutlichen Umrissen erkennt; ein Werk, das nie zum Abschluß geführt werden kann, so lange der Forschungstrieb der Menschen neue Fundgruben entdeckt, sondern das von Zeit zu Zeit immer wieder aufs Neue geschaffen werden muß und immer andere Seiten, immer andere Anschauungen, immer geläutertere Urtheile darbieten wird. Die Weltgeschichte muß der Schrein sein, in dem der echte Schatz, den die historische Wissenschaft zu Tage fördert, zu Jedermann's Einsicht niedergelegt wird und wobei, neben der historischen Treue und Wahrhaftigkeit die richtige Auswahl, die zweckmäßige Anordnung, die kunstvolle Aufstellung einen wesentlichen Vorzug bildet. Zu einer solcher Behandlung drängt einerseits die zunehmende Volksbildung und das wachsende Interesse für Geschichte, anderseits die Mehrung des historischen Stoffes." Mit solchen Aufgaben und Zielen wird die Weltgeschichte nicht länger verdammt sein, in der Vorhalle des Tempels zu weilen; sie wird vielmehr als „Philosophie der Geschichte," aber mit einer realeren und solideren Basis, als dieser philosophischen Disciplin früher gewöhnlich zu Grunde lag, den wahren Unterbau der historischen Bildung und zugleich den Maßstab des historischen Urtheils abgeben.

Leipzig, 1. Januar 1868.

Wilhelm Engelmann.

Geschichte
des deutschen Volkes
und seiner Kultur

von den ersten Anfängen historischer Kunde bis zur Gegenwart

von

S. Sugenheim.

Sechs Bände. gr. 8. à Bd. Thlr. 2. — Thlr. 3.

Erschienen sind:

1. Band. **Bis zum Ende der Karolinger.** Thlr. 2. 7½ Ngr.
2. „ **K. Konrad I. bis zum Untergange der Staufer.** Thlr. 2. 27½ Ngr.
3. „ **Vom großen Zwischenreich bis zum Tode Herzog Karl's des Kühnen von Burgund.** Thlr. 2. 27½ Ngr.

Die folgenden Bände werden enthalten:

4. Band. **Die Geschichte bis zu dem westfälischen Frieden.**
5. „ ——— **bis zum Tode Friedrichs des Großen.**
6. „ ——— **bis zur neuesten Zeit.**

Mit vollständigem Register über alle sechs Bände.

Trotz der großen Thätigkeit, welche Geschichtforschung und Geschicht-schreibung zumal im jüngstverflossenen Menschenalter in Deutschland ent-falteten, fehlt doch noch immer eine durchweg auf der Höhe des gegen-wärtigen Standes der Wissenschaft sich haltende, bei jedem einzelnen Punkte die Resultate der seitherigen Forschung kurz zusammenfassende, die eigene politische Reife fördernde Geschichte des deutschen Volkes in an-sprechender Darstellung und von mäßiger Bändezahl.

Der unterzeichnete Verleger glaubt nun in dem Verfasser des Buches, auf dessen bevorstehendes Erscheinen er hierdurch die Aufmerksamkeit lenken möchte, den rechten Mann für die so überaus schwierige Arbeit gefunden zu haben. Dessen frühere Schriften, wie namentlich seine vor einigen Jahren von der kaiserl. Akademie der Wissenschaften in St. Petersburg gekrönte Preisschrift „Geschichte der Aufhebung der Leibeigenschaft und Hörigkeit in Europa," seine „Geschichte der Entstehung und Ausbildung des Kirchen-staates (von der königl. Gesellschaft der Wissenschaften in Göttingen gekrönte Preisschrift), seine „Geschichte der Jesuiten in Deutschland", sein „Frank-reichs Einfluß auf, und Beziehungen zu Deutschland von 1517 bis 1789" überzeugten ihn, daß derselbe auf allen Feldern des fraglichen Gebietes ebenso heimisch wie erfahren in der Kunst der Darstellung, in der Beherrschung des Stoffes ist. Dazu kommt, daß seine äußeren günstigen Verhältnisse ihn in ten Stand setzten, seinen Neigungen zu leben, die er seit 30 Jahren der Geschichtforschung und Geschichtschreibung als consequent verfolgter Lebens-aufgabe gewidmet hat.

Des Verfassers Streben bei diesem Hauptwerke seines Lebens ist vor-nehmlich dahin gerichtet, die politische Bildung unseres Volkes zu fördern, sein Nationalgefühl zu beleben. Um die weiteren Eigenthümlichkeiten desselben kurz hervorzuheben, sei noch bemerkt, daß diese Geschichte des deutschen Volkes überall, wo die Ergebnisse der bisherigen Forschung in besonderen Mono-graphien noch nicht verwerthet worden, für diese ergänzend eintritt, die vorhandenen Lücken ausfüllt. So wird man z. B. die Genesis der Schwert-brüder in Livland und des deutschen Ordensstaates in Preußen nicht nach Voigt's veralteter Darstellung, sondern nach den von Hirsch, Töppen und Strehlke (1861—1866) herausgg. SS. Rerum Prussicar., nach Bonnell's russisch-livländ. Chronographie (St. Petersb. 1862), den einschlägigen Ab-handlungen in den neuesten Bänden der Mittheilungen d. histor. Gesellsch. d. russisch. Ostseeprovinzen 2c. erzählt finden, den lüneburg'schen Erbfolgestreit im 14. Jahrhdt. nach dem neuesten Urkundenbuche Sudendorf's (1861—1865), die Geschichte Jakobäa's von Bayern, der holländischen Maria Stuart, und ihrer Männer nicht allein nach Löher's Biographie, sondern auch nach den drei Jahre später (1865) von ihm in den Abhandl. d. bayer. Akadem. ver-öffentlichten Urkunden. In der, schon aus Vorstehendem sich ergebenden, ein-gehenden, wenn nöthig retrospectiven Weise, in welcher die Geschichte der ein-zelnen Länder mit der allgemeinen deutschen verknüpft wird, je nachdem jene in dieser eine hervorragende Rolle spielen, so wie in der, auf dem Titelblatt angedeuteten, besondern Berücksichtigung der Kulturgeschichte werden die ge-neigten Leser weitere werthvolle Eigenthümlichkeiten vorliegender Gesch. d. deutschen Volkes finden, und die Männer von Fach in den Anmerkungen die Angabe der, auch stets benützten, wichtigsten und neuesten Literatur über jeden einzelnen Gegenstand, und zwar nicht bloß der deutschen, sondern auch der französischen, englischen, italienischen, spanischen, dänischen, russischen 2c. Noch glaubt der unterzeichnete Verleger die, durch die Gedankenfülle nicht im Ent-ferntesten beeinträchtigte, Klarheit der Darstellung, die das ganze Werk durch-wehende Begeisterung für die Einheit unseres Vaterlandes und die wahren Inter-essen unseres Volkes wie für alles Ächtmenschliche, die Unbefangenheit und Schärfe des Urtheils als nicht geringe Vorzüge desselben hervorheben und daran die Hoffnung knüpfen zu dürfen, daß alle Urtheilsfähigen in demselben nicht nur eine hervorragende und ungemein zeitgemäße Erscheinung auf dem Gebiete der historischen Literatur, sondern auch ein Volksbuch in der edelsten Bedeu-tung des Wortes erblicken werden.

Den vorliegenden ersten drei Bänden wird der vierte im Laufe des Jah-res 1868 folgen, und die übrigen Bände werden innerhalb der nächsten 2—3 Jahre in die Hände des Publicums gelangen.

Leipzig, Januar 1868.

Wilhelm Engelmann.

Ferner erschien:

Gervinus' Werke.

Einleitung
in die
Geschichte des neunzehnten Jahrhunderts
von
G. G. Gervinus.
Vierte Auflage. gr. 8. 1864. br. 1 Thlr.

Geschichte
des
neunzehnten Jahrhunderts
seit den Wiener Verträgen.
Von
G. G. Gervinus.
1—8. Band. gr. 8. broch. 22 Thlr. 4 Ngr.

Ueber dieses bedeutendste, in großer sittlicher Auffassung geschriebene Geschichtswerk der neuesten Zeit, welches nicht allein in Deutschland die allseitigste Anerkennung gefunden, hat selbst das Ausland urtheilen müssen, daß der Verfasser eine Geschichte im Interesse der Menschheit, nicht einer einzelnen Partei, oder einer Nation oder Klasse von Menschen geschrieben habe.

Welcher Beifall dem berühmten Werke auch außerhalb Deutschlands zu Theil geworden, bezeugt eine Uebersetzung in die holländische Sprache; eine italienische, in Venedig mit Genehmigung der österreichischen Regierung erscheinende; eine russische und spanische, welche soeben vorbereitet wird; so wie eine von J. F. Minßen in Versailles in das Französische, und von Pervanoglu die Geschichte des griechischen Aufstandes in das Neugriechische übersetzt wird.

Inhalt der bis jetzt erschienenen 8 Bände:

1. Bd. I. Die Herstellung der Bourbonen. — II. Der Wiener Congreß. — III. Die Reactionen von 1815—1820. 1. Vorbereitende geistige Bewegungen. 2. Oesterreich. 1855. 2 Thlr.

Friedrich Christoph Schlosser.

Ein Nekrolog

von

G. G. Gervinus.

gr. 8. 1861. br. 15 Ngr.

DAS

BURGUNDISCH-ROMANISCHE KÖNIGREICH.

(VON 443—532 N. CHR.).

EINE

REICHS- UND RECHTSGESCHICHTLICHE UNTERSUCHUNG

VON

CARL BINDING

PROFESSOR DES ÖFF. RECHTS AN DER UNIVERSITÄT ZU BASEL.

ERSTER BAND.

LEIPZIG

VERLAG VON WILHELM ENGELMANN

1868.

GESCHICHTE

DES

BURGUNDISCH-ROMANISCHEN

KÖNIGREICHS.

VON

CARL BINDING.

MIT EINER BEILAGE:

SPRACHE UND SPRACHDENKMÄLER DER BURGUNDEN

VON

WILHELM WACKERNAGEL.

LEIPZIG

VERLAG VON WILHELM ENGELMANN.

1868.

GEORG WAITZ und ERNST CURTIUS

IN DANKBARER ERINNERUNG

GEWIDMET.

Vorrede.

Wenn ich in einer Zeit, in welcher mich andere Interessen als die hier bethätigten mehr und mehr in Beschlag nehmen, diess Werk in seinem ersten Theile unvollendet genug aber doch beendet hinausgeben lasse, so löse ich nur ein Wort aus, das ich mir selbst gegeben. Vor Jahren in dem bescheidensten Umfange angefangen, öfter hinter Wichtigeres zurückgeschoben, dann wieder aufgenommen lief diese Arbeit Gefahr, über solchen, die meinen gegenwärtigen Beschäftigungen entsprechender sind, liegen zu bleiben. Allein dem Begonnenen fühlte ich mich verpflichtet: ich wollte nicht, wie der treffliche Ludwig Häusser leider einst that, die beschworenen burgundischen Geister wieder ungehört entlassen.

Mein Werk wurde als ein wesentlich rechtshistorisches unternommen. Der vorliegende Band sucht den konkreten Boden zu schildern, auf welchem sich die Rechtsentwickelung vollzogen hat. Nur durch einen gewaltsamen Riss würde sich diese von jenem lösen lassen. Denn ebenso mannichfaltig wie die Impulse, welche der Rechtszustand auf die Entwickelung des Volkscharakters überhaupt, der ethischen Anschauungen und des wirtschaftlichen Denkens insbesondere ausübt, sind andererseits die für die Rechtsgestaltung bestimmenden Momente an sich nicht juristischer Natur: die Bodenbeschaffenheit, die Art des Anbaues und der Bewohnung, das Wesen der Menschen, für die sie bestimmt ist, äussere oder innere geschicht-

liche Erschütterungen. So enthält diese Abtheilung den Schlüssel
zu manchen Erscheinungen der Rechtsgeschichte in dem burgundisch - romanischen Königreiche, welche der folgende Band in
allen ihren Strömungen zu schildern versuchen wird. Dieser
aber wird Manches von dem jetzt Vorliegenden noch in ein
helleres Licht zu setzen vermögen: so dass beide zusammen erst
als das Ganze beurtheilt werden können.

Ich kann diesen zweiten Theil, den ein ausführlicher Index
über das ganze Werk begleiten wird, in baldige Aussicht stellen:
etwas verzögert wird er durch die für mich notwendig gewordene
Neuausgabe der Lex Burgundionum. Leider stehen nämlich meine
Ansichten über den Wert und die Klassificirung der Handschriften
von der des verehrten Herausgebers der Lex Burgundionum in
den Monumenta Germaniae allzuweit ab und diese Differenz ist
für mich von allzugrosser praktischer Bedeutung, als dass ich
nicht die Handschriften selbst reden lassen und meiner Arbeit
so die möglichst sichere Grundlage verschaffen müsste. Die
neue Ausgabe wird auf einer neuen Vergleichung wenigstens
aller wichtigeren Codices ruhen. Da der Monumentenausgabe
unter Anderem eine vollständige Collation der, soviel ich bis
jetzt übersehen kann, wertvollsten aller Handschriften (Paris.
latin. 4626) zugestandenermaassen (s. *Bluhme* p. 518, 522) fehlt,
der interessante Paris. 4758 mit seinen zwei Händen aber aus
ihr wirklich gar nicht zu erkennen ist (über den Grund s. *Bluhme*
p. 517), so möchte schon allein desshalb die Ausführung meines
Planes Manchen zu Sinne sein. Den 2. Band und die neue Ausgabe hoffe ich bald zusammen ausgeben lassen zu können. Für
die Art meiner Verwertung der Gesetzessammlung in dem vorliegenden Bande werden dann seine Nachfolger die Rechtfertigung zu führen haben.

Bei der grossen Dürftigkeit der Quellen für die burgundische
Geschichte des 5. und 6. Jahrhunderts musste ich um so sorgsamer
bemüht sein, sie kritisch und erschöpfend zu verwerten. Bisher
unbekannte Quellen standen mir nicht zu Gebote. Hoffnungen, die

ich längere Zeit hindurch auf französische und schweizerische
Archive gesetzt hatte, wurden durch näher angestellte Erkun-
digungen zerstört. Dagegen ist einiges bisher weniger oder gar
nicht Benutztes in den Kreis der Ausbeute gezogen: besonders
lieferten die Inschriften und nicht nur für den sprachlichen Theil
ungeahnte Resultate.

Von Hilfsmitteln am hiesigen Orte fast gänzlich entblösst
— selbst die Bollandisten, Pardessus' Diplomata, Le Blant's
Inschriftenwerk u. s. m. fehlten — erschien mir die Liberalität
der Bibliotheken zu Göttingen, Heidelberg, Freiburg, Zürich,
Lausanne um so rühmenswerter; der Herr Oberbibliothekar
der hiesigen Bibliothek aber, Herr Prof. *W. Vischer* jun.,
wusste in der zuvorkommendsten Weise vorhandene Hindernisse
zu mildern oder zu ebnen. Dennoch musste manches Werk —
u. a. die Ausgabe des Idatius von *de Rum* — unbenutzt bleiben
und hie und da sah ich mich auf vor Jahren gemachte Excerpte
beschränkt, ausser Stande sie nochmals zu kontroliren. Die
ältere auf Burgund bezügliche Literatur freilich ist absichtlich
anscheinend nicht benutzt: sie wird am Schluss des 2. Bandes
kurz zusammengefasst und charakterisirt werden.

Als Ersatz für jene etwas prekäre Lage wurde mir von
anderer Seite her eine Unterstützung gewährt, wie sie mir er-
wünschter und nachhaltiger gar nicht zu Theil werden konnte.
Ich denke an die helfende Hand meines verehrten Collegen
W. Wackernagel, welcher nach der ersten tastenden Anfrage meinerseits in entgegenkommendster, mich zu tiefer
Dankbarkeit verpflichtender Weise den Gedanken einer sprach-
wissenschaftlichen Verwertung der burgundischen Sprachdenkmäler erfasste, durchführte und mir gestattete, durch Einfügung
seiner Abhandlung in mein Werk diesem einen von mir unverdienten Wert zu verleihen. Möge ihm der Reiz dieses ersten
derartigen Versuches den nötigen Entgelt für die Mühe desselben
gewährt haben!

So gebe ich dieses Werk seinem Geschicke Preis, sende es

aber vor Allen jenen beiden Männern, den Lehrern und Freunden, von denen der Eine, zu einem Theile desselben intellektueller Urheber, dem Ganzen von Anfang an bis zum Schluss die volle, fördernde Theilnahme schenkte, der Andere aber nicht nur mit den historischen Studien, die mich einst neben den juristischen beschäftigten, sondern mit meinem ganzen Dichten und Denken aufs Innigste verwebt ist. Welchen andern Dank kann ich Ihnen geben, als Ihnen die Frucht zu bringen, die erwuchs aus dem Samen, den Sie gestreut?

Basel, den 23. December 1867.

Inhaltsverzeichniss.

Erstes Buch.

Zweites Buch.

Exkurse.

Beilage.

Wichtigere Druckfehler.

S. 4 n. 2 : statt *Γοεντιάριος*   lies *Γυντιάριος*
» 16 Zeile 4: statt des   » der
» 18 » 12: » In   » 4) In
» 30 » 2: » 14   » 54
» 49 » 4 v. u. : statt IV   » VI
» 49 » 2 v. u. sonst wohl: statt Sirmondi   » Sirmond
» 50 » 10: statt nur schwerlich   » schwerlich
» 61 » 14 v. u. : statt auccumulant   » accumulant
» 71 » 8 v. u. : » längnet   » läugnet
» 72 » 13 v. u. : » *εἰτ εἰς*   » *εἰτ᾽ εἰς*
» 73 » 7: statt Schwierigkeit   » Schwierigkeit.
» 74 » 20 v. u. : statt dem   » den
» 76 » 27: statt kautalaunisch   » katalaunisch.
» 85 » 8 ff. : statt Clérmont   » Clermont
» 90 » 12 v. u. : statt ergebe   » ergäbe
» 95 » 15: statt nur   » nun
» 102 » 5: » Dossolahin über   » Dossola hinüber
» 104 » 27 v. u. : statt Abhandl.   » Berichte über die Ver-
       handl.

» 107 » 8 v. u. : statt Codios   » Codices
» 109 » 16: statt erfüllen [404]   » erfüllen
» 110 » 13: » werden   » werden [404]
» 145 » 23 v. u. : statt danu   » dann
» 146 » 6: statt um   » und
» 146 » 2 v. u. : statt piescopi   » episcopi
» 166 » 1 v. u. : statt au   » an
» 178 » 7 v. u. : » ventur   » venitur
» 188 » 6 v. u. : » die   » dei
» 210 » 1 v. u. : » Masilliensibus   » Masiliensibus
» 251 » 31 : statt haben [808]   » haben
» 252 » 5 v. u. : statt 524   » 523.

Erster Theil.

Geschichte des burgundisch-romanischen Königreichs.

443—532 n. Chr.

———

Erstes Buch.

Geschichte von der Reichsgründung bis zur Alleinherrschaft König Gundobads 443—500.

Erstes Kapitel. Die Reichsgründung.

1. Die vertragsmässige Abtretung der Sabaudia an die Burgunder.

Kaum dreissig Jahre waren verstrichen, seitdem die Burgunder das linke Rheinufer betreten und dort jenes Reich gegründet hatten, an welches Sage und Dichtung zu seinem unvergänglichen Ruhme ihre goldenen Fäden anzuspinnen nicht müde geworden sind: da treffen sie innerhalb dreier Jahre zwei furchtbare Niederlagen, die erste im Jahre 435 n. Chr. durch den römischen Patricius Aetius, die andre 437 durch die Hunnen[1]. In mächtigem Angriffe, wahrscheinlich in desselben Aetius Diensten, stürzten sie das Reich, vernichte-

---

1. *Prosper Aquit.* Chron. ad a. 435. Eodem tempore Gundicarum Burgundionum regem inter Gallias habitantem Aetius bello obtinuit, pacemque ei supplicanti dedit: qua non diu potitus est, si quidem illum Chunni cum populo suo ac stirpe deleverunt. Vgl. *Idatius* Chron. a da. 436: Burgundiones, qui rebellaverant, a Romanis duce Aetio debellantur. Ad a. 437: Narbona obsidione liberatur Aetio duce et magistro militum Burgundionum caesa viginti millia. *Kaufmann* in den Forsch. z. deutsch Gesch. VI p. 451 macht den Vorschlag, den Punkt vor Aetius und damit auch diese zweite Niederlage in directe Verbindung mit Aetius zu setzen. Dieser Vorschlag, unterstützt durch *Prosper Aq.* ad a. 436, stimmt bei näherem Zusehen auch mit dem Sprachgebrauche des *Idatius.* Anders ders. freilich zu 437: Gothorum caesa octo millia sub Aetio duce; vgl. dagegen ad a. 430 und 431. So erscheint dieser Vorschlag durchaus gerechtfertigt. — Beide Ereignisse fasst irrthümlich *Prosper Tiro* Chron. ad a. 436 zusammen: Bellum contra Burgundionum gentem memorabile exarsit, quo universa pene gens cum rege Peretio lies: per Aetium, deleta. Ueber diese Kämpfe, insbesondere mit den Hunnen vgl. *Waitz*, Der Kampf der Burgunder und Hunnen, in den Forschungen zur deutschen Geschichte I p. 3—10.

ten den grössten Theil des burgundischen Volkes, tödeten seinen
König Gundahar [2] mit dessen ganzem Stamme.

Kurze Zeit vergeht, wohl eine Zeit der Erholung und der Ruhe
für die tief erschöpften Stammesreste: da tauchen im Jahre 443 die
Ueberbleibsel des Volkes plötzlich an einem andern Orte auf. Mit
lakonischer Kürze erzählt zu diesem Jahre die Chronik des Prosper
Tiro: die Sabaudia wird den Resten der Burgunder abgetreten [3].

So stark aber auch die beiden Schläge das germanische Volk
decimirt haben mögen: seine Kraft zu Schaffen und zu Wachsen war
dadurch unvernichtet geblieben. Dafür zeugt der rasche Aufbau eines
mächtigen burgundisch-romanischen Reiches auf so schmaler Basis,
wie der ihm eingeräumte Landstrich gewesen ist.

Umfang der
Sabaudia.

Das Savoien des fünften Jahrhunderts hatte aber — unsre Quellen fliessen gerade reichlich genug, diess zu beweisen, dann aber ver-
siechen sie — nicht den gleichen Umfang mit dem Lande, welches
heute noch den gleichen Namen führt.

Ich finde der Sabaudia [4] in jener Zeit nur viermal gedacht: im
Ammianus Marcellinus [5], in der Notitia dignitatum in partibus occi-
dentis [6], in der Vita Epiphanii des Ennodius [7] und in einem Briefe
des Bischofs Avitus von Vienne an den späteren burgundischen König Sigismund [8].

---

2. Den Namen des Königs bieten in etwas andrer Form als Prosper
und diejenigen, die ihn ausschreiben, noch *Olympiodor* in den Exc. legatt.
ed. Bonn. p. 454: Γουντιάριος; und die Lex. Burg. T. 3: Gundaharius,
mit einer Reihe von Varianten. Vgl. über den Namen *Wackernagel* in der
Beilage, zu diesem Worte.
3. Sabaudia Burgundionum reliquiis datur. Die Zahl dieser Ueber-
bleibsel annähernd festzustellen, ist unthunlich. *Hieronymus* Chron. ad a.
377 sagt zwar: Burgundionum LXXX ferme millia, quot nunquam antea,
ad Rhenum descenderunt; allein sein ferme beweist schon die Uebertreibung der Zahlangabe. (Geht man aber selbst von ihr aus, die sich zweifellos auf das ganze Volk bezieht (ders. Ans. auch *Waitz* a. a. O. p. 7),
und theilt ohne Berücksichtigung der Sklaven die Zahl auf die beiden Geschlechter, nimmt ¼ der männlichen Mitglieder als unter dem waffenfähigen Alter von 14 Jahren stehend an, so kämen allerhöchstens 30,000
Krieger heraus. Die bedeutenden Niederlagen, deren eine ja nach Idatius
20,000 Männer (?), nach Prosper Aq. das ganze Volk vernichtet haben soll,
mussten eine starke Reduction der Zahl des Hieronymus bewirken.
4. Die Formen Sabaudia und Sapaudia sind gleich häufig. Die Notitia dignitatum sagt beides abwechselnd.
5. XV, 11, 17. Unde 'aus dem Lemaner See' sine jactura rerum per
Sapaudiam fertur et Sequanos 'scil. Rhodanus), longeque progressus,
Viennensem latere sinistro perstringit, dextro Lugdunensem.
6. Cap. XL. ed. Boecking.
7. Bibl. max. patr. IX p. 391.
8. Bibl. max. patr. IX p. 586: ep. 70.

Nach Ammian fliesst die Rhone aus dem Genfer See durch die
Sapaudia und das Sequanerland und nach langem Laufe durchströmt
sie die Viennensis, die links, und die Lugdunensis, die rechts von
von ihr sich hinzieht. Damit soll nicht gesagt sein, dass der bezügliche Landstrich erst da beginne, wo der See aufhöre; sondern in ihm
schon befindlich tritt der Fluss seinen weiteren Lauf an. Auch darf
man nicht analog mit dem späteren Theile des Satzes im früheren
annehmen, dass weiter oberhalb die Sapaudia das linke, das Gebiet
der Sequaner aber das rechte Ufer gebildet habe[9]. Denn diese Annahme
widerspräche der Notitia dignitatum, die, nach Boeckings trefflichen
Untersuchungen um 400 abgefasst, unmöglich mit Ammian's am
Ende des vierten Jahrhunderts geschriebener Darstellung in Wider-
streit stehen kann.

Die Notitia erwähnt nun eines Praefectus classis Barcariorum
Ebrudini Sapaudiae[10], und damit steht fest, dass die damalige Saba-
dia sich nicht wie das jetzige Savoien nur südlich des Genfer See's
hindehnte, sondern über diesen nördlich bis zum See von Neufchatel
hinausging und die Stadt Iverdun in sich schloss. Da nun auch die
Sequaner sich auf dem rechten Rhoneufer, von der Saone bis zum
Jura und den Vogesen ausdehnten[11], und der Jura erst eine Strecke
unterhalb Genfs an den Fluss tritt[12], so müssen und dürfen wir die
Ostgrenze der Sequaner für die Westgränze der Sabaudia an dem
rechten Rhoneufer halten. Den Landstrich von Genf bis etwa zu
dem heutigen Fort de l'Ecluse hatte also zweifellos Ammian bei den

---

9. Dieser Ansicht, die per mit inter verwechselt: *Bouquet*, Recueil I
p. 547 n. c.; *Bruzen la Martinière*, Dictionnaire géogr. T. VII s. v. Sa-
voie, obgleich er richtig das Ebrudinum Sabaudiae (vgl. folg. Note) nicht
mit Embrun an der Durance identificirt, also trotz seiner Auffassung des
Ammian Savoien sich nördlich über den Genfersee hinaus erstrecken
lässt; *Wurstemberger*, Gesch. der alten Landschaft Bern I p. 199 n. 2.
10. Cap. XL. An ders. Stelle nennt sie einen tribunus cohortis primae flaviae Sapaudiae Calaronae. Früher glaubte man in Calarona
Grenoble erkennen zu dürfen, übersah, dass wie *Boecking*, Notit. dign. II
p. 1017 nachgewiesen hat, Sapaudiae nur adjektivisch gefasst werden darf,
und folgerte so, dass Grenoble zur Sapaudia des J. 443 gehört habe. So
Bouquet, Recueil I p. 547 n. c.; III p. 371 n. b.; *Gibbon*, History of the
decline and fall of the Roman empire Cap. 35. II p. 363 n. 4; *Walckenaer*,
Géogr. ancienne des Gaules I p. 268 (1839); *Smith*, Dictionary of greek
and roman geography s. v Sabaudia (Lond. 1857). Dagegen *Boecking* a.
a. O. Dieser deutet auch p. 1019 Calarona als das castrum Glérolle zwischen Vevay und Cully. — Die »savoiische Cahorte« erweist nur eine feste
Abgränzung des savoiischen Landstrichs.
11. *Caesar*, De bello gallico I c. 2: . . . monte Jura altissimo qui est
inter Sequanos et Helvetios. Vgl. *Zeuss*, Die Deutschen und die Nachbarstämme p. 209; *Forbiger*, Handbuch der alten Geographie III p. 237. 238.
12. Vgl. gleich unten.

Worten per Sapaudiam fertur als den Theil Savoiens nördlich der
Rhone vor Augen. welchen der Fluss bespülte.

Die Grenze desselben lief sonach von Iverdun mit dem Jura süd-
westlich und erreichte mit ihm den Fluss. Dass Savoien auch südlich desselben sich erstreckte, steht nach den Quellen fest; dass hier
sogar der Haupttheil des Landes lag, wird zwar nicht gesagt, muss
aber gleichfalls angenommen werden. Schwierig ist aber auch hier
die Abgränzung. Nach Ammians Worten könnte man versucht sein,
die östliche Gränze der Viennensis für die westliche des linksrhoni-
schen Savoiens zu halten. Allein die Sabaudia ist ein geographischer
Begriff, der überhaupt, also auch in seiner Abgränzung, ganz unabhängig ist von der politischen Provinzialtheilung Galliens. Iverdun,
in der Notitia dignitatum zu jener gehörig, wird in der der Zeit des
Honorius entstammenden Notitia provinciarum et civitatum Galliae[13]
zur Maxima Sequanorum gerechnet: Genf, die erste burgundische
Residenz, welches sicher gleich anfänglich ihnen zufiel und jedenfalls
savoiisch war, lag in der Viennensis[14].

Ueber die Gränzen südlich des Flusses ist lediglich aus dem von
Vienne aus an Sigismund, der in einer Stadt der sog. Provincia weilte,
von Bischof Avitus gerichteten Briefe einiger Anhalt zu gewinnen[15].
Die ganze Haltung des Briefes verdeutlicht, dass Avitus sich beklagen will, weil der burgundische Fürst zum Behufe seiner Reise aus
Savoien nach der Provence den unbedeutenden Umweg über Vienne
nicht habe machen wollen[16]. Jenes lag also von der Rhone zu weit
ab, als dass man, um nach dem Süden zu kommen, die Rhonestrasse
schon von Vienne an ohne Umweg hätte benutzen können. Denkt man
sich die Linie von dem savoiischen Iverdun nach Genf und von da in
der gleichen Richtung südlich weiter gezogen, so leuchtet ein, warum

---

13. Bei *Bouquet*, Recueil I p. 122—124, sorgfältiger edirt von *Guérard*,
Essai sur le système des divisions territoriales de la Gaule p. 12 ff.
S. p. 22 das.

14. *Guérard* a. a. O. p. 24. *Ennodius* (Bibl. max. patr. IX p. 391)
sagt freilich: Identidem per singulas urbes Sabaudiae (im Gegensatz zu de sola Lugdunensi civitate, ut aliarum provinciarum
factum indubitanter agnovimus. Allein die Sabaudia war ja keine Provinz; der scheinbare Gegensatz zu andern Provinzen fällt somit weg.
Wahrscheinlich will *Ennod.* auch ungenau von burg. Provinzen sprechen.
Die scharfe Umgränzung der Sabaudia erhellt aber auch aus dieser Notiz.

15. *Aviti* ep. 70 (Bibl. max. patr. IX p. 556): Ceterum non absque
scrupulo potest accipi, quod de Sapaudia itineribus exquisitis videmur
ad provinciam praeteriri.

16. Richtig schon *Sirmond*, notae ad Avitum: Bibl. m. p. IX p. 636.

der Weg über Vienne ein Umweg wäre. Ich halte diese Linie für annähernd die Westgränze des Landes südlich und östlich vom Flusse. Betrachtet man nemlich bei Avitus Klage, dass Sigismund nicht aus der Sapaudia heraus nach Vienne gegangen sei, die Karte, so kann der Vorwurf wohl nur fragen, warum der Fürst sich nicht bei Augustum, wo die Strasse von Mailand durch die graiischen Alpen nach Vienne zusammentrifft mit der Strasse von Genf nach Vienne, westlich gewandt habe: dieses Augustum aber bildet einen Punkt der angegebenen Linie. Auch konnte unterhalb des Ortes, wo der Jura an den Rhodanus tritt, die Sapaudia sich am rechten Ufer nicht mehr ausdehnen, denn da wohnten die Sequaner. Es muss also die Rhone als Fortsetzung des Jura die Westgränze bilden bis zu dem Punkte, wo ihr Lauf von Nord nach Süd wieder in die Richtung von Südost nach Nordwest umwendet.

Bezüglich der ganzen Ost- und Südgrenze lassen sich nur Vermuthungen aufstellen; bei einem rein geographischen Bezirke aber mag es erlaubter erscheinen, als bei politisch-geographischen, auch auf die natürlichen Grenzen zu achten.

Es müssen die Burgunder Raum erhalten, sich mit ihren Familien und Heerden auszubreiten. Bedenkt man die spätere Reichsentwicklung, die viel energischer nach Westen als nach Osten drängt, so kann es keinem Zweifel unterliegen, dass das ganze Gebiet zwischen dem Neuenburger und dem Genfer See und das gesammte diesen umlagernde Land den Ankömmlingen gleich Anfangs eingeräumt worden ist. Durch eine Linie vom See von Neufchatel[17] bis Martigny, an welche sich dann die natürlichen Grenzen der penninischen und graiischen Alpen anschlossen, mögen die Ostgränzen wohl ziemlich richtig bestimmt sein[18].

_____

17. Wie weit das dortige Land zu Savoien gehörte, ist gar nicht zu bestimmen; ich vermuthe, dass Avenches gleich anfangs burgundisch war. Später werden von hier aus östlich noch Landerwerbungen gemacht.

18. Im Wesentlichen stimmt *Boecking*, Notitia dign. II p. 1015 mit uns überein. Als Südgränze, über die ich mir nicht einmal eine Vermuthung erlaube, hält er die Isère als wahrscheinlich: ut Sapaudia meridionalis ab Allobrogibus in sinistra Rhodani non differet. — Andre übersehen die nördliche Ausdehnung der alten Sabaudia über den Genfer See hinaus: so *Bouquet*, Recueil III p. 371 u. b.: Olim major erat Sapaudia, quam nunc est; nam Ebrodunum Caturigum (Embrun) et Cularo Allobrogum veteris Sapaudiae urbes habebantur. So behauptet *Walckenaer* a. a. O. I p. 268, Sapaudia sei nur ein in spätter Kaiserzeit üblich gewordener Name des Allobrogen-Landes; *Forbiger* a. a. O. III p. 203 u. 94 statuirt keine Verschiedenheit des damaligen und des heutigen Savoiens. *Wurstemberger* a. a. O. I p. 199 giebt zwar die Möglichkeit, dass jenes

Verhältniss des Reiches in der Sabaudia zu dem Reich am Rhein. Dass die Burgunder, welche sich auf diesem Landstriche ansie-delten, dieselben waren, wie die von Aetius und den Hunnen ge-schlagenen, würde schon der Zusammenhang der chronistischen Nachrichten, besonders die Thatsache bestätigen, dass nur »Ueber-bleibsel« eines Volkes der neue Wohnsitz eingeräumt wird. Da-neben spricht aber der burgundische König Gundobad selbst von Gundahar als seinem Vorgänger in der Herrschaft [19].

Auch ist die Nachricht des Prosper nur so aufzufassen, dass alle Ueberreste der rheinischen Burgunder [20] in die südlicheren Landstriche förmlich verpflanzt werden: nach dem Aufgeben der früheren Wohnsitze ist es unthunlich, das Reich in der Sapaudia nicht als ein vollständig neues und etwa nur als eine Fortsetzung des Nibelungenreiches zu betrachten. Denn ein Staat haftet auf dem Boden, auf dem er gewachsen ist [21].

Angebliche Gründe der letzten Auswan-derung. Keine Nachricht giebt Licht, warum das germanische Volk seine noch nicht lang gewonnene Heimat verlässt [22]; vielleicht waren ihm die Stätten seiner Niederlagen verleidet und es zog südlich, weil es die Westgothen dort glücklich und mächtig wusste [23]. Ob es noch am

<hr/>

sich über dieses ausgedehnt habe, zu, hält aber n. 2 an dem Rhodanus als Gränze gegen die Sequaner fest. — Dagegen geht *Wurm*, De rebus gestis Aetii p. 51 (Bonn 1844) zu weit, wenn er sagt: Sabaudia, quae tunc etiam occidentalem Helvetiae partem et regionem ad Juram sitam usque ad Ararim flumen continebat.

19. Lex Burg. T. 3: .. apud regine memoriae auctores nostros Ge-beccam, Gundomarem, Gislaharium, Gundaharium, patrem quoque nostrum et patruum ... Die Namensformen sind nach dem korrektesten Codex angegeben. Vgl. über sie *Wackernagel* in der Beilage.

20. *Fauriel*, Hist. de la Gaule méridionale I p. 201, 227 lässt einen Theil zwischen Vogesen und Rhein zurückbleiben. Die Behauptung *Derichsweiler's*, Geschichte der Burgunden p. 36 u. 38, es seien in Folge des hunnischen Angriffs vom Jahre 437 die Burgunder »zum grössten Theil weit über die gallischen Länder versprengt« worden und ein Theil in Deutschland unter hunnischer Herrschaft zurückgeblieben, ist wie so Viele desselben Verfassers nur eine Phantasie über oberflächlich erfasste Quellen.

21. Nichtsdestoweniger wird das rheinische Reich öfter als der An-fang des burg.-roman. Reiches aufgefasst: so von *Valesius*. Rer. Franc. L. III p. 111; *Mascov*, Geschichte der Teutschen, Buch VIII, 38; *Tuerk*, Forschungen zur deutschen Geschichte, Heft II p. 9; *Guizot*, Hist. de la civil. en France I p. 211; *Wietersheim*, Gesch. der Völkerwandr. IV p. 262. — In einigem Widerspruche mit sich *Gibbon*, cap. 31 II p. 301; u. cap. 35 II p. 363. — Vgl. die folg. Note.

22. Wenn *Fauriel* I p. 202 vermuthungsweise und *Pétigny* II p. 66 fälschlich mit Bestimmtheit die Einräumung der Sab. auf den Plan des Aetius, die Burgunder zum Schutze gegen die Westgothen anzusiedeln, zurückführen, so halte ich dies bei der Verwandtschaft Gundioks mit der westgothischen Königsfamilie für sehr unwahrscheinlich.

23. Ueber diesen Vorgang, den ich mir als einen rasch vollzogenen

Rhein mit den Römern über die Abtretung neuer Wohnsitze unterhandelt oder diese erst betreten habe und dann die Abfindung mit dem römischen Reiche vorgenommen habe, lässt sich nicht feststellen. Um so wichtiger könnte bei dieser Unwissenheit eine Notiz des freilich sehr späten sog. Fredegar werden, die allerdings sofort zur grössten Vorsicht mahnt. In dessen Excerpten aus Hieronymus findet sich eine Stelle, die berichtet, wie die Burgunder (im Jahre 373) 80,000 Mann stark zum Rhein gekommen und — auf dessen rechtem Ufer — sesshaft geworden wären, und welche dann fortfährt:

Et cum ibidem duobus annis resedissent, per legatos invitati a Romanis vel Gallis, qui Lugdunensium provincia et Gallea Comata, Gallea Domata et Gallea Cisalpina manebant, ut tributarii publice (lies: tributa reipublicae) potuissent rennuere, ibi cum uxores et liberos visi sunt consedisse [24].

Ganz abgesehen von der monströsen Chronologie und von der völligen Unkenntniss, welcher Theil Galliens dem burgundischen Reiche angehört habe, stellt sich die ganze Notiz als eine bodenlose Combination halbvergessener Nachrichten aus Orosius über den Aufenthalt der Burgunder am Rhein und durchaus verwirrter Kenntniss des sog. Fredegar von dem späteren burgundischen Reiche im südlichen Gallien dar [25].

Wohnungswechsel denke, herrschen sehr verschiedene unbeweisbare od. geradezu falsche Auffassungen. *Gingins-la-Sarraz* in der unten p. 13 n. 38 anzuführenden Abhandlung p. 208 lässt das Volk allmählig vom Rhein in die Vogesen, von da in die Länder zwischen Vogesen, Jura und Saone herabsteigen. — *Pétigny*, Études sur l'époque Mérov. I p. 308; II p. 66 lässt es noch unrichtiger schon am Ende des 4. Jahrh. zwischen dem römischen Rhätien und Helvetien wohnen, und so ist die Einräumung der Sabaudia nur eine Gebietserweiterung. Auch *J. Grimm*, Gesch. der deutschen Sprache II p. 703 nimmt ein allmähliges Einrücken und Besitzergreifen an. — Andre wie *Fauriel*, Hist. de la Gaule méridionale I p. 201, 227 und *Derichsweiler*, Gesch. der Burg. p. 36 lassen einen Theil des Volks am Rhein zurückbleiben, und nur einen andern Theil in der Sabaudia angesiedelt werden. Unsrer Ans. *Zeuss*, Die Deutschen und die Nachbarstämme p. 470; *Huschberg*, Gesch. der Allemannen und Franken p. 517; *Hansen*, Vita Aetii II p. 19; *Gaupp*, German. Ansiedl. p. 277; *Wurm*, De reb. gest. Aetii p. 51; *Bluhme*, Jahrb. I p. 52; *Waitz*, Forsch. I p. 10.

24. So bei *Bouquet*, Recueil II p. 462. *Forel* in dem Anzeiger für schweizerische Geschichte 1859 p. 59 liest nach einer alten Berner Handschrift: a Romanis vel Gallis, qui Lugdunensium provintia et Gallia Domata et Gallia Cesalpina commanebant. Nach beiden Lesarten ist diese Stelle korrupt. Einer Gallea Domata wird sonst nie erwähnt. Die Comata, im Gegensatz der Braccata d. i. die Narbonensis das übrige Gallien ausser dieser, umfasste also die Lugdunensis mit; die Gallia cisalpina hiess auch sonst Gallia togata. Vgl. *Forbiger* III p. 110 n. 54.

25. Die Quellen der Stelle bei *Bouquet* II p. 462 Zeile 6—13 sind fol-

So sehr nun eine derartige Einladung im Bereiche der Möglichkeit gelegen hätte [26], ebenso wenig existirt ein geschichtliches Zeugniss dafür. Die harten Schläge, die das Volk erst durch Aetius, dann durch die Hunnen wahrscheinlich im Dienste und Auftrage des Aetius erlitten hatte, die Machtstellung dieses Mannes zur Zeit der burgundischen Ankunft in der Sapaudia lassen es kaum als denkbar erscheinen, dass jene »Ueberbleibsel« anders als mit Zustimmung der römischen Gewalthaber die neuen Wohnsitze am See von Genf dauernd zu Eigen gewonnen hätten.

Dass die Sapaudia selbst nicht von ihnen genommen, sondern dass sie ihnen gegeben worden ist, sagt Prosper Tiro ausdrücklich, jedoch er schweigt über den Geber.

Charakter der Besitzergreifung von der Sabaudia. Es war aber eine Zeit gekommen, wo die Römer an die barbarischen Bedrängungen in der mannichfachsten Form gewöhnt und zu ihrer Unterscheidung angeleitet wurden. Bald ging das germanische Unwetter wie ein Hagelschlag rasch weg über die heimgesuchte Gegend; bald sind die Fremden da, um nicht wieder zu gehen, gefürchtete Eindringlinge, eigenmächtige Vollstrecker lästiger Forderung; bald stehen sie drohend an den Thoren des Reichs, und der Kaiser sucht die Feinde durch bereite Aufnahme in Freunde zu verwandeln.

Die Chroniken des fünften Jahrhunderts unterscheiden genau das ingredi, d. i. das feindliche Betreten des fremden Bodens: das

---

gende: Von Qui bis descenderunt abgeschrieben direkt aus Hieronymus und nicht aus Orosius; von et ubi bis Burgundiones aus *Orosius* VII, 32; und von ibique bis accipiebant aus *Socrates*, Hist. eccl. L. VII, bei *Bouquet* I p. 604. Die entscheidende Stelle endlich ist, was die Angabe des Territoriums anlangt, einem unwissenden Wissen des Compilators, in ihrem andern Theile aber der Auflösung einer Nachricht des *Orosius* in Ursache und Folge, und in ihrem Ganzen einer Zusammenziehung der letzteren mit dem ersteren entsprungen. Die besagte Stelle des *Orosius* steht Histor. eccles. VII, 32: Inveniuntur inter eos quidam Romani, qui malint inter barbaros pauperem libertatem, quam inter Romanos tributariam servitutem. — Die Stelle des Fredegar wurde bisher immer noch aufrecht erhalten, so z. B. von *Forel*, Anzeiger f. schweizerische Geschichte 1859 p. 59; *Wurstemberger*, Gesch. d. alt. Landsch. Bern I p. 169 n. 6. — Gründe gegen sie hat schon *Plancher*, Hist. générale et particul. de Bourgogne I p. 22. *Bluhme*, Jahrbuch I p. 51, 52 verwirft sie, verkennt aber den Ursprung der Stelle. *Derichsweiler* a. a. O. scheint sie gar nicht zu kennen. — Wenn aber *Gérard*, Hist. des Francs d'Austrasie I p. 85 diese Nachricht einem auteur contemporain zuschreibt, so ist diess doch wirklich stark!

26. S. *Salvianus*, De gubernatione Dei ed. Rittershus. Lib. V. p. 148, 149, 151: ad hostes fugiunt [scil. Romani], ut vim exactionis evadant.

occupare , d. i. die eigenmächtige Besitznahme, die Eroberung; und das dari oder tradi , d. i. die Hingabe eines Landstrichs seitens der bisher berechtigten Gewalt.

Zum Jahre 400 erzählt Prosper Aquitanus[27], wie die Gothen unter Alarich und Radagais in Italien, zum Jahre 406, wie die Vandalen und Alanen und zu 412, wie die Gothen unter Athaulf in Gallien einbrechen (ingredi)[28]; wogegen 409 die Vandalen Spanien und 428 die Franken einen Theil Galliens possidendam occupaverunt[29]. Ganz anders bestätigt Constantius dem Könige Wallia den Frieden, nachdem er ihm die Aquitania secunda und einige Städte der benachbarten Provinzen gegeben hat (data ei . . .) und nach einer andern Form der Chronik wird Aquitanien 414 den Gothen tradirt[30]. Ebenso sehen wir 435 den Vandalen, nachdem der Frieden mit ihnen geschlossen ist, einen Theil Afrikas zum Wohnen gegeben[31], ein Akt, der durch die Nachricht des Prosper Aquitanus zu 442, dass in diesem Jahre Valentinian den Frieden mit Geiserich befestigt habe und Afrika nach bestimmt begränzten Theilen zwischen beiden getheilt worden sei[32], seine Erläuterung empfängt. Am genausten mit der Nachricht über die burgundische Ansiedlung stimmt Prosper Tiro zu 441[33]: Alani, quibus terrae Galliae ulterioris cum incolis dividendae a Patritio Aetio traditae fuerant, resistentes armis subigunt et expulsis dominis terrae possessionem vi adipiscuntur.

Aus dieser Vergleichung ergiebt sich der Inhalt des dare und der Geber selbst. Wie jenes Wort in der lateinischen Rechtssprache recht eigentlich die Uebertragung zu vollem Eigenthume bezeichnet, so verdeutlicht besonders die datio an die Vandalen, dass auch die Chroniken diesen Sinn damit verbinden. Eine solche Eigenthumsübertragung konnte dann aber nur ausgehen von dem römischen Kaiser und dessen Bevollmächtigten[34].

---

27. *Roncallius*, Vetust. Chron. I p. 682.
28. Das. I p. 645, 651.
29. *Prosper Aq.* bei *Ronc.* I p. 645, 649.
30. *Ders.* das. p. 651, ad a. 419. Vgl. *Prosper Tiro* ad a. 414, das. p. 747.
31. *Ders.* das. p. 659. Pax facta cum Vandalis data eis ad habitandum per Trigetium Africae portione.
32. Das. p. 666.
33. Das. p. 753.
34. Insofern lässt sich allerdings der ausgelassene Geber der Chronik ergänzen. Nur beruht es sicher auf einer Verwechselung der Vorgänge von 443 mit denen von 435, wenn so viele Autoren von dem Vertrage des Aetius oder Valentinians III mit den Burgundern als einer feststehenden Sache reden. So *Valesius* Gesta Francorum L. III (1 p. 130); vermuthungsweise

Der Vertrag also und nicht die Eroberung [35] ist die rechtliche Grundlage des neugegründeten Reiches. Derselbe Vertrag musste die Bedingungen regeln, unter welchen den Burgundern das römische Gebiet eingeräumt wurde. Ist es nun wahr, wenn behauptet wird, dass der burgundische Staat, wie der der Westgothen und Ostgothen, gar nicht selbstständig neben das römische Reich getreten sei, sondern diese vielmehr nur abhängige Glieder desselben gebildet hätten [36]? Ist es zulässig, zu sagen: »Vasallenkönige scheint eine passende Bezeichnung für die germanischen Herrscher in den Reichen zu sein, welche mit Zustimmung des Kaisers gestiftet wurden« [37]? War das Verhältniss des neuen Burgunderreiches zu Rom ein völkerrechtliches oder ein staatsrechtliches?

Gesetzt den Fall selbst, dass die Burgunder sich in dem Vertrage von 413 verpflichtet hätten, dem römischen Reiche unter gewissen Verhältnissen kriegerische Hülfe zu leisten, so konnten die Paciscenten sehr verschiedener Ansicht sein über die Abhängigkeit oder die Unabhängigkeit von Rom, in welche die Germanen durch ihre Verpflichtung getreten wären. Auf die Dauer aber lag die Macht auf germanischer Seite: die Burgunder waren es also, die ihre Stellung zu bestimmen hatten. Hüte man sich überhaupt, in Zeiten, wo nicht das Recht über die Thatsachen, sondern die Thatsachen über das Recht herrschen, einen Vertrag mit bestimmten Verpflichtungen für etwas

---

Mascov, Gesch. d. Teutsch. Anmerk. II p. 3; Sartorius in den Commentat. societ. reg. Gotting. recent. III p. 213; Fauriel, Hist. de la Gaule méridion. I p. 202; Pétigny, Études I p. 308; II p. 66; ähnlich Matile, Études Mém. de l'académie de Turin 1849) p. 224, der sich fälschlich auf Zeuss, die Deutschen und die Nachbarstämme p. 470, beruft; Wurstemberger a. a. O. I p. 169.

35. Wie auch neuerdings noch vielfach angenommen wird: so von Savigny, Gesch. d. r. R. im M.-A. I p. 296. Ders. Zur Rechtsgesch. des deutsch. Adels in den gesammelt. Werken IV p. 27; Peyré, Lois des Bourguignons p. 7; Souchay, Gesch. d. deutsch. Monarchie I p. 14. — Richtig Mascov a. a. O.; Gaupp, Ansiedl. p. 322; Derichsweiler, Gesch. der Burgunden p. 36; Wurstemberger a. a. O. I p. 200.

36. So von Gaupp, Ansiedl. p. 155 ff. Nach ihm Matile a. a. O. p. 224, 228. Ebenso Wurstemberger a. a. O. I p. 202 ff., 213. Für den Anfang wenigstens Derichsweiler a. a. O. p. 36.

37. So Gaupp a. a. O. p. 179. Anders Hegel, Ital. Städteverfassung II p. 310: »Ihre Könige fanden es ihrer Politik nicht weniger angemessen, wie ihrer Ehre, sich von den römischen Kaisern sowohl mit der Herrschaft über die Provinzialen, als auch mit römischen Titeln belehnen zu lassen.« Die Gaupp'sche Ansicht bezüglich der Westgothen ist neuerdings von Kaufmann, Ueber das Füderatverhältniss des tolosanischen Reiches zu Rom in den Forsch. z. d. Gesch. VI p. 433 ff. geprüft und rectificirt worden.

Anderes zu halten, als für ein Wort. welches der Gebundene hält.
wenn er will, und bricht, wenn er kann.

Die Zeugnisse zur Beurtheilung dieses Verhältnisses liefert der
Gang der burgundischen Geschichte: so sollen die Resultate aus
demselben auch nicht früher als nach dem Sturze der burgundischen
Selbstständigkeit ihre Stelle finden.

Ungleich wichtiger als diese Frage und für den künftigen Charakter des burgundischen Reiches maassgebend, war die Art der Verwirklichung der in jenem Vertrage enthaltenen Befugniss, das Land
mit den bisherigen Bewohnern zu theilen.

II. Art und Wirkung der Ansiedlung[35].

Wenn ein mächtiges Volk seine Nachbarn unterwirft und ihnen
seine Verfassung aufdrängt, so bleibt wenigstens das materielle Eigenthum der Einzelnen unberührt. Die Burgunder dagegen, wie die
West- und Ostgothen greifen zur Gründung ihres Reiches tief in dieses hinein. Auf schon bewohntem, zu Eigenthum vertheiltem Gebiete
lässt sich ein ganzer Volksstamm neu nieder, nicht zur Miethe, sondern um das schon vertheilte Land wieder mit seinen bisherigen
Eigenthümern zu theilen.

Die grosse Bewegung der Wanderung, soviel Umwälzungen sie
auch veranlasst hatte, die Bedeutung des Grundbesitzes als Basis
des germanischen Staates konnte sie trotz der Unstätigkeit, die sie
erzeugte, doch nicht erschüttern. Sie war zu gewaltsam, um den
Handel und mit ihm den Reichthum an beweglichem Vermögen zu
entwickeln. Und wenn dieser auch in den neuen Gebieten von Freien,
wohl fast ausschliesslich Römern, getrieben wird, so nimmt er doch in
den Augen der neu angesiedelten Burgunder noch einen so untergeord-

Der Grundbesitz und die Wanderung.

35. Vgl. *Sartorius*, De occupatione et divisione agrorum Romanorum per Barbaros (in den Commentationes societ. reg. Gotting. recentio-
res III p. 210—222; 1816); *Eichhorn*, D. St.- u. R.-Gesch. I p. 149—159;
Savigny, Gesch. des Röm. R. im M.-A. II p. 296—299; hauptsächlich
aber *Gaupp*, die germanischen Ansiedlungen und Landtheilungen p. 317
—351 (1844). *Walter*, d. R.-Gesch. I p. 28 und 29 bietet nur einen Auszug
aus Letzterem. Zu wenig genau *Wurstemberger*, Gesch. d. alten Landsch.
Bern I p. 213—215, 238. Aeusserst dürftig *Derichsweiler*, Gesch. der
Burg. p. 36. 37. — Die über 100 Quartseiten lange Abhandlung von *Gingins-la-Sarraz*, Essai sur l'établissement des Burgunden dans la Gaule, in
den Memorie della Reale Academia di Torino, T. XL (erste Serie p. 189
—293, die bei Schweizern und Franzosen grossen unverdienten Anklang gefunden, und deren Behauptungen hier unmöglich einzeln widerlegt werden
können, werde ich in einem der Exkurse einer kurzen Kritik unterworfen.

14

neten Platz ein, dass ihre Gesetze seiner kaum und dann nur ganz beiläufig gedenken. Die Gewerbe aber fielen wie natürlich bei einem Volke, welches Sklaven für sich arbeiten lässt, besonders diesen zu.

Mögliche Arten der Ansiedlung.

Um den einzelnen Burgunder nun mit Land auszustatten, theilen die neuen Ankömmlinge das liegende Gut förmlich mit den vorgefundenen Einwohnern, ohne dass die fahrende Habe — abgesehen von den Sklaven — einem habsüchtigen Eingriffe ausgesetzt gewesen wäre.

Diese Theilung musste — je nach der Art ihrer Durchführung — dem Reiche einen ganz verschiedenen Charakter verleihen. Entweder nemlich wurden ganze Striche ausschliesslich oder doch ganz überwiegend von den Burgundern in Besitz genommen, und es entstand dann eine Sonderung der Nationalitäten nach Landstrichen. Diese Art der Ansiedlung, welche in vollem Widerspruche mit den Quellen vielfach behauptet wird [39], hätte die Einwirkung der beiden Völkerschaften auf einander und ihre Verschmelzung zu einem Ganzen sehr erschwert. Oder aber der gegenseitigen Wechselwirkung zweier durch so zahlreiche tiefgehende Unterschiede getrennter Völker wurde dadurch Thür und Thor geöffnet, dass die Wohnsitze der einzelnen Römer und Burgunder dicht gränzten mit denen der einzelnen Burgunder und Römer. Dann mussten die gesellige Natur des Menschen, die Bedürfnisse des Tages, die nothgedrungene Begegnung die Nachbarn mit einander bekannt, an einander gewöhnt, vertraut und sich einander ähnlicher machen.

Das Letztere geschah nun wirklich! Liesse sich auch die Nachricht Prosper's ad a. 443: Sabaudia Burgundionum reliquiis datur cum indigenis dividenda allenfalls noch zwiefach interpretiren, so müsste uns schon die Notiz des Marius ad a. 456: Eo anno Burgundiones partem Galliae occupaverunt, terrasque cum Gallicis senatoribus diviserunt, der Erkenntniss der Theilung einen Schritt näher bringen und die Herbeiziehung der betreffenden Titel der Lex Burgundionum lässt einem Zweifel keinen Raum mehr. Aus diesen ist klar ersichtlich, dass jeder mit Land ausgestattete einzelne

---

39. Dieser Ans. bes. die französ. und schweizerischen Autoren. Modificirt hegt sie schon *Montesquieu*, Esprit des lois L. XXX c. 9; sehr entschieden hat sie *Gingins-la-Sarraz* a. a. O. und im Anschluss an ihn *Ed. Secretan* in den Mém. de la Suisse Romande T. XVI p. 51, 52 und zum Theil wenigstens *Hisely*, in dens. Mem. T. IX p. 6 ausgesprochen. Sehr energisch gegen die Zersplitterung *Guizot*, Hist. de la civilisation en Fr. I p. 224, 225. Von den Schweizern hat sich nur *Matile*, Études sur la loi Gombette, Abhandl. der Turiner Akad. 1849 p. 227, 239, 255, der sich überhaupt sehr eng an *Gaupp* anschliesst, dagegen erklärt.

Burgunder mit je einem römischen Grundbesitzer abgetheilt hat.
Das Gesetz, welches allein einen tieferen Einblick in diese Verhält- Lex Burg. T. 54.
nisse gestattet, ist T. 54, dessen Wortlaut vorliegen muss.

T. 54. De his, qui tertium mancipium et duas terrarum partes contra interdictum publicum praesumserint.

1. Licet eo tempore, quo populus noster mancipiorum tertiam
et duas terrarum partes accepit, ejusmodi a nobis fuerit emissa praeceptio, ut quicumque agrum cum mancipiis seu parentum nostrorum
sive nostra largitate perceperat, nec mancipiorum tertiam, nec duas
terrarum partes ex eo loco, in quo ei hospitalitas fuerat delegata,
requireret: tamen quia complures, [ut] conperimus, immemores peri-
culi sui, ea quae praecepta fuerant, excesserunt, necesse est, ut praesens auctoritas ad instar mansurae legis emissa et praesumptores
coerceat, et huc usque contemptis remedium debitae securitatis ad-
tribuat. Jubemus igitur: quicquid hii, qui agris et mancipiis nostra
munificentia potiuntur, de hospitum suorum terris contra interdictum
publicum praesumpsisse docentur, sine dilatione restituant.

2. De exartis quoque novam nunc et superfluam faramannorum
conpositionem [40] et calumpniam [a] [41] possessorum gravamine et in-
quietudine hac lege praecipimus submoveri, ut sicut de silvis, ita et
de exartis, sive ante acto sive praesenti tempore factis, habeant cum
Burgundionibus rationem: quoniam sicut jam dudum statutum est,
medietatem silvarum ad Romanos generaliter praecipimus pertenere.

3. Simili de curte et pomariis circa faramannos [42] conditione
servata, id est, ut medietatem Romani existiment praesumendam [43].

4. Quodsi quis constitutum hujuscemodi praeceptionis excesse-
rit, et non a vobis fuerit cum districtione repulsus, non dubitetis [44]

---

40. So die besten Codd., nach *Bluhme*'s Bezeichnung K. und L.; andre
lesen conpetitiones. Ueber die Handschriften-Bezeichnung s. Theil II
d. Gesch. d. burgundischen Gesetzgebung.
41. Fehlt in den besten Handschriften.
42. Die besten Handschr. lesen circa faramannorum; wenigstens giebt
Bluhme nicht an, dass das circa in ihnen fehle. Am liebsten würde ich
den Genitiv beibehalten und circa streichen.
43. *Bluhme* liest: id est, ut de medietate Romani nihil existiment prae-
sumendum; davon fehlt ut in L, während K es hat; de ist aus 2 und nicht
den besten Codd. genommen (D, E); für den folgenden Ablativ hat L
den Akkusativ, und dass K ihn nur aus Nachlässigkeit nicht hat, ergiebt
sich sofort; nihil fehlt in K und L, während sie allein das gute existiment
haben; K liest praesumendam und L nur aus Versehen nicht. Medietas
Romani ist medietas curtis et pomarii Romani.
44. K und L lesen dubitet und setzen dem folgenden Worte ein ex
vor, welches wohl aus dem is verschrieben ist.

commotionem iracundiae nostrae in vestrum periculum esse vertendam.

An der Hand der Quellen nun soll untersucht werden : die Technik der Ansiedelung, d. h. die Vertheilung des Anzusiedelnden an die Bewohner : die Zeiten und Quoten der Landtheilungen ; die Bedeutung dieser Art der Niederlassung für die Zukunft des Reiches.

1. Die Technik der Ansiedelung.

Das römische Einquartierungswesen. Das Haften an der Form kann eine wohlthätige Macht in der Geschichte werden, wenn die Nothwendigkeit einschneidender, herber Umänderungen sich dadurch in ein freundlicheres Gewand zu hüllen weiss. Es hatte eine, wenn auch nicht tiefgehende, so doch immerhin zu beachtende Bedeutung, dass die Ansiedlung der Burgunder in dem sehr ausgebildeten römischen Einquartierungswesen ihr formelles Vorbild fand [45]. Freilich der sehr fühlbare Unterschied, ob römische Legionen auf wechselnde Zeit bei römischen Grundbesitzern einquartiert wurden, oder ob ein germanisches Volk kam, um nie wieder zu gehen, konnte dadurch nicht verwischt werden. An die Stelle einer vorübergehenden Unannehmlichkeit und einer ebenso vorübergehenden Einbusse an Vermögen trat hiemit eine Umwälzung in allen Verhältnissen, welche nur zu leicht den Weg der Gewalt beschritt, wenn der der Güte nicht mehr ausreichte, oder die Laune des Mächtigeren ihn nicht mehr gehen wollte [46].

Der römische Soldat, welcher im Verhältnisse zu seinem Quartiergeber hospes hiess, durfte von diesem eine Quote des Hauses zum Aufenthalte verlangen. Dasselbe wurde in drei Theile getheilt : hievon wählt der Herr des Hauses das erste Drittel, das zweite der hospes, das dritte blieb dem Wirthe übrig. So bestimmte ein Gesetz von Arcadius und Honorius [47] vom Jahre 398, dessen Aufnahme in den Justinianeischen Codex die unveränderte Fortdauer und das Bestehen dieses Verhältnisses zur Zeit der Ankunft der Burgunder in Gallien

---

45. Dies nachgewiesen zu haben ist das grosse Verdienst von *Gaupp*: Die germanischen Ansiedlungen und Landtheilungen (1844), besonders p. 85—93, der dann aber (vgl. p. 322) diesem Vorbilde eine zu grosse Bedeutung für die Ansiedlung der Germanen beilegt.

46. Vgl. *Prosper Tiro* ad a. 442 ; vgl. p. 11 oben.

47. L. 5, pr. C. Th. VII, 8 De metatis vgl. l. 16 C. Th. eod. vom Jahre 435.

beweist [18]. Wer nun auf solche Art dem einzelnen Grundbesitzer ins Haus gelegt wurde, erschien wenigstens nicht als fremder Eindringling; das Reich sandte ihn und so wurde er leichter empfangen.

Der Burgunder nun tritt wie der einquartierte römische Soldat als hospes auf, eine Bezeichnung, die aber auch für den mit ihm theilenden Römer, der an die Stelle des Quartiergebers getreten ist, gebraucht wird [19]. Beide stehen im Verhältnisse der hospitalitas. Allein wie sehr diese von der blossen Einquartierung unterschieden war, ist schlagend daraus zu erkennen, dass T. 13 der Lex Burg. von einem Eigenthume remota hospitis communione, T. 55, 1 von Aeckern spricht, qui hospitalitatis iure a barbaris possidentur. Sie giebt also den Titel ab für das neue Grundeigenthum der eingewanderten Germanen [50].

Allein in welcher Weise fand die Vertheilung der einzelnen Ankömmlinge an die römischen Grundbesitzer statt? Erhielt der höher gestellte Burgunder auch einen reicher begüterten hospes? Fanden die Stände bei der Theilung durchgehends Berücksichtigung? Und wie trug man der unvermeidlichen Verschiedenheit der römischen Besitzungen Rechnung? Die Quellen enthalten hierüber nichts Ausdrückliches. Nur das Wort für das erworbene Eigenthum gewährt einen Anhalt, um über diese Zutheilung ins Klare zu kommen. Diese Bezeichnung des neuen Eigenthums ist sors, ein Wort, welches in der Lex Burgundionum und in den burgundischen Quellen mehre von einander zu sondernde Bedeutungen in sich vereinigt. Es wird gebraucht: 1. Für das burgundische Land im Gegensatz zum Ausland [51]. So in den Gesetzen nur in T. 107, 2. Zwar fasst Bluhme [52] an dieser

Die Verloosung.

---

48. Vgl. auch *Gaupp*, German. Ansiedl. p. 91.
49. T. 55, 1 steht hospites eorum für die Burgunder, gleich darauf hospes ejus barbari für den Römer. Aehnlich schon in den römischen Rechtsquellen, wo hospes gewöhnlich für den Einquartierten steht, so z. B. im Titel des C. Th. VII, 9 De salgamo hospitibus non praebendo, aber auch den Quartiergeber bezeichnet: l. 10 § 2 in f. C. Th. VII, 8 De metatis; l. 3 C. Th. l. c. VII. 9. Richtig schon *Gaupp* a. a. O. p. 87.
50. Arg missverstanden hat diese hospitalitas *Montesquieu*, Esprit des lois, livre XXX chap. 9. Er sagt: Cela est conforme aux moeurs des Germains, qui au rapport de Tacite étaient le peuple de la terre qui aimait le plus à exercer l'hospitalité! Wenn *Eichhorn* I p. 153 n. f. meint, hospitalitas und Landabtretung seien bei den Burgundern anfangs nicht dasselbe gewesen, so übersieht er, dass jene sofort zu dieser führen sollte.
51. Aehnlich heisst das gothische Land gothica sors. *Sidonius* Ep. VII, 6: populi Galliarum, quos limes Gothicae sortis incluserit; ebenso Ep. VIII, 3.
52. Reichstag zu Ambérieux im Jahrbuch des gem. Rechts V p. 215 u. M. M. L. L. III p. 535 n. 23.

Stelle das Wort in der Bedeutung von Erbtheil eines burgundischen
Mitkönigs. Allein es wird sich seiner Zeit bei Feststellung der Entstehungszeit des T. 107 die Unzulässigkeit dieser Ansicht herausstellen. Sehr charakteristisch für die obige Bedeutung ist ein Brief
des Bischofs Viventiolus[53], in welchem er seinen Mitbischöfen das
Concilium Epaonense ankündigt: presenti protestatione denuntio con-
ventum episcoporum omnium sortis nostrae[54]. — 2. In T. 6, 1 und
20, 2 für den Reichstheil eines der mehren burgundischen Könige[55].
— 3. In T. 47, 3 und 84, 1 bedeutet es das von Seiten des
Römers empfangene Grundstück des burgundischen hospes — wogegen es nie vorkommt für das beim Römer zurückgebliebene Gut.
— In T. 1, 1 und 14, 5 giebt es den Titel für das Eigenthum
des Burgunders an diesem Grundstücke ab. Sors, dessen ursprüngliche Bedeutung ja Loos ist, bezeichnet an diesen Stellen die Erwerbsart; die sors ist sortis titulo adquisita, sortis jure erworben.
Es ist hier also offenbar die Art des Erwerbens mit dem Erworbenen
identificirt[56]. Die sors muss also auf Grund einer Verloosung erworben sein[57]. Grade zum Behufe der Landtheilung
war den Germanen von je das Loos ein beliebtes Mittel. Fast jede
Sammlung des älteren wie des neueren Rechts, bemerkt Homeyer[58], in
Schweden, Norwegen und Island gedenkt des Looses zu verschiedenen Zwecken, namentlich zu Theilungen gemeinsamen Gutes. So ist
es sehr natürlich, dieses Mittel auch hier als glücklichen Ueberwinder
aller jener oben bezeichneten Schwierigkeiten angewandt zu sehen[59].

53. *Mansi*, Coll. Concil VIII p. 555.
54. Ep. IX, 4 schreibt *Sidonius* an *Julianus* v. Carpentras: nisi quod
per regna divisi, a commercio frequentioris sermonis diversarum
sortium jure revocamur.
55. Ders. Ans. *Bluhme* a. a. O. und *Derichsweiler* p. 144 n.
56. Vgl. *Homeyer*, Ueber das germanische Loosen, in den Monatsbe-
richten der Berliner Akademie 1853 p. 747 ff.; bes. p. 752.
57. »Ebenso mag der Ausdruck terra sortis titulo adquisita für die den
Burgundern bei der Landtheilung mit den Römern gewordene Quote darauf deuten, dass ursprünglich eine Verloosung erfolgt war.« So *Homeyer*
in der angeführten Abhandlung p. 763. Es ist eine völlige Verkennung
dieser Vorgänge, wenn *Puetter*, Lehre vom Eigenthum, p. 130 alod mit
sors legitima und letztere mit der terra sortis titulo adquisita identificirt;
denn dort ist sors das »Erworbene«, hier die Erwerbsart. — Gegen die
Schlüssigkeit des Wortes sors *Grimm*, Rechtsalterthümer I p. 247, welcher hier das Wort sors daraus erklärt, dass eine bestimmte Landquote
dem Besiegten geblieben sei, welcher aber II p. 535 im Widerspruche
damit, aber ebensowenig richtig, die sors des burg. Rechts als den »ursprünglich durch das Loos ermittelten Theil eines Grundstücks« auffasst.
Richtig *Zoepfl*, D. Rechts-Geschichte p. 705 n. 4, p. 710.
58. A. a. O. p. 767 n. 20.
59. Völlig wird diess von *Gaupp* a. a. O. p. 323 übersehen.

Dabei könnte Mancher zur Erläuterung der Vorgänge bei den Burgundern die Analogie der römischen Militärkolonieen benutzen wollen, bei denen ja auch der Antheil eines jeden Veteranen wegen der vorhergegangenen Verloosung sors hiess[60]. Allein bei genauerer Untersuchung besteht zwischen dieser und der burgundischen Landtheilung mit römischen Grundbesitzern gar kein Zusammenhang[61]; desshalb ist auch die Art der Verloosung bei Beiden durchaus verschieden.

Es lässt sich nun die Anwendung des Looses in doppelter Weise denken. Daraus schon, dass jeder Burgunder seinen hospes erhält, ist ersichtlich, dass mehr possessores vorhanden gewesen sein müssen, als Burgunder angekommen sind[62]. Da könnten aus der grösseren Zahl der Grundbesitzungen die zur Vertheilung bestimmten ausgeloost und diese Ländereien dann sortis titulo adquisitae genannt worden sein. Dem widerspricht aber, dass jeder einzelne Burgunder sein Eigenthum erloost. Man muss sich den Hergang also so denken: entweder war schon vor der definitiven Vertheilung eine Anzahl von possessores nach der Zahl der gekommenen Burgunder vielleicht mit Hülfe des römischen Steuerkatasters ausgesondert worden, und diese wurden dann unter die Ankömmlinge verloost, oder, was wohl das minder Wahrscheinliche ist, die Namen aller possessores wurden in den Loostopf geworfen und daraus zogen die Burgunder ihre sortes. Dass sors nie für das beim Römer zurückgebliebene Grundstück vorkommt, ist ein Indicium dafür, dass die Römer nicht mitloosten, dieser Akt sich also allein auf die Burgunder beschränkte.

Diese Verloosung macht nun eine Berücksichtigung der ständischen Verhältnisse, wie sie Gaupp und Zöpfl für wahrscheinlich erachten, undenkbar. Es entstanden somit bei gleichmässiger Behandlung der ungleichen römischen Grundstücke Besitzungen von verschiedener Grösse und Qualität. Hier trieb der Zufall sein Spiel, und Gundobads Gesetzbuch hatte schon in seiner ältesten Redaktion Anlass, diese Ungleichheiten möglichst auszugleichen. So ertheilt es[63]

---

60. Vergl. *Rudorff* in den Schriften der römischen Feldmesser II p. 323 ff.; über die Art der Verloosung besonders 366 ff.

61. Vgl. *Isidor*, Origines 15, 2, 9 (auch a. a. O. p. 325).

62. *Sartorius* a. a. O. p. 214 u. 215 sucht als wahrscheinlich nachzuweisen, dass in den zuerst in Besitz genommenen Strichen alle römischen Grundbesitzer in Anspruch genommen seien; allein bewiesen hat er es nicht.

63. T. 28: De indulta generaliter incidendorum lignorum licentia.

Allen, sowohl Burgundern als Römern, welche keinen Wald haben, das Recht, zu ihrem Gebrauch Fällholz zu schlagen aus wessen Walde sie wollten. Der Eigenthümer durfte sie daran nicht hindern.

Die theilenden Personen; possessores und faramanni.

Bischof Marius berichtet bei der Gebietserweiterung vom Jahr 456[64], die Burgunder hätten die Ländereien mit den gallischen Senatoren getheilt, wonach nur bestimmte Klassen der römischen Grundbesitzer in Anspruch genommen zu sein scheinen[65].

Senatores bedeutete aber damals die Vornehmen im Allgemeinen[66]. Seitdem man einmal auf die Abstammung von einem römischen Senator, auf die gens senatoria, Werth zu legen anfing[67], musste natürlich für jeden Angehörigen dieser Familie der Name Senator üblich werden, und es bedurfte nur noch eines kleinen Schrittes, um dieses Wort für die reichen vornehmen Geschlechter überhaupt zu brauchen[68]. Die Senatoren bilden also in der Stelle des Marius gar keinen bestimmten Stand der Grundbesitzer, sondern sie werden nur mit dem Namen, welchen ihre sociale Stellung ihnen zutheilt, bezeichnet. Alle Zweifel zu heben nennen auch die burgundischen Gesetze als die Theilenden auf römischer Seite ganz allgemein die possessores, die grundsteuerzahlenden Freien, als vornehmerer Stand streng gesondert von den bloss kopfsteuerpflichtigen Plebejern[69]. Dass man die Reicheren darunter ausgewählt haben mag, wurde schon oben als wahrscheinlich bezeichnet, und ein weiteres Argu-

---

64. Worüber unten.

65. Wie *Gingins-la-Sarraz*, Essai p. 210 annimmt. Vgl. auch unten Note 66 u. 70.

66. A. M. *Savigny*, Geschichte d. r. R. I p. 298, welcher wie *Eichhorn*, D. St.- u. R.-Gesch. I p. 156 n. m., und *Gaupp* a. a. O. p. 332 den Provinzialadel darunter versteht.

67. *Sidonius*, Ep. I, 6: Senatorii seminis homo. *Avitus*, Ep. 31: quasi senator ipse Romanus . . . . obtestor . . . . *Gregorius Tur.* De Gloria Confess. c. 65. *Idem* Hist. II c. 2: puella . . . praedives opibus . . . . nobilitate senatoria florens. *Idem*: De vitis patrum c. 20: Genere non quidem Senatorio, ingenuo tamen. Weitere Stellen bei *Ducange* s. v. Senatores.

68. So spricht *Gundobad* bei *Mansi* VIII p. 241 an der Neige des 5. Jahrhunderts: coram senatoribus meis, im Gegensatz zu turba, wo das Wort sogar die vornehmen Burgunder mit umfasst. Vgl. *Gregorius* Hist. Franc. I c. 29: Senatores vel reliqui meliores loci. Der senatores Galliae erwähnt dieser an mehren Stellen und versteht darunter durchaus nicht etwa Würden gallischer Städte: I c. 29: Primus Galliarum senator; II c. 21 (Sidonius): de primis Galliarum senatoribus; II c. 33. *Idem* De vitis patrum c. 6: qui ita de primoribus Senatoribus fuerunt, ut in Galliis nihil inveniatur esse generosius atque nobilius.

69. T. 54, 2. Vgl. *Savigny*, Ueber die röm. Steuerverfassung, in den Abhandl. der Berl. Ak. von 1822—1823 p. 1—26; Vermischte Schriften II p. 67 ff., bes. p. 76; *Gaupp*, Ansiedl. p. 65—73, bes. p. 66, u. p. 333.

ment kann aus dem Worte senatores bei Marius entnommen werden [70].

Die Lex Burgundionum kennt nun zwei Arten von Grundstücken, indem sie die colonicae (sc. terrae) dem übrigen liegenden Gute entgegensetzt [71], was zu der Frage drängt, wie es gehalten wurde, wenn ein possessor etwa mehre Grundstücke hatte, worunter eines vielleicht von Colonen [72] bewirthschaftet wurde. Erhielt er trotzdem nur einen hospes? oder bekam er mehre, für jedes Grundstück einen? Zweifellos waren die einzelnen Grundstücke Gegenstand der Verloosung, nicht etwa die Besitzer derselben [73]. Nicht nur, dass schon der Ausdruck des T. 54: ex eo loco, in quo ei hospitalitas fuerat delegata darauf hinweist, auch die Thatsache, dass in T. 67 colonische Grundstücke als im gemeinsamen Besitz der Colonen und burgundischer Ankömmlinge befindlich erwähnt werden, findet so ihre beste Erklärung [74].

Da jeder Burgunder seinen hospes in einem possessor erhalten hat, die possessores aber Privateigenthümer sind, so erhellt, dass die Güter des Kaisers oder des Fiscus nicht mit zur Vertheilung gekommen sind [75].

Schwieriger als bei den Römern ist die Feststellung der theilenden Personen bei den eingewanderten Barbaren. Kam ja doch ein Volk mit Kind und Kegel! Musste doch schon desshalb eine Grenze gezogen werden zwischen denen, die mit theilen durften, und denen, für welche diese Theilung mitbestimmend war! Maassgebend für die Lösung dieser Frage ist die Einsicht in das Wesen der in der Lex Burgundionum erwähnten faramanni. Leider giebt nur eine Stelle des Gesetzbuchs [76] von ihnen Kunde.

---

70. Vgl. auch *Eichhorn* I p. 156 n. m; *Savigny*, Gesch. d. r. R. I p. 298; *Gaupp* a. a. O. p. 333.

71. L. B. T. 38, 7; T. 67.

72. Deren Stellung wird bei der Betrachtung des »Volkes« im zweiten Theile näher erörtert werden.

73. Ders. Ans. *Savigny*, Gesch. d. R. I p. 297. 298. Vgl. auch *Eichhorn* I p. 153 n. f.

74. Die Erklärung, die *Gaupp*, Ansiedl. p. 342 von T. 67 giebt, ist viel komplicirter als nötig.

75. Die in l. 7 C. Th. VII, 8 De metatis erwähnten possessores der kaiserlichen Hausgüter können schon wegen T. 54, 1 nicht in Betracht kommen.

76. T. 54, 2 u. 3. Durch eine auf den ersten Anblick sehr glänzende Conjektur gewinnt *Bluhme*, der burgundische Reichstag zu Ambérieux, Jahrbuch V p. 232 in T. 107, 1, vergl. M. M. L. L. III p. 577: Burgundiones, qui in fara venerunt, was er sogar in den Text des Gesetzes nimmt, während sämmtliche Codices haben: qui infra venerunt. Durch

Die etymologische Erklärung des Wortes einer sachkundigen Hand überlassend[77], kann uns nur die sachliche beschäftigen. Sie richtig aufzufassen ist unmöglich, ohne vorher das Verhältniss zwischen faramanni und Burgundiones in der Lex Burg. T. 54, 2 festgestellt zu haben.

die unseres Erachtens unzulässige Verlegung des besagten Gesetzes aus der Zeit seiner wahren Entstehung unter Godomar nach 501 gewinnt diese Conjektur an Schein. Allein bei richtiger Auffassung der Verhältnisse können wir an dieser Stelle ein Wort, welches »von unten herauf« bedeutet und auf eine Zurückwanderung aus den untern Rhonelanden in das burgundisch gebliebene Land schliessen liesse, ganz ausgezeichnet brauchen. So glaube ich die sehr scharfsinnige Conjektur nicht annehmen zu dürfen.

77. S. *Wackernagel* über die faramanni in der Beilage. Die Haupthülfsmittel derselben sind *Paulus Diacon.* II, 9: faras hoc est generationes vel lineas; **Longobard.** Wörterbuch bei *Haupt*, Ztschr. f. d. deutsche Alterth. I p. 552, im codex Vaticanus, »fara, genealogia, generatio«, in dem von La Cava: »fara id est parentela.« (Auch bei *Waitz*. Verfass.-Gesch. 2. Aufl. I p. 77, n. 2.) Die Stelle des *Ed. Roth.* c. 177 (ed. Neigebauer): De homine libero, ut liceat cum fara sua migrare lässt es auf den ersten Blick unklar, ob fara heisse »mit seiner Familie« oder etwa »mit seinem fahrenden Gut«. Der letzt. Ans. *Graff*, Althochd. Sprachschatz III p. 572 s. v. fara und nach ihm *Derichsweiler* a. a. O. p. 163. Allein das Wort kommt nie in diesem Sinne vor. Auch ist das Fahrende nur Gegensatz zum Liegenden ahd. faranti scaz und unfaranté scaz à: vgl. *Grimm*, Deutsches Wörterbuch s. v. fahrend; man müsste also eine Participialform erwarten. Auch bedeutet migrare oft schon »mit Hab und Gut wandern«; vgl. *Cicero* in Verrem 2, 2, 36: Verres domo ejus emigrat; atque adeoexit; nam jam antea migrarat (d. h. er hatte Alles ausgeräumt); *Salvianus*, De gubern. Dei ed. Rittershus. L. V p. 149; vgl. *L. Sal.* ed. Merkel T. 14, 4 u. 5. Wenn nun aus dem langobard. Gesetze: et noluerit cum eum permanere vel cum heredis ipsius, erhellt, dass die Erben mit dem liber homo wandern, so sind wir berechtigt, hier fara für die engere Familie zu nehmen. S. auch *Zimmerle*, Deutsches Stammgutssystem p. 18. — Die Erklärung der faramanni als »fahrender Leute« von *Zoepfl*, Deutsche Rechtsgeschichte, 3. Aufl. p. 280 n. 81 und die vieldeutige von *Wurstemberger*, Gesch. d. alt. Landsch. Bern I p. 213. 215 bei Seite lassend, herrschen über sie folgende Hauptansichten: *Pertz*, Hausmeyer p. 144 übersetzt Burgundofarones: die grossen Leute aus Burgund, die faramanni; *Grimm*, R. A. I p. 270. 468 (vgl. Gesch. d. deutsch. Sprache II p. 707) denkt an Adelige (dagegen schon *Gaupp*, Ansiedl. p. 338; *Maurer*, Wesen des ält. deutschen Adels p. 46 ff.); *Leo*, Gesch. der italien. Staaten I p. 69 n. 4 hält die farae des Paulus für militärische Abtheilungen: ihm stimmen *Eichhorn*, Deutsche Staats- u. R.-Gesch. I p. 85 und *Derichsweiler* a. a. O. p. 162. 163 zu, und meinen den farae als solchen milit. Abtheilungen sei eine Gegend zur hospitalitas zugewiesen worden; *Bluhme*, Reichstag (Jahrb. V p. 232) erklärt fara mit Sippe, kameradschaftliche Verbrüderung, Volk, Gefolgschaft. Entschieden protestiren muss man aber gegen seine Identificirung der faramanni mit den langobard. arimanni und exercitales, die nichts für sich hat, als einen gewissen Gleichklang der Worte: M. M. L. L. III p. 558 n. 40. Dagegen schon *Waitz*, Goett. gel. Anz. 1861 p. 2028; V.-G. 2. Aufl. I p. 77 n. 1. *Waitz* selbst V.-G. 1. Aufl. I p. 221 übersetzte sie mit Geschlechtsgenossen und hielt sie für dieselben wie die theilenden Burgunder schlechthin; neuerdings hat er leider in den Goett. gel. Anz. 1861 p. 2028 diese Identität wieder in Frage gezogen und

Der T. 54 kündigt sich an als Ergänzung der zur Zeit der definitiven Landabtheilung erlassenen praeceptio; in § 1—3 strebt er den Schutz der römischen possessores gegen Uebergriffe von gewisser Seite an. Diese gehen im § 1 aus von den durch den burgundischen König selbst mit Land Ausgestatteten; im § 2 und 3 von den faramanni. Der § 2 enthält eine lediglich auf neugerodetes Land bezügliche Bestimmung; nur auf es bezog sich also der sehr partielle Uebergriff der faramanni, welcher offenbar in einer Verkennung des Verhältnisses der exarta zu den silvae seinen Grund hatte. Hofft ja doch auch der Gesetzgeber, den Missbrauch völlig dadurch zu heben, dass er deren wahres Verhältniss zu einander nun ausspricht.

Die faramanni also — soweit ist der Sinn der Stelle ganz unzweifelhaft — haben novam nunc et superfluam compositionem et calumpniam bezüglich von Rodland gegen die possessores erhoben[78], deren unrechtmässige Beschwerung und daraus entstandene Unruhe der Gesetzgeber zu beseitigen trachtet. Hierbei fällt zunächst auf, dass nicht die faramanni, wohl aber dieser ihr Anspruch eine neue Erscheinung genannt wird. Dieser Anspruch ist ein gerichtlicher und wird als ein superfluus verdammt, d. h. nach dem mittelalterlichen Sprachgebrauche: als ein zu weit gehender[79]. Dass die faramanni nicht erst in das Land kommen, ergiebt auch der § 3, wo eine für die faramanni bestehende Bedingung als fernerhin beibehalten bezeichnet wird[80]. Wären sie neue Ankömmlinge, ihre Bescheidenheit, nur wenig fruchtbares Rodland zu fordern, müsste Verwunderung erregen. Es ist also unmöglich, in ihnen nachgewanderte Burgunder oder gar andre Barbaren zu erkennen.

Andrerseits stehen die faramanni mit ihren Forderungen den possessores gegenüber; dass sie also nicht etwa Römer sind, dass nur die gekommenen Burgunder solche Ansprüche zu erheben vermögen, liegt auf der Hand. Somit kann nur noch die Frage entstehen: sollen vielleicht die faramanni als eine besondere Klasse der

---

will, worin *Derichsweiler* a. a. O. p. 162, 163 ihm folgt, sie von den übrigen Burgundern trennen; *Gaupp* endlich, Ansiedl. p. 338, 339 und ebenso *Matile*, Etudes sur la loi Gombette p. 257 und *Walter*, Deutsche Rechtsgesch. 2. Aufl. I p. 29, denken an Hausväter.

78. Ueber calumpnia vgl. Th. II, bei der Klage in der Darstellung des Processes.

79. *Du Cange*, Glossarium s. v. Superfluus.

80. T. 54, 3: Simili de curte et pomariis circa faramannos conditione servata . . . . .

Burgunder den schon mit Land Ausgestatteten unter diesen entgegengesetzt und, wie Waitz und Derichsweiler annehmen, angewiesen
werden, sich mit ihren Ansprüchen an diese zu halten? Wäre diess
der Fall, so liessen sich unter ihnen nur die nachwachsenden land-
bedürftigen Geschlechtsgenossen begreifen. Diese hätten gegen die
possessores Ansprüche erhoben auf einen bestimmten Theil des Rodlandes, der curtis und des Obstgartens, nicht aber des Ackerlandes.
Allein eine solche Annahme ist völlig unmöglich. Das Gesetz würde
dann schon eine Abtheilung des Waldes zwischen faramanni und Burgundern voraussetzen. Es bestimmt aber lediglich und allein, dass
die Abtheilung der exarta nach denselben Quoten stattfinden soll,
wie die der silvae: »weil — wie es sich ausdrückt — schon lange
eine Satzung besteht, und wir es wiederholen, dass ganz allgemein
die Hälfte des Waldes dem Römer zugehöre«. Also weil die Hälfte
des Waldes dem Römer gehören soll, muss sich der faramannus
mit seiner Rodlandsforderung an den Burgunder halten?

Alle Zweifel endlich, dass in T. 54, 2 der faramannus mit seiner Forderung nicht an den Burgunder gewiesen wird, beseitigt der
§ 9 in seiner gereinigten Form: »es wird — sagt dieser bezüglich
des Hofes und des Obstgartens — für die Faramannen die gleiche
Berechtigung beibehalten, sie sollen davon den Römern nur die Hälfte
wegnehmen.« Also sollen sie in § 2 auch von den exarta nur die
Hälfte beanspruchen. So ist denn auch in T. 13 nur von einer Theilung des Waldes nach Hälften zwischen Burgundern und Römern
(nicht Faramannen) die Rede; nur diese kann in T. 54 vorausge-
setzt werden. Soll ihr Verhältniss auf die Theilung der exarta unter
denselben Personen, die den Wald theilten, angewendet werden, so
können die Theiler des Rodlandes auch nur die Burgunder und die
Römer sein, ebenso wie bei der curtis und den pomaria.

Nachdem T. 54, 1 das Verfahren der vom Könige Begabten
gerügt hat, wenden sich die folgenden §§ 2 und 3 auf die Missbräuche der Burgunder gegen die possessores überhaupt. Der Gesetzgeber bedarf eines Ausdrucks, um alle und nur die Burgunder zu
bezeichnen, welche die Theilung der terrae zu ⅔ mit ihren römischen hospites vollzogen haben. Der Ausdruck Burgundiones ist zu
weit, und so wählt er faramanni für die Volksgenossen, welche diese
Theilung mit den possessores vorgenommen haben.

Wie er grade dieses Wort wählen konnte, ist Sache etymolo-
gischer Erklärung. Wer denn aber der war, welcher im einzelnen

Falle die Theilung vornahm, diess zu bestimmen genügt die Wahrnehmung, dass jeder einzelne Ankömmling seinen römischen hospes hat, verbunden mit der Betrachtung der Verhältnisse. Es musste ja, da ein ganzes Volk mit Männern, Frauen und Kindern kam, festgesetzt werden, wer burgundischer hospes sein sollte. Da lässt sich kaum eine andre Grenze denken, als die natürliche, dass der verheirathete Mann für sich und seine Kinder, wenn er deren hatte, zur Ziehung eines Looses berechtigt war [51]. Also nicht ausgedehnte Geschlechter, sondern die Familien in engster Beschränkung werden zusammen angesiedelt.

2. Quoten und Zeiten der Landtheilungen.

Sehr richtig macht Gaupp [52] darauf aufmerksam, wie die Vorstellung eine irrige sei, die Germanen seien heute gekommen und morgen zur Theilung geschritten [53]. Allerdings lag zwischen der Ankunft und der Theilung noch Manches in der Mitte, und wenn es auch Beispiele gab, wie das oben von den Alanen angeführte, dass eine solche Maassregel mit rascher Gewalt vollzogen wurde, so fehlte den Burgundern die dazu nötige Energie der Rohheit.

Es werden nun vier Bestandtheile der vertheilten Grundstücke unterschieden: 1. das Haus mit dem Hof und dem Obstgarten [54]; 2. der Wald [55]; 3. die Haide, campus [56]: als »unbebautes Feld, worauf Gras und wilde Blumen wachsen«, bezeichnet sie Jakob Grimm [57]; sie war offenbar das Weideland; 4. das Ackerland: der ager, die terrae. Hört man von einer Theilung der terrae und der mancipia, so möchte man die terrae für das gesammte unbewegliche Gut halten. Allein nach T. 54 sind die terrae zu ²/₃ auf die Burgunder übergegangen, während der Wald immer noch zu ¹/₂ von den Römern besessen

Bestandtheile der Grundstücke.

---

81. Sachlich richtig also nur *Gaupp*, Ansiedl. p. 338. 339 und die ihm Folgenden; vgl. oben n. 77 a. E. Nur giebt er gar keine Gründe für seine Ansicht. Der Wahrheit sehr nahe stehend *Du Cange* s. v. faramannus.
82. Ansiedlungen p. 317.
83. So nimmt *Savigny*, Geschichte des Röm. R. im M.-A. I p. 296 an, dass »gleich bei der Eroberung« die Theilung in den bestimmten Quoten vorgenommen worden sei. Wie *Eichhorn* I p. 156 übersehn auch *Savigny* a. a. O. und *Tuerk*, Forsch. auf d. Gebiete der Gesch. Heft II p. 46, dass man von verschiedenen Theilungen sprechen muss.
84. Curtis et pomarium: T. 54, 3.
85. T. 13; 23, 4; 28, 1—3; 54, 2; 67.
86. T. 23, 3; 31. Zweifellos damit identisch ist das pratum: T. 23, 2 u. 4; 27, 2, 4, 6.
87. R.-A. I p. 498. Ihm stimmt bei *Gaupp* a. a. O. p. 328.

wird. Dazu kommt, dass in T. 54, 1 der ager und die Sklaven an die Stelle der ⅓ terrae und der betreffenden Anzahl Sklaven treten[88]. Die terrae sind also das zum Ackerbau bestimmte Land, identisch mit dem ager, was dadurch eine vortreffliche Erläuterung erhält, dass die faramanni versuchen, auf das urbar gemachte Rodland die Theilungsquoten der terrae anzuwenden[59].

Als hospes hätte nun der Burgunder nur ⅓ des Hauses zu fordern gehabt; allein er kam mit seinen Sklaven und Heerden; er bedurfte Raum zur Wohnung, Acker zur Nahrung, Weide für sein Vieh[90]. Wie befriedigte man alsbald seine weit gehende Forderung? Wie fand man sich schliesslich definitiv mit einander ab?

Den Ausgangspunkt zur Beantwortung dieser Frage bildet der oben mitgetheilte T. 54 in Verbindung mit den TT. 13, 31 und 67. Von diesen Quellenstellen stehen nur die TT. 13 u. 31 jetzt noch in der ältesten Redaktion des Gesetzbuchs, deren Abfassungszeit mit Wahrscheinlichkeit ungefähr um 488—490 zu setzen ist[91]. Beide Gesetze eröffnen, dass zur Zeit ihrer Erlassung Wald und Haide noch pro indiviso zur Hälfte von Römern und Burgundern gleichmässig besessen werden. In Folge dessen bestimmen sie, dass jeder Burgunder oder Römer, welcher in einem ihnen Beiden gemeinschaftlichen Walde[92] einen Fleck ausrodet, oder in einer gemeinschaftlichen Haide[93] mit Erlaubniss des Andern einen Weinberg anlegt, diese

---

88. Aehnlich setzt T. 67 terra mit ager identisch und beide dem Walde entgegen.

89. Demnach muss es als Irrthum bezeichnet werden, wenn *Montesquieu*, Esprit des lois, livre XXX c. 8 u. 9 die verschiedenen Theilungsquoten der terrae und der mancipia dadurch erläutern will, dass er sagt: Le Bourguignon qui faisait paître ses troupeaux avait besoin de beaucoup de terre et de peu de serfs, et le grand travail de la culture de la terre exigeait que le Romain eût moins de glèbe et un plus grand nombre de serfs. Gegen *Montesquieu* schon, freilich sehr zaghaft, *Sartorius* a. a. O. p. 216 u. 217, der übrigens die Burgunder auch noch viel zu ausschliesslich als Krieger und Jäger auffasst.

90. Ueber den Unterhalt der Burgunder bis zu der Zeit, bis sie vom eignen Acker ärnteten, verlautet kein Wort. Vgl. *Gaupp* a. a. O. p. 324; *Kaufmann*, Forsch. z. deutsch. Gesch. VI p. 440. *Derichsweiler* p. 36 weiss wieder genau, dass sie »anfangs mit blosser Verpflegung« einquartirt waren.

91. Vgl. in Th. II die Geschichte der burg. Gesetzgebung.

92. T. 13. *Eichhorn*, D. St.- u. R.-Gesch. I p. 339 verkennt, dass hier lediglich vom Miteigenthum der hospites und nicht vom Gesammteigenthum eines Gaues oder kleinerer Gemeinheiten die Rede ist. Ebenso denkt *Rogge*, Gerichtswesen der Germanen p. 40, vgl. p. 101 n. 114, an eine wirkliche Markgenossenschaft, und so fasst es auch noch *Walter*, D. R.-Gesch. II p. 169 n. 15.

93. T. 31.

neue Anlage zu alleinigem Eigenthum erhält, dagegen aber verpflichtet ist, seinem bisherigen Miteigenthümer ein gleich grosses Stück
von Wald oder Haide ebenfalls zum Alleinbesitze anzuweisen.

Zwischen diesen Bestimmungen und dem T. 54 liegt eine Umwandlung in der Mitte. T. 54 ist ein Nachtragsgesetz, jedenfalls später als die erste Redaktion entstanden[94]; er hat den Zweck, Ueber-
tretungen eines früheren zu unserem grössten Nachtheile verlorenen
Gesetzes entgegenzutreten. Dieses verlorene Gesetz gab der Urheber
des T. 54 zu der Zeit, als sein burgundisches Volk ⅓ der Sklaven und
⅓ des Ackerlandes erhielt. Die hierin angedeutete Abtheilung ist also
eine nur partielle, vorzüglich auf das Ackerland sich beziehende und
kann sich schon aus diesem Grund, wie später noch genauer bewiesen werden soll, nur auf eine neue Bestimmung der Quoten erstrecken. Das in Bezug genommene Gesetz muss von Gundobad erlassen
sein[95], da an einen Nachfolger desselben nicht gedacht werden kann, und
die Erwähnung der parentes einen Vorgänger desselben ausschliesst.

Daraus erhellt, dass zwei in ihren Quoten der terrae verschiedene Theilungen angenommen werden müssen; dass die erste bis auf
das verlorene Gesetz von Gundobad dauert, während die andere als
die für die ganze Dauer des Reiches definitive angesehen werden
muss[96].

Wann aber ist die Entstehung dieses Gesetzes anzunehmen? Entweder entstand es vor oder nach der ersten Redaktion, nicht aber
bei derselben, denn T. 54, 1 beweist, dass es als ein einzelnes Gesetz ausging. Dass es vor ihr entstanden sei, wird durch folgende
Erwägung unmöglich. Der T. 67 der Gesetzessammlung, welcher die nur für ein Einzelgesetz passende Einleitungsformel: De
sylvis hoc observandum trägt, später aber dennoch in die erste
Redaktion aufgenommen wurde, ist offenbar das älteste vorhandene
Gesetz über die Landtheilung[97]. Er bestimmt, dass der Wald ganz

94. Ders. Ans. *Gaupp*, Ansiedl. p. 320. 321. Vgl. auch in Th. II die
Geschichte der burgundischen Gesetzgebung.
95. Derselben Ansicht *Gaupp* a. a. O. p. 321; *Mutile*, Études p. 226;
Bluhme M. M. L. L. III p. 557 n. 35.
96. Dadurch, dass *Bluhme*, Reichstag von Ambérieux, Jahrbuch V
p. 207 ff., vergl. M. M. L. L. III p. 575 n. 19 u. 20, den T. 107 mit seiner Bestimmung (§. 11): De Romanis vero hoc ordinavimus, ut non amplius a Burgundionibus qui infra venerunt requiratur, quam ad praesens
necessitas fuerit: medietas terrae ins Jahr 501 setzt, bringt er einige
Verwirrung in den Gang der Landtheilung.
97. Er ist das in T. 54, 2 erwähnte dudum statutum. A. M. freilich
Bluhme, M. M. L. L. III p. 558 n. 42. Seinen Platz in der ersten Redak-

nach demselben Verhältnisse wie das Ackerland, nämlich nach Hälften, zwischen Römern und Burgundern getheilt werden soll[98]. Wenn

nun T. 13 u. T. 31 beweisen, dass ausser dem Acker auch der Wald
und die Haide zur Zeit der ältesten Redaktion noch zu Hälften zwischen Römern und Burgundern getheilt waren, wenn T. 54, 2 die
Beibehaltung dieser Quote wenigstens für den Wald ergiebt und man
aus § 3 lernt, dass Hof und Obstgarten auch nur zu Hälften getheilt
waren und blieben, so stimmen alle Beweise der Quellen darin überein, dass die ursprüngliche Theilung, welche idealiter sofort mit der
Ankunft der Burgunder beginnen musste, nur das unbewegliche Gut
zur Hälfte den neuen Ankömmlingen zu eigen machte[99]. T. 67 dürfte
somit, wahrscheinlich gegeben, um weitergehenden Begehren der wald-
lustigen Burgunder zeitig entgegenzutreten, für eines der ältesten Gesetze aus Gundiok's Zeit gehalten werden. Die erste Redaktion des
Gundobadischen Gesetzbuchs enthält noch keine Spur einer Quoten-
veränderung für die terrae. Es ist somit erwiesen, dass das
mit der Vergrösserung der Familien hervortretende Bedürfniss nach
einem grösseren Grundbesitze, welches besonders in T. 54, 1—3
bezeugt wird, erst nach der Zeit der ersten Redaktion durch die Quo-
tenvergrösserung des Ackerlandes seine Befriedigung finden konnte[100].

Lange nachher dürfte es kaum gewesen sein. Inhalt dieses Thei-

tion beweist T. 54, 2: praecipimus. Er lautet: De sylvis hoc observandum [est]: Quicunque agrum aut colonicas tenent, secundum terrae
modum vel possessionis suae ratam, sic silvam inter se noverint dividen-
dam: [Romano tamen de silvis medietatem in exartis servata.]

98. Der Schlusssatz über die exarta muss für interpolirt gehalten werden. Schon nach der Einleitung will das Gesetz die Theilung des Waldes
regeln. Dieser sollte nach demselben Verhältnisse wie damals noch das
Ackerland getheilt werden. Die Hervorhebung der exarta zur Zeit der Ge-
setzeserlassung ist also rein widersinnig, weil, mochte nun das Rodland
zum Walde oder zum Acker gerechnet werden, die Theilungsquote dieselbe blieb. Ebensowenig stimmt der Schlusssatz aber auch mit T. 54, 2,
denn dieser ist offenbar das Gesetz, welches nach der Erwerbung der ⅓
der agri und hinsichtlich des Rodlands aufsteigende Streitfrage definitiv
regelt. Vielleicht könnte Jemand dem T. 67 die Bestimmung beilegen,
nach der Theilung der Aecker zu ⅔ diese Quote auf den Wald auszu-
dehnen, allein dem steht wieder grade der Schlusssatz entgegen: so dass
wir nur an Interpolation dieses alten Gesetzes aus T. 54, 2 durch den
Zusammensteller des Gesetzbuches zu denken haben. Verkannt von
Gaupp a. a. O. p. 342.

99. *Gaupp's* richtige Vermuthung (a. a. O. p. 326) lässt sich also beweisen. Falsch aber *Sartorius* a. a. O. p. 214, welcher allerdings auch
zwischen einer ersten und zweiten Theilung unterscheidet, die in der
That erste völlig übersieht, die in T. 54, 1 erwähnte zweite für die erste
hält und auf T. 107, 11 eine zweite basirt.

100. *Gaupp* a. a. O. p. 322 und *Matile*, Études p. 254 setzen diese
Theilung einige Jahre nach Gundobad's Thronbesteigung.

lungsgesetzes war nun die den Burgundern ertheilte Befugniss, die Quote des Ackerlandes von ¹/₂ auf ⅔ zu erhöhen, und zum Behufe der Bestellung dieses vergrösserten Grundbesitzes ¼ der römischen Sklaven für sich zu requiriren. Der übrige Besitzstand blieb derselbe.

Die Zeit dieser zweiten Landtheilung würde also ungefähr zwischen 490 und 500 zu setzen sein. Damals hatte das Reich seine grösste Ausdehnung gewonnen. Aus der Notiz des Marius ad a. 456 erkennt man, wie auch in den neugewonnenen Gebieten die Burgunder theilen, um sich dort anzusiedeln [101]. Dem Volke wird sein ursprünglicher Sitz zu enge; das kräftige Vorwärtsdrängen lässt auf eine rasche Vermehrung der waffenfähigen Mannschaft, das vergrösserte Bedürfniss nach Ackerland auf eine erhöhte Zunahme der Kultur schliessen.

Deshalb müssen in den alten wie in den neuen Gebieten Burgunder angesiedelt und muss das Grundeigenthum aufgetheilt gedacht werden. Dabei konnten hier ebensowenig wie dort alle römischen Grundstücke in Anspruch genommen sein; über die Stärke der burgundischen Ansiedlung in den einzelnen Theilen des Reichs fehlen alle Nachrichten.

Dass die anfangs sicher nur ideale Theilung sich erst allmählig in eine reale verwandelte und über den Gang dieser Umwandlung nur das Bedürfniss entschied, beweisen die Quellen [102]. Wald und Weide stehen zur Zeit der ersten Redaktion noch ganz in gemeinschaftlichem Eigenthume, und bei ihnen hat sich dasselbe wohl länger erhalten als beim Ackerlande, für welches Papian T. 17, 3 einschärft: Agri quoque communis nullis terminis delimitati exaequationem inter consortes nullo tempore denegandam [103]. Die Durchführung dieser

---

101. Es ist diess durchaus nicht, wie *Gaupp* (Ansiedlungen p. 318. 319) annimmt, etwas rein Vereinzeltes, sondern lediglich eine Fortbildung in der Sapaudia schon bestehender Zustände. Noch weniger kann man sagen, erst 456 seien die Burgunder dort so Viele geworden, »dass die grösseren Grundbesitzer, senatores, des südlichen Frankreichs es gerathen fanden, sich durch eine friedliche Ländertheilung ihres Schutzes und ihrer Arbeit zu versichern.« So *Bluhme*, Jahrbuch I p. 152; ebenso *Derichsweiler* p. 39. Ganz grundlos zweifelt die genaue Chronologie des *Marius* an: *Sartorius* a. a. O. p. 211 n. 4.

102. *Savigny*, Gesch. d. r. R. I p. 297 denkt offenbar an eine sofortige Realtheilung.

103. Möglich wäre es, dass sich diese Stelle nur auf Miteigenthum der Römer unter einander bezöge, weil die Ordnung der Verhältnisse zwischen Römern und Burgundern Sache der Lex Burg. ist. Allein es liesse sich auch denken, dass der Papian eine für die Römer so wichtige Befugniss noch einmal ausdrücklich statuirt hätte. Dagegen *Gaupp* a. a. O. p. 346 n. 2.

Realtheilung scheint dem Einzelnen überlassen geblieben zu sein; wenigstens dulden die Worte des T. 14, 2: possessores habeant cum Burgundionibus rationem kaum eine andre Auslegung [104].

Nach diesem Allen müsste man glauben, alle burgundischen Familienväter hätten von ihrem hospes bei der definitiven Abtheilung die Hälfte von Hof, Obstgarten, Wald und Haide und ⅔ alles zum Anbau bestimmten Landes erhalten. Allein es gab Burgunder, welche von dem ager nicht ⅔ und von den Sklaven nicht ⅓ erhielten; es gab Bauland, welches nicht zu ⅔ an die Burgunder überging.

Diess kündet uns der schon oben besprochene T. 54.

Wenn auf irgend ein Gesetz, so passt auf dieses, was Gregor von Tours über Gundobad berichtet, dass er nach Beendigung des Bruderkrieges vom Jahre 500 Burgundionibus leges mitiores instituit, ne Romanos opprimerent [105]. Somit ist es allerdings wahrscheinlich, dass es um diese Zeit erlassen wurde. Erweist ja doch auch T. 54, 2 seine baldige Entstehung nach jenem verlorenen Gesetze über die definitive Landtheilung [106]. Denn der Streit über die Theilungsquote des Rodlandes ist noch ungeschlichtet, und da dieser bald nach jenem Gesetze hervortreten musste, bedurfte er auch bald seiner gesetzlichen Regelung.

Diese Missbräuche richten sich nämlich auf zwei Punkte. Gundobad hatte früher eine praeceptio erlassen, dass wer vom Könige oder dessen Vorgängern einen ager mit Sklaven geschenkt bekommen hatte, nicht auch wie die Andern von seinem hospes ⅓ der Sklaven und ⅔ der terrae solle verlangen dürfen. Nichtsdestoweniger hatten sich einige dieser Beschenkten doch erlaubt, ihre hospites über Gebühr in Anspruch zu nehmen. Der Sinn dieser praeceptio könnte nun an sich der gewesen sein, die Beschenkten lediglich auf ihre Schenkung zu verweisen; allein der Ausdruck des T. 54, 1 a. E. deutet darauf hin, dass nur die Quotenerhöhung und die Zuwendung der Sklaven bei ihnen zu ihren Ungunsten nicht hatte Platz greifen sollen. Er bestimmt nämlich, dass diese Begabten unverzüglich dasjenige, was sie von den agri der hospites wider das öffentliche Verbot erhalten hätten, zurückerstatten sollten. Sie erhielten von diesen

---

104. Derselben Ansicht *Gaupp* a. a. O. p. 326.
105. *Gregor. Tur.* II c. 33 a. E.
106. A. M. *Gaupp*, Ansiedl. p. 322.

also. keine Sklaven und von den agri nur die Hälfte[107]. Wohl aber geben ganze Grundstücke durch königliche Schenkung in ihre Hände über[108].

Der zweite Streit zwischen Burgundern und Römern betraf das gerodete Land. Dieses war ja Ackerland geworden. Mit der Erhöhung der Theilungsquote der Aecker musste Streit darüber entstehen, ob das Rodland zu diesen zu rechnen sei oder nicht? In solchem Streite hatte der Burgunder den Schein für sich, und er benutzte ihn; der Römer aber musste diese nova et superflua faramannorum compositio et calumnia[109] um so schmerzlicher empfinden, als er sich den Alleinbesitz seines mühsam gerodeten Stückes durch Einräumung einer gleich grossen Fläche des beiden hospites gemeinschaftlichen Waldes zum alleinigen Eigenthume des burgundischen hatte erkaufen müssen[110]. So bestimmte Gundobad in T. 54, 2, dass wenigstens eine Gleichstellung der exarta mit den silvae hinsichtlich der Theilungsquote stattfinden sollte. Von beiden sollte die Hälfte von den Burgundern verlangt werden können. Resultat dieser Bestimmung war, wenn wir uns einen gemeinschaftlich besessenen Wald in ½ getheilt denken, wovon der Römer eines gerodet hatte, dass der Burgunder zunächst ¼ zu alleinigem Eigenthum erhielt, ½ in gemeinschaftlichem Besitze verblieb, und schliesslich ¼ + ⅛ des Rodlandes noch dem Burgunder anheimfiel[111].

Da nun aber nur Privateigenthum zur Abtheilung gelangte, auf den Bergen und in den Thälern Wälder und Matten sich ausbreiteten, von denen der Einzelne noch keinen Besitz ergriffen hatte, so bestimmt der Papian — und eine analoge Satzung muss auch für die Burgunder bestanden haben —: »das Recht an Wäldern, Bergen

[Marginalia: Rechte der Einzelnen am Gemeindegut.]

---

107. A. M. *Savigny*, Gesch. d. r. R. I p. 298, der glaubt, sie hätten den römischen hospites dasjenige überhaupt lassen müssen, was diese ihnen hätten abgeben sollen. Ders. Ans. *Twerk*, Forsch. Heft II p. 47; ebenso *Gaupp* a. a. O. p. 339. Allein die Fassung des Gesetzes schliesst diese Annahme aus.
108. T. 55, 2. Sane si ex ejusdem agri finibus, quem barbarus (ex) integro cum mancipiis publica largitione percepit, fuerit contentio coepta (so K; die übr. Handschr.: generata) licebit ei, seu pulsatus fuerit, seu ipse pulsaverit, Romano jure contendere. Ueber das Verhältniss der Begabten zum Könige und zu den vergabten Grundstücken s. Th. II im Staatsrecht und Sachenrechte.
109. Deren Inhalt *Gaupp* a. a. O. p. 341 wieder nur vermuthet.
110. T. 13. Siquis Burgundio quam Romanus in silva communi fecit aut fecerit (Bl. liest nur fecerit) aliud tantum spatii de silva hospiti suo consignet, et exartum, quem fecit, remota hospitis communione possideat
111. Ungenau *Gaupp* a. a. O. p. 341.

und Weiden ist ein gemeinsames und steht Jedem nach dem Verhältnisse seines Besitzstandes zu« [112].

Später auftau-
chende Thei-
lungsansprüche. Bisher wurde stillschweigend als aktives Subjekt der Theilung
das Volk angenommen, dessen faramanni ihre sors erhalten. Die
Familien aber vermehrten sich, in den verschiedenen Theilen des
Reiches erschienen burgundische Nachzüglinge aus andern Gegenden
desselben oder auch aus verlorenen Territorien früheren burgundischen Eigenthums [113]. Dass nun nicht jeder einen neuen Haus-
stand gründende Sohn auch einen neuen römischen hospes zugewiesen bekam, steht fest; die Söhne waren an die ihnen sichere
sors des Vaters gewiesen, die sie entweder schon bei Lebzeiten
mit ihm, oder nach des Vaters Tode unter sich abtheilten [114].
Anders wohl, wenn sie auszogen, um sich an andern Orten des
Reiches anzusiedeln. T. 107, 11 [115], ein Gesetz nach dem Eintritt grosser Krisen für das Reich, aus dem dritten Jahrzehend des
sechsten Jahrhunderts, welches mit schonender Hand diese An-
siedlungsfrage neuer burgundischer Ankömmlinge anfasst und ihnen
damals nicht mehr, als für den Augenblick unbedingt nötig, nämlich
gar keine Sklaven und nur die Hälfte des liegenden Gutes zuer-
kennt [116], lässt mit ziemlicher Sicherheit den Rückschluss zu, dass
in der Zeit zwischen der definitiven Landtheilung des Volks mit den
Römern und diesem Gesetz die neu Ankommenden nach den Quoten
der letzteren einen römischen hospes in Anspruch nehmen durften.
Eine Ansicht aber, welcher ich entschieden entgegentreten zu
müssen glaube, ist die auf L. B. T. 57 gegründete: auch die Frei-

---

112. Pap. T. 17. De clausis itineribus et aliis servitutibus. § 4: Silvarum montium et pascui jus, ut unicuique pro rata possessionis sub-
petit esse commune. Ich glaube auf Grund von L. Burg. T. 23, 2, 3, 4;
27, 4 und besonders von 28, 1—3, nicht an Ländereien im Privateigenthum, sondern an Eigenthum der Gemeinden denken zu müssen.
113. T. 107, 11. De Romanis vero hoc ordinavimus, ut non amplius a
Borgundionibus, qui infra venerunt requiratur, quam ad praesens necessitas fuerit: medietas terrae. Alia vero medietas cum integritate mancipiorum a Romanis teneatur nec exinde ullam violentiam paciantur.
Diese Bestimmung aus König Godomar's Zeit (s. Th. II, Geschichte der
burg. Gesetzgebung) verstehe ich von solchen Burgundern, die aus verlorenen Landstrichen in ihr Vaterland zurückkehrten, nicht wie *Gaupp*
a. a. O. p. 342 von solchen, welche aus den Maingegenden oder der auf
dem linken Rheinufer innegehabten Germania prima nachkamen.
114. Die interessanten hier einschlagenden Verhältnisse s. Th. II im
Sachenrecht und Familienrecht.
115. S. die vorletzte Note.
116. Terra ist hier offenbar in einem weiteren Sinne gefasst und bezeichnet nicht nur das Ackerland.

lassung seitens des Burgunders hätte dazu geführt, dass dem Freigelassenen ein römischer hospes zugewiesen und er berechtigt worden wäre, diesem ⅓ der Ländereien abzuverlangen [117]. Es heisst
nämlich hier : Burgundionis libertus, qui domino suo sol. 12 non de-
derint, ut habeant licentiam, sicut est consuetudinis, quo voluerit
discedendi, nec tertiam a Romanis consecutus est, necesse
est, ut in domini familia censeatur.

Da das Hingehen wohin man will und das Sesshaftwerden auf
einer bestimmten Scholle Gegensätze sind, so sind die beiden Theile
des Titels nur alternativ aufzufassen : entweder muss der Freige-
lassene 12 sol. gezahlt oder aber eine tertia erlangt haben [118].

Dieses angebliche Hospitalitätsverhältniss des bald römischen,
bald barbarischen, höchst selten burgundischen libertus steht nun mit
der zweifellosen Thatsache, dass nur der freie burgundische faramannus seinen hospes erhielt, in schneidendem Widerspruch. Ferner findet sich bei der burgundischen Landtheilung die Quote nie
angegeben, ohne dass zugefügt würde, von welchem Ganzen der
Theil stamme [119]. Wenn Gaupp zu tertia ergänzt ⅓ der Ländereien,
so ist diess reine Willkühr und noch dazu nicht genau durchdacht.

Tertia kann keine Landquote sein, die der Römer dem Freigelassenen abzutreten verpflichtet gewesen wäre. Wo das Wort in den
burgundischen Gesetzen allein steht [120], bedeutet es einen Zins von
⅓ des Fruchtertrags [121]. Da auch diese Bedeutung hier unzulässig
erscheint, so glaube ich, dass die Bezeichnung des Zinses auf das
zinsende Gut übertragen worden ist und T. 57 daran denkt, dass
ein Römer den Freigelassenen eines Burgunders zur Uebernahme
eines solchen Gutes zu Zins aufgefordert habe.

3. Bedeutung der Ansiedelung in dieser Form.

Wer könnte zweifeln, dass diese tief einschneidende Art der
germanischen Ansiedelung den römischen Grundbesitzern Anlass zu

Bedeutung der tertia in L. Burg. T. 57.

Härte der An-siedelung für die Römer.

---

117. So *Gaupp* a. a. O. p. 344; *Bluhme*, M. M. L. L. III p. 559 n. 53
denkt, dass der Römer dem Freigelassenen das ihm verbliebene Drittel
der Ländereien verkauft hätte.

118. Diess verkennt schon *Gaupp* a. a. O. p. 344, welcher die 12 sol.
als Voraussetzung des Erwerbs einer tertia ansieht.

119. Vgl. T. 54, 1—3; 67; 107, 11.

120. T. 79, 1 : terram sine tertiis habere.

121. S. Th. II im Sachenrecht : die Verleihung der Güter zu Zins.
Vgl. auch *Gaupp* a. a. O. p. 365—371.

schmerzlicher Entrüstung geworden sei? Freilich musste sich das
sinkende Reich an solche und schlimmere Maassregeln gewöhnen.
Klingt es doch höchst charakteristisch, wenn Ennodius dem ostgothischen Theoderich bewundernd nachrühmt, wie von ihm die Alamannen in die Grenzen Italiens aufgenommen worden seien ohne Beeinträchtigung des römischen Besitzstandes[122]! Der Romano ängstigt
sich bei dem Gedanken an die barbarische hospitalitas, und wo sie
wirklich kommt, ergreift ihn Unmut und Schmerz.

In den burgundisch gewordenen Distrikten war es nicht anders.
Katholische Priester weissagten dem neuen Reiche bei seiner Entstehung schon das Verderben. Ein damals in der Luft verhallender
Schmerzensschrei dringt noch bis zu uns herüber: vor König Hilperik, der zu Genf Gericht hielt, war Lupicinus, der Abt eines Ju-
rassischen Klosters, wider einen burgundischen Höfling klagend auf-
getreten[123]. Höhnisch frug der Beklagte: »Bist du nicht der Lü-
genprophet, der jetzt vor ungefähr zehn Jahren[124] diesem Lande und
seinen Vätern den Untergang weissagte[125]?«

Worauf Lupicinus antwortet[126]: »Verlorener Betrüger, erwarte
den Untergang, welchen ich dir und deiner Sippschaft vorausgesagt
habe! Siehst du nicht, Entarteter, Unglücklicher, dass menschliches
und göttliches Recht von dir und Deinesgleichen durch häufige Ge-
waltthat gegen die Unschuldigen verkehrt wird? Siehst du nicht die
stachligen fasces vor jenem Richter im Pelzkleide? — Warte nur ein

122. Panegyricus, Bibl. max. patr. IX p. 374: Quid? quod a te Alaman-
niae generalitas intra Italiae terminos sine detrimento Romanae possessionis inclusa est.
123. Vgl. über das Folgende die höchst interessante, als Quelle bedeutende und zuverlässige Vita Lupicini, Bolland. AA. SS. 21. März III
p. 263 ff.
124. Da Hilperik kaum nach 470 starb, die Scene aber nach den Worten der Vita selbst frühestens 10 Jahre nach der burgundischen Reichs-
gründung spielte, so muss sie 453—470 fallen; die genauere Bestimmung
unten.
125. Bolland. AA. SS. 21. März III p. 265. Nonne, ait, tu es ille
dudum noster impostor, qui ante hos decem circiter annos, cum civi-
litati romani apicis arroguns derogares, regioni huic ac patribus jam jamque imminere interitum testabaris?
126. Ecce, ait, perfide ac perdite: ruinam, quam tibi tuisque similibus
praedicabam, attende. Nonne cernis, degener et infelix, jus fasque con-
fusum ab tuis tuorumque crebra innocentium pervasione peccatis? Nutare
muriceos pellito sub judice fasces? Tandem respice paulisper, et vide
utrum jura ac jugera tua novus hospes inexpectata jurisdictione sibi non
vindicare praesumat? Quae tamen, sicut te scire non abnuo vel sentire
ita personulam meam unco bicipiti ante regem timidum aut eventu tre-
pidum stigmatis nota turbatum te crevisse non denego.

wenig und sieh zu, ob nicht ein neuer hospes kommen wird, und nach einem Rechte, dessen du dich nicht gewärtigest, deine Rechte und dein Eigen für sich in Anspruch nimmt?«

Den gewaltigen Rechtsbruch in dieser Hospitalität empfand man also in seiner ganzen Schwere. Das allmählig hervortretende Bedürfniss der Burgunder, ihren Landbesitz zu vergrössern, musste Plackereien der mannigfachsten Art für die Romanen herbeiführen. In egoistischem Humor weist wohl der Burgunder den kommenden Fremdling, der um Gastfreundschaft bittet und den er selbst zu beherbergen verpflichtet wäre, an den römischen Nachbar[127]: kleine Nadelstiche, wegen ihrer Kleinheit der Menge am empfindlichsten.

Aber die Wunde heilt und mit ihr der Schmerz der Wunde. Verglichen mit den früheren römischen Zuständen begann über das kranke Land ein Hauch der Lebensfrische zu wehen. Die Germanen brachten ein kräftiges Gemeinwesen, Ordnung und trotz der hospitalitas wohlthuende Gerechtigkeit. Sie brachten den entnervten römischen Landen eine neue Volkskraft. Und selbst das, was sie von den Romanen empfingen, alle Schätze der grösseren Bildung dieser, gereichte den Spendern zum Vortheil.

Denn hier wird der Empfangende, auch wenn er als Sieger kam, bald zum Ueberwundenen: der Gebende aber erzwingt sich durch seine geistige Ueberlegenheit die Achtung, die ihm seine Schwäche zu rauben schien. In allen socialen Beziehungen musste bald die Ueberlegenheit des römischen Wesens über das germanische eintreten. Während nur selten der feinere Römer, wie Apollinaris Sidonius von Syagrius meldet, sich die rauhen Klänge der germanischen Sprache aneignet, und dann wegen dieser wahrhaft weisen Mühe des Spottes seiner noch feineren Freunde theilhaftig wird[128], lernt der gelehrigere Barbar bald das Lateinische verstehen. Ueberraschend schnell finden einzelne römisch-rechtliche Anschauungen bei den Burgundern Anwendung, und in kurzer Zeit ist eine fremde Sprache die Sprache der Gesetze, in welchen nur sehr wenige germanische Bezeichnungen erhalten sind.

Auf keine Weise konnte aber der Zwang der Verschmelzung

Die Bildung des romanischen Staates.

---

127. T. 38, 6. Si in causa privata iter agens ad Burgundionis domum venerit et hospitium petierit et ille domum Romani ostenderit. . . . .

128. *Sidonius* Ep. V, 5 an Syagrius . . . . immane narratu, quantum stupeam, sermonis te Germanici notitiam tanta facilitate rapuisse. Das Erstaunen wird erhöht, weil Syagrius Nachkomme eines Consuls und eines Dichters ist!

der Nationalitäten besser vollzogen werden, als durch die Art der Ansiedelung. Wie die Felder des Schachbretts durchsetzen sich die Wohnsitze der alten und der neuen Bewohner[129]. Die Romanen traten zu den Germanen in das diesen so wichtige Nachbarnverhältniss. Keine Nation blieb kompakt genug, um ihren Einfluss allein zur Geltung bringen zu können, die Zersplitterung zerschnitt die Entwickelung der Volkseigenthümlichkeit: beide flossen in einander und gingen auf in einem neuen politischen Gemeinwesen. So bildet die Landtheilung das Wappen des aus der Vermischung germanischer und römischer Elemente entstehenden romanischen Staates.

Die Burgunder nach der Ansiedelung. In einer Beziehung allerdings setzten sich die Burgunder den Römern gegenüber in eine vortheilhaftere Lage: das Resultat der Ansiedelung war die Ausstattung jedes freien Germanen mit seinem Grundstück. Auch sie wurden possessores[130]; ein burgundisches Proletariat, ein Gegenstück zu dem sehr zahlreichen römischen, gab es nicht.

Nicht nur für die Auffassung des neugegründeten Reiches aber, sondern auch für die Erkenntniss des Charakters und der Beschäftigung des angesiedelten Volkes ist die Art der Ansiedlung maassgebend.

Wir sehen das rasch erbaute Haus (domus)[131] inmitten des Hofes (curtis)[132] stehen, auf welchem sich die Ställe[133] für das Vieh befinden. Daran schloss sich wohl der Garten, in welchem das Obst gezogen wurde[134]. Das Haus mit den umliegenden Ländereien hiess auch villa[135].

Die gesammten in Kultur genommenen Ländereien sind der Einöde, dem unkultivirten Lande entgegengesetzt[136]. Hier wird dem

---

129. Sehr gut erläutert durch T. 38, 6; s. oben n. 127.

130. Wenigstens scheint in L. B. T. 89, 1 der Ausdruck Sigismunds: »tam de nostris quam de possessorum agris« den Gegensatz der königlichen zu den übrigen Ländereien zu bedeuten. So gebraucht l. 7 C. Th VII, 8 De metallis, possessores nostri für die possessores des kaiserlichen Rescribenten. Freilich fasst *Bluhme* M. M. L. L. III p. 570 N. 97 die possessores an jener Stelle nur für Römer, allein ich glaube mit Unrecht.

131. T. 14, 1 u. 2; 38, 6; 49, 4; 92, 2; 99, 1; 108.

132. T. 23, 3; 54; 3; 92, 1 u. 3.

133. Der Name dafür ist clusurae; T. 23, 3; 49, 2; 89, 5 u. 6. Dass sie auf der curtis befindlich, beweist T. 49, 1, wo die gepfändeten Thiere von dem Pfänder ad domum suam claudenda geführt werden; vergl. mit T. 23, 1, wo sie der Eigenthümer eigenmächtig de curte per vim abstullerit.

134. T. 25, 1; 54, 3: pomarium.

135. T. 38, 9.

136. T. 72: Si quis pedicam fecerit extra culturis et in desertis posuerit . . . .

Wolf[137] um ihn zu jagen, auf dem eigenen Grund und Boden wohl mehr um die Heerde zu schützen, die Falle gelegt: dort soll ihn die Fussangel lebendig festhalten, hier der Pfeil eines selbstschiessenden Bogens töden[138]. Die Burgunder sind nicht mehr das Volk der Jagd, welches man häufig aus ihnen hat machen wollen. Wenn auch ihre Jagdhunde bellten und die Jagdfalken stiegen[139], das eigene Land diente an erster Stelle anderen Zwecken.

Das Laub der Wälder wird zur Mast benutzt[140]; ihre Bäume werden unterschieden in arbores fructiferae, welchen der Gesetzgeber ausdrücklich Pinien und Fichten gleichgestellt wissen will[141], und in die arbores sine fructu et jacentivae[142]. Die Identität der letztern ist mir zweifelhaft. Auch hiebei wird das Fruchttragen wohl mit Hinsicht auf die Mast verstanden werden müssen[143].

Jeder Burgunder holte sich im eignen Walde, oder fehlte dieser, im Walde eines Andern sein Holz für Brand und Bau.

Ausser dem Walde ist der campus (die Haide) und das pratum (die Wiese) für die Weide bestimmt.

Von weit grösserer Bedeutung sind nun die Ländereien, die bebaut werden, um direkt die Früchte aus ihnen zu gewinnen: der ager und die terrae im engern Sinne; diese zerfallen in die eigentlichen Getreidefelder, messes[144], und die vielfach angelegten Weinberge[145]. Wir sehen bei der Abtheilung die Burgunder von diesen Ländereien eine grössere Quote nehmen[146]; wir erkennen, wie der Wald gerodet[147], die Haide bebaut wird[148], um sie in Felder und Weinberge zu verwandeln. Das Volk wendet sich immer intensiver dem Ackerbau zu.

Schützende Zäune von verbundenen Pfählen umgeben die einzelnen Felder, Weinberge und Wiesen[149], besonders um das Eindringen fremden Viehes abzuhalten. Zur Zeit der Reife bewacht der

---

137. Er ist seltsamer Weise wieder hier auch, wie so oft in der Rechtssprache, Repräsentant des Jagbaren.
138. Vgl. T. 72 mit 46.
139. T. 97 und 98.
140. T. 23, 4: Si cujuscumque porci dampnum faciunt in silvis glandiferis.
141. Vgl. hierüber T. 28, 1—3.
142. T. 28, 1—3.
143. Ueber die Eintheilung der Bäume vgl. *Grimm*, R. A. II p. 506.
144. T. 23, 1, 2, 4; 27, 1, 4, 6; 41, 1 u. 2; 63; 64, 1.
145. T. 23, 2, 4; 27, 2, 7, 9; 31, 1 u. 2; 89, 1—4; 99, 1; 103, 1, 2, 6; 106.
146. vgl. oben p. 29.
147. Der exarta wird in T. 41, 1; 54, 2; 67 Erwähnung gethan.
148. T. 31.
149. T. 27, 1 u. 2; vgl. 23, 2; 46, 1 u. 2.

custos die Frucht wider Mensch und Thier[150]. Bestimmte Grenzzeichen sondern die Gründe verschiedener Eigenthümer von einander[151], und so steht fines sui für das gesammte liegende Gut[152].

Zweites Kapitel. Die Zeit des Aufblühens bis zum Sturze des Westreichs.

So losgelöst von der Grundlage einer einheitlichen Volksthümlichkeit trat das Reich in die Geschichte. Ueber seinen ersten Zeiten ruht oft tiefes Dunkel. Wir hören wohl von dem schnellen Wechsel der römischen Kaiser, aber fast nichts über die Geschicke eines in der Stille sich stärkenden Reiches. Da das rasch Vergangene meist rasch vergessen wird, so hat die kurze Geschichte des burgundischen Königreichs keinen Gregor gefunden.

Die Könige Gundiok (437?—473 oder 474) u. Hilperik (vom 437 (?) bis um 470).

Die beiden Herrscher des Volks zur Zeit der Ansiedelung waren Gundiok und Hilperik[153], zwei Brüder, von deren einem Gregor von Tours meldet, er sei aus dem Geschlecht des westgothischen Königs Athanarich des Verfolgers entsprossen[154]. Mit welchem Rechte und auf welche Weise beide zur burgundischen Herrschaft gekommen sind, ist dunkel. Verwandtschaftliche Beziehungen der Familie Gundiok's mit dem westgothischen Könige lassen sich mit Wahrscheinlichkeit vermuthen, aber nicht nachweisen[155]. Dass ein neues Geschlecht wohl

---

150. T. 89, 4; 103, 2.
151. T. 55, 3 u. 4: termini.
152. T. 49, 3.
153. Zusammen erwähnt sie zuerst *Jordanes*, De Getarum sive Gothorum origine et rebus gestis; cap. 44 (ed. Closs p. 156) für das Jahr 456. S. die Stelle unten bei diesem Jahre. Die Namensformen für Gundiok sind sehr wechselnd. Pabst Hilarius bei *Mansi* Coll. Concil. VII p. 936: Gunduicus; *Jordanes*: Gnudiuchus; andre Handschr. Gnunediuchius, wo überall in der ersten Sylbe n und u versetzt sind; *Gregor Tur.* II c. 28: Gundeuchus; andre Handschr. bei *Bouquet*, Recueil II p. 175 n. o: Gundiocus (der sog. Fredegar c. 17, das. p. 398 Gundiochus), Gundouchus. Der *Continuator Prosperi* ad a. 457 (ed. Hille p. 16): Gundiocus. — Der Name Hilpericus variirt nur mit Chilpericus; jene Form hat *Jordanes* a. a. O. und die Vita Lupicini Boll. März III p. 265, diese *Apollinaris Sidonius* Ep. V, 6 und die fränkischen Quellen.
154. *Gregor Tur* II c. 28: Fuit autem et Gundeuchus rex Burgundionum ex genere Athanarici regis persecutoris; dagegen *Valesius*, Rer. Franc. L. V p. 233.
155. *Mascov* in seiner trefflichen »Geschichte der Teutschen« Anmerk. II

vermöge eines förmlichen Folgerechtes den Thron bestieg, erhellt aus der Doppelherrschaft der beiden Brüder, deren Anspruch auf die Königswürde der gleiche gewesen sein muss; dass aber dennoch die späteren burgundischen Könige sich eines engen Zusammenhanges mit dem vernichteten Hause bewusst geblieben sind, dafür spricht eine Aeusserung von Gundiok's Sohn Gundobad in T. 3 der Lex Burgundionum, welcher unter seinen Vorgängern in der Königsherrschaft nicht nur Vater und Oheim versteht, sondern die Reihe mit Gibica beginnen lässt und sie über Gundomar, Gislahar, Gundahar auf seinen Vater herabführt. Dadurch lag die Verführung nahe [156], auch eine direkte Abstammung Gundiok's von Gundahar anzunehmen. Allein wenn zwei völlig glaubwürdige Quellen sich in der Art ergänzen, dass die eine den Untergang des alten, die andere die Thronbesteigung eines neuen Geschlechtes meldet, so hat die Geschichte keine Wahl mehr [157]. Andrerseits ist es höchst unwahrscheinlich, dass die neuen Könige nicht einem durch vornehme Verwandtschaft hervorragenden burgundischen Geschlecht angehört haben sollen: die Wahl des an Könige gewöhnten Volkes mochte es unmittelbar nach Gundahar's Tode auf den Thron heben.

Von der Niederlassung in der Sapaudia an gehen acht Jahre über das neugegründete Reich, ohne dass uns darüber irgend eine Kunde erhalten wäre [158]. Das Volk musste sich in die neuen Verhältnisse erst einleben. Erst allmählig konnte sich ein Verständniss mit

---

sub 3 macht den Versuch, die von *Gregor* angeführte Verwandtschaft durch die Gemahlin des Gundiok, welche eine Schwester des von einer Tochter des Westgothen-Königs Wallia geborenen Ricimer war, zu vermitteln. Allein selbst wenn die Verwandtschaft Wallia's mit Athanarich nachgewiesen wäre, erschiene dieser Versuch vergeblich. Allerhöchstens könnte *Gregor*'s Bezeichnung dann auf Gundobad passen. Vgl. auch *Gaupp*, Ansiedl. p. 282.

156. Und eine Reihe von Schriftstellern hat versäumt sie zu vermeiden. So *Valesius*, Rerum Francicarum libri VIII L. III p. 138; *Mascov* a. a. O. Buch X c. 22; *Muellenhoff* in *Haupt's* Zeitschrift X p. 154; *Fauriel*, Hist. de la Gaule méridionale I p. 237; *Pétigny*, Etudes sur l'histoire de l'époque Mérovingienne II p. 47 n. 1; *Bluhme* in *Becker* und *Muther*, Jahrbuch für gemeines deutsches Recht I p. 53 u. 54; *Derichsweiler*, Geschichte der Burgundon p. 129 ff.

157. Gegen diese direkte Abstammung schon *Schurzfleisch*, Historia veteris regni populique Burgundionum cap. 3, in dessen Disputationes, Leipzig 1699 und neuerdings *Gaupp* a. a. O. p. 282; *Waitz*, Forsch. z. deutsch. Gesch. I p. 9; *Wietersheim*, Gesch. der Völkerwanderung IV p. 427 n., der fälschlich von ohnstreitiger römischer Mitwirkung bei ihrer Thronbesteigung spricht; *Wurstemberger* I p. 204, der die rein burgundische Abstammung Gundiok's zu bestimmt behauptet.

158. Was *Derichsweiler* a. a. O. p. 36 von einer Theilung der Burgun-

den alten Einwohnern anbahnen; die Kluft zwischen den übersät-
tigten, überbildeten Römern und der rohen, jugendfrischen, aber
empfänglichen Volkskraft des germanischen Stammes bedurfte der
Ausfüllung wenigstens bis zu einer gewissen Höhe. Noch ruhte das
Bewusstsein der religiösen Verschiedenheit zwischen den Ankömmlingen und ihren hospites, dessen dämonische Kraft sich erst später
entfesseln sollte.

Die Burgunder und ihre Herr-scher Arianer. Denn die Burgunder kamen mit arianischen Herrschern und selbst
dem arianischen Glauben zugethan in ein katholisches Land. Zwar
erzählt Orosius[159] von ihnen, sie hätten am Rhein den katholischen
Glauben angenommen, gehorchten katholischen Priestern und lebten
dort mit den Galliern nicht wie mit Unterworfenen, sondern wie mit
christlichen Brüdern.

Allein der kundige Bischof Avitus[160] bezeugt von Gundobad,
wie dieser angeblich aus Furcht, nicht mit der arianischen Volks-
Religion in Widerspruch zu treten, den Uebertritt zur katholischen
Kirche geweigert habe. Das burgundische Volk war also arianisch[161],

der bei ihrem Eindringen in Gallien in zwei gesonderte Heerhaufen unter
zwei Führern meldet, von denen nur Hilperik 443 sich in der Sapaudia
niedergelassen habe, während Gundiok »an der Spitze andrer Burgunder-
schwärme ein umherziehendes Abenteuerleben fortführte«, entbehrt
jeder Begründung. Die Stelle des *Continuator Prosperi* ad a. 455: At
Gippidos Burgundionos intra Galliam diffusi repelluntur sagt hievon gar
nichts, und warum der Abt Lupicinus nur Hilperik in Genf antrifft, wird
unten seine Erklärung finden.

159. Historia eccles. VII, 32: . . . quamvis providentia Dei omnes Chri-
stiani modo facti catholica fide, nostrisque clericis quibus obedirent re-
ceptis blande mansuete innocenterque vivant, non quasi cum subjectis
Gallis sed vere cum fratribus christianis.

160. Man vgl. die bittere Anspielung auf Gundobad in dem berühmten
Briefe des *Avitus* an Chlodovech (Ep. 41): Solent plerique in hac eadem
caussa, si pro expetenda sanctitate credendi aut sacerdotum hortatu aut
quorumcumque sodalium suggestione moneantur, consuetudinem generis et ritum paternae observationis opponere, mit den,
freilich fingirten Worten des Avitus an Gundobad bei *Gregor* II c. 34:
Tu vero, cum sis rex et a nullo apprehendi formides, seditionem pavescis
populi, ne creatorem omnium in publico fatearis? Relinque hanc stulti-
tiam et, quod corde te dicis credere, ore profer in plebe. Damit stimmt
auch allein *Gregor* II c. 9: Burgundiones quoque Arrianorum sectam
sequentes habitabant trans Rhodanum, qui adjecet civitati Lugdunensi.
Vgl. auch *Prosper Tiro*, Chr. ad a. 451.

161. Der Einzige, der bisher unsers Wissens die Unmöglichkeit der
Wahrheit des Orosischen Berichts ausgesprochen hat, ist *Pétigny*, in seinen Etudes II p. 50; und doch ist die richtige Auffassung dieser Sachlage, der sich auch noch *Derichsweiler* a. a. O. p. 23 verschliesst, von
nicht geringer Wichtigkeit für die burgundische Geschichte. Bisher nahm
man gewöhnlich Ansteckung der Westgothen als Grund des Uebertritts
zum Arianismus an: so schon *Valesius* Rer. Franc. L. III p. 137, 138;
J. Grimm, Deutsche Mythol. p. 2; *Gieseler*, Kirchengesch. I, 2 p. 341:

und der weit entfernte afrikanische Schriftsteller irrte, wenn er dessen Verträglichkeit mit den im Glauben von ihm thatsächlich verschiedenen Galliern nur durch die Gleichheit des religiösen Bekenntnisses erklären zu können glaubte. Der Arianismus artete überhaupt
selten in die Verfolgungssucht seines katholisirenden Rivalen aus.
Auch durch den ganzen burgundischen Volkscharakter geht ein Zug
nicht weichlicher Milde. Ein Zwiespalt zwischen Volk und Herrscher ist für die Burgunder insofern behauptet worden, als man die
früheren Könige des arianischen Volkes dem katholischen Glauben
vindicirte und erst Gundobad zum Ketzer werden liess. Nannte doch
der Pabst Hilarius (461—468) den König Gundiok seinen »lieben
Sohn« [162] — ein Ehrentitel, den man für einen Apostaten von den
römischen Bischöfen nicht erwarten sollte. Allein diesen war die
Andeutung ihrer väterlichen Ueberlegenheit gegenüber von germanischen Königen wichtig genug, um solche Skrupel zu beseitigen.
Papst Gelasius nennt den ostgothischen Theoderich mit demselben
Titel [163], obgleich an dessen arianischem Glauben ein Zweifel nirgends
bestehen konnte [164].

Aus dieser Ruhe wurde das junge Reich durch Attila's Erscheinen im Westen aufgeschreckt. Nicht zufrieden mit seinen ausserordentlichen Erfolgen im Osten trieben den ehrgeizigen Mongolen
maasslose Gedanken, eine neue Weltherrschaft über Römer und Germanen aufzurichten, auch das Abendland tributpflichtig zu seinen
Füssen sehen zu wollen. In der That, er war ein Mann, die Völker
zu erschüttern und Furcht und Schrecken vor sich her zu jagen [165].

Einbruch Atti-
la's in Gallien
451.

Wurstemberger a. a. O. I p. 218; *Derichsweiler* a. a. O. p. 55. — Die
Nachricht des *Orosius* erkennen wenigstens als richtig an *Baronius* und
Pagius ad a. 413 n. 26 u. n. 13; *Mascov* a. a. O. VIII, 35 und Anmerk. 1;
Philipps, Deutsche Geschichte I p. 646; *Gaupp* a. a. O. p. 277; *Rettberg*,
Kirchengesch. Deutschlands I p. 254; *Rueckert*, Culturgesch. des deut-
schen Volkes I p. 268 ff.; *Bluhme*, Jahrb. I p. 49; *Wietersheim* a. a. O.
IV p. 262; *Bornhak*, Gesch. der Franken p. 221 n. 1.
162. In einem Briefe bei *Mansi*, Coll. Concil VII p. 936: Quantum enim
filii nostri viri illustris magistri militum Gunduici sermone est indicatum.
Derselbe ist vom 10. Oktober 463. Auf ihn, als auf ein sicheres oder mindestens wahrscheinliches Zeugniss für den römischen Glauben Gundiok's,
stützen sich z. B. *Valesius* a. a. O. L. V p. 199; und noch *Gaupp*, Ansiedl.
p. 254; *Derichsweiler* a. a. O. p. 168 n. 25. Man vgl. indessen die Vita
Caesarii Boll. 27. Aug. VI p. 70, wo Theoderich dem Caesarius ein
Geschenk schickt mit den Worten: Accipe — rogat filius vester rex.
163. Brief bei *Mansi* l. c. VIII p. 85.
164. *Avitus* Ep. 41 bezeugt ebenso auch von Gundobad: dum parentibus in incredulitatis custodia inutilem reverentiam servant.
165. *Jordanes* cap. 35 (p. 129 ed. Closs).

Mit starker Hand fasste er die Völker zusammen und bediente sich ihrer Kraft zur Durchführung seiner nimmersatten Pläne [166].

Es war im Jahre 451, als er mit einem Heere, dessen Stärke Jordanes [167] auf 500,000 Mann angiebt, die gallischen Provinzen überflutete [168]. Schon stand der Feind in Belgien und noch war, was das sinkende römische Reich als solches ihm entgegenzustellen hatte, kein dem Gegner gewachsenes Heer, wie Sidonius übertreibend sagt, ein Führer ohne Heer [169].

Aetius.

Freilich dieser Führer war Aetius, der eigentliche Herrscher des Westreichs. Geübt, den römischen Reichskörper mit seinem eigenen Leibe zu decken, hatte er seinen Ehrgeiz in die Erfüllung dieser Aufgabe gesetzt, und, einen Feind mit dem andern schlagend, diese schwere Pflicht soweit bewältigt, als ein bedeutender Feldherr und Staatsmann, der in seinen Mitteln nicht wählerisch war, bei den durch und durch faulen Zuständen diess zu thun vermochte.

In seiner Jugend bei den Hunnen vergeiselt, von ihnen zu Gunsten des Gegenkaisers Johannes unterstützt und wieder als Flüchtling nach seines Rivalen Bonifacius Tode bei ihnen aufgenommen, um durch sie an die frühere Stelle seiner Macht zurückgeführt zu werden, war er genau mit ihnen und ihren Schwächen vertraut. Seine Kriege für Rom, welches den Kampf seiner Selbsterhaltung ja nur mit barbarischer Hülfe noch kämpfte, hatte er zum Theil mit hunnischen Schaaren geführt. Er kannte die Gegner, übersah die Gefahr, und wenn irgend Jemand, war er im Stande, ihr die Spitze zu bieten [170].

---

166. Vgl. *Haage*, Geschichte Attilas. Celle 1862; für das Folg. bes. p. 25—36.

167. A. a. O. p. 129.

168. *Sidonius* Carmen VII: Panegyricus Avito Augusto Socero dictus v 315 ff. ist für diese Vorgeschichte der katalaunischen Schlacht die ausgiebigste Quelle. Panegyrisch die Verdienste seines Schwiegervaters übertreibend, muss er natürlich die Lage des rein römischen Heeres möglichst schwarz malen. Drei Punkte seines Berichtes sind wichtig und richtig: die germanischen Völker bildeten den Haupttheil des Attila feindlichen Heeres; bei dem Abschlusse des Bündnisses des Aetius mit den Westgothen diente Avitus — ob allein, ob mit andern, bleibt zweifelhaft — als Unterhändler; die Initiative zu diesem Bund ging von den Römern aus.

169. *Apollinaris Sidonius* Carm. VII v. 327—330.
    Et jam terrificis diffuderat Attila turmis
    In campos se Belga tuos, vix liquerat Alpes
    Aetius, tenue et rarum sine milite ducens
    Robur. . . . .

170. Ueber Aetius vgl. bes. *Hansen*, De vita Aetii I u. II, Dorpat 1840, und die noch bessere Dissertation von *Wurm*, De rebus gestis Aetii. Bonn 1844.

Es bedurfte nicht viel, zu erkennen, dass nur die geeinigte Kraft von Römern und Germanen diesen Stoss zu pariren vermochte. Freilich, Rom hatte die Westgothen besonders mit hunnischen Völkern bekriegt nnd besiegt[171]; die Burgunder hatte Aetius die Stärke seines Armes schwer empfinden lassen[172], und gerade ihrer bedurfte er doch, um sich ein Heer zu schaffen. Er selbst misstraute, ob er auf die ihm feindlichen Gothen rechnen dürfe[173]. Und er schien Grund dazu zu haben. Erhielt er doch die bedenkliche Botschaft, Theoderich hätte beschlossen, den verachteten Gegner auf eigne Faust im eignen Lande zu erwarten[174]. Wenn diess geschah, wenn die germanischen Reiche jedes einzeln für sich mit Attila zusammentrafen, so war ihre Niederlage wie die des Aetius entschieden. Desshalb suchte der römische Führer ein Bündniss mit den Germanen zu schliessen; bei den Unterhandlungen mit dem Könige der Westgothen diente der diesem befreundete Avitus als Gesandter[175]. Das römische Reich unterhandelte mit seinen Rettern und die Lage kam ihm zu Statten. Theoderich stellte sich an die Spitze seines Heeres und kam sammt seinen Söhnen Thorismund und Theoderich dem Jüngeren[176]. Von allen Seiten raffte Aetius kriegerische Kräfte zusammen[177].

Es ist bei der Gefahr der Lage kaum denkbar, dass nicht auch mit den Burgundern ähnliche Unterhandlungen geführt worden seien. Jordanes nennt sie nämlich als römische auxiliares[178], eine Bezeich-

Das römisch-germanische Heer.

---

171. *Prosper Aq.* ad a. 437: Bellum adversus Gothos Hunnis auxiliantibus geritur. Vgl. denselben zu 438 und 439.

172. Vgl. oben p. 3 n. 1.

173. *Sidonius* a. a. O. v. 330—331:
.... in auxiliis Geticum male credulus agmen
Incassum propriis praesumens adfore castris.
Vers 343 nennt Aetius die populi Getici: infensi semper nobis.

174. *Sidonius* l. c. v. 332—334.

175. *Sidon.* l. c. 339—349. Man vgl. über diese Gesandtschaft, deren Träger jedoch *Jordanes* nicht erwähnt, dessen cap. 36 (p. 131 ff. ed. Closs).

176. *Jordanes* c. 36 (p. 134).

177. *Jordanes* a. a. O. p. 134 führt einen ganzen Völkerkatalog an, dessen Genauigkeit nicht allzu stichhaltig sein dürfte.

178. Cap. 36. Hi enim affuere auxiliares: Franci, Sarmatae, Armoriciani, Liticiani, Burgundiones, Saxones, Riparioli, Briones .... aliaeque nonnullae Celticae vel Germanicae nationes. Er zählt diese Völker auf als solche, welche a parte vero Romanorum tanta patricii Aetii providentia von allen Seiten in solcher Zahl zusammengebracht worden wären, dass das Heer den Hunnen die Spitze bieten könnte. — Sie insgesammt werden als das römische Heer dem westgothischen entgegengesetzt. Diess in seiner historischen Wichtigkeit nicht zu überschätzen, muss man den Standpunkt des *Jordanes*, der bei seinem gothischen Stolze doch den

nung, die damals auch für die freiwillige, nicht pflichtige Hülfe-leistung gebraucht wird [170]. Aber selbst wenn Aetius sie auf Grund des Vertrags von 443 einfach hätte aufbieten können, zum Befehlen war der Augenblick schlecht gewählt: ihre Hülfe aber musste werthvoll genug scheinen, um sie zu suchen [180].

Hatte Aetius durch rasches Handeln sich das grosse Verdienst erworben, ein Heer gesammelt zu haben in genügender Stärke, den Hunnen die Schlacht anzubieten [181] und sie vielleicht zu besiegen, so krönt die germanischen Völker der Ruhm, die Kerntruppen des Heeres gebildet zu haben, und es gab diess der Schlacht, die den von Orléans zurückgeworfenen Hunnen auf den mauriacensischen Feldern geliefert wurde, eine ganz eigenthümliche Bedeutung.

Die mauriacensische Schlacht: Sommer 451. Scheinbar standen sich zwei Praetendenten der Weltherrschaft gegenüber: Attila in dem maasslosen Wahn, ein Menschenalter genüge ein Weltreich zu errichten; ihm gegenüber der Feldherr des tausendjährigen Reiches, welches seine Herrschaft über drei Erdtheile ausgebreitet hatte und nicht gewillt war, diese schon aufzugeben. In Wahrheit aber war die Idee der Weltherrschaft schon vor der katalaunischen Schlacht als geschichtlich treibende Macht begraben. Attila knechtete die Völker auf weit hinaus; allein je mehr die Masse der Besiegten wuchs und wuchs, desto sichrer musste sie

---

Gedanken an das Weltreich festhält, vor Augen haben. Vgl. *Jord.* c. 35: (Attila) primas mundi gentes, Romanos Vesegothasque subdere peroptabat. Vgl. jedoch auch schon *Prosper Aq.* ad a. 451 (Roncall. I p. 671): ... cito et nostris et Gothis placuit, ut furori superborum hostium consociatis exercitibus repugnaretur.

179. *Jordanes* cap. 44, welcher die Burgunder im Verhältnisse zu Theoderich auxiliares nennt. *Cassiodori* Chr. ad a. 451: Romani Aetio duce Gothis auxiliaribus contra Attilam in campo Catalaunico pugnaverunt. *Isidorus* berichtet von dem Kampf der Gothen auf den katalaunischen Feldern auxiliante Aetio duce.

180. Ders. Ans. *Fauriel* a. a. O. I p. 227. Vgl. auch *Huschberg*, Allemannen und Franken p. 537. — Wenn *Haage*, Gesch. Attila's p. 30 meint, es wären unter den Burgundern auf römischer Seite wohl nur einzelne burgundische Söldnerschaaren verstanden, so ist diese Vermuthung (vgl. L. Burg. T. 17, 1—3) gänzlich zu verwerfen. Entschieden zurückzuweisen ist die Ansicht, die in den von *Sidonius* Carm. VII v. 322 im Heere des Attila aufgezählten Burgundern die savoiischen verstehen will: so scheinen es *Haage* a. a. O. und *Wietersheim*, Geschichte der Völkerwanderung IV p. 350, für möglich zu halten. — Dagegen schon *Pagius* ad a. 413 n. 14; *Gibbon* a. a. O. c. 35: II p. 370 n. 2; *Hansen*, Vita Aetii II p. 45 (während *Wurm* a. a. O. p. 83 und ebenso *Digot*, Hist. d'Austrasie I p. 138 gar meint, die Hunnen hätten die Reste der ihnen von Aetius unter Gundahar entgegengesandten Burgunder gezwungen, in ihr Heer einzutreten); *Derichsweiler* a. a. O. p. 37.

181. *Prosper Aq.* Chron. ad a. 451 von *Jordanes* c. 36 (p. 134) fast wörtlich aufgenommen.

mit der Zeit die Fesseln zersprengen, welche die Hand eines einzigen, freilich gewaltigen Kriegers ihr angelegt hatte. Mit Attila's Tod zerfiel spätestens sein Reich, mochte er bei Troyes siegen oder geschlagen werden. Das römische aber stand auch nur noch, solange seine Feldherren Willen und Kraft hatten, es zu halten.

Die neugegründeten germanischen Reiche der Westgothen, der Burgunder aber hatten bei diesem Kampf viel zu gewinnen, viel zu verlieren. Sie stritten für ihre Unabhängigkeit von einem mongolischen Herrscher; sie mussten kämpfen, damit ihre Länder nicht Verwüstungen barbarischer Sieger zu empfinden hätten. Ganz mit Recht bilden sie, die Burgunder freilich in weit geringerer Zahl als die weit mächtigeren Westgothen [152], einen Hauptstock des gegenhunnischen Heeres, um an den Feinden die verdiente Rache zu nehmen.

So kam es im Sommer 451 zu jener ungeheueren Völkerschlacht auf den mauriacensischen Feldern bei Troyes [153], die bestimmt war, Attila's Nimbus zu brechen und ihn zur Rückkehr in seine Heimat zu zwingen. Denn seine Gegner errangen nach harter Blutarbeit den theuren Sieg. Der Westgothenkönig lag tod auf der Wahlstätte und mit ihm waren Tausende gesunken. Attila's Kraft reichte wohl noch, im nächsten Jahre Italien zu durchziehen und Rom zu bedrohen [154]; das südliche Gallien wurde von ihm nicht mehr beunruhigt.

Ueber den Antheil der Burgunder an dem gewaltigen Kampfe L. B. T. 17, 1—3. schweigen die Quellen vollständig; dem gothischen Jordanes liegen die Thaten des gothischen Königs am Herzen, Gregor [155] hebt die Franken als Kämpfer hervor. Die Burgunder belehren uns nur zufällig durch ihre eigenen Gesetze, wie diese Schlacht in ihrer Geschichte als epochemachend betrachtet wurde. Durch eine Constitution, welche sehr bald nach derselben erlassen sein muss [156], werden alle Streitigkeiten

---

152. *Hansen*, Vita Aetii II p. 45.
153. Da die Quellen über die Schlacht für die burgundische Geschichte effektiv nichts ausgeben, so glaube ich mich auf sie hier nicht einlassen zu dürfen. Ueber den Ort ders. vgl. bes. *Wietersheim* a. a. O. IV p. 360; 393—403. Die einzige sichre Nachricht ist die der *Contin. Prosperi* ad a. 451 (ed. Hille p. 6): pugnatumque est in quinto miliario de Trecas loco nuncupato Maurica in Campania. Leider hat *Sidonius* das dem Prosperus gegebene Versprechen, den betreffenden Krieg Attila's zu beschreiben, nicht ausgeführt. S. Ep. VIII, 15.
154. *Prosper Aq.* (Roncall. I p. 67); *Prosper Tiro* (das. p. 755); *Idacius* (Roncall. II p. 33); *Cassiodor.*; *Contin. Prosperi*; *Marcellin* (Roncall. II p. 290), alle zu 452.
155. II c. 7. Igitur Aetius Gothis Franciscque conjunctus . . .
156. Eine spätere Abfassung anzunehmen, verbietet der Inhalt der Ge-

der Burgunder unter sich, welche vor der pugna Mauriacensis begonnen, deren Erledigung aber durch den Kampf unterbrochen
wurde, der Vergessenheit überliefert, alle Processe also niederge-
schlagen. Selbst die Tödung eines freien Burgunders vor jener Zeit
soll mit der Zahlung von 20 solidi gesühnt sein und jeder weitere
Anspruch daraus erlöschen [187]. Nur wenn inzwischen ein Sklave
oder eine Sklavin zu einem andern Herrn gekommen war, soll der
wahre Eigenthümer sie zurückempfangen [188].

Die Volksgenossen hatten eine furchtbare Gefahr gemeinsam
bestanden; über dem Grossen sollte das Kleinliche vergessen werden. Nur die Tödung heischte noch Sühne; aber auch diese wurde
auf ein Kleines reducirt. Stand schon damals auf ihr die Todes-
strafe, was mir wenigstens sehr unwahrscheinlich ist: es waren Männer genug gefallen, und der Werth des einzelnen Lebens hatte sich

---

setze, welche nur aus einer Situation, wie sie gleich nach der Schlacht bei den
Burgundern gewesen sein muss, entstanden sein können. Derselben Ansicht *Gaupp*, Ansiedl. p. 304 (dessen kleine Schrift über den T. 17 der
Lex Burg., welche jedoch vor dem citirten Werke erschienen ist, habe
ich auf keine Weise auftreiben können); *Bluhme*, M. M. L. L. III p. 498.
187. T. 17. De causis aliis (lies: abolitis) et calumpniarum remotione.
  1. Omnes omnino causae, quae inter Burgundiones habitae sunt, et
non sunt finitae usque ad pugnam Mauriacensem, habeantur abolitae.
  2. Si quis sane servum suum vel ancillam cognoverit, recipiat.
  3. Pro homine ingenuo prius occiso 20 tantum solidi inferantur et
omnis repetitio conquiescat.
Durch den Wortlaut des § 1 verleitet, meint *Tuerk*, Forschungen auf dem
Gebiete der Geschichte, Heft II p. 26, das Gesetz sei vor 451 erlassen,
indem die römisch-gothisch-burgundische Macht eine Stellung gehabt
haben müsse, um mit Bestimmtheit das Schlachtfeld voraus bestimmen
zu können. Diese barocke Ansicht sticht seltsam von dem sonst nicht
unsoliden Charakter der Arbeit ab und ist von Allen, die sich darüber
geäussert haben, mit vollstem Recht verworfen. Vgl. *Bluhme*, Jahrbuch I
p. 77. — *Davoud-Oghlou*, Hist. de la législation des anciens Germains I
p. 394. 395 will die Entstehungszeit des betreffenden Titels gegen 472
setzen, indem er das Gesetz für ein Verjährungsgesetz hält. Allein seine
Herbeiziehung des T. 79 De praescriptione temporum ist so unpassend
wie möglich; denn dieses erst 515 erlassene Gesetz führt die 30jährige
Verjährung für alle Klagansprüche erst ein. Den § 3 will *D.-O.* nun
daraus erklären, dass noch keine 30 Jahre verstrichen seien, und desshalb nicht die ganze Strafe wegfallen könne. Allein jene 30jährige Verjährung existirte da noch nicht. Ausserdem würde dieser Grund auf
Strafminderung, aber nicht Strafaufhebung für alle Fälle passen. Der
ganze Ton des Gesetzes beweist seine Entstehung in einer ganz eigenthümlichen Situation, und nichts beweist seine Eigenschaft als die eines
Verjährungsgesetzes.
188. *Davoud-Oghlou* a. a. O. I p. 395; *Peyré*, Lois des Bourguignons
p. 51 n. 1. A. M. *Bluhme* M. M. L. L. III p. 540 n. 47, welcher nach seiner Verweisung auf Papian T. 41 und L. B. T. 107, 2 diese Stelle von aus
der Gefangenschaft zurückkehrenden Sklaven zu verstehen scheint. Wie
aber wäre diess zu denken?

gesteigert, es sollte nicht neues Blut fliessen. Wurde noch das Wergeld bezahlt, wie ich glaube[189], so reducirte man die Busse auf $\frac{1}{15}$ resp. $\frac{1}{10}$ ihres Betrages. Es datirte eine neue Zeit auch für das Rechtsleben von jenem Kampfe an, weil mit ihm eine solche für das ganze Leben ihren Anfang genommen hatte.

Wieder begannen einige Jahre des Friedens für das burgundische Reich, unterdessen das römische mehr und mehr seinem Untergange zueilte. 452 musste es mit Attila Frieden schliessen[190]. Im folgenden Jahre befreite der Tod die Welt von diesem furchtbaren Gegner[191]; aber als sollte Rom dieses Vortheils nicht froh werden, fiel im September 454, von dem elenden Valentinian ermordet, Aetius im kaiserlichen Palaste[192]. Das Reich war nicht mehr zu retten; von innen zerfressen, von aussen bedrängt, seine Herrscher dem Morde verfallene Mörder, sein Thron ein Spielball in den Händen barbarischer Abenteurer, denen die Kläglichkeit eines Kronpraetendenten ein Grund war, ihn auf den Kaiserstuhl zu erheben, so konnte die Zeit nicht fern sein, wo die römische Schattenherrschaft zu den Schatten ging, zu denen sie gehörte, und barbarische Heerführer sich zu Königen eines italienischen Reiches machten. Aetius war ausser Stande, diesen Gang aufzuhalten, ebensowenig wie es nach ihm Majorian bei aller Energie in der Bekämpfung der furchtbaren Missbräuche vermocht hat. Allein der Tod des Patricius war doch ein harter Schlag für das Reich. Aetius hatte die Achtung vor der römischen Herrschaft wenigstens bis zu einem gewissen Grade auch den germanischen Stämmen gegenüber aufrecht erhalten. Er war in der That, wie Marcellinus[193] sagt, ein wahres Heil für das Weltreich, mochten seine Motive manchmal auch nicht sehr lautre und sein Charakter nichts weniger als fleckenrein sein.

Es dauerte nicht lange und sein Mörder starb eines unnatürlichen Todes auf Veranlassung des Maximus, seines Nachfolgers,

(Marginalien: Tod des Attila 453, des Aetius 454, des Valentinian III. 455. Regierung des Maximus † Juni 455.)

189. Vgl. Th. II bei der Darstellung der öffentlichen Strafen.
190. *Prosper Aq.* (Ronc. I p. 671); *Idatius* (das. II p. 33): beide zu 452. Vgl. *Cassiodor* Chr. ad a. 452; *Jordanes* cap. 42 (p. 151).
191. *Prosper Aq.* (Ronc. I p. 673); *Prosper Tiro* (das. p. 755); *Idatius* ad a. 452; *Cassiodor.* ad a. 453; *Marcellinus* ad a. 454 (Ronc. II p. 292); *Victor Tunun.* ad a. 453 (das. p. 340).
192. *Prosp. Aq.* ad a. 454; *Idatius* ad a. 453; *Prosp. Contin.* ad a. 454: Aetius inter palatis penetralia crudeliter interfectus est Romae XI k. Oct.; *Cassiodor.* ad a. 454: His coss. Aetius patricius in palatio manu Valentiniani imperatoris extinctus est; *Marcell.* ad h. a. (Ronc. II p. 292); *Chronogr. Cusp.* ad a. 455; *Victor Tun.* ad a. 454 (Ronc. II p. 340).
193. *Marcellin.* Chr. ad a. 454.

welcher sich mit der Eudoxia, seinen Sohn mit der Tochter Valentinians vermählte [194]. Seine kurze, kaum dreimonatliche [195] Herrschaft verlief unter Aufständen seiner Truppen, des Volkes und der römischen Verbündeten [196]. Dem Reiche wie seinen Kaisern fehlte die Zeit, neu Athem zu schöpfen: kaum ist die hunnische Gefahr vom Osten beseitigt, so drohen wieder die nicht minder furchtbaren Vandalen von Süden. Sie stehen den Thoren Roms nahe, als Maximus, wie er sich ängstlich zur Flucht anschickt, von seinen wüthenden Trabanten zerfleischt und zerstückt in die Tiber geworfenwird [197].

Vierzehn Tage lang wütheten die Barbaren durch die entsetzte Stadt, bis sie mit Beute beladen, Eudoxia mit ihren zwei Töchtern unter den Gefangenen, in ihre neue afrikanische Heimat zurückkehrten [198].

Zug der Burgunder gegen römisches Gebiet. Sommer 455. Einen Monat lang [199] blieb das Reich ohne Haupt. In diese

194. 455. *Prosper Aq.* ad h. a.; *Idatius* ad a. 454; *Cassiodor.* ad a. 455. His coss. in campo Martio ab amicis Aetii Valentinianus imperator occiditur. Post quem Maximus invasit imperium, qui intra duos menses a militibus extinctus in Tiberim projicitur. Vgl. die folgende Note. Der Todestag Valentinian's ist nach *Cont. Prosp.* ad a. 455 vgl. mit *Chronogr. Cusp.* ad a. 455 der 16. März.

195. Ueber die Dauer schwanken die Quellen: *Prosper Aq.* ad 455 und die *Contin. Prosperi* zu demselben Jahre geben ihm 77 Tage, letztere vom XIV Kl. Apr. (19. März) an. Allein ich folge dem zuverlässigen *Chronogr. Cusp.* ad a. 455, welcher sagt: Et levatus est Maximus imp. XVI Kl. Apr. et occisus est pridie Id. Jun. (12. Juni) = 88 Tage.

196. *Sidon.* Ep. II 13: (Maximus) — ipsam aulam turbulentissime rexit inter tumultus militum, popularium, foederatorum.

197. Von den Berichten ist der des *Prosper Aq.* ad a. 455: a famulis regiis (*Prosper Tiro,* Ronc. I p. 758: a famulis reginae) dilaniatus est et membratim dejectus in Tiberim sepultura quoque caruit, identisch mit dem der *Contin. Prosp.* ad a. 455 und nur wenig geändert in *Victor Tun.* ad a. 455 (Ronc. II p. 341). — Neben diesen steht selbständig *Idatius* ad a. 454: cum imperium deserere vellet et Romam, vix quatuor regni anni mensibus expletis, in ipsa urbe tumultu populi et seditione occiditur militari. *Cassiodor.* ad a. 455, *Marcellin.* ad a. 455 und *Jordanes* cap. 45 führen, was besonders der ihnen allen gemeinsame Ausdruck invadere regnum oder imperium verdeutlicht, auf eine gemeinschaftliche Grundquelle zurück, die *Prosper* folgt in dem membratim dejici in Tiberim, gleich *Idatius* aber die Tödtung in ipsa urbe tumultu populi (*Marcellin.*: a Romanis) et seditione militari (*Cassiodor.*: a militibus extinctus) geschehen lässt. Woher *Jordanes* die Notiz hat: Maximus vero fugiens a quodam Urso milite Romano interemptus est, steht dahin. — Die Verschiedenheiten dieser Chroniken erweisen die Benutzung verschiedener Redactionen jener einen Hauptquelle. — Vgl. *Waitz,* Die ravennatischen Annalen, in den Nachr. d. königl. Gesellsch. der Wissenschaften . . . zu Göttingen. 1865. p. 81—114.

198. *Prosper Aq.* ad a. 455, wo die Einnahme Roms Maximi exitum confestim secuta est; die *Contin. Prosp.* giebt die Einnahme erst auf den IV. Non. Jul. an; *Victor Tunun.* auf den dritten Tag nach Maximus' Tode.

199. *Chronogr. Cusp.* ad 445: Et levatus est imperator in Gallis Avitus

Zeit fallen zwei Ereignisse, von denen zwei äusserst dunkele Nachrichten Kunde geben. Apollinaris Sidonius singt in seinem Panegyricus auf Avitus, nachdem er bestimmter Vorgänge zwischen diesem und dem Könige der Westgothen erwähnt hat, bevor er auf die
Wahl des Avitus zum Kaiser übergeht, Rom an in v. 441—445:

> Interea incautam furtivis Vandalus armis
> Te capit, infidoque tibi Burgundio ductu
> Extorquet trepidas mactandi principis iras.
> Heu facinus! in bella iterum, quartosque labores
> Perfida Elisseae crudescunt classica Byrsae[200].

Die beiden Völkernamen stehen entweder für die Vandalen und die
Burgunder, oder aber ist Vandalus Geiserich und Burgundio der burgundische König. Undenkbar bedeutet Vandalus das Volk der Vandalen, während der andere Name nur irgend einen Burgunder bezeichnen
sollte[201]. Jenes nimmt Rom in bewaffnetem Diebstahl: Sidonius legt
dieses Ereigniss nur ihm, nicht den Burgundern zur Last. Diese
dagegen — eine andre Konstruktion ist unmöglich — pressen durch
ihren Zug, welcher der schuldigen Treue gegen Rom ermangelt,

VI id. Julias (10. Juli); vgl. *Contin. Prosp.* ad a. 455: VII id. Jul. Im
Widerspruche damit scheint zu stehen *Victor Tunun.* ad h. a., welcher 76
Tage von dem Tode des Maximus bis zur Erwählung des Avitus rechnet.
Da er dem Maximus nur 67 Tage giebt, während der Chronogr. Cusp. ihn
88 Tage regieren lässt (vom 17. März bis 12. Juni), so müsste, sollten
Beide stimmen, bei *Victor Tun.* die Differenz zwischen Maximus Tode
und Avitus Erwählung betragen 21 Tage + 29 Tage (12. Juni bis 10. Juli);
sie beträgt aber 4 Wochen mehr. *Tillemont* VI p. 270 sucht beide Angaben zu vereinigen, indem er die des Victor Tun. auf die Proklamirung
des Avitus in Arles bezieht. Ich halte beide für unvereinbar und folge
der bestimmteren Angabe des durchaus zuverlässigen *Chronogr. Cuspin.*

200. Diese Stelle hat von zwei Seiten eine höchst merkwürdige Auffassung erfahren. *Gibbon* a. a. O. cap. 36, II p. 385 bei Erzählung des
Todes von Maximus bemerkt im Text: a Roman or a Burgundian soldier
claimed the honour of the first wound. In der Note dazu citirt er die Verse
von infidoque tibi bis iras und fügt bei: A remarkable line, which insi-
nuates that Rome and Maximus were betrayed by their Burgundian mer-
cenaries. Aehnlich schon *Valesius* L. IV p. 181. *Derichsweiler* a. a. O.
p. 35 treibt seine Phantasie noch weiter. Er erzählt von Gundiok: »Im
Jahre 455 traf er mit den ebenfalls in Gallien umherstreifenden Gepiden
zusammen und wurde geschlagen (mit Berufung auf die *Contin. Prosp.* ad
455). Dann scheint er sich nach Italien gewandt zu haben, und darf die
dunkle Andeutung eines Zeitgenossen (Sidonius l. c.) einer Vermuthung
Raum geben, so war er es, der als ein seltsames Spiel des Weltenschick-
sals den Vandalen die langverjährte Rache für die Zerstörung Carthago's
übertrug, diese von ihrer Landungsstelle in Italien gegen die Hauptstadt
führte und den Kaiser Maximus ermordete.« Aehnlich schon *Tillemont* IV
p. 260.

201. So meint *Sirmondi* zu diesen Versen: Sidonius Burgundionis, ali-
cujus fortasse de schola protectorum ductu caesum docet (scil. Maximum).

dessen dem Tode verfallenen Kaiser einen zitternden Zorn ab. Dass
der mactandus princeps Maximus ist, erhellt aus v. 450. Da die
Burgunder unmöglich in Rom sein können, Sidonius sie dort nicht,
wohl aber der Continuator Prosperi sie um dieselbe Zeit in Gallien
erwähnt, eine Bundesgenossenschaft mit den Vandalen wider Maximus überhaupt ganz unannehmbar erscheint[202], so kann nur die
Nachricht von einem burgundischen Zuge gegen römisches Gebiet,
die kurz vor Maximus Tode eintraf, Grund seines ohnmächtigen
Zornes gewesen sein. Es haben also die Burgunder in der Zeit des
Maximus nur schwerlich nur einen Beutezug, wahrscheinlicher einen
Eroberungszug wider römisches Gebiet gemacht: er war die Vorbereitung zu der bedeutenden Territorialerweiterung von 457.

Zweifellos mit dieser Stelle des Sidonius zu kombiniren und zu
ihrer Erläuterung dienend ist nun eine Nachricht der Continuatio Prosperi. Sie steht zwischen Maximus Tode und Avitus Erwählung und ist
die erste angeblich dem Studium des Continuators selbst, nicht dem
Prosperischen Vorbilde entstammende. Der Zeitpunkt dieses Ereignisses korrespondirt offenbar mit seiner Stellung in der Chronik.
Diese sagt: abhinc nostrum utcumque potuit studium desudavit.
At Gippidos Burgundionos intra Galliam diffusi repelluntur. Dass
hier von einer Berührung zweier Völker gesprochen wird, unterliegt
keinem Zweifel. Das eine und zwar, wenn man einmal die letzten
Worte für richtig hält, das intra Galliam diffusum, wird zurückge-
trieben.

Allein die Erkenntniss, wer hier Sieger, wer Besiegter war,
ist nicht leicht. Zunächst muss überhaupt auffallen, dass 455 noch
Gepiden in Gallien gefunden werden. Diese gehörten zu den gothischen Völkern[203], waren jedoch nicht mit nach Gallien eingewandert,
sondern erschienen daselbst nur als Gepidae truces[204] im Heere des
Attila. Ihr König Ardarich stand Attila mit Valamir am nächsten. Mit
dem Hunnen muss er aber auch in seine östlichere Heimat zurückgekehrt sein. Denn er ist der Erste, der nach Attila's Tode dessen
Söhnen den Krieg erklärt, das hunnische Joch für sich und Andre

202. Wie denn auch keine Quelle davon etwas weiss.

203. *Procop.* De bello Vandal. I, 2: Γοτθικὰ ἔθνη πολλὰ μὲν καὶ ἄλλα
πρότερόν τε ἦν καὶ τανῦν ἐστίν, τὰ δὲ δὴ πάντων μέγιστά τε καὶ ἀξιολο-
γώτατα Γότθοι τέ εἰσι καὶ Βανδίλοι καὶ Οὐισίγοτθοι καὶ Γήπαιδες. *Jordanes* cap. 17: Nam sine dubio ex Gothorum prosapia ducunt originem
(Gepidae). Vgl. über sie *Zeuss*, Die Deutschen und die Nachbarstämme
p. 436—441; *Mascov*, Geschichte der Teutschen, Anmerk. XXII.

204. *Sidonius*, Carm. VII, v. 323; *Jordanes* c. 39.

abschüttelt und sich der Wohnsitze der Hunnen, ganz Daciens, als Sieger bemächtigt[205].

Danach liegt sicher eine Verwechselung mit einem andern Volksstamme vor, und zwar zwingt der ductus infidus des Sidonius an ein den Römern ergebenes, auf römischem Boden angesiedeltes Volk zu denken, nicht an ein ihnen feindliches, wie die Gepiden gewesen waren. Fast unwillkührlich wird man auf die Alanen geführt, denen 440 von Aetius die verödete Gegend von Valence gegeben worden war, um sie unter sich und mit den Einwohnern zu theilen[206]. Nun ist 463 Die, später aber auch Vaison in den Händen der Burgunder, Valence musste ihnen also zweifellos schon vorher zugefallen sein. Die Expedition, von der der Continuator berichtet, scheint burgundischer Seits misslungen zu sein. Denn zu emendiren At Gippides Burgundionibus intra Galliam diffusis[207] repelluntur scheint unerlaubt, weil die Emendation A Gippidis Burgundiones intra Galliam diffusi repelluntur weit näher liegt.

Die räthselhafte Nachricht löst sich wahrscheinlich dahin auf, dass die Burgunder schon vor Maximus Tode ihre Gränzen überschreiten, sich über Gallien ergiessen[208] und von den Alanen um Valence zurückgeworfen werden.

Zwölf Jahre waren nun seit der savoiischen Ansiedelung verflossen, und es stand das Reich wohl noch so ziemlich auf die bescheidenen Gränzen beschränkt, die ihm von Anfang an gesteckt waren. Die folgenden Ereignisse zeigen, wie das Volk trotz der hunnischen Kämpfe in starker Zunahme sich entwickelte. Noch hatte es wenig an der äussern Politik Theil genommen; die kraftvolle Abwehr der Hunnen war mehr Vertheidigung als Theilnahme aus politischen Gründen gewesen; diess änderte sich jetzt.

Schon früher hatte sich die Verbindung der burgundischen Fürsten mit einem Manne vollzogen, der zwar noch nicht für den

Gundioks Vermählung mit Ricimer's Schwester.

---

205. *Jordanes* cap. 50 (p. 173 seq.).

206. *Prosper Tiro* (Ronc. I p. 753) ad a. 440: Deserta Valentinae urbis rura Alanis, quibus Sambida praecerat, partienda traduntur. Wenn *Jordanes* cap. 37 (p. 135) sagt: Sangibanus namque, rex Alanorum, metu futurorum perterritus, Attilae se tradere pollicetur, et Aurelianam, civitatem Galliae, ubi tunc consistebat, in ejus jura transducere, so ergiebt das Folgende, dass der König in Orléans nur in Garnison steht.

207. Zu dem intra Galliam diffundi vgl. *Contin. Prosper* ad a. 457 ... intra Galliam ad habitandum ingressus.

208. A. M. *Derichsweiler* a. a. O. p. 38, welchem die Form der Stelle nicht den geringsten Anstoss zu bieten scheint.

Augenblick, wohl aber in den letzten Zeiten des sinkenden Reiches den weitreichendsten Einfluss erlangen sollte. Gundiok vermählte sich mit der Schwester Ricimer's, welcher schon unter Avitus eine hervorragende Rolle zu spielen anfing[209]. Das Jahr dieser Vermählung ist nicht anzugeben; nur daraus, dass Olybrius 472 den Sohn aus dieser Ehe, Gundobad, zu seinem patricius macht[210], dieser also mindestens die zwanziger Jahre beschritten hatte, lässt sich annähernd schliessen, dass sie um 450, wahrscheinlich spätestens in diesem Jahre stattfand. Eine Enkelin Wallia's des Westgothenkönigs wurde also Königin von Burgund: vielleicht der Grund des guten Einvernehmens zwischen den beiden Reichen.

Je ausschliesslicher der ehrgeizige Sueve Ricimer die Leitung des römischen Reichs in die Hand nahm, desto angelegener musste es ihm sein, sich auf die burgundische Macht zu stützen. Ein Eingreifen der Burgunder in die römische Politik war also angebahnt, wenngleich es noch einige Zeit dauerte, bis sie ihre Macht dem römischen Reiche gegenüber bewiesen.

Avitus wird Kaiser. 10. Juli 455.

So waren es für jetzt nicht die Burgunder, welche der kaiserlosen Zeit durch Aufstellung eines römischen Herrschers ein Ende gemacht hätten. Die Westgothen erwarben sich dieses Verdienst. Als sie hören — so berichtet Sidonius[211] —, wie die Väter des Reichs verbannt, das Volk in Elend gestürzt und der Kaiser tod sei, da versammeln sie sich nach germanischer Sitte beim Neumond und erheben den Avitus zum Herrscher, der unter Maximus magister militum gewesen war[212]. »Unter deiner Führung — sagt ihm angeblich der König der Gothen Theoderich — bin ich Roms Freund, zähle auf meine Truppen«[213]. Scheinbar freilich reden die Germanen dem Avitus nur

---

209. *Idatius* ad a. 456 (Roncall. II p. 39) kennt ihn als comes Rechimer. *Priscus*, Excerpta (Bonner Ausgabe des Corpus Script. Hist. Byzant. I p. 217) ad a. 456 erwähnt seiner schon als patricius. Offenbar falsch; denn der *Chronogr. Cusp.* meldet erst zum 28. Februar 457 seine Ernennung zum patricius, womit übereinstimmt die *Continuatio Prosperi* ad 456, die ihn magister militum nennt.
210. *Chronogr. Cuspinianus* ad a. 472. Historia Miscella Lib. XV: Mortuo Ricimero Olibrius imperator Gundibarum ejus nepotem patricium fecit. Diese Würde erreichte man gewöhnlich erst in späteren Jahren: *Sidon.* Ep. V, 16: ... Hecdicio ... honor patricius accedit celerrime, si cogites ejus aetatem, si merita tardissime. — *Johannes Antiochenus* (bei *Müller*, Fragm. histor. graec. IV p. 616) übersetzt nepos mit ἀνεψιός.
211. Carm. VII v. 450 ff.
212. Vgl. *Idatius* ad a. 455 (Ronc. II p. 35) und die Note 215 Angeff.
213. Carm. VII v. 511. 512:
..... Romae sum te duce amicus,
Principe te miles, regnum non praeripis ulli.

zu, aber in Wahrheit war dessen Kaiserwürde das Ziel seines Ehrgeizes und die Schöpfung des germanischen Königs[214]. Die Erhebung fand am 10. Juli 455 statt[215].

Die Burgunder waren mit der Wahl einverstanden. Konnte es
ihnen doch nur lieb sein, wenn ein ihnen befreundeter König — und
diess war Theoderich — dem römischen Reiche seinen Herrscher
gab; hing dieser doch von jenem ab, und musste sich von seinem
Schöpfer und dessen Freunden gefallen lassen, was ihre Uebereinstimmung beschlossen hatte. Sie unterstützten also zunächst den
mit Willen und auf Antrieb des Avitus beschlossenen Zug Theoderichs gegen die Sueven in Spanien.

Deren König Rechiarius, welcher vor seinem Regierungsantritt Die Sueven in
Spanien.
katholisch geworden war, hatte kaum den Thron bestiegen und sich
die Tochter des westgothischen Theoderich's I. zur Gemahlin genommen, als er von seinen Sitzen in Lusitanian und Galicien[216] seine
Raub- und Eroberungszüge gegen die spanischen Provinzen begann[217]. Schon 448 hatte er die Gegend um Caesaraugusta verwüstet und aus Ilerda Massen von Gefangenen weggeführt; 452 sah
sich der römische Kaiser genötigt, Frieden anbieten zu lassen, welcher wahrscheinlich den Schutz der bedrohten Provinzen bezweckte.
Auch wurde der Friede geschlossen. Aber kaum war Avitus Kaiser

---

214. Vgl. *Gregor Tur.* II c. 11; *Mascov*, Gesch. der Teutschen X, 4:
Kaufmann, d. Werke des Cajus Sollius Apollinaris Sidonius p. 20 ff.
215. *Chronogr. Cusp.* ad a. 455. Et levatus est imperator in Gallis Avitus VI id. Julias. Von den andern Ableitungen aus dem Anonymus Ravennas I stimmt *Marius* ad a. 455 mit dem *Chronogr. Cusp.* fast wörtlich,
während der Chronik des *Cassiodor*: Post Maximum Avitus in Galliis
sumit imperium der vollständigere *Continuator Prosperi*: Post Maximi
cedem Avitus in Galliis apud Arelas imperium sumpsit VII id. Jul. näher
steht. *Marcellinus* ad a. 455 und *Jordanes* (vgl. jedoch cap. 45 p. 162)
schweigen über diese Wahl. Vgl. das *Auctarium Prosperi* (Roncall. I
p. 719) ad a. 455 ... Avitus in Galliis Imp. efficitur.
216. *Jordanes* cap. 44 (p. 155).
217. *Idatius* ad a. 448 (Roncall. II p. 31): Rechila rex Suevorum Emeri-
tae gentilis moritur mense Augusto: cui mox filius suus catholicus Rechiarius succedit in regnum —; obtento tamen regno sine mora ulteriores
regiones invadit ad praedam. Ad a. 449: Rechiarius accepta in conjugium
Theodoris regis filia auspicatus initium regni Vasconias depraedatur
mense Februario. — Rechiarius mense Julio ad Theodorem socerum profectus, Caesaraugustanam regionem cum Basilio in reditu depraedatur.
Irrupta per dolum Ilerdensi urbe acta est non parva captivitas. Ad a. 452
(das. p. 35): Ad Suevos Mansuetus Comes et Fronto similiter Comes legati
pro pace mittuntur et obtinent conditiones injunctas. *Isidor.* Hist. Suev.
ed. Arevali VII p. 135 schöpft die Nachrichten zu 448 und 449 ganz aus
Idatius, zieht sie zu 448 zusammen, schreibt Caesaraug. regionem remeans
Gothis auxiliantibus vastat, Tarraconensem provinciam invadit.

geworden, so regten sich bei dem Suevenkönig die alten Gelüste. Er
brandschatzt aufs neue die an Rom zurückgegebenen Lande um Neu-
karthago[218].

Da schickt Kaiser Avitus den Comes Fronto und ähnlich sendet
Theoderich Gesandte an die Sueven ab, sie zur Einhaltung der Frie-
densversprechungen zu ermahnen. Allein Rechiarius weist die Gesandten beider Partoien schnöde ab, und eine zweite noch dringen-
dere Gesandtschaft der Westgothen allein hat dasselbe Schicksal.
Nach ihrer Ankunft betritt Rechiarius mit einer grossen Heeresmasse
die Tarraconensis, plündert sie aus und führt zahlreiche Gefangene
nach Gallaecien ab.

Westguthisch-
burgundischer
Zug gegen die
Sueven im Jahre
456 – 457.

Da aber beschliesst Theoderich mit der Einwilligung, ja auf
Geheiss des Avitus den übermüthigen Schwager zu züchtigen[219].

Schwerlich war es das Rechtsgefühl, welches den Fürsten der
Gothen veranlasst hat, erst Avitus Gesandtschaft zu unterstützen und
dann scheinbar auf sein Geheiss ins Feld zu ziehen. Der von Westen
vordrängende Suevo, dessen weitreichende Pläne und dessen Rücksichtslosigkeit sich in der stolzen Abweisung der gothischen Gesandten
offenbart hatten, konnte sehr unbequem werden. Dazu war er katholisch, ein bedenklicher Umstand für ein Reich, welches von Arianern
beherrscht, zum grossen Theil von Katholiken bewohnt war. Wer
stand dafür, dass nicht der katholische Theil der Bevölkerung ihm
einst seine Hand zu reichen versuchen würde?

---

218. *Idatius* ad a. 455 (Ronc. II p. 37): Suevi Carthaginenses regiones,
quas Romanis reddiderant, depraedantur.

219. Ueber diesen Zug berichten 4 Quellen: 1. der Spanier *Idatius*
(Roncall. II p. 37—41), dessen Darstellung unter dem Irrthume leidet,
es habe Avitus drei Jahre lang geherrscht; 2. *Jordanes* cap. 44; 3. *Continuatio Prosperi* ad a. 457; 4. *Isidor.* Hist. Gothor. (VII p. 117) zum letzten Jahre des Marcian (456). Das Verhalten der Quellen zu einander anlangend, so ist 4 wörtlich aus 1; die beste Quelle *Idatius* zerdehnt durch
jenen Irrthum die Ereignisse, 'so dass die Niederlage des Rechiarius im
October 456 und sein Tod erst im December 457 eingetreten sein soll.
Da er aber die Ereignisse vor Marcian's Tod (Anfang 457) und vor Avitus Absetzung erwähnt, so ist kein Zweifel, dass sie Ende 456 geschahen.
Für den diplomatischen Verkehr vor dem Zuge schöpft *Jordanes* cap. 44
(p. 156) aus *Idatius*, den er ausschmückt. Während *Idatius* aber 2 Gesandtschaften der Gothen an die Sueven erwähnt, hat *Jordanes* beide in
eine zusammengezogen. Wenn jener aber scheinbar zwei Einbrüche in die
Tarraconensis nach beiden Gesandtschaften berichtet, so ist das nur so
aufzufassen, dass er die Erfolglosigkeit dieser beiden veranschaulichen
will. Der Einbruch fand wirklich erst nach Ankunft der zweiten statt. —
Für den Zug benutzt *Jordanes* ausser dem *Idatius* (übersehen von *Rosenstein*, Gesch. d. Westgothenreichs p. 33) noch andre Quellen. Er meldet:
His auditis aegre tulit Theodericus, compacatusque cum ceteris gentibus,
arma movit in Suavos, Burgundionum quoque Gnudiuchum et Hilperi-

Hier zum ersten Male tritt uns eine ganz selbständige Politik der burgundischen Könige entgegen. Offenbar von Theoderich aufgefordert, ziehen beide mit ihm nach Spanien. Ob schon vor diesem Zuge diese Hülfeleistung an Bedingungen geknüpft war, wie nicht unwahrscheinlich ist, muss dahingestellt bleiben.

Der Kriegszug selbst hat spätestens im August 456 begonnen; denn die entscheidende Schlacht wird schon am 5. Oktober 12 Millien östlich von der Stadt Astorga am Flusse Orvigo im heutigen Königreiche Leon geschlagen. Die Verbündeten waren also an der Nordküste Spaniens hergerückt, und die Sueven gingen ihnen wohl desshalb nicht weiter entgegen, weil im Falle des Unglücks die galicischen Gebirge einen willkommenen Zufluchtsort zu bieten schienen. Allein auch diese Hoffnung sollte sich als eitel erweisen. Nach einer glänzenden Niederlage der Sueven rückte Theoderich sofort auf Braga; am 28. Oktober ist die Stadt in seinen Händen und wird einer unblutigen Plünderung der siegenden Truppen überlassen. Eine grosse Zahl der Einwohner wird abgeführt, Zugthiere, Kleinvieh, Kameele in Kirchen einquartiert, Idatius berichtet sogar, wohl in allzu grossem Eifer, die Basiliken der Heiligen seien erbrochen, die Altäre gestürzt und zerbrochen, gottgeweihte Jungfrauen fortgeführt, wenn auch nicht entehrt worden. Den Klerus habe man vollständig der Kleider entblösst und das Volk beiderlei Geschlechts mit den Kleinen selbst von den heiligen Asylen weggerissen. Allerdings ist es möglich, dass

---

cum reges auxiliares habens sibique devotos. Diese Nachricht ist wegen des *Idatius* Schweigen von *Pétigny*, Études II p. 145 n. 2 bezweifelt worden. Allein wenn man vergleicht *Marius* ad a. 456: Eo anno Burgundiones partem Galliae occupaverunt, und *Continuator Prosperi* ad a. 457: Theudericus rex Gothorum Suevos proelio devicit interfecto rege ipsorum Reciario ad infimum usque perdomuit. Post cujus cedem Gundiocus rex Burgundionum cum gente et omni praesidio annuente sibi Theuderico intra Galliam ad habitandum ingressus societate et amicitia Gothorum functus, so ergiebt sich, dass diese Beiden wie *Jordanes* zurückgehen auf eine Hauptquelle, die vollständiger war als der jetzige *Anonymus Cuspinianus*. Diese Hauptquelle, diess beweist besonders die Fassung der *Continuatio*, erwähnte 1. der Bundesgenossenschaft der burgundischen Könige mit Theoderich beim spanischen Zuge: *Jordanes* und, wenn auch nicht ausdrücklich: *Contin. Prosp.*; 2. der Ausbreitung der burgundischen Herrschaft im Jahre 457: *Contin. Prosp.* ad a. 457 und *Marius* zum falschen Jahre. Die zweite Hauptquelle neben *Idatius* sind also die *Ravennater Aufzeichnungen*. — Die Erzählung von der Flucht des Rechiarius bei *Jordanes* ist wohl von ihm erfunden. Die Notizen über Agrivulfus mögen auch aus den Ravennater Aufzeichnungen entnommen sein. Die in *Idatius* für die Gothen nicht sehr schmeichelhaft geschilderte Einnahme von Braga verschweigt *Jordanes*. Auch *Idatius* zu 458 (Ronc. II p. 41) spricht von einer multitudo variae nationis, die Theoderichs Heer bildete.

sich die arianischen Sieger an dem Heiligsten der Katholiken vergriffen haben: alles im Namen und Auftrag des Kaisers Avitus. ;

Der unglückliche Rechiarius war nach Portus Cale (Port a Port) an der Ducromündung geflüchtet, wohl um zur See zu entkommen. Schon hatte ihn das rettende Schiff aufgenommen — so erzählt Jordanes in dichterischer Ausschmückung der Begebenheiten —, als der Sturm ihn ans Ufer zurückwarf. Er wird Theoderich als Gefangener zugeführt und zunächst in Gewahrsam genommen. Die übrig gebliebenen Sueven ergaben sich den Siegern; ein Theil wurde niedergemacht, ihr Reich war in seiner Selbstständigkeit vernichtet. Nachdem auch Rechiarius hingerichtet worden war, setzte Theoderich seinen Zug nach Lusitanien fort. Die Nachricht des Idatius, dass Aiulfus, den Jordanes Agrivulfus vom Stamme der Varner nennt, »die Gothen verlassend in Gallaecien residirt«, ist wohl so aufzufassen, wie auch Jordanes berichtet, dass Theoderich ihn dort als seinen Stellvertreter zurückgelassen habe. Nur die Sueven im nordwestlichsten Theile Galiciens wählen sich selbstständig einen neuen König, den Maldras.

Rückkehr der
Verbündeten
März 457.

Bis Ende März 457 blieb Theoderich in Spanien; er hatte noch ganz Lusitanien durchzogen und stand schliesslich in Merida an der Guadiana. Kein Grund ist vorhanden, an eine frühere Heimkehr seiner Verbündeten zu denken.

Da kamen Nachrichten aus Gallien, welche die Rückkehr in die heimatlichen Sitze wünschenswerth erscheinen lassen mussten. Der kraftlose Avitus war trotz der versprochenen Hülfe der Gothen von Ricimer, dem magister militum, seines Reiches entsetzt worden. Wieder einmal stand dieses kaiserlos und ein Sueve hielt alle Macht in Händen. Unter solchen Verhältnissen war die Rückkehr der verbündeten Fürsten in ihre dem Schauplatz dieser Ereignisse näher gelegenen Reiche geboten.

Das Heer des Theoderich theilte sich in zwei Theile: der eine unter ihm selbst ging wohl möglichst direkt nach Hause zurück; den andern Theil der Masse verschiedener Nationalität, die Theoderich gesammelt hatte, mit ihren Führern dirigirte er durch Galicien. Es wäre nicht unzulässig, hiebei an die burgundischen Könige zu denken. Wahrscheinlich hatten sich die dort sitzenden Sueven wieder unruhig gezeigt; Idatius sagt wenigstens, die Gothen hätten gelogen, gegen diese seien sie mit der Expedition beauftragt. Das Nordheer zieht in Astorga ein und Scenen, wie sie Idatius für Braga berichtet hat, kehren hier wieder. Die Erwachsenen beiderlei Geschlechts werden massenweise

niedergehauen, die Unerwachsenen, zwei Bischöfe, die heiligen Ge-
wänder und Cultusgegenstände werden fortgeführt; die Stadt wird
den Flammen übergeben und ihre Felder verwüstet. Aehnlicher Vernichtung von den vermeintlichen oder wirklichen Gothen erliegt die
Stadt Palentina. Nur vor dem castrum Coviacense, 30 Millien von
Astorga, erleiden die zur Einnahme desselben unfähigen Gothen
grosse Verluste. Die Uebrigen ziehen nach Gallien zurück[220].

Kaum sind aber die Burgunder wieder in ihrer Heimat ange- *Die Okkupation*
neuer Gebiete
langt, als sie diese auch über einen Theil des benachbarten Galliens *457.*
erweitern.

War es der vorher bedungene Preis der geleisteten Hülfe,
oder hatte man sich während des spanischen Zuges verständigt —
kurz die Burgunder dehnen sich mit Zustimmung der Gothen in
eigenmächtiger Besitzergreifung über die ihren bisherigen Grenzen
nächstgelegenen römischen Gebiete aus, und um dort zu wohnen
theilen sie das Land mit den Senatoren.

Es muss dem Volk zu eng geworden sein in den alten Sitzen;
der weite Zug hatte sie diess bei ihrer Heimkehr noch mehr empfinden lassen, und der in ihnen durch denselben angefachte Unterneh-
mungsgeist machte sich Luft. An der Spitze eines Theils seines Vol-

---

220. -Vgl. *Idatius* ad a. 456: Mox Hispanias rex Gothorum Theudoricus
cum ingenti exercitu suo et cum voluntate et ordinatione Aviti Imperatoris ingreditur. Cui cum multitudine rex Rechiarius occurens duodecimo
de Asturicensi urbe milliario, ad fluvium nomine Urbicum, tertio nonas
Octobris die, sexta feria inito mox certamine superatur: caesis suorum
agminibus, aliquantis captis, plurimisque fugatis, ipso ad extremas sedes
Gallaeciae vix evadit ac profugus. Theudorico regi cum exercitu ad Bra-
caram extremam civitatem Gallaeciae pertendente, V Kal. Nov. die dominico etsi incruenta, fit tamen satis moesta et lacrymabilis ejusdem di-
reptio civitatis . . . . Ad a. 457 meldet er die Gefangennahme und den
Tod des Rechiarius; im folgenden Jahre den Tod des Avitus; zum ersten
Jahre Majorian's und Leo's (457): Theudoricus adversis sibi nunciis territus mox post dies Paschae, quod fuit V Kal. Apr., de Emerita egreditur
et Gallias repetens, partem ex ea quam habebat multitudine variae nationis cum ducibus suis ad campos Gallaeciae dirigit: qui — Asturicam —
mentientes ad Suevos, qui remanserant, jussam sibi expeditionem ingre-
diuntur . . . . . Palentina civitas simili quo Asturica per Gothos perit
exitio. Unum Coviacense castrum tricesimo do Asturica milliario a Gothis diutino certamine fatigatum . . . . hostibus obsistit et praevalet: quam
plurimis ex eorum manu interfectis reliqui revertuntur ad Gallias. — Die
Darstellung des Zuges bei *Gibbon* cap. 36 (Bd. II p. 389) hat manches
Ungenaue; auch *Aschbach*, Gesch. der Westgoth. p. 135—136, entbehrt
der nötigen Kritik. Vgl. noch *Mascov* a. a. O. X c. 11, 12; *Lembke*, Gesch.
von Spanien I p. 35, 36; *Fauriel* I p. 250 ff.; *Rosenstein*, Gesch. d. Westgothenreichs p. 33 ff.; *Derichsweiler* p. 39.

kes verlässt Gundiok die Sapaudia für immer, um seinen Wohnsitz an einem andern Platze aufzuschlagen. Die Continuatio Prosperi beweist gegen Marius, dass diess 457 geschah.

Es wäre interessant, den Umfang der neu occupirten Landstriche genauer zu wissen.

Darf man für die neue Residenz eine Hypothese aufstellen, so war es Ambariacum [221], ein Ort zwischen Genf und Lyon, das heutige Ambérieux. Die Gründe für diese Vermuthung liegen in der eigenthümlichen Bedeutung, welche dieser jetzt nicht hervorragende Ort in der burgundischen Geschichte gehabt haben muss. Die beiden einzigen Reichstage, die uns von den Quellen ausdrücklich bezeugt sind, der eine vom 3. September 501 [222], und der andre aus Godomar's Zeit [223], als das Unglück über das Reich hereingebrochen war und die Burgunder wieder mehr ihren früheren Sitzen zugedrängt hatte, wurden an dieser Stätte gehalten. Und doch bildete sie 501 nicht mehr eine Hauptstadt des Landes, und war schon seit längerer Zeit von dem westlicheren Lyon ersetzt worden. Die Wahl dieses Ortes unter Gundobad zum Reichstag von 501 und das spätere Zurückgreifen auf grade denselben als Stätte der Volksversammlung scheint auf eine gewisse Tradition zurückzudeuten, durch welche er vor anderen ausgezeichnet wurde. Gundobad musste es nach der Lage der Dinge um 501 von Interesse sein, einen Reichstag mehr in der Nähe der von seinem Bruder nun auf ihn übergegangenen Landstriche zu veranstalten; es war dann natürlich, auf den Ort zurückzugreifen, der die Etappe von Genf nach Lyon gebildet hatte.

Ist unsre Vermuthung richtig, so beweist sie die ohnedem schon sehr wahrscheinliche Ausdehnung des burgundischen Reiches auch im Norden der Rhone, welche das Vorrücken der Grenze nach Dijon und Langres vermitteln würde, ohne dass sich jedoch irgend eine nähere Bestimmung der Grenzerweiterung von 456 nach dieser Seite hin angeben liesse. Möglich, dass man schon nahe bis zur Saone vordrang.

---

221. Dass es noch nicht, wie z. B. *Derichsweiler* annimmt, Lyon gewesen ist, wird sich alsbald ergeben.
222. Unterschrift des T. 42 der Lex Burg.: Data Ambariaco in conloquio sub die III Non. Sept. Abieno V. C. Cons. *Bluhme* liest Concilio.
223. Ueberschrift des jetzigen T. 107 der L. B.: Incipit capitulus, quem domnus noster gloriosissimus Ambariaco in conventu Burgundionum instituit.

Etwas deutlicher ist die Anfügung der neuen Lande im Süden
der oberen Rhone. Im Jahre 463 [224] nämlich hatte sich König Gun-
diok an den Pabst Hilarius gewandt, weil die Stadt Die sich über
den Bischof Mamertus von Vienne beklagte, dieser habe ihr wider
Willen der Bürger einen Bischof octroiirt. Offenbar war diese
Klage die Beschwerde einer burgundischen Stadt über den Eingriff
des noch nicht burgundischen viennensischen Bischofs: und dieser
Conflict veranlasste den König, sich an den Pabst zu wenden. Die
Grenzen des Reiches hatten sich also nach Westen noch nicht bis zur
Rhone bei Vienne, nach Süden aber, wenn wirklich die Isère den
früheren limes gebildet hatte, mindestens bis zur Drôme vorgeschoben [225]; ob für jetzt noch weiter, muss unentschieden bleiben. Dass
aber wenigstens bis zu den achtziger Jahren des fünften Jahrhunderts auch diese Linie überschritten wurde, wird die Folge erweisen [226].

Es war eine grosse Gebietserweiterung, welche die Burgunder
unter Zustimmung der Gothen ohne das römische Reich, welches
dabei doch besonders interessirt war, irgend gefragt zu haben mit
erobernder Hand vollzogen hatten. Fast nicht minder schwer zu
Gunsten des burgundischen Reiches wog sein Einverständniss mit
dem westgothischen, möglicherweise dem gefährlichsten Feinde burgundischer Machtentfaltung. Ein förmliches Bündniss, dessen Spitze
sich eventuell auch gegen Rom richten konnte, knüpfte die Könige
der beiden Nachbarreiche an einander [227]. Der Tag freilich konnte

*Stellung der
Burgunder zu
den Westgothen.*

---

224. Wenigstens ist die Antwort des Pabstes vom 10. Oktober 463.
Vgl. oben p. 41.

225. *Pagius* ad a. 456 n. 13, und ihm scheint *Mascov* X c. 15 n. 4 bei-
zustimmen, geht zu weit, wenn er schon für dieses Jahr meint: Fines
paulatim per vicina protulere, et Prima Lugdunensis, Max. Sequanorum
Viennensis, Alpes Grajae et Penninae ac Provincia eis Druentiam eis
tandem cessere; sed non ante praesentem annum. *Derichsweiler* a. a. O.
p. 39 fixirt die Ansiedlung des Gundiok, den er gemäss seiner früher
bezeichneten Auffassung überhaupt erst jetzt sesshaft werden lässt,
ungenau auf das Land zwischen Rhone, Durance und den Alpen. —
Gänzlich unrichtig *Fauriel* I p. 260, 261, welcher erst 454—456 die Burgunder aus den Vogesen in die Max. Seq. und die Lugdunensis Prima
herabziehen lässt. *Tillemont* VI p. 279 schliesst aus Hilarius Brief, dass
463 auch Vienne schon burgundisch war.

226. Eine sehr vage Vorstellung von dem allmählichen Anwachsen des
burgundischen Reichs hegt *Tuerk*, Forschungen II p. 9 und 10, obgleich
er p. 12 die Ausdehnung des Reichs nach dem spanischen Zuge »bei Gelegenheit der Unterstützung des Gegenkaisers Avitus« richtig registrirt.

227. Vgl. oben p. 55 n. 219 die Stelle der *Contin. Prosp.* ad a. 457. Eigen-

erscheinen, wo die Freundschaft in Feindschaft umschlug und die
genäherten Reiche sich in stürmischer Uneinigkeit bekämpften. Denn
jene gründete sich auf persönliche Sympathie der Herrscher und entsprang nicht einem politischen Systeme, welches gewisse Allianzen
zur Nothwendigkeit gemacht hätte. Konnte doch ein solches noch
nicht existiren, so lange nur die Westgothen mit den Burgundern die
Herrschaft in Gallien theilten. Diess musste anders werden, als die
Franken hervorbrachen, und in Italien Theoderich sein Reich auf-
gerichtet hatte. Allein für jetzt bildete der Ehrgeiz eines Herrschers
mehr als politische Erwägungen die Norm seines Handelns. Es bedurfte nur eines Schwertstreichs — und an die Stelle des befreundeten Theoderich trat 466 sein mörderischer Bruder Eurich; damit
aber war das Verhältniss der beiden Reiche mit einem Schlage geändert!

Majorian Kaiser
vom 1. Apr. 457
bis 2. Aug. 461.

Allein zwischen 456 und dem westgothischen Angriffe im Anfang der siebenziger Jahre lag mehr als ein Jahrzehend, innerhalb
dessen das gestärkte Reich seine Kräfte noch weiter auszubilden Gelegenheit hatte. Die einzige Macht, ausser den Gothen befähigt,
diese Entwicklung zu beeinträchtigen, wäre unter anderen Verhältnissen die römische gewesen. An der Spitze derselben aber stand
für den Augenblick der mächtige Ricimer, der Schwager Gundioks, ein Mann von Aetius Ehrgeiz, aber ihm weit nachstehend an
Talent und energischer Anwendung desselben zu Gunsten des sinkenden Reiches. Zwar trat mit dem 1. April 457 Majorianus [228] an
die Spitze desselben, der letzte römische Kaiser, welcher nicht zum
Mitleid oder zum Ekel auffordert. Mit anerkennenswerthem Ernste,
den nur die Unkenntniss der Lage nicht als Verwegenheit erscheinen
lässt, richten sich seine Gesetze noch einmal gegen die schauderhaf-
ten inneren Missbräuche, während er selbst mit dem unterdessen zum
patricius emporgestiegenen Ricimer den militärischen Schutz des
Reiches nach aussen übernahm [229]. Allein welche gewaltigen Anstren-

thümlich ist das cum gente et omni praesidio annuente sibi Theodorico.
Ich nehme das omni praesidio am liebsten als Objekt zu annuente.

228. *Chronogr. Cusp.* ad a. 457. His coss. Ricimer magist. mil. patricius factus est prid. Kl. Marcias. Et factus est Majorianus mag. mil. ipso
die. Et levatus est imperator D. N. Maiorianus Kl. Apr. in miliario VI in
campo ad Columellas. Vgl. *Cassiodor.* Chron., *Marcellinus* Chron. zu denselben Jahren. — *Idatius* zum Jahre nach Avitus Absetzung (Rone. II
p. 41).

229. *Novell. Major.* T. I (ed. Haenel: p. 293). Imperator Majorianus
A. ad Senatum: Erit apud nos cum parente patricioque Ricimere rei militaris pervigil cura. Dat. III Id. Jan. Ravenna, Maioriano A. Cos. (458).

gungen waren dazu nötig! Die Gothen erkannten den Kaiser, welcher auf ihr Geschöpf gefolgt war, nicht an: sie mussten gezwungen werden[230]. Den verheerenden Einfällen der Vandalen konnte nur durch ihre Unterdrückung in ihren eigenen Wohnsitzen ein Ende gemacht werden: der vierte punische Krieg stand bevor. Majorian rüstete sich zu Beidem. Seit langer Zeit zum ersten Male baute das Reich sich wieder eine Flotte; eine tüchtige Landarmee wurde gebildet. Unter der Masse von Völkern, woraus diese angeblich bestand, weiss Sidonius Apollinaris — dem wir die genauere Kenntniss dieser Vorgänge verdanken[231] — auch die Burgunder befindlich[232]. Wir können den Gegenbeweis nicht führen, glauben aber der pomphaften Aufzählung des Sidonius an diesem Orte nur ein sehr geringes Gewicht beilegen zu dürfen, besonders da die Nebeneinanderstellung der Burgunder mit den Westgothen, mit denen man damals[233] noch in Friedensunterhandlungen stand, und deren Contingent kaum schon zu dem römischen Heere gestossen war, etwas sehr Verdächtiges hat. Es ist möglich, dass die Burgunder den Kaiser und seinen Patricius unterstützt haben, nur für historische Gewissheit darf man es nicht halten; dass sie aber mit den Gothen eine burgundisch-gothische Partei gebildet und mit diesen gegen den Kai- Angebliche anti-römische Politik der Burgunder.

---

230. Vgl. *Idatius* Chron. ad a. 459 (Ronc. II p. 43): Legati a Nepotiano Magistro militiae et a Sunierico Comite missi veniunt ad Gallaecos, nunciantes Majorianum Augustum et Theudericum regem firmissima inter se pacis jura sanxisse, Gothis in quodam certamine superatis.

231. Vgl. dessen Carmen V: Panegyricus Julio Valerio Majoriano Augusto dictus, bes. Vers 441 ff.

232. Daselbst V. 476:

> Bellonatus, Rugus, Burgundio, Vesus, Alites
>
> . . . .
>
> Post aquilas venere tuas.

233. Das Gedicht ist am Ende des Jahres 458 gesprochen. Majorian war noch Consul: V. 5 u. 6:

> . . . . decora omnia regni
> Auccumulant fasces et princeps consule crescit.

Er ist damals in Lyon: V. 574—576:

> Et quia lassatis nimium spes unica rebus
> Venisti, nostris petimus succurre ruinis:
> Lugdunumque tuam, dum praeteris aspice victor.

Im Spätjahr 458 — und zwar nach dem Datum der Novella VI Majorian. Dat. VII Kal. Nov. Ravenna, offenbar im November — hatte der Kaiser die Alpen passirt und war also noch vor Ende des Jahres in Lyon. Erst 459 hören wir von dem zwischen Majorian und Theoderich abgeschlossenen Frieden: *Idatius* Chr. ad a. 459 (Ronc. II p. 43). Nun ist allerdings aus *Sidon.* v. 562, 563, vgl. mit v. 565 ff., ersichtlich, dass schon damals Friedensverhandlungen im Gange waren; nur wäre die Vereinigung der westgothischen Truppen mit den römischen dann eine ausserordentlich rasche gewesen.

ser gekämpft hätten, wie Manche behaupten [234] — ist ebenso unerweislich. Allerdings hatte sich Lyon den Truppen des neuen Kaisers widersetzt und sich schliesslich ergeben müssen. Allerdings gehörte auch der Schwiegersohn des Avitus Apollinaris Sidonius zu Majorian's Widersachern. Allein die Stadt war damals noch nicht burgundisch, sondern hatte sich noch gar nicht vom römischen Reiche gelöst und nur eine gothische Besatzung aufgenommen, um sich mit ihrer Hülfe des unerwünschten Herrschers zu erwehren [235].

Zunächst waren es ja die Gothen, welche den Avitus zum Kaiser erhoben hatten; dass diese widerstanden, war natürlich, und an sie schlossen sich die südlichen Provinzen Galliens, denen der frühere Kaiser angehört hatte. Der eigentliche hostis ist die westgothische Macht, die auch Sidonius in seinem Panegyricus V. 562 ausdrücklich als solche bezeichnet. Wenn er nun V. 571—573 von einem hostis berichtet, der sich in die Stadt Lyon eingenistet habe, und inzwischen immer nur von der gens effera der Gothen gesprochen wird, so kann eben nur dieses Volk jener Feind sein [236]. Auch bezeichnet Sidonius die Stadt immer als eine kaiserliche [237], und bittet Majorian, als den einzigen Helfer in der Not, ihren Trümmern zu Hülfe zu kommen. Es fehle das Vieh, um das Feld zu bestellen, es fehle die Ernte, Colonen und Bürger seien zusammengeschmolzen;

---

234. *Derichsweiler* a. a. O. p. 42. 43; *Kaufmann*, C. Sollius Apollinaris Sidonius p. 7. *Derichsweiler* deutet die Stelle des *Sidonius* Ep. 1, 11: Cumque de diademate capessendo conjuratio Marcelliana coqueretur, nobilium juventuti signiferum sese in factione praebuerat Paeonius dahin, dass die gothisch-burgundische Partei »dem neuen Kaiser Ricimer's ihre Anerkennung versagte und ihm in der Person eines gewissen Marcellian einen Kaiser ihrer Wahl gegenüberzustellen suchte.« Offenbar ist dieser *Marcellian* derselbe, von welchem *Procopius* De bello Vandalico I c. 6 (Corpus Byz. II, 1 p. 336) erzählt, dass er, ein Freund des Aetius, nach dessen Tod Valentinian den Gehorsam versagte und sich in Dalmatien zum souveränen Herrn machte. Dieser Ansicht auch *Sirmond* in den Noten zu diesem Briefe. Bildete sich eine Verschwörung, ihn zum Kaiser auszurufen, so war diess jedenfalls noch zu Valentinian's Lebzeiten. Allein selbst wenn diess nicht wäre, wo steckt denn der burgundisch-gothische Gegenkaiser in der Stelle? Diese conjuratio wird uns nur aus römischen Landen gemeldet! Mit Jenem identisch ist der Marcellinus, der nach *Priscus* Exc. hist. (Corpus Byz. I p. 156) nach Majorian's Tod den westlichen Römern die Furcht erregte, er werde sie bekriegen. Aber auch so ist D.'s Behauptung ebenso unbegründet.
235. Vgl. *Sidon*. Carm. V, v. 571—586. Carmen XIII. *Idatius* Chr. ad a. 459. S. oben n. 230.
236. Richtig *Rosenstein*, Gesch. des Westgothenreichs p. 38; *Wietersheim* IV p. 414. Schwankend *Tillemont* VI p. 317.
237. *Sidon*. Carm. V v. 576: Lugdunumque tuam dum praeteris aspice victor.

dem Feuer und den Verheerungen sci man fast erlegen; der einzige
Trost — meint der feile Schmeichler in ekelhafter Devotion — liege
darin, dass der Ruin der Stadt eine Ursache des kaiserlichen Triumphes gewesen sei [238].

Allein dass er ihn gleich wieder zu vollen Gnaden aufgenommen hätte, dazu bot Majorian dem rebellischen Orte die Hand
nicht. Die Stadt erhielt einen Tribut von 3 Capita auferlegt [239],
d. h. offenbar, die Grundsteuer wurde verdreifacht, und Sidonius
musste seine Muse nochmals, wie schon so oft, im Dienste der Zweck-
mässigkeit sprechen lassen: in einem nicht unwitzigen Epigramm bittet er den Kaiser als Amphitryoniades sie als Geryonen von dem dreifachen Haupte befreien zu wollen.

Diess Alles beweist, dass Majorian mit einer besiegten Stadt
des eigenen Reiches, nicht mit der überwundenen Residenz germanischer Könige zu thun hatte [240]. Reichten die burgundischen Gränzen
noch nicht bis zur Rhone, so konnte der Krieg, ohne sie zu berühren, an ihnen vorübergehen. Stiess das Reich schon an den Fluss,
so zog Majorian, der mit Ricimer's Zustimmung mit dem Purpur Be-
kleidete, wohl als Freund durch dasselbe.

---

238. *Sidon.* das. v. 585. 586:
  . . . fuimus vestri quia causa triumphi
    Ipsa ruina placet.
239. Das caput bildete die Grundlage des römischen Steuerwesens.
Caput hiess eine Portion von Grundstücken, deren abgeschätzter Kapi-
talwerth 1000 solidi betrug. *Nov. Major.* T. VII § 16 De curialibus, ed.
Haenel p. 322. 323. Von einer solchen »Steuerhufe« wurden früher 25
aurei, später nur noch 7 Alles in Allem bezahlt (*Ammian. Marcellin.* XVI
c. 5); welche Quote auch für die Zukunft blieb: *Nov. Valent.* III T. V
§ 4 (vom Jahr 440), ed. *Haenel* p. 142. 143. Man vgl. über diese Verhältnisse *Savigny*, Ueber die römische Steuerverfassung unter den Kaisern.
Vermischte Schriften II p. 67—215, besonders p. 174 ff.; falsch *Tillemont*
VI p. 317.
240. Falsch *Valesius*, Rerum Francicarum Lib. IV p. 186, welcher diese
Einnahme Lyon's als Zurückeroberung aus burgundischer Herrschaft
durch den römischen Kaiser auffasst; ebenso unrichtig *Fauriel* I p. 272;
Wurstemberger I p. 170 n. 8; *Derichsweiler* a. a. O. p. 43. Ganz eigenthümlich *Pétigny*, Études II p. 160, welcher meint, die Burgunder hätten
im Dienste Majorian's Lyon Ende 457 erobert. Man könnte allenfalls bei
der Stelle des *Priscus* Exc. hist. (Corp. Byz. I p. 156) Ὅτι ὁ Μαιορία-
νος — ὡς αὐτῷ οἱ ἐν Γαλατίᾳ Γότθοι σύμμαχοι κατέστησαν, καὶ τὰ παροι-
κοῦντα τὴν αὐτοῦ ἐπικράτειαν ἔθνη τὰ μὲν ὅπλοις, τὰ δὲ λόγοις παρεστή-
σατο . . . an die Burgunder denken wollen; allein abgesehen von der völligen Unbestimmtheit dieses Satzes liegt es viel näher, an die dortigen
Römer zu denken, besonders da Sidonius, die bestunterrichtete Quelle,
von einem solchen Kampfe nichts und die übrigen Quellen noch viel weniger wissen. Richtig bespricht diese Vorgänge *Fertig*, Gajus Sollius
Apollinaris Sidonius und seine Zeit. 1. Abtheil. 1845. p. 9.

Das Jahr 459 scheint Majorian ganz in Arles zugebracht zu haben, wo er sich auch noch im März 460 befindet[241]. In diesem Jahre aber scheitert sein grosses Unternehmen gegen die Vandalen. Die Bedrohten kommen ihm zuvor, und während der Kaiser selbst in Spanien auf dem Marsch nach Carthago ist, spielt der Verrath den Vandalen seine Schiffe bei Ilici, etwas nördlich von dieser Stadt in die Hände[242]. Unverrichteter Dinge muss der Kaiser seinen Rückzug antreten. Das Reich sollte dieser ungestümen Gäste, welche Jahr für Jahr ihre verwüstenden Raubzüge bald nach Sicilien, bald nach Sardinien, bald nach Italien richteten, nicht mehr los werden. Wohl aber fiel sein Herrscher, dessen ernstes Bemühen dem Egoismus eines Ricimer beschämend, dessen energische Selbstthätigkeit ihm unbequem war, am 7. August 461 von Mörderhand, nachdem

Severus wird Kaiser 19. Nov. 461. ihn am 2. August Ricimer in Tortona seines Reiches entsetzt hatte[243]. Erst am 19. November gab der mächtige Patricius, der Kaiser schuf wie er Kaiser absetzte, dem hauptlosen Reich in dem gefügigen Severus einen neuen Herrscher[244], von welchem nur merkwürdig ist, dass er eines natürlichen Todes starb[245], obgleich die fama auch ihn vergiftet werden lässt[246].

Die letzten Zeiten Hilperik's und Gundiok's. Fast scheinen die Lücken der burgundischen Geschichte durch Notizen aus der römischen gefüllt werden zu sollen; allein die Stellung der germanischen Fürsten zu dem römischen Reiche eröffnet sich dem Verständnisse nur mit der Einsicht in die morschen Verhältnisse von diesem selbst. Man muss daran denken, dass es mitunter Jahre lang, wie vom August 465 bis zum April 467, keinen

241. *Nov. Major.* ed. Haenel T. IX Data XV Kal. Mai. Arelato, Ricimere V. C. Cos. (459) und T. XI Dat. V Kal. Apr. Arelato. Magno et Apollonio VV. CC. Coss. 460. Ed. *Haenel* p. 327 ff.

242. *Idatius* Chr. ad a. 460; *Marius* Chr. ad a. 460; *Priscus* in der Fortsetzung der obigen Stelle.

243. *Idatius* ad a. 461; *Chronogr. Cusp.* ad a. 461; *Cassiodor.* Chr. ad a. 461; *Marcellin.* ad a. 461; *Marius* ad a. 461. Vgl. *Jordanes* cap. 45 (p. 160). Von den sehr genau redenden Ableitungen aus den Ravennater Fasten erwähnt ausser dem verschiedene Nachrichten zusammenziehenden *Cassiodor* keine mit Bestimmtheit, dass Ricimer auch der Mörder sei. So kann ich es trotz der Nachricht des *Idatius* nicht für historische Gewissheit halten.

244. *Chronogr. Cusp.* ad a. 461.

245. *Sidon. Apoll.* Carmen II v. 317:
Auxerat Augustus naturae lege Severus
Divorum numerum.

246. *Cassiodor. Chron.* ad a. 465: His coss. ut dicitur Ricimeris fraude Severus Romae in palatio veneno peremptus est.

Kaiser des Westreichs gab[247], und dass es selbst dem vorhandenen
nicht gelingen konnte, die Autorität auch nur in allen den Gebieten
aufrecht zu erhalten, wo sie eigentlich von Rechtswegen Geltung
hatte. Es bedurfte dieses Blickes in die Zukunft, um zu zeigen, wie
weit von dieser Seite aus eine Beeinträchtigung der freien Entwicklung des burgundischen Gemeinwesens stattfinden konnte. Kehren
wir nun zu diesem zurück.

Während Gundiok den weit hinaus strebenden Zug des neuen
Reiches durch Verlegung seiner Hauptstadt in neu unterworfene Gebiete manifestirte, war Hilperik[248] in der Sabaudia zurückgeblieben
und hielt zu Genf[249] seinen Hof. Das Volk hatte hier eine Heimat
wiedergefunden, die es vergrössern, aber nicht mehr verlassen wollte.
Die Geschichte ist karg in der Ueberlieferung über diese beiden Fürsten. Wir verlassen Hilperik, wie er in Genf dem gekränkten Rechte
Sühne verschafft. Die Vita Lupicini erzählt[250] von einer Klage dieses vor der Macht der Fürsten stets unerschrockenen Abtes coram
viro illustri Galliae quondam patricio Hilperico, sub quo ditionis regiae jus publicum tempore illo redactum est[251]. Wir erblicken den
Herrscher umstanden von seinen Optimaten[252], wie er durch die
Kraft seines königlichen Urtheilsspruches die von einem seiner Höflinge zu freiwilliger Abhängigkeit überredeten Armen ihrer Freiheit
als einem unveräusserlichen Gute wieder zurückgiebt und den kühnen
Vertheidiger mit reichen Geschenken zu seinem Kloster entlässt[253].

Hilperik in Genf.

---

247. *Chronogr. Cusp.* ad a. 465. 467.
248. Ueber diesen, wie über seinen Neffen, den jüngeren Hilperik, vgl.
man den bezüglichen Exkurs, welcher die Klarstellung dieser beiden so
oft vermengten Persönlichkeiten bezweckt.
249. Falsch *Valesius* L. V p. 212, welcher als Residenz des älteren Hilperik Lyon angiebt; dasselbe vermuthet *Mascov*, Gesch. d. Teutsch.
Anmerk. II p. 4 von dem Hilperik des Sidonius, den er für den älteren
hält. Vgl. den Exkurs über Hilperik den Oheim und den Neffen.
250. Cap. 3. Bollandisten 21. März III p. 265.
251. Die offenbar ungenauer und viel spätere Vita Romani, auctore
S. *Gregorio Turonensi*, Bolland. 28. Februar III p. 746. 747 berichtet dasselbe Faktum: Lupicinus autem jam rex factus accessit ad Chilpericum
regem, qui tunc Burgundiae praeerat: audierat enim eum habitare apud
urbem Janubam.
252. Vita, Boll. 21. März III p. 266: adstantibus aulicis.
253. Das Ereigniss fällt
    1. mindestens 10 Jahre nach der Gründung des Reichs;
    2. nach 457: denn Hilperik ist nur noch allein in Genf;
    3. vor 462 oder 463. Für jenes Jahr meldet *Idatius* Chr. ad a. 462 die
Uebergabe Narbonne's seitens des Agrippinus an die Gothen. Die Ver-
theidigungs-Reise des Lupicinus für Agrippinus nach Rom setzt die chronologisch erzählende Vita nach dem Genfer Vorfalle.

Je erfreulicher dieses Bild ist, um so wünschenswerter wäre es, wenn sich die Vita über Manches ausführlicher und deutlicher ausgesprochen hätte. Hilperik ist ihr Galliae quondam patricius[254]. Wann er aber den Patriciat erlangt hat, darüber schweigt sie. Unwillkührlich denkt man an die katalaunische Schlacht; vielleicht in Folge dieser, vielleicht auch schon bei Gelegenheit der Ansiedlung erhielt der burgundische Fürst die römische Würde.

Hilperik Patricius.

Die Notiz über Hilperik's Verhältniss zum jus ditionis regiae hat man geglaubt für die Geschichte der burgundischen Gesetzgebung ausnützen zu können; es sollte dann in jenen Worten eine das jus publicum redigirende Thätigkeit des Königs behauptet sein[255]. Allein die Worte dulden diesen Sinn ebensowenig wie die Geschichte; sie sagen, dass unter diesem Fürsten das Recht der königlichen Gerichtsbarkeit wieder als ein öffentliches eingeführt wurde: und der Unterschied dieses öffentlichen Verfahrens von dem römischen, welches sich in das den Unbetheiligten verschlossene Secretarium zurückgezogen hatte[256], wurde wohlthätig empfunden.

So herrschte Hilperik in Genf: ein Fürst in mächtiger Stellung nach siegreichen Kämpfen, »ein Mann seltenen Geistes und von einer durch die Macht nicht geschädigten Güte[257].« Wann er starb, ist dunkler als die Todeszeit Gundioks, den uns der Brief des Pabstes Hilarius zum letzten Male im Jahre 463 als magister militum vorführt, wie er die Rechte der Bügerschaft seiner Stadt Die wahrt[258]. Wann ihm jene Würde ertheilt wurde, ob noch unter Aetius, ob von Avitus bei Anlass des spanischen Zuges, ob von Ricimer und Majorian, ist unerweislich. Beide Könige starben mit den Titeln römischer Beamten, deren sich auch noch ihre Nachkommen zu erfreuen haben sollten. Der rechtliche und factische Einfluss dieser Würden soll seine Erörterung finden, wenn die künftigen Träger den Sturz des Westreichs erlebt

Gundiok magister militum.

254. Vgl. über den Patriciat dieser Zeit Theil II Buch 2.
255. Vgl. in Theil II die Geschichte der Gesetzgebung.
256. Vgl. *Geib*, Gesch. des römischen Criminalprozesses p. 508—511; *Bethmann-Hollweg*, Der römische Civilprozess III p. 188—190.
257. *Vita Lupicini* Boll. 21. März III p. 265: vir singularis ingenii et praecipuae bonitatis.
258. *Mansi* Coll. Concil. VII p. 936: Ep. IX an Leontius von Arles. Er schreibt: Mamertus von Vienne habe die modestia sacerdotalis überschritten. Quantum enim filii nostri, viri illustris magistri militum Gunduici sermone est indicatum, praedictus episcopus invitis Deensibus —, hostili more ut dicitur occupans civitatem, episcopum consecrare praesumpsit. — Von dieser Anzeige heisst es gleich darauf: quidquid nunc ad notitiam nostram brevi insinuatione delatum est.

haben und die durchgeführte Geschichte des burgundischen Reiches uns auch für die Beurtheilung seines Verhältnisses zu Constantinopel das nöthige Material geliefert haben wird [259].

Mit der Bemühung der Könige für das Recht in seiner prakti-schen Anwendung ging ihre Sorge um die Gesetzgebung Hand in Hand. Spuren dieser Thätigkeit sind bald als wirkliche Ueberbleib-sel derselben, bald als Nachrichten über sie auf uns gekommen.

In ihren erhaltenen Gesetzen [260] spiegelt sich manchmal noch drastisch die Rohheit ihres Volkes [261], welche späterhin nicht mehr in diesem Maasse verletzend hervortritt; aber sie zeugen auch von schonender Fürsorge für das Land und das Volk in seinen germani-schen wie romanischen Bestandtheilen [262]. Wie tiefgreifend ist nicht die Bestimmung, dass die Römer unter sich nach ihrem Rechte fort-leben und die Urtheile über ihre Prozesse gemäss der römischen Norm gefällt werden sollen [263]? Leider entzieht es sich der Feststellung, ob diese wichtige Entscheidung, die notwendig zu einer Annäherung der germanischen Gewohnheiten an das geschriebene römische Recht, also zu einem Verzicht auf manches alte Eigenthum führen musste, nicht vielleicht einer der ersten Regierungsakte der neuen Herrscher in den neuen Landen gewesen, oder ob er erst später erfolgt ist? Jedenfalls blieb den Römern unter sich ihr Recht von der Reichs-gründung an unverkümmert, während sich ihr rechtlicher Verkehr mit den Germanen den ungelenken germanischen Rechtsformen be-quemen musste, bis auch diese im Laufe der Zeit in vielen wichtigen Punkten unter römisch-rechtlicher Einwirkung Modifikationen er-litten.

Im Jahre 473 und zwar nach dem fünften März [264] starb von den Brüdern Gundiok; da dessen Söhne offenbar das gesammte Reich erben, ihr Oheim Hilperik aber nicht mehr neben ihnen er-scheint, so muss ihr Vater diesen überlebt haben, Hilperik selbst aber erbenlos gestorben sein [265]. Kurz vorher hatten auch die beiden

Gesetzgebung der beiden Herrscher.

Tod Hilperiks (Jahr?) und Gun-dioks († nach dem 5. März 473).

---

259. Vgl. Theil II Buch 2.
260. Vgl. darüber das Nähere im Th. II Buch 1.
261. S. T. 97 und 98.
262. T. 17, 1—3 (vgl. oben p. 45, 46; n. 167); T. 67.
263. Gundobad sagt in der Prima Constit. § 7 der Lex Burg.: Inter Romanos vero . . . . sicut a parentibus nostris statutum est, Romanis legibus praecipimus judicari. Das Gesetz selbst ist leider verloren.
264. Vgl. unten n. 280 über die Zeit des Regierungsantrittes der Söhne des Gundiok.
265. Ders. Ans. *Muellenhoff*, bei *Haupt* Zeitschrift X p. 152; *Derichs-weiler* p. 47; *Pallmann* II p. 286. A. M. *Valesius* L. III p. 212, vgl. p. 233.

andern Hauptreiche des Westens ihre Herrscher gewechselt: bei den
Westgothen trat 466 Eurich an die Stelle seines ermordeten Bruders[266], am 12. April 467 wird in Rom der Grieche Anthemius zum
Kaiser erhoben[267]. Von den neuen Fürsten sollten die barbarischen
den Untergang des tausendjährigen römischen Reiches überdauern.

Das Reich war alt geworden, alt und altersschwach. Schon
beginnen die Quellen den gewaltigen Umschwung von Jetzt und Einst
Stellung der germanischen zum verendenden römischen Reiche. unbewusst scharf zu bezeichnen. Die Herrschaft des Kaisers ist ein
imperium Italiae, er selbst der König dieses Landes. Charakte-
ristische Stimmen aus der römischen Beamtenwelt liefern hiezu den
praktischen Commentar: sie zeigen, wie Gallien als für das römische
Reich verloren betrachtet und den Germanen zum alleinigen Eigenthume zugedacht wurde; sie beweisen, wie neben den Westgothen
die Burgunder die Hauptmacht in den Händen hielten.

Der Praefectus Galliae Arvandus, welcher sich des crimen re-
Vorschläge des Arvandus. petundarum im grössten Umfange schuldig gemacht hatte, suchte
seiner Strafe dadurch zuvorzukommen, dass er nach des Anthemius
Thronbesteigung einen Brief an Eurich abfasste: dem griechischen
Kaiser solle man ja keinen Frieden halten, sondern im Gegentheile
die Britonen jenseits der Loire angreifen, und nach Völkerrecht müsse
Gallien zwischen Gothen und Burgundern getheilt werden[268]. Als sein
Process im Jahre 468 in Rom zur Verhandlung kam[269] und die gallischen
Legaten diesen Brief zum Beweise für ihre accusatio majestatis pro-
ducirten, machte er gar keinen Versuch, die Abfassung zu leugnen, und

der zwischen Gundioks Söhnen und Gundiok ein Zwischenregiment des
ältern Hilperik, welchen er irrthümlich in *Sidon.* Ep. V, 7 erkennt, annehmen will.

266. *Idatius* ad a. 466: Per Theudericum Salla legatus mittitur ad Re-
mismundum regem Suevorum, qui reversus ad Gallias cum a fratre suo
Eurico reperit interfectum.

267. *Chronogr. Cusp.* ad a. 467.

268. *Sidonius* Ep. I, 7: Haec ad regem Gothorum cartha videbatur
emitti, pacem cum graeco imperatore dissuadens, Britanos super Ligerim
sitos impugnari oportere demonstrans, cum Burgundionibus jure gentium
Gallias dividi debere confirmans.

269. *Sidonius* Ep. I, 7 hat einen höchst interessanten Bericht über diesen Process, den er selbst in Rom mit erlebte, abgestattet. Die Anklage
scheint ihn des crimen repetundarum und des crimen majestatis beschul-
digt zu haben. — *Cassiodor.* Chr. setzt den Process 469. Allein Sidonius
kam zu Ricimers Hochzeit Ende 467 nach Rom und verweilte noch dort
während des Processes, und so muss dieser mit der Historia miscella,
L. XV (ed. Canis. Cherii 1554 p. 307) zu 468 gesetzt werden. A. M. *Bluhme,*
Jahrbuch I p. 54.

war sehr erstaunt, als ihm Ankläger wie Richter bedeuteten, er habe sich selbst als einen reus majestatis bekannt. Dachte doch der gar nicht mehr an die Möglichkeit, dieses Verbrechens schuldig befunden zu werden, welcher nicht selbst nach dem Purpur gegriffen hatte [270].

Auch fehlte dem Richter mit der Macht der Wille, die Verbrechen gebührend zu strafen. Arvandus wurde auf Befehl des Kaisers deportirt [271]: er verlor sein Vermögen, sein Bürgerrecht, in Folge dessen alle seine jura civilia, und wurde an einen bestimmten Ort lebenslänglich verstrickt, während allein auf dem crimen majestatis derselbe Vermögensverlust und der Tod stand. Was sollte aber in jener Zeit selbst das civis esse desinere noch bedeuten? Was die Lebenslänglichkeit der Verbannung mit dem raschen Wechsel der Herrscher, von denen der Nachfolger häufig grade das aufhob, was sein Vorgänger angeordnet hatte?

Fast prophetisch war von Arvandus die Notwendigkeit der Theilung Galliens unter die Barbaren vorausgesagt worden. Collegen von ihm suchten diesen Gedanken nach einzelnen Seiten hin durchzuführen. Kaum war Anthemius auf den Thron gestiegen [272], so klagt Sidonius aufs bitterste über einen gewissen Seronatus, den Catilina seines Jahrhunderts, der wie ein Tyrann hause.

Die Theodosianischen Gesetze werden von ihm mit Füssen getreten, die Theodoricianischen in den Himmel erhoben [273], neue Steuern auferlegt, überhaupt schauderhafte Erpressungen verübt. Und gegen solche schamlose Willkühr war das Reich ohnmächtig, selbst die Auvergne, das Land, welches auf seinen Zusammenhang mit Rom

Seronatus.

270. So *Sidonius* a. a. O.

271. *Cassiodor.* Chr. ad a. 469: His coss. Arabundus imperium temptans jussu Anthemii exilio deportatur. *Cassiodorus* befindet sich in demselben Irrthume, den *Sidonius* vorher gerügt hat.

272. *Sidonius* Ep. II, 1; V, 13; VII, 7. In dem ersten Briefe heisst es: si nullae — quantum rumor est — Anthemii principis opes. Auch wird Seronatus Vorliebe für die leges Theodoricianae getadelt, ein Beweis mehr, das Jahr in den Anfang der Eurich'schen Regierung zu setzen. *Valesius* L. IV p. 214 setzt diese Briefe wohl zu spät geg. 472; *Tillemont* VI p. 352 zu unbestimmt nach 455 und vor Nepos; richtig *Sirmondi* ad *Sidon.* Ep. II, 1.

273. Beiläufig sei bemerkt, dass danach die in der Geschichte der westgothischen Codifikation ganz allgemein nach Isidor angenommene Ansicht, Eurich sei der erste Gesetzgeber gewesen, falsch ist. So auch noch *Stobbe*, Deutsche Rechtsquellen I p. 75. Diese Aeusserung des Sidonius als eine dem Sachverhalt widersprechende Antithese fassen zu wollen, wie *Kaufmann*, Die Werke des Sidonius p. 15 n. 1 thut, scheint mir selbst bei *Sidonius* unerlaubt. *Sirmondi* ad *Sidon.* Ep. II, 1 n. 4 nimmt Gesetze vor Eurich an, meint aber auch, Sidonius habe Eurichs Gesetze im Auge, aber der Antithese wegen lieber der leges Theodoricianae erwähnt.

noch am stolzesten war und am festesten zu ihm hielt, blieb schutz-
los. Die Vornehmen beschlossen, das Land zu verlassen oder sich
in den schützenden Klerikerstand aufnehmen zu lassen, wenn nicht
Hülfe geschafft würde [274]: und diess Alles vor einem römischen Beamten, der für die Westgothen offen Propaganda machte, um schliesslich den Barbaren römische Provinzen in die Hände zu spielen!

Als endlich die Arverner das in ihren Augen grosse Wagestück
gemacht und ihn des Hochverraths angeklagt hatten, wagte der Staat
kaum, ihn hinrichten zu lassen [275].

Man sieht, auch ohne Odovaker wären die Zügel bald völlig dem
lahmen Arme entsunken, welcher sie mechanisch noch in der Hand hielt.

Unter solchen Verhältnissen traten Gundioks Nachfolger ihre
Herrschaft an [276]. Vier Söhne waren ihm geboren [277], deren Altersverhältniss zu einander sich der genaueren Feststellung entzieht. Ihre
Namen waren Gundobad [278], Godegisel, Hilperik und Godomar [279]:
von diesen war nur der erstgenannte jedenfalls älter wie Godegisel,
wie sich aus seiner Vormundschaft über Hrôthilde ergiebt. Die Mehrzahl der Reichsnachfolger konnte dem jungen Gemeinwesen Gefahr
drohen. Das in sich national wie religiös gespaltene und doch nach
Ausdehnung strebende Reich bedurfte der einheitlichen Leitung.
Sollte diese ihm fehlen und es doch ferner bestehen und gedeihen,
so verlangte es Fürsten, deren Hand stark und deren Zusammen-

*Die Söhne und Nachfolger Gun-
dioks.*

---

274. *Sidonius* Ep. II, 1.
275. *Sidon.* Ep. VII, 7: Illi (Arverni) amore reipublicae Seronatum barbaris provincias propinantem, non timuere legibus tradere, quem convi-
ctum deinceps Respublica vix praesumsit occidere.
276. Fälschlich lässt *Le Beau* VII p. 48 sie sämmtlich den Titel Mag.
mil. erben.
277. *Gregor. Tur.* II c. 28: Huic fuerunt quatuor filii, Gundobadus,
Godegiselus, Chilpericus et Godomarus.
278. Die etymologische Richtigkeit dieser Form hat *J. Grimm* bei *Aufrecht* und *Kuhn*, Zeitschrift für vergleichende Sprachkunde I p. 437, die
quellenmässige Richtigkeit *Bluhme* M. M. L. L. III p. 497 nachgewiesen.
Das. auch die Varianten. — Zu den von *Bluhme* für jene Form angeführten Quellen seien noch folgende zugefügt: *Chronogr. Cusp.* ad a. 472;
Vita Eptadii Boll. 24. Aug. IV p. 779; *Vita Marii* Boll. 27. Januar II p. 774;
Genfer Inschrift in den Mémoires et documents publiés par la Société
d'histoire et d'archólogie de Genève, T. IV p. 308. — Vgl. auch *Pallmann*
II p. 276. Dagegen können *Thierry*, Lettres sur l'hist. de France p. 7 und
Derichsweiler a. a. O. p. 148, der gar Gundobadus für die spätere (!) Les-
art erklärt, mit ihrem Gundobaldus nicht aufkommen. Gund*obald* schreibt
jedoch auch noch *Wilhelm Grimm*, Heldensage p. 13.
279. Die Varianten dieser Namen sind sehr unbedeutend: Godegiselus,
Godigiselus und Godigiselus, Gondegiselus (so die *Vita Sigismundi*) und
Godemarus. Des letzteren gleichnamigen Neffen nennt die *Vita Sigismundi*
Gundemarus.

halten noch stärker war. Durch Kraft und Eintracht hatten Gundiok der ältere und Hilperik das noch schwache Reich geleitet, um
es als ansehnliche Macht ihren Söhnen zu hinterlassen. Mit der Macht
der Mächtigen aber geht die Eifersucht Hand in Hand. Ob die Tradition von den Vorfahren her wirksam genug sein sollte in den
Nachfolgern die gleiche Gesinnung wie in jenen zu erzeugen und zu
erhalten, — diese Frage hatte die Geschichte zu beantworten.

Von den vier Brüdern verschwindet Godomar spurlos aus der Geschichte, von den andern steht fest, dass sie das Reich getheilt haben[250].

Man hat aus dem Ausdruck tetrarcha, mit welchem Sidonius *Angebliche Te-trarchie.*
den jüngeren Hilperik[251] bezeichnet, auf eine Theilung des Reichs
unter alle vier Söhne schliessen wollen[252] und ist sogar im Stande
gewesen, allen Vieren ihre Residenz anzuweisen. Nur musste es
Wunder nehmen, dass diese Anweisungen verschieden ausfielen[253].

---

250. Die Zeit ihres Regierungsantrittes ist desshalb unmöglich ganz
genau zu bestimmen, weil Gundiok zuletzt 463, Gundobad zuerst, aber
noch nicht als König, 472 erwähnt wird: *Chronogr. Cusp.* ad a. 472.
Hilperik dem Jüngeren begegnen wir zuerst 474; in diesem Jahre ist er
dann aber schon König. Das Nähere unten p. 80 ff. Vollständig unrichtig
ist *Muellenhoff*s Argumentation bei *Haupt*, Zeitschr. X p. 153, welcher in
unbegreiflicher Verwechslung des westgothischen Theoderichs ÷ 466
mit dem ostgothischen die Sendung des Epiphanius seitens des Letzteren
spätestens 466 geschehen lässt. Da nun dieser den Gundobad schon in
Lyon findet, so müsse Gundiok spätestens 466 gestorben sein. Die un-
sicheren Ansichten der Neueren über die Zeit von Gundioks Tod liegen
ziemlich beisammen: *Tuerk*, Forschungen II p. 13: 473; *Fauriel* I p. 303
scheint ihn schon bei Anthemius Thronbesteigung als tod anzunehmen;
Pétigny II p. 211 u. 2 gegen 468; *Gaupp*, Ansiedl. p. 287, 321 um 470;
ebenso *Derichsweiler* p. 47; *Wurstemberger* freilich I p. 218: 463 oder in
einem der folgenden Jahre; *Bluhme*, Jahrbuch I p. 60 setzt den Regierungsantritt der Söhne »spätestens 472«; der frühere *Valesius* L. V p. 233
setzt diesen etwa gleichzeitig mit dem Odovakars. Richtig nur *Pallmann*
II p. 274; und im Wesentlichen auch *Wietersheim* IV p. 428, 452.
251. Ep. V, 7. Dass hier der jüngere Hilperik gemeint ist, wird der
Exkurs erweisen.
252. So *Valesius* L. III p. 139 u. 233; *Sirmondi* ad *Sid.* Ep. V, 6 u. 7 |dage-
gen *Pagi* ad a. 472 n. 6; vgl. auch *Gaupp* Zweifel, Ansiedl. p. 285); *Mascov*
X, 22; Anm. II p. 4; *Tillemont* VI p. 357; *Le Beau*, Hist. du Bas-Emp. VII
p. 48; *Luden*, Gesch. d. teutsch. Volks III p. 61; *Pétigny* II p. 212; *Rettberg*,
Kirchengesch. Deutschlands I p. 255; *Fertig*, Cajus Soll. Apoll. Sidonius II
p. 3; *Boissieu*, Inscriptions de Lyon p. 574; *Bluhme*, Jahrbuch I p. 56; *Derichsweiler* p. 46, 51; *Wurstemberger* I p. 219; *Pallmann* II p. 274; *Wietersheim* IV p. 452. — Ganz abentouerlicher Weise läugnet *Sachsse*, Grundlagen
d. deutsch. Staats- und Rechtslebens, die Verwandtschaft der Brüder, nur
um diese Vierzahl zum Beleg seiner tetrarchischen Verfassung deutscher
Völker und Stämme benutzen zu können. — Nicht ganz so seltsam ist die Deutung des tetrarcha in den Annalen des *Baronius* ad a. 475 n. 8: die gallischen
Provinzen seien von Tetrarchen beherrscht worden, weil die vier Völker der
Gothen, Burgunder, Franken und Römer dort ihre Reiche gehabt hätten.
253. *Spon*, Hist. de Genève Bd. I p. 23—25: Gundobad — Vienne

Hinsichtlich Godomars sind alle diese Versuche als gescheitert zu betrachten, hinsichtlich der Uebrigen sind sie meist unrichtig.

Das Wort tetrarcha kann überhaupt nicht für schlüssig gehalten werden dafür, dass wirklich ein seiner Etymologie entsprechender Zustand, eine Viertheilung des Reichs, eingetreten sei. Tetrarcha ist mit der Zeit die Bezeichnung für jeden Fürsten galatischer Stämme geworden, bei denen ursprünglich eine Tetrarchie bestanden hatte, auch wenn sie längst geschwunden war, und scheint schliesslich noch allgemeiner in der Bedeutung von Fürsten überhaupt gebraucht worden zu sein [254]. Sidonius nun, der mit fremdartigen Worten der klassischen Zeit gern um sich warf [255], hätte sich dieses sehr wohl bedienen können, auch wenn eine Viertheilung des Reiches nicht vorgenommen war. Das Reich besass ja vier Prinzen und Hilperik war einer von diesen. Allein der Ausdruck tetrarcha n o s t e r schliesst sogar diese Bedeutung ganz aus. »Unser Fürst« kann Sidonius nicht sagen, denn er war von 472 an Bischof in dem nicht burgundischen Clérmont. Nun hat aber tetrarcha noch die weitere Bedeutung des Anführers einer bestimmten Truppenzahl [256]: kurz vorher wird Hilperik als magister militum erwähnt, insofern dürfen die Römer ihn einen noster nennen. Und so ist es höchst wahrscheinlich, dass Sidonius diesen Ausdruck in gesuchter Eleganz wählte, um nicht den Namen und die Würde wiederholen zu müssen.

Hilperik — Lyon; Godegisel — Genf; Godomar — Besançon; ebenso *Boissieu* a. a. O — Auf *Spon* verweisend (!) theilt *J. v. Mueller*, Gesch. d. schweizerischen Eidgenossenschaft Th. I cap. 8 so: Hilperik — Genf; Gundobad — Lyon; Godomar — Vienne; Godegisel — Besançon. Ebenso *Rettberg*, nur dass er Godegisel in Lausanne residiren lässt.

284. Man vgl. *Strabo*, Geographica cap. 541: τοῖς ἀπὸ γένους τετράρχαις; cap. 560: δυνάστη τινὶ τοῦ τετραρχικοῦ γένους τῶν Γαλατῶν ἀνδρί. Besonders aber cap. 567. Hier berichtet er, wie die drei galatischen Stämme der Τροκμοὶ καὶ Τολιστοβώγιοι καὶ Τεκτόσαγες ihr Gebiet in je vier Theile theilten, jeder einen Tetrarchen an seiner Spitze, so dass zwölf Tetrarchen existirten. Πάλαι μὲν οὖν ἦν τοιαύτη τις ἡ διάταξις, καθ᾽ ἡμᾶς δὲ εἰς τρεῖς, εἶτ εἰς δύο ἡγεμόνας, εἶτα εἰς ἕνα ἥκεν ἡ δυναστεία, εἰς Δηιόταρον. Dieser Dejotaros hiess aber immer noch Tetrarch: *Cicero* pro Dejotaro 15. Man vgl. *Cicero* ad Att. 11, 9; *Tacitus* Annales XV, 25. Zu eng *Du Cange* s. v. tetrarcha: qui quartam partem regni tenet. *Stephanus* Thesaurus s. v. τετράρχης bemerkt, dass bei *Hesychius* Tetrarchen die βασιλεῖς, reges, seien, also eine ganz allgemeine Bedeutung angenommen hätten: forsan qui quattuor provincias (immo quartas partes) administrarent.

285. In demselben Briefe V, 7 nennt er Hilperik in einem Athem Lucumo und Germanicus, seine Frau ebenso Tanaquil und Agrippina. Nur darf man nicht mit *Fauriel* I p. 318 meinen, sie habe wirklich Agrippina geheissen.

286. Vgl. *Du Cange* und *Stephanus* a. a. O. s. v. tetrarcha u. τετράρχης.

Damit ist freilich nicht widerlegt, dass Godomar bei der Theilung des Reichs mit thätig war; aber auch mit diesem einen Ausdruck ist es noch nicht erwiesen. Ja man darf es als unwahrscheinlich bezeichnen; irgend eine Spur seiner Herrschaft wäre wohl übrig geblieben. Theilte er wirklich nicht mit, so war er bei Gundioks Tod entweder schon verstorben oder noch minderjährig.

Mit grosser Schwierigkeit verbunden ist die Feststellung, in welchen Städten als Centren ihrer Herrschaft die drei andern Brüder ihre Residenzen genommen haben. Im Jahre 494 findet der Gesandte Theoderichs des Ostgothen in Lyon Gundobad, in Genf Godegisel, Hilperik ist damals schon tod. Dass Genf seinen Herrscher nicht in Folge dessen gewechselt hat, darf als feststehend angenommen werden. Eine Reihe von Gründen spricht dagegen, dass Gundobad von Anfang an Lyon besessen habe. Bei Sidonius Apollinaris [257] beherrscht Hilperik die Lugdunensis Germania, ein Ausdruck, vielleicht weniger angeknüpft an die römische Provinzialtheilung, als an die Lage des beherrschten Landes um Lyon [288]. Die Viennensis Germania steht also unter eines Andern Botmässigkeit. In Lyon lag auch Caretene, Hilperiks Gemahlin, begraben [289]; dagegen finden wir Gundobad in einer Vertrautheit mit Avitus aus Vienne, dem spätern Bischof daselbst, die auf ein längeres Zusammenleben an dem gleichen Orte deutet. Als im Jahre 500 Gundobad durch Godegisel in Verbindung mit Chlodovech besiegt wurde, schlägt jener seltsamer Weise nicht in Lyon, sondern in Vienne seinen Wohnsitz auf, als wollte er sagen, in Wahrheit sei nicht Lyon, sondern Vienne des Bruders Hauptstadt gewesen, und so erkläre er ihn von hier aus für abgesetzt [290].

So müssen wir nach Gundioks Tode Hilperik in Lyon, Gundobad aber in Vienne und Godegisel in Genf suchen [291].

Die Hauptstädte.

257. *Sidonius* Ep. V, 6 und V, 7. Beide Briefe sind wahrscheinlich von Lyon aus geschrieben. *Sidon.* meldet in jenem dem Apollinaris den Zorn Hilperiks über ihn und bittet um schleunige Antwort, damit der Vortheil seiner (des Sidonius) Anwesenheit an dem betreffenden Orte nicht verloren gehe. Er werde es sich angelegen sein lassen, seinen Freund Apollinaris durch erlangte Gnade sicher zu stellen, oder durch erlangte sichere Kunde von dem Zürnen Hilperiks wenigstens vorsichtiger zu machen. Ueber die Zeit des Briefs vgl. unten n. 305.
288. Zu weit fasst *Mascov* X cap. 32 die Germania Lugd. für den Theil Galliens, welchen die Burgunder inne hatten.
289. Vgl. darüber im folgenden Kapitel.
290. *Gregor* II c. 32.
291. Es ist natürlich, dass Alle, die den älteren Hilperik mit dem jün-

Das Reich wie-
der vergrössert.

Das burgundische Gebiet hatte sich also inzwischen wieder erweitert. 458 gehörte Lyon noch nicht zu ihm, und kein Zeugniss
erweist die Ueberschreitung der Saone und der südwärts fliessenden
Rhone bei der Reichserweiterung von 456. Nun klagt aber Sidonius
am Anfang der siebenziger Jahre aus Clermont: »Unsere Stadt,
gleichsam den Riegel ihrer eignen Grenze [292], schrecken die Waffen
der uns umringenden Völker. Mitten zwischen nebenbuhlerischen
Reichen sind wir ihre bedauernswerthe Beute; den Burgundern verdächtig, sehr nah an die Gothen gränzend, geht weder die Wut des
gothischen Angriffs, noch die Gehässigkeit der burgundischen Vertheidiger an uns vorüber.« Letztere hatten also die Rhone überschritten und waren bis an das auvergnische Bergland vorgerückt.

Einigen Aufschluss über dieses Wachsen des Reichs gewährt
eine freilich etwas mythisirende Nachricht des Gregor von Tours in
seiner Schrift De miraculis sancti Juliani [293]. Das berichtete Ereigniss
muss wohl zwischen Gundioks Tod und die Abtretung der Auvergne
an die Westgothen gesetzt werden [294]. Nach der Bekehrung heidnischer Reste in diesen Gegenden, erzählt Gregor, kamen einige von
den Burgundern zu dem vicus Brivatensis (Brioude an der Allier),
umgeben ihn mit einer grossen Masse Bewaffneter, nehmen das Volk
gefangen, rauben die geweihten Gefässe, gehen über den Fluss,
töden die Männer mit dem Schwert [295] und bereiten sich, das übrige
Volk als Sklaven durch das Loos unter sich zu theilen. Da bricht

---

geren verwechseln, letzterem Genf als Residenz zuweisen. Verwirrt *Fauriel* I p. 317; richtig *Pétigny* II p. 212; *Derichsweiler* p. 47; *Pallmann* II
p. 286. Von dem Aelteren schon *Pagi* ad a. 472 n. 7.
292. *Sidonius* Ep. VII, 4. Oppidum siquidem nostrum, quasi quendam
sui limitis obicem, circumfusarum nobis gentium arma terrificant. Sic
aemulorum sibi in medio positi populorum lachrymabilis praeda suspecti
Burgundionibus, proximi Gothis nec impugnantum ira, nec propugnantum
caremus invidia.
293. Cap. 7 und 8. Auch bei *Bouquet* II p. 466: Posthaec venientes
quidam de Burgundionibus ad Brivatensem vicum eum cum armorum
multitudine copiosa circumdant, captoque populo direpto, ultra amnem
transeunt, et viros gladio interficere, reliquum vulgus sorte dividere
parant. Tunc Hillidius quidam a Vellavo veniens et ut aiunt commoni-
tione columbae alitis incitatus super eos inruit: hortatusque socios ita
hostes ad internecionem cecidit, ut captivis laxatis triumphans in laude
Martyris, amne transmisso, ad beatam cellulam tamquam novus Moyses
cum omni populo canendo revertitur.
294. Wenn *Derichsweiler* a. a. O. p. 52 hiefür die Zeit nach 484 angiebt,
so beweist diess eine gänzliche Verkennung der Verhältnisse.
295. Trotz des allgemeinen Ausdrucks des *Gregor*: et viros gladio
interficere hat man hiebei wohl nur an die Männer zu denken, so weit sie
Widerstand leisten.

ein gewisser Hillidius, von Velavum (Le Velay) kommend, über sie
los, schlägt sie bis zur Vernichtung, befreit die Gefangenen und kehrt
triumphirend über den Fluss zurück; und zwar offenbar auf das
rechte Ufer der Allier, während die Burgunder schon das linke beschritten hatten: denn le Velay liegt östlich des Flusses. Vier Burgunder waren übrig geblieben; diese bringen ihre Beute, ausser Anderem besonders eine silberne Schüssel und eine Urne, in ihr Vaterland, und nachdem sie die Schüssel in vier Theile zerlegt hatten, weil
sie selbst vier Männer waren, schenken sie die Urne dem Könige
Gundobad, um sich bei ihm in Gunst zu setzen [296]. Die Königin
aber erstattet die übrige Beute mit reichen Geschenken vermehrt dem
beraubten heiligen Orte zurück.

Diess die Erzählung ihres Wundercharakters entkleidet, deren
historischen Kern man mit Unrecht verwerfen würde, und die einen
interessanten Einblick in die Art der burgundischen Gebietserweiterung gewährt. Denn hier ist von einem Raubzug keine Rede [297].
Zwar plündert man angeblich ein katholisches Heiligthum, aber
die Arianer mochten diesem keine besondre Achtung zu schulden
glauben. Bei einem Beutezug hätte man die gefangene Mannschaft
nicht zusammengehauen, sondern sie als brauchbare Sklaven gefesselt mitgeschleppt. Wollte man aber im Lande bleiben, dann war
es allerdings notwendig, die Elemente des Widerstandes, deren Mut
noch dazu mit der Zeit wieder wachsen musste, möglichst zu schwächen; desshalb treten auch die Burgunder nicht rasch ihren Rückzug
an, sondern sie gehen im Gegentheile vom rechten Ufer der Allier
auf das linke, wo sie verweilen, bis Hillidius von der Botschaft des
Ereignisses gerufen herankommt.

Die burgundische Gebietserweiterung war sonach durchaus nicht
immer eine ruckweise wie die von 457: einzelne Schaaren ziehen
aus, das Schwert in der Hand, sich Unterkunft zu suchen. Wo es
gelungen ist, machen sie sich wohl zum hospes der alten Bewohner;
finden sie aber Widerstand, so wird dieser energisch gebrochen:
Tod und Unfreiheit ist dann das Loos der Widerstehenden.

Da die Erzählung des Gregor gewiss in die Zeit vor der westgothischen Eroberung dieser Landstriche zu setzen ist [298], so erhellt,

296. Gundobad scheint sonach den angegriffenen Gegenden am nächsten gewohnt zu haben, was damit stimmt, dass Vienne seine Hauptstadt
gewesen ist.

297. A. M. *Derichsweiler* p. 52.

298. Da Gundobad frühstens nach dem März 473 nach Gallien zurück-

wie die Burgunder damals von Lyon und Vienne aus ihre Gränzen an einigen Stellen sogar über die Loire vorzuschieben versuchen, ein solcher Versuch auf Brioude zurückgewiesen wird und Le Velay nicht zum burgundischen Reiche gehörte. Ferner ist ein Beleg hieraus dafür zu entnehmen, dass Gundobad damals einen Theil des burgundischen Reiches beherrschte, welcher sich über die Rhone nach der Auvergne hin erstreckte. Die genauere Umschreibung der burgundischen Gränzen ist auch für jetzt unmöglich; doch treten in den nächsten Jahren Aenderungen in diesen Gränzverhältnissen ein.

Falsches Verhältniss der Burgunder zu Rom und zu Eurich.

Denn schon hatten jene Kriege begonnen, welche Arvandus in seinem Briefe an Eurich gefordert hatte. Mit auffallender Genauigkeit geht der westgothische König auf dessen Gedanken ein. Indessen während der römische Beamte Gothen und Burgundern die gleiche Löwenrolle hinsichtlich der Theilung Galliens zugewiesen und gemeint hatte, beide sollten vereint die lockern Bande, die das römische Reich um diese Lande noch schlang, vollends zerreissen, so bemächtigt sich nur der gothische König dieser Plane und findet in den Burgundern Patrone der Römer und seine Gegner.

Seit Majorian hören wir von keinem Konflikt der Burgunder mit den Römern. Zwar dehnten sich die Germanen über römischen Boden aus; aber wer hatte danach zu fragen, ausser dem Kaiser und seinem Patricius? Von 465—467 war der Thron sogar unbesetzt, und als Anthemius, von Leo geschickt, die Herrschaft des Westreichs übernommen hat, treten uns die Burgunder alsbald wieder als Verbündete der Römer entgegen.

Es war diess ein entschiedener Fehler der burgundischen Politik. Dass man zur Zeit der kautalaunischen Schlacht mit Aetius und den Westgothen in einer Reihe kämpfte, war von der Nothwendigkeit gefordert; dass Gundiok und Hilperik 456 mit Willen des Avitus im Bunde mit Theoderich gegen die Sueven nach Spanien zogen und darauf hin ihr Gebiet erweiterten, war politisch klug; dass die Burgunder 458 mit den Gothen gegen Majorian nicht gemeinschaftliche Sache machten, war vielleicht schon ein Fehler; dass man aber nun begann, in scheinbarer Freundschaft sich auf Kosten des römischen Reiches zu erweitern und zugleich dessen Feinden entgegen-

kehrt (vgl. unten p. 61, 62) und die Auvergne spätestens Anfangs 475 an Eurich abgetreten wird, so muss das Ereigniss zwischen jenen Anfangspunkt und diesen Endpunkt fallen, jenem wahrscheinlich näher liegend als diesem.

zutreten, war eine handgreifliche Inkonsequenz. Wider einen gewaltigen Nachbar, dessen Thatkraft durch momentane Bedrängnisse gelähmt ist, mag diese Art und Weise, sich kleine Vortheile zu verschaffen, gerechtfertigt sein; einer gebrochenen Macht gegenüber, deren Herzblut aus tausend Wunden fortströmt, hat diese scheinbare Anhänglichkeit keinen Sinn mehr.

Eines mussten die Burgunder um jeden Preis vermeiden: dass eine fremde Gewalt die Ausgänge des Rhonethales besetzte, und so den Riegel für eine Entwickelung des burgundischen Reichs nach Süden bildete. Schon lange lenkten die Westgothen auf diese Orte ihr Augenmerk: 425 belagern sie Arles mit gewaltiger Macht, bis Aetius sie zum Rückzug zwingt [299]; 430 finden wir sie wieder vor dieser Stadt; 437 muss Litorius das von ihnen bedrängte Narbonne retten [300]; bis 439 spinnt sich der Krieg zwischen Römern und Gothen in jenen Strichen hin [301], bis Litorius bei Toulouse geschlagen, gefangen und kurz darauf getödet wird, und die Römer sich genötigt sehen, Frieden zu schliessen. Möglich, dass die Burgunder davon keine genaue Kenntniss hatten: jedenfalls sahen sie es aber mit an, dass 462 ihrem Bundesgenossen Theoderich durch Agrippinus Narbonne in die Hände gespielt wird [302].

Mit Eurich kam die Gefahr näher und näher; er verschloss sich der Einsicht nicht, dass das römische Reich in seinen Grundfesten wanke [303]. Damit war sein Entschluss gefasst: es sollte die Wucht seiner Stösse bald zu empfinden haben.

Für die Burgunder gab es nun zwei Wege: entweder sie verbündeten sich mit dem Gothenkönige und warfen mit ihm zusammen die römische Herrschaft in Gallien über den Haufen. Oder aber wollte Eurichs Ehrgeiz die Beute allein haben, scheuten sie vielleicht das Bündniss mit dem Mörder Theoderichs, so musste der Offensivkrieg gegen ihn beginnen, nicht zur Rettung der römischen Herrschaft, sondern zur Befestigung und Erweiterung der eigenen. Hatte

---

299. *Prosper* Chr. ad a. 425 (Ronc. I p. 653): Arelas nobile oppidum Galliarum a Gothis multa vi oppugnatum est, donec imminente Aetio non impuniti abscederent.

300. *Idatius* ad a. 430, 436, 437 (Ronc. II p. 23, 25).

301. *Prosper* ad a. 438, 439 (Ronc. I p. 661); *Idatius* ad a. 439.

302. *Idatius* Chr. ad a. 462 (Ronc. II p. 47): Agrippinus Gallus et comes et civis Aegidio comiti viro insigni inimicus, ut Gothorum mereretur auxilia, Narbonam tradidit Theudorico.

303. Euricus .... romani regni vacillationem cernens sagt *Jordanes* cap. 47 treffend von ihm (p. 164).

Gundiok diesen Weg zu betreten unterlassen, so war es die erste
Pflicht seiner Söhne, diesen Fehler wieder gut zu machen [304]. Allein
hier wurde die Verbindung mit dem Schemen des Reiches dem germanischen Staate nachtheilig. Gab dieser sich zum Vertheidiger von
jenem her, so konnte Rom nichts gewinnen und Burgund nur verlieren. Denn wollte es den Bundesgenossencharakter wahren, so
durfte es sich nicht einmal an Arles und Marseille erholen. Aber
weder erfolgte der Bruch mit Rom, noch der Bund mit Eurich, noch
auch der Angriffskrieg wider den Gothen! Der Einzige aber, der
der Lage nach von diesem Unterlassen Vortheil ziehen konnte, war
nicht die römische Auvergne, nicht Burgund, sondern allein der gothische König.

Die Kriege Eu-
richs in Gallien
470—475. Mit der vollen Klarheit seiner Ziele verband er den Verstand
und die Kraft, sie zu erreichen [305].

Zunächst lernten die Britonen die Wucht seines Angriffs kennen. Auf sie hatte sich Anthemius stützen wollen. Mit 12000 Mann
war ihr König Riothimus [306] gekommen und in der Stadt Bourges
Kampf mit den
Britonen 470. aufgenommen worden. Allein allzulange sollte er dort nicht gefährlich bleiben: Eurich stürzte sich auf ihn; der Kampf dauerte längere

---

304. *Wietersheim* IV p. 448 lässt schon den Vater auf Seite des römischen Vertheidigers der Auvergne Ecdicius treten. Diess ist nicht nachzuweisen, ebensowenig wie die von *Wietersheim* behauptete persönliche
Freundschaft zwischen Gundiok und Ecdicius.

305. Die nicht leichte chronologische Feststellung der folgenden Ereignisse hat folgende Ausgangspunkte zu nehmen: 1. nach *Jordanes*
cap. 45 geht der Kampf mit Riothimus dem Könige der Britonen den Angriffen auf die untern Rhonelande und auf die Auvergne voraus; 2. cap. 47
erzählt derselbe die Eroberung von Arles und Marseille, welche *Victor
Tun.* Chr. bei Roncall. II p. 345 ff. unter das Consulat Leone Aug. et
Probiano nach dem Consulat des Joannes und Jordanes, also zu 471
setzt, während freilich das Citat bei *Clinton*, Fasti Romani auch a. 470
den Consul Jordanes an der Spitze trägt, also 470 zu setzen wäre; 3. die
Besitzergreifung Clermonts, irrthümlich als Okkupation bezeichnet, stellt
Jordanes cap. 45 nach Anthemius Tod und nach Nepos Thronbesteigung,
also frühstens in den Juli 474. Zur weiteren Erläuterung des Krieges
und seiner Folgen dienen besonders die Briefe des *Sidonius* und zwar folgende: III, 1, 2, 3, 4; V, 6, 7, 12, 16; VI, 6; VII, 1, 6, 7, 10, 11; VIII,
3, 9; IX, 3. Von diesen beziehen sich auf die Zeit direkt vor dem
Friedensschluss von 475: III, 1; V, 16; VII, 7; VII, 11 (?) (vgl. *Ennodius*, Vita Epiphanii, Bibl. max. patr. IX p. 386 ff.). Nach dem Frieden
sind VIII, 3, 9, IX, 3 geschrieben. Im Herbst 474 sind geschrieben V,
6, 7 und 16; während des Kriegs III, 2, 3, 4; V, 12; VI, 6; VII, 1, 6, 10.
Zur weiteren Erläuterung des Krieges dient eine Notiz, welche ich in der
Gallia Christiana der *Sammarthani* I p. 349 fand, zum Jahre 474. Leontius Bischof von Apta Julia: Testatur ergo Polycarpus de la Rivière,
lectum a se in vetustissimo instrumento, Evaricum expugnata Apta Julia 474, Leontium hujus urbis episcopum in exilium ejecisse.

306. An ihn schreibt *Sidonius* Ep. III, 9.

Zeit, aber doch nicht so lange, dass nicht Riothimus, ehe römische Truppen zu seiner Hülfe hätten herbeikommen können, geschlagen war. Eurichs Natur berechtigt dazu, diesen Kampf als die Eröffnung seiner gallischen Kriege zu betrachten, welche ziemlich unmittelbar zu folgen bestimmt waren. Man wird ihn also wohl im Jahre 470 annehmen müssen[307]. Und die Burgunder, »das benachbarte Volk«, welches unterdessen so gut die Rhone hätte herabziehen können, bieten dem geschlagenen König einen Zufluchtsort: »denn sie waren mit den Römern damals im Bündniss«[308].

Möglich, dass die Gothen schon damals der Auvergne einen Besuch abstatteten, weil sie von ihrem Wege nicht weit ablag; denn die Eroberung dieses Berglandes darf man sich nicht als einen einmaligen Stoss denken[309].

Fest steht aber Eurich's Expedition in das untere Rhoneland im Jahre darauf[310]. Arles und Marseille werden erobert[311]; das burgundische Reich liegt offen vor dem Feinde, ohne dass wir von einem Schwertstreiche der Bedrohten hörten.

Ernster wird der Kampf um die Auvergne, in welchen nun auch sie eingreifen[312]. Das Jahr seines Ausbruchs ist nicht genau ersichtlich; doch berechtigt vielleicht die Thatsache, dass Anthemius schon ihrem Hauptvertheidiger den Patriciat versprochen hatte, aber an der Verleihung durch seinen Tod (11. Juli 472) gehindert wurde[313], den Beginn der Feindseligkeiten spätestens ins Jahr 471

Kampf um die Auvergne 471 (?) folg.

---

307. So auch *Le Beau*, Hist. du Bas-Empire VII p. 45, 46; *Aschbach*, Gesch. der Westgothen p. 149; *Lembke*, Gesch. Spaniens I p. 41; *Pétigny*, Études II p. 243; *Wietersheim*, Gesch. der Völkerwanderung IV p. 447, 448, 569. A. M. *Fauriel* I p. 314, 315: zu 469.

308. *Jordanes* cap. 45. Quod comperiens Anthemius imperator protinus solatia Britonum postulavit. Quorum rex Riothimus cum XII millibus veniens in Biturigas civitatem — susceptus est. Nach der Niederlage durch Eurich: Qui (Riothimus) ampla parte exercitus amissa cum quibus potuit fugiens, ad Burgundionum gentem vicinam, Romanis in eo tempore foederatam, advenit. *Pétigny*'s Zweifel a. a. O. II p. 330 n. 1 an dieser Nachricht ist ungerechtfertigt.

309. Man vgl. unten. Diess verkennt *Aschbach*, Gesch. d. Westgothen p. 149 n. 92.

310. *Victor Tunun*. Chron. ad a. 471: Iliis coss. Arelatum et Massilia a Gothis occupata sunt. Vgl. über diese so häufig angezweifelte Notiz unten.

311. Diess Ereigniss setzt *Mascov* X, 26 vor die Niederlage der Britonen; ebenso *Derichsweiler* p. 45, der dann 470 gleich den Angriff auf die Auvergne folgen lässt.

312. Mit Unrecht nennt *Pallmann* II p. 287 diese Thatsache schwer zu erweisen.

313. *Sidonius* Ep. V, 16. Vgl. *Chronogr. Cusp.* ad a. 472: Et occisus est imp. Anthemius V. Id. Julias.

zu setzen [314]. Die Stadt Clérmont unter Leitung von Apollinaris Sidonius Schwager Ecdicius wehrte sich mit dem Mute der Verzweiflung, um ihre Zugehörigkeit zu Rom zu retten. Dieser Muth sollte seine Probe bestehen: »es geht das Gerücht, schreibt Sidonius an Mamertus, Bischof von Vienne [315], die Gothen seien in das römische Gebiet eingefallen; die Pforte jedes Einfalls aber bilden wir unseligen Arverner!« Man konnte sich Jahr für Jahr auf diese lästigen Besuche gefasst machen. Zu zweien Malen [316] gewährt Sidonius einen Blick in die Zustände, wie sie nach einer solchen gothischen Invasion gewesen sind. Denn nur für den Sommer erschienen die Feinde und zogen im Herbst weg, um im Frühjahr gleich Zugvögeln wieder zu erscheinen [317]. Um die Stadt unbegrabene Gebeine, die Mauern halb zerstört, in der Stadt Rivalität der Parteien! Es bedurfte der Dazwischenkunft eines Mannes wie Constantius, dessen Persönlichkeit sich Aller Achtung zu erzwingen wusste, um diesen inneren Zwist zu schlichten. »Alle beredetest du zum Frieden«, lobt ihn Sidonius: »jenen gabst du die Liebe zu diesen, diesen ihre Liebe zum Vaterlande wieder« [318]. Es war sonach eine Partei des Widerstandes müde und geneigt, sich den Gothen zu unterwerfen.

In diesen Kampf, dessen Form und dessen Gegenstand nach dieser Seite hin stets der nämliche war, griffen nun die Burgunder ein [319]. Ob von allem Anfange, also noch unter Gundiok [320], ist nicht zu entscheiden. Dagegen muss auffallen, dass von seinen Nachfolgern nur Hilperik in einer gewissen Betheiligung erscheint [321]; von Gundobads und Godegisels Theilnahme keine Spur!

Vorgänge in Italien 472—474.

Während nämlich Eurich über das römische Gallien herfiel, begann 472 der Bürgerkrieg in Italien zwischen Anthemius und seinem

---

314. So auch *Fauriel* I p. 324.
315. Ep. VII, 1. Rumor est, Gothos in romanum solum castra movisse. Huic semper irruptioni nos miseri Arverni janua sumus.
316. Ep. III, 2 an den Presbyter Constantius von Lyon, und VII, 1 an Mamertus von Vienne.
317. *Sidonius* III, 2. Constantius kommt im Winter und findet die Wege vom Feinde frei, aber die Stadt halb zerstört. Ep. V, 6. Cum primum aestas decessit autumno et Arvernorum timor potuit aliquantisper ratione temporis temperari, Viennam veni.
318. *Sidon.* Ep. III, 2. His adjicitur, quod cum inveneris civitatem non minus civica simultate, quam barbarica incursione vacuatam, pacem omnibus suadens, charitate illis, illos patriae reddidisti.
319. Falsche Vorstellungen über ihr Verhalten während der Kriege des Eurich bei *Pétigny* II p. 255.
320. So *Wietersheim* IV p. 448; s. Note 304.
321. *Sidonius* Ep. V, 6 und 7.

Schwiegersohne Ricimer. Dieser, zum Herrn der Hauptstadt geworden, erhebt den Olybrius zum Kaiser; Anthemius wird am 11. Juli
472 getödet. Am 18: August desselben Jahres aber starb Ricimer
selbst: der eine Mann eine Macht für die Schwächlinge von Kaisern.
Auf seinen Ersatz musste Olybrius lebhaft bedacht sein und glaubte
ihn in Gundobad, dem Neffen Ricimers, dem Fürstensohne eines germanischen Volkes, zu finden. Noch vor dem 23. Oktober wird Gundobad von Olybrius zu seinem Patricius gemacht. An diesem Tage
aber stirbt Olybrius selbst [322]. Auf die Ermunterung des neuen Patricius hin wird Glycerius am 5. März 473 zu Ravenna zum Kaiser
erhoben [323], welche Würde er jedoch nur ein kurzes Jahr besitzt, um
derselben von Julius Nepos beraubt zu werden; dieser bestieg am
24. Juni 474 den erledigten Thron [324].

War Gundobad damals in Italien, war er 473 schon König oder
nicht? Dass er einst in jenem Lande geweilt hat, beweist eine Antithese in einem von Cassiodor in Theoderichs Namen an Gundobad
geschriebenen Briefe. Bei Uebersendung einer Sonnen- und einer
Wasseruhr an letzteren heisst es in dem Begleitschreiben [325]: Habe-
tote in vestra patria, quod aliquando vidistis in civitate Romana.
Dass er in Ravenna selbst den Glycerius zum Kaiser erhoben habe,
sagt die Quelle nicht ausdrücklich; dagegen ist es nicht wahrscheinlich, dass er von Burgund aus dazu den nötigen Einfluss besass [326].
Denn noch war er nicht König dieses Landes [327]: weder nennt

Gundobad als Prinz in Italien.

---

322. *Chronogr. Cusp.* ad a. 472: Iis cons. bellum civile gestum est
Romae inter Anthemium imperatorem et Ricimeri patricio. Et levatus
est imp. Olybrius Romae. Et occisus est imp. Anthemius V Id. Julias.
Et defunctus est Ricimer XV Kl. Sept. Eo anno Gundobadus patricius
factus ab Olybrio imperatore (vgl. *Historia Miscella* L. XV ed. Canis.
Cherii 1554 p. 307: Mortuo Ricimere Olybrius imperator Gundibo-
rum ejus nepotem patricium effecit. Nicht ganz genau, *Mascov* Anmerk.
II p. 4, der ihn zum patricius und magister militum gemacht werden lässt).
Et defunctus est imp. Olybrius Romae X Kl. Nov. Mit Unrecht hegt
Tillemont, Hist. des empereurs VI p. 361, noch einigen Zweifel, ob unser
Gundobad mit jenem Patricius identisch sei.
  323. *Chronogr. Cusp.* ad a. 473: Hoc cons. levatus est imp. Glycerius
Ravenna III Non Mar. *Cassiodor.* Chron. ad a. 473: . . . . Gundibado hortante Glycerius Ravennae sumsit imperium.
  324. *Chronogr. Cusp.* ad a. 474.
  325. *Variae* I ep. 46.
  326. Ders. Ans. *Pallmann* II p. 275, mit dessen Resultaten bezüglich
dieser Punkte ich meist übereinstimme.
  327. Ders. Ans. *Pallmann* II p. 275, mit Recht gegen *Bluhme*, Jahrb. I
p. 60 polemisirend. Die direkt entgegengesetzte Folgerung ziehen aus
dem *Chronogr. Cusp. Pagi* ad a. 472 n. 6 (der sogar auch den jüngeren
Hilperik 472 schon für gestorben halten will) und *Mascov* X c. 22.

ihn der sog. Chronographus Cuspinianus (zu 472), noch auch bei
späterer Gelegenheit Cassiodor (zu 473) so; und schwerlich würden die in den Titulaturen regelmässig so sorgfältigen Ableitungen
aus den Ravennater Annalen diese so bedeutende Thatsache unerwähnt gelassen haben. Im März 473 war also Gundobad noch Prinz,
Gundiok somit noch am Leben. Der mächtige Oheim mochte den
Neffen [325] zu sich genommen haben, um ihn zu seinem Nachfolger zu
erziehen [329]; wie lange vor Gundioks Tod Gundobad bei Ricimer in
Italien sich in grosser Politik einübte und die schwierige Kunst lernte,
bequeme Kaiser zu erheben und die eigenen Geschöpfe wieder zu
vernichten, steht dahin. An dem Zuge gegen Anthemius, in welchem
Ricimer die Masse der ihm verwandten Barbaren gegen den griechischen Kaiser führte, wird der burgundische Prinz sicher Theil genommen haben [330]: hier mochte er Odovakar kennen lernen, um später
Freundschaft und Feindschaft mit ihm zu wechseln [331]. Wahrscheinlich übertrug Olybrius unmittelbar nach Ricimer's Tod dessen Neffen
die Würde des Patriciates [332]: und als erste Anwendung grösseren
Styls von dieser Würde erhob Gundobad in Ravenna nach dem Tode
des Olybrius den neuen Herrscher [333].

Gundobad wird Sommer 472 Patricius.

Von Ende Oktober 472 aber bis Anfang März des folgenden
Jahres war das Reich wieder kaiserlos, und wie die früheren Träger
des Patriciates in solchen Interregnen, so muss auch diessmal Gundobad für ein halbes Jahr als der herrschende Machthaber im römischen

325. Ueber die verwandtschaftlichen Beziehungen zwischen Ricimer
und Gundobad völlig unklar *Fauriel* I p. 319.

329. Ganz anders *Derichsweiler* p. 50, welcher Gundobad erst nach
Olybrius Tod nach Italien gehen lässt, um den neuen Kaiser zu ernennen; nach p. 51 kehrt er kurz nach Glycerius Erhebung von dort zurück.

330. *Gibbon* a. a. O. cap. 36 II p. 409 spricht sogar von burgundischen
Schaaren.

331. *Joannis Antiocheni* Fragmenta, bei *Mueller*, Fragm. historicorum
Graecorum IV p. 617; fragm. 209: .... καὶ Ἀνθεμίῳ μὲν σύμμαχοιν οἳ
τε ἐν τέλει καὶ ὁ δῆμος, τῷ δὲ Ῥεκίμερι τὸ τῶν οἰκείων βαρβάρων πλῆθος.
Σύνην δὲ καὶ Ὀδόακρος, γένος ὢν τῶν προσαγορευομένων Σκίρων.

332. *Fauriel* I p. 319 lässt fälschlich Ricimer dem Gundobad den Patriciat verschaffen. — *Tillemont* VI p. 361 ist unsicher über die Identität
des patricius und des späteren burgundischen Königs Gundobad.

333. Ich stimme *Pallmann*, Gesch. der Völkerwanderung II p. 275, 276
vollständig zu, wenn er diese Auslegung des *Cassiodor.* ad a. 473 für eine
zulässige erklärt. Wenn er sich aber zur völligen Bestätigung dieses
Faktums auf *Johannes Antioch.* Fragm. 209 (ed. *Mueller* IV p. 617) beruft, so übersieht er, dass diese Quelle hier unselbstständig ist und einen
Bericht benutzt hat, der auch dem *Cassiodor* und der Historia miscella zu Grunde liegt. Die Nebeneinanderstellung der Nachrichten
möge diess verdeutlichen.

Reiche betrachtet werden. Später verschwindet der burgundische Fürst spurlos aus Italien [334]. Als im Hafen von Rom der von Byzanz gesandte Nepos den Glycerius Ende Juni 474 des Reiches entsetzt, wird er nicht mehr erwähnt. Diess, verbunden mit der Thatsache, dass 474 Gundobads Bruder Hilperik nun wirklich König ist, macht es fast zur Gewissheit, dass der Tod Gundioks zwischen den 5. März 473 und den 24. Juni 474 hereinfiel, und dass dieser den Sohn aus Italien abrief [335].

Cassiodor. ad a. 472. His coss. patricius Ricimer Romae facto imperatore Olybrio Authemium contra reverentiam principis et jus adfinitatis cum gravi clade civitatis extinguit. Qui non diutius peracto scelere gloriatus post XL dies defunctus est. Olybrius autem VII imperii mense vitam peregit.

Joannes Antiochenus: Ὅτι ὁ Ῥεκίμερος εἰς διαφορὰν πρὸς τὸν Ἀνθέμιον καταστάς, τὸν βασιλέα τῶν Ἑσπερίων καὶ ταῦτα θυγατέρα αὐτοῦ κατεγγυηθεὶς Ἀλεπυίαν, ἐμφύλιον ἔνδον τῆς πόλεως συνεκρότησε πόλεμον, ἐπὶ μῆνας θ'........ Ἐντεῦθεν αὐτοῖς συμβολῆς γενομένης, πολὺ τῆς Ἀνθεμίου κατέπεσε μοίρας.

Ὁ δὲ Ῥεκίμερ .... τὸν δὲ Ὀλύβριον ἐπὶ τὴν βασιλείαν ἀνήγαγεν (αὐτὸν). Ὀλυβρίου δὲ κατὰ τὸν εἰρημένον τρόπον τὴν Ῥωμαίων παρειληφότος ἀρχήν, Ῥεκίμερ ἡμέρων εἴσω λ' καταλύει τὸν βίον, αἵματος αὐτῷ πλείστου ἐξεμέθεντος. Ὀλύβριος δὲ μετὰ τοῦτον ιγ' μόνας ἐπιβιοὺς ἡμέρας ὑδέρῳ συσχεθεὶς μεταλάττει τοῖς βασιλεῦσιν [ἐν'] ἀριθμηθεὶς εἰς μῆνας ἕξ.

Historia miscella L. XV ed. Canis. Cherii 1854 p. 307: Mortuo Ricimere Olybrius imperator Gundibarum ejus nepotem patricium effecit. *Cassiodor.* ad a. 473. His conss. Gundibado hortante Glycerius Ravennae sumpsit imperium.

Τὴν δὲ τοῦ Ῥεκίμερος ὑπεισελθὼν Γουνδουβαλῆς (kurz zuvor wird als Ῥεκίμερος ἄδελφος ein Γουδουβάνδος erwähnt). ἀνεψιὸς ὢν αὐτοῦ, Γλυχέριον, τὴν τοῦ Κόμητος τῶν δομεστίκων ἀξίαν ἔχοντα, ἐπὶ τὴν βασιλείαν ἄγει.

In den für uns wichtigen Stellen ist das Fragment des Johannes Ant. also nur eine Paraphrase seiner uns hier in zwei Ableitungen (Cassiodor und Historia Miscella) erhaltenen Vorlage: er kommt also nur als Interpret, nicht als Geschichtsquelle in Betracht. Uebersehen von *Pallmann* a. a. O. II p. 266 ff.

334. Ueber die Wirkung dieses Wegganges für die römischen Verhältnisse s. *Pallmann* II p. 274—276.

335. *Mascov* X c. 23 setzt Gundobads Abgang erst nach Nepos Erhebung. *Le Beau*, Hist. du Bas-Empire VII p. 83 lässt ihn in Folge dessen nach Burgund fliehen und seine Brüder gegen Nepos aufhetzen. — Fast richtig *Wietersheim*, Gesch. d. Völkerwanderung IV p. 428 (p. 453 lässt er 474 erst Gundobad aus dem römischen Dienste austreten); ganz richtig *Pallmann*, Gesch. d. Völkerwanderung II p. 274, der Gundobads Abgang in die erste Hälfte 473 setzt. — *Gibbon* a. a. O. cap. 36 II, p. 411 giebt als Grund seiner Rückkehr nach Gallien nach des Glycerius Erhebung sehr unbe-

Einer Natur wie Gundobad war dieses ungesunde, korrupte Staatswesen keine dauernde Stätte befriedigender Thätigkeit: ohne schweren Kampf, vielleicht froh, die Bürde der früheren Stellung zu vertauschen mit einem Throne, auf welchem er nicht nur herrschen, sondern für sein Volk wirken konnte, verliess er den Kaiser seiner Gnade, sich nach Burgund zu wenden [336].

Hilperik der
Jüngere wird
mag. mil.

Glycerius indessen, um an diesem Reiche einen noch grösseren Rückhalt als bisher zu gewinnen, ernannte an Stelle des verstorbenen magister militum Gundiok Gundobads Bruder zu dieser Würde [337]. Als solcher führt er den römischen Krieg gegen die Gothen unter Eurich im südlichen Gallien.

Denn von einem Offensivkriege des burgundischen Reiches unter seinen drei Königen gegen das gothische finden wir keine Spur. Nicht als einer verbündeten Macht, sondern lediglich als der missgünstigen Patrone erwähnt Sidonius der Burgunder. Was bedeutet ihm der Krieg denn Anderes, als einen Kampf des überlegenen Römerthums der Auvergne, deren Bewohner sich einst Brüder der Lateiner zu nennen und die Verwandtschaft der beiden Völker durch die gemeinsame Abstammung von Troja zu begründen wagten, wider die bar-

stimmt the pursuits of domestic ambition an. Viel wunderbarer sind die Berichte über diese Ereignisse bei *Fauriel* I p. 303, 317 ff. (der im Wesentlichen *Le Beau* VII p. 48, 49 folgt), welcher Godegisel und Gundobad 472 auf 473 durch ihre verschworenen Brüder Hilperik und Godomar vertrieben werden lässt. Gundobad geht nach Italien, wird von Ricimer freundlich aufgenommen, macht später um Glycerius zum Kaiser, um, auf diesen gestützt, sein Reich wieder zu erobern. Der novus princeps des Sidonius (s. unten) ist bei *Fauriel* Gundobad! Anders variirt bei *Pétigny*, Études II p. 212: Néanmoins Chilpéric, qui était l'ainé, établit sa résidence à Lyon et conserva une sorte de prépondérance sur ses frères; Ricimer appela auprès de lui Gondebaud, qui lui donna un commandement dans l'armée d'Italie; sans doute dans ses pensées d'avenir il destinait ce fils de sa soeur à être un jour l'héritier de ses dignités et de sa puissance. Vgl. II p. 260, 266—270: Gundobad geht nach Ricimer's Tod auf dessen Pläne ein, aber ohne politische Genie erhebt er den Glycerius zum Kaiser; als dieser aber vor Nepos 474 nach Rom fliehen muss, ist Gundobad gezwungen: déchu de ses rêves de grandeur de chercher un asile dans les provinces Gauloises, que gouvernaient ses frères. Ankunft des armen Flüchtlings in Gallien nach 11, 286: Juni 473 (!).

336. Vgl. auch *Pallmann* II p. 274.

337. Dass diess erst nach Gundioks Tode geschah, scheint mir der Besitz der gleichen Würde seitens desselben zu erweisen; den Sohn noch neben dem Vater zum mag. mil. zu ernennen, wäre sinnlos gewesen! Damit ist die Hist. de Languedoc I p. 216 widerlegt, die Anthemius diese Verleihung vornehmen lässt. Vollständig grundlos ist auch deren Behauptung, Anthemius hätte mit der Stadt Lyon und der umliegenden Gegend die burgundische Hülfe gegen die Westgothen erkauft. Dasselbe vermutet auch *Tillemont* VI p. 357.

barischen Emporkömmlinge, die sich seines Hasses erfreuen, auch
wenn sie die Besten sind [338].

Die Römer fühlten sich in unbehaglicher Klemme zwischen ihren
Angreifern und ihren Vertheidigern, auf deren uneigennützige
Freundschaft sie nicht allzu sicher bauen mochten.

Wie viel die Burgunder in diesem Kriege gethan haben, entzieht
sich der Erkenntniss; wir sehen indessen, dass eine burgundische
Besatzung in Clérmont lag. Welchen Dank sie für ihre Mühe erntete,
zeigt ein Gedicht des Sidonius, offenbar während jener burgundischen
Besatzung geschrieben. Er erklärt seinem Freunde Catullinus den
Grund seiner Unfähigkeit, ihm ein Hochzeitslied zu fertigen. »Ich
soll dichten, umgeben von diesen langhaarigen Schaaren? Ich, der
verurtheilt ist, germanische Worte auszuhalten und mit ernsthaftem
Gesicht das Lied zu loben, was der gefrässige Burgunder singt, der
mit ranziger Butter sein Haar salbt? Soll ich dir sagen, was meinem
Gedichte die Kehle zuschnürt? Seitdem Thalia unsere Patrone
sieht, all' sieben Fuss lang, seitdem meidet sie, von barbarischer
Laute verscheucht, das sechsfüssige Versmaass. Glücklich darf man
deine Augen nennen und deine Ohren, glücklich deine Nase, der
nicht am frühen Morgen schon zehn Apparate Knoblauch und
hässliche Zwiebel zurülpsen. Glücklich du, den nicht vor Tages-
grauen Giganten in solcher Zahl und zugleich voll solcher Grösse
heimsuchen, wie ihrer kaum die Küche des Alcinous hätte ertragen
können. Schon aber schweigt die Muse und hält die Zügel an
nach ihrem Scherz in einigen Hendekasyllaben, damit diese Niemand
eine Satyre nenne« [339]. Seltsame Klänge aus einer vom Feinde hart-

Die Burgunder in Clérmont.

---

338. *Sidonius* Ep. III, 4: suspecti Burgundionibus, proximi Gothis;
VII, 10: nunc periculum de vicinis timet (Sidonius), nunc invidiam de
patronis (vgl. *Valesius* a. a. O. L. V p. 225). Vgl. Ep. VII, 7; III, 3 an
Ecdicius: Illud in te affectum principaliter accendit quod quos olim La-
tinos fieri exegeras, barbaros deinceps esse vetuisti; VII, 14: Barbaros
vitas qui mali putantur: etiam ego si boni.|

339.   Carmen XII.
Ad V. C. Catullinum, quod propter hostilitatem barbarorum Epithala-
          mium scribere non valeret.
        Quid me, et si valeam, parare carmen
        Fescenninicolae jubes Diones,
        Inter crinigeras situm catervas,
        Et germanica verba sustinentem,
        Laudantem tetrico subinde vultu,   5.
        Quod Burgundio cantat esculentus
        Infundens acido comam butyro?
        Vis dicam tibi, quid poëma frangat?
        Ex hoc barbaricis abacta plectris

bedrängten Stadt. die allerdings wie eine Satyre, wie die bitterste Selbstironie lauten!

Kampf im Osten der untern Rhone. Nicht in jenen Gegenden allein bewegte sich jedoch der Kampf: Eurich wusste seine neue Position an der unteren Rhone zu benutzen und drang längs des Flusses aufwärts. Ob schon 472 und 473, ist unbekannt; jedenfalls 474, wo er die Stadt Apta Julia erobert und deren katholischen Bischof vertreibt [340]. Wahrscheinlich ist in dieselbe Zeit eine Notiz aus der Vita des Bischofs Eutropius von Orange zu setzen [341], die uns von der Verwüstung auch dieser Stadt meldet. Der neugewählte Bischof, dadurch entsetzt, ergriff nach sorgfältiger Erwägung die Flucht. Nach Präcedentien wie in Apta Julia waren solche Vorsichtsmaassregeln für einen katholischen Priester gegenüber dem arianischen Gothenkönige rätlich, und desshalb dürfte es geboten sein, diese Nachricht in die Zeit der gothischen Kriege zu verlegen.

Durch diese bisher unbeachteten Vorgänge könnte ein neues Licht auf einen viel bestrittenen Brief des Sidonius fallen. Dieser schreibt an seinen Verwandten Apollinaris [342]: er sei im Herbst nach

---

10.	Spernit senipedem stylum Thalia,
	Ex quo septipedes videt patronos.
	Felices oculos tuos et aures,
	Felicemque libet vocare nasum,
	Cui non allia, sordidaeque cepae
15.	Ructant mane novo decem apparatus.
	Quem non ut vetulum patris parentem
	Nutricisque virum, die nec orto
	Tot tantique petunt simul Gigantes,
	Quod vix Alcinoi culina ferret.
20.	Sed jam Musa tacet, tenetque habenas
	Paucis hendecasyllabis jocata
	Ne quisquam satyram vel hos vocaret.

340. Man sehe die oben angeführte Nachricht des *Polycarpus de la Rivière*, Note 305.

341. Bolland. 27. Mai VI p. 699—701: Ordinatus S. Eutropius episcopus, qui vastatae solicitudine civitatis (scil. Arausionis) territus fugam cepit cautissime meditatam. Die Herausgeber beziehen diese Stelle auch auf Eurich, nur dass sie dessen Unterwerfung der Provincia fälschlich 464 setzen. Bestätigt wird unsere Ansicht durch die alsbald zu erwähnende Nachricht des *Sidonius Apollinaris* Ep. VI, 12.

342. *Sidon.* V, 6: Quum primum aestas decessit autumno et Arvernorum timor potuit aliquantisper ratione temporis temperari, Viennam veni, ubi Thaumastum germanum tuum — moestissimum inveni; .... timebat enim verebaturque ne quam tibi calumniam turbo barbaricus aut militaris concinnaret improbitas. Namque confirmat magistro militum Chilperico victoriosissimo viro relatu venenato quorumpiam sceleratorum fuisse secreto insusurratum, tuo praecipue machinatu opidum Vasionense partibus novi principis applicari.

Vienne gekommen und habe dort des Adressaten Bruder sehr nieder-
geschlagen gefunden, in der Angst, Apollinaris sei von burgundischen
Truppen [343] ein Leides geschehen. Denn er versichere, einige nie-
derträchtige Menschen hätten dem magister militum Hilperik die gif-
tige Nachricht zugetragen [344], besonders auf Betreiben des Apollinaris werde die Stadt Vaison der Partei des novus princeps zugewendet.

Ueber die hier bezeichnete Persönlichkeit gehen die Ansichten
sehr auseinander. Die Einen erkennen darin Glycerius [345], die Andern Nepos [346], noch Andere Eurich [347], ja selbst Gundobad soll
darunter verborgen sein [348]!

Für Glycerius oder Nepos machte man geltend, unter princeps
könne nur ein römischer Kaiser verstanden sein [349]. Allein wie man
schon damals anfing, den römischen Kaiser mit dem bezeichnenderen
Titel rex Italiae zu belegen, so wird auch princeps für deutsche Könige
verwandt [350], und das Wort ist also kein Argument gegen Eurich.

Man wollte aus der Klage des Sidonius, dass die Verläumder
römische Delatoren gewesen seien, einen Grund für die römische Kaiserwürde des novus princeps herleiten: denn einem westgothischen Könige gegenüber könne ihnen daraus kein Vorwurf gemacht werden [351]. Dieser Grund ist nicht stichhaltig: Angehörigen
römischer Familien gegenüber, wie diess Sidonius, Apollinaris, Thaumastus waren, ist die Verdächtigung durch römische Landsleute stets
Anlass gerechter Klage, mag sich jene nun auf die Conspiration zu
Gunsten eines neuen römischen Kaisers oder eines westgothischen
Königs beziehen. Im letzteren Falle ist die Beschuldigung sogar noch
ungleich hämischer!

Die einzige bisher noch nicht geltend gemachte Thatsache, die
gegen Eurich zu sprechen scheint, ist sein Charakter als novus princeps im Jahre 474. Allein für jene Gegenden war Eurich allerdings

---

343. Ich kann den turbo barbaricus aut militaris improbitas nicht anders deuten.
344. Nur darf man nicht mit *Wurstemberger* I p. 217, vgl. 219, Hilperik
an diesem Gift wirklich sterben lassen.
345. So *Pallmann* II p. 282.
346. So die Hist. de Languedoc I p. 220; *Pétigny* II p. 284;
Bluhme, Jahrbuch I p. 55; *Derichsweiler* p. 50,165 und 166.
347. *Bouquet*, Recueil I p.
348. So glaubt *Fauriel* I p. 320. Vgl. oben n. 335.
349. So *Sirmond*, Annot. ad Sidonium, Ep. V, 6; *Bluhme*, Jahrbuch I
p. 57.
350. Vgl. Th. II Buch 2, im Abschnitt über das Königthum.
351. So *Bluhme*, Jahrbuch I p. 57, 59.

ein ganz neuer Herrscher. Wenn wir ihn nun 474 in Apta Julia finden, wenn seine verwüstenden Züge sich bis nach Orange erstrecken,
wenn uns Sidonius als von der gothischen Verwüstung betrof-
fene Städte, deren Einwohner durch die Niederbrennung der Saaten
in die tiefste Not gerathen seien, die noch nördlicher gelegenen
Alba, Tricastina, ja sogar Valence nennt [352], so könnte es undenkbar
erscheinen, dass bei diesem Hannibal ante portas ein burgundischer
König tief indignirt wäre, weil Apollinaris in Vaison diese Stadt
einem römischen Kaiser abspenstig mache und der Partei eines andern zuwende, und nicht vielmehr weil man ihm anheimgegeben hatte,
Apollinaris wolle die Stadt dem nach Norden vordringenden Eurich
in die Hände spielen.

Allein dieser Annahme widersprechen die Verhältnisse: Sidonius mit seiner Familie ist Eurich äusserst feindlich gesinnt; sie kann
schwerlich in den schnöden Verdacht, Verrat wider Rom zu spinnen, gekommen sein. Auch ist es unstatthaft, Vaison schon jetzt
als eine Stadt zu denken, die vollständig dem burgundischen Reiche
einverleibt gewesen wäre; ihr gegenüber vertrat der magister militum
den Kaiser, und so unterstand sie faktisch burgundischer Herrschaft.
Die sträfliche Erweckung von Sympathieen für den novus princeps
findet ihren natürlichen Gegensatz in den bewahrten Sympathieen
für den alten Herrscher. So lässt sich nur an den Wechsel der römischen Kaiser anknüpfen, ganz abgesehen davon, dass Vaison schon
zu nördlich lag, um sich schon dort eine dauernde Ausdehnung der
westgothischen Herrschaft bis zu dieser Stadt einzubilden.

So handelt es sich nur noch um Glycerius oder Nepos. Unmöglich aber konnte Hilperik zürnen, wenn Apollinaris in seinem Wohnorte für den von Gundobad erhobenen Fürsten, der sehr wahrscheinlich Hilperik selbst erst zum magister militum gemacht hatte, thätig
war. Der novus princeps ist also der im Juni 474 erhobene Nepos,
der Brief des Sidonius stammt aus dem Herbst des gleichen Jahres [353].

*Politik der Bur-
gunder nach
Glycerius Tod
474.*

---

352. Ep. VI, 12. Als von Bischof Patiens aus diesem Grunde unter-
stützte Städtebewohner führt er daselbst auf: Arelatenses, Reienses,
Aveniocus, Arausionensis quoque et Albensis nec non Tricastinae urbis
possessor.
353. A. M. *Pallmann* II p. 283, der sich hier etwas verfangen hat. Er
setzt ihn frühestens 472—473, nicht vor den Tod Ricimer's, und sagt:
»Mit dem neuen Fürsten kann Nepos, für den ja die Gallier und besonders Sidonius günstig gestimmt sind, nicht gemeint sein.« Warum nicht?
Weil Sidonius sich über die Delation ärgert? Dem Nepos waren die Burgunder abgeneigt, weil er den Glycerius entsetzt hatte.

Dass ein den Burgundern unliebsamer Kaiser im Rhonethal wieder festen Fuss fasste, war völlig gegen deren Interessen; in eigennütziger Treue wahrte Hilperik also die burgundische Herrschaft über eigentlich noch römische Städte, während er nur der Usurpation entgegenzutreten schien.

Unter diesen Verhältnissen ist es sehr wahrscheinlich, dass nach Glycerius Sturz Hilperik die Defensive römischen Gebietes gegen die Gothen zu Ungunsten des Nepos soweit aufgab, als nicht burgundische Interessen deren Weiterführung verlangten [354]. Die Besatzung von Clérmont wird abgezogen sein, und der Wegfall burgundischer Hülfe mochte nicht verfehlen, seinen Einfluss auf Clérmont und auf Nepos zu üben. Sidonius bittet am Schlusse des 3. Briefes im 3. Buch seinen Schwager Ecdicius dringend, baldigst nach Clérmont zurückzukehren, und seine Beständigkeit (assiduitas) der Gefahr des allzu nahen Umgangs mit den Königen zu entziehen: deren Sitte der Kundige passend dem Wesen der fernhin Licht spendenden, ihre Nähe aber versengenden Flamme vergleiche. Danach ist mir wahrscheinlich, dass Ecdicius damals sich zu den burgundischen Königen begeben habe, um, freilich vergeblich, ihre erneute kräftigere Beihülfe wider die Gothen zu erlangen. Nepos aber beeilte sich, bald nach seiner Thronbesteigung dem verödenden Kriege ein Ende zu machen.

Noch war es Eurich nicht gelungen, Clérmont selbst zu erobern [355], und doch entschloss sich der neue Kaiser zur Abtretung der Auvergne an ihn. Als das Gerücht die drohende Gefahr verkündet hatte, entstand eine schmerzliche Enttäuschung in der arg getäuschten Stadt. Hunger, Krankheit, blutiger Kampf waren überstanden, und als Lohn der Treue — die Abtretung an den Feind [356]! Welch schimpfliches Zeichen ohnmächtiger Feigheit! Noch beschwört Sidonius in bitterem Unmute die Unterhändler des Friedens, Avitus und Bischof Graecus von Marseille [357], die Verhandlungen in richtigere Bahnen zu lenken. Wenn auch die Gothen, schreibt er an

Frieden zwischen Nepos und Eurich (Anfang 475) und den Burgundern mit Eurich (Ende 474?).

---

354. Irrig spricht *Le Beau*, Hist. du Bas-Empire VII p. 93 von einer Anhänglichkeit der Burgunder selbst an den schon flüchtig gewordenen Nepos, und willkürlich setzt er in diese Zeit die Ausdehnung Burgunds bis zur Durance.

355. Es erhellt diess deutlich aus *Sidonius* Ep. VII, 7: Adhuc si necesse est obsideri, adhuc pugnare, adhuc esurire delectat .... Si murus noster aperitur hostibus, non sit clausus vester hospitibus.

356. Ueber die Stimmung der Stadt belehrt uns vortrefflich *Sidonius* Ep. VII, 7.

357. Ep. III, 1; VII, 7.

jenen, ihre alten Grenzen durchbrochen haben und ihre neuen bis zur Rhone und Loire ausdehnen, so wird euer Ansehen doch beide Parteien dahin mässigen, dass die Römer lernen, welche Forderung sie verneinen, und die Gothen, was sie zu fordern unterlassen müssen, wenn es abgeschlagen wird [358].

Allein der Friede wurde Anfang 475 abgeschlossen [359], und als beste Antwort auf Sidonius Bemühungen, Rom die Auvergne zu erhalten, wurde er gefangen genommen, seine Güter wie die eines Proscribirten behandelt, und schliesslich musste er in Bordeaux um seine Restitution betteln [360].

Führte Hilperik wirklich nur als römischer magister militum mit einzelnen burgundischen Schaaren den römischen Defensivkrieg, so war er in dem Frieden des Nepos eingeschlossen, und eigentlich bedurfte es eines besonderen burgundisch-gothischen Friedens nicht mehr. Dennoch scheinen charakteristischer Weise auch von den Burgundern Abgesandte zur Friedensunterhandlung an Eurich abgegangen zu sein [361].

----

358. Ep. III, 1: Qui etsi illi veterum finium limitibus effractis omni vel virtute vel mole possessionis turbine metas in Rhodanum Ligerimque proterminant, vestra tamen auctoritas pro dignitate sententiae sic partem utramque moderabitur, ut et nostra discat, quid debeat negare cum petitur, et adversa poscere desinat, cum negatur.

359. Ueber die Sendung des Bischofs Epiphanius von Ticinum seitens Nepos an Eurich und seine Verhandlungen mit diesem Könige vgl. man *Ennodius*, Vita Epiphanii in der Bibl. Max. Patrum IX p. 386 ff.

360. Cfr. *Sidon*. Ep. VIII, 3, 9; IX, 3: Praeter hoc, ipsa mens nostra domesticis hinc inde prodigiis saucia jacet. Nam per officii imaginem, vel quod est verius, necessitatem, solo patrio exactus, hoc relegatus, variis quaquaversum fragoribus, quia patior hic incommoda peregrini, illic damna proscripti. — Oefter wird aus *Gregor. Tur.* Hist. II c. 24: Sed a tempore Sidonii episcopi magna Burgundiam fames obpressit . . . . Ecdicius quidam ex senatoribus . . . . . misit pueros suos cum equis et plaustris per vicinas sibi civitates, ut eos qui hac inopia vexabantur, sibi adducerent, geschlossen, Ecdicius sei nach dem Frieden nach Burgund übergesiedelt; allein davon sagt *Gregor* gar nichts, und in Clérmont war man wirklich nahe genug, um burgundische Not lindern zu können. Eher ergebe diess *Jordanes* cap. 45, allein auch dieser keineswegs mit Sicherheit.

361. *Sidonius* Ep. VIII, 9 singt von dessen Hofe:
Hic Burgundio septipes frequenter
Flexo poplite supplicat quietem.
welche Verse als Beispiel für die vorausgehenden dienen:
Nec multum domino vacat vel ipsi
Dum responsa petit s u b a c t u s o r b i s.
Dazu *Jordanes* cap. 47 (p. 165) . . Euricus . . . . . totas Hispanias Galliasque sibi jam jure proprio tenens, s i m u l q u o q u e et B u r g u n d i o - n e s s u b e g i t, Arelatoque degens, decimo nono anno regni sui vita privatus est. Ich glaube, dass *Jordanes* hier den *Sidonius* benutzt hat, die überschwängliche Quelle noch überbietend. Dass den Uebertreibungen

Auf welche Bedingungen hin der Abschluss erfolgte, ist nicht Resultate der
Kämpfe. festzustellen: dass die Nachricht des Jordanes, die Burgunder seien völlig unterworfen worden, falsch ist, braucht kaum erwähnt zu werden. Verlautet ja doch nicht das Geringste von einem grösseren Schlage, der auch nur Hilperik betroffen hätte, und begränzt doch Sidonius ausdrücklich die Prätentionen der Gothen durch Loire und Rhone! Die Loire bildete die Ostgrenze der Auvergne, die den Gothen abgetreten wurde. Wenn also Sidonius neben der Loire auch noch die Rhone erwähnt, so kann sich diess nur auf den untersten Lauf derselben beziehen: hier lag ja Arles, welches Eurich 471 genommen hatte, ohne es wie das gleichzeitig eroberte Marseille wieder aufgegeben zu haben [362].

---

des elenden Schmeichlers im Bischofsrock ein Funke von Wahrheit zu Grunde liegt, glaube ich im Text mit Recht haben annehmen zu müssen. *Pallmann* II p. 51 will sie lediglich als Phrase fassen; vgl. auch *Wietersheim* IV p. 452. *Derichsweiler* p. 46 spricht natürlich wieder von einem schimpflichen Frieden, den Eurich den Burgundern aufgelegt habe.

362. Darüber, ob Marseille und Arles bei dem Frieden in gothischer Gewalt waren oder blieben, herrscht grosser Zweifel. Bezüglich Arles würde derselbe gar nicht entstanden sein, hätte man beachtet, dass der wichtigste Theil der Stadt damals auf dem rechten Rhoneufer lag; vgl. *Cassiodor.* Var. VIII, 10 und unten den ostgothisch-burgundischen Krieg. Dass aber die Rhone die Ostgränze des westgothischen Reiches in Folge dieser Kämpfe gebildet habe, sagt *Sidonius* Ep. III, 1 ausdrücklich und haben auch die Autoren alle anerkannt, die die dauernde Besitzergreifung von Arles und Marseille 471 läugnen. Vgl. *Pagi*, Crit. ad Baron. ad a. 474 n. 11; 475 n. 3; dieser sagt sehr scharf: Ex his apparet, quantum hallucinati fuerint scriptores, qui tradidere, Massiliam et Arelatum an. 471 in Eurici potestatem venisse (!); ferner die Hist. de Languedoc I p. 223; *Mascov* X. c. 26 (der die Stelle des *Victor Tunun.* zu 471 übersicht, aber die Nachrichten des *Jordanes* cap. 47 und des *Isidor*, Hist. Goth. Aera 504 als richtig anerkennt, vor den Krieg mit den Britonen setzt und meint, Eurich hätte 475 die Städte Arles und Marseille zurückgegeben); *Le Beau*, Hist. du Bas-empire VII p. 89, 90; *Gibbon* cap. 35 i. f. II p. 406; *Aschbach*, Gesch. der Westgothen p. 155; *Lembke*, Gesch. Spaniens I p. 42; *Fauriel* I p. 339, vgl. 344; *Pétigny*, Études II p. 289, 301; *Gaupp*, Ansiedl. p. 361; *Wietersheim*, Gesch. der Völkerwanderung IV p. 428, 449, 569, 570. Die Nachricht von der Einnahme von Arles und Marseille zu 470 resp. 471 verwirft auch *Bouquet* II p. 27 n. d; *Pallmann*, Gesch. der Völkerwanderung II p. 283 n. 1; p. 286 behauptet er, dass wenigstens Marseille damals römisch blieb. Vgl. auch *Valesius* L. V p. 234. Für eine dauernde Okkupation dieser Städte durch Eurich von 470 resp. 471 an: *Clinton*, Fasti Rom. ad a. 470; *Derichsweiler* a. a. O. p. 45 und 168. — Die Gegner der letzteren Ansicht theilen sich wieder in zwei Lager: die Einen verwerfen die Nachricht der Städteeinnahme im Jahre 470 oder 471 vollständig, so besonders *Pagi*, der den Angriff auf sie eröffnete; ihm folgen *Valesius, Aschbach, Lembke, Gaupp, Wietersheim, Pallmann*. Andere halten diese Thatsache zwar aufrecht, lassen 475 die Städte wieder zurückgegeben werden: so *Mascov*. — Wir prüfen erstens, ob in dem Frieden des Nepos mit Eurich a) Arles und b) Marseille dauernd an die Gothen kam. ad a. Nach *Sidonius* Ep. III, 1 (vgl. oben n. 358) muss angenommen werden, dass die Ausdehnung des

Wo östlich der Rhone das burgundische Reich mit dem römischen gränzte, ist nicht genau anzugeben. Vielleicht behielt Hilperik

---

Gothenreiches bis zur Rhone schon vor dem Frieden als eine feststehende
Sache angenommen wurde, an welcher alle weiteren Verhandlungen nichts
mehr ändern könnten. Das in seinem Haupttheil westlich der Rhone liegende Arles fiel in diese Gränze hinein. Gegen dieses Faktum hat sich
Pagi ad a. 474 n. 4, vgl. n. 11, auf *Sidonius* Ep. VII, 6 an Basilius Bischof von Aquae Sextiae berufen; ebenso *Aschbach* p. 155, *Wietersheim*
IV p. 569 und *Pallmann* II p. 253 n. 1. Da heisst es : Tu sacratissimorum
pontificum Leontii (Bischof von Arles), Fausti, Graeci, urbe, ordine, caritate medius inveniris; per vos mala foederum currunt, per vos regni
utriusque pacta conditionesque portantur. Agite quatenus haec sit amicitia, concordia principalis, ut episcopali ordinatione permissa, populos
Galliarum, quos limes Gothicae sortis incluserit, teneamus ex fide, et si
non tenemus ex foedere. Allein die Mitwirkung des Leontius bei den
Friedensverhandlungen spricht doch nicht dagegen, dass Arles in gothischem Besitz war; ausserdem sagt aber Sidonius ausdrücklich, dass durch
die angeführten Bischöfe u t r i u s q u e regni . . . conditiones portantur.
Wahrscheinlich wurde also Leontius gothischer Seits zu Verhandlungen
benutzt. Jedenfalls ist es ganz undenkbar bei der Lage von Arles, dass
Eurich zu Gunsten dieser von den Gothen so lange ersehnten Stadt seine
Gränzen an derselben westlich vorbeigeführt hätte. — ad. b. Im Gegensatz zu Ep. VII, 6 ist der 7. Brief des 7. Buchs des *Sidonius* an Graecus
von Marseille eine schmerzlich-unwillige Appellation Clérmonts an das
römische Reich und seine Unterhändler. (Per vos legationes meant.) Die
bitteren Worte : jam non primi comprovinciaclium coepistis esse, sed ul-
timi, deuten auf einen bedeutenden Territorialverlust des römischen Reichs
in der Arelatensischen Kirchenprovinz. Der Schluss : Parato exulibus terram . . . . Si murus noster aperitur hostibus, non sit clausus vester hospitibus, beweisen schlagend, dass Marseille schon vor dem Frieden wieder
in römischer Gewalt stand und auch nicht in Gefahr war, dauernd in die
gothischen Hände überzugehen. — Danach könnte man zweifeln : 2. ob
die Randbemerkung des *Victor Tunun.* ad a. 471 richtig wäre, die Notiz
des *Jordanes* cap. 47 und des *Isidorus*, Hist. Goth. Aera 504 zum 8. Jahre
des Leo : In Gallias autem reversus (scil. Euricus ex Hispania), Arelatum
urbem et Massiliam bellando obtinuit, suoque regno utrasque adjecit
aber nicht vielleicht auf eine spätere Zeit zu beziehen sei. Allein
ich halte jene für richtig und beziehe die beiden letzten auf das gleiche
Ereigniss, halte jedoch in *Isidorus* die Vorgänge des Jahres 471 und
die endliche Okkupation der ganzen Provence für confundirt. — Nach
den vielen vergeblichen Versuchen auf die untern Rhonelande stürzte
Eurich sich gewiss sofort auf diese Gegenden, nachdem er sich der Britonen entledigt. Schon vor dem Frieden bezeugt *Sidonius* Ep. III, 1, dass
an ein Zurückdrängen der Gothen von der Rhone gar nicht zu denken
ist : Arles war also schon damals in ihrem Besitz; Marseille freilich nicht
mehr. Allein man denke, 474 ist Eurich in Apta Julia, ohne diese Stadt
zu behalten. Warum soll er nicht 471 Marseille gebrochen und den vor-
geschobenen Posten in der Folge, nachdem er unschädlich gemacht war,
wieder verlassen haben? Ich rechne mich also zu den Hallucinirenden
Pagi's. — Mit unserer Auffassung stimmt auch trefflich *Ennodius*, Vita
Epiphanii 'Bibl. Max. Patr. IX p. 386, 387: Post quem ad regnum Nepos
accessit. Tunc inter eum et Tolosae alumnos quos ferrea Euricus rex dominatione gubernabat orta dissensio est : d u m i l l i I t a l i c i f i n e s i m -
p e r i i , q u o s t r a n s G a l l i c a n a s a l p e s p o r e x e r a t , n o v i t a t e m
s p e r n e n t e s n o n d e s i n e r e n t i n c e s s e r e. Seine ungenaue Zeitangabe ändert an der Sache nichts.

Vaison für Burgund. Wo westlich des Flusses die sors Gothica sich
mit Gundobads Territorium berührte, und wo die gothische Gränze
von der unteren Rhone nach der oberen Loire hinüberlief, auch diess
muss dahingestellt bleiben. Hatte das burgundische Reich irgendwo
dauernd die Loire überschritten, so war es hier nun zurückgeworfen.

Allein diese kleinen Verluste, wenn überhaupt solche eintraten,
waren nicht das, was man verloren hatte, um es beklagen zu müssen.
Hunger und Elend in Folge des Krieges, sie waren zu verwinden.
Aber eine neue Ordnung der Dinge bereitete sich vor: neue Mächte
strebten in Italien, in Gallien nach Einfluss. Noch konnte Burgund
in Eurich seinen Feind bekämpfen, ohne in ihm einen natürlichen
Bundesgenossen zu verletzen; noch war nach Eurichs Regierungsantritt Burgund stark genug, um den Angriffskrieg mit Rom im Bund
wider ihn zu wagen. Allein das Land der Gothen wuchs und wuchs,
während sein germanischer Nachbar zu der Zeit, wo das ewige römische Reich Gallien für immer verlor, an territorialem Gewinn nichts
aufzuweisen hatte. Im Westen einen übermächtigen Rivalen, den
die Zeit in einen natürlichen Genossen umwandeln sollte, im Süden
eine offene Gränze, die die Meereswoge nicht bespülte, so hatte man
mehr eingebüsst, als eine Niederlage schaden konnte. Und dieser
Verlust war selbstverschuldet und unwiederbringlich!

Dieser Kampf mit den Römern gegen die Gothen, der 475 en- Der Sturz des
digte, war die letzte Verbindung der Burgunder mit dem Westreich: Westreichs.
476 erlag dieses. Ein deutscher Abenteurer wurde König von Italien.

Unsere jetzige Zeit pflegt jenes Jahr als Epoche der Weltgeschichte zu bezeichnen, als welches man es damals ganz sicher nicht
sogleich empfand. Von der höchsten Wichtigkeit für das burgundische Reich muss diess Ereigniss denen erscheinen, welche in letzterem nur so zu sagen einen römischen Vasallenstaat, in den Königen
lediglich römische Beamte erblicken wollen.

Drittes Kapitel. Das Reich bis zum ersten Zusammenstoss der fränkisch-katholischen mit der arianisch-burgundischen Macht.

I. Die Beziehungen Burgunds zu den Nachbarreichen bis zu Chlodevechs Taufe. Hilperiks Tod und dessen Wirkung.

Burgund und die neue Ordnung der Dinge.

Das Gesetz, dem das Westreich erlegen war, dass nur dem Lebendig-Kräftigen die Welt gehört, musste der Kanon seiner Erben werden. Es war für das burgundische Reich vielleicht ein Schicksal, dass es die Bedeutung von Roms Untergang zu wenig zu erfassen wusste. Eine neue Staaten-Ordnung, lediglich auf germanische Kraft zu bauen, befand sich in der Bildung. Ein germanisches Volk nach dem andern war auf den Schauplatz der Geschichte getreten: im Norden Galliens drängte jetzt eben die gährende Kraft der Franken vor und in Italien entstand, auf scirische, herulische und rugische Kriegsschaaren gegründet, eine neue Königsherrschaft. Alle diese Stämme hatten die Bestimmung, die unter dem sinkenden Römerthume verfaulte Welt zu verjüngen. Allein war es in den Büchern der Vorsehung einem von ihnen beschieden, ein neues Weltreich an die Stelle des alten zu setzen? Oder sollten die einzelnen Völker in Staaten konstituirt, gesondert und neben einander an dem Werke der Geschichte arbeiten?

Je unreifer und unfertiger die Zustände noch waren, um so mehr hatten die bedeutenden Reiche der Westgothen und Burgunder die Pflicht, energisch Hand anzulegen an die Weiterführung derselben.

In einem Punkte jedenfalls bestand zwischen den Nachbarn eine Solidarität der Interessen: jeder Versuch, eine dritte Hauptmacht in Gallien zu gründen, mochte er von den Alamannen oder anderen heidnischen Germanen ausgehen, musste in seinen Anfängen schon mit Waffengewalt durch gemeinsamen Angriff vereitelt werden. Abgesehen davon war ihre Stellung noch so lange eine gegebene feindselige, bis die Einen oder die Andern den Principat im südlichen Gallien völlig erlangt hatten.

Um Eurich seine früheren Erfolge wieder zu entreissen und ihrem Reiche Raum für freie Entfaltung innerhalb Galliens zu gewinnen, war für die Burgunder gegen die Westgothen in Odovakar ein natürlicher Bundesgenosse erwachsen: nur durfte es weder ihm, noch einem Andern gelingen, die Alpenpässe, über welche die Strassen von Italien in das Herz des burgundischen Reiches führten, in seine Gewalt zu bekommen.

Das Bewusstsein aber von der Notwendigkeit, mit Anspannung aller Kräfte der Zukunft, soweit irgend möglich, ihren Lauf vorzuschreiben und selbst zu lenken, um nicht dem Wagen des Schicksals unter die Räder zu gerathen, es fehlte auf die Dauer den Westgothen sowohl, wie den Burgundern, wie später Theoderich; die arianischen Staatslenker dieser Zeit mit Ausnahme Eurichs freilich waren zu friedliebend für rücksichtslose Kühnheit, die arianischen Staaten waren schon müde, ehe die grosse Arbeit begann.

Von dem früher so kriegslustigen Eurich wäre noch am ehesten zu erwarten gewesen, dass er seine Politik der Reichsvergrösserung nur auf Kosten der Burgunder fortgesetzt hätte. Allein weder er, noch seine Nachbarn an der Rhone erhoben den alten Zwist aufs Neue. Ja diese warten zehn kostbare Jahre, bis der Tod 485 [363] sie von Eurich, aber nicht von seinen Werken befreite [364]. Sie sehen ruhig zu, wie dieser auch noch die östliche Provence bis an die See-

Dauernder Friede mit Eu- rich † 485 und Alarich II.

363. *Jordanes* cap. 47 (p. 165) .... Arelatoque degens decimo nono anno regni sui vita privatus est. Huic successit proprius filius Alaricus. *Clinton*, Fasti Romani ad a. 485 citirt eine Stelle des *Victor Tunun.* ad a. 483, die in der Roncallischen Ausgabe fehlt: Post consulatum Theodoreti. Ilis diebus Euricus rex moritur et Alaricus filius ejus apud Tolosam urbem princeps constituitur ... *Baronius* Annales ad a. 484 setzt den Tod, ihn nach dem Concilium von Agatha 506 falsch berechnend ins Jahr 484; so auch *Valesius* L. V p. 239; ferner *Vaissette*, Hist. de Languedoc I p. 230, 661 n. 59; *Mascov* a. a. O. Anmerk. p. 68; *Aschbach* a. a. O. p. 160; *Derichsweiler* a. a. O. p. 52; *Lembke* a. a. O. I p. 46 n. 2 gar ins Jahr 483; ebenso *Fauriel* I p. 347; *Pétigny* II p. 346: 483 auf 484; *Wietersheim* IV p. 454: 484 oder 485. — Das Concil von Agatha wird im September 506 gehalten und dieses Jahr in den Akten als das 22. des Alarich bezeichnet. Der September 485 fiel also in das erste Jahr des Alarich und diess stimmt mit der Notiz des *Victor* völlig überein; Eurich starb also vor dem September 485. Richtig *Pagi*, Critica ad a. 484 n. 26.

364. Auf Grund einer durchaus haltlosen Nachricht des *Jordanes* cap. 47 ;an welche sich obige Notiz direct anschliesst): Quod Euricus grato suscipiens animo, totas Hispanias Galliasque sibi jam jure proprio tenens, simul quoque et Burgundiones subegit ... hat man noch einen westgothisch-burgundischen Krieg nach Eurichs Rückkehr aus Spanien und der gleich zu erwähnenden Okkupation der Provence angenommen: so *Valesius* L. V p. 234; *Vaissette* a. a. O. I p. 230; *Aschbach*, Gesch. der Westgothen p. 156; *Lembke*, Gesch. Spaniens I p. 45; sehr starke Zweifel dagegen hegt *Fauriel* I p. 344. Dagegen spricht auch *Wietersheim* IV p. 452 von einem burgundisch-westgothischen Kriege nach 478. Vgl. auch unten n. 372.

alpen seinem Reiche einverleibt [365]. Die Zeit dieser Ausdehnung zu
bestimmen, ist nur annähernd möglich. Im Jahre 477 finden wir in
Byzanz Gesandte aus Gallien, die wahrscheinlich aus der Provence
und im Interesse des Nepos kamen [366], also jedenfalls vor der Besetzung des noch römischen Landes durch Eurich abgegangen waren.
Im Jahre 477 aber befindet sich Eurich auf dem Zuge nach Spanien [367]; indessen Procop wie Isidor sprechen für eine möglichst frühe
Besitznahme, die auch allein dem rasch zugreifenden Eurich entspricht. So glaube ich, jene ins Jahr 478 setzen zu sollen [368]. Damals war Ligurien zweifellos noch in der Gewalt Gundobads [369], Odovakar also in Wahrheit ausser Stande, die noch westlichere Provence
abzutreten. Entweder besagt also Procop nur, der Usurpator habe
das römische Land preisgegeben, oder aber Odovakar suchte unter
ausdrücklicher Anerkennung des gothischen Besitzstandes sich später mit diesen auf guten Fuss zu stellen [370]. Vielleicht fällt die von
mir vermutete, die Eroberung Liguriens vorbereitende Allianz-Po-
litik Odovakars [371] mit den Westgothen noch in die letzten Zeiten
des Eurich, vielleicht auch in die Anfangszeit der Regierung Alarichs II [372].

365. Die einzige Nachricht hierüber (vgl. oben n. 362) finde ich in
Procop., De bello G. I c. 12: ἐπεὶ δὲ αὐτὴν (sc. πολιτείαν) Ὀδόακρος ἐς
τυραννίδα μετέβαλλε, τότε δὴ τοῦ τυράννου σφίσιν ἐνδιδόντος ξύμπασαν
Γαλλίαν Οὐισίγοτϑοι ἔσχον μέχρις Ἄλπεων, αἳ τὰ Γάλλων τε ὅρια καὶ
Λιγούρων διορίζουσι.
366. Ich pflichte in dieser Beziehung den Ausführungen *Pallmann's* a.
a. O. II p. 309—311, 362 ff. bei.
367. *Jordanes* cap. 56. Vgl. die Notiz des *Isidorus* oben in n. 362 gegen
Ende, die wichtig ist, weil sie ein Vorgehen Eurichs gegen die Provence
unmittelbar nach seiner Rückkehr von Spanien meldet, nur insofern irrt,
als sie die Eroberung von Arles und Marseille vom Jahre 471 und die
Annexion der Provence zusammenwirft.
368. *Valesius* L. IV p. 234 setzt sie ziemlich vag nach Odovakars
Thronbesteigung; *Pagi*, Critica ad a. 477 n. 20 nach 476, am liebsten
scheint es 477. Das *ἐνδίδοται* giebt er mit concedere wieder. *Vaissette*,
Hist. de Languedoc I p. 230 nimmt sie erst nach Nepos Tod 480 an;
Aschbach, Gesch. d. Westgothen p. 154, zweifelt, ob 478 oder erst nach
480; *Lembke*, Gesch. Spaniens I p. 44 nach 480; *Fauriel* I p. 344 gegen
480; *Pétigny* II p. 343 scheint es 479; *Wietersheim* IV p. 452 lieber 478
als 480; *Pallmann* II p. 309 n. 1: 478 oder bald nachher.
369. Vgl. unten die Beziehungen zu Italien.
370. Von einer wirklichen Abtretung ist also das *ἐνδίδοται* nicht zu
verstehen. So thun es aber *Valesius* a. a. O. L. IV p. 234; wohl auch *Mascov*
XI c. 2 und Anmerk. p. 68 und *Vaissette* a. a. O. I p. 230. Sehr bestimmt
Tillemont, Hist. des empereurs VI p. 443; *Gibbon* cap. 38, II p. 444; vgl.
auch *Wietersheim* IV p. 452. Dagegen *Pallmann* II p. 309 n. 1, der meint,
Odovakar habe nur ruhig zugesehen.
371. Vgl. unten p. 102.
372. *Derichsweiler* a. a. O. p. 52 weiss von einem Offensivkrieg Gundo-

In der Folge gestalten sich die Beziehungen der Burgunder zu
diesem Fürsten eine lange Zeit hindurch sehr günstig; Gundobads
Sohn Sigismund wird ihm verschwägert [373], im Jahre 500 erscheint
Alarich dem Vater seines Schwagers nahe befreundet [374].

Ueber die Beziehungen zwar nicht Burgunds, wenigstens aber
Gundobads zu Italien bis zu Odovakars Niederlage durch Theoderich
giebt uns nur eine Quelle Kunde: Ennodius in seiner Vita Epiphanii,
dessen Styl in geschraubter Dunkelheit mehr dazu bestimmt scheint,
die Begebenheiten zu umhüllen als zu beleuchten. Bei Gelegenheit
von Epiphanius Gesandtschaft zu Gundobad im Jahre 494, bei welcher es sich um die zu erlangende Freigebung von Gefangenen aus
Ligurien handelt, die ein burgundischer Kriegszug ihrer Heimat ent-
führt hat, verbreitet sich der Dialog des gesendeten Bischofs und
des besandten Königs über den Anlass jener Gefangennehmung.

Epiphanius hebt hervor [375], wie sehr diese Beraubung Liguriens

(Marginalie:) Gundobads Verhältniss zu Ita-
lien u. Odovakar.

---

bads wider Alarich, der jenem Arles und Marseille in die Hände spielt.
Seine Hauptstützen (p. 168) sind das Erscheinen der Bischöfe von Arles
und Marseille auf einer grossen Disputation über religiöse Gegenstände
in Lyon 499: darüber seiner Zeit; vor Allem aber die Stelle des *Gregorius Turonensis*, Hist. II c. 32: Tunc (gegen das Jahr 500) Gundobadus
et Godegisclus fratres regnum circa Rhodanum aut Ararim cum
Massiliensi provincia retinebant. Hieraus schliesst auch *Bluhme*, Jahrbuch I p. 61 die Ausdehnung des burgundischen Reichs bis zu den
Rhonemündungen. Allein *Gregor* mit seinem vagen Ausdruck irrt im
Sinn oder im Wort: ein Theil des Massiliensis provincia war allerdings im burgundischen Besitz. Aber in dem Kriege der Burgunder
vereint mit den Franken gegen die Westgothen finden wir Arles und
Marseille noch unter westgothischer Botmässigkeit, und es ist wieder nur
eine mit unglaublicher Sicherheit hingeworfene Unrichtigkeit, wenn *Derichsweiler* a. a. O. p. 52 diese Städte im Jahre 500 ostgothisch werden
lässt. Da wir nun von einer Rückeroberung dieser Städte durch die Westgothen ebensowenig hören, wie von einer Eroberung durch die Burgunder, so beweist diess genügend die Ungenauigkeit Gregors. — *Pallmann*
II p. 309 spricht leider auch von burgundischen Erwerbungen in der Provence nach Eurichs Tod.

373. *Jordanes* cap. 58 (p. 198).

374. *Gregor. Tur.* Hist. II c. 33.

375. Bibl. max. patr. IX p. 390, 391. Die dunkeln Worte lauten: Audi
Italiam nunquam a te divisam et multum de animi tui clementia confiden-
tem. Quae si una voce uteretur, haec diceret: quoties pro me, si remi-
nisceris, ferratum pectus hostibus obtulisti? quoties pugnasti consilio,
ne bella subriperent? ne aliquis eorum duceretur in quacumque orbis
parte captivus? Quos nunc detines, tu nutristi! Dolose mihi virtus tua
beneficium praestitit, si quos ab extraneis tutatus est custos invasit! . . . .
Agricolarum laboriosae stirpes, et duris exercitatae ligonibus soboles,
quos per terram suam pascit infabricata simplicitas, cum loris colla necte-
rentur, et palmas vinciret arta connexio, nihil pro defensione sua aliud

und das Wegführen seiner Bewohner mit dem früheren Verhalten Gundobads zu Italien in Widerspruch stehe. Italien sei niemals von ihm getheilt worden; es habe stets Grund gehabt, seiner Milde zu vertrauen. Wie oft habe nicht Gundobad bald mit Waffengewalt, bald auf dem Wege friedlicher Beratung den Feind bekämpft oder seinen Angriff abgewendet. Italien wisse diese Wohlthaten nicht zu reimen mit der Thatsache, dass der Wächter, der es vor der Invasion der Fremden geschützt habe, nun selbst über es herfalle. Als den Bebauern des Landes Hals und Hand gefesselt wurden, wussten sie nichts anderes zu ihrer Vertheidigung vorzubringen, als die Worte: »Seid ihr nicht unsere Burgunder? Haben nicht die Hände, die ihr jetzt fesselt, oft genug dem gemeinschaftlichen dominus Tribut entrichtet? Könnt ihr vor diesem euer sicher nicht befohlenes Thun rechtfertigen?«

So begründet der Bischof seine Bitte, die Gefangenen ihrem Vaterlande zurückzugeben. Die Liebe des alten Herren (dominus antiquus) zu seiner Provinz könne doch nicht erstorben sein! So möge er, obgleich einer fremden Reichsgewalt, diejenigen zurückerstatten, die sich auch dort noch als sein betrachten würden.

Diesen Gründen gegenüber stützt sich Gundobad [376] auf das Recht

---

clamitabant: scimus, et evidenter agnoscimus: nonne vos estis Burgundiones nostri? Videte, ne ante pium regem quae facitis excusetis; et illa urbanorum consuetudine crimina supprimatis. Quoties istae, quas ligare praesumitis, manus domino communi tributa solverunt? Novimus quia ille fieri ista non jussit.

Hac auctoritate miseri pro solatiis utebantur. Multos tamen integritatis tuae fiducia fecit interimi, dum capti superbius responderunt. Redde ergo residuos patriae, redde origini, redde gloriae tuae. Antiquus dominus provinciam diligit, quam et modernus amplectitur. Remitte quamvis ad alienam ditionem, qui se et ibi positi tuos esse cognoscant. Parum enim gratiae impendimus illius imperio, cuius misericordiae nihil debemus. Vacua sentibus illam quam bene nosti Liguriam et reple culturis! Quantum obnoxia sit muneribus tuis intelligit, si faciem suam aliquando cognoverit. Domesticum tibi semper est indulgere supplicibus, sicut superbos opprimere. Sic in utroque fortissimos, ibi per gladium, hic per temperantiam triumphos adquires. Nostris nostrorum commovere fletibus! Sic in successione regni istius legitimus tibi heres adcrescat, et per spem adultae progenies ad Burgundionum gubernacula reviviscas. Et licet hoc Deo tribuas, adjice et illud; quod nec hominibus externis istud impendis. Jam tibi Italiae dominus et necessitudinis affinitate conjungitur: sit filii tui sponsa Latia largitas, absolutio captivorum: offerat pactae suae munus, quod et Christus accipiat.

376. Das. p. 391: Tunc rex probatissimus, ut erat fando locuples et ex

und die Gesetze des Krieges, nach welchen der angefochtene Einfall geboten gewesen sei. Denn wer seinem Feinde nicht schade, der helfe ihm. Wolle man den Gegner allmählig von der Macht seines Reiches abschneiden, so müsse man die Wurzeln seiner Herrschaft aus dem Boden reissen, aus welchem sie Kräfte ziehen können. »Ich habe — sagt er — dem Könige jener Lande den Schimpf, als welchen du meine That auffassest, nur zurückgegeben, als ich mich geäfft sah durch sein Scheinbündniss: dann aber habe ich nichts eifriger gethan, als was die Vorsicht heischte: offene Feinde offen anerkannt.«

Soviel steht zunächst fest, dass der Gegner Gundobads, der Herrscher jener Lande, gegen den er das Kriegsrecht anrief, derselbe König war, mit dem er früher ein Bündniss abgeschlossen hatte; die Ursache des Krieges ist die Verletzung dieses Bündnisses [377]. So schwankt die Wahl nur zwischen Odovakar und Theoderich. Dass an letzteren zu denken sei, widerlegt er selbst in seiner Aufforderung an Epiphanius, zu Gundobad zu ziehen, aufs Bestimmteste. Der Ostgothe erwähnt dabei nicht das Mindeste von einem eigenen Zwiste mit den Burgundern. Jede ursächliche Beziehung zu jenem unglücklichen Ereignisse stellt er in Abrede, wenn er nur diese Schuld von sich abwälzen will, durch stillschweigendes Zusehen als zulassend betrachtet zu werden. Haec quamvis Burgundio immitis exercuit, nos tamen si non emendamus, admisimus — diess seine Worte. Es sind also die Fehler Anderer, die er wieder gut machen will. Dann verbietet aber auch eine weitere Quellenstelle, an Theoderich zu den-

eloquentiae dives opibus et facundus assertor, verbis taliter verba reposuit: Belli jura pacis suasor ignoras, et conditiones gladio decisas concordiae auctor evisceras. Lex est certantium, quem putas errorem: fraenum nesciunt inimicitiae, quem tu, Christianae lucis jubar, ostendis. Praeliis temperantiam nullus annectit, quae oris tui nitore egregie moderator attollitur. Statuta sunt dimicantium, quidquid non licet, tunc licere. Ista forte quies vindicet, quae narrasti: hostem suum qui non laesit adjuvat. Paulatim adversarius a regni sui mole succiditur, cuius imperii radices viribus amputantur. Reposui regi partium illarum contumeliam, quam putas illatam; ludificatus specie foederis nihil egi studiosius, nisi ut quod est cautelae apertos inimicos agnoscerem.

377. Damit ist *Koepke*, Anfänge des Königthums bei den Gothen, Berlin 1859 p. 173, widerlegt, welcher das Bündniss mit Odovakar abgeschlossen werden lässt und doch meint, die Burgunder seien diesem gegen Theoderich zu Hülfe gekommen. Derselben Ansicht wie *Koepke* ist die nach ihm erschienene Dissertation von *Hartmann*, De Odoacre, Halle 1863 p. 26 und 27. In dieser Beziehung richtig *Manso*, Gesch. des ostgoth. Reichs p. 466 n. 7.

ken. Bei der Freigebung der Gefangenen werden deren vier Klassen unterschieden [378]: die Einen machte die Furcht der Burgunder vor eigener Gefangenschaft zu Gefangenen, die Andern trieb diesen der Hunger, Andere die Furcht vor Gefahr zu, die Letzten endlich will der burgundische Fürst losgeben, obgleich sie ihr eigener princeps den Burgundern abtrat und zusprach. Wäre diess Theoderich gewesen, so konnte er wahrlich ebensowenig von einem non emendando admittere reden, als die Gesandschaft so ins Werk setzen, wie er es wirklich gethan hat.

So war das Bündniss Gundobads mit Odovakar abgeschlossen und der ligurische Zug galt ihm.

.Allein was nützt die Kunde eines solchen Vertrags ohne die Kenntniss seines Inhaltes? Vielleicht gelingt es indessen, auch Einiges darüber dem Dunkel zu entreissen, indem wir an die Nachrichten der Quelle anknüpfen, die der Rhetorik ihres Urhebers nicht entsprungen sein können.

Ein Theil der aus Italien fortgeführten Gefangenen war von Odovakar selbst den Burgundern abgetreten oder zugesprochen worden. Es ist klar, dass dieses concedere aut addicere nicht auf die Zeit nach dem ligurischen Zuge bezogen werden kann: denn danach waren ja die Gefangenen burgundisches Eigenthum. Die Abtretung kann also nicht bestimmte Persönlichkeiten, sondern nur bestimmte Landstriche, die Wohnorte grade dieser Menschen zum Inhalte gehabt haben. Entweder ganz Ligurien, wenn die anderen Gefangenen aus den benachbarten Distrikten stammten, oder mindestens ein Theil dieses Landes war unter Zustimmung Odovakars den Burgundern zugefallen. Nun werden aber den Gefangenen aus diesen Landstrichen entgegengesetzt die Wenigen, quos quasi ardore praeliandi tunc ab adversariorum dominatione rapuerunt (sc. Burgundiones), also diejenigen, die aus den Odovakar unterworfenen Nachbardistrikten Liguriens gewaltsam fortgeführt worden sind. Man würde die Quelle ungehörig pressen, wollte man aus ihren Worten: quoscunque concessit aut addixit consensus principis sui, als sicher annehmen, dass schon zur Zeit dieses consensus Odovakar Herr von ganz Ligurien

---

378. *Ennodius* a. a. O. p. 391: Liceat Italis omnibus, quoscunque Burgundionum nostrorum metus captivitatis fecit esse captivos; quos famis necessitas, quos periculorum timor advexit: postremo quoscunque concessit aut addixit consensus principis sui, noster absolvat. Addico ist recht eigentlich das Wort für: zu eigen sprechen.

gewesen wäre. Auch wenn er sich erst später dazu gemacht hat, konnte Epiphanius bei Ennodius diese Worte gebrauchen: jedenfalls aber war diese angebliche Abtretung und Zuerkennung Bestandtheil einer Willenseinigung, und wahrscheinlich, da wir von keinem andern Vertrage zwischen den beiden Königen hören, des von Gundobad geschmähten Bundesvertrags. Wenn Epiphanius von Tributzahlungen italienischer Distrikte an Gundobad spricht, so können diese nur nach Roms Sturz und nicht vorher dem römischen Patricius entrichtet worden sein [379]. Ebensowenig aber haben die Lande schon während dessen unter Odovakars Botmässigkeit gestanden. Es fragt sich nun, ob diese Last in wirklichen auferlegten Contributionen, oder in Entrichtung der einfachen Steuern bestanden habe? Ich bin nicht zweifelhaft, dass nur an Letztere gedacht werden kann.

Zahlte nun ganz Ligurien oder nur Theile dieses Landes jene Abgaben? Wo Ennodius in dieser Verhandlung von Italien spricht, denkt er fast nur an Ligurien: er nennt Gundobad den antiquus dominus dieser provincia; die Tributzahlungen müssen nach seiner Darstellung auch auf den ganzen Landstrich bezogen werden.

Nach dem Sturze des Westreichs also stand Ligurien eine Zeit lang unter burgundischer Abhängigkeit: es ist wahrscheinlich, dass Gundobad als Patricius, scheinbar als Vertreter legitimer römischer Gewalt, diess Land Burgund anfügte, indem er es, wie unsere Quelle ausdrücklich sagt, nur vor den extranei zu schützen vorgab. Diese Fremden können aber nur entweder als die Westgothen oder als die Schaaren Odovakars gefasst werden. Jene dringen jedoch nur ostwärts bis an die Seealpen; so sind die Söldner unter ihrem neuen Könige darunter verstanden.

Nach dem Falle Pavias am 27. August 476 geht dieser nicht weiter westwärts, sondern wendet sich nach Ravenna und Rom. Ebenso gross wie wohl die Abneigung Liguriens gegen einen Söldnerkönig, die das Land vielleicht bei dem ihm wohlbekannten Gundobad Schutz zu suchen veranlasste, ebenso gross war das Interesse der Burgunder, die Südabhänge der penninischen, graiischen und Seealpen in fremde Hände nicht fallen zu lassen. Von hier gingen die grossen Strassen aus, die alle von Italien ins Herz des burgun-

---

379. Ich muss es desshalb für falsch halten, wenn *Pallmann* II p. 457 n. 1 meint, Epiphanius denke bei seiner Rede nur an die Zeit, wo Gundobad an der Spitze des Söldnerheeres in Italien gestanden habe, und läugnet, dass Gundobad später einen Theil Italiens innegehabt habe.

dischen Reiches führten : die alte Strasse, das Thal der Doria hin-
auf, über den kleinen Bernhard hinab in das Thal der Isère ; dann
die grosse Kunststrasse Caesars von Aosta über den grossen Bernhard nach Martigny ; die Simplonstrasse vom Lago maggiore und
Domo Dossolahin über nach Brieg im Oberwallis [350]. Kam der Schlüssel dieser Pässe in Besitz eines starken Rivalen, so gesellte sich, die
Folge bewies es, zu der grossen Gefahr von Seiten der Westgothen
eine zweite gleichgrosse von Italien her.

Da die Steuerzahlungen nach dem Wortlaute der Quelle ziemlich
oft stattgefunden haben müssen, so scheint Gundobad längere Jahre
hindurch Ligurien unter seiner Botmässigkeit gehabt und vor Odovakar
geschützt zu haben. Trat Burgund energisch auf, so war gar kein Gedanke daran, dass dieser in seiner ohnehin schwierigen Stellung sich
mit dem mächtigen Reiche hätte messen können. Unnachweisbare
Gründe nun, vielleicht noch persönliche Beziehungen aus der Zeit, wo
Gundobad zugleich mit Odovakar bei Ricimers Heer stand, führten
nun zwischen den beiden Königen zum Abschluss jenes Bündnisses,
worin wahrscheinlich Gundobad seinen früheren Heeresgenossen als
König von Italien anerkannte, während Odovakar seinerseits den
Burgundern ganz Ligurien als Eigenthum zusprach. Allein Odovakar hielt dieses Uebereinkommen nicht : zur Zeit des burgundischen
Zuges ist das Land in seiner Gewalt ; so erklärt sich, wie Gundobad
sich als ein specie foederis ludificatus beklagen kann ; so erhalten die
Worte des Epiphanius : Remitte quamvis ad alienam ditionem qui
se et ibi positi tuos esse cognoscant, erst ihre wahre Bedeutung.

Jener Zug der Burgunder, der von Truppen Gundobads und
Godegisels im Verein unternommen wurde [351], dem die Könige jedoch
möglicherweise nicht selbst beigewohnt haben, war auch keineswegs
nur ein selbstsüchtiger Beutezug, dem jeder kriegerische Charakter
gefehlt hätte [352]. Widerstand und Gefahr des Widerstandes wurde
vorgefunden ; aber ein wirklicher Krieg entstand nicht. Den Grund
dieser sehr bescheidenen Rache, die sich schliesslich begnügte. durch
massenhaftes Wegschleppen der Bewohner die Gegend für den Feind

---

350. Vgl. den schönen Aufsatz von *Th. Mommsen*, Die Schweiz in römischer Zeit p. 31 ff.

351. Vgl. unten die Gesandschaft des Epiphanius zu beiden Königen.

352. Diess beweist die Klasse der Gefangenen, quos — Burgundionum
metus captivitatis fecit captivos, noch mehr aber die letzten Worte Gundobads (Bibl. m. p. IX p. 391) : at paucos quos quasi ardore praeliandi tunc ab

wertlos, für die Burgunder ungefährlich zu machen, kann man nur
durch eine Hypothese errathen. Ich vermute, dass Odovakar entweder schon, als er mit den Plänen, Ligurien zu besetzen, umging,
oder wenigstens als er sie vollführt hatte, die nun benachbarten Westgothen für sich interessirte und sich ihrer Hülfe gegen eventuelle Versuche der Burgunder, das Verlorene zurückzuerobern, zu versichern
wusste. Die westgothischen Interessen waren in dieser Beziehung
mit denen des neuen italienischen Herrschers identisch.

Die Annahme liegt nahe, dass Gundobad den Zug über die
Alpen in einer Zeit dirigirte, wo Odovakar anderweitig genügend beschäftigt war, daher auch ein energischer Widerstand nicht auftritt.
Es bieten sich in dieser Beziehung drei Zeitpunkte dar: dessen dal-
matischer Krieg 481, sein rugischer Krieg 487 und 488 und der
Krieg mit Theoderich 489 und 490. Vor jenem ersten Jahre war
aber Odovakar noch viel zu schwach, um sich an burgundischem
Eigenthume zu vergreifen. Ich halte für am wahrscheinlichsten, dass
vor 487 der Stoss Odovakars, der diese Lande in seinen Besitz bringen sollte, vollführt ist und in diesem Jahre die beiden burgundischen Könige Gundobad und Godegisel, nicht gewillt, wegen dieser
Länder jenseits der Berge einen grossen Krieg zu beginnen,
den Rachezug veranstaltet haben, um Odovakar möglichst zu
schwächen [383].

Fast noch dunkler sind die Beziehungen zu den Alamannen.
Im Anfange des fünften Jahrhunderts hatten diese ihre Gränzen bis
südlich von den Vogesen über die Städte Langres, Besançon und

*Anfügung ala-
mannischer Ge-
biete.*

adversariorum suorum dominatione rapuerunt, pro illis pretii quantulum-
cunque percipiant, ne detestabiles apud illos fiant certaminum casus, quorum cum discrimina sustinuerint, lucra non faciant.

383. Den ligurischen Zug fassen auf und setzen: *Valesius* L. V p. 244
als Raubzug, in die Zeit der Belagerung Theoderichs in Pavia; *Pagi*,
Critica ad a. 491 n. 10 (Liguriam hostiliter populatus): Zeit unbestimmt; *Tillemont* VI p. 453 als Raubzug, möglicherweise mit politischen
Tendenzen gegen Theoderich, in die Zeit des Kriegs zwischen diesem
und Odovakar; *Le Beau*, Hist. du bas-empire VII p. 232 als Raubzug,
in die nämliche Zeit; ebenso *Manso*, Geschichte des ostgothischen Reiches
p. 43, 57, vgl. jedoch p. 466 n. 7; *du Roure*, Hist. de Théodoric le Grand
I p. 227, der ganz indignirt die Ansicht verwirft, dass Gundobad Theoderich zu Hülfe gekommen sei; *Dahn*, Die Könige der Germanen II p. 79
n. 10. Dagegen hält *Derichsweiler* p. 53, 54 den Zug gegen Theoderich
gerichtet, mit dem auch das erwähnte foedus abgeschlossen worden wäre;
Epiphanius geht 494 zur Abschliessung eines Friedens (?) zu Gundobad
nach Lyon, der jedoch nicht förmlich zu Stande gekommen wäre. —
Pallmann wiederum II p. 456, 457 schildert den Zug, den er spätestens
491 setzt, wieder als nackten Raubzug. — Die Auffassung des Raubzuges

Mandeure hinaus ausgedehnt [384]; nach Gregor von Tours bildete ursprünglich der Jura in der Gegend von Avenches die Gränze zwischen
Burgund und dem alamannischen Lande. Wenn überhaupt Aetius die
Absicht hatte, die Burgunder zum römischen Schutze in Savoien anzusiedeln, so waren die Abzuwehrenden zweifellos die gewaltthätigen
rohen Alamannen [385].

Auf Kosten dieser findet nun allmählig eine Erweiterung des
burgundischen Reiches statt, und vier früher alamannische Städte,
Langres, Besançon, Mandeure und weiter östlich Windisch, gehen
endlich in burgundische Hände über [386].

Es sind uns hierüber zwei wichtige Nachrichten erhalten. Die

---

stützt sich auf eine Notiz der Historia miscella: Talium rerum
varietates 'nämlich den Abfall Tufas und die Belagerung Theoderichs
in Pavia' Burgundionum rex Gundobadus adspiciens, Liguriam cum
ingenti exercitu ingressus, cuncta, quae reperire poterat, pro voluntate.
diripiens infinitatem secum ad Gallias captivorum multitudinem adduxit.
Allein diese Notiz ist zweifellos aus oberflächlicher und willkührlicher
Benutzung des *Ennodius* entstanden — so auch *Waitz*, Nachr. d. königl.
Gesellsch. d. Wiss. z. Goett. 1865 p. 106 —, und den ersten Theil derselben bezeichnet *Koepke* a. a. O. p. 174 n. 4 sehr richtig als willkühr-
liche Combination. Damit fällt freilich auch jede Stütze der bisherigen
Chronologie.

384. Der sog. *Geographus Ravennas*, dessen Originaltext nach *Th.*
Mommsen, Die Ravennatische Kosmographie, in den Abhandl. d. sächs.
Gesellsch. der Wiss., phil.-hist. Kl. III p. 80 ff. frühestens einige Zeit nach
636, aber vor 675 geschrieben ist, führt, nach der Autorität des Gothen
Anarid 'vgl. über dessen Lebenszeit *Zeuss*, Die Deutschen etc. p. 320), in IV
c. 26 als alamannische Städte auf: Ligonas, Bizantia, Nantes, Mandroda 'vgl.
die Ausg. von *Pinder* und *Parthey*, 1860 p. 230). Von diesen Orten werden
das. auf Autorität eines gewissen *Castorius*, in IV c. 27, als burgundische
Städte am Doubs Busuntius und Mandroda und ausserdem Portin erwähnt
'p. 242, 243'. Langres als burgundische Stadt kennt *Gregor*. Tur. II
c. 23 a. E. Dass diese Städte früher alamannisch waren, bezeugt *Gregor*.
Tur. in der von ihm geschriebenen Vita Romani Auszug bei *Bouquet*,
Recueil II p. 647; vollständig in den Boll. 28. Februar III p. 746—748):
Romanus et Lupicinus . . . . . accedentes simul inter illa Jurensis deserti
secreta, quae inter Burgundiam Alamanniamque sita Aventicae adjacent
civitati. Die Brüder gründen ein drittes Kloster innerhalb Alamanniens.
Jordanes cap. 55 'p. 156) begränzt die Suav-Alamannen a meridie durch
die Burgundiones, ab occidente durch die Franci.— Ueber die Abgränzung
der Alamannen von den Burgundern s. man besonders auch *Zeuss*, Die
Deutschen und die Nachbarstämme p. 317—325; *Stuelin*, Wirtemberg. Geschichte I p. 146; *Merkel*, De republica Alamannorum p. 6 und die betr.
Noten p. 30, 31; *Wurstemberger* a. a. O. I besonders p. 204—212 . . Vgl.
auch *Digot*, Hist. d'Austrasie I p. 161, 162.

385. Ich stimme in dieser Beziehung *Wurstemberger* a. a. O. I
p. 207 bei.

386. Bezüglich der beiden ersten s. die vorletzte Note; bezüglich aller
noch die Unterschriften des Concils von Epaona, wo die Bischöfe der
civitas Lingonica, Vesontio und Vindonissa zugegen sind.

eine stammt von Gregor von Tours [367], die andere aus den burgundischen Gesetzen [368]. Der fränkische Geschichtschreiber erzählt: Interea cum jam terror Francorum resonaret in his partibus, et omnes eos amore desiderabili cuperent regnare, sanctus Aprunculus Lingonicae civitatis episcopus apud Burgundiones coepit haberi suspectus. Cumque odium de die in diem cresceret, jussum est, ut clam gladio feriretur. Quo ad eum perlato nuntio, nocte a castro Divionensi per murum demissus, Arvernis advenit, ibique juxta verbum domini, quod posuit in ore sancti Sidonii, undecimus datus est episcopus.

Die Zeit dieses Vorganges fällt zunächst vor Apollinaris Sidonius Tod; denn Aprunculus wird dessen Nachfolger. Sidonius starb jedenfalls nach 454, man darf sogar mit ziemlicher Bestimmtheit seinen Tod ins Jahr 487 setzen [369]. Ja das Ereigniss ist auch vor Chlodovechs Thronbesteigung im Jahre 481 anzunehmen. Denn Gregor berichtet es noch vor Childerichs Tode. Dieser stand auf Seiten der Römer gegen die Westgothen (463), und »bot in den Landen nördlich der Loire dem sinkenden Römerthum hülfreiche Hand gegen die Angriffe von Deutschen« [390]; es ist natürlich, dass die katholischen Romanen nach ihm schauten, um sich von arianischen Herrschern mit seiner Hülfe zu befreien. An andere Franken als die seinen kann nicht gedacht werden. Apollinaris Sidonius veröffentlicht einen Brief an Aprunculus, während dieser noch Bischof war, in dem neunten Buche seiner Briefe, dessen Herausgabe nicht vor 454 stattgefunden hat [391]. Dem Briefe an Aprunculus folgt unmittelbar ein weiterer an den Bischof Lupus von Troyes aus dem Jahre 477 [392]; vielleicht ist der an Aprunculus annähernd aus derselben Zeit. Erst Mitte der siebenziger Jahre kam der Friede mit den Westgothen zu Stande; erst nachher war Zeit, sich nach Norden zu wenden.

Eine seit langer Zeit gestätigte Herrschaft ist freier von dem Argwohne des Landesverrathes, als eine seit Kurzem entstandene: der frische Aerger, arianischen Herrschern unterthan geworden zu sein, liess sich leichter fortreissen, den Freund der Romanen zur

---

367. Hist. II cap. 23 a. E. Erst cap. 26 berichtet Gregor Childerichs Tod und Chlodovechs Thronbesteigung.

368. Lex Burg. T. 56: De servis in Alamannia conparatis.

369. Vgl. *Kaufmann*, C. Sollius Apollinaris Sidonius p. 14 und 15.

390. So *Junghans* a. a. O. p. 17.

391. Ep. IX, 10: Sidonius domino papae Aprunculo salutem. Vgl. auch *Kaufmann*, Werke des Apoll. Sidonius p. 4 n. 3.

392. *Kaufmann* a. a. O.

Rettung der Katholiken vor den Burgundern aufzufordern. Diess
spricht dafür, dass die Flucht des Aprunculus kurz nach der burgundischen Eroberung stattgefunden habe; diese selbst aber dürfte
gegen 480 zu setzen sein [393].

Der Befehl, den Bischof von Langres heimlich zu töden, scheint
eine fromme Erfindung, um den Unglücklichen mit der Märtyrer-
glorie zu umgeben. Aprunculus aber, den sein Gewissen nicht ganz
schuldfrei sprechen mochte, suchte sich weiteren Unannehmlichkeiten
durch die Flucht aus Dijon bei Nacht und Nebel zu entziehen, indem
er sich an der Mauer herabliess [394].

Giebt uns die Nachricht des Gregor die Möglichkeit an die Hand,
in einem annähernd bestimmten Zeitpunkt eine früher alamannische
Stadt als burgundisch nachzuweisen, so erschliesst uns der T. 57
der Lex Burg. den Charakter der Beziehungen der beiden Völker [395].

Das Gesetz steht nicht mehr in der ziemlich lauteren Reihe der
Constitutionen, die man alsbald als Haupttheil der ersten Redaktion
des Gesetzbuchs erkennt. Diess beweist über die Zeit seiner Entstehung freilich noch nichts. Das Gesetz ist jedenfalls zur Zeit der
noch dauernden alamannischen Unabhängigkeit, also vor 496 erlassen. Sonst würde hier wie in T. 107, 8 vom Rückkauf der Gefangenen aus Franken gesprochen werden müssen. Das Gesetz ist ferner in der Form, in der es vorliegt, einige Zeit nachdem die Rück-
zukaufenden in alamannische Gefangenschaft geraten sind, gegeben: diess beweist die Vorschrift am Ende des § 1, dass es auf

---

393. Wie *Sybel*, Entstehung des deutschen Königthums p. 181 die
Flucht des Aprunculus bestimmt ins Jahr 473 setzen kann, begreife ich
nicht. *Fauriel* II p. 29 setzt sie vor 481; *Pétigny*, Études II p. 398 gegen
480. *Junghans*, Childerich und Chlodovech p. 17 bestimmt die Zeit nicht
näher als durch die Lebenszeit Childerichs.

394. Es läge nahe, den Aufenthalt im castrum Divionense als eine Ge-
fangenschaft zu deuten. Allein diese Annahme verbietet *Gregor. Tur.*,
Hist. III, c. 19, wo er auch von Bischof Gregor von Langres bezeugt:
Sed quia hujus pontificis meminimus, gratum arbitratus sum, ut situm loci
Divionensis, in quo maximo erat assiduus huic inseram lectioni. Es
war also Dijon damals ein beliebter Aufenthaltsort der Bischöfe von
Langres. Vgl. auch *Gregor. Tur.* II c. 26: Eufrasius — qui quondam
Aprunculo Divionensi successerat . . .

395. Der T. lautet: 1. His qui servum alienum in Alamannia redeme-
rit, aut pretium dominus reddat, aut servum habeat, qui redemit: quod
tamen a praesenti tempore praecipimus observari. 2. Ceterum si ingenuus
rogans redemptus fuerit, pretium suum emptori reddat. — Die Zweifel
Merkels M. M. L. L. III p. 57 n. 71 sind mir nicht recht verständlich; es
kann nur von gefangenen Burgundern die Rede sein. Seine freilich ihm
selbst zweifelhafte Verweisung auf *Gregor. Tur.* II c. 19 scheint mir gänzlich unzulässig.

schon geschehene Loskaufungen nicht rückwirkende Kraft haben
solle. Die eigenthümliche Stellung dieses Rückwirkungsverbotes inmitten der Constitution, verbunden mit dem Inhalte derselben, könnte
wohl dafür geltend gemacht werden, dass die jetzige Form nur die
Ueberarbeitung einer früheren sei, deren erster Theil anders als
gegenwärtig gelautet habe [396].

Die Form des jetzigen Gesetzes ist die der Bestandtheile der
ersten Redaktion; ich halte es für sehr wahrscheinlich, dass es dieser
angehörte, sonach vielleicht in seiner älteren Form schon vor ihr
erlassen war. Wir würden, die Zeit der ersten Redaktion um 488—
490 angenommen, so in das neunte Jahrzehend des fünften Jahrhunderts geführt werden, was mit unserer Annahme bezüglich des Aprunculus trefflich stimmt. Offenbar ist diese Gefangennahme der Burgunder bei kriegerischen Unternehmungen der Alamannen vollführt
worden, bei welchen jene nicht Sieger gewesen sind; vielleicht
war es ein ähnlicher Rachezug der Alamannen, wie ihn die Burgunder aus gleichen Gründen gegen Odovakar ausgeführt haben, und
dem unvermuteten Feinde konnte momentan ein kräftiger Widerstand nicht geleistet werden.

Was nun die Anfügung alamannischer Striche im Osten von
Burgund bis nach Windisch hin anlangt, welches 517 burgundisch
ist, so hat sie sicher nicht auf Kosten der stets mächtiger und mächtiger werdenden Franken, also keinenfalls nach 496 stattgefunden.
Ein weiterer Anhalt zur Zeitbestimmung ist nicht ganz zuverlässig,
wenn auch immerhin zu benutzen. Das Gundobadische Gesetzbuch
wurde von 32 Grafen unterzeichnet [397]; es ist möglich, mit ziemlicher Bestimmtheit um jene Zeit 32 Grafensitze in Burgund nachzuweisen, sofern man Windisch dazu rechnet: dieses wäre also schon
vor der Erlassung des Gesetzbuchs burgundisch geworden.

Dass im Jahre 496 Chlodovech sich mit seinen neuen Oheimen
gegen die noch sehr starken Alamannen verbündet [398], und diese

---

396. Die Rechtfertigung dieser Annahme wird im zweiten Theile bei
Betrachtung des Ganges der Gesetzgebung noch näher erbracht werden.
397. *Bluhme* in der Ausgabe der Lex Burgundionum giebt nur 31; allein legt man gebührlich die Codios K und L. auch hier zu Grunde, so
ergiebt sich, dass beide zwischen der vierzehnten und fünfzehnten Unterschrift noch einen uueliemeris (K), uilemeris (L) haben, und es existirt
kein Grund, diesen Namen zu streichen.
398. Was *Wurstemberger* I p. 197 für ebenso möglich hält, als dass
einige an Burgund gränzende Alamannendistrikte sich um Schutz gegen
die Franken an Gundobad gewandt und sich ihm freiwillig ergeben
hätten.

an der Theilung des Landes participirt hätten, ist wegen des
Schweigens der Quellen und wegen des unverhältnissmässig grossen Antheils, der dann dem Franken zugefallen wäre, nicht anzunehmen.

Verhältniss
Burgunds zu
Theoderich dem
Ostgothen.

Während so im Norden der Alpen das Vorspiel zur endlichen
Vernichtung der Alamannenherrschaft beginnt, vollziehen sich in
Italien bedeutende Umwandlungen. Im Februar 493 muss Odovakar
in Ravenna capituliren: sein Reich war gefallen. Theoderich an
der Spitze seiner Gothen trat die Herrschaft Italiens an. Odovakar
hatte nur die Zwischenstufe zwischen Altem und Neuem gebildet. Wie
vielfach Roms Imperatoren, so war er, gestützt auf seine Soldateska,
zu einer Gewalt emporgestiegen, die ihm nicht gebührt hatte. Wie
jene in den letzten Zeiten des sinkenden Reichs kaiserliche Abenteurer, war er aus einem gewöhnlichen römischen Söldner König der
Söldner geworden. Erst nach ihm kam ein wahrer germanischer
Fürst und gründete seine Herrschaft auf eine wahrhaft nationale
Basis.

Mit dem neuen dominus Italiae standen die Burgunder, wie es
scheint, gleich von Anfang an in intimen Beziehungen. Es ist sehr
wahrscheinlich, dass Theoderich alsbald nach seines Gegners Sturze
mit vollem Bewusstsein die Familienverbindungen mit andern germanischen Fürsten im Dienste der Politik zu knüpfen begann. Denn
schon im Frühjahr 494 finden wir Theoderichs Tochter mit Gundobads ältestem Sohne Sigismund verlobt [399]. Ihr Name war Ostrogotho.
Ihre Schwester heiratete wahrscheinlich um dieselbe Zeit König Alarich II [400]. Alarich war also der Schwager Sigismunds und beide die
Söhne Theoderichs geworden.

---

399. *Ennodius,* Vita Epiphanii. Bibl. max. patr. IX p. 391: Jam tibi Italiae dominus et necessitudinis affinitate conjungitur: sit filii tui sponsa
Latia largitas absolutio captivorum. — *Mascov* XI c. 6 lässt die Heirat
bei Gelegenheit dieser Gesandschaft geschlossen werden. *Bluhme,*
Jahrb. I p. 61 und ebenso *Derichsweiler* a. a. O. p. 54 fassen die Heirat
als Folge der glücklichen Gesandschaft des Epiphanius an Gundobad.
Allein aus den Worten des Ennodius geht doch wohl hervor, dass die
Verlobung zur Zeit der Gesandschaft schon bestand, wie diess auch
wieder *Bluhme* a. a. O. p. 68 n. 73 auffasst.
400. *Jordanes* cap. 58 (p. 198): Antequam ergo de Audefleda sobolem
haberet, naturales ex concubina, quas genuisset adhuc in Moesia, filias
habuit, unam nomine Thiudigotho et aliam Ostrogotho. Quas mox, ut
in Italiam venit, regibus vicinis in conjugio copulavit, id est unam Alarico Vesegotharum, et aliam Sigismundo Burgundionum. Vgl. *Gregor.*
Tur., Hist. III c. 5; *Fredegar* cap. 34 (Bouq. II p. 402); *Vita Sigismundi,*
Boll. 1. Mai I p. 86.

Aus dieser engen Verbindung mit dem Könige der Ostgothen
entsprang nun die Sendung des Bischofs von Pavia Epiphanius zu
den Burgundern, um den Loskauf der von ihnen aus Ligurien fort-
geschleppten Gefangenen zu bewirken [401]. Italien lag öde, Krieg
und Hunger hatten ihre Ernten gehalten; auf den Aeckern wuchsen
die Dornen, und der neue König erkannte es als tiefes Bedürfniss,
dem Lande so viel als möglich seine Bebauer zurückzugeben. So
sendet Theoderich mit reichen Lösungssummen den Epiphanius, sowie den Bischof Victor von Turin, in Begleitung des Ennodius, dem
wir die Biographie des Epiphanius danken, über die Alpen zu den
Burgundern, deren princeps Gundovadus sei [402].

Das Auge verweilt gerne bei diesem Ereigniss. Im Auftrage
eines für seine Lande besorgten Königs eilt noch im winterlichen
Frühjahr der alte Bischof rüstig in jugendlicher Schnelligkeit [403] über
die unter Schnee liegenden Alpenwege nach Lyon, um zunächst bei
Gundobad, dem terrae illius dominus, seinen Auftrag zu erfüllen [404].
Rusticus, Bischof von Lyon, eilte der Gesandschaft über die Rhone
entgegen; ein klarer Beweis, dass der Haupttheil von Lyon damals das
linke Rhoneufer noch nicht berührte. Und nun beginnt jene merkwürdige Verhandlung, deren Wortlaut uns schon oben begegnet ist. Ein

Die Gesand-
schaft der Bi-
schöfe Epipha-
nius u. Victor.
Frühjahr 494.

---

401. Ueber diese Gesandschaft haben wir den Bericht eines Augen-
zeugen, des *Ennodius* in seiner Vita Epiphanii, Bibl. max. patr. IX
p. 359—391, der von sich sagt: Nam testis hujus rei ego sum ...

402. *Ennodius* a. a. O. p. 359: princeps eorum Gundovadus est, cui
reverentiam tui vetustas inseruit, quem videndi te nimia cupido stimulat.
Die Absendung ist am 25. Januar 494 schon beschlossen. Unter diesem
Datum (VIII Kal. Februarias, Asterio et Praesidio V. V. C. C.) schreibt
der Pabst Gelasius an Rusticus von Lyon: Ceterum frater noster Epiphanius, qui ad gentis suae relevandos et redimendos captivos ad partes
vestras destinatur — fraternitatem tuam certiorem facit .... Durch diese
häufig übersehene Notiz (vgl. jedoch *Pagi*, Critica ad a. 494 n. 10) wird
der letzte Zweifel über die Zeit dieser Gesandtschaft gehoben, und wir
bedürfen der Berechnung derselben nach dem Tode des Epiphanius vom
20. Januar 497 nicht mehr. *Bluhme*, Jahrb. I p. 61 n. 52. *Derichsweiler*
p. 168 n. 21. Hieraus erhellt auch, dass sie vielleicht früher als im März,
wie Bluhme will, begonnen hat; nur reist Epiphanius im März von Pavia
über die Alpen. *Muellenhoff*, bei *Haupt* X p. 152, 153 bringt durch die
»unbegreifliche« Verwechselung des Ostgothen und des Westgothen Theoderich diese Sendung ins Jahr 464, wodurch natürlich auch die Geschichte
des ganzen burgundischen Königsgeschlechtes in Verwirrung kommt.
Ihm folgt hinsichtlich der Gesandschaft des Epiphanius *Zoepfl*, Rechts-
Gesch. p. 53 n. 10.

403. *Ennodius* a. a. O. p. 390.

404. Das. p. 391: ... at paucos, quos quasi ardore praeliandi tunc ab
adversariorum suorum dominatione rapuerunt, pro illis pretii quantulum-
cunque percipiant: ne detestabiles apud illos fiant certaminum casus,
quorumcum discrimina sustinuerint, iucra non sentiant.

Audienztermin wird anberaumt : zuerst nimmt Victorius, dann Epiphanius das Wort. Glauben wir der Vita des Ennodius, so war es der gesandte Bischof von Pavia, welcher die Unterhandlung von der Frage
des Loskaufs weg auf die der unentgeldlichen Freigebung spielte.
Jedenfalls ist das alle Theile ehrende Resultat, dass Gundobad nach
Entlassung der Gesandschaft und nach Beratung mit seinem edeln
Rate Laconius entschied: alle Gefangenen aus den Schaaren Odovakars,
die Ligurien hatten schützen sollen, alle, die der Hunger oder die Angst
vor Gefahr aus Ligurien oder den Nachbarländer den Burgundern zu-
trieb, endlich alle wirklichen Ligurer sollten unentgeldlich freigegeben
werden. Nur diejenigen, die aus Ligurien benachbarten Gebieten
Odovakars von den kampflustigen Schaaren fortgeführt worden sind,
müssen gelöst werden. Deren sind freilich genug, dass das mitgebrachte Lösegeld erschöpft wird, und die fromme Syagria sowie
Avitus noch das Nötige zuschiessen müssen [405]. Indessen trotzdem
werden unentgeldlich 6000 Gefangene losgegeben, in Lyon allein an
einem Tage 400. Die Zahl der Losgekauften weiss Ennodius nicht
anzugeben : denn von den eigentlich zu Lösenden benutzten viele
die Gelegenheit, um zu fliehen.

Sehr beachtenswerth ist, dass Laconius die Einzelheiten und
Formalitäten des Gnadenaktes schriftlich macht und die Urkunde dem
Epiphanius überbringt — ob zur Unterzeichnung, wird nicht gesagt.
Ueberhaupt ist es unklar, ob wir es hier mit einer einseitigen Frei-
lassungsurkunde — wie mir wahrscheinlicher —, oder mit einem
Staatsvertrage zu thun haben [406].

Auffallen muss die Machtvollkommenheit des germanischen Königs, dem doch keineswegs jene ganze Sklavenmasse gehören konnte,
dass er sich in das Privateigenthum seiner Unterthanen einzugreifen
und ihnen eine unentgeldliche Freilassung vorzuschreiben erlaubte.

Von Lyon wandte sich die Gesandschaft nach Genf, wo der
Bruder des Königs, Godegisel, residirte. Dieser wollte hinter Gun-

---

405. Das. p. 391 : Postquam tamen pecuniarum ille cumulus effusus est,
continuo ad expensas redemtionis suggessit necessaria illa, quae ibi est
thesaurus ecclesiae, Syagria: cujus prolixam quaerit vita narrationem :
sufficit tamen, ut ex operibus agnoscatur, quam verba transscendunt.
Dedit etiam praestantissimus inter Gallos Avitus . . . in quo se peritia
velut in diversorio lucidae domus inclusit.
406. Das. p. 391 : Post praeceptum venerandi regis impiger ille verborum saltibus indulgentiae species aut formas exposuit et chartas ad
insignem antistitem detulit. Quas ille cum expectatissima devotione
suscepit et portitorem tanti doni ambienter amplexus est.

dobad nicht zurückbleiben und vervollständigte auch seinerseits das Werk der Grossmut [107].

Ausser dem Zeugniss der wahrhaft grossen Gesinnung der burgundischen Fürsten bietet dieser Bericht ein weiteres für die reiche Blüte des Staates. Nimmt man den Betrag der Losgekauften auch im Verhältniss zu den Freigegebenen nur gering an, so steigt doch die Zahl der überhaupt Entlassenen auf 7000—8000 Seelen. Mögen darunter auch Frauen gewesen sein: der grösste Theil war sicher ackerbaufähige Mannschaft. Diese war also ohne Schaden für das Reich zu entbehren, ja die Meisten konnten ohne Aequivalent entlassen werden.

Freilich um den Preis der dauernden Freundschaft Theoderichs konnte ein Opfer schon gebracht werden, und diess mochte Gundobad bei sich auch erwägen, als er die Gesandschaft mit dem Wunsche entliess: Möge Gott zugeben, dass das zwischen uns befestigte Bündniss lange Zeit hindurch erhalten bleibe! Bei seinen Beratungen mit Laconius über die Interessen des Staates mochte dieser Gesichtspunkt den Ausschlag geben [108].

Die drei arianischen Reiche standen so durch die Freundschaft ihrer Herrscher, nicht durch das Bewusstsein identischer Interessen, geeinigt. Es galt von nun an, dieses gute Einvernehmen zu einmüthigem politischen Handeln zu erheben; denn in diesen Kreis beginnt jetzt die Macht zu treten, die den tragischen Umschwung in den gallischen Verhältnissen herbeiführen sollte: die noch heidnischen Franken unter Chlodovech.

Chlodovech heiratet Hrôthilde: 492 oder 493.

Im Jahre 481 zur Herrschaft gelangt hatte er den Rest des römischen Reichs in Gallien, das Königreich des Syagrius, des Aegidius Sohn, über den Haufen geworfen, die verschiedenen Theile des fränkischen Stammes unter seiner Hand vereinigt, seine Residenz schrittweise nach Soissons, später nach Paris, vorgeschoben. Wie ein Bergstrom schwoll diese Gewalt! Die ersten Berührungen der burgundischen Macht mit ihm waren rein diplomatischer Natur, dann

---

107. *Ennodius* a. a. O. p. 391: Fuit Genavae, ubi Godegiselus germanus regis larem statuerat: qui famam fraternae deliberationis secutus, bonis operibus ejus se socium dedit. Epiphanius passirt auf seinem Rückwege Tarantaise an der obern Isère, er geht also über den kleinen Bernhard nach Aosta.

105. *Ennodius* p. 391: Vos tamen, sancti viri, ad domus in quibus manetis, sine tribulatione discedite, dum ego animae meae et regni utilitate discussa, quae me conveniet praestare, pronuntiem.

wurden sie freundschaftlich, vielleicht Hoffnung erweckend. »Während Chlodovech häufig Gesandte nach Burgund schickt, finden diese die Chrotechildis. Als sie die Jungfrau als fein und verständig erkannt und erfahren hatten, dass sie von königlichem Stamme sei, meldeten sie diess ihrem Könige Chlodovech. Dieser aber zauderte nicht, zu Gundobad eine Gesandschaft zu schicken, und sie zur Ehe zu begehren. Gundobad fürchtete sich, das Gesuch abzuschlagen, und übergab sie den gesendeten Männern; und diese nehmen sie im Empfang und bringen sie schnell zu ihrem Könige. Chlodovech freut sich hoch, als er sie sieht, und vermählt sich mit ihr. Er hatte aber von seiner Concubine schon einen Sohn, Namens Theoderich.«

Diess der einfache Bericht des Gregor über das später bis ins Kleinste von Poesie und Sage ausgemalte Ereigniss [409]. Allein es ist

---

409. Ueber die Vermählung Chlodovechs mit Hilperiks Tochter Hrôthilde haben wir in Wahrheit nur eine Quelle: *Gregor. Tur.* Hist. II c. 28: Porro Chlodovechus, dum legationem in Burgundiam saepius mittit, Chrotechildis puella reperitur a legatis ejus. Qui cum eam vidissent elegantem atque sapientem et cognovissent, quod de regio esset genere, nuntiaverunt haec Chlodovecho regi. Nec moratus ille ad Gundobadum legationem dirigit, eam sibi in matrimonio petens. Quod ille recusare metuens tradidit eam viris: illique accipientes puellam, regi velocius repraesentant. Qua cum rex valde gavisus, suo eam conjugio sociavit, habens jam de concubina filium, nomine Theodoricum. Vgl. den Anf. von c. 28 unten n. 413 und III c. 6, wo Hrôthilde ihre Söhne gegen Burgund anreizt mit den Worten: Non me poeniteat, carissimi, vos dulciter enutrisse: indignamini quaeso injuriam meam et patris matrisque meae mortem sagaci studio vindicate. Es bedarf nur einer kurzen Prüfung, um die ausführlichen Romane des *Fredegar* cap. 18, 19 und 20 und gar der *Gesta Francorum* cap. 11—13 (*Bouq.* II p. 548—550) als historische Quellen gänzlich zu verwerfen. Man sehe die guten Ausführungen von *Fauriel* a. a. O. II p. 493—506 und von *Junghans*, Childerich und Chlodovech p. 47—53 und den Anhang. — In einem Punkte aber weiche ich von *Junghans* a. a. O. p. 52 ab, das ist in der Schätzung des Gregorischen Berichtes. *Junghans* sagt: »Zu Gregors Zeit scheint sich noch nicht die Dichtung dieses Ereignisses bemächtigt gehabt zu haben .... wir dürfen seinen Bericht unbedenklich in die beglaubigte Geschichte aufnehmen.« Den Bericht über Gundobads Gräuelthaten hält *J.* für etwas zu schwarz gemalt. — Grade diese sind eine Erfindung der Dichtung; das Motiv der Rache, welches Gregor für die Söhne Chlodovechs schon kennt, gleichfalls. Das Ereigniss war damals von der Dichtung schon beschlagnahmt. *Fauriel* II p. 513 hat ganz Recht, wenn er in dieser Beziehung von Traditionen spricht: qui ne sont probablement pas restées inconnues à Grégoire de Tours lui même. Durch den Gregorianischen Bericht, besonders durch die Angst Gundobads, die Werbung abzulehnen, schaut die Dichtung hervor, an welche Gregor mit seiner Kritik herantritt. Hat er die Nachrichten nun auf diese Weise der Sage entschält, und nicht noch weitere direkte Kunde, so fussen wir auf seiner Urtheilskraft, nicht aber auf seinem Wissen. Das Nähere im Text.

grade, als hätte er der Dichtung den Anlass geboten, zu seiner Ausschmückung weiter zu dichten.

Der historische Kern ist knapp der: fränkische Gesandte kommen an Gundobads Hof, finden dort seine Nichte, Hilperiks Tochter; sie ist schön und verständig; sie melden diess ihrem Könige; Chlodovech hält durch Gesandte bei ihrem Oheim um sie an und Gundobad willigt ein und übergiebt, zweifellos nach Empfang des Frauenkaufgeldes, seine bisherige Mündel den Boten ihres jetzigen Gemahls. Dass nun die Gesandten die Königstochter erst in ihr entdecken müssen, scheint die Grundlage der späteren Berichte über die listenreiche Botschaft Aurelians, der ihr den Werbungsantrag des fränkischen Königs insgeheim mittheilt. Dass Gundobad die Werbung aus Angst, sie abzuweisen, annimmt, scheint den Stoff zu bilden für die später dem Aridius zugetheilte Rolle, und in dieser Angst spiegelt sich wieder düster genug das Gewissen Gundobads wegen seiner Verbrechen wider Hröthehildens Vater und Mutter.

Grade dieses Zusammenpassen der späteren Berichte mit dem Gregors, zu dessen Zeit sich die Dichtung schon dieses Ereignisses bemächtigt hatte, scheinen mir zu beweisen, dass Gregor aus dieser dichterischen Gestaltung seine Darstellung schöpfte, indem er den geschichtlichen Kern in ihr suchte und ausschied [409a].

Die Zeit dieser Vermählung muss zwischen den Kampf mit den Toringern (491) und den Alamannenkrieg (496) gesetzt werden. Da Hröthehilde ihrem Gemahl vor dem Alamannenkriege schon zwei Söhne geboren hat, so gelangt man auf 492 oder 493 [410]. Es war nicht unbedeutend, dass der heidnische König eine katholische Gemahlin erhielt [411], wichtig für die Ablegung des Heidenthums überhaupt und, wenn auch weit weniger, für die Annahme des katholischen Glaubens im Gegensatze zum arianischen. Zunächst setzte Hröthehilde die Taufe ihrer beiden Knaben durch. Es ist aber eine Geschichtsauffassung, die am Kleinen haftet, wenn man den Uebertritt Chlodovechs zum Katholicismus auf den zufälligen Umstand zurückführt, dass die burgundische Königstochter ihm diesen Glauben zugebracht habe. Sie konnte bewirken, dass dieser Uebertritt grade jetzt geschah. Allein

---

409a. Ders. Ans. *Loebell*, Gregor v. Tours und seine Zeit p. 425, 429.
410. So auch *Junghans* a. a. O. p. 52 n. 2; *Baronius*, Annales ad a. 494 (VI p. 486) setzt sie 494; *Valesius* L. V p. 251: 493; ebenso *Pagi* ad a. 494 n. 9; *Derichsweiler* a. a. O. p. 52: 493.
411. *Huschberg*, Allemannen und Franken p. 633, behauptet zwar, sie sei Arianerin gewesen.

ebensowenig wie es zweifelhaft war, dass die Franken sich entweder
der weltbezwingenden Macht des Christenthums unterwerfen, oder
andernfalls auf die Rolle einer Hauptmacht in jener Zeit verzichten
mussten, ebensowenig konnte es zweifelhaft sein, dass sie die christliche
Lehre in Gestalt des Katholicismus annehmen mussten. Westgothen,
Ostgothen, Burgunder kommen als Arianer in ein katholisches Land ;
Christen standen hier gegen Christen. Die Franken aber waren ein
heidnisches Volk in einem Lande katholischer Romanen ; dass sich
ihnen der Katholicismus aufdringen musste, lag in der Natur der
Verhältnisse. Des Nutzens der Bekehrung zum Katholicismus mochte
sich Chlodovech dabei immerhin klar bewusst sein.

So war in kurzer Zeit das burgundische Reich von allen Seiten
von mächtigen Nachbarn umgeben : um so mehr bedurfte es der Einheit des Volkes, der Herrscher und der Kraft der Leitung.

König Hilperik
stirbt, angeblich
ermordet. Das Reich stand aber unter mehren Fürsten, deren Einzelne,
wie Hilperik im Anfang der siebenziger Jahre, Gundobad vielleicht in
Italien bis zu einem gewissen Grade selbstständige Politik trieben.
Da starb Hilperik : 474 begegnet er uns noch bei Sidonius, 493 ist
seine Tochter Hrothehild eine Waise unter der Vormundschaft ihres
Oheims Gundobad. Die Zeit seines Todes ist dunkel : an dem Zuge
nach Ligurien werden uns nur Gundobad und Godegisel als indirekt
betheiligt erwähnt, indem Beide an der Beute Theil nehmen ; zur Zeit
der Abfassung des burgundischen Gesetzbuchs ist Hilperiks Tod mir
wenigstens ganz ausser Zweifel. So muss er vor dem Ende der achtziger Jahre schon gestorben sein [112].

Ueber die Art seines Todes berichtet Gregor [113], Gundobad habe
ihn mit dem Schwert erschlagen, seine Frau, einen Stein um den
Hals, in das Wasser versenkt, die beiden Töchter verbannt ; davon

---

112. *Boissieu*, Inscriptions de Lyon p. 577, sagt zu bestimmt, Hilperik
sei 15 Jahre vor seiner Gemahlin gestorben.

113. Hist. II c. 28 : Igitur Gundobadus Chilpericum fratrem suum interfecit gladio, uxoremque ejus ligato ad collum lapide aquis immersit.
Hujus duas filias exilio condemnavit. Vgl. *Fredegar* cap. 17 (*Bouq.* II
p. 398), der nur, ausser in Kleinigkeiten im Ausdruck, darin von Gregor
abweicht, dass er zwischen immersit und duas einschaltet : duos filios
eorum gladio trucidavit. Hierin folgt ihm die *Vita Sigismundi* § 3. Vgl.
den Bericht über die That der Chlodomeres an Sigismund bei *Gregor.
Tur.* Hist. III cap. 6 : Statimque interfecto Sigismundo cum uxore et filiis
apud Columnam Aurelianensis urbis vicum in puteum jactari praecipiens
Burgundias petiit, und *Fredegar* cap. 17 und 19, bei welchem die Söhne
Hilperiks cap. 17 zwar nur mit dem Schwerte erschlagen werden, cap. 19
aber Gundobad befiehlt : duos ejusdem germanos capite truncatos in puteum .... projicere ; cap. 35 berichtet Fredegar zwar den Tod Sigismunds, jedoch ohne die Todesart.

habe die älteste den Schleier genommen, der Name der jüngsten sei Chrotechildis gewesen. Gregor schrieb ein Jahrhundert nach der That; noch spätere Quellen, der sog. Fredegar, der um 660 sein Werk verfasste, und die Vita Sigismundi fügen der Zahl der Ermordeten noch zwei Söhne Hilperiks bei, die Gundobad auch erschlug. Allein diese ganze Nachricht ist positiv falsch und als solche zu erweisen. Die Sage hat sich des Untergangs des burgundischen Reiches bemächtigt: eine grosse Tragödie der Wiedervergeltung, nach der starren Regel Auge um Auge, Zahn um Zahn, soll über das schuldige Burgund hereingebrochen sein: dann aber adelt die Rache ihre fränkischen Werkzeuge. Zu Gregors Zeit war die Sagenbildung schon, weit fortgeschritten: mit einer gewissen Kritik tritt er ihr gegenüber, berichtet die Werbung um Hrôthchilde sehr kurz, und während freilich die ganze Erzählung von den Schicksalen Burgunds so angelegt ist, sie als Strafe begangenen Frevels erscheinen zu lassen, so lässt Gregor während Chlodovechs Lebzeiten nie das Motiv der Blutrache, sondern immer nur politische Motive den Frankenkönig zum Handeln bestimmen[414], und erst lange nach dessen Tode fordert Hrôthchilde die Söhne auf, ihre Schmach und die Ermordung ihrer Eltern zu rächen[415]. Aber schon zu Gregors Zeit hatte die Sage in Gundobads Schandthat ein Gegenstück zu Chlodomeres Scheusslichkeiten wider Sigismund und dessen Familie zu erdichten gewusst, die spätere Zeit dichtete nach den Gesetzen des Gleichgewichts Hilperik noch ermordete Söhne an, die in einen Brunnen geworfen werden, wie ja auch Sigismund mit seiner Frau und zwei Söhnen in einem solchen vermoderten. Bei Fredegar drängt das Drama die Geschichte noch viel weiter zurück.

Es wird leicht sein, diese in ihre Rechte wieder einzusetzen.

Als Gundobad eine Tochter gestorben war, tröstet ihn der dem Könige so nahe stehende Bischof Avitus von Vienne mit den Worten: »Einst weintet ihr in unaussprechlicher Liebe an den Gräbern eurer Brüder, und euren Thränen folgte die allgemeine Betrübniss. Doch im Geheimen wandte Gott die Traurigkeit in Freude um. Das glückliche Schicksal des Reiches verminderte die Zahl der herrschenden Fürsten, und allein das wurde der Welt erhalten, was für die Herrschaft genügte . . . . . oder was soll ich sagen über das Loos des dritten Bruders? Er . . . . der eurem Besten diente, als euch wider

---

414. Vgl. bes. II c. 32.
415. *Gregor. Tur.* Hist. III c. 6.

Wissen die Gefahr des Volkes zu Dienst war und die Verwirrung im Lande den künftigen Frieden vorbereitete?« [416]

Avitus unterscheidet drei geschiedene Brüder. Die zuerst genannten funera germanorum können nur die Gräber Hilperiks und Godomars sein, während die fraterna sors des einen Bruders sich auf den Verrat Godegisels bezieht.

Wer aber würde es in jener Zeit gewagt haben, einem allmächtigen königlichen Mörder mit solchem Hohn sein Verbrechen vorzuhalten, und wie wäre es denkbar, dass ein solcher Hohn in einem Briefe ausgesprochen sein sollte, dessen Bestimmung war, Trost zu spenden für einen grossen Verlust, dessen Ton von Anfang an dieser Bestimmung angemessen war?

Als Hilperik, wahrscheinlich nach Godomar, gestorben war, so bewegte dieser Verlust Gundobad auf das tiefste und sein Volk trauerte mit ihm. Hilperik fiel also nicht unter Gundobads Händen [417].

---

416. *Avitus* Ep. V: Flebatis quondam pietate ineffabili funera germanorum, sequebatur fletum publicum universitatis afflictio. — Minuebat regni felicitas numerum regalium personarum, et hoc solum servabatur mundo, quod sufficiebat imperio. Illic repositum est, quicquid prosperum fuit Catholicae veritati. Et nesciebamus illud tunc frangi tantummodo, quod deinceps nesciret inflecti. Aut quid de fraterna sorte dicamus? Ipse, quem vocitari parvum vestra natura circumdedit, bonis vestris absque omni malitia militavit, cum serviret vobis nescientibus periculum gentis, cum futuram pacem disponeret turbatio regionis. *Bluhme*, Jahrbuch I p. 67 n. 70, meint, es sei hinter den Worten parvum vocitari etwas ausgefallen. Ich dachte längere Zeit, parvum sei für parum verschrieben und in vocitari müsse ein Wort stecken, mit dem Sinne von »bewacht werden«. Allein hält man sich an den Text, so steht das quem vocitari parvum fest, d. h.: Godegisel wurde gewöhnlich der Kleine genannt, und die folgenden Worte bezeichnen zweifellos, dass Gundobads grösser angelegte, als solche in die Augen fallende Natur dazu den Anlass gab. Auffallend ist also nur das circumdare; auffallend ist aber bei Avitus nichts! Vielleicht liesse sich indessen circum fecit konjiciren. — Die Stelle des Avitus zur Konstatirung eines Konfliktes zwischen Hilperik und Gundobad zu benutzen, halte ich für ganz unthunlich; der Bischof spricht noch unter dem Eindruck vom Jahre 500 und bezieht hierauf seine Reflexionen. Der Satz Et nesciebamus geht auf Godegisel.

417. Zweifel gegen *Gregors* Nachricht erheben schon *Mascov*, Gesch. der Teutschen XI, c. 10, und *Twerk*, Forschungen II p. 13. Entschieden verworfen wird sie von *Gaupp*, Ansiedl. p. 288; von *Troya*, Storia d'Italia II part. 11, appendix (Gondebaldo Re de Borgognoni e santo Avito vescovo di Vienna sul Rodano); von *Boissieu*, Inscriptions de Lyon, bes. p. 575 (der sehr warm für Gundobads Unschuld plaidirt; von *Bluhme*, Jahrb. I p. 66 ff. Für den Mord selbst noch *Löbell*, Gregor v. Tours p. 108, 109; *Dahn*, Könige der Germanen II p. 153, und sehr pathetisch *Derichsweiler* a. a. O. p. 166, wogegen *Binding*, Gött. gelehrte Anzeigen 1864 p. 841 ff. Ferner *Purizel*, De vita et scriptis s. Aviti p. 21 n. *Cucheval*, De s. Aviti operibus p. 28, 29, der freilich wünscht, Avitus habe die ep. V lieber nicht geschrieben. — Der Anschuldigungsbeweis stützt sich ausser auf *Gregor* noch auf den *Sidonius*, Ep. V, 8 an Secundinus in Lyon. Hierin wollte schon *Sirmondi*,

Glücklicherweise lässt sich auch darthun, dass Hilperiks Gemahl in ihren Gatten lange überlebt hat, und Hrôthehilde nicht im Exil,
sondern an ihres Oheims und Vormunds Hof lebte. Im Jahre 506
stirbt eine burgundische Königin Caretene, mehr als fünfzig Jahre
alt, im Kloster, die man für niemand Anderes halten kann, als für
die angeblich von Gundobad ertränkte Gemahlin des Hilperik. Hierüber belehrt uns das interessante Epitaphium der Caretene aus der
Basilica des heil. Michael zu Lyon:

Sceptrorum columen terrae decus et jubar orbis   1.
   Hoc artus tumulo volt Caretene tegi.
Qua famulam tu Christe tuam rerumque potentem
   De mundi regnis ad tua regna vocas;
Thesaurum ditem felici fine secutam   5.
   Fotis pauperibus quem dedit illa Deo:
Jamdudum castum castigans aspera corpus
   Delituit vestis murice sub rutilo,
Occuluit laeto jejunia sobria vultu
   Secreteque dedit regia membra cruci.   10.

---

in den Noten zu diesem Briefe, Andeutungen auf die Familiengräuel der
burgundischen Herrscher finden, und *Derichsweiler* hat sich diese Entdeckung zu Nutze gemacht. Die Auffassung des Briefes durch die Latinität
nicht irre zu leiten, gebe ich eine treue Uebersetzung: »Au Secundinus!
Schon lange ist es her, dass wir Deine Hexameter staunend und preisend
gelesen haben. Zwar war der Stoff nur ein scherzhafter, mochten nun die
Hochzeitsfackeln des Brautbetts oder das von königlichen Streichen er-
legte Wild Gegenstand Deiner Beschreibung sein. Aber Aehnliches als
Deine dreifachen Trochäen, die Du neulich in das Maass des Elfsylbers
zusammenfügtest, hast Du nach eigenem Urtheil noch nicht geleistet.
Guter Gott, was habe ich still vor Staunen (minime tacitus?) gesehen,
wie viel süsser Honig, Anmut und gepfefferte Beredsamkeit darin enthalten ist, nur dass (nisi quod) der Blitz des glänzenden Geistes und die
gesalzene Freiheit der Rede wahrscheinlich mehr durch persönliche Rücksicht als durch den Stoff gehindert wurde. Ablavius scheint mir nicht
stechender und beissender das Haus und das Leben des Constantin in
dem Doppelvers geschildert zu haben, den er als Distichon insgeheim vor
den Hofleuten an die Thür anheftete:
»Wer sucht die goldnen Zeiten des Saturnus?
Hier sind sie zum zweiten Male, aber in Neronischer Gestalt.«
Weil nämlich besagter Kaiser fast zur selben Zeit seine Gemahlin Fausta
durch heissen Dampf des Bades und seinen Sohn Crispus durch kaltes
Gift umgebracht hatte. — Du aber führe unverzagt das Werk weiter fort
mit den zierlichen Farben der Satire; denn Deine Schriften werden bereichert werden durch die fortschreitenden Laster unsrer von Tyrannen
beherrschten Stadtbürger (tyrannopolitae). Denn die unser Urtheil, unser
Jahrhundert, unser Land für gesegnet erachten, blähen sich nicht so be-
scheiden (mediocriter) auf, dass sich die Nachwelt nicht leicht ihrer Namen erinnerte. Denn die Schmach der Schmählichen wie die Wohlthaten
der Guten bleiben unsterblich.«

Principis excelsi curas partita mariti
Adjuncto rexit culmina consilio,
Praeclaram sobolem dulcesque gavisa nepotes
Ad veram doctos sollicitare fidem.
15.   Dotibus his pollens sublimi mente subire
Non sprevit sacrum post diadema jugum.
Cedat odoriferis quondam dominata Sabaeis;
Expetiit mirum quae Salomonis opus
Condidit hoc templum praesens, quod personat orbe
20.   Angelicisque dedit limina celso choris.
Laxatura reos regi quae saepe ferebat   .
Has offerre preces nunc tibi Christe potest.
Quam cum post decimum rapuit mors invida lustrum,
Accepit melior tunc sine fine dies.
25.   Jamque bis octona septembrem luce movebat,
Nomen Messalae consulis annus agens.

An der Authenticität der Inschrift ist mir kein Zweifel. Als
ihr Verfasser ist mit grösster Wahrscheinlichkeit der hier mit guten
Nachrichten versehene Venantius Fortunatus anzusehen [417a]. Die
Begrabene war eine katholische, noch während der Zeit ihrer königlichen Stellung heimlich vor ihrem Gemahl in frommen Kasteiungen
sich übende Gemahlin eines burgundischen Fürsten. Kein Zweifel, dass dieser 506 schon gestorben war. Das Epitaphium selbst
deutet wohl auf das verschiedene Verhalten Caretenes zu Lebzeiten
ihres Gatten und nach dessen Absterben, wo sie das sacrum jugum
auf sich nahm, hin [418]; aber auch sonst wäre es undenkbar, dass
eine Königin, gewohnt die Sorgen ihres Mannes zu theilen, noch zu
Lebzeiten ihres königlichen Gemahls in ein Kloster hätte gehen können und dürfen.

Caretene empfand grosse Freude, dass ihre eigenen Kinder dem
wahren katholischen Glauben folgen durften — sie hatte also, selbst
Katholikin, einen arianischen Gemahl — und dass ihre zarten Enkel

---

417a. Diess hat zuerst *Le Blant*, Inscriptions chrétiennes de la Gaule I
p. 70, 71, zu beweisen gesucht. Man vgl. z. B. Vers 23 ff. unserer Inschrift mit den letzten Zeilen des Epitaphium domni Galli episcopi und
den ersten des Epitaphium Ruriciorum episcoporum, beide bei *Bouquet* II
p. 491, ferner mit den letzten Zeilen des Epitaphium Chronopii episcopi
(das. p. 493), sämmtlich von *Fortunatus*. Auffallend ist bei unserer Inschrift die genaue Jahresangabe in gebundener Rede. Abgedruckt ist
sie neuerdings bei *Boissieu*, Inscr. de Lyon p. 572 und bei *Le Blant* a. a.
O. p. 69, 70.
418. Ergiebt sich aus Vers 7—10; vgl. mit 16.

gleichfalls in der wahren Lehre erzogen wurden. Es bestand also
Gefahr, dass diese nicht dem Glauben ihres katholischen Eltern-
theiles folgen würden; diese Gefahr konnte nur entstehen, wenn die
Mutter katholisch war, der Vater aber nicht. So ist unter der prae-
clara soboles nur Hrôthehilde zu verstehen und die Enkel sind des
bekehrten Chlodovechs katholisch gewordene Kinder.

Somit ist es unmöglich, Caretene für Gundobads [119] und nicht
vielmehr für des jüngeren Hilperik Gemahlin zu halten. Damit stimmt,
dass sie in dessen Residenz begraben liegt, und wahrhaft frappant
ist der Einklang, in welchem sich die Nachrichten des Epitaphiums
über Caretene und des Sidonius über die Gemahlin Hilperiks befinden.
Nach jenem verbirgt sie unter freudiger Miene ihr Fasten; nach Sidonius steht sie in charakteristischem Gegensatze zu ihrem Gemahl: bei
dem den Weltmann und den Bischof in sich vereinigenden Patiens von
Lyon rühmt Hilperik das Frühstück und Caretene seine Fastübun-
gen [120]. Nach dem Epitaphium lenkt sie durch ihren Rat ihren erhabe-
nen Gemahl [121], und Sidonius tröstet seinen Thaumastus, er solle um
Apollinaris Loos unbesorgt sein, so lange nur die gegenwärtige Gewalt
das lugdunensische Germanien regiere und die gegenwärtige Agrippina ihren Germanicus im Zaum halte [122]. Nach dem Epitaphium
bittet sie den König, die Schuldigen zu lösen; nach Sidonius ist es nur
ihrem Eifer zu danken, dass die Beschuldigungen hämischer Angeber
gegen Apollinaris bei Hilperik nicht weiteren Schaden stiften [123].

Caretene war eine Germanin ungewisser Herkunft, keine Burgunderin. Die Namensform würde nach Franken weisen [123a], wenn nicht
der streng katholische Glaube der kurz nach 450 geborenen Fürstin
diess verböte.

Die Geschichte hat von Hilperik wenig hinterlassen. Seine Hilperiks Cha-
rakter.

---

419. So thun es *Valesius* L. VI p. 287, 288; *Pagi*, Critica ad a. 509 n. 20;
Troya, Storia d'Italia del medio-evo II p. 922; *Mascov* a. a. O. Anmerk. II
p. 4 entscheidet sich nicht. — Dagegen vgl. die gute Ausführung bei
Boissieu, Inscriptions de Lyon p. 573—577.
420. *Sidonius*, Ep. VI, 12 an Patiens: ut constet, indesinenter regem
praesentem prandia tua, reginam laudare jejunia. Vgl. das Epit. Vers 9.
421. Vers 11 und 12.
422. *Sidonius*, Ep. V, 7: ... si modo, quandiu praesens potestas Lugdunensem Germaniam regit, nostrum suumque Germanicum praesens
Agrippina moderetur.
423. Das. Sane quod principaliter medetur afflictis, temperat Lucumo-
nem nostrum Tanaquil sua .... Cujus studio scire vos par est, nihil interim quieti fratrum communium apud animum communis patroni junio-
rum Cybaritarum venena nocuisse ....
423a. Vgl. darüber *Wackernagel* in der Beilage.

kriegerische Thätigkeit war von grossen Erfolgen nicht gekrönt, obgleich er magister militum war und von Sidonius ein vir victoriosissimus genannt wird [424]. Einer katholischen Frau vermählt, lässt er
seine beiden Töchter, männliche Erben hat er nicht hinterlassen,
dem Glauben seiner Frau folgen. Diese, ein Hort der Katholiken in
Burgund, scheint statt seiner regiert zu haben; vielleicht entschädigte
er sich in den Genüssen eines Lebemannes. Sidonius rühmt seine
Güte fast auf Kosten seiner Urtheilskraft, nennt ihn den Patron der
Römer und spricht preisend von seiner bedeutenden Macht [425].
Mährchenhafte Aufstände im Verband mit Godomar und den Alaman-
nen gegen Gundobad und Godegisel hat man ihm mit unglaublicher
Sicherheit angedichtet [426]: alles diess gehört in das Bereich der Fabel.

Rückwirkung von Hilperiks Tod auf das Reich. Burgundischem Staatsrechte nach hätten nun die beiden Hilperik überlebenden Brüder zu gleichem Theil seine sors beerben müs-
sen, das Reich wäre dann nach Hälften beherrscht worden. Eine
freilich sehr späte Quelle, die Vita Sigismundi [427], meldet mit einer
Bestimmtheit, die ihrer Nachricht ein grösseres Gewicht verleiht, als
sie ihrem Fundort nach zu verdienen scheint, zu einer bestimmten
Zeit habe Gundobad mit Godegisel Burgund in der Weise getheilt,
dass jener $\frac{2}{3}$, dieser nur $\frac{1}{3}$ des Landes erhalten habe. Ohne weitere
Stützen für diese Angabe müsste man sie fallen lassen.

Nun gestalten sich in den letzten Jahren des Jahrhunderts

---

424. Ep. V, 6.
425. *Sidonius*, Ep. V, 7: His moribus obruunt virum non minus bonitate quam potestate praestantem. Vgl. n. 422 u. 423.
426. Als historische Wahrheit finden sich diese Ereignisse, freilich stets
variirt, bei *Valesius* L. V p. 250, wo der erst besiegte Gundobad in Vienne
Hilperik zusammenhaut und Godomar lebend verbrennen lässt; ähnlich
bei *Vaissette*, Hist. de Languedoc I p. 236, nur dass hier Godegisel unbe-
theiligt bleibt, ebenso wie bei *Sirmondi*, Notae ad *Sidonii* Ep. V, 8 und bei
Tillemont a. a. O. VI p. 357, 358 (der jedoch einige Zweifel gegen diese
Fakta hegt); während bei *Le Beau*, Hist. du bas-empire VII p. 49 wieder alle
vier Brüder verwickelt sind, Godegisel auf Seite Gundobads, und dieser
seine beiden Brüder mit ihrer ganzen Familie ausser Hilperiks Töchtern
vernichtet; ähnlich *Fauriel* 1 p. 317, 318 (vgl. oben n. 335), nur dass er
unsre Unwissenheit über Godomars Schicksal zugiebt; *Pétigny*, Études II
p. 286 ff., der auch wieder Godomar getödet werden lässt. *Derichsweiler*
a. a. O. p. 52 kommt nicht einmal das Verdienst zu, den *Valesius* genau
abgeschrieben zu haben.
427. Diese Boll. 1. Mai I p. 85, auch *Bouquet* III p. 402, berichtet: Defuncto
autem Gondiocho, ipsius filii Gondebadus et Gondegisilus suscepto regno
Galliarum phalanges terrasque inter se diviserunt, ita ut Gondebadus
duas portiones suis ditionibus vendicaret, tertia Gondegisilus esset contentus. Dass diese Notiz trotz ihren eigenen Worten erst auf die Zeit
nach Hilperiks Tod zu beziehen ist, bemerkt schon richtig *Bluhme* M. M.
L. L. III p. 498 n. 21.

aus nirgends namhaft gemachten Gründen die Verhältnisse zwischen den beiden Königen immer schlechter [428], bis endlich der Entscheidungskampf zwischen ihnen ausbricht, zu welchem Godegisel fränkische Hülfe aufgeboten hat. Dass auf dessen Seite gekränkter Ehrgeiz das Motiv gewesen sei, liegt sehr nah.

Jedenfalls hatte Gundobad sich in den Besitz des wichtigen Lyons gesetzt; überhaupt bestand in diesen Jahren eine entschiedene, offenbar mehr faktische als rechtliche Superiorität des älteren über den jüngeren Bruder [429]. Bei Ennodius sendet Theoderich den Bischof Epiphanius, obgleich er beide Höfe gleichmässig besuchen sollte und sie wirklich besucht hat, mit den bezeichnenden Worten nach Burgund: Suscipe . . . sarcinam! . . . Princeps eorum Gundovadus est . . . . quem videndi te nimia cupido stimulat [430]. Von Godegisel kein Wort [431].

Den Hauptbeweis freilich liefert die Gundobadische Gesetzgebung. Später wird sich herausstellen, wie ursprünglich die Gesetze der einzelnen Könige nur für die einzelnen sortes erlassen wurden, wie aber Gundobads Gesetzbuch das ganze Reich band. Es wird sich dann zeigen, wie die sog. prima constitutio dieses von allen 32 Grafen des Reichs unterschriebenen Codex theilweise nur verstanden werden kann als ein Werk, bestimmt eine Macht des Gesetzgebers auf Kosten seines Bruders zu befestigen, die noch keineswegs über allen Zweifel und alle Anfechtung erhaben war. Hauptmittel dieser Bestrebungen Gundobads war die Bindung der Grafen an ihn als den Ausfluss aller Gesetzgebung.

428. Im Jahre 494 handeln beide noch einmüthig: s. *Ennodius*, Vita Epiphanii, Bibl. max. patr. IX p. 391.
429. Die *Vita Sigismundi*, Boll. 1. Mai I p. 85 sagt sehr richtig: . . Gondegisilus frater Gondebadi regis . . . contra eundem fratrem natu et potestate majorem arma arripuit. *Vaissette* a. a. O. I p. 236 lässt sich gar Gundobad dreier Viertel von Burgund bemächtigen; *Fauriel* II p. 43 adoptirt die Notiz der Vita Sigismundi, oben n. 427.
430. Vgl. das. p. 390 a. A.
431. Ein zu grosses Gewicht, als sei Gundobad der einzige wirkliche König von Burgund zu dieser Zeit gewesen, legt hierauf *Gaupp* p. 290; *Gaupp* p. 289, 290 will überhaupt von Anfang an ein gewisses Oberkönigthum dieses angeblich älteren über seine jüngeren Brüder annehmen, die neben ihm als »dem wirklichen Landesherrn« gleichsam nur als »paragirte Prinzen« erscheinen sollen. — Ich kann diese Ansicht, die jeder thatsächlichen Grundlage entbehrt, nicht für richtig halten. — Wie *Gaupp*, so weiss auch *Matile*, Études sur la loi Gombette p. 226, von einer Suprematie Gundobads über seine drei anderen Brüder. — *Wietersheim* a. a. O. IV p. 452 sagt: »Nachdem aber Gundobad seinen Bruder Hilperik ermordet hatte, scheint er der alleinige oder mindestens oberste Herrscher gewesen zu sein.«

Damit aber war Godegisel vollständig in den Hintergrund ge-
drängt; es ist erklärlich, dass man ihn im Gegensatz zu Gundobads
grosser Erscheinung den »Kleinen« zu nennen pflegte [432]. Gundobad
selbst benutzte seine Stellung, um in einem grossartigen Sinne nationaler Ausgleichung und Verschmelzung durch Vereinigung und
Emendation seiner eigenen und der Gesetze seiner Verwandten wahrscheinlich gegen 490 sein Gesetzbuch für Burgunder und Römer in
ihrem Wechselverkehr zu erlassen und den Richtern für die Beurtheilung der Rechtsverhältnisse der Römer unter sich ein weiteres
Gesetzbuch römisch-rechtlichen Inhaltes zu verheissen [433].

II. Die kirchlichen Verhältnisse und ihre Einwirkung auf den Staat.

*Die Verschie-
denheit der Be-
kenntnisse.* Nichts ist geeigneter als die religiöse Leidenschaft, den Menschen vom Menschen zu entfernen und einen Sturm anzufachen, der
die Wellen der Geschichte hochgehen macht. Hat sich der Gegensatz des Glaubens einmal geschärft, so gräbt er sich tiefer und tiefer,
und immer weiter entfernt sich der Mensch von der Erkenntniss, dass
das Göttliche sich des Beweises entzieht, der Glaube im Einzelnen
wurzelt, und dieser als solcher ausser Stande ist, eine allgemeingültige Form des Unbegreifbaren zu finden.

Weit genug standen aber die Angehörigen des burgundischen
Reiches in ihrem religiösen Denken von einander ab. Das Heidenthum, wenn auch im Erlöschen begriffen, gänzlich überwunden ist es
noch nicht. Noch im Jahre 522 hält Bischof Avitus von Vienne bei
der Einweihung einer Basilica in Annemasse eine Homilie, nachdem
daselbst der heidnische Tempel zerstört ist, und nur sehr zweifelhaft
wagt er auszusprechen, dass unter seinen Zuhörern vielleicht kein
Heide sich mehr befinde.

Die heidnischen Reste waren jedoch zu unbedeutend, um irgendwie in den Bewegungen der Zeit ein Gewicht in die Waagschale
zu werfen: sie wurden bald aufgesogen. Nur welchem christlichen
Bekenntniss sie zuwachsen würden, konnte zweifelhaft sein: denn
die christliche Bevölkerung war tief in sich entzweit.

Die ketzerischen arianischen Germanen standen den katholischen Galliern gegenüber [434]. Doch fielen beide Verschiedenheiten,

---

432. Vgl. oben n. 416.
433. Wir verweisen hier auf unsere Ausführungen im zweiten Theile,
deren Resultate wir nicht anticipiren wollen.
434. Nach einem Briefe des *Sidonius* an Bischof Patiens von Lyon

wenn auch im Wesentlichen, so nicht vollständig zusammen. Am Anfang des fünften Jahrhunderts wird ein Leporius als der vorzüglichste Prediger des Arianismus in Gallien bezeichnet [435].

Schon darin bestand ein wesentlicher Unterschied beider Parteien: die Burgunder hatten ihr Bekenntniss nicht ergriffen, um in dem grossen Kampfe der Meinungen auf die Seite des nach innerster Ueberzeugung für wahr Befundenen zu treten. Es war zu ihnen gekommen und dem einfachen, allem Mystischen fernen Sinne des gesunden Volkes hatte es zugesagt. Um so heftiger dagegen musste die Animosität der Katholiken gegen die verhasste, anathematisirte Partei sein. Nur die stets bewährte Klugheit, sich in Verhältnisse zu finden, die für den Augenblick unabänderlich waren, und die Hoffnung, die Machthaber des Volkes zu bekehren, die dann dieses selbst nach sich ziehen würden, konnte diese Gesinnung vorerst zurückdrängen. Kam der Tag, wo jene sich geändert hatten, oder wo diese Hoffnung sich getäuscht sah, so brach wohl der dünne Damm und der alte Hass flutete offen in sein altes Bett zurück. Die erhabene Lehre des Christenthums, in dem Nebenmenschen den Bruder zu lieben, wurde dann verstümmelt und im Dienste der Partei verkehrt. Beschränkte doch der katholische Bischof Avitus das Verbot zum Bruder nicht Racha zu sagen auf den, der mit dem Sprecher in dem einen Gott als Vater und der einen Kirche als Mutter in demselben Glauben vereinigt sei [436]!

In den ersten Jahrzehenden des Reiches jedoch wirkten diese Gegensätze so still, dass darüber keine Kunde bis zu uns gedrungen ist. König Gundiok stand mit dem römischen Bischof in gutem Einvernehmen. Von seinen Söhnen hatte Hilperik die katholische Caretene geheiratet und ihre Kinder waren wieder katholisch geworden: kein kleiner Gewinn für die Bekenntnissgenossen! Erst allmählig

---

Ep. VI, 12) : Cumque multa in statu fidei tuis dispositionibus augeantur, solum haereticorum numerum minui, teque quodam venatu apostolico feras Photinianorum mentes spiritalium praedicationum cassibus implicare; atque a tuo barbaros jam sequaces, quoties convincuntur verbo, non exire vestigio, donec eos a profundo gurgite errore felicissimus animarum piscator extraxeris — sollte man einen grossen Theil der Burgunder für Photinianer halten; allein es ist ganz zweifellos, dass *Sidonius* hier nicht genügend Bescheid weiss und Photinianer und Arianer verwechselt. Ders. Ans. auch *Sirmondi*, notae ad *Sidon*. Ep. VI, 12.

435. *Cassianus*, De incarnatione Domini Liber I: Bibl. Max. patrum VII p. 70. Er schrieb später aus Afrika bekehrt an die Gallikaner.

436. *Avitus* Ep. I (Bibl. Max. patrum IX p. 562) : fratri, id est sub uno Deo patre et una Ecclesia matre, in una fide posito.

bereitete sich der Kampf vor, dessen Objekt äusserlich nur die Lehre vom Verhältniss des Vaters zum Sohne, daran anknüpfend jedoch die Auffassung des ganzen Christenthums war [437].

Behaupteten die Katholiken die Ewigkeit des Sohnes dem Vater gegenüber, so trat dem Arius entgegen und argumentirte: hält man das Verhältniss von Vater und Sohn fest, so ist jener die Voraussetzung von diesem. Das Gesetz der Causalität verwirklicht sich aber in der zeitlichen Folge der Wirkung auf die Ursache. Es gab also einen Moment, wo der Sohn noch nicht war: ἦν ποτε, ὅτε οὐκ ἦν. Im Gegensatz dazu muss das Wesen des Vaters recht eigentlich in der Ungezeugtheit gefunden werden. Auf diese Eigenschaft hat der Sohn keinen Anspruch, er ist also nicht gleichen Wesens mit dem Vater, er ist also nicht aus seiner Substanz gezeugt. Da nun neben dem Vater nichts existirte als das Nichts, so war der Sohn überhaupt nicht gezeugt, sondern er war geschaffen ἐξ οὐκ ὄντων. Als Geschöpf stand er indessen weit über allen andern Geschöpfen: denn er entstand vor den Aeonen, und durch ihn schuf Gott die Zeit und alles Uebrige [438].

Das nicaenische Concil verwarf die arianische Lehre, belegte sie mit dem Bann und behauptete die Vereinbarkeit des Prädikates der Ewigkeit mit dem des Erzeugtseins, des Erzeugtseins mit der völligen Gleichwesenheit und sprach aus, dass Jesus in Wahrheit Gott sei.

Die Stärke des nicaenischen Symbolums ruht in der festen Abgeschlossenheit, zu welcher in ihm das Bekenntniss der Katholiken gelangt war: ein Satz bedingte den andern, wich ein Punkt, so wich das Ganze. Die Stellung der Katholiken war ein für alle Male bezeichnet, und wenn auch die denkende Vernunft des Symbolums nicht Meister werden konnte, in imponirender überwältigender Grösse trat die Erscheinung Christi, trat die Göttlichkeit der christlichen Religion aus ihm hervor.

Die Stärke des Arianismus lag in der logischen Unanfechtbarkeit seines Grundgedankens und seiner Wirkung auf die Vernunft.

---

437. Man vgl. *Gieseler*, Lehrbuch der Kirchengeschichte, 4. Aufl. I, 2 p. 44 ff., besonders aber die Ausführungen von *Baur*, Das Christenthum der drei ersten Jahrhunderte 2. Aufl. p. 355—369 und Die christliche Kirche vom Anfang des vierten bis zum Ende des sechsten Jahrhunderts p. 5—16; p. 79—102.

438. *Arius*, Episc. ad Alexandrum (bei *Gieseler* a. a. O. p. 45 n. 2): Οἴδαμεν ἕνα θεόν, μόνον ἀγέννητον —, τοῦτον θεὸν γεννήσαντα υἱὸν μονογενῆ πρὸ χρόνων αἰωνίων, δι' οὗ καὶ τοὺς αἰῶνας καὶ τὰ λοιπὰ πεποίηκε.

Aber diese Stärke konnte sich zunächst nur in der Opposition geltend machen: gegen den Einwurf der Unbegreiflichkeit der nicaenischen Glaubensformel konnten ihre Anhänger nur erwiedern, dass das menschliche Denkvermögen nicht beanspruchen dürfe, auch das Göttliche der Logik unterwerfen zu wollen. Allein die Katholiken konnten den Praetendenten der logischen Ausgestaltung der Glaubenssätze den Vorwurf des inneren Widerspruchs zurückgeben. Jesus als Schöpfer der Zeit zu betrachten und die Kategorie der Zeit doch seinem Verhältniss zum Vater zu Grunde legen zu wollen, war widersinnig. Die Auffassung von Christus selbst erhob sich nicht zu grösserer Klarheit als bei den Gegnern, und war weit schwächer als die der Katholiken. Sollte das rationalistische Element des Arianismus grössere Kraft gewinnen, so bedurfte es einer weit grösseren positiven Ausgestaltung, welche es nicht erhielt.

Nicht nur an innerer Stärke, sondern auch an äusserer Macht war der Katholicismus dem Arianismus überlegen.

Ueberschlägt man die Zahlenverhältnisse der Arianer und Katholiken, so ist den Letzteren ein grosses numerisches Uebergewicht einzuräumen. Die Zahl der römischen possessores war schon der der kommenden Burgunder überlegen, und zu jenen gesellte sich noch der ganze Proletariat. Der arianische Abgang dieser römischen Bevölkerung ist schwerlich hoch anzuschlagen.

Machtverhältnisse des Arianismus zum Katholicismus.

Die Quellen der damaligen Zeit lassen es öfter so erscheinen, als seien die Bekehrungen der Arianer zum Katholicismus massenhaft gewesen [439], während ein Uebertritt von der andern Seite nirgends gemeldet wird. Jener Schein trügt: die Masse der Burgunder blieb zunächst arianisch, und dieses ist nur kluges Verschweigen des Geschehenden. Das Concilium Epaonense vom Jahre 517 beweist [440], dass auch Katholiken zur Ketzerei abfielen, und Bischof Avitus klagt noch im sechsten Jahrhundert bitter über die weite Verbreitung der arianischen Corruption [441].

Was aber noch viel schwerer wog als diese Ueberlegenheit an Zahl, das war die bei weitem festere und solidere Organisation der katholischen Kirche, die sie vor ihren Gegnern voraus hatte.

---

439. *Sidonius*, Ep. VI, 12 an Patiens oben n. 434; vgl. *Collatio Episcoporum* bei *Mansi* VIII p. 246 i. f.: Ex ea die plurimi Ariani ad poenitentiam venerunt et post aliquot dies baptizati fuerunt (Jahr 499).

440. Canon XXIX. Lapsis: id est qui in catholica baptizati praevaricatione damnabili post in haeresim transierunt . . . .

441. Ep. 24 an Bischof Stephanus von Lyon: Sed inter lolium Ariani germinis, numerosa quod pejus est corruptione diffusum . . .

Es wäre möglich, dass die grössere Lückenhaftigkeit der Quellen auch die Gestaltung der arianischen Kirche durchbrochener, unvollständiger erscheinen liesse, als die Wirklichkeit sie gesehen. Alles, was wir aus dem burgundischen Reiche von ihr wissen, beschränkt sich auf wenige dürftige Notizen.

Die Zahl der arianischen sacerdotes und clerici, deren Avitus an mehreren Stellen Erwähnung thut [442], entzieht sich jeder Schätzung. Dass auch die arianische Kirche die Episkopalverfassung hatte, steht an sich fest; ausserdem gedenkt Gregor von Tours an einer Stelle eines arianischen Bischofs und aus den Avitischen Briefen tritt hin und wieder klar die Coexistenz arianischer und katholischer Bischöfe hervor [443]. Ob es mehre oder nur einen Metropoliten in Burgund gab, ist nicht zu entscheiden. Vielleicht dürfen wir jedoch in dem Arianer Bonifacius, der auf dem Religionsgespräch von Lyon das Wort führt, einen solchen erkennen [444].

Es wäre interessant, zu wissen, ob auch Romanen die bischöfliche Würde bei den Arianern bekleidet haben: der römische Name des Bonifacius allein ist unbeweisend, denn dieser kann leicht die Sitte der katholischen Priester nachgeahmt und seinen germanischen Namen mit einem kirchlich wohlklingenden vertauscht haben.

Es muss auffallen, gar nichts davon zu hören, dass die Träger des Arianismus in den verschiedenen arianischen Reichen sich in gegenseitiges Einvernehmen gesetzt hätten, während die katholischen Bischöfe von ganz Gallien, Germanien und Italien in regstem Verkehre standen.

Jenen konnte diess nur schaden: ausser dem schwächenden Gefühl der Isolirung, was daraus hervorgehen musste, fehlte auch die so notwendige Verständigung, welche Stellung man gemeinschaftlich zu dem Katholicismus einnehmen sollte. Und einmütiges Verfahren war bei einem so mächtigen Gegner nicht zu entbehren.

Was dem Arianismus hingegen grössere Kraft gab, das war die

---

442. *Avitus*, Ep. 1. Ep. 26. Ep. 35.

443. *Gregor. Tur.* Hist. II cap. 33. *Aviti* ep. 6, bes. aber ep. 26: Quare non fiat in sacerdotio nostro erectus, qui — a suo voluit esse deciduus? Sit verax sacerdos ex laico, qui fieri laicus ex fallace sacerdote contentus est. Teneat in ecclesia nostra plebem suam, qui in sua contempsit alienam.

444. Die *Collatio Episcoporum* scheint grundsätzlich nur katholische episcopi anzuerkennen. Gab es arianische Bischöfe, so waren ihrer sicher zugegen. Die Coll. aber sagt: Discesserunt ergo omnes episcopi et . . . iverunt cum ceteris catholicis . . . . Sie scheint hierin jedoch lediglich den allgemeinen katholischen Standpunkt zu theilen. *Gregor* II c. 3 versäumt nicht, bei dem arianischen Bischof Cyrola bei den Vandalen zuzufügen: falso vocatus episcopus.

grössere sittliche Reinheit seiner Anhänger, die nicht verfehlen konnte, auch dem religiösen Bekenntniss eine höhere Weihe der Wahrheit und des Ernstes zu verleihen. Dagegen fehlte ihnen gerade, was seine Feinde besassen: die genügende geistige Durchbildung, um das dialektische Moment in ihren Glaubenssätzen recht zur Geltung zu bringen, und damit vereint das gewaltige Selbstvertrauen, welches der geschulte Verstand dem weniger geschulten gegenüber äusserlich stets siegreich behaupten wird [445].

Alle Mängel des Arianismus jedoch konnten zu bedeutendem Theile dadurch gehoben werden, dass er die Religion der Sieger war. Die überlegene Gewalt stand auf seiner Seite; liessen sich die burgundischen Könige, wie später Chlodovech und mehr noch Karl der Grosse, von dem Gedanken ergreifen und begeistern, ihren Glauben zum herrschenden Bekenntniss in Gallien zu machen, und lenkten sie danach ihre Politik, die sich dann in Form eines engen Bündnisses mit den Westgothen und Ostgothen äussern und darauf bedacht sein musste, die noch heidnischen Könige der Barbaren zu sich zu bekehren, so war vielleicht die Zeit nicht fern, wo der Arianismus noch grosse Triumphe feierte.

Die Katholiken erkannten diese Gefahr sehr wohl, fürchteten sie und waren ängstlich bemüht, ihren Ausbruch nicht selbst zu provociren. Weit später noch, als die Franken schon lange bekehrt waren, und ein katholischer König auf dem burgundischen Throne sass, geht diess Gespenst um, ein heilsamer Schrecken wider den allzugrossen Eifer. Bischof Victorius von Grenoble holt sich nach Gundobads Tode Rat bei Avitus von Vienne, ob die Oratorien oder Basiliken der Ketzer zum Gebrauch der katholischen Religion gezogen werden könnten, wenn die Gründer derselben ihren alten Irrthum verlassen hätten [446]. Avitus aber bedeutet ihm: ob es denn klug sei, vielleicht dem König zu raten, er solle die von seinem Vater den Ketzern erbauten Kirchen den Katholiken zuweisen? Gesetzten Falls wir thäten es — meint der vorsichtige Bischof — oder der König stimmte selbst zu, so werden die Ketzer mit Recht eine Verfolgung gegen sich annehmen, und was ist härter für uns, als wenn sie, die an ihrer offenkundigen Verkehrtheit zu Grunde gehen,

445. Es wird diess nicht zu viel gesagt sein, trotz der Worte des *Avitus* in der Collatio episcoporum von 499 an König Gundobad: Habetis hic de vestris (scil. Arianis), qui sunt instructi in omnibus scientiis ... Es hängt diess mit dem Unterschiede der Nationalität zu tief zusammen.

446. *Avitus*, Ep. 6. Ueber die Zeit des Briefes s. den Excurs: die Chronologie der Avitischen Briefe.

sich mit dem Märtyrerthum ihres Bekenntnisses schmeicheln können? Man darf im Laufe der Zeiten nichts für unveränderlich erachten: vielleicht herrscht nach dem jetzigen ein arianischer König. Verfolgt er die katholische Kirche und ihre Anhänger, so wird er sagen können, er habe das nicht aus sektischem Eifer, sondern nur zur Vergeltung gethan. Oder wie gar, wenn etwa schon jetzt einer der benachbarten Könige des andern Glaubens in seinem Lande uns das mit ähnlicher Münze zahlen wollte, was hier seine Priester erdulden mussten?

Neben der richtigen Politik, die Gegner nicht zum Ruhme der Märtyrer kommen zu lassen, herrscht also damals noch die Angst bei sonst wahrlich mutigen Männern, die weltliche Gewalt der Könige möge dem Katholicismus den Krieg erklären.

Geschlossene Organisation des Katholicismus. Die katholische Kirche entbehrte zunächst des Vorzugs, religiöse Gemeinschaft der Sieger zu sein; die grösste Zahl ihrer romanischen Gallier war sittlich entnervt, unkräftig in jeder Beziehung. Dagegen durfte sie sich einer festen ausgebauten Organisation und eines Zusammenhanges rühmen, welcher ihre Leiden im ganzen katholischen Abendlande gleichmässig empfunden werden, durch ihre Triumphe an irgend einer Stelle die ganze Kirche zur Freude bewegt werden liess.

Zur Zeit der burgundischen Reichsgründung erkennen im Wesentlichen die gallischen Bischöfe, mochten sie nun unter den Westgothen wohnen, dem römischen Reiche angehören, oder burgundischer Herrschaft unterstehen, den Primat des römischen Bischofs schon unbedingt an. Es lag diess zum Theil in eigenthümlichen gallischen **Primat des Pabstes.** Verhältnissen.

Wenn zwischen Gleichstehenden, die bisher Niemanden über sich haben anerkennen wollen, ein Streit ausbricht, so liegt es plötzlich in ihrem Interesse, an eine höchste Instanz appelliren zu können. Ein solcher Conflict war schon am Ende des vierten Jahrhunderts zwischen den Bischöfen von Arles und Vienne über den Primat in Gallien entstanden. Arles wandte sich nach Rom und erlangte von Pabst Zosimus (417) die Metropolitenrechte auch in der Viennensis [447]. Vienne beruhigte sich nicht, erhob seine Ansprüche nach wie vor und ordinirte die Bischöfe seiner Provinz. Im Anfang der vierziger Jahre wenden sich desshalb beide Bischöfe wieder nach Rom [448] und

---

447. Man vgl. über den Anfang des Streites *Gieseler*, Kirchengeschichte I, 2 p. 218. Die Aktenstücke des späteren stehen in *Mansi*, Coll. Concil. Bd. VI—VIII.

448. *Mansi* VI p. 71: Epistola Leonis 65 und 66.

Pabst Leo entscheidet, dass zu Vienne als Metropolis gehören sollten die vier Städte Valence, Tarantaise, Genf und Grenoble; die
übrigen Bischofssitze derselben Provinz gehörten zu Arles Autorität und Ordination. Als darauf der Bischof Hilarius von Arles »in
der Arroganz« soweit ging, eine Unterwürfigkeit unter den römischen
Pabst nicht anzuerkennen, und trotzdem die Ordination aller gallischen Bischöfe als sein Recht verlangte, erklärte ihn der päbstliche
Stuhl 445 der Macht über die ganze Viennensis beraubt. Die Metropolitanen von Vienne, Marseille und Narbonne erhalten das Ordina-
tionsrecht der Bischöfe zurück [449].

Der Streit war damit nicht erledigt. Er spinnt sich bald zu
Gunsten, bald zu Ungunsten von Vienne unter den Päbsten Hilarius
461—468, Gelasius 492—496, Anastasius II 496—498, Symmachus 498—514 fort, und während diese zwar selbst nicht an der
Unwandelbarkeit der Aussprüche ihrer Vorgänger festhalten, werden
sie durchweg als die oberste competente Autorität in diesem Streit
zweier der mächtigsten Kirchenfürsten Galliens behandelt.

Die Schlussentscheidung von Symmachus 513 kehrt zur ersten
Entscheidung von Leo zurück, wonach bloss die vier benannten Städte
unter der Botmässigkeit von Vienne stehen sollten [450].

Erheischte so die Rivalität der Glieder ein Haupt, und fand sie dieses in dem römischen Bischofe, so genoss derselbe auch schon seitens
der weltlichen Gewalt der vollsten Anerkennung seines Primates und
was noch mehr war, der Unabhängigkeit vom Staate [451]. Bei Gelegenheit jener Arroganz des Hilarius sprachen die Kaiser Theodo-
sius und Valentinianus aus, dass erst dann ein allgemeiner Friede
innerhalb der Kirche gewahrt werden könne, wenn die Gesammtheit
einen Lenker derselben anerkenne. Die Kaiser verbinden ihr Urtheil
über Hilarius mit dem des Pabstes, »welches freilich auch ohne kaiserliche Sanction für Gallien gültige Kraft hatte.« »Denn das soll
Allen anstatt eines Gesetzes sein, was der Pabst bestimmt hat, oder
noch bestimmen wird. Welcher Bischof es wagen wird, sich vor
Gericht des römischen Pabstes nicht zu stellen, den soll der weltliche
Vorsteher der Provinz zu kommen zwingen.«

449. *Jaffé*, Regesta pontificum p. 35 n. 185. *Mansi* VI p. 431: Ep.
Leonis ad episc. Gallicanos Provinciae Vienn: Sitque redintegratum
Viennensi Archiepiscopo privilegium et jus antiquum.
450. *Mansi* VIII p. 226. Epistola Symmachi n. 9: Ad episcopos Galliae.
451. Man vgl. die merkwürdige *Nov. Valentiniani* III T. XVI (ed.
Haenel p. 172 ff.) vom Jahre 445: De episcoporum ordinatione.

War doch dieser höchste Richter um so notwendiger, als die Bischöfe der damaligen Zeit in der Verfolgung ihrer Zwecke die Mittel nicht scheuten. Als Hilarius von Arles gegen den Willen der zustimmungsberechtigten Bürger einiger Städte doch die Bischöfe für dieselben ordinirte und die Bürger sie nicht aufnehmen wollten, sammelte er bewaffnete Mannschaft, belagerte und erstürmte die Orte, und führte die Verkündiger des Friedens durch den Krieg ein [452]. Der Pabst strafte ihn, die Kaiser verboten auf das Strengste, in kirchlichen Dingen zu den Waffen zu greifen [453], und doch verfuhr nicht lange darauf unter Pabst Hilarius im Jahre 463 Bischof Mamertus von Vienne gegen die Stadt Dea auf dieselbe Weise [454], und König Gundiok sah sich veranlasst, den Pabst darauf aufmerksam zu machen.

Zur inneren Einigung des katholischen Bekenntnisses, zur Gemeinsamkeit des Handelns und indirekt zur Stärkung des römischen Primates trug nun der gegenwärtige Feind desselben, die Ketzerei, mächtig bei. Eine Synode von 44 gallischen Bischöfen, die nach Mansi im Jahre 441 abgehalten wurde, spricht dem Pabst Leo ihre volle Uebereinstimmung mit ihm hinsichtlich der nestorianisch-eutychianischen Ketzereien aus [455].

Die gemeinsame Gefährdung des südlichen Galliens durch die arianischen Westgothen und Burgunder konnte nicht umhin, den Katholiken die Gemeinsamkeit ihrer Interessen überhaupt recht fühlbar zu machen. »Ihr wisst wohl, ruft Bischof Avitus im Jahre 501 zwei Senatoren in Rom zu [456], unter welchen Stürmen der Ketzereien wir das Schiff des Glaubens führen müssen. Wenn ihr mit uns diese Gefahren fürchtet, so müsst ihr eueren Steuerlenker, den Bischof von Rom, in gemeinsamer Anstrengung schützen.« Unterstützt wurde dieses Bewusstsein der Zusammengehörigkeit durch den sehr regen Verkehr der vornehmen Katholiken und besonders der Bischöfe Galliens unter einander und mit denen Italiens und Germaniens, wovon

---

452. *Novella Valentin.* III. T. XVI § 1: Qui quidem, quoniam non facile ab his, qui non elegerant, recipiebantur, manum sibi contrahebat armatam; et claustra murorum in hostilem morem vel obsidione cingebat, vel agressione reserabat, et ad sedem quietis pacem praedicaturos per bella ducebat.

453. *Nov. Valent.* III cit. § 2 a. E.

454. *Ep. Hilarii* 9 an Leontius von Arles, bei *Mansi* VII p. 936: .... praedictus episcopus invitis Deensibus — hostili more ut dicitur occupans civitatem episcopum consecrare praesumpsit.

455. *Mansi*, Coll. Concil. VI p. 162.

456. *Aviti* ep. 31: Fausto et Symmacho senatoribus urbis.

die Briefe des Apollinaris Sidonius, des Ennodius, des Avitus ein sprechendes Zeugniss ablegen.

Eine Reihe von Schreiben der Päbste geht an die Bischöfe von Arles, Vienne und Lyon [457] und von hier nach Italien zurück. Avitus allein correspondirt mit 18 Bischöfen [458], einem Presbyter, einem Diakonus, und seine Briefe richten sich an die Patriarchen von Rom, Byzanz und Jerusalem, an die Könige von Burgund und von Franken.

Wir werden sehen, dass dieser Verkehr es nicht nur bei Briefen bewenden liess.

Vergleicht man diese geschlossene Phalanx, ihren gemeinsamen Führer an der Spitze, mit der zusammenhangslosen, führerlosen Masse der Arianer, so wird man selbst bei gebührender Berücksichtigung der verhältnissmässig geringen Streitigkeiten innerhalb jener eine gewaltige Uebermacht derselben an Zahl und Stärke anerkennen müssen.

Das ganze burgundische Reich schloss gegen Ende des fünften Jahrhunderts 27, 517 noch 25 katholische Bisthümer ein. Fast in jeder civitas wohnte neben dem Grafen der Bischof [459] und verwaltete die Kirche in derselben und in ihrem territorium; denn das war der technische Name des Landes, soweit es zu einer civitas als Bischofsitze gehörte [460]. Die bedeutendsten waren das von Vienne und von Lyon, der anderen Metropolis des Reichs [461]. Ueber den Umfang der Rechte Lyons ist nicht ins Klare zu kommen. *Bisthümer und Bischöfe.*

War der Vorsteher eines solchen Bisthums schon an sich ein Mann voll Einfluss, und gewährte die einheitliche Organisation des Katholicismus ihm noch einen grössern Rückhalt, so steigerten doch die eigenthümlichen Verhältnisse des neugegründeten Reiches seine

---

457. An diesen z. B. von *Gelasius*, im Jahre 494, bei *Mansi* VIII p. 121.
458. Es sind 1. Anonymus : ep. 26; 2. Anonymus : die falsch adressirte ep. 80; 3. der Bruder Apollinaris von Valence : ep. 12, 25, 54, 63, 78, 79; 4. Stephanus von Lyon : ep. 24; 5. Viventiolus von Lyon : ep. 52, 55, 60, 64; 6. Victorius von Grenoble : ep. 6, 15, 16, 55, 66; 7. Claudius von Besançon : ep. 56; 8. Gregorius von Langres : ep. 57; 9. Maximus von Genf : ep. 65; 10. ein nicht fest zu placirender Constantius : ep. 61; 11. Gemellus von Vaison : ep. 53; 12. Eufrasius von Clérmont : ep. 38; 13. an Quintianus von Clérmont ist der Brief verloren und nur über ep. 80 die Ueberschrift erhalten; 14. Contumeliosus von Riez : ep. 13, 15; 15. Caesarius von Arles : ep. 9; 16. Eustorgius von Mailand : ep. 8; 17. Magnus von Mailand : ep. 10; 18. Peter von Ravenna : ep. 37. Ich folge hier wesentlich den Annahmen Sirmonds in den Noten zu Avitus, die ich, so weit ich sie prüfen konnte, als zuverlässig erfand.
459. Man vgl. das genaue Verzeichniss in Theil II, Buch 2.
460. Recht deutlich in *Concil. Arelatense* II Can. 35, bei *Mansi* VII p. 875 ff.
461. Von den Bischöfen von Vienne und Lyon geht die Einladung zum Concilium Epaonense aus; s. unten.

Machtstellung. Die hervorragendsten unter ihren römischen Glaubensgenossen waren sie die vorzüglichsten Träger römischer Bildung; i h r e Ueberlegenheit den einfachen Germanen gegenüber war somit am festesten begründet. Die lateinische Sprache scheint damals die allgemeingültige im diplomatischen Verkehr gewesen zu sein. Sie waren ihrer Meister, sie den schwierigen Geschäften am besten gewachsen. Gewandtheit, sicheres Auftreten, das selten verfehlte Achtung zu gewinnen, zeichnete sie aus. Bildeten doch vornehme weltliche Würden oft nur die Vorschule zum Episkopat!

Apollinaris Sidonius war Jahre lang Praefekt gewesen, ehe er Bischof von Clermont wurde, und von Rusticus von Lyon, der nach seinem Epitaphium am 25. Mai 501 als Bischof von Lyon starb [462], diese Würde jedoch schon 494 trug, bezeugt Ennodius [463] ausdrücklich, dass er den Priester auch schon immer gezeigt habe, als er noch den weltlichen Titel getragen, und unter der praetexta fori eigentlich nur ein Lenker der Kirche gewesen sei.

So ist es nur allzu natürlich, dass sie vorzugsweise die Träger des völkerrechtlichen Verkehrs auch unter den germanischen Reichen geworden sind. Sie spinnen die wichtigen Fäden von Staat zu Staat und verwandeln sich dadurch aus mächtigen Kirchenlenkern zu bedeutenden Männern des Reiches, dessen Hauptbevölkerung arianisch war. Selbst wenn sie nicht im Namen germanischer Völker die Unterhandlungen führten, sondern etwa von den römischen Kaisern an germanische Könige gesandt waren, wie Epiphanius von Nepos zu den wichtigen Friedensverhandlungen mit Eurich, so musste diess auf die Stellung ihrer Genossen in den betreffenden Reichen

---

462. Bei *Boissieu*, Inscriptions de Lyon p. 569: In margine tumuli: Obiit VII Kal. Maias Abieno consule.

463. *Vita Epiphanii*, Bibl. Max. Patr. IX p. 390 .... Lugdunum ingressus est, ubi Rusticus tunc episcopalem cathedram possidebat, homo qui et in secularis tituli praefiguratione sacerdotem semper exhibuit et sub praetexta fori gubernatorem gessit ecclesiae. Die darauf bezügliche Stelle der Grabschrift lautet:

Mira igitur res est vani praeconia mundi
   Quaesitas cooli promeruisse vias
Fastibus emeritis et summo functus honore
   Aeterni secum proemia juris habet.
Milite legiferum moderatus corde tribunal,
   Praebuit ingenio fortia tela duci.
Lubrica sed curis hominum jam secla relinquens,
   Suscepit sacra serta ministerii
. . . .
. . . .

zurückwirken. Derselbe Epiphanius geht, von Theoderich abgeordnet, zu Gundobad und bewirkt die Freigebung der Gefangenen. Die wichtige politische Rolle des Avitus in Burgund wird unsere Aufmerksamkeit noch beschäftigen müssen.

Dabei geboten die Bischöfe über bedeutend materielle Mittel, und man muss ihnen das Zeugniss grossartiger, zweckmässiger Verwendung derselben ertheilen. Bei den stets wiederkehrenden Hungersnöten jener Zeit lindern sie die Not in weitem Umkreis; sie setzen ihre Ehre darein, die in den Kriegen massenhaft Gefangenen loszukaufen und ihrer Freiheit zurückzugeben, und sie behielten noch übrig, um überall, wo es notwendig schien, Kirchen zu begründen und zu schmücken, während sie selbst keineswegs zu darben brauchten [464]. Ja selbst an Papst Gelasius in Rom senden Rusticus von Lyon und Aeonius von Arles Subsidien [465].

Aber nicht nur die Bischöfe, sondern auch Aebte und einfache Priester treten als Anwälte der Freiheit und des Rechtes auf: furchtlos sahen wir den Abt Lupicinus bei Hilperik dem Aelteren in Lyon gegen einen der Höflinge klagen.

Dass solche Männer eines gewaltigen Einflusses nicht ledig gehen konnten, dafür bürgt die Ungleichheit des menschlichen Schicksals und die Unselbstständigkeit der menschlichen Natur. Wohlthaten werden durch Anhänglichkeit vergolten. Je edler, also unterschiedsloser jene vertheilt wurden, um so mehr gerieten auch Arianer in Verpflichtung.

Es wäre ein wesentlicher Zug in diesem Bilde vergessen, wollte man nicht auch der Klöster gedenken, die zum Theil im fünften Jahrhundert nach dem strengen Vorbild Aegyptens und Palästinas eingerichtet [466] und Pflanzschulen des eifrigsten Katholicismus wurden, und deren Zöglinge nicht selten, wie Viventiolus von Lyon, die Bischofsitze einnahmen. Sie bildeten eine Stätte für die Verinnerlichung; in sie zog man sich vor Bedrückungen und Verfolgungen zurück [467]; selbst die Wittwe eines burgundischen Königs däuchte

Klöster.

464. Ein sehr interessantes Bild eines burgundischen Bischofs inmitten seiner Thätigkeit entwirft uns *Sidonius*, Ep. VI, 12 von Bischof Patiens von Lyon. Die Anstrengungen für den Loskauf der Gefangenen finden wir fast bei allen bedeutenderen Bischöfen der damaligen Zeit erwähnt.
465. *Epistola Gelasii* an Rusticus, bei *Mansi* VIII p. 121.
466. Bibl. Max. Patrum Bd. VII p. 17. *Epistola S. Castoris Aptensis episcopi* ad domnum Cassianum Abbatem Massiliensem.
467. *Sidon.* Ep. II, 1: . . . statuit te auctore nobilitas seu patriam dimittere seu capillos. Vgl. Concilium Lugdunense contra Stephanum bei *Mansi* VIII p. 567—570.

sich nicht zu hoch, in ein Kloster einzutreten [468], und ihre Tochter, die Schwester der späteren Frankenkönigin Hrôthehilde [469], liess sich einkleiden [470].

Staat und Kirche. Hatte die Religion des heidnischen Roms sich dem Staat im Wesentlichen untergeordnet, und entschieden auch die römischen Kaiser noch als oberste Autorität über christlich-kirchliche Angelegenheiten, so musste sich, als das weströmische Reich gefallen war, die Kirche zu seinen Nachfolgern stellen. Die Kaiser hatten zwar schon 445 die Gültigkeit der Erlasse des römischen Bischofs an Gesetzesstatt auch ohne kaiserliche Sanktion anerkannt; es frug sich, wie weit die neuen Reiche die Unabhängigkeit der Kirche von ihrer Macht zulassen wollten, und ob die Bekenntnisse und welche Bekenntnisse eine solche Stellung in Anspruch nahmen.

Verschiedene Stellung der beiden Bekenntnisse zum Staate. So parteiisch nun unsere Quellen die Nachrichten über die arianische Kirche uns vorenthalten, so steht doch ein Hauptunterschied derselben von der katholischen fest. Das arianische Bekenntniss hielt sich völlig innerhalb des Staates, und seine kirchliche Verfassung ragte nicht über diesen hinaus. Die vielleicht unbewusste Tendenz des Arianismus war Landeskirche zu sein, und zwar Landeskirche nicht in dem Sinne als der exclusiven, allein vom Staate anerkannten, sondern als einer neben andern dem einzelnen Staate sich einfügenden. Daher der Mangel aller Verbindungen des burgundischen, westgothischen und ostgothischen Arianismus. Ihm fehlte das weitgreifende Interesse, jener Trieb, die Welt mit dem Schwerte für sich zu erobern. Wo er in Gallien und Italien die Uebermacht hat, kamen

468. Man vgl. das Epitaphium der Caretene oben p. 116 und 117.
469. *Gregor. Tur.* Hist. II c. 28.
470. Es hiesse unsere Aufgabe überschreiten, wollten wir näher auf die Entwickelung des Klosterwesens in Burgund eingehen. Als Quellen dafür äusserst interessant sind die *Vita Romani abbatis*, Boll. 28. Februar III p. 740 ff. und die *Vita Lupicini*, Boll. 21. März III p. 263 ff. Vgl. auch *Vita Marii abbatis*, Boll. 27. Januar II p. 774—766. Aus der *Vita Romani*, Praefatio p. 740, 741 und Cap. 4 p. 744, erhellt auch evident, dass das berühmte Kloster zu Acaunum (St. Maurice) schon im fünften Jahrhundert bestand. Die sehr früh geschriebene Vita ist zwei Brüdern aus Acaunum gewidmet. Ferner heist es darin: Quamvis ergo Agaunus vester gallico priscoque sermone, tam primitus per naturam quam nunc quoque per ecclesiam veridica praefiguratione Petri petra esse dignoscitur: agnoscat tamen caritas vestra, et inter pineas abiegnasque Jurensium silvas, ipsam quondam a psalmographo in campis silvae mystica significatione repertam, quae nunc inibi a sanctis fratribus, sublato jam praefigurationis aenigmate, pedissequa stabilitate calcatur. Somit ist die so weit verbreitete Ansicht unrichtig, dass Sigismund der Gründer dieses Klosters gewesen.

die Mittel der Ueberredung und der Gewalt, um Propaganda zu machen, nicht zur Anwendung. Jene Eroberer des Christenthums, zu denen Chlodovech in gewissem Sinne schon gehörte, und die in Karl ihre grossartigste Verkörperung fanden, war er unfähig zu erzeugen.

Die Fahne des Katholicismus flattert nach andern Winden: diese staatliche Beschränkung kennt er nicht, soweit er nicht muss. Gern zählt er die Könige zu seinen Bundesgenossen, aber nicht als die Vertreter der Staatsinteressen, sondern als Träger der Staatsgewalt. Er verbündet sich mit ihnen, um sie zu bekehren; wenn sie schwach sind, sie und in ihnen den Staat der Kirche unterthan zu machen: wie das bürgerliche Gemeinwesen selbst dabei fuhr, war ihm gleichgültig.

Wie aber verhielt sich der Staat seinerseits nun zu den beiden Bekenntnissen? Die Arianer anlangend erfahren wir nur, dass Gundobad ihnen Kirchen erbaute. Ueber die Mitwirkung des Königs bei den Wahlen der Bischöfe ist Alles still; doch wird hier bei dem fast ängstlich auf Gerechtigkeit und Gleichmass beruhenden Charakter des burgundischen Reichs die Analogie des Katholicismus die Lücke ausfüllen können. *Stellung des Staates zu ihnen.*

In manchen Beziehungen nun musste sich dieser den Eingriffen der weltlichen Gewalt fügen; zunächst hinsichtlich der Concile. Diese waren früher Versammlungen der Bischöfe aus ganz Gallien gewesen, welche noch nach Canon XVIII des Concilium Arlatense II aus der Mitte des fünften Jahrhunderts [471] der Bischof von Arles zu versammeln hatte. Ein Brief des Bischofs Hilarius an die gallischen Bischöfe vom Jahre 462 schärft noch ein, es solle jährlich aus den Provinzen, aus denen es anginge, ein episcopale concilium gehalten und von Leontius von Arles das Nähere angegeben werden [472]. Von einer Concurrenz der weltlichen Gewalt bei der Berufung finden wir jetzt noch keine Spur. *Umwandlung der Concile.*

Diess ändert sich noch im Laufe des fünften Jahrhunderts. Leider sind die Nachrichten über die gallischen Concilien in dieser Zeit zu fragmentarisch, um diese Umwandlung stufenweise verfolgen zu können. Die Concilien erhalten die doppelte Beschränkung, aus allgemein gallischen Versammlungen Reichsconcile zu werden, auf denen sich nur hin und wieder ein fremder Gast findet, und be-

---

471. *Mansi* VII p. 875 ff. ; *Pagi* ad a. 445 n. 16 setzt es zwischen 442—445; *Mansi*: 452.
472. *Mansi* Ep. VII p. 935. Epistola Hilarii. P. Severo Augusto consule.

Notwendigkeit
königlicher Ge-
nehmigung.

züglich ihrer Berufung der Genehmigung des Königs zu unterliegen. Sehr interessant ist in dieser Beziehung eine Aeusserung des
viennensischen Bischofs Avitus aus dem Ende des Jahres 501. Es
hätte dieser gerne eine Synode der gesammten gallischen Bischöfe
veranstaltet, allein ihn hindert die durch die gesteckten Reichsgränzen begränzte Provinz [473].

In Burgund scheinen sich die Bischöfe jährlich zum Feste des
heiligen Justus im Herbst in Lyon, wo dort eine grosse Menschen-
masse zusammenströmte, ebenfalls eingefunden zu haben [474], mehr in
formloser Weise, als gerade zum Concil. Die erste Spur einer einge-
holten königlichen Bewilligung findet sich, als Stephanus 499 die
Bischöfe zum Religionsgespräch nach Lyon einladet, die Versammlung sonach einen officiellen Charakter annimmt. »Es geschah —
sagt die Urkunde über die Disputation sehr vorsichtig —, dass eine
grössere Anzahl von Bischöfen versammelt wurde, indem der König
nicht widersprach [475].« Mit seinem Widerspruch hätte die Sache unter-
bleiben müssen. Auf diesem Religionsgespräch finden sich übrigens
ausser burgundischen auch die westgothischen Bischöfe von Arles
und Marseille.

In einem Briefe des Avitus an Gundobad schreibt jener, wie die
Bischöfe auf Befehl des Königs zusammenkommen; und wenn auch
als Grund dieser Zusammenkunft die Tröstung des Königs über einen
herben Verlust angegeben wird, so ist doch wohl zugleich an ein
Concil zu denken, vielleicht an das Lugdunense Concilium, dessen
Avitus in dem achtundzwanzigsten Briefe erwähnt [476].

Am charakteristischsten tritt diese Einwirkung der Könige auf
die Berufung der Concilien 506 bei der westgothischen Synode zu
Agatha [477] auf. Die Einleitung zu den Canones lautet nämlich: »Da

---

473. *Aviti* ep. 31: Sed quoniam hujus quoque nos voti non potes reddit
provincia praefixis regnorum determinata limitibus, posco, et caet.
474. *Sidonius* Ep. V, 17. Collatio Episcoporum im Anfang: ...
Stephanus scripsit ad episcopos multos et invitavit illos ad festivitatem
S. Justi, quae instabat, in quo ob frequentiam miraculorum fiebat con-
cursus plurimus populorum. Vgl. das kurze Einladungsschreiben des
Bischofs Viventiolus von Lyon an Avitus in des Letzteren Briefen: ep. 59.
475. *Collatio Ep.* bei *Mansi* VIII p. 241: factum est, ut episcopi plures
non contradicente rege congregarentur.
476. *Aviti* ep. 5 Gundobado regi .... ad consolandum me dominos et
conservos meos sacerdotes vobis jubentibus puto venisse; vgl. ep. 28
an dens. Rediens ab urbe Lugdunensi S. Chartenius episcopus, in qua
nobis de concilio discedentibus ad privata quaedam negotia expedienda
resederat .....
477. Die acta ders. bei *Mansi* VIII p. 319 ff.

die heil. Synode im Namen Gottes, nach Erlaubniss [478] unsers ruhm-
vollsten grossmächtigsten Königs in der Stadt Agatha zusammengekommen ist, und dort auf den Knieen für seine Herrschaft, sein langes Leben und für sein Volk zum Herrn gefleht hat, der Herr möge
dem, der uns die Befugniss gegeben hat, uns zu versammeln, das
Reich in Glück erweitern, es mit seiner Gerechtigkeit lenken, es mit
seiner Kraft behüten, so tagen wir in der Kirche des heiligen An-
dreas.« Von 35 anwesenden Bischöfen sind 33 westgothisch, 2 burgundische [479] aus der nächsten Nachbarschaft. Ganz dieselbe Mitwirkung des Königs erscheint in dem fränkischen Concil zu Orléans
von 511 [480] (nur hat Chlodovech hier die Zusammenkunft anbefohlen,
die Berufung ist von ihm ausgegangen), und ebenso in dem burgundischen Concile zu Epaona von 517 [481], wenn auch nicht so deutlich
als in den beiden vorigen. Ebenso tritt bei den letzteren der Charakter des Reichsconcils noch schärfer hervor als bei dem von Agde;
auf dem fränkischen kann nur Zweifel sein über die Zugehörigkeit
des Bischofs von Auxerre zu Franken, auf dem burgundischen dagegen erscheint kein ausländischer Bischof.

So bildet sich die strenge Territorialität erst allmählig, und mit
Vorsicht muss im einzelnen Falle noch untersucht werden, ob nicht
ein·oder der andere Bischof aus der Nachbarschaft zugezogen ist.

Früher schon, als diese königliche Erlaubniss zur Abhaltung
der Concile notwendig wurde, scheint die Mitwirkung des Königs
zur Wahl der Bischöfe wesentlich geworden zu sein. **Königliche Mitwirkung bei der
Bischofsbestel-
lung.**

Dasselbe Concilium Arelatense II bestimmte in seinem 6. und
54. Canon, die Bischöfe der Provinz sollten im Falle eingetretener
Vakanz drei Männer aufstellen, von denen die Cleriker und die Bürger
einen auszuwählen das Recht haben sollten; ausserdem sei die Zustimmung des Metropolitanen erforderlich. Dieselben drei Faktoren
bei der Wahl bezeichnet ein Brief Leos an Rusticus von Narbonne
455—59 in der Weise als notwendig, »dass die in keiner Weise unter

---

478. Ex permissu.
479. Avignon und Ucetia.
480. *Mansi* VIII p. 347 ff. Man sehe besonders die Epistola Synodi
ad Clodoveum regem und die Praefatio zu den Canones, beide
p. 350 eod.
481. *Mansi* VIII p. 555 ff. Besonders sehe man das Prooemium p. 558.
Avitus schreibt darin: Quod praecipientibus tantis dominis meis ministerium proferendi sermonis assumo, facio hoc non tam praesumptionis
ausu, quam subjectionis obsequio ... Sic dominus meus mediocritatis
meae eo amplius honoravit imperitiam, quo minus potest ornare do-
ctrinam.

die Bischöfe gerechnet werden könnten, die weder von den Clerikern
auserlesen (electi), noch von den Bürgern begehrt (expetiti), noch
von den Bischöfen der Provinz mit beifälligem Urtheil des Metropolitanen (cum Metropolitani judicio) konsekrirt seien [482].

Schon im Jahre 463 wendet sich aber der burgundische König
Gundiok an Papst Hilarius nach Rom und zeigt ihm an, wie der Bischof Mamertus von Vienne den Bischof von Dea wider den Willen
der dortigen Bevölkerung zu konsekriren gewagt habe. Es kann diess
so aufgefasst werden, dass der König den Pabst nur auf diese Thatsache habe hinweisen und sein Einschreiten veranlassen wollen ;
vielleicht darf jedoch hierin die erste Spur der in jener Zeit entstehenden königlichen Mitwirkung bei der Bischofswahl erkannt werden. Möglicherweise will der König diesem gewählten Bischofe nur
dann seine Genehmigung ertheilen, wenn er ordnungsmässig gewählt
ist, und er wendet sich desshalb an den Pabst. Ein eklatantes Beispiel, wie sich König Eurich etwa zehn Jahre später zur Ernennung
der Bischöfe stellt, wird alsbald seine Erwähnung finden. Das deut-
lichste Beispiel aus der burgundischen Geschichte ist das des Eptadius aus dem Anfange des sechsten Jahrhunderts [483]. Chlodovech
hat ein Interesse an der Wahl dieses Mannes zum Bischof in der burgundischen Grenzstadt Auxerre und bittet Gundobad, die Ordination
desselben zum Bischof zu gestatten. Der König widerstrebt dieser Bitte
und dieser Wahl ; nur aus Rücksichten des Momentes kann er dies-
mal nicht verweigern, was ihm sonst zusteht : er ertheilt die Erlaubniss, und sofort wird Eptadius erwählt, da der gesammte Clerus, die
ganze nobilitas und das ganze Volk sich in der Ansicht geeinigt,
Eptadius sei der der Stelle Würdigste [484].

Der König und die Aebte. Ja bis in das Innerste der Klöster reichte die Macht der Könige,
dem zu wählenden Abte die Zustimmung zu ertheilen. Wenigstens
wird uns in der Vita des Abtes Marius [485] im Monasterium Bodanense
ausdrücklich bemerkt : »Da er — nämlich Marius — in besagtem
Kloster wie eine Lilie unter den Bäumen des Waldes unter den

482. *Mansi* VI p. 386: ep. 167.
483. S. dessen V i t a in den Bolland. 24. Aug. IV p. 779.
484. Es heisst das. : Tamen propter praesentis concordiam populi, pacis et caritatis intuitu, quod petebat, negare non potuit ; cujus accepta
promissione auctoritatis, statim eligitur, consensusque universitatis sequitur populorum : nam cleri communitas, cunctaque nobilitas, plebs ur-
bana vel rustica in unam venere sententiam, Eptadium dignissimum esse
episcopum. Statt promissione muss offenbar permissione stehen.
485. Boll. 27. Januar II p. 774—776. Bisher war diese Vita als Quelle
der burgundischen Geschichte vollständig übersehen.

Brüdern in Sitte und Leben glänzte, so wurde er mit Zustimmung des Königs der Burgunder Gundobadus [486] von den Brüdern zum Vater gewählt und seine Wahl von Joannes, dem damaligen Bischofe von Sisteron, bestätigt.«

In der Hand eines Königs, der sie brauchen wollte, waren diese Mittel, dem Katholicismus gegenüber die Autorität des Staates auf-recht zu erhalten, wahrlich nicht unbedeutend. Er konnte mit ihnen die Wahl nur solcher Männer zu Bischöfen durchsetzen, die eine tolerantere Gesinnung und eine grössere Achtung vor den welt-lichen Autoritäten hegten. Wer wollte es hindern, dass er selbst die Stühle unbesetzt liess, die Heerde führerlos machte, die gemein-samen Concilien vereitelte? Die Verträglichkeit des damaligen Aria-nismus bedeutete allmählige Selbstvernichtung. In Front gegen einen Rivalen, der ihm in seiner Machtstellung als kirchliche Gemeinschaft weit überlegen war, dem der Geist der Achtung anderer Bekennt-nisse fremd erschien, der nicht umsonst sich die k a t h o l i s c h e Kirche nannte, und der in Folge dieser Praetention sicher selbst zum Angriff überging, wenn man ihm damit nicht zuvorkam, gab es nur zwei Möglichkeiten, die dem Staate die innere Zerspaltung ersparten: ent-weder man kämpfte ihn nieder, oder man ging völlig zu ihm über. Das burgundische Volk aber hing an seiner Religion, Gundobad wagte desshalb nicht, mit dem Glauben seiner Väter zu brechen. Durfte er sonach seine Politik darauf einrichten, dass dieses sich ändern und die katholischen Lehrsätze auch von den Arianern angenommen wer-den könnten? War es selbst gestattet, sich nur damit zu begnügen, das Gleichgewicht beider Bekenntnisse aufrecht zu erhalten? Jeder Zuwachs an Macht wurde ein gewaltiger Hebel in der Hand der Ka-tholiken, den Arianern blieb er ungenutztes Kapital. So schien von arianischem Standpunkte aus nur der Weg des energischen gemein-samen Kampfes um die Beugung des Gegners übrig zu bleiben. Allein wie die Burgunder damals nicht mit dem römischen Reiche brachen, als es Zeit war, diess sinkende Schiff den Wellen zu überlassen und für sich zu retten, was zu retten möglich, so blieben sie jetzt in gutem Einverständniss mit der römischen Kirche. Durch jenen Fehler er-hielt Eurich das Rhonedelta, durch diesen erstarkte ein Feind in ihrer Mitte, den sie kennen mussten, und Gundobad vergass seinen eigenen Grundsatz, dass, wer seine Feinde nicht verletze, sie unterstütze.

(Marginalie: Macht d. Staates gegenüber dem Katholicismus.)

---

486. Gundobadi Burgundiorum principis consensu . . . eligitur.

Der westgothische Eurich hatte einmal zur Zeit seiner Kriege mit Rom den politischen Kampf mit der katholischen Kirche eröffnet. Die Träger des Katholicismus in Gallien geraten in grosse Sorge, und Apollinaris Sidonius schreibt im Anfang der siebenziger Jahre [457], er fürchte, dass der Westgothenkönig mehr den Gesetzen der Christenheit, als den Mauern römischer Städte nachstelle. So herb sei diesem die Erwähnung des katholischen Bekenntnisses, dass man zweifeln müsse, ob er nicht in höherem Grade König seiner Sekte, als König seines Volkes sei.

Mit gewohnter Energie griff der Gothe den Fleck an, der, wenn erst wund geworden, dem Katholicismus zur tödlichen Verletzung werden musste: die festgegliederte Bisthumverfassung. Blieben die Sitze leer, so geriet der lebendige Blutumlauf des katholischen Körpers ins Stocken. Den Tod als Mandatar gebrauchend liess Eurich die Bischöfe sterben, ohne dass Nachfolger an die Stelle der Geschiedenen treten durften. Es dauerte nicht lange und es waren erledigt die Stühle zu Bordeaux, Périgueux, Rodez, Limoges, Javouls, Eause, Bazas, S. Bertrand, Ausch und einer Reihe anderer, leider unbenannter Städte. Bei dem Alter, welches dieser Würde so oft eigenthümlich ist, konnte jeder Tag neue, unter diesen Verhältnissen unersetzliche Einbussen bringen.

Mit dem Priester starb das sacerdotium, und jene liess man sterben, wenn man sie nicht etwa, wie es auch vorkam, verbannte oder, wie in Apta Julia, vertrieb.

Wenn diese Politik konsequent fortgesetzt und von den Nachbarreichen adoptirt wurde, so hatte man es noch in der Hand, den Katholicismus in Gallien zu erdrücken, und die mittelalterlichen Kämpfe hätten sich vielleicht darum gedreht, in den einzelnen Reichen das richtige Verhältniss von Staat und Kirche zu finden. Allein nicht einmal Eurich setzte diese Politik fort, und noch weniger einte sich die arianische Staatengruppe zu gemeinsamem Handeln, weder gegen den Katholicismus, noch gegen andere Feinde. Das Christenthum, bestimmt sich über die Erde zu verbreiten, äusserte sich hier in einfachem, warmem aber thatenunlustigem Glauben.

_____

457. Ep. VII, 6 an Basilius.

III. Religiöse und politische Gährung im Reich.

Ein ungeheurer, wenn auch zunächst ganz innerlicher Um- *Rückwirkung der Taufe Chlo-dovechs auf die Stellung des Katholicismus.* schwung in diesen gespannten Verhältnissen trat nun in Folge der Annahme des katholischen Bekenntnisses durch Chlodovech ein. Ein erfolgreicher Eroberer an der Spitze einer schon bedeutenden Macht, wie der Katholicismus beherrscht von dem Triebe zu siegen und zu unterwerfen, bot nun dem Feinde des Arianismus den Rückhalt an Kraft, dessen Mangel seine Stellung bisher noch immer gefährden konnte [455]. Das klare Bewusstsein eines grossen Triumphes, die sicher rechnende Hoffnung auf noch grössere in der Zukunft bewegte die Häupter des Katholicismus zu ungemessener übermütiger Freude. Mit einem Schlage war die Widerstandskraft der arianischen Reiche zu nicht geringem Theile gebrochen.

Chlodovechs Taufe fand am Weihnachtsfest des Jahres 496 statt [489]. Alsbald beglückwünscht ihn Pabst Anastasius eigenhändig [490], fordert ihn auf, eine »eiserne Säule« der Kirche zu sein und preist den Herrn, dass er dieser in einem so mächtigen Fürsten einen Schutzhort gegeben habe, der den »Helm des Heils« gegen die feindlichen Angriffe der Ketzer tragen werde. Gott möge ihm über Gottes Feinde den Sieg verleihen. Viel ungestümer, drängender aber grüsst das Bischofthum des südlichen Galliens den neuen Verbündeten. Der dieser Freude den Ausdruck gab, war der Bischof von Vienne, der eine Metropolitan des burgundischen Reichs, der Gundobad so nahe stehende Avitus [491]. Unmittelbar nach der Taufe schreibt *Brief des Avitus an Chlodovech.* er dem fränkischen König, und wie bitter klingen seine Worte des Vorwurfs, die auf keinen andern, als auf Gundobad anspielen [492]: »Die Meisten pflegen, wenn sie zur Annahme des Heils durch den Mund der Priester oder ihrer sonstigen Freunde ermahnt werden, die Tradition ihres Geschlechts und den Ritus der Väter den Aufforderungen entgegenzusetzen. So ziehen sie dem Heile eine schädliche Pietät vor, und während sie den Vorfahren in der Beibehaltung

---

455. Vgl. darüber auch die guten Bemerkungen von *Fauriel* II p. 41 ff.
459. Den sicheren Beweis hiefür liefert *Avitus* ep. 41 an Chlodovech. Vgl. auch *Junghans* a. a. O. p. 56, 57.
490. *Mansi*, Coll. Concil. VIII p. 193.
491. *Aviti* epistola 41 (Bibl. max. IX p. 579, 580' : Chlodoveco regi.
492. Den lateinischen Text s. zum Theil schon in n. 160 oben. Die Fortsetzung heisst: Ita saluti nocentem verecundiam praeferentes, dum parentibus in incredulitatis custodia inutilem reverentiam servant, confitentur se quodammodo nescire, quid eligant.

ihres Unglaubens eine unnütze Ehrfurcht bewahren, gestehen sie, nicht zu wissen, welche Wahl sie für sich treffen sollen.« In welchem löblichen Gegensatze dazu stand der fränkische König! Wie rühmlich sagte er sich von jener Ueberlieferung los! Wie beziehungsreich ist seine Taufe grade an dem Tage, an welchem die Christen die Geburt ihres Erlösers feiern!

Schon vor dem Ereignisse wusste Avitus, was an diesem Tage geschehen würde, und so »fand ihn die heilige Nacht schon des Königs sicher [493].« Als Folge dieser Bekehrung weissagt der Priester, es werde von nun an die Gewalt der königlichen Waffen noch grösser werden als bisher; bis zur Gegenwart habe das unsichere Glück ihm zur Seite gestanden, von jetzt an werde seine Weihe die sichere Gewähr seiner Erfolge abgeben. »Eines wollen wir wachsen sehen. Wie Gott euer Volk sich durch euch ganz zu seinem Volke machen wird, so spendet auch den ferneren Völkern, deren natürliche Unwissenheit sie geschützt hat, durch ketzerische Lehren verdorben zu werden, aus dem Schatze eures Herzens die Samenkörner des Glaubens. Lasst euch nicht reuen, durch Abordnung von Gesandschaften das Reich Gottes auszubreiten, des Gottes, der das Eurige so mächtig errichtet hat .... Kein einzelnes Land soll sich allein alle die zurechnen können, die ihr zu den höchsten Stufen der Ehre erhebt: die ganze Erde soll euer als der einen gemeinsamen strahlenden Sonne geniessen! Freuen sich die Nachbarländer des neuen Lichts in höherem Maasse, so entbehren doch auch die ferneren nicht seines Glanzes. Und so strahlt fort für immer, im Scheine des Diadems für die Gegegenwärtigen, im Glanze der Majestät für die Abwesenden. Die ganze Welt feiert die Reihe glücklicher Triumphe mit, welche durch euch euer Land erringt. Berührt doch auch uns das neue Glück: denn wo ihr auch kämpft, uns ist der Sieg!« [494]

493. A. a. O. p. 580: Quandoquidem hoc quoque regionibus nostris divina pietas gratulationis adjecerit, ut ante baptismum vestrum ad nos sublimissimae humilitatis nuntius perveniret. Unde nos post hanc expectationem jam securos vestri sacra nox reperit. Der erwähnte nuntius kam offenbar mit Bezug auf den Sohn des Laurentius (vgl. *Aviti* ep. 42 u. 43), dessen Zusendung Chlodovech verlangt hatte: Ex qua utique factum est, ut dirigi ad vos servi vestri viri illustris Laurentii filium principali oraculo juberetis. Quod apud domum meam, sine quidem gentis regem, sed militem vestrum obtinuisse me suggero. So am Schlusse der ep. 41.

494. A. a. O. p. 580: Unum ergo, quod vellemus augeri. Ut quia deus gentem vestram per vos ex toto suam faciet, ulterioribus quoque gentibus, quas in naturali adhuc ignorantia constitutas nulla pravorum dogmatum germina corruperunt, de bono thesauro vestri cordis fidei semina porri-

In grossen Zügen hatte Avitus dem neuen katholischen Staate seine Bahn vorgezeichnet. Die Stellung, die er selbst in der sich vor- bereitenden Ordnung der Dinge zu nehmen gesonnen war, wie deut- lich bezeichnen sie die wenigen Worte, mit welchen er dem frän- kischen Könige gegenüber von seinem eigenen Herrscher spricht: »Freilich ist mein Herr seines Volkes König, aber in Wahrheit doch nur euer Diener [405].«

Dass der Antheil des viennensischen Bischofs nicht der Person, sondern dem Glauben Chlodovechs galt, ist natürlich. Verstand sich Gundobad dazu, den Arianismus zu verlassen, so konnte er auf die katholische Partei rechnen. Die Frage, ob er sich dazu entschliesse, musste um so dringender werden, je mehr sich die Unvermeidlich- keit eines Zusammenstosses mit dem Frankenreiche herausstellte.

Es war gegen den Herbst 499 kein Geheimniss mehr, dass Godegisel, eine im Grund edle, aber trotz ihrer Indifferenz ehrgei- zige und kurzsichtige Natur, mit Chlodovech in Unterhandlungen stand, und ein Bündniss mit demselben gegen Gundobad angebahnt, wenn nicht vielleicht schon abgeschlossen war. Ueber den Grund dieser brüderlichen Entzweiung differiren die Quellen. Gundobad führt sie auf die Aufhetzung des fränkischen Königs zurück [496],

[margin: Unterhandlungen zwischen Chlo- dovech und Godegisel.]

gatis: nec pudeat pigeatque, etiam directis in rem legationibus adstruere partes dei, qui tantum vestras crexit.... Nulla igitur patria quasi spe- ciali sede sibi vindicet totis quos honorum gradibus attollitis: constat vos esse, quo communis uno solis jubare omnia perfruuntur. Vicina qui- dem plus gaudent lumine, sed non carent remotiora fulgore. Quapropter radiate perpetuum praesentibus diademate, absentibus majestate. Suc- cessus felicium triumphorum, quos per vos regio illa gerit, cuncta concele- brant. Tangit etiam nos felicitas: quotiescumque illic pugnatis, vincimus.

495. Diener sagt *Avitus* erweiternd, weil er von Gundobad eine ausge- sprochene Bitte Chlodovechs erlangt hatte. S. oben n. 493. Das ge- brauchte Wort miles und militia bedeutet damals vor Allem die Stellung des Staatsbeamten. Vgl. Lex Burg. Pr. Constit. § 4. Wenn *Lugrecol*, Notice sur Saint Avite in der Uebersetzung des Avitischen Briefes an Chlodovech, die er daselbt p. 14—18 als Probestück seiner neuen Aus- gabe der Briefe des Avitus mit Uebersetzung mittheilt, die Stelle wieder- giebt mit: mon Seigneur, qui.... n'est cependant que votre soldat, so wird der Sinn hier gänzlich schief. Ebenso bei *Luden*, Gesch. des teutsch. Volkes III p. 77. Die Note 5 auf p. 653 daselbst verstehe ich nicht. In dieser Beziehung etwas richtiger *Parizel* a. a. O. p. 33; dessen Auffassung des Avitischen Briefes aber die eines Apologeten, dessen Behauptung: Gondebaud lui-même n'ignorait pas son inferiorité par rapport à Clovis gradezu monströs ist.

496. Collatio episcoporum bei *Mansi* VIII p. 244: .... adhuc multa locutus est (scil. Gundobadus) contra Francorum regem, quem di- cebat sollicitare fratrem suum contra se. Es ist wohl zu beachten, dass er bei derselben Gelegenheit von dem rex Francorum sagt: qui mihi bel- lum indixit. Die fränkische Kriegserklärung war erfolgt, ohne dass Godegisel schon entschieden Farbe bekannt hatte.

Gregor lässt ihn unbestimmt und berichtet nur im Widerspruche mit
Gundobad: da sich die Brüder wechselseitig bekämpften, so sandte
Godegisel, der von den Siegen Chlodovechs gehört hatte, heimlich
eine Botschaft zu ihm und liess ihm Tribut versprechen, für den Fall,
dass er ihm gegen den Bruder Hülfe leisten wollte [497].

Die freilich späte Vita Sigismundi führt den Ursprung des Zwistes
darauf zurück, dass Gundobad nach Gundioks Tode (sie weiss nicht,
dass Hilperik je neben seinen Brüdern geherrscht, und verfrüht desshalb das Ereigniss) ⅔, Godegisel aber nur ⅓ des Reichs empfangen
habe [498]. Ich halte die letzte Angabe und in Uebereinstimmung mit
ihr das Wachsen der königlichen Autorität Gundobads auf Kosten
Godegisels für den wahren Grund des brüderlichen Zwistes [499]. Bezüglich der Folgen dieses Zwistes ist Gundobad zweifellos die bestunterrichtete Quelle: die eine Thatsache, dass Chlodovech den Krieg
schon erklärt hat und nachher die Bearbeitung Godegisels ihren Fortgang nahm, beweist, dass die Initiative zu dem Kriege nicht von
letzterem, sondern vom Könige der Franken ausging. Chlodovech
suchte für seinen beabsichtigten Angriff auf Burgund den verstimm-
ten Godegisel für sich zu gewinnen, und Godegisels Ehrgeiz, welcher
die untergeordnete Rolle, die er zu spielen verurtheilt war, nicht ertrug, gab seinen Einflüsterungen Gehör. Die Gefahr war gross [500]!

497. Hist. II c. 32: Cumque se invicem impugnarent, audiens Godegiselus Chlodovechi regis victorias, misit ad eum legationem occulte, dicens: Si mihi ad persequendum fratrem meum praebueris solatium, ut eum
bello interficere, aut de regno ejicere possim, tributum tibi, quale tu
ipse velis injungere, annis singulis dissolvam. Quod ille libenter acci-
piens, auxilium ei, ubicumque necessitas posceret, repromisit.

498. Die wichtigen Worte lauten: .... ita ut Gondebadus duas portiones suis ditionibus vindicaret: tertia Gondegiselus esset contentus.
Unde inter ipsos magnum jurgium est exortum, adeo ut ab invicem et a
fraterna caritate discederent .... Quibus (scil. Sicambris) adjunctus
Gondegiselus ... praeliandi voto cum Germanorum solatio contra eundem fratrem natu et potestate majorem arma arripuit.

499. Vgl. oben p. 119, 120. So auch *Bluhme*, Jahrbuch I p. 60.

500. Sehr wichtig für die Erkenntniss der Lage zur Zeit des gleich zu erwähnenden Religionsgesprächs und kurz vorher ist *Avit*. Ep. 21 Domino Sigismundo (den Nachweis, dass dieser Brief grade hieher gehört, sehe man
im Exkurs überdie Chronologie der Avitischen Briefe); deren Anfang lautet: Quod me de collocutione regali ad notitiam vestram non detulisse cul-
patis, occursui meo exacta festivitate servaveram; quia revera indicari
vobis litterario famulatu cuncta per ordinem disceptationis prolixitas per-
plexitasque non patitur. Nam quantum in animis Domini mei, patris
vestri, sensisse me puto, fervet in ejus studio conficta otii fronte certa-
men. Nam quod credebamus animositate deposita, silentio temperante,
subitam opportunitatem potius quam quietem requiras, non cessavit
praeterita induciarum brevitate, sed latuit. Adeo ut nec ipsa contentio-

Schon im Laufe des Sommers war das Drängen der Katholiken, besonders des Avitus und seiner Freunde, immer heftiger geworden [501]. Der königliche Hof bildete den Kampfplatz der Parteien: als Gegner standen sich der König und die Seinen, andrerseits der Bischof von Vienne mit seinen Genossen gegenüber. Es kam so weit, dass Gundobad unter dem Scheine, für eine kurze Pause die Disputation zu vertagen, sie vollständig aufhob, indem er auf längere Zeit für den Hof unsichtbar blieb. Schwere Sorgen mochten ihn bewegen! Ein Krieg stand vielleicht unvermeidlich schon vor der Thür; und welcher Krieg! Die Feinde fanden Bundesgenossen vielleicht in seinem eigenen Bruder, und die Katholiken, das sah er immer klarer. mussten sich wenigstens in ihren Sympathieen den Gegnern zugesellen. Hinter der ruhigen Stirn seines königlichen Herrn glaubte Avitus den innerlichen Kampf glühen zu sehen.

Diese aufreibenden und aufreizenden, weil nichts entscheidenden

---

nis arma, quae quasi jam in nostra regione defecerant, poscantur extrinsecus; vel usque ad reditum legatorum suorum fervor meditationis expectat. Redeunti igitur mihi de eo quod nostis itinere, nec aliquid interim de hujusmodi propositionibus opinanti, quidquid per implicatissimos quaestionum mendacium nodos longo spatio sagax industria potuit arare, commotum est. Bedeutsam sind hier vor Allem die auf die Gesandschaft bezüglichen Worte: Avitus und Andere hatten den konfessionellen Streit eröffnet, der König sich diesem entzogen, und die weitere Verhandlung blieb aufgeschoben bis zu einem Momente, wo eine bestimmte Gesandschaft zurückgekehrt sein würde. — Gleich nach der Erwähnung dieser Thatsache sagt Avitus von sich selbst, dass er von einer bestimmten Reise zurückgekehrt sei, und dann wird der Streit wieder aufgenommen. Es liesse sich daraus wahrscheinlich machen, dass der Bischof von Vienne selbst diese Gesandschaft besorgte. Ziel derselben war wahrscheinlich Chlodovech; vgl. unten.

501. Diese ep. 21 richtig zu verwerten, muss man beachten: 1. dass sie ein Nachtrag ist zu einem früheren Briefe des Avitus an Sigismund, worauf dieser zurückschreibt, manches sei ihm nicht berichtet worden; besonders scheint er sich auch über die Wirkung der Ereignisse auf Gundobad erkundigt zu haben; 2. dass sie sich über einen längeren Zeitraum verbreitet, den man in drei Theile zerlegen muss: a. in den ersten fällt eine Disputation zwischen Arianern und Avitus und seinen Freunden, und darauf zu beziehen sind die Worte Nam quod credebamus — expectat; b. folgt eine längere Zeit ·longum spatium, in welcher Avitus eine Reise macht und die Gesandschaft zurückkehrt; c. folgt der Hauptkampf, der sehr lange dauert. Die Schilderung des Letzteren ist Gegenstand der Collatio episcoporum bei *Mansi* VIII p. 243 ff., so dass der erste Theil des Avitischen Briefes sich auf die Zeit vor dieser bezieht. Das Schweigen des Avitus über den ganzen Apparat der grossen Disputation erklärt sich daraus, dass Sigismund im Grossen und Ganzen wusste, was vorging, und ausserdem von Avitus einen Brief schon erhalten hatte. — *Pétigny*, Études II p. 465 hebt richtig hervor, dass dieser 21. Brief des *Avitus* sich auf die Collatio episc. von 499 bezieht.

Disputationen sollten wenigstens so lange aufhören, bis die burgundischen Gesandten, die wahrscheinlich eine Entscheidung über Krieg und Frieden mit sich brachten, zurückgekehrt wären.

Bisher hatte sich der religiöse Streit, wie es scheint, immer mehr zufällig, in Folge des Zusammenseins der religiösen Gegner und Gundobads Interessen an diesen religiösen Fragen entsponnen um sich auf kleine Kreise beschränkt. Den Katholiken musste Alles darauf ankommen, in die Massen die Brandfackel zu werfen, um zu einer definitiven Entscheidung zu gelangen. Vielleicht glückte es, ihrem Glauben auch bei den Arianern zum Siege zu verhelfen.

Zu keiner Zeit konnte dieser Versuch erfolgreicher sein, aber auch zu keiner war er den Gegnern gefährlicher als damals, wo ihm die kaum mehr verborgene Feindschaft der königlichen Brüder, Godegisels Anlehnung an die Franken und der seitens Chlodovech drohende Krieg einen furchtbaren Nachdruck verlieh. Der berechtigte Stolz, im Moment Einfluss genug zu besitzen, um trotz dieser Gefahren als Lohn für die Ausgleichung der religiösen Differenzen durch Annahme des nicänischen Symbolums den Burgundern die Bürgschaft des Friedens bieten zu können, füllte die Katholiken mit kühner Sicherheit.

Zu keiner Zeit aber lag es mehr in Gundobads Interessen, dass der religiöse Zwiespalt des Volkes gehoben werde: der König war bereit, der Einheit seinen persönlichen Glauben, wenn auch nicht zu opfern, so doch wenigstens nicht als Hinderniss in den Weg zu stellen: je näher die Gefahr des Conflictes mit dem Franken rückte, um so dringlicher erschien die Ausgleichung.

So kam es, dass für den Herbst 499 die Katholiken den Versuch der Bekehrung des burgundischen Arianismus im grossartigsten Maasstabe vorbereiteten, und der König es zuliess, dass eine Versammlung der katholischen Bischöfe nach Lyon ausgeschrieben wurde[502]. Vielleicht gelang der Versuch, und wenn nicht, so standen die Arianer klar, erbittert, aber aus der Erbitterung die Energie des Widerstandes schöpfend den inneren und äusseren Feinden gegenüber.

Die kirchlichen und politischen Bewegungen zeigen sich auf das Engste verflochten: der erste Anstoss zu jenem Versuch in Burgund

Vorbereitungen zu einem Bekehrungsversuche.

---

502. Collatio episc. bei *Mansi* VIII p. 245: . . . . factum est, ut piscopi plures non contradicente rege congregarentur, si fieri posset, ut Ariani, qui religionem christianam scin debant, ad unitatem possent reverti.

ging von Bischof Remigius aus [503], und es kann keinem Zweifel
unterliegen, dass hier Remigius von Rheims gemeint ist, der Chlodovech getauft hat — der bedeutendste, auf seinen König einflussreiche
Bischof der Franken [504]. Der Bericht über die Versammlung enthüllt, dass Chlodovech selbst hinter dieser Bewegung stand und seine
Entschliessungen bis zu gewissem Grade von ihrem Ausfall abhängig
machte [505]. An ihr betheiligt sich das ganze katholische Gallien.

Bevor übrigens die Versammlung in Lyon eintraf, war jene
burgundische Gesandschaft zurückgekehrt; ist unsere Vermutung
richtig, dass sie bei Chlodovech gewesen, so brachte sie von dort
ein Ultimatum, eine bedingte Kriegserklärung mit [506]. Unter diesem
Drucke vollzog sich die Disputation [507].

Um katholischer Seits die Absicht zu verdecken und vor der
Menge, nicht vor dem Könige, den Zufall als den Urheber der bi-
schöflichen Zusammenkunft hinzustellen, lud Bischof Stephanus von
Lyon brieflich viele seiner Genossen zu dem Feste des heil. Justus im
Jahre 499 nach Lyon ein [508]. Da hiezu gewöhnlich eine grosse Masse

---

503. Die Urkunde über die Collatio episc. sagt für »Bischof« vor
einem Eigennamen immer domnus.
504. Ders. Aus. *Pétigny*, Études II p. 465. *Derichsweiler* p. 59 weiss
mit Berufung auf die ganz wo anders hingehörige Stelle des *Gregor*, Hist.
II c. 36, dass sich nach Chlodovechs Taufe mit unzweideutiger Offenheit
der Wunsch nach Einmischung der Franken in Burgund aussprach.
505. Vergeblich will diess *Parizel*, De vita et scriptis S. Aviti p. 42.
läugnen.
506. In der Versammlung weiss Gundobad, dass der Krieg angesagt
ist. Vgl. unten n. 511.
507. Der klar und einfach geschriebene Bericht über diese Versammlung, den zuerst *Dacherius*, Spic. V p. 110–116 edirt hat, und den ich
nach dem Abdruck bei *Mansi*, Coll. Conc. VIII p. 243 ff. citire, ist eine
der authentischsten Quellen der ganzen burgundischen Geschichte, offenbar
fast gleichzeitig aufgezeichnet. Man würde auf *Aritus* als den Verfasser
raten, so *Pétigny*, Études II p. 469 n. 1, wenn diesem nicht die Art der
Erwähnung desselben in dem Bericht widerspräche. Selten schildert eine
Quelle die gesammte Lage in einem bestimmten Moment in so drastischer
Weise. — Auf diess Gespräch bezieht sich theilweise also auch *Ariti* Ep. 21.
— Bei der chronologischen Festatellung der Versammlung ergiebt sich eine
eigenthümliche, bisher völlig unbeachtete Schwierigkeit. Zur Zeit ihres Zu-
sammentritts ist Stephanus Bischof von Lyon; vgl. *Mansi* VIII p. 243 oben.
Dieser war Nachfolger des Rusticus, der seinem Epitaph. zufolge erst
501 gestorben ist. Da nun aber nach *Mansi* VIII p. 244 (in der Mitte)
Godegisel noch lebt, und der Krieg von 500 noch nicht geführt ist, so
muss entweder das Datum der Grabschrift: Obiit VII Kal. Maias Abieno
Consule (501) falsch sein, oder Rusticus hat die Würde niedergelegt, bevor
er starb. Die Grabschrift s. bei *Boissieu*, Inscr. de Lyon p. 569; auch
bei *Le Blant*, Inscr. chrét. de la Gaule n. 21. Das Fest des h. Justus
fällt nach *Sidon*. Ep 17 in den Herbst und zwar nach *Sirmond*, notae ad
Sidonii Ep. V, 17, auf den 2. September.
508. *Pagi*, Critica ad a. 501 n. 4, vgl. ad a. 494 n. 11, setzt die Collatio

Zusammenkunft
der katholischen
Bischöfe zu
Lyon. Ende
August 499. Menschen in die Stadt zusammenströmte, lag in dem Erscheinen der
Bischöfe nichts Auffälliges [509]. Aus dem westgothischen Reiche kamen
die Bischöfe von Arles und von Marseille, aus den burgundischen Lan-
den besonders Avitus, Apollinaris von Valence und Andere. Als die
Versammlung vollzählig war, begab sie sich zu dem Könige, der in
der Nähe von Lyon residirte [510], um ihn zu begrüssen (31. August).
Dort fand sie Einige der vornehmsten Arianer um ihn, die ihr den
Zutritt zum Fürsten gern gehindert hätten, es aber wider den Willen
ihres Herrn nicht vermochten. Nach der Begrüssung eröffnete Avitus dem Könige ihr Anliegen: wenn Gundobad den Frieden der
Kirche zum Gegenstand seiner Sorge machen wolle, so seien sie bereit, ihren Glauben als den einzig wahren mit unwiderleglichen Gründen zu vertheidigen, und er möge nur den Gelehrtesten seiner Arianer den Auftrag geben, ihre Lehre gegen die katholischen Einwen-
dungen zu sichern.

Dem Könige aber lag der Austrag des religiösen Streites im
Augenblick nicht so nahe als die politischen Konsequenzen desselben. »Wenn euer Glaube der wahre ist, warum verhindern eure Bischöfe nicht den König der Franken, der mir den Krieg angesagt hat und sich mit meinen Gegnern verbündet, um
mich zu vernichten [511]. Denn der Hunger nach fremdem Gut,

---

fälschlich ins Jahr 501, was dadurch unmöglich wird, dass Godegisel noch
lebt; *Mascov*, Gesch. der Teutsch. XI c. 11 schwankt, ob kurz vor, oder
kurz nach dem Kriege von 500; *Gibbon* a. a. O. cap. 38, II p. 450 richtig
zum Jahre 499; a. M. *Luden* a. a. O. III p. 82 und 655 n. 16; mit *Gibbon*
übereinstimmend *Pétigny* II p. 465; *Bluhme*, Jahrbuch I p. 62; *Derichsweiler* p. 59 ff.; *Cucheval*, De sancti Aviti episcopi operibus p. 7. — Der
Régeste Génevois p. 17 setzt sie gegen 500, während *Parizel*, De vita
et scriptis sancti Aviti p. 36 das Jahr 500 selbst annimmt.

509. Vgl. *Sidonius* Ep. V, 17. Collatio episc. am Anfange.

510. Die Collatio ep. a. A. nennt den Ort Sarbiniacum. Er lag östlich der Saone; denn es heisst später : rex per Sagonam rediens ad urbem
.... Zweifellos ist der Ort derselbe, der in der Vita Apollinaris,
Boll. 5. Oct. III p. 58 ff. (Auszug bei *Bouquet* III p. 404 und 405) genannt
wird oppidum civitatis Lugdunensium, quod nuncupatur Sardinia. Es
war diess also ein kleinerer Ort nicht weit von Lyon, der in der civitas
Lugdunensium, civitas in der alten Bedeutung genommen, lag, und Gundobad hatte hier einen Palast, ohne dass man in ihm mit *Parizel* a. a. O. p. 37
hier die regelmässige Residenz zu suchen hätte. Aehnlich wird Annemasse (Namasca) in der Ueberschrift einer Homilie des Avitus Janavinsis
urbis oppidum genannt. Vgl. *Rilliet de Candolle*, in den Mémoires et documents d'hist. et d'archéol. de Génève XVI p. 6, 13, 14.

511. Collatio ep. a. a. O.: Si vestra fides est vera, quare episcopi
vestri (besonders den Remigius mag Gundobad im Auge haben) non im-
pediunt regem Francorum, qui mihi bellum indixit et se cum inimicis
meis sociavit, ut me destruerent?

wie der Durst nach dem Blute der Völker ist kein Glaube. Möge er seinen Glauben durch seine Thaten bethätigen [512]!«

Der Krieg ist also angesagt, die inimici sind Godegisel und die katholisch-fränkische Partei im Land [513], und Gundobad weiss genau, zu welchem Zwecke des Bruders Bündniss mit dem auswärtigen Feinde geschlossen ist.

Die Bischöfe nun lehnen ihrerseits das tiefere Einverständniss mit Chlodovech ab, aber sie widerlegen sich selbst durch ihre Worte: »Wir wissen nicht, o König, aus welcher Absicht und Ursache der König der Franken thut, was ihr sagt; aber die Schrift lehrt uns, dass wegen Abfalls vom göttlichen Gesetze die Reiche gestürzt werden und den Feinden Gottes von allen Seiten irdische Feinde erstehen. Kehrt mit eurem Volke zu dem göttlichen Gesetze zurück, und er wird euch Frieden geben innerhalb eures Reichs; denn wenn ihr Frieden mit ihm haltet, werdet ihr ihn auch mit den Andern haben und eure Gegner werden nicht obsiegen.« Dagegen aber protestirte der König aufs Energischste: »Bekenne ich nicht das Gesetz Gottes? Aber ich will keine drei Götter haben!« Und mit diesen Worten bezeichnete er die Summe des religiösen Gegensatzes, wie ihn jene Zeit praktisch auffassen musste. Natürlich kann Avitus diesen Vorwurf nicht zugeben; nachdem er aber die Möglichkeit und die Wirklichkeit der Dreieinigkeit mehr behauptet als bewiesen hat, kommt er wieder darauf zurück, wie die katholische Lehre dem Fürsten Glück und Frieden bringen werde [514]. »Die Euern sind Christi Feinde, und so entzünden sie über euerem Reiche und über euerem Volke den Zorn Gottes, was, wie wir hoffen, nicht geschehen würde, wenn ihr unsere Ermahnungen annehmen wolltet.« Und nun bittet Avitus um ein Colloquium mit den arianischen Priestern in Gegenwart des Königs und des gesammten

---

512. *Pétigny*, Études II p. 467, geht übrigens zu weit, wenn er den Kern der ganzen Verhandlung dahin angiebt: Gondebaud disait aux évêques: obtenez que Clovis désarme et je verrai, si je dois me convertir. Les évêques lui répondaient: convertissez-vous et Clovis désarmera.

513. A. M. *Bluhme*, Jahrbuch I p. 62 n. 54, der darin die Gothen sehen will, was ich für gänzlich unmöglich halte. Richtig *Junghans* a. a. O. p. 73.

514. Coll. ep. a. a. O.: Et cum videret regem pacifice audientem, protelavit sermonem et dixit: O si vellet sagacitas vestra cognoscere, quam bene fundata sit nostra fides, quantum boni vobis et populo vestro inde proveniret, nam et caelestis gloria vobis non deesset et pax et abundantia in turribus vestris. Pax und abundantia ist die Umschrift auf Silbermünzen, von Gundobad geprägt: s. *Soetbeer*, in den Forschungen zur deutsch. Geschichte I p. 258.

Volkes, welches entscheiden sollte über die Richtigkeit der Dreieinigkeitslehre. Alle Bischöfe fallen dem Könige zu Füssen, und dieser, welcher den Weg wohl sah, der die hereinbrechende Katastrophe umgehen konnte, aber auch die Unmöglichkeit ihn zu betreten schon ahnte, war heftig bewegt und hob Avitus gütig auf, die Antwort auf den Vorschlag auf den nächsten Tag verheissend.

An diesem, dem Tage vor dem Feste, kam der König selbst zur Stadt [515] und eröffnete dem Stephanus und Avitus die Gewährung ihrer Bitte. Die Unterredung sollte stattfinden, aber um die grosse Gefahr eines so erhitzenden Glaubenskampfes in Gegenwart einer erregbaren Volksmenge zu vermeiden, nur in Gegenwart des Königs und seiner Grossen. Beide Parteien sollten auch nur in geringer Anzahl vertreten sein [516].

Disputation vom
2. und 3. Sept.

Diesem Wunsche des Königs leisteten die Katholiken nicht Folge: alle Bischöfe, eine Masse von Priestern und Diakonen, einige vornehme Laien [517] dazwischen, zogen zum Palaste. Auch die Arianer waren erschienen, und so eröffnete sich vor dem Könige das Zwiegespräch: Avitus führte das Wort für die Katholiken, Bonifacius für die Arianer.

Trotz seiner Selbstbeherrschung malt sich auf Gundobads Zügen die innere Erregung; aber unparteiisch leitet er die Verhandlung: kein Wort stürmischer Leidenschaft vom Throne herab giesst Oel in die Flammen. Mit überlegter Klugheit das Notwendige mit dem Zweckmässigen verbindend, geht seine ganze Sorge dahin, dass die Parteien auch nach dem Kampfe nicht im Verhältnisse des gedemütigten Besiegten zum übermütigen Sieger stehen möchten, sondern die überwundene ebensowenig die Selbstachtung, als die Siegerin die Achtung des Gegners verlieren solle [518].

---

515. S. oben n. 510.

516. Der König sagt: Habetis, quod postulatis, nam sacerdotes nostri parati sunt vobis ostendere, quod nullus potest esse coaeternus et consubstantialis Deo. Sed nolo, ut id fiat coram omni populo, ne turbae excitentur, sed tantum coram senatoribus meis et aliis, quos eligam, sicut vos eligetis ex vestris, quos volueritis, sed non in magno numero: et id fiet die crastina (am Tage des Festes selbst) in hoc loco.

517. Inter quos erant Placidus et Lucanus, qui erant e praecipuis militiae regis. Lucanus ist wohl nur Laconius?

519. So schildert selbst in diesem Moment der sicher zum Schmeicheln nicht aufgelegte *Avitus*, Ep. 21: Fervet validus prolixa disputatione tractatus, placidus tamen, nec aliquid a supercilio dominandi turbulentae commotionis interserens: sed curavit consulte, necessitatis opportunitate provisa et rei, ut quicunque contentionis fuisset eventus, nec superiorem tumere, nec superatum pateretur erubescere.

Eine Disputation über Dinge, die unbeweisbar sind und deren
einzige Entscheidung für den Einzelnen von seinem eigenen Glauben
abhängt, wird nie ein Resultat haben. Es erhitzen sich die Streiter
bis zum Fanatismus, immer heftiger und immer gleich unbeweisend
wiederholen sich dieselben Behauptungen: immer drängender, beissender treten diesen dieselben unbeantwortbaren Fragen entgegen.
So kam es auch diessmal. Die Sitzung des ersten Tages, die bis
gegen Abend dauerte, hob der König auf, ohne dass eine Vereinigung auch nur angebahnt worden wäre. Dass der von katholischem
Standpunkte abgefasste, wenn auch sehr treue Bericht seiner Partei
den Sieg zuschreibt. ist natürlich.

Der folgende Tag versammelte die Streitenden wiederum in der
Königsburg[519]. Als die Katholiken in diese eintraten, kam ihnen
einer ihrer Glaubensgenossen, Aredius, entgegen und suchte sie zur
Umkehr zu bestimmen: könnten doch solche Streitigkeiten nur dazu
dienen, die Gemüter zu erbittern, und werde doch Gutes daraus nie hervorgehen! Es war die Stimme der Vernunft und der Vaterlandsliebe, die
zu ihnen sprach. Sie aber sahen dahinter nur eine Gunstbuhlerei des
Ratgebers mit dem Arianismus, in der eigennützigen Absicht sich
dem Könige angenehm zu machen. Sie beriefen sich auf die Grund-
losigkeit dieser Einwürfe und — wogegen allerdings Aredius nicht
widerstreben durfte — auf das Geheiss des Königs selbst, der sie
berufen. So traten sie in den Saal: Gundobad erhob sich zu ihrem
Empfang und unterhielt sich lange mit Stephanus und Avitus. Er
klagte über den Frankenkönig, der seinen Bruder Godegisel wider
ihn aufhetze[520]. Allein die Bischöfe blieben unbewegt und konsequent: sie boten ihre Dienste an, ein Bündniss mit dem Feinde zu
vermitteln[521]. Da verstummte Gundobad und liess der Discussion
ihren Lauf. Die Leidenschaft fing wieder an in ihre Rechte zu
treten. Bonifacius, so sagt der Bericht, schrie sich heiser. Als
endlich die Katholiken auf ein Wunder als Gottesurtheil rekurrirten

---

519. Kurz war also die Disputation nicht grade, wie *Pétigny* II
p. 467 meint.
520. Trotzdem behauptet *Bornhak*, Gesch. der Franken p. 222 n. 3,
Gundobad habe zur Zeit der Collatio von Godegisels Verrath noch nichts
gewusst. *Bornhak* kennt freilich nicht die Originalurkunde über jene
Disputation, sondern nur den Auszug bei *Bouquet* IV p. 100.
521. Sed cum responderent praefati episcopi, quod non esset melior
via incundi pacem, quam concordare in fide et operam suam, si gra-
tam haberet, pollicerentur pro tam sancto foedere conci-
liando, nil amplius locutus est (scil. rex) . . . . ·

und der König zuzustimmen schien, da widersetzten sich die Arianer, auf verbotene Zauberanrufungen einzugehen, beriefen sich auf die Schrift, die stärker sei als alle Gaukeleien, und protestirten laut gegen jenes Ansinnen [522]. Der König aber hatte sich erhoben und in tiefer Bewegung ergriff er Stephanus und Avitus an der Hand, und führte sie bis zur Schwelle seines Schlafgemachs; dort umarmte er sie und bat sie, für ihn zu beten. Den Sprecher der Katholiken forderte er noch auf, die von ihm für seine Confession angeführten Zeugnisse aufzuzeichnen, zu ordnen und seinen Priestern zu übersenden [523]. Es sollte nicht so scheinen, als seien jetzt alle Verhandlungen abgebrochen: er konstatirte, dass keiner der Streitenden besiegt sei. Allein er selbst konnte sich kaum der Einsicht verschliessen, dass der Versuch gescheitert war; es begreift sich leicht, dass die Bischöfe erkannten, wie schwer er diesen Gedanken trug. Das arianische Bekenntniss war noch sein eigenes: bei aller Milde seines Urtheils vertrat er es noch in eifriger Vertheidigung; vor Allem blieb es die Religion seines Volkes, von dem er sich selbst trotz aller Gefahren vor Augen nicht trennen wollte.

Trotz ihrer imposanten Stellung aber, die es kaum zweifelhaft lässt, dass Chlodovech ihnen im Falle der Bekehrung Gundobads und der Seinen versprochen hatte, statt diesen zu bekriegen, sich mit ihm zu verbünden; trotz des verlockenden Friedens, den sie als Preis der Bekehrung anbieten durften [524], hatten die katholischen

522. Avitus spricht die merkwürdigen Worte Collatio ep. ganz a. E.: Si rationes nostrae non possunt illos convincere, non dubito quin deus fidem nostram miraculo confirmet; jubeat sublimitas vestra, ut tam illi quam nos eamus ad sepulcrum hominis Dei Justi et interrogemus illum de nostra fide similiter et Bonifacius de sua et Dominus pronunciabit per os servi sui in quibus complaceat. Rex attonitus annuere videbatur: sed inclamare coeperunt Ariani et dicere, se pro fide sua manifestanda facere nolle ut fecerat Saul et ideo maledictus fuerat, aut recurrere ad incantationes et illicita, sufficere sibi se habere scripturam, quae sit fortior omnibus praestigiis.

523. Aviti ep. 21: Interim sermonis cursum de fine colligite, et ex eo quod discedenti mihi praecepit, utrum ad responsa motus fuerit aestimate. Jussit namque, ut quodcunque de scripturis nostris testimonium ad interrogata protuleram, seu si forte occurrisset et aliud, ad singula quae tempore collocutionis aptaveram, subnotata ei ordinataque transmitterem. Quod cum sibi ex maxima parte pronuntiaret incognitum, adjecit simpliciter se scriptum misissem sacerdotibus, immo magis seductoribus, et ut adhuc verius dicamus sectatoribus suis. Unde conjicere pietas vestra potest, quamquam intento contradictori, tamen arbitro sapienti, non invalida vel absque viribus visa, quibus intentionem suorum, etsi non optat corrigi, desiderat fatigari.

524. Die Art, wie die Bischöfe den Frieden anbieten, lässt darüber keinen Zweifel.

Bischöfe ihr Ziel nicht erreicht: der Arianismus wollte den Kampf aufnehmen, und mit diesem Kampfe war auch seinen katholischen Gegnern nicht sehr gedient.

Während aber der Vater sich gefasst machte, die herannahende *Verhältniss Si-* *gismunds zu den* *Katholiken.* Katastrophe zu bestehen, harrte sein Sohn Sigismund, der damals wahrscheinlich in Vienne weilte [525], nicht sowohl auf Nachricht über die politische Lage, sondern auf die Kunde vom Siege der katholischen Partei! Avitus muss ihm in zwei Briefen wenigstens die grossen Resultate schriftlich mittheilen, ehe er aus dessen eignem Munde alle Einzelheiten erfährt: da strömt dem Bischofe der Groll in die Feder, der Hass auf die gegnerischen Priester, des Königs Verführer, ja richtiger Sektirer. Er wagt, dessen Sohne, seinem künftigen Könige, zu sagen, er habe lange gezweifelt, ob er, der Bischof, des königlichen Vaters Befehle gehorchen sollte; jene schriftliche Uebermittelung seiner Beweisgründe werde den Gegnern doch kein Genüge leisten, und vor einer weiteren Befestigung des Zwiespaltes müsse man sich doch im Augenblicke nicht minder hüten als vor dem Feinde, während dieser **gegenüber dem inneren Hader der Einzelnen die öffentliche Gefahr seines Heeres ins Feld führe.** Gegen diesen inneren Hader aber bietet der Bischof den Prinzen auf: aus allen Kräften, mit allen Mitteln möge er den Zwist in den Mauern der Städte und die in den Castren wütenden Streitigkeiten, die weit mehr seien als nur Bürgerkrieg, beseitigen. Nur und allein die Beschwichtigung fehlt unter diesen Mitteln [526]. »Schon lange, schreibt Avitus, ermatten wir unter einem doppelten Gewicht, unter den Beschwerden der Klagenden, unter der Verstocktheit Derer, die nicht hören wollen. So ist es billig, zur Züchtigung der Verstockten dort eure Strenge zu Rate zu ziehen, und eure Theilnahme den von Scham Erröthenden hier zu gönnen« [527].

---

525. Die ep. 21 des Avitus ist offenbar nach Vienne geschrieben. Falsch *Parizel* a. a. O. p. 50.

526. *Aviti* ep. 21: Ego autem, licet sciens, quantum potestatibus divino quoque jussu, frequenter et regibus, pro veritate non conceditur, utrum patrem diu dubius fluctuavi: sciens, certe hominis animum timens, nunquam me per haec satisfacturum, nec minus ab eo cavendum, quam ab hoste, dum adversa acies odi aprivata publica obsidione circumdat.

527. *Aviti* ep. 21 a. E.: At quo Deo praestante polletis, fastigio culminis, studio religionis, privilegio auctoritatis vallatam muris discordiam propulsate: et furentia in castris, velut per campos Aemathiae plus quam civilia bella dispergite. Quia cum jam dudum simus pondere duplicato, et clamantum querimonia, et non audientium duritia fatigati, aequum est, si dignamini, vestram quoque severitatem aut illic castigandis consulere aut hic erubescentibus condolere.

Wie weit des Fürsten Strenge gehen soll, steht dahin; dass die
Katholiken als Partei sich nach Ausbruch des Krieges nicht ohne
Weiteres landesverräterisch den Franken anschliessen wollten [528],
das beweist jene Rücksicht des Avitus, in der gefahrvollen Lage die
innere Feindschaft nicht noch zu schärfen. Bekehrte sich der König
in der letzten Stunde, so suchten sie den Krieg zu bannen und hätten
diess wohl gekonnt; blieb er verhärtet, so mussten sie dem Schick-
salswagen seinen Lauf lassen. Sie konnten nicht verkennen, dass
das Misslingen ihrer Versuche Erbitterung, diese die Schwächung
der Widerstandskraft des Reiches zur Folge haben werde: zum
Ueberflusse hatte es ihnen Aredius gesagt: allein rücksichtslos be-
trieben sie ihre Pläne auf Kosten ihres Vaterlandes, und während
des Königs Bruder sich mit Chlodovech verbündet hatte, stand sein
Sohn mit allen seinen Sympathieen im Lager der Katholiken!

So ohne Hülfe von aussen, durch innere Entzweiung gelähmt,
ging das burgundische Reich einer Katastrophe entgegen, die nur
die bittere Frucht der stets so widerspruchsvollen vermittelnden und
zuwartenden Politik seiner Leiter gewesen ist.

IV. Die Katastrophe vom Jahre 500 [529].

Unterdessen waren die Verhandlungen zwischen Chlodovech
und Godegisel zu einem Bündniss zum Kriege gegen Gundobad ge-

---

528. Vgl. darüber den Anfang des folgenden Buches.
529. Ueber diese kriegerischen Ereignisse existiren sechs Berichte :
1. *Marius*, Chron. ad a. 500; 2. *Gregor*. Hist. II c. 32 und 33; 3. *Procop*,
De bello gothico I c. 12, vgl. c. 13; 4. die Darstellung in der Historia epitomata c. 22—24; diese ist ganz aus *Gregor* geschöpft; 5.
die in Manchem abweichende in den Gesta Francorum c. 16, deren
2 Versionen wieder unter einander diskrepiren, ist gänzlich wertlos;
6. über die Quellen der Darstellung in der Vita Sigismundi, Boll.
1. Mai I p. 85, 86 s. den betreffenden Exkurs; für den Krieg selbst ist
sie unausgiebig. So sind die drei letzten Darstellungen bei Seite zu lassen. Von jenen drei ersten Berichten betrachten wir zuvörderst den
Procop. Dieser kennt im Ganzen statt vier nur drei Kriege der Franken
wider die Burgunder; zwei davon erzählt er De bello Goth. I c. 12, und
zwar vor dem Kriege der Franken gegen die Westgothen von 507. Er
erzählt, wie Theoderich die Teudichusa dem Könige Alarich, die Ama-
loberga dem Könige der Thoringer Hermenefridus zur Ehe gegeben habe,
und führt fort: καὶ ἀπ᾿ αὐτοῦ Φράγγοι τῆς μὲν ἐς αὐτοὺς βίας ἕἕτι τῷ
Θεοδερίχου ἀπέσχοντο, ἐπὶ Βουργουζίωνας δὲ πολέμῳ ἤεσαν ʽerster
Krieg`. ὕστερον δὲ Φράγγοις τε καὶ Γότθοις ξυμμαχίαι τε καὶ ξυνθῆκαι
ἐπὶ κακῷ τῷ Βουργουζιώνων ἐγένοντο. Durch eine List wälzt nun Theoderich die ganze Last des (zweiten) Krieges auf die Franken, theilt aber
mit diesen die Beute des Sieges. — Da es nun vor 507 nur einen Krieg
der Burgunder mit den Franken gegeben hat, so muss entweder der erste

diehen[530]. Zu einer bestimmten Zeit sollten die Franken aufbrechen, Godegisel wollte dann zu ihnen stossen, um mit ihnen vereint

---

Krieg des *Procop* als von ihm erfunden, oder der zweite als von ihm an falscher Stelle berichtet angenommen werden. Nun ist es aber unmöglich, den zweiten Krieg·des *Procop* auf das Jahr 500 zu beziehen. In dieser Zeit steht sowohl das angebliche Bündniss des Theoderich im schneidendsten Widerspruche mit dessen Politik, als auch sind in diesem Jahre, trotz der Annahme *Derichsweilers* p. 175, n. 30, ostgothische Territorialerwerbungen auf Kosten Burgunds unannehmbar. Dieser Ansicht auch *Junghans*, Childerich und Chlodovech p. 72 n. 1. So ist die kurze Bemerkung *Procops* über den ersten Krieg (von 500) gleichfalls gänzlich unausgiebig. — Allein auch die Quellen 1 und 2 sind keineswegs von einander unabhängig; *Gregor* hat den *Marius* stark benutzt, nur ist es für Gregorius Würdigung wichtig, zu wissen, ob sein Bericht auf zwei oder auf drei Grundlagen beruht. Ich weise zuerst die Benutzung des an dieser Stelle so knappen, jedes Wort wägenden, mit der Collatio episcoporum genau in Einklang stehenden *Marius* seitens *Gregors* nach; man hat sie bisher ganz übersehen; *Junghans* a. a. O. p. 70, dem allein die Aehnlichkeit der Berichte auffiel, behauptet dennoch die völlige Unabhängigkeit der beiden Quellen.
Der Bericht des *Marius* lautet: His Consulibus pugna facta est Divione inter Francos et Burgundiones Godegeselo hoc dolose contra fratrem suum Gundobagaudum machinante. In eo praelio Godegeselus cum suis adversus fratrem suum cum Francis dimicavit, et fugatum fratrem suum Gundobagaudum regnum ipsius paulisper obtinuit: et Gundobagaudus Avinione latebram dedit.
Eo anno Gundobagaudus resumptis viribus Viennam cum exercitu circumdedit, captaque civitate fratrem suum interfecit, pluresque seniores ac Burgundiones, qui cum eo senserant, multis exquisitisque tormentis morte damnavit: regnumque quod perdiderat, cum eo quod Godegeselus habuerat, receptum, usque in diem mortis suae feliciter gubernavit. *Gregor* nun, nach zwei ein leitenden Bemerkungen (c. 32 Zeile 1—3, nach *Bouquet* II c. 32 und 33), paraphrasirt offenbar nach der Volksüberlieferung das Godegeselo hoc dolose machinante des *Marius* (Z. 3—8). Dieser Bericht widerspricht der Collatio episcoporum, wonach die Aufhetzung zum Verrat von Chlodovech ausgeht. Dem dolose des *Marius* entspricht das Gundobadus ignorans dolum fratris des *Gregor* c. 32 Z. 9. Dem richtigen Ablativ Divione bei *Marius* entspricht der falsche Nominativ: cui Divione nomen est, bei *Gregor* Z. 15, der den Ort des Kampfes also aus 'Marius entlehnte. Folgt bei *Gregor* Z. 16—20 nur in umgekehrter Reihenfolge, wie bei *Marius* die Flucht Gundobads nach Avenio und das Verhalten Godegisels nach dem Sieg. — Cap. 33 Z. 1 heisst es bei *Gregor* genau wie bei *Marius* resumptis viribus; dort Z. 2: exercitum commovit, eumque apud Viennam civitatem inclusum obsedit: *Marius* sagt captaque civitate, *Gregor* c. 32 Z 12: obsidentes portas capiunt. Bei *Marius* wie bei *Gregor* c. 33 Z. 15 heisst es von Godegisels Tod interfecit resp. interfectus est. Am genauesten ist der Satz des *Marius* bezüglich des Strafgerichtes über Godegisels Anhang abgeschrieben: *Gregor* c. 33 Z. 18 und 19: Interfectis senatoribus Burgundionibusque qui Godegiselo consenserant. Stringenter wird das Abschreiben nicht nachzuweisen sein!
In manchen Punkten aber ist *Gregor* vollständiger als *Marius*, oder er weicht von diesem ab. Der Bericht über die Verhandlungen c. 32 Z. 3—8 ist gänzlich zu verwerfen. Die richtige Bemerkung über Chlodovech (Z. 8, 9): Et statuto tempore contra Gundobadum exercitum commovit, ergiebt sich aus der Lage der Dinge von selbst. Der Bericht über die Besendung Godegisels durch Gundobad, und das angebliche, Gundo-

den Bruder zu bekämpfen[531]. Der vereinbarte Zweck des Krieges — diess zeigt der Erfolg — ging auf völlige Vertreibung Gundobads, an dessen Stelle für das ganze Reich der burgundische Verbündete treten sollte. Als Gegengabe für Chlodovech wurde nach Gregor ein Tribut seitens des neuen Alleinherrschers stipulirt, dessen Grösse ganz von dem Belieben Chlodovechs abhängen sollte. Allein es ist undenkbar, dass Godegisels Ehrgeiz fränkisches Vasallenthum hätte ertragen wollen, um einer freilich beschränkten Selbstständigkeit zu entfliehen! Wohl aber ist es sehr wahrscheinlich, dass Chlodovech sich von vornherein die Abtretung eines bestimmten Gebietes hat versprechen lassen.

Schlacht bei Dijon. Der im Herbst 499 schon angesagte Krieg[532] kam erst im Jahre 500 zum wirklichen Ausbruch[533]. Weit im Norden des Reiches bei

bad so unerwartete Uebergehen jenes erst in der Schlacht bei Dijon selbst (Z. 9—18, wird durch die Collatio episcoporum als vollständig un-historisch erwiesen. Bei *Gregor* cap. 32 Z. 19—21 heisst es nun: Gode-giselus vero obtenta victoria promissa Chlodovecho aliqua parte regni sui, 'cum pace discessit, Viennamque triumphans, tamquam si jam totum possideret regnum, ingreditur (das. Z. 6 und 7 hatte er Chlodovech für die Hülfeleistung jährlichen Tribut versprochen'. Der letzte Theil des Satzes ist nur Variation über *Marius*, der erste historisch sehr wahr-scheinlich, nur dass diese Bedingung Vertragsbedingung gewesen sein muss; ob sie jedoch durch besondere Quelle gestützt, oder nur nahelie-gende Hypothese des *Gregor* ist, steht dahin. — Zeile 19 und in Folge davon Zeile 21—49 enthält nun eine wichtige Abweichung von *Marius*, die gänzlich zu verwerfen (s. darüber im Text), weil von Sage und Dich-tung erfunden ist. — Interessant ist nun der Bericht c. 33 Z. 3—13 über die näheren Modalitäten der Einnahme von Vienne; und zwar a. die Nachricht, eine fränkische Schaar sei bei Godegisel zurückgeblieben; und b. die weitere, Gundobad sei von ausgetriebenen Viennensern und speciell von dem Baumeister eines Aquaductes durch diesen Aquaduct in die Stadt geführt worden. Ist jene wahr, so ist diess eine Gewähr für die Wahrheit der zweiten, die von den gefangenen Franken nach ihrer Lösung in ihre Heimat mitgebracht worden sein kann. Trotz des dich-terischen Aussehens der zweiten Nachricht halte ich beide Notizen für richtig, wenn auch letztere vielleicht ausgeschmückt worden ist. Neben Marius, neben der noch fortlebenden, zum Theil dichterischen Ueber-lieferung, die *Junghans* a. a. O. p 152 richtig als Hauptquelle *Gregors* für cap. 32 und 33 des 2. Buchs bezeichnet, hat letzterer noch einen histori-schen Gewährsmann für die Einnahme von Vienne. So sind für den Krieg als historische Quellen nur zu benutzen *Marius* und *Gregor* II c. 33.

530. Diess ergiebt sich aus der Vergleichung der Collatio episc. (vgl. oben p. 148, 151) mit *Marius*.

531. *Gregor*. II. c. 32: Et statuto tempore contra Gundobadum exer-citum movit (Chlodovechus'.

532. Falsch *Pétigny* II p. 471.

533. Diese etwas auffallende Thatsache wird durch *Marius* konstatirt, und verliert auch Manches von ihrer Seltsamkeit, wenn man bedenkt, dass der Winter im Anzuge war. — Es versteht sich von selbst, dass nach unserer oben angestellten Quellenkritik die Darstellung des Krieges ganz

dem Castrum Dijon kam es zur Schlacht [534]. Schon vor dieser musste sich der verräterische Godegisel mit den Franken vereinigt

anders ausfallen muss, als bei allen andern Darstellern derselben (*Junghans* a. a. O. p. 65—74 steht uns am nächsten). Natürlich ist eine Berichtigung der früheren Schriftsteller im Einzelnen vollständig überflüssig. — Sie kombiniren die Nachrichten der Quellen bald auf diese, bald auf jene Weise, bald die Nachricht *Procops* über den zweiten burgundisch-fränkischen Krieg auf 500 beziehend, bald nicht. Den älteren Darstellern ist die Urkunde über die Collatio episcopor. fremd. Vgl. *Valesius* L. VI p. 272—278; *Pagi*, Crit. ad a. 500 n. 10; Histoire de Languedoc I p. 236, welche durch *Procop* a. a. O. bewogen, unmittelbar nach 500 einen zweiten Krieg Chlodovechs im Bündniss mit Theoderich gegen Gundobad im Jahre 501 annimmt; Landstriche zwischen Rhone und Durance, besonders Avignon, soll Theoderich damals in Besitz genommen haben, weil — 506 der Bischof von Avignon auf dem westgothischen Concile von Agatha erscheint; andererseits bemächtigt sich Chlodovech eines grossen Theiles des burgundischen Reiches; *Mascov* XI c. 10 und 11, der den *Procop* a. a. O. ausdrücklich völlig verwirft; *Gibbon* IV. cap. 38 II p. 450, 451; *Luden*, Gesch. des teutschen Volkes III p. 77—83 's. bes. auch die Noten auf p. 651 ff. und die komische Verzweiflung über die Stelle *Procops* p. 654 n. 11, die *Luden* am liebsten so interpretiren möchte, dass Theoderich herangezogen wäre, um 500 vor Avignon zu Gunsten der Burgunder zu interveniren); *Aschbach*, Gesch. der Westgothen p. 166 und 167, der sich mit Recht gegen die Theilnahme der Ostgothen an dem Kriege und die angebliche Besitznahme von Avignon und Marseille durch Theoderich erklärt, aber fälschlich den Krieg bis 501 dauern lässt; *Lembke*, Gesch. Spaniens I p. 49; *Fauriel* II p. 43—47 berichtet den Krieg lediglich nach *Gregor*, ohne *Marius* zu kennen und ohne *Gregor* der gleichen Kritik wie bei der Vermählungsgeschichte der Hröthchilde zu unterwerfen; die Darstellung bei *Huschberg* a. a. O. p. 650—656 ist eine Combination von *Gregor* II c. 32 und 33 und *Procops* Bericht über den zweiten Krieg mit den Franken; ebenso bei *Pétigny*, Études II p. 468—481, der den *Marius* nur einmal (p. 478 n. 3) berücksichtigt, wo sich aber neben vielem Ungenauen und Willkührlichen auch manches Gute findet; bei *Gelpke*, Kirchengeschichte der Schweiz I p. 35—38 (wo sehr Vieles unrichtig steht die Rache der Hröthchilde an dem Mörder ihres Vaters im Hintergrunde der Begebenheiten; ebenso bei *Wurstemberger* I p. 221, 222 (der den *Marius* hier gar nicht benutzt) und bei *Derichsweiler* a. a. O. p. 61 ff. (vgl. oben n. 372); von einer von *Derichsweiler* behaupteten Bewegung der Westgothen, um nach der Schlacht bei Dijon für die burgundische Unabhängigkeit einzutreten, verlautet gar nichts; *Bornhak*, Gesch. der Franken p. 222—226, giebt die gewöhnliche, fast stereotyp gewordene Darstellung.

534. Zu Genf hat man eine grosse Inschrift gefunden; die in zwei Stücke (das erste nach der Angabe von *Mallet* in den Mémoires et documents de la société d'histoire et d'archéologie de Genève IV p. 306 3 Fuss lang, 21 Zoll hoch, das andere 3 Fuss 2 Zoll lang, 22 Zoll hoch) gebrochen ist und ursprünglich in eine Mauer eingelassen gewesen sein muss. Sie heisst nach *Mallets* (das. p. 308) richtiger Ergänzung:

(GVNDE BADVS REX CLEMENTISS IMVS
EMOLVMENTO PROPR I O
SPATIO MVLT IP LICAT O.

Weiterhin finden wir in einer späten Notitia provinciarum et civitatum Galliae (bei *Bouquet* II p. 10 ff. zwei Notizen über die Thätigkeit der burgundischen Könige Gundobad und Guntram (+ 593) haben. Marius erzählt mit Recht, wie Godegisel in dem Kampfe auf Seiten der Franken gestanden habe.

Dieses castrum Divionense lag inmitten einer Ebene im Süden

---

bezüglich zweier Städte. Wahrscheinlich ist diese Notitia somit in Burgund selbst abgefasst. So sehr ich aber auch sonst ihre Nutzlosigkeit und Wertlosigkeit mit *Bouquet* II, Praef. p. 1, und *Rilliet de Candolle* in denselben Mémoires XVI p. 39, anerkenne, so sind diese beiden vereinzelten Nachrichten doch sicher nicht aus der Luft gegriffen. Hinsichtlich der zweiten ders. Ans. *Bluhme*, Jahrbuch I p. 63. Sie lauten: Civitas Morienna, a Gundranno rege Burgundionum constructa; ferner Civitas Gennavensium, quae nunc Geneva, a Gundebado rege Burgundionum restaurata. — Auf die Genfer Inschrift eingehend, so ist sie zu Ehren Gundobads von der dankbaren Stadt Genf abgefasst: diess beweist das Beiwort clementissimus, welches nicht das regelmässige Beiwort zu rex ist, und die Betonung, dass Gundobad diese Vergrösserung auf eigene Kosten gemacht habe. Worauf sich aber seine Thätigkeit bezog, wird verschwiegen; ich glaube indessen mit *Mallet* a. a. O. p. 309, die Nachricht der Notitia zur Ergänzung der Inschrift heranziehen zu dürfen: und Gundobads Sorge sehen wir dann sich der ganzen Stadt zuwenden. Dass diese nicht ganz restauriert wurde, versteht sich von selbst. Die Worte der Inschrift: spatio multiplicato, machen mir es wahrscheinlich, dass die Mauern und Befestigungswerke von Gundobad in grösserem Umfange als früher 'hergestellt wurden; in sie mochte die 6 Fuss lange Inschrift eingelassen sein. Ders. Ans. *Mallet* a. a. O. p. 209; Régeste (Génevois p. 17 n. 47; a. M. *Rilliet de Candolle* a. a. O. p. 39, der für wahrscheinlicher hält, dass, wenn überhaupt diess restaurare der Notitia stattgefunden habe, dieses s'applique plutôt à ces travaux d'agrandissements et d'embellissements auxquels les princes aiment à attacher le nom. Die Zeit der Herstellung des Werkes fällt jedenfalls nicht vor 500, denn bis dahin unterlag Genf Godegisel. Möglich nun, dass der Grund, der die Restauration nötig machte, nur in dem schlechten Zustande der Mauern aus irgend welchen Ursachen lag — dann sind die Nachrichten nur Zeugnisse von Gundobads Fürsorge überhaupt; möglich aber auch, dass kriegerische Ereignisse, eine Berennung des Platzes, sie theilweise umgelegt hatten. Ist Letzteres der Fall gewesen, so können wir, da der Krieg von 507 und ff. Genf nicht berührt, nur an die Ereignisse von 500 denken; und da wird natürlich Godegisel, und werden die Franken Godegisels Hauptstadt nicht ohne Weiteres zerstörend heimgesucht haben. A. M. *Bluhme*, Jahrbuch I p. 63. Vielmehr lassen sich dann die Ereignisse nur so denken. Godegisel rückt nach Norden, den Franken die Hand zu reichen. In Genf lässt er zum Schutze der Residenz, vielleicht auch zu eventuellen kriegerischen Operationen eine Besatzung zurück; Gundobad kann diese Feinde nicht einfach in seinem Rücken lassen; wahrscheinlich sendet er eine Schaar wider sie, die die Stadt belagern, womöglich nehmen soll. Diesen Versuchen, deren Erfolge wir nicht kennen, entsprang die Zerstörung der Werke. Gelang selbst die Einnahme, so musste Genf nach der Schlacht von Dijon doch wieder verloren gehen. — Vgl. auch *Rilliet de Candolle* in denselben Mémoires et documents XVI p. 38, 39. — Ich mache hierauf aufmerksam, ohne jedoch irgend etwas Sicheres ausser dem, indessen auch ziemlich zweifelhaften, Inhalt der Inschrift geben zu wollen. Dagegen ist es unmöglich, wie *Rilliet de Candolle* a. a. O. p. 39 zu wollen scheint, die Ueberschrift der Homilie des Avitus: Dicta in dedicatione Basilicae Genova, quam host'is' inc[enderat' (vgl. *Delisle*, in dens. Mémoires XV p. 273) auf eine Zerstörung der Basilica im Jahre 500 durch Burgunder, die Avitus später sicher nicht hostes nennen konnte, zu beziehen. Darüber seiner Zeit.

von der Ouche, einem Nebenfluss der Saone, bespült. Von Norden
drängt sich ein anderes Flüsschen durch das nördliche von den vier
nach den Weltgegenden schauenden Thoren herein, unter der Brücke
durch, und fliesst durch ein anderes Thor aus der Stadt heraus. So
umspült es den ganzen Umkreis der eigentlichen Befestigung, die
33 Thürme schmücken und deren Mauern, mit Fundamenten von
gewaltigen Quadern, oben mit kleineren Steinen gebaut, bis zur Höhe
von 30 Fuss aufsteigen und 15 Fuss dick sind [535]. Nach Marius
könnte es scheinen, als sei der Kampf sogar in dem castrum selbst geführt worden. Allein da Marius von einem Treffen und nicht von einer
Stürmung der Festung spricht, so muss man annehmen, dass Gundobad, gestützt auf diese zweifellos in seinem Besitz befindliche Feste,
die Gegner erwartet habe.

Die ganze Lage des burgundischen Reiches drängte dazu, eine
rasche Entscheidung zu suchen: so musste es Gundobad auf eine
Schlacht ankommen lassen. Den vereinten Angriffen der Franken
und seines eigenen Bruders erliegt Gundobads Heer trotz seiner festen
Position. Ohne Halt muss der unglückliche Fürst sein ganzes Land
durchfliehen, die Ouche, Saone und Rhone hinab, um sich im südlichsten Winkel seines Reiches in Avignon zu verbergen [536]. Trotz
der ihm drohenden Gefahr verlässt er den burgundischen Boden nicht,
um ganz in der Stille bessere Zeiten abzuwarten. Für Chlodovech,
für Godegisel war er verschollen. Der siegende Bruder aber, im Begriffe, Gundobads Reich an sich zu nehmen, musste er sich auf diesem Boden, wo die Herzen grossentheils fest an dem unglücklichen
Flüchtling hingen, nicht unsicher genug fühlen? Konnte nicht der
Zorn der Burgunder sich gegen den Usurpator wenden, ihm dasselbe
Schicksal wie dem Bruder zu bereiten? Ist es nicht natürlich, dass
eine fränkische Schaar bei ihm bleibt, um ihn zu schützen [537], bis
seine Herrschaft befestigt ist, ihn auch vielleicht zu bewachen, ob er

*Gundobad ge-
schlagen flieht.*

---

535. Diese interessante Beschreibung hat uns *Gregor* überliefert Hist.
III c. 19 mit dem charakteristischen Zusatz bezüglich Dijons : Quae cur
civitas dicta non sit, ignoro.

536. Ueber dem Bericht des *Gregor* vergisst man meistens den Worten
des *Marius* : Avenione latebram dedit, die gebührende Bedeutung beizulegen. Am nächsten der Wahrheit steht hier wieder *Junghans* a. a. O. p 71.

537. Schon die Histoire de Languedoc I p. 237 bezeichnet richtig
als Motiv der Belassung dieser Truppen in Burgund la sûreté de Godegi-
sile A. M. *Luden* a. a. O. III p. 80. Bei *Pétigny* II p. 476 besteht die
Schaar aus arianischen Franken, die in Godegisels Sold treten, bei *Bornhak*, Gesch. d. Franken p. 225 n. 1 wenigstens aus fränkischen Söldnern.
— Ich kann also diese Thatsache nicht mit *Junghans* a. a. O. p. 68 be-
fremdlich finden.

Abzug Chlodo-
vechs.

nichts gegen Chlodovech im Schilde führe? Den König der Franken selbst aber hielt nach der entscheidenden Schlacht nichts mehr im fremden Lande : der gefährliche Nachbar lag zu Boden : so zog Chlodovech in seine Heimat zurück, zweifellos in der Absicht, von dem versprochenen Landstrich sofort Besitz zu ergreifen. Ob er ein Ge-

Godegisels Ver-
halten nach der
Schlacht.

biet an der Gränze vorübergehend seinem Reiche angefügt hat, lässt sich nicht feststellen.

Godegisel aber durchzieht das Reich seines Bruders und nimmt einen längeren Aufenthalt in Vienne. Nichts würde über sein Thun und Streben nach dem Siege von Dijon Aufschluss geben, wäre nicht aus dem Jahre 557 eine für echt zu erachtende Urkunde erhalten über Schenkungen : ad monasterio, quod est dedicatione sancti Petri scitam in Lunduni civitate inter Rodanum et Ararim, substructum a rege Gaudisello et a regina Theudelinda [538]. Für den mit der burgundischen Geschichte Vertrauten steht es fest, dass der verderbte Name Gaudisellus identisch mit Godegiselus ist [539], dessen Gemahlin Theudelinda hier allein erwähnt wird. Die Zeit dieser Gründung eines Frauenklosters zum heiligen Peter in Lyon kann nur in die kurze Spanne des Jahres 500 fallen, während welcher Godegisel nach der Schlacht von Dijon die Stadt Lyon in Besitz hatte. Wer erkennt nicht das Streben des Fürsten, die katholische Partei des Landes durch solche Akte unbedingten Abfalls vom Arianismus für sich zu gewinnen? [540] Wegen der Kürze der Quellen verlieren wir während des Kampfes die Bewegungen der feindlichen Parteien aus dem Auge ; allein grade diese Nachricht beweist, wie sie keineswegs in dem Geräusche der Waffen ihre Bedeutung verloren haben.

Nach dem Berichte Gregors nun hätte, während Godegisel ruhig in Vienne sitzen geblieben wäre, Chlodovech neue Truppen zusammengezogen, Gundobad aus Avignon zu vertreiben und völlig zu vernichten. Wirklich hätte er Avignon mit einem starken Heere belagert, und nur durch die Klugheit von Gundobads Ratgeber Aredius,

---

538. S. die Urkunde bei *Pardessus*, Diplomata I p. 156, 157 : Data die Mercurii, in mense Julii, annos XXVI a regnante Guntchram rege.

539. Die verschiedenen Deutungen des Namens (vgl. darüber *Pardessus*, Diplomata I, Prolegomena p. 36 n. 6, p. 290, Text p. 157 n. 1, haben nur ein Interesse der Curiosität. Auch *Pardessus* a. a. O. Proleg. p. 290, 292, Text p. 157 n. 1 entscheidet sich noch wegen des Arianismus Godegisels lieber für den angeblich katholischen Gundahar!

540. Es ist jedenfalls unrichtig, wenn *Pétigny*, Etudes II p. 473 von Godegisel sagt : qui, loin d'être plus rapproché du catholicisme que son frère, était au contraire le type le plus prononcé des influences ariennes et barbares.

dessen Künste orientalischen Sagen zum Verwechseln ähnlich sehen, sei der Frankenkönig bewogen worden, seine Truppen nach Hause zu schicken; dann habe er Gesandte an Gundobad abgeordnet und ihm einen jährlichen Tribut auferlegen lassen, welchen dieser auch sofort gezahlt und für die Zukunft zu zahlen versprochen habe [541].

Dass diess nur eine Kette von Unmöglichkeiten ist, welche die Sage geschaffen hat, scheint unverkennbar. Das Verbleiben Godegisels in Vienne, die fabelhafte Art, wie Aredius den König zum Abzug zwingt [542], die Entsendung der fränkischen Truppen in die Heimat, noch bevor Chlodovech die Tributversprechung von Gundobad erlangt hat, die Wiederanerkennung Gundobads als König, während sich doch Godegisel in dem Gedanken wiegt, jetzt Herrscher des gesammten Reichs zu sein, diess sind Naivetäten, wie ihrer nur die erzählende Dichtung fähig ist: diese ganze weitere kriegerische Bewegung Chlodovechs ist lediglich erfunden.

Nichtsdestoweniger befand sich Gundobad in einer verzweifelten Lage. Er sah sich, ein Führer ohne Heer, in den südlichsten Theil seines Landes zurückgedrängt; nur ein kleines Gebiet unterlag noch nicht der Besetzung durch Godegisels Truppen; wo sollte er selbst frische Mannschaft hernehmen? In dieser Situation konnte auch ein Mutiger verzagen. Allein Gundobad war nicht ein Mann des Kleinmutes; hatte er die Gefahr mit schwerem Herzen kommen sehen, so fand sie jetzt in ihm den Meister. Trotz seiner beschränkten Mittel rafft er sich noch in demselben Jahre auf und rückt vor Vienne, den Bruder zu belagern. Als es der Stadt begann an Lebensmitteln zu fehlen — so erzählt uns Gregor —, so griff Godegisel zu dem gefährlichen Mittel, die Aermeren aus dem Thore zu jagen [543]. Unter den Vertriebenen befand sich auch der Baumeister der Wasserleitung, und in dem Aerger des

Gundobad in Avignon verborgen.

Gundobad vor und in Vienne.

541. *Waitz*, Verfass.-Geschichte II p. 502, meint irrig, dass Gundobad wirklich zur Tributzahlung genötigt worden wäre; ebenso *Bluhme*, Jahrbuch I p. 62.

542. Sie erinnert an die Geschichte des Zopyrus, eines der Stammfürsten der Perser, der von Darius scheinbar zu den Babyloniern übergeht. S. *Duncker*, Gesch. des Alterthums II (2. Aufl.) p. 561. Mit Recht spricht *Luden* a. a. O. III p. 79 von einem »mährchenhaften Anschen« dieses Berichtes. Nicht einmal *Gregor* aber lässt den Aredius dem Chlodovech die Annahme des Katholicismus seitens Gundobad in Aussicht stellen, wie *Pétigny* II p. 476 erzählt.

543. Cap. 33: .... jussit expelli minores populi ab urbe. Nach *Pétigny* II p. 477 war nicht der Brodmangel, sondern der Mangel an Vertrauen in die romanische Bevölkerung Grund der Maassregel: desshalb il chassa tous les habitants de cette grande cité et y resta seul avec la garnison et quelques ariens!

Vertriebenseins verrät dieser seinem früheren Könige den unterirdischen Gang, durch welchen die Leitung in die Stadt führt. Er selbst setzt sich an die Spitze einer Heeresabtheilung, die er auf dem unterirdischen Wege in den Rücken der Vertheidiger bringt. Wie viel auch hier der bildenden Kraft der Sage zuzuschreiben sei, wage ich nicht zu entscheiden; denn ich halte es für so gut wie gewiss, dass der burgundische Theil der Bevölkerung von Vienne, der alten Residenz Gundobads, treu an seinem grossen Könige hing [544] und ihm demgemäss den Eintritt in die Stadt auf alle Weise zu erleichtern suchte. Die Vergeltung brach auf Godegisel ein. Die Stadt wird genommen; er erliegt dem Schwerte des eigenen Bruders [545], der hier als gerechter Richter den strafenden Arm führt. Wer wollte Gundobad darum tadeln? Die vornehmen Römer und die Burgunder [546], die mit dem Verräter geplant hatten, wurden gefoltert und zum Tode verurtheilt. Ganz anders, ebenso gerecht wie politisch klug, behandelt Gundobad die gefangene fränkische Besatzung. Sie, seine ehrlichen Feinde, schickt er zu dem ihm befreundeten Westgothenkönig Alarich ins Exil nach Tolosa [547]: es sollte dieses gefährliche Ferment nicht in den ohnehin so gespannten burgundischen Verhältnissen verbleiben und fortwirken.

Godegisel getödet.

Ehe Chlodovech vielleicht nur die Kunde dieser Vorgänge erhalten hatte, stand Gundobad mächtiger da als je: entweder musste der Franke, um seinen Sieg zu behaupten, einen neuen Krieg beginnen,

---

544. Die ganze Ausführung bei *Pétigny* II p. 473 (in der Mitte) bis 475 (in der Mitte) ist erfunden, und stimmt noch dazu nicht mit der Geschichte.

545. Hier hat *Gregor* II c. 33 Z. 13—15 eine auffallende weil bewusste Abweichung von *Marius*: nach ihm wird Godegisel (mit Verschweigung des Rächers) mit einem arianischen Bischofe in der Kirche, in die er sich geflüchtet, zusammengehauen. Die Erwähnung des arianischen Bischofs ist sehr auffallend. *Pétigny* II p. 475 beutet sie so aus, dass Avitus die Stadt seines Bischofsstuhles geflohen und Godegisel dort einen arianischen Bischof intronisirt habe. Vielleicht sind die beiden Berichte so zu vereinen, dass die Tödung Godegisels durch Gundobad in der arianischen Kirche geschah und bei dieser Gelegenheit auch ein ihm anhängender arianischer Bischof seinen Tod fand. *Gregor*, Hist. III c. 1 fasst Godegisels Tod auf als Folge seines Arianismus! Ueber die Darstellung der Vita Sigismundi s. den betreffenden Exkurs.

546. So auch richtig *Fauriel* II p. 46; *Huschberg* a. a. O. p. 655.

547. *Junghans* a. a. O., welcher diesen Krieg bei Weitem am Genauesten behandelt hat, nimmt Anstoss an der Zurücklassung einer Frankenschaar bei Godegisel und an deren Sendung zu Alarich. Ich finde beide Momente sehr natürlich und zu speciell, um erfunden zu sein. Das einzige Motiv, welches man für eine Erfindung geltend machen könnte, ist das ziemlich fern liegende, dem Chlodovech einen Grund mehr zum Kriege gegen die Westgothen zu geben.

oder aber musste er sich mit seinem Nachbar abfinden. Und diess geschah, ohne dass irgendwie ein territorialer Verlust der Burgunder an ihren früheren Gegner zu konstatiren wäre [545].

Drei königliche Brüder waren gestorben; unter Gundobad allein stand das ganze Reich jetzt vereinigt. Sein Verdienst war es, dass die unseligen Theilungen sich nicht mehr wiederholten: die burgundische Monarchie war gegründet.

---

[545]. Vgl. darüber noch das nächste Capitel bes. p. 158, 159. Sowohl *Marius*, als auch *Gregor*, Hist. II c. 33 a. E.: Ipse vero (Gundobadus) regionem omnem, quae nunc Burgundia dicitur, in suo dominio restauravit, bezeugt, dass das burgundische Reich in seiner vollen Integrität an Gundobad kam.

Zweites Buch.

Geschichte der burgundischen Monarchie 500—532.

Erstes Kapitel. Das Reich bis zu Gundobads Tode.

Lage des Reichs nach Gundobads Sieg. Kaum ein Jahr war verflossen, seit sich die anscheinend Vernichtung drohenden Wetterwolken über Gundobads Reiche, über der
burgundischen Selbstständigkeit zusammengeballt hatten. Unlösbare
lähmende Conflicte im Innern, schmählicher Verrat und die wuch-
tige Hand des fränkischen Schwähers hatten Gundobads Herrschaft
wie zerbrochen zu Boden geworfen: allein ebenso schnell, als sie
gefallen war, erhob sie sich wieder. Der kaum geflüchtete König erscheint als Rächer des Verrats vor den Thoren von Vienne: die Stadt
fällt, Godegisel stirbt, und zum ersten Male seit seiner Gründung sieht
das Reich an seiner Spitze nur einen König und findet sich gesichert
vor der Zwietracht der Fürsten. Die Vereinigung der gesammten
Reichsmacht in einer Hand, die mit kleinen Mitteln selbst das Grosse
zu vollbringen wusste, hinderte Chlodovech, sein gestürztes Werk
aufs Neue aufzurichten. Fast schien es, es sollte die Katastrophe
nur dazu dienen, für Burgund eine neue Periode glänzender Machtentfaltung einzuleiten, und dem Fürsten wie seinem Volke das Bewusstsein ihres Könnens, also die Erkenntniss ihrer geschichtlichen
Pflicht zu eröffnen. Dann mussten neue Kämpfe beweisen, wer die
beherrschende Macht in Gallien üben sollte: der Franke oder der
Burgunder im Verein mit den arianischen Staaten? Jener ein Krieger
aus innerem Drang — dieser im Kampfe nicht minder energisch, wenn
es die Pflicht heischte; Chlodovech roh und gewaltsam, ein Verächter
jeder Rücksicht, und zu Gunsten seiner Pläne Todschläger und
Verräter — Gundobad von weit höherem sittlichen Adel, allein,
wenn es Not that, Vollstrecker der Strafe an seinem eigenen Bruder;

der Franke stets das nächste Mittel zu seinem Ziele wählend — sein
königlicher Rivale ihm überlegen an staatsmännischer und diplomatischer Bedeutung; jener im Dienste eines grossen, oft grossartigen
Egoismus, der Kämpe der katholischen Welt des Occidents — Gundioks Sohn ein Mann idealerer Anschauung, höherer Ziele, und Einer
der praedestinirten Vertreter der arianischen Germanen in Gallien:
so standen auf engem Raume zwei Fürsten sich gegenüber, einander
zu nah, um sich nicht vielleicht einst wieder feindlich berühren
zu müssen, Beide in ihren Zwecken ebenso verschieden wie in
ihren Mitteln, Beide scheinbar Verkörperungen zweier gegen einander gehender geschichtlicher Strömungen, von Beiden Jeder berufen, seinem Streben zum Siege zu verhelfen! Scheint es nicht, als
hätten diese beiden Mächte noch eintreten müssen in den grossen
Entscheidungskampf über die Gestaltung der Zukunft, über Arianismus und Katholicismus, über die das Mittelalter beherrschenden
Ideen? Dann entstand ein gewaltiger Ringkampf, in den die Könige
der Westgothen und der Ostgothen mit verwickelt wurden, und aus
welchem die fränkische Macht kaum siegreich hervorgehen konnte.

Allein dieser glänzende Schein ist nur Blendwerk! Wenn nicht
die arianischen Staaten aus ihrer indifferenten Friedensliebe heraus
in eine Politik des gemeinsamen Angriffs traten, oder Burgund, mit
andern Mächten verbündet, eine siegreiche Vergrösserungspolitik begann, so war die Erschütterung vom Jahre 500. wie an ihr selbst
nur jene Politik der Vermittelung die Schuld trug, trotz ihres glücklichen Ausgangs nur ein Vorspiel der endlichen Vernichtung. Woher
aber sollte die eine oder die andere Aenderung im politischen Verhalten kommen, wenn die Könige, welche allein ihren Völkern die politischen Ziele zu stecken hatten, Männer des Friedens waren? [549]

Eine Thatkraft nicht gepaart mit einem Drang zum Handeln wird nur selten grosse Ziele gewinnen. Während die Lust
am Schaffen eine Gleichgültigkeit gegen das Vorhandene verbirgt,
entbehrt das Behagen an der Gegenwart der Impulse zu ihrer Umgestaltung.

Eine Zeit aufreibender Ruhelosigkeit, voll schwerer Kämpfe

---

549. Die Hauptquellen für die Auffassung Gundobads sind vor Allem
die Briefe des *Avitus:* nur darf man nie vergessen, dass ein Hofmann
in einer Zeit übertreibender Phrasen spricht; ferner die burgundischen Gesetze; endlich *Ennodius* in seiner **Vita Epiphanii** (Bibl. max. patr. IX
p. 391).

und Schläge, wie die der Wanderung war. nimmt leicht einem Volke
die Energie der Initiative: die Thatkraft bleibt, die stürmische Lust
sie zu benutzen schwindet; ein verharrender Zug ausgleichender,
hinnehmender Milde tritt an ihre Stelle. Ein solches Volk war das
Gundobad. burgundische; und Gundobad ist Sohn dieses Volkes. Ihm fehlt der
Beweggrund eines bedeutenden Ehrgeizes. Im Innern seines Reiches
findet er die Stätte befriedigenden Schaffens: der möglichst friedliche
Ausbau desselben war das Ziel seines Strebens. Freilich ist er dann
nicht der Schwächling, der die für nötig erkannte Concentration der
Reichsgewalt in einer Hand nicht auch trotz Godegisels durchgeführt,
der einen gerechten Krieg trotz der erwarteten Uebermacht der Gegner vermieden hätte. Aber eine Friedenssehnsucht, die dem königlichen Führer der burgundischen Heere seltsam ansteht, bricht manchmal mächtig aus ihm hervor. Sagt mir doch — fragte er den Avitus,
vielleicht von einem bestimmten Anlasse bewogen —, ob die Zeiten
schon gekommen sind oder noch ausstehen, von denen geschrieben
ist: «Aus Zion wird das Gesetz ausgehen und das Wort Gottes aus
Jerusalem, und es wird richten unter vielen Völkern und lange hin
die kriegerischen Stämme zurückweisen; dann werden sie ihre
Schwerter umschmieden in Pflugschaaren und ihre Lanzen in Sensen.
Dann wird kein Stamm das Schwert erheben wider den andern, sondern sie werden vom Kriege abstehen. Jeder soll dann ruhen unter
seinen Weinstöcken und Feigenbäumen und keiner soll sie mehr in
Furcht setzen» ?[550]

Ein König aber hat noch auf andere Stimmen zu hören, als auf
die seiner Neigungen. Es war ein grosser Fehler Gundobads, der sich
aus seiner Ruheliebe ergiebt, dass er statt selbst so viel als Menschen
vermögen die Rolle des Schicksals zu spielen und sich mit der Schärfe
des Staatsmannes seine Aufgaben seinen Zwecken und Kräften gemäss
zu formuliren, wartet, bis der seltene Notstand ihm befiehlt: dann
freilich weiss kaum Einer seine Aufgaben energischer zu lösen als er.
So bleibt seine äussere Politik oft thatenlos, da sie sich von den
Ereignissen überholt sieht.

Die ehrgeizigen Pläne, die ihn vorübergehend als patricius beseelt
hatten, fallen bald spurlos dahin; allein weil patricius tritt Gundobad

---

550. S. den als *Aviti* ep. 19 gedruckten Brief: Domnus Gundobadus
rex Avito: De prophetica lectione sanctitatem vestram censui consulen-
dam, cujus lectionis exemplar subter adjeci. Et ideo, utrum jam tem-
pora ista fuerint, an futura sint, scripto vestro declarare dignemini!

nicht an Eurichs Seite, weil mit seiner Aufmerksamkeit in der Ferne gefesselt und grossen Anstrengungen abhold, sieht er zu, wie sein Bruder einen schwachen Krieg wider die Westgothen führt: so geht die Auvergne und was noch wichtiger war, so gehen die unteren Rhonelande für die Burgunder verloren.

Erst als Odovakar sein Bündniss mit Gundobad gebrochen hatte, fällt dieser in Ligurien ein, ohne einen wirklichen Krieg um diesen bedeutenden Besitz zu führen. Statt durch sein Eintreten in den Kampf zwischen diesem und Theoderich den Sieg zu Gunsten seines Bundesgenossen zu entscheiden und als Lohn die südlichen Alpenhänge wieder für sich zu nehmen, sieht er dem Kampf zu und lässt Ligurien und mit ihm die Alpenstrassen, die Schlüssel zu Burgund, in Theoderichs Hände fallen. Statt frühzeitig den Franken entgegenzutreten, wartet er deren Stärkung ab, um sich in ihnen die eignen Besieger zu erziehen. Statt bei der ersten landesverräterischen Bewegung Godegisels diesen schonungslos vom Throne zu jagen, lässt Gundobad, von Bruderliebe und Rechtszweifeln gebunden, dessen Verbindung mit den Franken mit sehenden Augen geschehen, ohne sie zu hindern.

Als im Laufe der Jahre die unvermischte germanische Volkskraft durch die Bildung des romanischen Elementes verloren ging, musste dem Reich in der religiösen Einheit, sei es dem Arianismus, sei es dem Katholicismus, die nötige Homogenität und in ihr die nötige Bestandkraft gesichert werden.

Es galt also den eigenen Glauben zum alleinherrschenden zu machen, oder mit aller Vorsicht zwar, aber auch mit aller Entschiedenheit, jedenfalls aber ohne für den Arianismus noch grössere Opfer zu bringen, das burgundische Volk dem Katholicismus zuzuführen. Wenn Gundobad 499 die letztere Alternative zurückwies und dadurch sein Reich in eine Katastrophe stürzte, während dessen künftiger Herrscher Sigismund schon völlig in das katholische Lager übergegangen war, so ist diess vielleicht das frappanteste Zeugniss, in welchem verhängnissvollen Widerspruch gegen die Thatsachen Gundobad sich bewegte, wie er eine Position ruhig verloren gehen lässt um dann erst für die Vertheidigung der auf immer geschwundenen einzutreten.

Diese Politik des fortgesetzten Selbstmordes jetzt endlich aufzugeben konnte nicht genügen; alle selbstgeschlagenen Wunden harrten auch noch der Heilung von der gebotenen Selbstumwandlung

des Königs. Nun ist aber keine Natur unwandelbarer als die edle;
denn aus ihr gewinnen selbst die in ihr wurzelnden Schwächen den
Charakter der Unbesiegbarkeit.

In seltsamer Schärfe hebt sich von dem Könige eine andere Gestalt ab, von der er lernen konnte, bestimmte Ziele sicher zu erreichen:
ein Mann nicht von des Königs tiefer Gemütsart, adlicher Gesinnung,
aber ein Mann des Kampfes, des Sieges, wie ihn die grossen Conflicte dieses Jahrhunderts bedurften.

Alcimus Ecdicius Avitus.

Dieser zweite Mann im Staate war ein katholischer Priester,
Alcimus Ecdicius Avitus [551], Bischof von Vienne, der burgundischen
Metropolis [552]. Sprössling einer höchst angesehenen, senatorischen Familie, deren Glieder hohe Titel trugen und weltliche Ehrenstellen nicht
minder als den Episkopat zu bekleiden pflegten [553], ein Verwandter

---

551. S. den Prologus zu den Poemata *Aviti:* Domino sancto in Christo
piissimo ac beatissimo Apollinari episcopo Alcimus Ecdicius Avitus
frater.

552. Ueber ihn vgl. den grundlegenden Commentarius praevius von
Henschen zur Vita S. Aviti, Boll. 5. Febr. I. p. 666—674 (neue Auflage).
Der Artikel Avitus in der Encykl. von *Ersch* und *Gruber*, 1. Sect. VI c.
p. 506—508 ist unbedeutend. Viel Gutes enthält *Ampère*, Hist. littéraire
de la France II. p. 192—208. Ueber *Avitus* sind in den letzten Jahren drei
Abhandlungen erschienen, ohne dass die Autoren der späteren die
früheren gekannt hätten. Es sind: *Parizel*, De vita et scriptis S. Aviti,
Lovanii 1859 (322 S. 8.); *Cucheval*, De sancti Aviti Viennae episcopi
operibus Commentarius, Paris 1863 (107 S. 8); diese beiden Schriften
sind Doctordissert.); endlich ein Vortrag von *Lagrevol*, Notice sur saint
Avite, Lyon 1863 (31 S. 8.). Die letzte Schrift ist in ihrem auf Avitus
bezüglichen Theil gänzlich wertlos und voll von Fehlern. Auch den beiden ersten fehlt eine genaue Kenntniss der burgundischen Geschichte
und keine erschöpft irgend das gesammte historische Material in den
Werken des Avitus, es kritisch verarbeitend. Indessen haben beide
Schriften, die erste in höherem Grade jedoch, ihre Verdienste. Bei *Parizel*,
einem katholischen Priester, kommt freilich vor lauter Tugenden des heiligen
Avitus, die *Parizel* Stück für Stück wider gegründete und ungegründete
Angriffe vertheidigt, die wahre Grösse des Menschen Avitus gar nicht zum
Vorschein. Das Urtheil von *Cucheval* ist weit unbefangener und desshalb
öfter richtiger; eine Charakterzeichnung lässt er aber unversucht. Meine
eigene Beurtheilung des Mannes und seiner Werke enthält natürlich eine
meist stillschweigende Kritik jener Autoren.

553. *Aviti Poematum* Lib. VI v. 651 ff.:
Quos (scil parentes) licet antiquo mundus donasset honore,
Ex titulis monstret generoso semper ab ortu:
Plus tamen ornavit divinum insigne gerentes,
Ordine quod proprio sanctas meruere cathedras.
Non atavos jam nunc tibimet proavosque retexam,
Vita sacerdotes quos reddidit inclyta dignos,
Pontificem sacris adsumptum respico patrem,
Cumque tibi genitor vel avunculus undique magni
Post fasces placeant, populorum sumere fascem
Suscipe quos humiles patrum ad consortia fratres
Officio similes nectens ecclesia junxit.

des Apollinaris Sidonius [554], hatte nicht nur sein Urgrossvater, sondern auch dessen Vater auf dem Bischofstuhl gesessen. Sein eigener Vater war nach Bekleidung weltlicher Aemter zum Bischof von Vienne gewählt worden; ein Oheim hatte einen ähnlichen Lebenslauf gemacht, und Avitus Bruder Apollinaris trug die Bischofswürde zu Valence gleichzeitig mit ihm selbst: Zeugnisse genug, wie die gallische Aristokratie theilweise erst nach Befriedigung ihres weltlichen Ehrgeizes in den Hafen des ehrenvollen Episkopats einzulaufen strebte, und wie gewisse Familien die Würde für sich fast zu einer erblichen zu machen wussten [555]. Die Frömmigkeit des männlichen Theiles des Geschlechtes fand ihre Nachahmung bei den weiblichen Mitgliedern [556]; die eigene Schwester des Avitus, die Jüngste von den vier Geschwistern, die die Mutter Audentia dem Vater [557] geboren, hatte sich Gott geweiht und den Schleier genommen [558].

Von Apollinaris bezeugt uns dessen Vita [559] wie er zu Vienne geboren und unterrichtet worden sei; mit Avitus war es zweifellos ebenso. Wann und in welchem Alter Avitus den Bischofstuhl, der ihn für ein Menschenalter nach dem Könige zum einflussreichsten Mann im Staate machen sollte, erlangt hat, lässt sich mit Sicherheit nicht

---

Die hier Angeredete ist Avitus Schwester. Vgl. *Aviti* ep. 25, wo er sich einen catholicus senator und ep. 31, wo er sich senator Romanus nennt. S. auch die Vita Apollinaris, Boll. 5. Oct. III. p. 58.

554. *Aviti* ep. 45: Viro illustri Apollinari. Dieser Ap., der Sohn des Apollinaris Sidonius, wie eben dieser 45. Brief beweist, ist der Adressat in ep. 22, 33, 45, 46. *Avitus* spricht in ep. 45 von Apollinaris als von einem Gliede der familia nostra und führt in bewusster Verkehrung der Verwandtschaftsverhältnisse fort: Quoniam si vos a patre vestro Archadio didicistis, virum saeculo militantem minus inter arma quam inter obloquia periclitari, nec ergo parum exempli a Sidonio meo quem patrem vocare non audeo quantum clericus possit assumo.

555. Vgl. n. 551 und n. 553 und z. B. *Aviti* ep. 11.

556. *Aviti* Poematum Lib. VI v. 83 ff.

557. Der Name des Vaters, Isicius, den nur *Ado*, Chron. zur Regierungszeit des Zeno (Bibl. max. patr. XVI p. 798) und auf ihn gestützt die Vita Aviti c. 1 überliefert, scheint mir ungenügend verbürgt.

558. Das v. 19 u. 20:

Edidit ut quartam genitrix Audentia prolem
Teque dedit generi partu foecunda supremo.

Das Gedicht ist an Fuscina gerichtet. Einer verstorbenen zweiten Schwester gedenkt *Aviti* ep. 11 u. 12.

559. Vita Apollinaris, Boll. 5. Oct. III. p. 58: Igitur beatus Apollinaris Valentinae urbis episcopus apud Viennam et natus et institutus est.

feststellen [560]. Am Anfang der siebenziger Jahre schreibt Apollinaris Sidonius noch an Mamertus, als Bischof von Vienne [561], den Pathen des Avitus und den Vorgänger von dessen Vater [562]. Im Jahre 494 tritt dieser uns zum ersten Male als Bischof entgegen [563]; sein Geburtsjahr würde sonach spätestens gegen 460 anzunehmen sein [564].

Avitus Bischof 494.

Zu seinem berühmten Verwandten Sidonius, zu seinem grossen Könige steht der Avitus in dem schneidendsten Gegensatze. Jener, der charakterlose römische Schmeichler, der in demselben Athemzuge die Barbaren verachtet und seine Bitten ihren Königen demütig zu Füssen legt, der allein an einer abgestorbenen Grösse Interesse nimmt und versucht, mit seinem Fünkchen von Geist die kalte, tode wieder zu beleben, dem die ganze Gegenwart, selbst der Bischofstuhl, nur dient, um dem Egoismus seiner gränzenlosen Eitelkeit zu genügen und seinem Ich das nötige Relief zu geben, ist nur der klägliche Epigone einer grossen Vergangenheit; Gundobad, der germanische Fürst, von grossen, lebendigen, weil die Zeit bewegenden Interessen in Beschlag genommen, voll Kraft, aber bei den gewaltigsten Conflicten lieber zusehend als handelnd, ist nur eine Gestalt aus einer Uebergangszeit. Sieht man dagegen Avitus, ganz der Gegenwart sich hingebend, ihre Probleme mit aller Schärfe des klaren Kopfes erfassend, zu ihrer Durchführung in seinem Sinne mit aller Rücksichtslosigkeit des von sich selbst Ueberzeugten bereit, so kann kein Zweifel darüber auftauchen, dass ihm und seinen Ideen die Zukunft gehören werde.

Avitus Charakter.

In seinem Charakter spiegelt sich der Kampf zweier Zeitalter:

---

560. Die Angabe der gänzlich wertlosen Vita Aviti, Boll 5. Febr. 1 p. 674: Tempore Zenonis Imperatoris (474—491) Avitus .... Viennensem ecclesiam .... suscepit regendam, ist viel zu unzuverlässig, um darauf zu fussen.

561. *Sidonius*, Ep. VII, 1. Vgl. n. 305.

562. *Avitus*, Homilia de Rogationibus (Bibl. max. patr. IX p. 591). Praedecessor namque meus et spiritalis mihi a baptismo pater Mamertus sacerdos, cui ante non paucos annos pater carnis meae, accepto, sicut deo visum est, sacerdotii tempore, successit ..... Das nötige Alter für den Episkopat ist nicht näher angegeben; sind wohl schon die später allgemein verlangten 30 Jahre gemeint?

563. *Ennodius* in der Vita Epiphanii: Bibl. max. patr. IX p. 391. S. n. 405. Es ist desshalb nur approximativ, wenn *Guizot*, Hist. de la civil. en France II p. 199 (fälschlich mit Bestimmtheit), *Parizel* p. 20, *Cucheval* p. 5, *Lagrevol* p. 6, *Derichsweiler* p. 58 die Antretung der Bischofswürde gegen 490 setzen.

564. Die regelmässige Annahme ist gegen Mitte des 5. Jahrhunderts; so *Guizot*, Hist. de la civil. en France II p. 199 (Ausg. Paris 1829); *Ampère* II p. 193; *Parizel* p. 14; *Cucheval* p. 1 (um 451); *Lagrevol* p. 5.

er ist ebenfalls der Sprössling einer Epigonenzeit und nur als solcher verständlich; aber das marklose Leben derselben hat durch eine neue Idee neue Kraft, neuen Aufschwung erhalten.

In seinen Schwächen gemahnt der Bischof von Vienne an seinen Verwandten Sidonins bis herab auf die Fähigkeit, in grossen Lagen kleinen Spielereien nachzugehen, und während der verwüstende Feind kaum die Grenze verlassen hat, detaillirte Angaben über Anfertigung eines goldenen Siegelrings zu machen [565]. Er stolzirt mit seiner Würde als römischer Senator, sieht verachtend [566] herab auf das Barbarenthum, von dessen Königen doch allein die Erfüllung seiner höchsten Hoffnungen zu gewärtigen steht, und an welche ihn sein Leben geschmiedet hat [567]. Die Phrase beherrscht ihn selbst in dem Verhältnisse zu seinem Bruder [568]; aus plumper Schmeichelei flicht er das Netz um den Prinzen Sigismund [569]. Die dichterischen Lorbeeren des Sidonius lassen ihn nicht ruhen: es ist ihm Bedürfuiss sich zu rühmen, wie er neben wichtigen prosaischen Schriftstellerarbeiten auch der Muse pflege [570]. Bei dieser Beschäftigung sucht er in der Form der Behandlung, wie in der Wahl des Stoffes entschieden mit den Traditionen des klassischen Heidenthums zu brechen [571]. In den grossen Gedichten, der Erschaffung der Welt, dem Ursprung der Erbsünde, dem Urtheile Gottes, die ein Ganzes bilden, womit jedoch auch das vierte, über die Sündflut, eine Art Zusammenhang hat, weiss er das wundervolle Gedicht, wie es die Bücher Moses von der Weltschöpfung und der Genesis der sündigen Menschheit erzählen, mit nicht unbedeutendem dichterischen Talent, in verhältnissmässig leichtem und

---

565. S. *Aviti* ep. 78 Apollinari episcopo.

566. S. *Aviti* ep. 25, ep. 31 . . . quasi senator ipse Romanus, quasi christianus episcopus obtestor; ep. 47.

567. *Aviti* ep. 8 Eustorgio episcopo. Victa est per reverentiam vestri in rigore barbarico humilitate immanitas, intercessione crudelitas, illatione cupiditas. Vgl. ep. 85 Viro illustri Heraclio . . . sumens de matris sapientia quod libenter barbaros fugit.

568. S. z. B. *Aviti* ep. 12 Apollinari episcopo.

569. *Aviti* ep. 29 a. E. Domno Sigismundo; bes. aber ep. 30 an dens., wo unter Anderem auch steht: Quis scilicet tam intolerabilem poenam aequanimiter ferat, ut paradiso vestri conspectus inclusus mora beatiore vos videat? Vgl. auch ep. 81 und 82 an Sigismund.

570. *Aviti* ep. 45. Viro illustri Apollinari. Ante aliquos menses scribebatis, placuisse vobis libellos, quos inter occupationes seria et magis necessaria conscribendi nihilominus tamen de spiritalis historiae gestis etiam lege poematis lusi. Der Brief ist ein chronologischer Anhaltspunkt für die Zeit der Abfassung der erwähnten Gedichte.

571. Ueber diese dichterischen Versuche des *Avitus* s. man auch das Urtheil *Guizots* in der Hist. de la civil. en France II p. 199—216.

glattem Vers auch seinerseits dichterisch zu behandeln[572]. Weit
schwächer ist der «Uebergang über das rote Meer», und gar das Trost-
gedicht zum Lobe der Keuschheit, welches er seiner jüngsten
Schwester Fuscina widmet, ist ein plattes, zum Theil widerwärtiges und
geradezu ekelhaftes Machwerk[573]. Seine Prosa ist schwerfällig, un-
klassisch, hässlich, arm an Gedanken; aber seine Briefe beweisen,
wie gern er schreibt, und enthüllen manchmal komisch genug den
Hochmut des gebildeten Abendländers[574]. Die Erwartung, die er
von der Wirksamkeit seiner literarischen Arbeiten hegt, ist ausserordentlich: ein Brief soll den Kaiser bewegen, sich von seinen Irr-
lehren loszumachen; ein längeres Schreiben genügt, um Sektirer
einigermaassen zu bekehren[575]. Und trotz dieser Selbstüberschätzung
bückt er sich mit der Schwäche der Eitelkeit nach jedem Lobe,
welches die Freunde seinen Schriften spenden, und spiegelt in ihm
wohlgefällig sein Verdienst[576]. Der kleinlichste Tadel wider die
Klassicität seiner Rede verwundet ihn noch als alten Mann tief. Und
obgleich er selbst die Möglichkeit eines Barbarismus in seinen Reden
zugestehen muss, «weil das Alter die literarischen Kenntnisse, wenn
er sie auch in kräftigern Jahren gehabt habe, mit sich fortnehme»,
so vertheidigt er sich doch in einem langen Schreiben an den Rhetor
Viventiolus, der ihm jenen nichtsnutzigen Vorwurf gemacht hat[577].

---

572. Die lateinischen Titel sind: De initio mundi (325 Hexameter); De
originali peccato (423 v.); De sententia dei (425 v.); De diluvio mundi
(655 v.).

573. De transitu maris rubri (709 v.); De consolatoria laude castitatis
ad Fuscinam sororem virginem Deo sacratam (666 v.). Man vgl. hier die
widerwärtigen Ausführungen Vers 163 ff. Das Gedicht ist kulturhistorisch
und für die Familiengeschichte des Avitus nicht unwichtig.

574. Man s. den originellen Brief (ep. 44) an Sigismund, der sich auf
Briefe nach Constantinopel bezieht. Si dignamini credere, loqui possem,
importune tum obstreperet Graecis auribus sermo latinus. At cum in
lingua nostra hoc magis abiturum sit intelligibile, quod minus fuerit ex-
politum, in litteris, quas per conservum meum offerri praecepistis, possunt
et vitia cum securitate dictari. Ipsi certe quid velimus dicere quocumque
scrutentur interprete, ego in affatu consueto dignatione plus, si dici potest,
quam piissimi domni experimento interpretante cognovi.

575. Vgl. bes. den Anfang der ep. 2 und den Schluss der ep. 3, beide
an Gundobad. Diese beiden Briefe beweisen, wie Avitus die Briefform
öfter benutzt, um ein Sendschreiben an die Oeffentlichkeit zu richten.
Er rechnet dann auf möglichste Verbreitung. So sind der 2. und der
3. Brief öffentliche Angriffe auf den Eutychianismus. Vgl. auch Cucheval
a. a. O. p. 23, der jedoch etwas zu weit geht.

576. S. den Schluss der ep. 45 Viro illustri Apollinari.

577. Ep. 51. Der Brief giebt interessante Aufschlüsse über die Schule,
die Viventiolus in Lyon hatte.

Obgleich Priester der Kirche kennt er die Freuden der Welt und
weiss über die Genüsse des Gaumens in einer Weise zu sprechen,
die wir eher in der Burleske, als bei einem Heiligen suchen würden.
In sie sich vertiefend schreibt er im Namen eines Schlemmers an
einen Fürsten des Appetits, der bei einem von allen Delikatessen
der Erde und des Meeres strotzenden Frühstück des Königs in seinen
einen Leib mehr pfropfte, als kaum zwei Maulesel hatten herbei-
schleppen können, und der es schon beim ersten Gange als eine kleine
Strafe empfand, dass ein so essbares Ragout, einen Pfau zu verdecken bestimmt, seinen lüsternen Hunger zu dem Kern der Schüssel
nicht gelangen liess [578].

Die scharfe Zunge eines Mannes, den Avitus der Vermischung
mit einer Nonne angeklagt hatte, wagte den Vorwurf auf ihn zurück-
zuschleudern und zu behaupten, er habe selbst Zeugen seiner Fehl-
tritte erzeugt. Avitus aber ist nicht im Stande, die Thatsache zu
läugnen, dass er Kinder allerdings besitze [579].

Allein alle diese Schwächen bilden nur den schlechten Revers
zu einer ausgeprägten grossartigen Gestalt; und um diese hat der
katholische Bischof selbst die Umschrift geschrieben: «Auf der
Warte stehe ich und halte das Wachthorn, mir ist zu schweigen unerlaubt» [580].

Seine Natur war von dem Geiste christlicher Duldung, echter

Avitus,
das Christen-
thum u. d. katho-
lische Kirche.

---

578. Ep. 77: Ab *Avito* Viennensi episcopo dictata sub nomine Leo-
niani archidiaconi (über diesen müssigen Archidiaconus s. auch *Aviti* ep. 66
Maximo episcopo) ad virum spectabilem Sapaudum: Licet pompam con-
vivii principalis (die Könige waren Feinschmecker geworden; s. auch oben
n. 420) marinis deliciis terrestribusque fulgentem luculento sermone de-
scripseris, incunctanter tamen declarare tuum amorem consuetum est.
Secutus enim taliter postquam datam tibi materiam non versibus
sed dentibus expedisti, cum in uno prandio, quod vix duorum burdonum
terga detulerant, unus venter inclusit. Et caet.

579. S. *Aviti* ep. 49 Viro illustri Ansemundo (ein rechtlich sehr interessanter Brief): .... et si adhuc placet, etiam filios habere me dicat,
nec minas suas assentatione placabo. — Nec multos filios habere me ne-
gabo, qui unum ex eis peperisse jam doleo. Die Vertheidigung von *Parizel* a. a. O. p. 145, 146, die Kinder seien wohl vor dem Episkopat erzeugt,
ist schwach genug, und ebenso wie ihr Gegentheil unbeweisbar. Dass
etwas Schlimmes an der Sache war, die Kinder vielleicht nicht ehelich
waren, scheint mir der Satz: nec minas placabo, zu beweisen. Ders. Ans.
Cucheval a. a. O. p. 4 und 5. S. auch *Aviti* Poematum L. VI v. 123: Nec
secura datur requies in carne caduca, und die folgenden Ausführungen.

580. Ep. 49: Sed rogo, ne irascatur ista dicenti. Speculator sum, tu-
bam teneo, tacere mihi non licet.

Nächstenliebe wenig ergriffen; er verkannte und missdeutete das Gebot der Liebe [551]. Nirgends begegnet ein tief religiöses Bedürfniss, wohl aber ein fast fanatischer Hass auf die Ketzer [552], ein leidenschaftlicher Eifer für das nicänische Symbolum, für die katholische Kirche. Ihr Sieg über Ketzer, Juden und Heiden, die Errichtung einer einzigen religiösen Herrschaft über die ganze Welt, das ist das Ziel, für welches mitzuringen er als seine einzige Aufgabe erkannt hat [553].

Diese Pläne zu verfolgen unterstützt ihn die ganze Macht eines grossartigen Selbstgefühls. Mit dem Blicke des Staatsmannes, wie er grossen Kirchenfürsten stets eigen war, liest er — der katholische Bischof in einem arianischen Reiche — aus den Gefahren der eigenen Situation die Mittel zum Siege seiner Sache [554].

Nach Eintracht in der Kirche geht sein Ruf, Eintracht zwischen Ost und West, zwischen Rom und Byzanz: sie der Welt zu schenken seien die beiden Bischöfe dieser beiden Städte, «die Zwillingsfürsten unter den Aposteln», verpflichtet [555]. Die grosse katholische Einheit, wie Avitus sie auffasst, spiegelt sich in seinen Briefen [556]. Bald voll bedeutenden Inhalts, bald rein konventioneller Höflichkeit dienend, setzen sie den Schreiber nicht nur mit den Bischöfen Galliens und Oberitaliens in Verbindung; er schreibt dem Pabst, der Pabst ihm; angesehene Weltliche in Rom und Constantinopel, ja hier der Patriarch und der Kaiser empfangen seine Briefe, und in Erwiederung von Reliquien, die der Patriarch von Jerusalem ihm gesandt hatte, grüsst ihn Avitus als denjenigen, der in der gesammten Kirche die oberste Stelle einnehme, also noch über den Zwillingsfürsten von Rom

---

551. Ep. 1. Hoc autem convitium fratri, id est sub uno deo patre et una ecclesia matre in una fide posito dicere prohibemur.

552. Vgl. bes. ep. 1 a. E. und vor allem ep. 6.

553. So z. B. *Aviti* ep. 20 an Gundobad. Er erläutert die oben im Text p. 166 erwähnte Frage des Königs: Unde sequitur »et judicabit inter medium gentium et increpabit populos multos«: quos ex cunctis cognationibus terrae intra unam ecclesiam dominus noster judicando instituit et arguendo convertit. Vgl. auch das Programm für Chlodovech in ep. 41 'a. oben n. 494}.

554. *Aviti* ep. 31 am Schluss. S. oben p. 130.

555. Ep. 7 Papae Constantinopolitano: . . . . Laurentius . . . . indicans . . . . eam cum Romano antistite vos habere concordiam, quam velut geminos apostolorum principes mundo adsignare conveniat . . . . Custodite igitur quasi patres traditam vobis etiam super nos ecclesiae disciplinam. Concordiae vestrae tantum opus est magisterio, quantum et exemplo.

556. Vgl. n. 455.

und Constantinopel stehe [557]. Freilich die Stätte eingreifender Wirksamkeit kann für Avitus nur der Occident und speciell Gallien sein. Hier gestaltet sich nun die Friedensforderung um in eine ungleich praktischere, zweckgemässere: der Sieg der Kirche fordert Disciplin der Kirche, und die Disciplin ist undenkbar ohne Hierarchie.

Der Bischof von Rom — früher gleich andern Bischöfen nur eine Säule des gewaltigen Baues — ist ihm jetzt der Giebel desselben [558], das Haupt im Westen; die andern Bischöfe sind nur die Glieder, die Heerde des Hirten [559]. «Es ist doch unbegreiflich, — ruft er aus, nachdem 501 eine Synode von Bischöfen zusammengetreten war, um über Anklagen wider Pabst Symmachus zu richten — auf welchen Grund hin und mit welchem Rechte der höher Stehende von seinen Untergebenen abgeurtheilt werden soll!»[590] Seht ihr denn nicht, dass «wenn der Bischof von Rom in Zweifel gezogen wird, nicht nur ein Bischof, sondern der ganze Episkopat ins Schwanken gerät?»[591].

Wie der Pabst über alle andern, so ragen unter ihm die Metropoliten über die gewöhnlichen Bischöfe hervor. In der Viennensis unterfange sich Keiner von ihnen eine wichtige Entscheidung zu treffen, eine Exkommunikation anzuordnen, ohne vorher die Weisung von der Metropole geholt zu haben [592]. Und hart, mit rücksichtsloser Offenheit schilt Avitus einen in seiner Pflicht Leichtfertigen: «Ihr habt die Gegner in euren Waffen unterrichtet, den Unvollkommenen unsere Geheimnisse verraten und den Gesang des Herrn gesungen auf

---

557. Ep. 23 Papae Hierosolymitano: Exercet apostolatus vester concessos a divinitate primatus, et quod principem locum in universali ecclesia teneat non privilegiis solum studet monstrare sed meritis. Diese Stelle ebenso wie die Gleichstellung der Päbste von Rom und Byzanz, ist für *Purizel* a. a. O. p. 147 ff. ein grosser Stein des Anstosses. Allein er weiss sich zu helfen: der princeps locus ecclesiae ist — Jerusalem, celui qui a vu, en tressaillant de douleur, mourir le Christ sur la croix! Der zuvor erwähnte primatus ist also wohl das Bürgerrecht in Jerusalem? Weit richtiger *Cucheval* p. 36 ff., und schon vor ihm *Ampère*, Hist. littéraire de la France II. p. 200, 201.

588. *Aviti* ep. 31. Fausto et Symmacho senatoribus urbis . . . . Dum de causa romanae ecclesiae anxianimi ac trepidi essemus utpote nutare statum nostrum in lacessito vertice sentientes . . .

559. Das. gegen Ende: Reddet rationem qui ovili dominico praeest, qua comissam sibi agnorum curam administratione dispenset: caeterum non est gregis pastorum proprium terrere sed judicis.

590. Das.: . . . ita non facile datur intelligi qua vel ratione vel lege ab inferioribus eminentior judicetur?

591. Das.: . . . at si papa urbis vocatur in dubium, episcopatus jam videbitur, non episcopus vacillare.

592. S. ep. 6, 15, 16. Victorio episcopo; ep. 26 Cuidam.

fremder Erde!» [593] Der Episkopat ist ihm ein stolzes Amt, und unbedenklich stellt Avitus Seinesgleichen einem Moses und Elias als Ebenbürtige zur Seite [594].

Weit ist der Bischof wieder dem einfachen Priester überlegen: nur solche Presbyter sind wert einen Bischof auf dem Concile zu vertreten, die nicht weniger durch ihre Kenntnisse als durch ihre Ehrfurcht verdienen, einer Synode von Bischöfen beizuwohnen [595].

Die Kirche aber soll nicht nur auf die Priester gebaut werden: Avitus hält die Sorge für ihr Heil für eine gemeinsame Angelegenheit aller ihrer Getreuen [596]; und wenn es ihm gelang diesen fruchtbaren Gedanken durchzuführen, so schmiedete er aus dieser allgemeinen Theilnahme an dem Schicksal der Kirche eine furchtbare Waffe für die Hand des Katholicismus, die in Schwung zu versetzen die angestrebte vollständige Oeffentlichkeit des Religionsgesprächs von 499 bezweckte.

Avitus und die Träger der weltlichen Macht.

Indessen die herrschende Gewalt im Westen liegt noch nicht bei dem romanischen Katholicismus, sondern bei den germanischen Königen: sie sind wichtige unentbehrliche Werkzeuge. sobald sie den rechten Glauben angenommen haben, gefährliche Feinde, wenn sie dem Arianismus huldigen. In einem ähnlichen Zwiespalt wie in der Auffassung des Verhältnisses des römischen Bischofs zu denen von Byzanz und Jerusalem befindet sich Avitus in seiner Achtung der weltlichen Gewalten. Wie er jene theoretisch als mindestens gleich hochstehend betrachtet, während er praktisch zu dem Pabst in Italien als zu dem Haupt der ganzen Christenheit aufsieht, und als Verjüngung des römischen Weltreichs die kirchliche Welt-

---

593. Ep. 26 Cuidam episcopo anonymo. Nec valeo sine grandi vobis dolore suggerere, quam gravi sanctitas vestra, date veniam, facilitate praeventa sit: instruxistis adversarios armis vestris, prodidistis imperfectis secreta nostra, cantastis canticum domini in terra aliena.

594. Quid mihi laudet antiquus Moysem suum aquas ab aevo asperas ligno castigante dulcasse? quid Elisaeum non imparem, agrestis cibi amaritudine plenum lebetem medici farris infusione condisse? Haec quidem gesta exempli admirabilis fuisse quis nesciat? Sed non minus hodie vestro datum est sacerdoti, quem par diversitas felicis eventus parem paribus adprobabit. So in der Homilia in dedic. Basilicae, quam Maximus .... condidit: Mém. et docum. d'hist. at d'archéol. de Genève XVI p. 26.

595. Ep. 80 Cuidam episcopo anonymo..... Sed tales (scil. presbyteros) dignetur eligere, quos episcoporum concilio non minus scientia quam reverentia jure faciat interesse.

596. Ep. 36 Viro illustri Senario. Non ad solos sacerdotes ecclesiae pertinet status: cunctis fidelibus sollicitudo ista communis est.

monarchie unter ihm anstrebt[597], so ist er freilich noch ein-
gedenk des biblischen Befehls: «Seid unterthan der Obrig-
keit, die Gewalt über euch hat», und er zieht daraus die Kon-
sequenz, die Könige und die Fürsten, aber auch nur sie, sind die
Richter über den Pabst, über die Bischöfe[598]. Allein was haben in
Wahrheit diese Herrscher über ein Stück Land gemein mit den
Zielen eines die Welt umfassenden Katholicismus? Dessen Pläne adeln
den, der sich ihnen widmet, und tief unter sich erblickt Avitus halb
widerwillig, halb trotzig in den Fürsten die Mittel zum Zweck, wenn
sich auch sein Verstand herablassen muss, diese Mittel zu ergreifen,
um sie zuzurichten. Stets wird er abgestossen und von ihrer unent-
behrlichen Macht stets wieder angezogen, von dem ketzerischen
Fürsten des eigenen Landes, von jenem Gundobad, der bisher so
hartnäckig und in pflichtvergessener Verstocktheit der Bekehrung
Widerstand leistete[599]. Ist die Taufe Chlodovechs ein Triumph des
Katholicismus über seine Gegner, so ist sie zugleich ein Triumph der
Kirche über das Königthum. Wohlgefällig verweilt Avitus vor der
Taufe des Franken bei dem Gedanken, «von wie grosser Bedeutung es
sei, wenn die Zahl der geeinigten Bischöfe den königlichen Leib mit
dem Wasser des Lebens erwärme, und das furchtbare Haupt
der Völker sich den Sklaven Gottes beuge?»[600]. Nicht
die Achtung vor der Persönlichkeit, lediglich die Berechnung ist das
Band zwischen dem Bischofthume und den Fürsten. Jenes, dauernd
auf die Vermehrung seiner Mittel bedacht und gleichgültig, mit wessen
Hülfe es seine Zwecke erreiche, daneben mit der Angst des Ehrgeizes für die Erhaltung seines eigenen Einflusses besorgt, weiss

---

597. Man vgl. bes. die interess. ep. 31: Quibus cognitis, quasi senator
Romanus quasi Christianus episcopus obtestor, sic divinitatis coelestis
dono temporibus vestris prosperitas optata succedat, sic dignitas, in qua
floretis, universo orbi speciem Romani nominis mundo labente contineat,
ut in conspectu vestro non sit ecclesiae minor quam reipublicae status
...... nec minus diligatis in ecclesia vestra sedem Petri, quam in civitate apicem mundi!

598. Ep. 31. Quia sicut subditos nos esse terrenis potestatibus jubet
arbiter coeli, staturos nos ante reges et principes in quacumque accusa-
tione praedicens (folgt n. 590).

599. S. den Schluss der ep. 21 Domno Sigismundo. Vgl. oben p. 153
und die in dieser Beziehung so aufschlussreiche ep. 41 an Chlodovech.

600. Ep. 41. Chlodoveco regi .... Conferebamus namque, nobiscum-
que tractabamus, quale esset illud, cum adunatorum numerus pontificum
manu sancti ambitione servitii membra regia undis vitalibus confoveret,
cum se dei servis inflecteret timendum gentibus caput ....?

keinen Grund, dem einen Könige treu zu bleiben, wenn der andere gleichfalls den Absichten des Katholicismus oder den Plänen der Selbstsucht entspricht. So erklärt Avitus in dem Briefe an Chlodovech verwegen seinen Landesherrn zwar für einen König seines Volkes, aber in Wahrheit nur für einen Diener des Franken. Chlodovechs Freundschaft und die Abwendung des fränkischen Kriegs ist die lockende Aussicht, mit welcher der Viennensische Bischof 499 seine Bekehrungsversuche auf Gundobad und seine Umgebung unterstützt. Dieses furchtbare Mittel des Druckes entsprach seiner Rücksichtslosigkeit: die Alternative Sieg des Katholicismus oder Zerrüttung des Reichs konnte ihn nicht schrecken; stand doch das Eine fest, dass im Konflikt zwischen Staat und Kirche die Schonungslosigkeit gegen jenen einen Verdienst eines frommen Katholiken sei, für welches diesem wohl die Bischofswürde in Aussicht gestellt werden dürfe![601] Als aber Avitus Versuche an Gundobads Festigkeit scheiterten, da steht sein Interesse nicht mehr wie bisher auf Chlodovechs Seite, durch dessen Sieg das Ansehen eines früheren burgundischen Bischofs jedenfalls geschwächt werden musste; und er denkt um so weniger daran, sein Programm von 497 zu verwirklichen und offen für Chlodovech gegen «dessen Diener» Partei zu ergreifen, als er ja des Letzteren Sohn schon vollständig in seiner Gewalt hatte[602].

Er liess der Geschichte ihren Lauf und wahrscheinlich entsprach dieser vollständig seinen Wünschen, das Reich möge nicht in fränkische Abhängigkeit geraten, wohl aber möge dem burgundischen Machthaber die Notwendigkeit einer Versöhnung der Katholiken durch die Annäherung an sie einleuchtend gemacht werden.

So spiegelt sich in diesen beiden Männern die Lage des Reichs am Anfange des 6. Jahrhunderts: klare Ziele, starre Unnachgiebigkeit auf der einen, komplicirte Aufgaben, häufige Scheu vor durchgreifender Rücksichtslosigkeit auf der anderen Seite. Im Volke aber war zweifellos der religiöse Gegensatz durch die Ereignisse von 500

---

601. In ep. 47 rühmt Avitus den Adressaten Heraclius: Itaque sicut alias laudando regem reddidistis Caesari quod Caesaris erat, ita hic, ut redderetis Deo quae Dei sunt nec Caesari (scil. Gundobado) pepercistis . . . . . Si vero ad sacerdotum causam ventur, quorum adhuc non augetis scholam, sustinetis injuriam. Vgl. auch n. 597 und über die durch die Rechtgläubigkeit des Kaisers bedingte Ehrfurcht des Avitus gegen diesen ep. 2 a. A. an Gundobad.

602. Dass er in der Katastrophe nicht auf Chlodovechs Seite übergetreten war, beweist sein späteres Verhalten zu Gundobad und vor Allem ep. 5, wo Avitus über Godegisels Schicksal spricht.

in viel weiterem Umfange ein politischer geworden, ohne dass er selbst irgend an Tiefe verloren hätte.

Allein, als hätte die Katastrophe von dem Könige den hemmen- Gundobad und die neuen Verhältnisse. den Bann weggenommen, von jetzt an folgt er klaren Bahnen, und die Reformen im Inneren, die Stellung zu den inneren Konflikten, seine Handlungen nach aussen erhalten Zusammenhang und Einheit; eine erhöhte Kraft treibt nun auch die äussere Politik. Schon früher hatte er an der Konzentration der königlichen Gewalt, wenn auch Gundobad begründet die erbliche Monarchie. nicht der königlichen Würde in einer Hand gearbeitet; den Fuss fast noch auf dem Nacken des kaum niedergeworfenen Verrates, musste ihm stärker als früher und als später die Gefahr getheilter Herrschaft bewusst sein. Jetzt hatte der Zufall ihm allein die Königswürde übertragen; sollte indessen nach seinem Tode die alte Spaltung wieder eintreten? Die Sicherung des Gegentheils war nicht nur ein Bruch mit der alten Volksgewohnheit, eine tiefe Umgestaltung der Verfassung, sondern sie konnte auch nur auf Kosten der Rechte eines seiner Söhne durchgeführt werden. Nichtsdestoweniger ist es nach Gundobads Tode nur Sigismund, der ihm folgt, wie eine Quelle sagt: «auf Befehl des Vaters» [603]. Mit staatsmännischem Scharfblick und schonungslos, weil er die Notwendigkeit einsah, griff er einen wunden Fleck des öffentlichen Rechts an, um ihn für immer zu beseitigen. Den Gedanken einer rein auf das Erbrecht gegründeten Einkönigsherrschaft, den er später verwirklicht hat, unmittelbar nach dem Kriege muss er ihn gefasst haben. Während noch immer der Thron der Cäsaren aus Mangel eines wirklichen Herrscherstandes kraftlos von Einem zum Andern schwankt, während im Norden die Franken noch lange mit den schwächenden Theilungen der Würde und des Reiches im Geschlechte zu kämpfen haben, während bei den Westgothen das Volk sich aus dem Königsgeschlechte noch seinen Herrscher wählt, verbindet sich hier bei dem dem Volke völlig entwachsenen burgundischen Königthume die Kraft der Alleinherrschaft mit der Stätigkeit der Succession: zwei Principien durchdringen sich und kommen gleichmässig zur Geltung. Hierin ist Gundobad der erste Nachfolger von Genserich; nur ist sehr zu bezweifeln, ob er gleich jenem den Seniorat, und nicht vielmehr die Ordnung der Primogenitur modificirt durch den Mangel eines Repräsentationsrechts der Kinder vorverstorbener Söhne eingeführt habe?

---

603. Man vgl. darüber auch Theil II, Buch 2.

Fortdauernde
Sorge für die
Gesetzgebung Allein nicht nur die Steigerung der Macht des Reiches durch die Umgestaltung des Verfassungsrechtes, sondern auch der Ausbau der Gesetzgebung durch die Ergänzung und Verbesserung seines Gesetzbuches lag ihm am Herzen: mit erneutem Eifer ging er der Erfüllung dieser Pflicht nach, um sie sein ganzes weiteres Leben hindurch nie mehr ausser Acht zu lassen. War doch die altgermanische Einfachheit in Sitte und Recht, wo der gesunde Sinn des Volkes und die Gewohnheit zur rechtlichen Beherrschung der Verhältnisse noch genügen konnten, schon lange den Verhältnissen eines reich entwickelten Lebens, einer durch die Vermengung zweier Völker sehr verschiedener Rechte äusserst komplicirten Gestaltung gewichen. Für Gundobad bedeutete die Gesetzgebung nicht bloss ein Mittel, an Stelle des ungenügend gewordenen Gewohnheitsrechtes einen dem neuen Leben zusagenderen Rechtszustand zu schaffen; er benutzte sie zum Kitte der Völker, dessen sie jetzt mehr als je bedurften, als Mittel grösserer Annäherung und allmähliger Verschmelzung. Es ist eine völlig treffende Charakteristik, wenn Gregor von Tours von dieser Thätigkeit Gundobads sagt: Nach der Wiedereroberung des gesammten burgundischen Landes «gab er den Burgundern mildere Gesetze, damit diese die Römer nicht bedrängten« [604].

Gundobad bricht
mit der ariani-
schen Politik. Diese inneren Reformen schon sind bedeutend genug, um Gundobad den Namen eines grossen Herrschers zu sichern. Allmählig aber vollzieht sich nun auch im Anfange des 6. Jahrhunderts ein entschiedener Bruch mit der arianischen Politik, eine Annäherung an die katholische Partei und an die Franken [605]. Und man begreift, wie Avitus, als er längere Zeit nach dem burgundisch-fränkischen Kriege bei sehr ernstem Anlass auf diese Katastrophe zurücksieht, Gundobads Rettung mit den Worten charakterisiren konnte: »Damals wurde der Mann erhalten, der der katholischen Wahrheit Glück und Gedeihen bringen sollte« [606]. Die Ausscheidung des burgundischen Reichs aus dem, wie es scheint, für ihn gebotenen Verband mit den Westgothen und mit den Ostgothen ist um so auffallender, als nun Theoderich in die Politik der arianischen Reiche Plan und Bestimmtheit zu bringen versuchte, und seine Gründe arianischer Seits unwider-

---

604. Gregor II, 33: Burgundionibus leges mitiores instituit, ne Romanos opprimerent. Ueber den historischen Wert dieser Notiz vergl. Theil II, Buch I, die Gesch. der burg. Gesetzgebung.

605. Richtig erkannt auch von *Pétigny*, Études II p. 459.

606. *Aviti* ep. 5 an Gundobad: Illic repositum est, quicquid prosperum fuit catholicae veritati.

sprechlich schienen. Am klarsten entfalteten sich diese Pläne, als Die Pläne
Theoderichs.
einige Jahre vor dem wirklichen Ausbruche des Kampfes zwischen
Westgothen und Franken schon einmal der Konflikt dieser beiden
Mächte zu entbrennen drohte.

Der Einzige, der die Folgen eines solchen Zusammenstosses klar
voraussah und ihn desshalb durch eine enge Föderativpolitik um jeden
Preis verhindern wollte, war eben Theoderich. Sein Gedanke ging richtig dahin, den gefährlichen fränkischen Staat durch eine festgegliederte
Koalition aller seiner natürlichen Gegner zu balanciren. An Stelle
der Uebermacht eines einzelnen Gemeinwesens trat dann ein System
des politischen Gleichgewichts, begründet auf eine dauernde In-
teressengemeinschaft der verbündeten Staaten. Gelang der Plan, so
war Theoderich der Schiedsrichter der westlichen Welt[607]. Die Briefe,
in welchen der grosse Ostgothe seine Gedanken ausspricht und diesen
bei seinen natürlichen antifränkischen Bundesgenossen praktische
Anwendung zu verschaffen sucht, sind uns als interessantes Denkmal erhalten[608]. Alarich, so schreibt sein Schwiegervater, solle der
Kriegstüchtigkeit seines zahlreichen Volkes nicht zuviel Vertrauen

---

607. Wenn *Dahn*, Kön. der Germ. II p. 140 von einem Versuch Theoderichs spricht, der — wenn gelungen — das römisch-deutsche Kaiser-
thum auf gothischer, statt auf fränkischer Grundlage errichtet hätte, so
glaube ich, es liegt darin eine Verkennung Theoderichs; ein Fürst des
Friedens (wie ihn auch *Dahn* II, p. 134 ff. auffasst) kann das »moralische
Protektorat über alle bedeutenderen Germanenstämme« anstreben, zu
diesem Behufe in der Anlehnung an die Kaiseridee einen gewissen Rückhalt suchen; allein nur die Faust des Eroberers konnte ein neues Kaiserreich vorbereiten. Vgl. auch *Dahn* selbst a. a. O. p. 145.

608. *Cassiodor*. Var. III, 1—4; 1. an Alarich; 2. an Gundobad; 3. an die
Könige der Heruler, Guarner und Thoringer; 4. an Luduin, d. h. Chlodovech. Ueber die Zeit ihrer Abfassung herrscht grosse Meinungsver-
schiedenheit. *Valesius* L. VI p. 293 ff.; *Pagi* ad a. 507 n. 6 u. 7; *Mascov* XI c.
12 u. 13 (der freilich zweifelt, ob die Briefe wirklich auf den 507 ausge-
brochenen Konflikt Bezug haben); *Manso*, Gesch. des ostgoth. Reiches p. 62
u. 63; *Huschberg*, Alamannen und Franken p. 655 ff.; *Pétigny*, Etudes II
p. 500, 501; *Dahn*, Könige der Germanen II p. 8 n. 2; *Thorbecke*, Cassiodorus Senator p. 59 setzen die Briefe unmittelbar vor den Ausbruch der
Feindseligkeiten von 507. — Diess ist unzulässig, weil Theoderich eine
ganz andere Parteistellung der Burgunder voraussetzt, als diese 507 einnahmen, und weil sich die Verhältnisse der Burgunder zu den Westgothen
schon vorher getrübt haben müssen. *Mascov's* (XI c. 13 n. 2) Argumentation hiegegen ist unstichhaltig. — Noch unrichtiger nehmen aber die *Hist.
de Languedoc* I p. 235; *Fauriel* II p. 47 vgl. p. 50; *Pardessus*, Diplomata I
p. 33 die Briefe als in den Jahren 497 oder 498 geschrieben an. — Richtig
Pallmann a. a. O. II p. 50 n. 1 vgl. p. 55 n. 1 (zwischen 500 und 507);
Junghans a. a. O. p. 75; *Derichsweiler* p. 72: mehrere Jahre vor Ausbruch
des Kriegs.

schenken; lange sei Friede gewesen und habe die Kriegsübung geschwächt. Auch sei kein dringender Grund zum Krieg vorhanden. So werde Theoderich Gesandte zu ihm schicken, die mit Alarichs Willen auch zu dem gemeinsamen Bruder Gundobad und zu den anderen Königen gehen sollten. Freilich sei Alarichs Feind auch sein Gegner, allein zunächst möchten die Götter verhüten, dass der Unmut über den König der Westgothen den Sieg davontrage.

Sehr verschieden von dem väterlich mahnenden Ton, den Theoderich hier anschlägt, ist der seines Briefes an Gundobad [609]. »Ihr habt Alle von mir grosse Pfänder der Liebe, und so ist Keiner isolirt von dem Anderen . . . . An Uns ist es, die jungen Könige durch Gründe der Vernunft zu mässigen . . . . und sie sollen wissen, dass wir Gegner ihrer Feindseligkeit sind . . . . . Uns ziemt es, strenge Worte zu sprechen, dass nicht unsere Verwandten zum Aeussersten schreiten . . . . So sende ich an dich Gesandte, um sie — mit Einwilligung unseres Sohnes Alarich — in unserem Namen und im Namen der uns verbündeten Völker an den König der Franken zu senden, damit der Streit durch Vermittelung der Freunde gehoben werde. Vereinigen wir unser beider Bestreben zur Herstellung der Eintracht! Denn Niemand wird glauben, dass ohne unsere Stimme Jene zu dieser Feindschaft gekommen sind, wenn es nicht offen daliegt, dass unsere Anstrengungen sich vielmehr dahin richteten, ihren Zusammenstoss zu vermeiden«.

Neben Theoderich also soll auch Gundobad in diesem Falle der Schiedsrichter des neuen Systems sein. In wenigen Worten bezeichnet der Ostgothe dem burgundischen Fürsten die drohende Gefahr: er weiss, dass dessen Blick hell und der König ein Staatsmann ist. Mit ganz anderen weit drastischern Gründen sucht Theoderich dagegen die Fürsten der Heruler, Guarner und Thoringer zu bestimmen: auch sie sollen ihre Gesandten mit den ostgothischen und burgundischen vereint zu dem Könige der Franken senden: damit dieser sich entweder dem Konflikt mit den Westgothen entziehe und das Völkerrecht anrufe (leges gentium quaerat), oder aber, wenn er das Schiedsrichterthum solcher Männer zu verachten wage, den Angriff ihrer Aller zu dulden habe. »Ich will es offen sagen, was ich denke: wer ohne das Gesetz handeln will, bereitet sich, die Reiche Aller zu

609. *Dahn* a. a. O. II p. 144 nennt diesen den »zweideutigen«, »dem man mit Grund misstraute«. Allein in dem Briefe Theoderichs kann ich wenigstens nicht die geringste Spur des Misstrauens wahrnehmen, und mangelnde Offenheit war am wenigsten ein Charakterfehler Gundobads.

erschüttern. So ist es besser, die gefährliche Anmassung (assumtio)
in den Anfängen zu ersticken. . . . . ; denn wenn der Franke über ein
solches Reich den Sieg davongetragen haben wird, so könnt auch ihr
euch zweifellos auf seinen Angriff gefasst machen» [610].

Ein Brief in ähnlichem Sinne an Chlodovech enthält die deutlichen Worte: der wird uns und unsere Freunde zu Gegnern haben,
der solche Mahnungen (was wir nicht hoffen) verachten zu dürfen
glaubt.

Theoderich erkannte, dass in einem etwaigen Siege der Franken
eine Lebensfrage für das bestehende Staatensystem lag. Allein echt
arianisch kam auch hier die Einsicht lange nach dem richtigen Moment zum Handeln.

Die Erfahrung hatte gezeigt und zeigte später noch, dass diese Gundobads Mo-
Pläne der Möglichkeit einer stets bereiten Verwirklichung ermangel- tive, nicht auf
ten. Gundobad vergass es sicher nicht, dass obgleich 499 der sie einzugeben.
Angriff der Franken schon als drohend bekannt war, das Jahr 500
ihn ohne aktiven Bundesgenossen fand. Erschien doch selbst Theoderich später erst 508 im Felde, während der Zusammenstoss der
Franken und Westgothen, dessen dauernde Verhinderung seine Briefe
bezweckt hatten, schon 507 stattfand! Auf solche Staaten war trotz
eventueller Bundesgenossenschaft, gegenüber dem Ungestüm fränkischer Angriffe nicht zu rechnen.

Dazu gesellte sich die umklammerte Lage des burgundischen
Reiches: die nötige Ausdehnungsfähigkeit fehlte. Betrachten wir,
soweit diess möglich ist, die Gränzen desselben, wie sie sich nach
der Vergrösserung auf alamannische Kosten bis zum ostgothisch-
burgundischen Kriege fixirt hatten [611], so tritt eine Thatsache klar
an den Tag: der Staat war für eine von den Nachbarn selbstständige
Politik zu klein, gewisse natürliche Gränzen fehlten und konnten
nur auf Kosten der Franken oder der Westgothen erreicht werden.
Ligurien war verloren gegangen, die unteren Rhonelande hatte man
noch nie besessen.

Endlich war es allgemach zur einleuchtenden Unmöglichkeit geworden, bei der in Gallien und Italien herrschenden Scheu auf eine

---

610. Var. III, 3: Nam si tanto regno aliquid praevaluerit, vos aggredi
sine dubitatione praesumet.

611. S. darüber den Exkurs »Die burgundischen Reichsgränzen am Anfange des 6. Jahrhunderts«.

Brechung der katholischen Macht zu hoffen. Man musste sich also mit diesem Faktor versöhnen; um so mehr, als der katholische Eifer Sigismunds es nur noch als eine Frage der Zeit erscheinen liess. wann das burgundische Königthum den förmlichen Bund mit Rom schliessen würde. In Gundobads Wesen lag es begründet, dass er mit dem Glauben seines Volkes äusserlich nicht brach, aber den hoffenden Blick der Katholiken auf Chlodovech durch Gewährung des Möglichsten, durch Intimität mit dem katholischen Episkopat, besonders mit Avitus von jenem weg auf sich lenkte. Schon bei dem Religionsgespräch von 199 findet dieser bei seinem Könige die Absicht, die arianischen Priester von dem Festhalten an ihrem Bekenntnisse

Gundobads Söhne werden katholisch. vielleicht weniger zu bekehren als sie hierin zu ermüden[612]. Der Vater hatte es geschehen lassen, dass der Katholicismus von seinen Söhnen Besitz ergriff. Wahrscheinlich genossen sie Unterricht bei gebildeten Katholiken[613]. Mit praktischem Scharfblicke wusste sich Avitus des schwachen Sigismunds schon vor dem Ende des 5. Jahrhunderts gänzlich zu bemächtigen, um ihn seiner Bande nie mehr zu entlassen.

Es ist auffallend, welchen Gegensatz gerade in religiöser Beziehung dieser Fürst zu seinem Bruder Godomar gebildet haben muss. Auch von diesem meldet zwar ausdrücklich nur eine späte Quelle[614], er sei katholisch gewesen; allein diese Notiz wird wohl bestätigt durch einen Brief des Avitus an den auf dem Kriegszug widerdie Westgothen befindlichen Sigismund[615]; dieser wendet sich nämlich gegen den Schluss an die domni piissimi, worunter, da an Sigismunds Sohn nicht gedacht werden kann, nur Godomar gemeint sein wird, und lässt so wenigstens auf eine Art Pietätsverhältniss auch

---

612. *Aviti* ep. 21: Unde conjicere pietas vestra quamquam intento contradictori tamen arbitro sapienti non invalida vel absque viribus visa, quibus intentionem suorum, etsi non optat corrigi, desiderat fatigari.

613. Die Notiz der Vita Sgismundi, Boll. 1. Mai I p. 87: Nati sunt ei duo filii, Sigismundus et Gundemarus: et quamvis ipse Gundobadus rex omnisque gens Burgundionum tunc temporis Gotticae legis viderentur esse cultores, filiis suis christianae et catholicae religionis cultui deservire permisit. Qua lege percepta, illustris atque venerabilis Sigismundus puer.... ist, wenn man puer im gewöhnlichen Sinne nimmt, unrichtig. Sigismund war bei seinem Uebertritte nicht mehr puer.

614. Die Vita Sigismundi in der vorstehenden n. 613 angeführten Stelle.

615. Ep. 82 i. f. Dagegen ist vielleicht auf ep. 6 (p. 569 unten) aufmerksam zu machen: Et quia post nos nostrique regis — deus tribuat — felicissimam longaevitatem siquidem nihil de processu temporum immutabile credi debet, poterit forsitan haereticus quicunque regnare ... als auf eine Stelle, aus der man noch auf die Ketzerei einiger Mitglieder der Königsfamilie schliessen könnte.

zwischen diesem und Avitus schliessen. Während aber Sigismund zum oft missbrauchten Werkzeug der Katholiken wird, finden wir Godomars Stellung zu den katholischen Bischöfen in sehr beredtem Schweigen abgesehen von jenem einen Orte nirgends erwähnt: er stand den Kirchenfürsten selbstständig gegenüber. Es beweist eine Satzung von ihm als König, dass er die Parität der Bekenntnisse unbedingt geachtet wissen wollte. Nach einer Verfügung über das Verhältniss von Burgundern und Römern bezüglich vorzunehmender Landtheilungen sagt er nämlich offenbar daran anknüpfend weiter: «Ueberdiess sollen weder die Kirchen noch die Priester in einer von ihnen völlig verachtet werden»[616].

Ganz anders Sigismund! Wann er sich der katholischen Kirche zuwandte, lässt sich nicht genau bestimmen. Seine Kinder, deren ältestes, offenbar die Tochter, frühestens 495, Segerik aber erst 496 geboren sein konnte, wurden noch arianisch[617], offenbar weil der Vater selbst es noch war, und nicht nur aus Rücksicht auf die arianische Mutter, die Tochter Theoderichs[618]. Im Jahre 499 aber — diess beweist der 21. Brief des Avitus ganz unwiderleglich — ist der Uebertritt Sigismunds schon geschehen[619]. Eine glaubwürdige Angabe Agobardus lässt Avitus die Homilie auf die Bekehrung des Fürsten halten[620]. So fällt der Uebertritt in die Jahre 496—499[621]. $\quad$.

Es spricht Vieles dafür, dass ein starker persönlicher Einfluss des kirchlichen auf den dafür sehr empfänglichen weltlichen Fürsten die Entscheidung gab. Sigismund wohnte nämlich nicht bei seinem

[Marginalia:] Uebertritt Sigismunds zwischen 496 u. 499.

[Marginalia:] Sigismund lebt vor 500 in Vienne, nachher in Genf.

---

616. T. 107, 12: Praeterea ecclesiae aut sacerdotes in nullo (so auch L., der die beiden Worte doppelt hat und nicht wie Bluhme angiebt in nulla liest; das nullo ist aber wohl für nulla verschrieben?) penitus contemnantur. Man halte dagegen die Canones die epaoneus. Concils!

617. Vgl. den Titel der Homilie des *Avitus*: Homilia dicta in conversione Domni Segisrici, postridie quam soror ipsius ex Ariana haerese est recepta. (Bibl. max. IX. p. 592.) — Der frühere Uebertritt der Schwester deutet wohl darauf hin, dass sie die Aeltere war.

618. Aus dem wohl 516 geschriebenen 6. Briefe des Avitus ist zu schliessen, dass Segerik damals noch nicht lange katholisch ist: Et forsitan adjiciet divina miseratio, ut proles principis de quo loquimur, per receptam fidei plenitudinem catholicum sequatur auctorem. Jedenfalls aber ist die Bekehrung 516 schon vollzogen.

619. S. oben p. 153.

620. *Agobardus*, adversus legem Gundobadi cap. 13 (Opera ed. *Baluzius*, Paris 1666 p. 120).

621. *Valesius*, L. VII p. 330 und die *Hist. de Languedoc* I p. 260 lassen Sigismund bei seinem Regierungsantritt, *Pagi*, Critica ad a. 509 n. 19, *Gaupp*, Ansiedl. p. 222, *Bluhme*, Jahrb. I p. 69 noch zu Gundobads Lebzeiten den Arianismus verlassen.

Vater in Lyon. Während dort Avitus und Stephanus vor Gundobad ihren grossen Streit führen, lebt des Königs Sohn wahrscheinlich in Vienne. Auf das persönliche Wiedersehen spart wenigstens der grosse. katholische Bischof den ausführlicheren Bericht über das Religionsgespräch von 499 auf [622]. In der gleichen Stadt finden den Prinzen die Gesandten seines Vaters [623]; wenn er aber von dort zu dem westgothischen Kriege aufbricht [624], so erscheint Vienne nur als der Ausgangspunkt der Operation, nicht mehr als sein Wohnort [625]. Denn in einer späteren Periode residirt er nicht mehr in Vienne [626], ebensowenig aber nimmt er seinen Wohnsitz dauernd bei dem Vater in Lyon [627], sondern in Genf [628]. Die Vermutung liegt nahe, dass, so lange Godegisel noch lebte,

---

622. *Aviti* ep. 21 : S. n. 500. Und dann : ...... Sed cum praesentiam vestram deo largiente meruero, per me seriem totius altercationis exponam.

623. *Aviti* ep. 35 Elpidio diacono ..... Nam per majorem domus Tulli, qui amorem tuum, dominum meum Sigismundum a patre suo in legatione directus in Viennensium civitate repererat .....

624. *Aviti* ep. 40 : De festivitate — summa quidem festinatione reversus sum. Sed quia jam — processeratis ..... permulcere osculis manus et in sancto illo pectore sedem fidei nostrae adorare non merui.

625. Dafür sprechen auch die stürmischen Ausdrücke des Avitus, die bei noch dauernder Anwesenheit Sigismunds in Vienne allzu übertrieben wären.

626. Diess beweist der zur Zeit der ersten Sendung nach Constantinopel ca. 515 von Avitus an Sigismund geschriebene 44. Brief; ferner die Einladung des Avitus an den über Ostern in Cabilo weilenden Fürsten, durch seine glückliche Rückkehr den Viennensern nachträgliche Ostertage zu bereiten, da »wenn in Eurer Abwesenheit für uns Quadragesimae perduret austeritas, omnibus catholicis principem Christianum peculiari servulo piissimum domnum etiam per solemnitatem (offenbar aus Anlass des Pfingstfestes) vidisse solemne est«; ferner das Bedauern des Avitus in ep. 68 (nach Ostern eines anderen Jahres geschrieben), dass Sigismund statt in Vienne in Lyon Ostern gefeiert; und das Bedauern ist um so grösser: quia vicinum quemquam, quia adesse facilius poterat, plus doleat defuisse; ferner die Anfrage des Avitus in ep. 71 an Ansemundus, ob Sigismund, dessen Anblick bei dem diessmaligen Christfeste die Viennensische Kirche nicht genossen hätte (vgl. ep. 72: quem justo desiderio optaveramus videre), vielleicht durch seine Anwesenheit die Freude der Lyoner Bevölkerung verdoppelt habe? Endlich ep. 29 vgl. Note 628.

627. Diess ergiebt besonders *Aviti* ep. 68 nach welcher Sigismund vorübergehend in Lyon weilt, um mit Gundobad Ostern zu feiern: Unam in utraque civitate vestra ecclesiam perinde diligitis : sed pio patri, in quantum expedit, donec vos ad, quamlibet sequi consentiat: adhaeretis. Vos de laetitia vestra et incolumitate sollicitis, licet Caesares sitis, quod domnis exigitis, reddite pietati. Fast noch klarer ep. 71 und 72 (vgl. vor. Note).

628. *Aviti* ep. 29 Domno Sigismundo ...... Siquidem per annuum quoddam contagium congregatis adversis, attento vobis labore curandum est, ne alienae calliditatis fraude pullulet, quod in Dei nomine jam vestra

sein Neffe in Vienne gelebt habe, danach aber in seines Oheims verlassene
Residenz übergesiedelt sei; die Briefe an Sigismund nach Genf wären
dann also alle jedenfalls nach 500 geschrieben. Ist diese Annahme richtig, so erkennt man die Wichtigkeit, die eine Stadt dem Besitze einer
prinzlichen Haushaltung beilegt. Vienne wird für Gundobads Ueber-
siedelung nach Lyon mit Sigismund, Genf nach dem Tode König Godegisels mit dem Thronfolger entschädigt [629]. Wo dieser nun weilte,
stand er wie in Vienne mit Avitus in der eifrigsten Verbindung, und
war emsig im katholischen Interesse thätig. Der Glaubenswechsel un-
tergrub das natürliche Verhältniss des Sohnes zum Vater: der fremde
Priester kann es wagen, die arianischen Priester in einem Briefe an
Sigismund die Verführer von dessen Vater zu nennen; ja zu Gundobads Lebzeiten preist er dem Sohne über des Vaters Tod weg den
Triumph der katholischen Kirche, den erst seine Herrschaft in höherer
Glorie darstellen werde [630], und Sigismund sieht nicht, wie schimpflich
er dem edlen Könige gegenüber dasteht. Er war in seiner Person
ein schwaches, in seiner Stellung ein mächtiges Werkzeug der katholischen Hierarchie. Sein blindes Renegatenthum barg aber, wenn
es zur Herrschaft gelangte, auch unendliche Gefahren für den Staat
selbst. Gundobad konnte das nicht verkennen: er musste vorbauen,
sollte nicht im Momente seines Todes das arianisch-burgundische Volk
wie ein Mann gegen den neuen Herrscher sich erheben.

Alle diese Gründe waren stark genug, um die neugewählte
Stellung Gundobads völlig zu rechtfertigen. Wenn das Schicksal
dieser vielleicht seine Gunst entzog, Gundobads Einsicht hatte diess
wenigstens diessmal nicht verschuldet.

Der Mangel unserer Quellen macht es unmöglich, genau zu be-
urtheilen, wie weit die Verhältnisse Burgunds mit den Nachbar-
staaten in den ersten Jahren des sechsten Jahrhunderts Mitursachen
oder Folgen des Bruchs mit der arianischen Politik gebildet haben.
Die Briefe Theoderichs, die zwischen 500 und 507 fallen, beweisen,
wie dieser Bruch nicht alsbald der Oeffentlichkeit kund wurde; auch

---

victoria celebrabili virtute succidit, quamlibet Christo propitio praesentibus vobis obsistat. Hinc illa sollicitudine pressior constipatio (Genauensis,
quae in more originis primae, virilibus animis virus anguium sibilo feminei
sermonis insonuit.

629. Einstweilen sei bemerkt, dass die Annahme Derer, die Sigismund
neben seinem Vater regieren lassen, eine falsche ist. Schon allein die
ep. 29 Aviti widerlegt sie vollständig.

630. Ep. 29 a. E. .... claret gloriosior sub principatu vestro noster
triumphus!

bedurfte der Umschwung der Beurtheilung seiner Lage, welcher Gundobad zu diesem Schritte drängte, eines gewissen Zeitraumes, innerhalb dessen das Bewusstsein des Fürsten die Motive einzeln erfasste. Feste Gestalt und Wirklichkeit konnten diese Pläne erst erhalten, wenn Chlodovech bewogen wurde, der Lust, auf Kosten Burgunds sein Reich zu vergrössern, abzusagen, und mit Gundobad in freundschaftliche Beziehungen zu treten.

Frieden Gundo-
bads mit Chlodo-
vech zwischen
501 u. 506. Diess sollte sich bald vollziehen [631]. Leider fliesst die uns belehrende Quelle [632], die Lebensbeschreibung des Bischofs Eptadius von Auxerre, wieder so trübe, dass Vieles im Unklaren bleiben muss.

Dieser Eptadius war aus einem oppidum der civitas Autun gebürtig [633], also ein Burgunder; später interessirte sich Chlodovech für seine Wahl zum Bischof von Auxerre und bat Gundobad, er möge diese zulassen. Der Anlass, bei welchem Chlodovech diese Bitte vorbrachte, wird von der Vita so bezeichnet: «es war zur selben Zeit, als sich beim Flusse Quoranda die eifersüchtige Macht der beiden Könige von Burgund und Franken in den Armen lag, während die Eintracht des Friedens zwischen ihnen vermittelte» [634].

Zusammenkunft
der Fürsten am
Flüsschen
la Cure. Der Name des Flusses ist jedenfalls korrumpirt; am nächsten läge die auch von dem Herausgeber der Vita in den Bollandisten adoptirte Verbesserung Oscara, die Ouche; allein Alles in Allem erwogen, muss man entschieden Labbes Vorschlag den Vorzug geben, dass hier das Flüsschen Cora (la Cure), welches etwas oberhalb von

---

631. Der gleich zu erwähnende Frieden Gundobads mit Chlodovech wurde jedenfalls vor 507 abgeschlossen. Allein zu einer genaueren Zeitbestimmung fehlt aller Anhalt. Doch ist der Sachlage nach wahrscheinlich, dass diess Ereigniss näher an 500 als an 507 liegt. *Pétigny*, Études II p. 647 setzt es Ende 506; die Gründe n. 2 sind nicht richtig; die Bollandisten ins Jahr 500; diess ist unmöglich.

632. Die Vita Eptadii, 24. Aug. IV p. 778—781 (Auszug bei *Bouquet* III p. 380, 381).

633. So glaube ich die Stelle der Vita p. 778: Igitur sanctus Eptadius Augustodunensis Heduae Galliarum oppidi civis fuit, allein fassen zu können.

634. Vita Eptadii a. a. O. p. 779: Eodem tempore, quo se ad fluvium Quorandam, pacis mediante concordia, duorum regum superstitiosa est complexa potentia, id est Burgundionum gentis et Francorum, a rege Gundobado praecellentissimus rex Francorum suppliciter exoravit, ut hunc beatissimum virum die Eptadium civitatis suae Antissiodorensis praestaret antistitem ordinandum; cui petitioni vel electioni praedicti regis ita restitit voluntas offensa, tamquam sibi maximas viros deposceret possidendas. Sollte nicht wenigstens statt mediante meditante gelesen werden, so dass die schlechten Worte wenigstens den guten Sinn ergäben, dass man auf Herstellung des Friedens bedacht gewesen sei?

Auxerre in die Yonne fällt, gemeint sei [635] : denn die Scene zwischen den Fürsten muss nahe bei Auxerre stattgefunden haben [636]

Weiterer Zweifel berührt die Zugehörigkeit des Zusammenkunftsortes und Auxerres zu Burgund oder zu Franken. Die Fassung von Chlodovechs Bitte ist auf den ersten Blick unklar : ihr Inhalt könnte nur entweder den Sinn gehabt haben, den Landesherrn des Eptadius zu bewegen, diesen zum Behufe der Erwählung zum Bischof der fränkischen Stadt Auxerre aus dem burgundischen Staatsverbande zu entlassen; oder aber den andern, Gundobad möge, als zur Bestellung burgundischer Bischöfe mitberechtigte Autorität, seine Zustimmung zur Wahl ertheilen : dann wäre die Zugehörigkeit der Stadt zu Burgund erwiesen. Den letzten Sinn bieten nun bei näherem Zusehen auch die Worte der Vita ebenso bestimmt, als sie jenen ersten ausschliessen. Gundobad wird als die Autorität bezeichnet, deren Erlaubniss zur Wahl wesentlich ist [637]; bei der Wahl eines fränkischen Bischofs könnte von einer permissio auctoritatis (scil. Gundobadi) gar keine Rede sein [638].

Der burgundische König hatte also den Sieger von 500 auf burgundische Erde geladen. Beide waren mit Gefolge erschienen [639] : die Aussöhnung fand Statt und förmlicher Frieden und Freundschaft wurden geschlossen [640]. Der Verfasser der Vita Eptadii erzählt nicht, ob damals schon weitere politische Verabredungen getroffen worden seien, und der gemeinsame Blick, wie sehr wahrscheinlich, sich damals schon auf das Westgothenreich als gute Beute gerichtet habe. Er weiss aber von kluger Benutzung des Momentes seitens Chlodovechs zu reden : diesem musste es für alle Fälle wichtig sein, besonders in den Gränzstädten ihm ergebene Männer zu Bischöfen zu haben. Zu den Freunden der Franken gehörte Eptadius zweifellos, und seinem Könige, der Chlodovech auf die Dauer nicht ganz trauen mochte, ihm aber nicht unmittelbar nach dem Friedensschlusse ein Zeichen seines Misstrauens geben wollte, wird auf diese Weise die Zustimmung zur Wahl, die denn auch sofort erfolgt, abgenötigt. Dem dennoch zögernden

Wahl des Eptadius zum Bischof von Auxerre.

635. S. darüber in den *Bollandisten*, Aug. IV p. 781.
636. Ders. Ans. *Pétigny* Études II p. 647.
637. S. die Fortsetzung der obigen Stelle in n. 484.
638. A. M. für die Zugehörigkeit Auxerres zu Franken *Pétigny* II p. 647; *Roth*, Gesch. des Beneficialwesens p. 54 n. 54; *Junghans* p. 23, 134. Unserer Ans. *Huschberg* a. a. O. p. 651.
639. So verstehe ich den praesens populus der n. 484.
640. Vgl. n. 484 u. n. 634.

Eptadius, der sich in die Einöden des pagus Morvinus zurückzieht[641], verspricht endlich Gundobad eidlich, er werde ihn, wenn er sein Amt antrete, nie in seinem Willen kreuzen; nur möge er für die Erhaltung seines Reiches in seiner Unverletztheit beten und fortfahren, wie er begonnen, den Nöten der gefangenen Römer wie Burgunder, ja den Gefangenen überhaupt Hülfe zu leisten. Für diese Zwecke übersandte ihm der König reiche Geldmittel. So gesichert tritt jetzt Eptadius das Bischofamt an[642].

Diese Nachrichten zeugen von einer Art Misstrauens zwischen Gundobad und dem Bischof von Auxerre: der König sucht durch religiöse Mittel den Freund der Franken an seine Pflicht zu binden; zugleich enthüllen sie, dass die Franken im Jahre 500 trotz der Bundesgenossenschaft mit Godegisel eine Masse romanischer und germanischer Burgunder mit sich fortgeschleppt haben. Niemand war zu deren allmähliger Auslösung geeigneter, als ein Bischof in einer Gränzstadt[643].

Misstrauen zwischen Burgundern und Westgothen. Die Koalition der Burgunder und Franken war nun zur Thatsache geworden; die Freundschaft mit den Westgothen aber hatte sich in gegenseitiges Misstrauen aufgelöst. Man könnte daraus, dass Avignon[644] 500 noch den Burgundern gehört, sein Bischof aber 506 auf dem

---

641. .... se proripuit ad deserta Morvinni et ad montanam solitudinam properavit .... Vita Eptadii a. a. O. p. 779.

642. Vita Eptadii a. a. O. p. 779: Tamdiu in solitudine deserti permansit, donec iterum ei praefatus rex cum juramento pollicitus est, dicens, non se unquam contra voluntatem ipsius esse venturum, et tantummodo pro regni sui incolumitate divinae clementiae supplicaret, et in necessitatibus captivorum, tam Romanorum quam Burgundionum vel universarum gentium, ut coeperat, laboraret, pro ea re postea ei multam pecuniam transmittens; quam ille continuo captivis, viduis et orphanis ac peregrinantibus erogavit. Post sumit admirabilem honorem apostolatus, ad hunc se humilitate et benedictione obedientiae gradum vir beatus Eptadius inclinans. Ita quod antea ille optaverat, postea tota gratulatione usque in finem devotus implevit.

643. Nicht ohne Interesse für dieses Gefangenenleben ist auch folg. Notiz der Vita Eptadii a. a. O. p. 780: Non tantum Catholicos, verum etiam paganos ac ferocissimos barbaros, qui more leonum furentes cum superbia magna captivis persequendis adveniebant, sicut agnos mitissimos suis sanctis reddebat alloquiis.

644. Durch die Inschrift No. 482 bei *Le Blant*, Inscriptions chrét. de la Gaule II p. 206, 207 (dessen Werk ich erst nach langem vergeblichem Suchen während des Druckes erhalten konnte) bin ich in den Stand gesetzt, eine irrige Ansicht von mir (p. 131 und 137) zu berichtigen. Ich habe aus der Lage Ucetias dessen Zugehörigkeit zu Burgund annehmen zu sollen geglaubt und somit am Ende des 5. Jahrhunderts 27 burgundische Bis-

westgothischen Concil zu Agde erscheint, folgern, dass Alarich diese Stadt von Arles aus in Besitz genommen habe[645]. Allein ein sicheres Zeugniss für die staatliche Zugehörigkeit einer Stadt ist aus dem Erscheinen ihres Bischofs auf einem Landeskoncil nicht zu entnehmen[646]. Dennoch steht fest, dass schon vor dem wirklichen Ausbruch des Krieges Misshelligkeiten zwischen den beiden Staaten sich kund gaben.

Caesarius nämlich, Bischof von Arles — so erzählt dessen Vita[617] — wurde indirekt von einem seiner Notare, mit Namen Licinianus, bei Alarich verklagt, dass er mit allen Kräften Stadt und Territorium von Arles dem burgundischen Reich zu unterwerfen bestrebt sei[618]; während der heilige Mann doch — so fügt der Biograph voll Indignation bei — Tag und Nacht den Frieden der Völker und die Ruhe der Städte vom Himmel forderte. Der Bischof wurde nach Bordeaux verbannt[649], kehrte dann aber auf Alarichs Erlaubniss zurück und weilte während der Belagerung von Arles durch Burgunder und Franken schon wieder in der belagerten Stadt. So fällt das Ereigniss offenbar nicht allzuweit vor 507[650].

Man fürchtete also in Arles burgundische Annexionsgelüste, und der Verdacht richtete sich naturgemäss gegen den katholischen,

---

thümer gezählt. Nun lautet eine in Viviers gefundene Inschrift: Hic requiis | cet in pace | iac. Domno | lus. Qui vi | xit annus | XXXVIIII et | dees III obiit | III K̄ Maias | XII reg dom | ni Alarici. Im Jahre 496 oder 497 war also Viviers westgothisch; um wie viel mehr Ucetia! Danach ändert sich auch die Zahl der Bisthümer am Ende des 6. Jahrhunderts; vgl. aber darüber die genauen Angaben in Theil II, Buch 2, bei Besprechung der Reichseintheilung.

645. Man könnte sich dafür auch noch auf den Schluss von *Cassiodor*, Var. III, 38 an Vandil in Avignon berufen: Vivat noster exercitus civiliter cum Romanis. Prosit eis destinata defensio. Nec aliquid illos a nostris sinatis pati, quos ab hostili nitimur opressione liberari. Allein auch der Eroberer giebt fast immer vor, als Befreier zu kommen.

646. Ich glaube nicht, dass die Stadt 506 schon verloren war.

617. Dieselbe steht Boll. 27. Aug. VI p. 64—83. Commentar. praevius l. c. p. 50—64.

648. Vita Caesarii. a. a. O. p. 67. Licinianus lässt durch auricularii dem Alarich zutragen, quod beatissimus Caesarius, qui de Galliis habebat originem, totis viribus affectaret, territorium et civitatem Arelatensem Burgundionum ditionibus subjugare.

649. Vita Caesarii. a. a. O. p. 69.

650. Im Sept. 506 präsidirt Cäsarius dem Concil von Agde. Ich halte es für wahrscheinlich, dass die Exilirung nicht allzulange vorher stattfand. Ders. A. der Herausgeber der Vita in den Bolland. 27. Aug. VI p. 53, der das Exil 505, die Rückkehr 506 annimmt. Anders *Pétigny* II p. 490 n. 1, der, auf eine Stelle der Vita (c. 16) gestützt, beweisen will, die Exilirung müsse spätestens in die ersten Monate 503 fallen.

aus der burgundischen civitas Cabilonensis stammenden Bischof Caesarius [651].

Bedenkt man die Ereignisse der Jahre 507 und 508, so gewinnt die Anklage des Licinianus nicht wenig an Wahrscheinlichkeit: Gundobad hatte sein Auge auf die unteren Rhonelande geworfen; sehr möglich, dass die Katholiken von Arles schon vor dem Krieg in dieser Richtung thätig zu werden begannen. Die Verhältnisse waren jedenfalls schon gespannt: geht doch nach der Vita selbst Caesarius Gebet auf Frieden zwischen den Völkern.

Herannahen des Krieges der verbündeten Franken und Burgunder gegen die Westgothen.

Aber der Friede blieb nicht erhalten: bald entbrannte ein mehrjähriger Krieg, in welchen die sämmtlichen Hauptmächte des Westens verwickelt waren, und in den die Burgunder an der Seite der Franken eintraten. Ihr Ziel des Kampfes war der Sturz des westgothischen Reiches in Gallien; die Verabredungen der Verbündeten über die eventuelle Theilung der Beute sind unbekannt. Je grösser das Risiko war, welches Gundobad selbst lief — denn sein Reich trug beim Misslingen die grösste Gefahr —, um so mehr musste er den gleichen Theil wie Chlodovech sich sichern lassen und um jeden Preis zu verhindern suchen, dass die Auvergne in fränkische Hand fiel. Ich zweifle indessen, ob der burgundische Fürst, der vielleicht wohlgefällig dem Gedanken der Reichsabrundung nur innerhalb des Gebietes der Rhone und durch die Küstenstriche des mittelländischen Meeres von den Alpen bis zu den Pyrenäen nachhing, hierin die nötigen Garantieen gefordert und demgemäss erlangt hat.

Das Jahr 507 brach an: die Feindschaft der Mächte macht sich schon fühlbar; die Beziehungen mit Italien werden soweit unterbrochen, dass nicht einmal der Name des ernannten Consuls nach Gallien dringt [652]. Seltsamer Weise erscheint aber Theoderich nicht selbst mit einem Heere auf dem Kriegsschauplatz.

Der äussere Anlass des Krieges, so häufig nur eine seltsame Maske, die dem inneren Zwang der Verhältnisse vorgesteckt wird,

---

651. S. Vita Caesarii p. 67: . . . . Caesarius . . . . territorii Cabilonensis fertur indigena.

652. Vgl. auch *Rossi*, Inscr. christ. urbis Romae I p. 420. Ich deute diese Thatsache auf eine Art Gränzsperre, die dem Verkehr zweier Staaten, deren einer sich vom andern der Feindschaft versah, hindernd in den Weg trat. Sehr interessant in dieser Beziehung ist die Stelle des *Aritus*, ep. 54, wo sich Sigismund über Theoderich beschwert: er habe eine Gesandtschaft an Anastasius abgesandt, specialius securitate concepta, quod rector Italiae de pace vestra publice plauderet . . . Aber Interclusum est ergo atque prohibitum relationibus destinatis iter arreptum!

ist in Dunkel gehüllt. Von Anfang an giebt ihm die katholische Partei ein religiöses Gepräge; es wäre von den Fürsten ja thöricht gewesen, dieses die Leidenschaft und den Mut entfachende Moment nicht zu benutzen. «Es lastet schwer auf mir, lässt Gregor Chlodovech seinem versammelten Volke zurufen, dass diese Arianer einen Theil Galliens besitzen. Lasst uns ausziehen, mit Gottes Hülfe sie überwältigen und das Land zu unserem Eigen machen». Und diess Wort fand in Aller Brust lauten Nachhall[653].

Die feindlichen Gegner fühlten die Bedeutung des herannahenden Kampfes und suchten sich bestmöglich zu rüsten[654]. Den letzten Mann, der Waffen tragen konnte, zog Alarich zum Heere. Seine Herolde durchziehen das Reich und bieten alle irgend Kriegstauglichen in dringendster Weise zum Dienste auf[655]. Die Steuererheber sammeln eine gewaltige Masse Geldes zu einer Kriegskasse[656]; ja die Goldmünzen werden in ihrem Gehalte verringert: «ein sprechendes Zeugniss des kommenden Ruins»[657].

Eine drängende Hast, die Energie der Gefahr spricht aus allen diesen Maassregeln. War doch der Kampf für Alarich, wenn nicht sein Schwiegervater ihm zu Hülfe kam, ein sehr ungleicher!

(Randnotiz: Beiderseitige Rüstungen.)

---

653. *Gregor* II c. 37: Igitur Chlodovechus rex ait suis: Valde moleste fero, quod hi Ariani partem teneant Galliarum. Eamus cum dei adjutorio et superatis redigamus terram in ditionem nostram. Cumque placuisset omnibus hic sermo, commoto exercitu Pictavis dirigit: ibi enim tunc Alaricus commorabatur.

654. Vgl. *Junghans* a. a. O. p. 81, 82. *Junghans* hat das grosse Verdienst, die Quellen dieses Krieges in musterhafter Weise kritisch durchgearbeitet zu haben. In der Würdigung der einzelnen Quellen theile ich seine Ansichten fast vollständig; wegen der Benutzung oder Nichtbenutzung bestimmter Berichte sei desshalb ein für alle Male auf ihn verwiesen. — Meine Hauptaufgabe ist die Darstellung der Ereignisse, soweit Burgunder dabei mitgewirkt, oder soweit jene auf Burgund zurückgewirkt haben. In dieser Beziehung bin ich im Stande, einige bisher nicht unbekannte, wohl aber unbenutzte Quellen beizuziehen; und hier befinde ich mich auch in einer nicht unbedeutenden Differenz mit *Junghans*.

655. Vita Aviti Eremitae, Auszug bei *Bouquet* III p. 390: Ea tempestate Alaricus: .... regnum Gothorum obtinuit: qui ...... regnum adire disposuit Franciae. Quod suae pertinaciae votum ut firmius roborari videt, assensu suorum totius regni argenti ponderosa massa per exactores in unum corpus conflatur; et quisque ex militari ordine viribus potens donativum regis volens nolens recepturus per praecones urgente sententia invitatur. Beatus ergo Avitus ...... licet invitus saeculari praescriptus militiae quasi alter Martinus militare donativum recepturus inter ceteros praenotatur, ut contra hostilem Francorum aciem pugnaturus.

656. S. vor. Note.

657. *Aviti* ep. 78 Apollinari episcopo ..... Avitus beschreibt die Goldmischung, die er zu einem Siegelring haben möchte, und will nicht:

Denn gegen ihn zog Chlodovech mit seiner ganzen Macht, und diesen begleitend sein Sohn Theuderich und Chloderich, Sohn König Sigiberts des Hinkenden[658] von Austrasien. Mit den Franken im Bunde stand das burgundische Reich[659].

Auf Seiten der Verbündeten lässt sich ein bestimmter Kriegsplan nicht verkennen: sie ergriffen von Anfang an die Offensive, und während Chlodovech mit dem fränkischen Heere von Norden in das Westgothenreich einbrechen sollte, wo sich ihm Alarich doch gewiss nach der nördlichen Gränze zu entgegenstellen würde, sollten die Burgunder den Feind in der Flanke packen und durch die Auvergne dringend sich — zweifellos zum Hauptstosse — mit Chlodovech vereinigen.

Der Ausmarsch der Burgunder 507, nach Pfingsten ?

Die Verwirklichung des Planes auch von burgundischer Seite lässt sich theilweise nachweisen[660].

Der Aufbruch-des burgundischen Heeres muss unerwartet schnell

---

vel illam, quam nuperrime rex Getarum secuturae praesagam ruinae monetis publicis adulterium firmantem mandaverat. Dieser in seiner Wichtigkeit für den burgundisch-ostgothischen Krieg noch nicht erkannte Brief ist 509 geschrieben. S. auch den Exkurs über die Chronologie der Avitischen Briefe.

658. *Gregor.* Hist. II c. 37: Habebat autem in adjutorium suum (dieser Ausdruck deutet doch wohl auch auf mitgebrachte Hülfsmannschaft) filium Sigiberti claudi, nomine Chlodericum.

659. *Isidorus*, Historia Gothorum c. 36: Aera DXXI, ann. X imperi Zenonis Eurico mortuo Alaricus filius ejus apud Tolosanam urbem princeps Gothorum constituitur, regnans ann. XXIII; adversus quem Fludujus Francorum princeps Galliae regnum affectans Burgundionibus sibi auxiliantibus bellum movet. Das 23. Regierungsjahr des Alarich ist 507; vgl. n. 363. Falsch *Gregor.* Hist. II cap. 37: Regnavit autem Alaricus viginti duos annos. *Valesius*, L. VI p. 302 lässt erst 508 ein Bündniss zwischen Gundobad und den Franken geschlossen werden; in seinen Bemerkungen für eine zweite Auflage bemerkt er den Irrthum mit Bezug auf *Isidor*, sagt aber zu 508: Gundobadus . . . . iterum ex foedere cum Chlodoveo arma junxit, ut Vesigothos debellaret.

660. Es ist bisher noch gänzlich übersehen, dass sich *Aviti* epp. 40, 81 und 82 an Prinz Sigismund sämmtlich auf den burgundischen Auszug wider die Westgothen beziehen. Ep. 40 ist unmittelbar nach dem Ausmarsch, 81 aber noch vor der Vereinigung mit den Franken geschrieben; die Zeit von ep. 85 ist nicht ganz genau festzustellen. Vgl. den betr. Exkurs. Der burgundischen Mitwirkung bei diesem Kriege wird in der Literatur nur höchst selten ein eingehendes Wort gewidmet. Durchaus falsche Vorstellungen hegt *Luden* III p. 90. *Pétigny*, Études II p. 511 erkennt wenigstens, dass der 40. Brief des Avitus den burgundischen Auszug im Auge habe, lässt aber, wie so Viele schon vor ihm, diesen Auszug sofort in der Richtung auf Arles geschehen; Avignon, diese feindliche Stadt (!), wird umgangen. Vgl. freilich unten n. 671 a. E.

erfolgt sein [661]. Als Bischof Avitus von einem Fest, zu welchem er gereist, «mit grösster Schnelligkeit» zurückgekehrt war, fand selbst er es zu seinem Erstaunen schon ausgerückt. Wahrscheinlich war jenes Fest das Pfingstfest; denn um Ostern konnte der Krieg kaum schon entbrennen [662].

Das Ziel des Heeres war Avitus durchaus bekannt [663]. Der Bischof von Vienne sagt nicht, dass Gundobad persönlich den Oberbefehl geführt habe, wohl aber scheint eine andere Quelle den burgundischen Fürsten in dieser Funktion zu kennen [664]; Avitus bezeugt nur, dass nicht nur Sigismund im Expeditionsheere verweilte [665], sondern auch Godomar dieses begleitete [666]. Die Bestimmung des burgundischen Heeres war die Vereinigung mit den Franken, um mit ihnen gemeinschaftlich die Gegner zu unterwerfen [667]. Noch war die Entscheidungsschlacht nicht geschlagen [668]; das burgundische Heer

661. *Avitus*, ep. 40 : De festivitate, ad quam profectus fueram, summa quidem festinatione reversus sum. Sed quia jam duce Christo processeratis, laetificandus ut de deo credimus reditu vestro, immodice tamen attonitus reddor abscessu.

662. *Pétigny*, Études II p. 504 und *Junghans* a. a. O. p. 83 denken an das Frühjahr, weil die Vienne angeschwollen war: *Gregor.* II c. 37 .... intumuerat enim inundatione pluviarum. Allein Regengüsse giebt es auch später noch und der Umstand, dass Chlodovech in diesem Jahre nicht weiter als nach Bordeaux kommt, spricht mir für einen späteren Anfang des Krieges. — Die Auffindung einiger neuer datirter Inschriften könnte genügen, hierin Alles klar zu stellen.

663. *Avitus* ep. 82. Quippe cum quicumque veraciter Catholicorum nomen usurpant, pervigili prece deo supplicare nunc debeant, ut vobis vota nostra illibata atque integra relaturis et fideliter vicina conjungat et feliciter adversa subjiciat. Sicque in rerum necessitate multiplici ambifariam vobis Christo propugnante contingat et pars quae cupitur, et victoria quae debetur.

664. Die Vita Eptadii (s. die Stelle unten n. 671) erwähnt ein castrum Idunum jussu regis Burgundionum a Romanis effractum. Das Castell wurde wahrscheinlich auf jenem Zuge eingenommen. Der rex Burg. schlechthin kann nur Gundobad sein, der dominus suus, wie ihn die Stelle weiterhin selbst im Unterschiede zu Sigismund nennt. So ist doch Gundobads persönliche Anwesenheit beim Heere wahrscheinlich, wie wir ihn denn auch später in Narbonne finden werden.

665. Nach *Aviti* ep. 81 ist der Fürst in ipso susceptae expeditionis procinctu.

666. In dem 82. Briefe des *Avitus* an Sigismund a. E. schreibt jener : ...... postestis tamen piissimi domni conjicere, quantum mihi dulcius erit et caet. So schlechtweg und beiläufig würde der Bischof Gundobad selbst nicht angeredet haben; und an Segerik zu denken verbietet das Jahr.

667. *Aviti* ep. 82, s. die vorstehende n. 663. Die vicina sind die Franken; die adversa die Westgothen.

668. Vgl. die letzten Worte des *Avitus* in ep. 82 in der vorstehenden n. 663.

aber[669] rückte durch die Auvergne in der Richtung auf Limoges vor[670] und bedrohte dadurch Flanke und Rücken des Feindes.

Mit grosser Wahrscheinlichkeit muss nämlich auf diesen burgundischen Heereszug eine Nachricht der Vita Eptadii[671] bezogen werden. Wenigstens folgt ihr unmittelbar der Bericht über die eingebrachten Kriegsgefangenen Chlodovechs aus seinem westgothischen Kampfe, und es fehlt später der Platz, an welchen diess erwähnte Ereigniss gesetzt werden könnte. «Wiederum, bald nachher, wurde ein Castrum der Stadt Limoges, Namens Idunum[672], auf Befehl des burgundischen Königs . . . gebrochen, in welchem eine gewaltige Menge Gefangener gemacht wurde. Ueber diese bricht . . . . Eptadius in Seufzen und Thränen aus und wirft sich alsbald mit einer Bitte vor seinem Herrn nieder, indem er dem rex Burgundionum Sigismundus[673] brieflich anempfiehlt, seine Autorität für die Seelen jener

---

669. *Aviti* ep. 82: . . . . primum de vestra, post de exercitus sanitate sollicitus.

670. Vgl. die Stelle der Vita Eptadii uuten n. 671. *Bornhak,* Gesch. der Franken p. 229 und 233 ist der Ansicht, Gundobad selbst habe dieses Heer geführt, scheint sich aber das burgundische Reich damals von der Rhone begränzt zu denken. *Fauriel* II p. 58 lässt die Vereinigung der Burgunder mit Theoderich an den burgundischen Gränzen gegen die Auvergne hin geschehen. Von da seien sie vereinigt die Rhone herabgezogen und hätten Orange, Carpentras, Vaison, Apt (lauter burgundische Städte!), endlich Aix genommen und sehr schlecht behandelt.

671. Iterum parvo post tempore castrum Lemovicinae, Idunum nomine, jussu regis Burgundionum a Romanis effractum est, in quo non minima enormitas facta est captivorum, propter quos vir beatus Eptadius episcopus ingemiscens et lacrimas fundens, domino suo mox in oratione prosternitur, regi Burgundionum Sigismundo per epistolam imperans, ut auctoritatem suam pro ingenuorum animabus daret, et obtinuit; ex quibus non minus quam fere tria millia captivorum promiscui sexus et aetatis liberati ad locum pristinum datis idoneis prosecutoribus remeabant, et qui venerant flentes et lugentes deo gratias agentes per eum cum gaudio recuperata libertate sunt reversi. Höchst auffallend ist der Ausdruck a Romanis effractum. Denn es kann damit doch nicht ein Aufstand der Romanen in jenem Castrum, sondern nur ein Angriff der Burgunder gemeint sein, die weil auf rechtgläubiger Seite, seltsamer Weise Romani genannt werden. *Petigny* II p. 649 (in seinen Éclaircissements) verkennt nicht, dass neben der Expedition der Burgunder nach Arles Gundobad: Dès le commencement de la guerre lança des corps détachés dans les provinces de la deuxième Aquitaine qui touchaient à ses frontières . . . . Un de ces partis pénétra jusqu'à la ville forte d'Idunum . . . Die Worte a Romanis deutet er dahin (p. 650 n. 1), dass Gundobad nur Gallier zur Expedition verwandt habe.

672. Ueber die Lage desselben weiss ich ebensowenig wie die Herausgeber der Vita etwas Näheres anzugeben. *Petigny* II p. 648 n. 1 meint: Probablement la petite ville de Dun, chef-lieu de canton dans l'arrondissement de Guéret (Creuse).

673. Dass Sigismund nicht der betreffende dominus ist, erhellt daraus, dass er nur angegangen wird, sich für die Freilassung zu verwenden, nicht

Freigeborenen zu verwenden ; was er auch erlangte» ; 3000 Gefangene verschiedenen Alters und Geschlechts wurden auf diese Weise frei- gegeben.

Der Marsch des Heeres stiess also auf Hindernisse und Wider- stand; allein beide wurden überwunden.

Es ist nur allzu natürlich, dass diesem Zuge wider die West- gothen auch von den Katholiken Burgunds ein religiöser Charakter zuerkannt wird. Dem Prinzen Sigismund, diesem Horte der Recht- gläubigkeit, für welchen von der Stunde des Auszugs an jeder wahre Katholik betet [674], für dessen Sicherheit Avitus selbst angeblich zit- tert [675], ruft der gläubige Bischof den Prinzen wie sich ermutigend zu : «Beseelt eure Speere mit eurem Glauben! [676] Dann hiesse es ja Gott misstrauen, wolle Jemand am glücklichen Erfolge zweifeln» [677] !

Derselbe Gedanke diente aber auch als Waffe wider die Treue des westgothischen Heeres. Ehe die fränkische Macht die gothischen Gränzen überschritt, erliess Chlodovech einen Tagesbefehl an sein ganzes Heer, worin das Ministerium der Kirchen, die Jungfrauen, die sich Gott geweiht haben, die Wittwen, soweit die beiden Letzteren der wahren Religion ergeben wären, die Kleriker, ihre und der Wittwen Söhne, die mit ihnen in einem Hause wohnten, endlich die Sklaven der Kirchen in einen besonderen Frieden gesetzt wurden, der sie Alle vor Vergewaltigung und Schaden schirmen sollte [678]. Welches Kapital mögen zu Alarichs Heere gepresste Katholiken, wie z. B. der Eremit Avitus, aus diesem von dem Gerücht rasch ver- breiteten Befehle [679] geschlagen haben?

Inzwischen hatte aber Chlodovech die Loire überschritten und war auf Poitiers losgegangen, wo Alarich den Feind zu erwarten

Auffassung des Krieges bei den Katholiken.

Chlodovechs Zug auf Poitiers.

sie selbst frei zu lassen. Der dominus ist Gundobad. Die Bezeichnung rex bei Sigismundus bedeutet wie noch an mehreren Stellen »Prinz«.

674. *Aviti* ep. 82 ; s. oben n. 663.

675. *Aviti* ep. 81 . . . . precor ut — magis impenso cautelae vestrae munere trepidationi nostrae et ignaviae consulatis.

676. *Aviti* ep. 40 : Fidem vestram telis inserite !

677. *Aviti* ep. 82 : Videtur quidem de divina promissione diffidere, qui- cumque minus de vestra prosperitate securus est.

678. S. *Chlodovei epistola* ad episcopos post bellum Gothicum scripta, bei *Bouquet* IV p. 54 Vgl. auch *Junghans* a. a. O. p. 84, der mir nur darin zu irren scheint, als er noch ausserdem eine Befriedung besonderer Gegenden annimmt. Die ceteri quidem captivi laici, qui extra pacem sunt captivati bilden den Gegensatz zu denen, qui in pace nostra tam clerici quam laici subrepti fuerint ; und diese Letzteren bezeichnen Niemanden Anderes, als jene theils aus Klerikern theils aus Laien bestehende Klasse befriedeter Personen, die im Text angegeben ist. Richtig *Valesius* L. VI p. 294.

679. S. den angef. Brief am Anfang.

sich entschlossen hatte[680]. Ihm gegenüber bezogen auch die Franken ein Lager, und Gregor meldet von einem längeren Verweilen in demselben[681]. Für Alarich bestand dazu kein Grund, wohl aber für Chlodovech, wenn man annimmt, dass er auf den Zuzug des burgundischen Heeres wartete. Dieses machte einen weiteren Weg, noch dazu durch feindliches Gebiet, und musste desshalb seines raschen Aufbruchs ungeachtet später an Ort und Stelle eintreffen. Ist der Fall Idunums wirklich auf dem Marsche des burgundischen Heeres herbeigeführt worden, so sieht man diess dem Feinde direkt in Flanke und Rücken marschiren; Chlodovech wusste das, und so glaube ich, obgleich keine Quelle es bestimmt ausspricht, dass jener die Hauptschlacht hinauszog bis die Burgunder darin eingreifen konnten und wirklich eingriffen[682].

Schlacht von Vouglé, Alarichs II Tod. 507.

Es war auf den Feldern von Vouglé an dem Flüsschen Clain zwei geographische Meilen von Poitiers, wo sich die heisse Entscheidungsschlacht entspann[683]. Chlodovech selbst erwirbt sich den Ruhm, den König der Gothen mit eigener Hand getödet zu haben. Das gothische Heer wird gänzlich besiegt und Amalarich muss nach Spanien fliehen[684].

---

680. S. oben n. 653.

681. *Gregor. Tur.* II c. 37: Veniente autem rege apud Pictavis, dum eminus in tentoriis commoraretur.

682. Unsicher darüber *Junghans* p. 89; gegen die Theilnahme *Bornhak*, Gesch. d. Franken p. 233.

683. *Gregor* II c. 37: Interea Chlodovechus rex cum Alarico rege Gothorum in campo Vogladense decimo ab urbe Pictava milliario convenit. Vgl. auch *Junghans* a. a. O. p. 85 n. 5.

684. *Gregor* a. a. O.: Porro rex cum fugatis Gothis Alaricum regem interfecisset ...... De hac pugna Amalaricus filius Alarici in Hispaniam fugit regnumque patris sagaciter occupavit. — *Isidorus*, Hist Goth. c. 36 ... (Fludujus) fusisque Gothorum copiis ipsum postremo regem apud Pictavium superatum interficit. Vgl. die *Chronologia et series regum Gothorum*; bei *Bouquet* II, p. 704. Auch die V i t a C a e s a r i i Boll. 27. Aug. VI p. 69 bezeugt ausdrücklich .... jam Alarico rege ac victoriosissimo Clodoveo in certamine perempto ... Ueber den Antheil der Burgunder an den Kämpfen nirgends ein Wort! Die Schlacht fiel in das Jahr 507: das C a m b r a i e r Manuscript des *Gregorius Tur.* (s. *Bouquet* II Praef. p. 7) setzt den Krieg in das 25. Jahr des Chlodovech, d. i. 507. Vgl. auch oben n. 659. Unrichtig die Zusätze zu *Victor Tunun.* (*Roncall.* II p. 356): Venantio et Celere coss (508; *Junghans* p. 87 n. 5 hat also Unrecht, sich hierauf für das Jahr 507 zu berufen): His diebus pugna Gothorum et Francorum Boglodoreta Alaricus rex in proelio a Francis interfectus est. Regnum Tolosanum destructum est. Bezüglich der Zeit richtig *Baronius* ad a. 507 (T. VI p. 578); *Valesius* L. VI p. 296; *Pagi* Critica ad a. 507 n. 5; H i s t o i r e d e L a n g u e d o c I p. 245, 246; *Mascov* XI c. 13; *Manso* a. a. O. p. 63; *Aschbach* a. a. O. p. 171; *Luden* a. a. O. III p. 87; *Lembke* I p. 50; *Huschberg*, Allamannen und Franken p. 663; *Pétigny* II p. 499; *Dahn*, Könige der Germanen II p. 149 n. 2; *Digot*, Hist. d'Austrasie I p. 182.

Auf einen ungeheueren Stoss war das tolosanische Reich zusammen-
gebrochen : die Sieger brauchten jetzt selbst Theoderich nicht mehr
zu fürchten, wenn sie es selbst nur an dauernder Anstrengung und
Vorsicht diesem gegenüber nicht fehlen liessen.

Aber der Krieg sollte drei Akte haben; und nur den ersten hatte
die Schlacht von Vouglé geendigt. Der zweite zeigt uns die Sieger
ihren Sieg verfolgend, um die letzten Reste der Selbstständigkeit und
des Widerstandes des gallischen Westgothenreichs zu brechen. Auch
er zerfällt wieder in zwei Theile.

Von dem Schlachtfeld von Vouglé zog Chlodovech nach Bordeaux, um dort den Winter (507 auf 508) zu verbringen. Mit der
Tarnkappe bedeckt müssen die Burgunder wohl denselben Weg genommen haben. Im nächsten Frühjahr hebt der Franke den westgothischen Schatz in Toulouse, den theilweise noch Alarich mit der
grössten Anstrengung und nicht für ihn gesammelt hatte [655].

Diess ist der Zug der vereinigten Sieger, der in der Hauptstadt
des gefallenen Gegners sein natürliches Ziel fand. Zwar war noch
nicht aller Widerstand gebrochen, weder im Nordwesten noch im
Osten von Toulouse: allein die glückgewöhnten Führer unter-
schätzten die Aufgabe soweit sie noch ungelöst war, und in unheil-
voller Verblendung trennten sich hier die Vereinigten. Chlodovech
mit einem Theil seiner Franken zieht zurück und nimmt die Gelegenheit wahr, auf dem Wege noch Angoulême zu brechen, die Gothen
aus der Stadt zu treiben und sie sich gleichfalls zu unterwerfen [656].
Vor seinem Abzuge aber hatte er von Toulouse aus über Alby und
Rodez seinen Sohn Theuderich in die Auvergne gesandt [697], deren

Zug nach Bordeaux vor Winter 507 und nach Toulouse Frühjahr 508.

Trennung der Verbündeten in Toulouse 508.

Chlodovechs Rückkehr.

Theuderichs Zug in die Auvergne.

---

655. *Gregor.* II c. 37 : Chlodovechus vero apud Burdegalensem urbem
hyemem agens cunctos thesauros Alarici a Tolosa auferens Ecolismam
venit. Cui dominus tantam gratiam tribuit, ut in ejus contemplatione
muri sponte corruerunt. Tunc exclusis Gothis urbem suo dominio subjugavit. Patrata post haec victoria Turonis regressus est. Cap. 38 a. E.
Egressus autem a Turonis Parisios venit: ibique cathedram regni consti-
tuit. Gänzlich verfehlt ist die Darstellung der Operationen Chlodovechs
nach Alarichs Tode bei *Pétigny* II p. 509—511.

656. S. n. 685. Unrichtig setzt *Gibbon* a. a. O. Cap. 38 ,II p. 454) diese
Eroberung direkt hinter die Schlacht von Vouglé.

697. *Gregorius*, Hist II c. 37 berichtet unmittelbar nach Amalarichs
Flucht und vor der Ueberwinterung des Chlodovech in Bordeaux : Chlodovechus vero filium suum Theudericum per Albigensem ac Rhutenam civitatem ad Arvernis dirigit. Qui abiens urbes illas a finibus Gothorum usque ad Burgundionum terminum patris sui ditionibus subjugavit. Danach
gewinnt es den Anschein, als ob diese Expedition unmittelbar nach der
Schlacht von Vouglé ausgeführt worden sei. Allein ein Blick auf die

Bewohner unter Apollinaris, dem Sohne des Sidonius, in der Schlacht von Vouglé so tapfer für Alarich gestritten hatten [688]. Diese Expedition aber hätte unter allen Umständen Gundobad selbst ausführen müssen, denn Theuderich unterwarf die Städte der Auvergne bis zur Gränze des burgundischen Reiches der Gewalt seines Vaters.

Allein Gundobad scheint statt dessen mit der Vollführung anderer Aufgaben beschäftigt gewesen zu sein. Nach dem Tode Alarichs hatten die Westgothen zu Narbonne unter Uebergehung des Amalarich den Sohn Alarichs und einer Konkubine, Gesalich, zum Könige ausgerufen [689]. Gundobad nun, der hier zum ersten Male in Person erwähnt wird, nimmt und verheert die Stadt, die Anhänger des Bastarden erleiden eine grosse Niederlage; er selbst aber rettet sich in schimpflicher Flucht nach Barcelona, bis ihn später Theoderichs Feldherr auch von hier vertreiben sollte [690].

Es spricht Vieles dafür, diess Ereigniss in den Anfang des Jahres 508 zu verlegen [691]. Sobald die Verbündeten einmal bis in den

Gundobad nimmt Narbonne.

Karte zeigt, dass der Weg über Alby und Rodez nach der Auvergne zwar von Toulouse aus der direkte ist, aber weder von Bordeaux und noch viel weniger von Poitiers aus eingeschlagen werden kann. So fällt diese Expedition ins Frühjahr 509. A. M. *Junghans* a. a. O. p. 99 : 507; ebenso die sämmtlichen früheren Autoren. Dagegen bedenke man, dass die direkte Entfernung von Vouglé nach Alby 45 geographische Meilen beträgt, dass Alby sehr nahe an Toulouse liegt, Theuderich also, wäre er überhaupt detachirt worden, im Eilmarsch offenbar nach der Hauptstadt gesandt worden wäre. Auch dürfte es kaum ratsam gewesen sein, die durch die Schlacht schon verminderten Truppen beim tieferen Eindringen in das Reich, von dessen fernerer Widerstandskraft man ja noch nichts wusste, zu zersplittern.

688. *Gregor* a. a. O.

689. *Isidorus*, Hist. Gothorum c. 37 : Aera DXLV, ann. XVII imperii Anastasii Gisaleicus superioris regis filius ex concubina Narbonae princeps efficitur, regnans annos quatuor; sicut genere vilissimus ita infelicitate et ignavia summus. Das 17. Jahr des Anastas ist 507.

690. *Isidorus* in der Fortsetzung der vorigen Stelle : Denique dum eadem civitas a Gundebado Burgundionum rege direpta fuisset, iste cum multo sui dedecore et cum magna suorum clade apud Barcinonam se contulit; ibique moratus quousque etiam regni fascibus a Theuderico fugae ignominia privaretur.

691. A. M. *Junghans* p. 99 : »Gundobad, welcher augenscheinlich gleichzeitig mit Chlodvechs Vorgehen gegen Alarich die Provence mit leichter Mühe eingenommen und dann vielleicht schon Gesalich aus Narbonne vertrieben hatte«. Aehnlich p. 108. Früher war ich wohl versucht, die Absendung zweier burgundischen Heere anzunehmen, deren Eines durch die Auvergne die Vereinigung mit Chlodovech suchen sollte, deren Anderes unter Gundobad rhoneabwärts gezogen wäre. Allein selbst einmal abgesehen von dem Fehlen ausdrücklicher Quellenzeugnisse, glaube ich die Ansicht durch den ganzen Gang der Ereignisse widerlegt. — Falsch *Valesius* L. VI

Süden des früheren Westgothenreichs vorgedrungen waren, musste es doch eine ihrer ersten Maassregeln sein, diesen neugeschaffenen Gothenkönig zu beseitigen. Auch ist es undenkbar, dass Franken und Burgunder Arles zu belagern begannen, ehe dieser Vertreter westgothischer Selbstständigkeit aus Gallien verscheucht war. Der Weg von Toulouse nach Arles musste sie nach Narbonne führen.

So halte ich es für wahrscheinlich, dass, während Theuderich die Auvergne unterwarf, Gundobad sich auf Narbonne stürzte.

So war fast das ganze westgothische Reich in den Händen der Franken und der Burgunder; nur der Küstenstrich von Arles bis zu den ligurischen Gränzen musste noch unterworfen werden. Der Kampf der nächsten Zeit drehte sich vor Allem um Arles, welches sich heldenmässig vertheidigte. Wann seine Belagerung begann, steht nicht ganz fest; doch spätestens im Juni 508[692]. Die Wiedervereinigung der fränkischen und burgundischen Truppen hatte stattgefunden und beide lagern nun vor diesem letzten Bollwerk. Uebrigens ist es wegen Quellenmangels ungewiss, ob Gundobad und Theuderich bei den weiteren Ereignissen zugegen waren oder nicht[693].

Es ist kein Zweifel, dass die Stadt auf die Dauer dem Angriffe eines so mächtigen Feindes nicht widerstehen konnte. Allein nun trat eine Macht auf den Schauplatz, welche den Dingen eine andere Wendung gab und welche vielleicht, wenn sie von Anfange an Alarich kräftig unterstützt hätte, die Verbündeten zu einem Siege gar nicht hätte gelangen lassen: Theoderich mit seinen Ostgothen[694].

Kampf um Arles 506 bis Anfang 510.

p. 310 : 510. — Die Hist. de Languedoc I p. 248 vgl. p. 663, 664 setzt die Einnahme Narbonnes Mitte 508; *Manso* a. a. O. p. 63 scheint's 507; *Aschbach* p. 174 : 508; *Pétigny* II p. 525 Ende 509; *Rossi*, Inscriptiones christianae urbis Romae I p. 424 : Ende 509 oder Anfang 510.

692. *Junghans* a. a. O. p. 100 hält den Beginn der Belagerung schon 507 für möglich. Ich stelle die Ansichten der Früheren über Anfang und Dauer zusammen: Eine Belagerung nahmen an *Baronius* ad a. 508 (VI p. 584) und *Pagi* ad a. 509 n. 7; Beide lassen sie bis 510 dauern; ferner *Pétigny* II p. 517, der sie, wie es scheint, schon 507 beginnen und enden lässt; bei *Digot*, Hist d'Austrasie I p. 182 fällt sie ganz in das Jahr 508. Zwei Belagerungen und zwar die Eine 508, die Andere 510 nahmen an: *Valerius* L. VI p. 303; Hist. de Languedoc I p. 249; 666; *Aschbach* a. a. O. p. 176; *Derichsweiler* p. 72 ff.

693. Bezüglich Theuderichs lässt es *Gregor*. II c. 38 a. E. unklar, ob er sofort nach seiner Expedition in die Auvergne zurückkehrte und nur seine Truppen zu den Burgundern stossen liess (so *Bornhak* p. 236), oder ob er erst nach der Niederlage durch die Ostgothen in Paris erschien.

694. Theoderich zog nicht persönlich zu Felde: jedenfalls war sein Feldherr Tulum entweder der Führer oder Einer der Anführer der ersten Expedition. S. unten n. 703.

Aufbruch eines
ostgothischen
Heeres am
24. Juni 508.

Dass der wachsame Fürst so spät in die Geschichte eingreift, dass er seinen Gothen erst für den 24. Juni[695] 508[696] anbefiehlt, mit Waffen und Pferden und allem Nötigen zum Aufbruch gerüstet zu erscheinen, hat etwas Rätselhaftes, denn unerwartet kann für ihn der Krieg nicht ausgebrochen sein. Aber erst als er die Nachricht von dem Tode seines Schwiegersohnes in der unglücklichen Schlacht bei Poitiers vernommen, bricht er aus Italien auf[697]. Auch diess deutet darauf hin, dass der Entscheidungskampf in Gallien eher im Spätjahr 507 geschlagen wurde.

Die Belagerung von Arles war schon im Gange, als die Truppen Theoderichs den Boden der Provence betraten[698].

Damit beginnt der dritte Akt der Tragödie: ein längeres Ringen zwischen Belagerern und Belagerten, zwischen den Angreifern und den Entsatztruppen, zwischen lässiger Abwehr und geschickter Kriegführung, zwischen den Resten der fränkischen und burgundischen Schaaren, und den steigenden Aufgeboten einer noch ungeschwächten Macht[699].

---

695. *Cassiodor.* Variae I, 24. Universis Gothis Theodoricus rex . . . . . Atque ideo per Nandium Sajonem nostrum admonendum curavimus, ut ad expeditionem (ad Gallias) in dei nomine more solito armis equis rebusque omnibus necessariis sufficienter instructi octavo die Cal. Juliarum proximo veniente modis omnibus deo favente moveatis.

696. *Cassiodor.* Chron. ad a. 508: Venantius Junior et Celer. His conss. contra Francos a domno nostro destinatur exercitus, qui Gallias Francorum depraedatione confusas victis hostibus ac fugatis suo adquisivit imperio.

697. *Isidor.* Hist. Goth. (ed *Areval.* T. VII p. 119) . . . Thoudericus autem Italiae rex, dum interitum generi comperisset, confestim ab Italia proficiscitur, Francos proterit, partem regni quam manus hostium occupaverat recepit, Gothorum juri restituit.

698. Die Hauptquelle ist die Vita Caesarii Boll. 27. Aug. VI besonders p. 69 ff. Etenim obsidentibus Francis ac Burgundionibus civitatem jam Alarico rege a victoriosissimo Clodoveo in certamine perempto, Theodoricus Italiae rex provinciam istam ducibus missis intraverat.

699. Der schwierigste Punkt des ganzen jetzt beginnenden Krieges ist die Feststellung der Operationen Theoderichs; der wichtigste, die Frage nach der Aufhebung der Belagerung von Arles. Ueber jene berichten nur die Briefe *Cassiodor's*, und da diesem mit *Sidonius* der Styl mehr am Herzen liegt, als das was er schreibt, so bekommen wir ausserordentlich wenig Material. Sehr sorfältig versucht sie *Junghans* a. a. O. p. 150, 151 chronologisch zu ordnen. Genaue chronologische Anhaltspunkte bieten nur 1. Var. IV, 36, in welchem den Anwohnern der kottischen Alpen für die 3. Indictio, 1. Sept. 509 bis 1. Sept. 510 die Steuern (as publicum) erlassen werden. 2. Var. III, 40 Universis Provincialibus in Gallia constitutis. Ihnen wird ein solcher Erlass gegeben für die 4. Indictio 1. Sept. 510 bis 1. Sept. 511. 3. Var. III, 32. Hier wird für dieselbe Zeit ein ähnlicher Erlass für Arles ertheilt. — Nicht ganz sicher, aber doch wahrscheinlich ist Var. III, 44: Universis Possessoribus Arelatensibus

Der befestigte Haupttheil der Stadt lag damals auf dem westlichen Ufer des Flusses, über den nach Osten eine Brücke führte [700].

---

510 geschrieben, sicher zur Zeit des mare clausum. Mir scheint mit der
erwähnten largitas auf den Erlass in III, 32 hingedeutet, so dass auch
dieser Brief im Frühjahr 510 verfasst wäre.

Weiter zur Geschichte heranzuziehen sind Var. III, 16, 17, 18; 16
und 18 an Gemellus; 17 an universi Provinciales Galliae; III, 34 Massiliensibus; III, 38 an Vandil zu Avignon; III, 41 an Gemellus zu Marseille;
III, 42 universis Provincialibus in Gallia constitutis; III, 43 Unigis spa-
tario; IV, 17 an Ibbas zu Narbonne; V, 10 Verano Sajoni; V, 11 Ge-
pidis ad Gallias destinatis; VIII, 10: Brief Athalarichs an den Senat
von Rom.

Wichtig sind ferner die mit Jahresangaben versehenen Notizen des
Marius Chr. ad a. 509: Hoc consule (Importuno) Mammo Dux Gothorum
partem Galliae depraedavit; und die Zusätze zu *Victor. Tunun.* ad a. 510.
Boetio v. c. cos. His coss. Gesalecus Goericum Barcinone in palatio interfecit: quo anno idem Gesalecus ab Helbane Theodorici Italiae regis duce
ab Hispania fugatus Africam petit. Vgl. dazu *Isidor*, Hist. Goth. c.
37 in n. 690.

Was speciell die den ganzen Gang des Krieges bestimmende Frage
nach der Aufhebung der Belagerung von Arles anlangt, so setzt *Junghans* a. a. O. p. 100 diess Ereigniss in das Jahr 509, allein sicher unrichtig. Denn 1. Theoderich erlässt der Stadt die Steuern für den 1. Sept.
510 bis 1. Sept. 511. Dass diese Erleichterung am zeitgemässesten unmittelbar nach der Belagerung eintritt, ist an sich klar, und dass dem hier
so war, erhellt unwidersprechlich 2. aus den Motiven der Erlassung:
Non decet s t a t i m de tributis esse solicitum, qui pro nostra fidelitate ca-
sum vix potuit declinare postremum, und: man kann dem Herrn des
Ackers nichts abnehmen, der ausser Stand gewesen ist, ihn zu bebauen.
Var. III, 32. Die Belagerung war also zur Zeit des Erlasses kaum
vorüber. Es wäre doch auch höchst seltsam gewesen, wenn Theoderich
trotz seines Ausspruchs: es zieme sich nicht, von den kaum der Gefahr
Entflohenen Steuern zu erheben, für die 2. und 3. Indiction (Sept. 508 bis
Sept. 510) gegen seine eigene Moral gehandelt hätte, um erst dann mit
einem Sündenbekenntniss sein Verfahren zu ändern und das geänderte
unlogisch zu begründen! Diess gegen *Junghans* p. 100. Die Stadt war
Frühjahr 510 frei, allein der Nahrung entblösst, ihre Mauern in Trümmern.
Var. III, 44. Wegen Verwüstung der Länder konnten die Aecker nicht
bebaut werden. Die Belagerung endet also vor Wiedereröffnung der
Schifffahrt im Frühjahr 510. Das Hauptargument hiegegen nimmt *Junghans* p. 100 aus der Notiz *Cassiodor's* zu 508 (s. oben n. 696). Allein
offenbar fasst *Cassiodor* ebenso wie *Isidor* in seinen Worten den ganzen
Erfolg des Krieges zusammen, und dass dieser nicht 508 zu Ende war,
gesteht *Junghans* selbst zu. *Cassiodor* beweist also nichts, weil er zu viel
beweist.

Wohl zu beachten ist auch die Art der Jahresangaben dieser Zeit im
burgundischen Reiche. Eine Grabschrift aus Lyon aus dem Jahre 508
(bei *Boissieu* p. 578 und bei *Le Blant* I p. 144 n. 66; vgl. auch *Rossi*, Inscriptiones christianae urbis Romae I p. 420) giebt ihre Zeit so an:
C OCTOBRIS P C ITERVM MESALE V C CONS: sie beweist also, dass
noch im Oktober 508 weder der Consulat des Venantius von 507, noch der
des Venantius junior von 508 in Lyon bekannt waren. — Eine weitere
Inschrift aus der burgundischen Hauptstadt (bei *Boissieu* p. 578 und bei
Le Blant I p. 137 n. 61; vgl. auch *Rossi* I p. 424, 425) aus dem December
510 rechnet so: IIII NONAS DECEMBRIS POST CONSOLATO IM-

Um diese Brücke, die natürlich ein fester Brückenkopf schützen musste, drehte sich ein Hauptinteresse des Kampfes [701]. Geriet diese in die Hände der Angreifer, so war die Kommunikation zwischen beiden Ufern für die Belagerten verloren und ein wesentliches Angriffsmittel der Belagerer von der Wasserseite gewonnen. Hatten doch die Feinde die Stadt schon aufs Engste cernirt und mussten die Arelatenser davon abstehen, einen gefährlichen Gefangenen zu Schiff stromaufwärts fortzubringen, da die enge Belagerung nicht zuliess, den Kahn auszuschiffen und auf Eines der beiden Ufer hinaufzuziehen [702].

Da nun die Stadt schon belagert wurde, als die Ostgothen auf dem Schauplatz erschienen, so konnten diese nur versuchen, sie zu entsetzen, während die Anstrengungen der Verbündeten natürlich dahin gehen mussten, die Cernirung aufrecht und den neuen Feind abzuhalten. Dass man diesen Entsatz ostgothischer Seits versuchte, beweist uns Cassiodor.

Unter den Führern der am 24. Juni 508 aufbrechenden Truppen war Tulum, von dem uns Cassiodor bezeugt, er habe als Einer der Führer der ostgothischen Expedition nach Gallien in den zweifelhaften Kampf um die Brücke kühn eingegriffen und mit so grosser

PORTVNO VV CCLE. Der Consul Importunus des Jahres 509 war also in Burgund bekannt geworden, nicht aber der Boetius junior des Jahres 510. Die Feindschaft zwischen Burgund und Theoderich dehnte sich also über vier Jahre aus; das Bekanntwerden des Consulates des Importunus glaube ich dem ostgothischen Einfall des Jahres 509 zuschreiben zu sollen; irgend einer der nötigen Erlasse der ostgothischen Führer konnte ja genügen, um die Kenntniss des Consuls zu verbreiten. *Rossi*, Inscr. christ. urbis Romae I p. 424 will daraus mit Sicherheit den Abschluss eines Waffenstillstandes zwischen Gundobad und Theoderich Ende 508 oder Anfang 509 entnehmen; allein ich kann diese Ansicht nicht theilen.

700. *Cassiodor*, Var. VIII, 10. Arelate est civitas supra undas Rhodani constituta, quae in Orientis prospectum tabulatum pontem per nuncupati fluminis dorsa transmittit. Gerade umgekehrt in der Hist. de Languedoc I p. 249, 666; bei *Pétigny* II p. 512 u. *Derichsweiler* p. 74.

701. *Cassiodor.* Var. VIII, 10. Quapropter excitata sunt Gothorum Francorumque validissima tempestate certamina.

702. Vita Caesarii a. a. O. p. 69. Cum ergo ex utraque ripa drumonem, quo inlectus fuerat, obsidione hostium Gothi dei nutu subrigere non valerent, revocantes sub nocte in palatio sanctum virum, personam ipsius texere silentio, ut utrum viveret nullus catholicorum posset agnoscere. Das surgere vermag ich nicht anders zu deuten. *Junghans* a. a. O. p. 101 übersetzt »abfahren«, allein diess konnte man zweifellos, da man ja wenigstens an einer Stelle beide Ufer noch besass. Aus dieser Stelle weiss *Derichsweiler* a. a. O. p. 74 Material zu machen und in ihr dem Flusse die Schiffe enthebende Maschinen zu finden, so dass »die Vorrichtung einigermaassen an die berühmte Vertheidigung der Stadt Syrakus durch Archimedes mahnt«.(!!)

Gewalt die Schaaren der Feinde bekämpft, dass er diese von der
Erfüllung ihrer Wünsche entfernt, selbst aber die Wunden seiner
Thaten davongetragen habe [703].

Nichtsdestoweniger gelang es dem tapfern Feldherrn nicht,
die Stadt zu entsetzen, deren Belagerung vielmehr mindestens
$1^3/_4$ Jahre bis Anfang 510 fortgeführt wurde [704]. Das vereinigte
burgundisch-fränkische Heer [705] war wohl noch zu stark, um erfolg-
reiche Siege gleich anfangs gegen es gewinnen zu können. Ist es doch
natürlich, dass die gewaltigen Erfolge der Verbündeten mit gewaltigen Mitteln errungen waren, und dass nicht ein einfacher Stoss genügen konnte, diese siegreichen Gegner zu überwinden. Es bedurfte dazu eines planmässigen Feldzugs. Verstärkungen aus
Italien mussten herzugezogen werden; vor Allem wäre es für Theoderich wichtig gewesen, dass Arles selbst mit allem Nachdrucke der
Gegenwehr hätte obliegen können.

Allein die tapferen Vertheidiger kämpften unter dem Banne
der Angst vor Verrat [706]. Arianische Westgothen führten den Kampf
gegen den Hort der Katholiken und seinen Verbündeten. In der
Stadt aber wohnte eine zahlreiche katholische Bevölkerung. Bischof
Caesarius nannte das burgundische Cabilo seinen Geburtsort und hatte
schon früher wegen Begünstigung der burgundischen Bestrebungen
auf Alarichs Befehl ins Exil gehen müssen. Der Verdacht gegen ihn
war bei der bekannten Gesinnung der gallischen Bischöfe gegen Chlodovech nur zu gerechtfertigt.

Die Quellen gestatten nicht, den Vorwurf des offenen Verrats .
wirklich gegen diese Partei zu schleudern, obgleich es wahrscheinlich genug ist, dass sie wirklich daran dachte. Caesarius wird nach
Aufhebung der Belagerung desshalb unter Anklage gesetzt und unter

---

703. *Cassiodor*. Var. VIII, 10. Admonet etiam expeditio Gallicana,
ubi jam inter duces directus .... u. s. w. Dann an n. 700 anschliessend:
Hunc et hostibus capere et nostris defendere necessarium fuit ..... Affuit
illic dubiis rebus audacia Candidati: ubi tanta cum globis hostium concer-
tatione pugnavit, ut et inimicos a suis desideriis amoveret et vulnera
suorum factorum signa reciperet. Falsch *Bornhak* a. a. O. p. 238 n. 4.

704. Zwei Belagerungen anzunehmen (s. oben n. 692) verbietet die V i t a
C a e s a r i i a. a. O. p. 69, die immer nur von einer einmaligen »obsidio« und
einem einmaligen »obsessa est civitas« spricht. Gegen diese Annahme
auch *Junghans* a. a. O. p. 100.

705. Der Rückzug der Burgunder an die Durance bei der blossen Annäherung der Ostgothen bei *Pétigny* II p. 518 ist sammt seinen seltsamen
Motiven nur eine gutgläubige Erfindung.

706. S. über das Folgende die V i t a C a e s a r i i a. a. O. p. 69.

militärischer Bedeckung nach Ravenna geführt, wo ihn freilich Theoderich aus Rücksichten der Klugheit mehr als der Ueberzeugung ehrenvoll entliess. Ein junger Priester, ein Mitbürger und Verwandter des Bischofs, liess sich — schwerlich ohne Vorwissen seines Meisters — Nachts über die Mauer herab und ging «aus Angst vor der Gefangenschaft» zu den Belagerern über. «Als diess die Gothen innerhalb erfuhren — so erzählt bezeichnend die Vita Caesarii — dringen sie auf den Bischof ein, und eine wilderregte Masse (seditio) von Pöbel (populares) und Juden ruft und schreit, der Bischof habe einen Compatrioten bei Nacht zu den Gegnern gesandt. um die Stadt durch Verrat zu übergeben». Wilder und wilder wurde der Ruf: «Reisst ihn aus dem Pfarrhause (domus ecclesiae), bewacht ihn aufs Schärfste im Palatium, dass man ihn bei Nacht in die Fluten der Rhone versenke oder ihn wenigstens das castrum Ugernense [707] aufnehme» [708].

Wirklich reisst man den Bischof aus seinem Haus und macht den Versuch, ihn zu Schiffe Nachts in dieses Castrum zu bringen. Er ist der gefährliche Gefangene, dessen Fortschaffung nicht gelingt; gerade desswegen steckt man ihn nächtlicher Weile in sicheres Gewahrsam und deckt seine Person mit Stillschweigen : kein Katholik sollte wissen, ob Caesarius noch lebe oder nicht, damit die Partei sich des Hauptes beraubt fühle.

---

707. Dieses Ugernon erwähnt der *Geographus Ravennas* IV c. 26 : Ugernon quae confinatur cum Arelaton civitate provinciae Septimaniae. Da man den Gefangenen zu Schiff in dieses Castrum bringen will, so lag es offenbar an der Rhone; s. das Bruchstück der Chronik des *Johannes Biclariensis* ad a. 585 bei *Bouquet* II p. 21 : Castrum vero quod'Hodierno (liess Ugerno) vocatur, tutissimum valde in ripa Rhodani fluminis ponitur; da es als burgundisch angeführt wird und mit Arles in Septimanien gränzt, so lag es oberhalb Arles, aber diesem offenbar ganz nahe. — Man sieht, nicht nur in Arles selbst wurde noch Widerstand geleistet, auch dieses Ugernon wusste sich noch der Feinde zu erwehren.

708. Vita Caesarii a. a. O. p. 69 : Tunc quidam clericus concivis et consanguineus captivitatis timore perterritus et juvenili levitate permotus diaboli contra servum dei instinctu funiculó per murum sese in nocte summittens ultro offertur in crastino sceleratissimis obsidentibus inimicis. Quod ubi Gothi intrinsecus agnoverunt, irruunt in sanctum virum, popularium seditione pariter et Judaeorum turba immoderatius perstrepente atque clamante, quod in traditionem civitatis adversariis personam compatrioticam noctu destinasset antistes. Nihil ergo fidei, nihil probationi ; nihilque purae conscientiae reservatur, Judaeis praesertim et haereticis idipsum absque reverentia et moderatione clamantibus : Extrahatur a domo ecclesiae antistes atque in palatio arctissimae custodiae mancipetur : quatenus sub nocte aut profunda Rodani mergeretur, aut certe in castro Ugernensi teneretur detrusus, donec exilio et tribulatione ipsius amplius baccharetur adversitas.

Allein kaum glaubte man den einen Feind bewältigt, als sich ein
anderer zeigte. Jüdische Schaaren nahmen an der Mauerwache Theil,
und Einer aus ihnen warf einen Brief an einen Stein gebunden zu
den Gegnern, sie einzuladen, nach Sonnenuntergang mit Leitern die
Mauer am Orte seines Postens zu ersteigen; als Belohnung sollte kein
Jude das harte Loos der Gefangenschaft oder auch der Beute tragen.
Die Angst der Verräter beweist, wie sicher man an die Vergeblich-
keit des Widerstandes glaubte. Die Sorge für das Leben und für das
theure Gut sollte dem wachsamen Wächter verderblich werden. Als
die Belagerer sich am nächsten Morgen etwas von der so dicht cer-
nirten Mauer zurückgezogen hatten, fanden Einige aus der Besatzung, die sich ein Paar Schritte vor die Thore hinauswagten, das
feige Schreiben; die volle Strafe der Schuld folgte dem vollen Beweise, und zur Sühne setzte man den von den Juden besonders be-
schuldigten Caesarius vorher wieder in Freiheit[709].

Der entdeckte Verrat wird stets mutlos werden, und so konnte
man diess wagen, ohne die Stadt in neue Gefahr zu stürzen, selbst wenn
den Bischof die ihm zur Last gelegte Schuld traf.

Arles hielt aus trotz Hunger und Not[710]; es wurde nicht genommen, seine Einwohner nicht als Gefangene fortgeschleppt, die
Güter derselben kein Gegenstand der Beute[711].

Der Krieg drehte sich indessen nicht allein um diesen Ort, er
hatte auch noch einen anderen Schauplatz[712].

---

709. Dum ergo diabolo exultante ista geruntur in gaudio Judaeorum, qui in nostros ubique sine ullo respectu perfidiae probra ructabant,
nocte quadam unus ex caterva judaica de loco, ubi in muro vigilandi curam forte susceperant, ligatam saxo epistolam, quasi inimicos percuteret,
adversariis jecit: in qua nomen sectamque designans ut in loco custodiae eorum scalas nocte mitterent invitavit; dummodo ad vicem impertiti
beneficii nullus Judaeorum intrinsecus captivitatem perferret aut praedam. Mane vero, amotis aliquantulum a muro inimicis, egredientes quidam extra antemurale, inter parietinas, ut solet, repertam epistolam de-
portant intro, et publicant cunctis in foro. Mox persona producitur, con-
vincitur et punitur. Tum vero saeva Judaeorum immanitas deo et
hominibus invidiosa tandem aperta luce confunditur. Mox Daniel quoque noster, id est sanctus Caesarius, de lacu leonum educitur. — Diese
Erzählung sieht erfunden aus; allein da sie das Motiv zu Caesarius Freilassung bildet, ist nicht Grund genug, sie zu verwerfen.
710. S. folg. n. Auch dieses weist auf eine längere Belagerung.
711. Vita Caesarii p. 69: .... quia sic in diebus suis ab hostibus
Arelatensis obsessa est civitas, ut nec captivitati meruerit, nec praedae
succumbere. Sic deinde a Wisigothis ad Ostragothorum devoluta est
regnum.
712. Die Chronologie der jetzt folgenden Ereignisse bestimmt sich danach: 1. Noch zur Zeit des mare clausum 510 war Arles frei; danach hören
wir von keinem kriegerischen Ereignisse mehr; der Entscheidungskampf

Der Osten von Arles — Marseille und die Küste bis zur ligurischen Gränze — war noch tief im Jahre 509 vom eigentlichen Kriege unberührt und scheint es auch geblieben zu sein. Das ostgothische Heer unterwarf diese Lande, indem es sie betrat; allein es ist für den Zweck, den Theoderich mit seiner Kriegführung verband, sehr charakteristisch, wenn er alsbald nach diesem Zuge den Gemellus als Vicarius Praefectorum in das mit Gottes Hülfe i h m u n t e r - j o c h t e G a l l i e n (Gallias subjugatas) entsendet, mit dem Auftrage, die ermattete Provinz so zu beherrschen, dass das Land sich freue besiegt zu sein.

Diese Eroberungen hatten jedoch auf den Krieg keinen wesentlichen Einfluss. Ueberhaupt verging das Jahr 508 ohne Entscheidung. Die Gothen waren spät im Felde erschienen, und wenn ihr Heer auch nicht die Stärke hatte, um gleich den Krieg zu beendigen, so wurde es doch auch nicht besiegt, und errang den grossen moralischen Erfolg, Arles zum Ausharren zu bewegen. Es erleichterte den Belagerten diese Aufgabe soviel es konnte, machte Entsatzversuche und vereitelte dem Feind die sichere Hoffnung der Einnahme.

---

dungskampf fällt also ganz in den Anfang von 510; 2. ein verwüstender Zug der Ostgothen durch die kottischen Alpen fällt Frühjahr 509; Var. IV, 36; welcher Brief den Anwohnern derselben die Steuern für den 1. Sept. 509—510 erlässt, weil die civica vastatio ihre »bebauten Felder verwüstet« hat. Vo r h e r verlautet nichts von einem Kampf in jenen Gegenden. 3. Vo r d e m Ende des Kriegs, aber n a c h einer recens vastatio, welche doch sicher die des Frühjahrs 509 ist, befindet sich der Ostgothe Vandil in Avenio, welches: ab hostili n i t i m u r oppressione liberari. 4. In demselben Jahre erwähnt die Chronik des *Marius* die depraedatio des Dux Mammo. 5. Die Sendung des Gemellus als Vicarius Praefectorum, *Cassiodor*. Var. III, 16 fällt noch in die Zeit und nicht nach Beendigung des Kriegs. Er wird Var. III, 41 beauftragt, die castella super Druentiam constituta von Marseille aus zu verproviantiren: was also wohl 509 fallen muss. 6. In *Cassiodor*. Var. III, 42, welcher Brief als auf den vorigen Bezug nehmend nach diesem geschrieben ist, wird Marseille als pars aliqua illaesae provinciae also als vom Krieg noch unberührt erwähnt. Auch dieser Brief fällt noch in die Zeit des Krieges. 7. Dagegen ist Var. III, 43 n a c h dem Hauptsiege geschrieben, nach welchem ein neues Heer unter dem spatarius Unigis nach Gallien gesandt wird. Quid enim proficit Barbaros removisse confusos nisi vivatur ex legibus? 8. Ebenso ist die Sendung des Marabadus Comes nach Marseille (Var. III, 34) ut quiquid ad securitatem vestram vel u t i l i t a t e m pertinet — perficiat, nach dem Krieg zu setzen, während dessen wir dort den Gemellus finden. 9. Endlich ist Var. IV, 17 an Ibbas s i c h e r l i c h auch erst nach dem von ihm erlangten Siege zu setzen, wenn man nicht gerade an eine sehr kühne Umgehung des Feindes bei Arles denken will. Vgl. *Victor Tunun.* Chr. ad a. 510. In Vielem abweichend, weil den Entscheidungskampf ins Jahr 508 setzend, ist *Junghans* a. a. O. p. 150. Allein unsere Anordnung zwingt sich uns nach den Grundsätzen der Kritik auf und hat den Vortheil, der auch eine Gewähr der Wahrheit ist, dass sich Alles weit besser vereinigt.

Bisher war es für die Verbündeten ein Hauptvortheil gewesen, ihre Kräfte ziemlich koncentrirt auf einem Punkte halten zu können. Dem machte Theoderich im Frühjahr 509 durch einen kühnen Kriegsplan ein Ende. Auf der nicht leicht passirbaren Strasse von Turin nach Segusio und über die kottischen Alpen warf er eine Heerschaar ins Thal der Durance und erschien so mit einem Male im Rücken der überraschten Feinde. Mit einiger Umsicht seitens seiner Gegner hätte dieser Schaar der Weg leicht verlegt werden können. Zur Strafe der Versäumniss fiel jetzt die Strasse über Embrun, Vapinche, Sisteron, Apt, Cavaillon nach Arles, und die über Vapinche, Die, Valence nach Vienne[713] in die Gewalt der Gothen.

Noch stand die junge Saat auf dem Feld, als diese Truppen verwüstend ihren Weg zogen. Litten schon die ostgothischen Gebiete derart unter dieser civica vastatio, dass Theoderich ihnen die öffentliche Abgabe des Jahres 509—510 erlassen musste, so durfte das feindliche Gebiet auf keine glimpflichere Behandlung hoffen. Marius berichtet in seiner lakonischen Art von einem gothischen Heerführer Mammo, der 509 einen Theil Galliens «ausplünderte»[714]. Dass dieser Theil Burgund und Mammo ein Ostgothe[715], ein Führer jener ostgothischen Expedition war, ist so gut als sicher[716]. Ermahnt doch Theoderich selbst seinen Feldherrn Vandil in Avignon zur Fernhaltung aller Bedrückungen, da die erst kürzlich geschehene Verwüstung keine

Der ostgothische Zug durch die kottischen Alpen Frühjahr 509.

Die Feinde in Burgund.

713. Vgl. das Itinerarium angeblich von Antoninus bei *Bouquet* I p. 104, 105.

714. S. 699 u. 712. Einen sehr interessanten Beitrag zur Erkenntniss dieser Verhältnisse liefert Avitus 75. Brief an seinen Bruder Apollinaris, Bischof von Valence, geschrieben Frühling 509 (vgl. den betreffenden Exkurs): Nam quod et ad vos jam suspicor pervenisse, etiam illi, qui vastare limitem dicebantur, reversi sunt. Unde causa sollicitudinis has direxi, ut quae ad vos postea de cujuscumque securitatis augmento pervenerint indicetis: ut quae ad vos postea de cujuscumque securitatis augmento pervenerint indicetis: ut si jam ad civitatem liber recursus a consuetudine vos, immo potius ab amore obsidionis extraxit. Apollinaris verweilte also in einem belagerungsfähigen Orte, nicht weit von Valence, und die Rückkehr zu dieser Stadt wurde entweder gefährdet oder wirklich unterbrochen gesagt. Avitus meldet nun die Rückkehr der verwüstenden Feinde, offenbar nach Süden zu und fragt, ob die Burgunder vielleicht irgend welche Verstärkungen erhalten hätten.

715. *Pétigny* II p. 525 macht Mammo zu einem Führer der Westgothen. — Ausser Mammo war bei diesen Truppen wahrscheinlich noch Vandil (*Cassiodor.* Var. III, 38) und als Oberbefehlshaber wohl Ibbas: *Jordanes* cap. 58.

716. Schon *Junghans* a. a. O. p. 89 hat darauf aufmerksam gemacht. Es wird bestätigt durch *Aviti* ep. 78. Auf fränkischen Besitz bezieht diese Verwüstung *Valesius* L. VI p. 310.

weiteren Injurien zulasse [717]! Lernen wir doch aus einem Briefe des Avitus, wie die burgundischen Grenzen von dieser Verwüstung betroffen gesagt werden [718]!

Dass die Truppen die feindlichen Grenzen eben nicht respektirten, war ihr Zweck. So verbreiten sie sich im Norden der Durance, brechen die festen Plätze, schleppen Gefangene fort, leeren Orange fast von seinen Bewohnern [719], ja sie streifen bis in die Nähe von Valence [720]; was aber wichtiger war, sie setzen sich in Gundobads einstigem Zufluchtsort Avignon fest. Dort befiehlt jetzt Vandil und empfängt die Geheisse seines Herrn, » sein Heer solle mit den dortigen Römern auf einem guten Fusse leben « [721]. Offenbar war auch hier die burgundische Bevölkerung in die Gefangenschaft geführt. Neue Castelle an dem Fluss sichern die gothische Position an der Durance gegen Burgund. Zwischen ihnen und Marseille war das Land frei; sie konnten von dort ihre Verproviantirung empfangen [722].

Zweifellos war Theoderichs wohlgelungener Plan der, das Belagerungsheer von seinen Zuzügen aus Burgund abzuschneiden und es dann zu erdrücken. Es scheinen nun die Truppen, die durch die kottischen Alpen gekommen waren, soweit sie nicht die neue Stellung zu besetzen in Anspruch genommen wurden, sich nach Arles gewandt zu haben. Ein ausdrückliches Zeugniss dafür bieten die Quellen nicht, allein eine Nachricht erlaubt doch wohl diesen Schluss zu ziehen: unter der Masse von Gefangenen, welche das siegreiche gothische Heer unmittelbar nach seinem Siege nach Arles bringt,

---

717. *Cassiodor.* Var. III, 38: ubi (in Gallicanis regionibus) et recens vastatio non portat injuriam.

718. S. oben n. 714.

719. V i t a C a e s a r i i a. a. O. p. 70. Interea omnes captivos ultra Druentiam, maximeque Arausici oppidi, qui ex toto fuerat captivitati contraditus, cuius etiam partem Arelatum liberaverat redimendo, mox inventos in Italia redemit, ut potuit. Et ut eis libertas plenior redderetur, imposuit eum sumpto jumentis et plaustris in via, suorumque solatio et ordinatione fecit ad propria revocare. *Junghans* a. a. O. p. 106 n. 1 und ebenso *Dierichsweiler* p. 75 und *Bornhak* p. 240 n. 3 sehen hierin die Nachricht von einer Unterwerfung von Orange unter Theoderich. Allein diess liegt weder in den Worten, noch stimmt es mit den sonstigen Quellen. Theoderich hätte in diesem Falle die Gefangenen ohne Lösegeld entlassen. Dann ist 517 Orange noch burgundisch. Vgl. die Unterschriften des Concil. Epaon.

720. *Aviti* ep. 78.

721. Var. III, 38.

722. Var. III, 41: Tritici itaque speciem . . . . . . ad castella super Druentiam constituta de Massiliensibus horreis constat esse portandam.

kauft Caesarius grade auch die von Jenseits der Durance los[723]. So liegt es sehr nahe anzunehmen, dass die Gothen von der Durance in der Hauptschlacht mitkämpften.

Vollendeten diese nämlich ungestört ihren Weg, so erreichten sie bei Tarascon die Rhone und standen unmittelbar im Rücken des Feindes. Jetzt musste dieser die Schlacht annehmen, sich gegenüber die verbündeten Truppen des Tulum, dessen Abzug zu behaupten nicht der geringste Grund vorliegt, und das neue Heer, welches wahrscheinlich unter Ibbas Oberbefehl stand: dieser wenigstens kommandirte die Schlacht. Dass die Truppen der Arles'schen Besatzung in die Entscheidung eingriffen, beweist die Nachricht der Vita Caesarii, dass die Gothen bei ihrer Rückkehr nach Arles (reversi) eine Masse Gefangener mit sich schleppten[724]. Entweder also war der Feind genötigt, sofort die Belagerung aufzugeben, oder aber er musste die Cernirungslinie so abschwächen, dass die Belagerten mit einem glücklichen Ausfall ihre Befreiung erzwingen und an dem Hauptkampf Theil nehmen konnten.

So vereinigen sich alle Indicien, um den von den Quellen verschwiegenen Ort der Schlacht in die Nähe von Arles zu verlegen[725].

Es mag ein gewaltiger Kampf gewesen sein, in welchem die drei mächtigsten Reiche der damaligen Zeit ihre Kräfte, wenn auch nicht ihre vollen Kräfte, maassen. Der Sieg blieb Theoderichs Feldherrn Ibbas; das burgundisch-fränkische Heer wurde zerrieben, 30,000 Franken — so gewaltig übertreibt Iordanes[726] — deckten

(Marginalie:) Der entscheidende Kampf wahrscheinlich bei Arles, Anfang 510.

---

723. Vita p. 69. In Arelato vero Gothis cum captivorum immensitate reversis replentur basilicae sacrae, repletur etiam domus ecclesiae constipatione infidelium, eisque in grandi penuria alimenta pariter et vestitum homo dei impertitur affatim, donec singulos redemptionis munere liberaret expenso argenti, quod venerabilis Eonius antecessor suus ecclesiae mensae reliquerat.

724. Ders. Ans. *Junghans* a. a. O. p. 98.

725. Mit anerkennenswerter Sorgfalt macht *Junghans* a. a. O. p. 99 darauf aufmerksam (gegen *du Roure*, Hist. de Théodoric II p. 18), dass der Ort der Schlacht quellenmässig nicht feststehe. Allein ein Indicienbeweis wie der vorliegende dürfte diess einigermaassen zu ersetzen im Stande sein. Für eine Schlacht unter den Mauern von Arles, freilich ohne wahre Gründe, *Fauriel* II p. 65.

726. *Jordanes* c. 58 (p. 201): Non minus trophaeum de Francis per Ibbam, suum comitem, in Galliis adquisivit (Theodoricus), plus XXX millibus Francorum in proelio caesis. — Gegen *Jordanes* Uebertreibung schon *Baronius* ad a. 508 (VI p. 583); *Valesius* VI p. 303, 304; *Fauriel* II p. 65; *Huschberg* a. a. O. p. 668; *Bornhak* p. 239 n. 2. — Vgl. auch *Cassiodor*, Chr. ad a. 508; *Isidor*, Hist. Goth. c. 36.

das Schlachtfeld, eine andere Masse wurde gefangen genommen, worunter Ungläubige ausdrücklich hervorgehoben werden. Man wird diese auf Burgunder deuten müssen [727] und schwerlich nur heidnische Franken darunter verstehen können [728].

Nun war Theoderich der Weg zu weiteren Unternehmungen geöffnet; jetzt — aber auch erst jetzt — findet er Zeit sich gegen den nach Barcelona verjagten Gesalich zu wenden. Im Laufe des Jahres 510 flieht der Feigling vor demselben Sieger Ibbas, der Franken und Burgunder geschlagen, nach Afrika. Ibbas hatte sich also von Arles westlich gewendet; dass nach ihrer Niederlage die Burgunder Narbonne nicht mehr halten konnten, ist·natürlich: es fiel dem Sieger in die Hände [729].

Folgen des
Krieges.

Ein Blick auf die Aenderung des territorialen Besitzstandes enthüllt die Folgen des Krieges in überzeugender Klarheit. Der Gewinn der Franken ist ein ganz ausserordentlich bedeutender [730]. Der Gürtel ihrer südlichen Gränzen läuft von den Westabhängen der Sevennen in einem nach Süden konvexen Bogen nach Bordeaux hinüber: die fränkisch gewordenen Städte Rodez, Toulouse, Auch, Eause, Bazas, Bordeaux markiren seinen Gang [731]. Alles Land

---

727. Vita Caesarii a. a. O. p. 69. Vgl. oben n. 723 A. M. *Digot* I p. 182, der darin ripuarische Franken sieht.

728. Die Zeit dieses Kampfes wird sehr verschieden angesetzt: *Baronius*, Annal. ad a. 508 (VI p. 583); 508, er lässt aber dann die Belagerung von Arles weitergehen; *Pétigny* II p. 527: Anfang 510; *Digot*, Hist. d'Austrasie I p. 183 scheint s 508.

729. Variar. IV, 17 findet Ibbas daselbst. Die Stadt kam sicher auf seinem spanischen Zug in seine Gewalt. Der Brief ist wohl erst nachher geschrieben.

730. Die Angaben der *Historia epitomata* c. 25 in ihren beiden Versionen und die des Unheilstifters *Procop*, De bello Goth. I c. 12, der überhaupt für diesen Krieg nie hätte benutzt werden sollen, sind in dieser Beziehung ganz ungenau. Die beste Quelle sind die Unterschriften des von Chlodovech berufenen Concils von Orléans aus dem Jahre 511. Ueber den Wert *Procops* für diesen Krieg, den schon *Valesius* L. VI p. 304, 305 hier verwirft, bin ich ganz der Ansicht von *Junghans* a. a. O. p. 94—96.

731. S. die 9., 12., 4., 11. u. 1. Unterschrift das. Für das Verbleiben von Toulouse bei den Franken haben wir kein gleichzeitiges direktes Zeugniss; die Lage würde freilich dafür zeugen und das Schweigen der ostgothischen Quellen über den Wiedererwerb ist sehr sprechend. *Valesius* L. VI p. 303 in seinen Randbemerkungen nimmt Tolosa, Luteva und Ucetia als diejenigen Städte aus, die nicht an Theoderich zurück, sondern den Franken zugefallen wären, vgl. L. VII p. 392, 393. *Pagi* Critica ad a. 507 n. 9 lässt Tolosa und Ucetia fränkisch werden; die *Hist. de Languedoc* I p. 250: Toulouse; *Mascov* XI c. 16 sagt: »Soviel ist gewiss, dass die Franken Auvergne und beide Aquitanien, sammt der Stadt Toulouse behalten haben«; *Fauriel* II p. 67 meint: la monarchie visigothique avait perdu avec sa capitale les quatre cinquièmes au moins de son domaine dans la Gaule.

nördlich dieser Linie bis zur Loire ist Chlodovech zugefallen. Im Osten gränzen diese neuen Eroberungen mit Burgund, Theuderich hatte ja die Auvergne bis zu den burgundischen Gränzen unterworfen: der Bischof von Clermont unterschreibt das fränkische Concil in Orléans; eine Grabschrift aus Coudes, datirt KALENDAS SEPTEMBRIS INDICTIO QUINTA REGIS TEVDORICI, bei welcher kein Grund vorhanden ist, nicht an Chlodovechs Sohn zu denken und die ich desshalb dem 1. September 511 zuschreibe[732], zeigt uns diesen Ort im fränkischen Besitze. Auch Auxerre ist 511 fränkisch[733], allein wohl in Folge gütlicher Vereinbarung des Frankenkönigs mit Gundobad.

Trotz der Niederlage vor Arles ist Chlodovech seinem Erwerb nach im Stande, sich des grössten Sieges zu freuen. Ganz anders verhält es sich mit Theoderich: er gewann zwar den ganzen früher westgothischen Küstenstrich des Golfs von Lyon und das Land nördlich der Pyrenäen bis an die fränkischen Gränzen für sich[734]; selbst in Spanien werden seit 510 die Jahre der eigentlich westgothischen Herrschaft nach ihm gezählt[735]. Allein was wollte das heissen gegen den Sturz des mit seiner Politik verwebten tolosanischen Reiches?

Am schwersten von Allen wurde aber das burgundische Reich getroffen. Ihm hatte offenbar das ganze Rhonethal und jenes westgothische Küstenland mit Marseille, Arles, Narbonne zufallen sollen; allein statt dessen verlor es noch von dem Eigenen an Theoderich. Zwar ist es unrichtig, dass auch Orange ostgothischer Botmässigkeit anheimgefallen wäre[736], aber Avignon geht dauernd verloren[737]. Ein

---

732. Falsch *Le Blant* II p. 373 (Inschr. n. 570), der vom Jahre 512 spricht.

733. S. d. 3. Unterschrift des Concils zu Orléans. Vgl. dagegen p. 189.

734. Vgl. *Cassiodor*, Chron. ad a. 508 (oben n. 696); dess. Variae III, 16 u. 17; Vita Caesarii a. a. O. p. 69: Sic deinde a Wisigothis ad Ostragothorum devoluta est regnum. Vgl. auch *Isidor*, Hist. Goth. c. 36 (oben n. 697). S. auch die Stellen bei *Junghans* a. a. O. 102 n. 3. Richtig gegen die Ausdehnung der fränkischen Gränzen bis zu den Pyrenäen: *Fauriel* II p. 73.

735. S. das Concilium Tarraconense, Praef.: In nomine Christi habita synodus Tarracone, anno sexto Theuderici regni, consulatu Petri, sub die octavo Idus Novembris (516). — Concilium Gerundense: .... Synodus habita Gerundae, Anno VII Theuderici regis, VI Idus Junias, Agapeto viro clarissimo consule (517). Citirt nach der Collectio Concil. regia, T. X (Paris 1646) p. 624, 631. S. schon die *Hist. de Languedoc* I p. 665.

736. So *Junghans* a. a. O. p. 106. S. dagegen n. 719.

737. Es fehlt in den Unterschriften des burg. Concilium Epaonense von 517. Richtig *Valesius* VI p. 303; gänzlich unbestimmt *Fauriel* II p. 71: Dès l'année 509, Avignon et plusieurs autres villes au nord de la Durance

Gürtel von gegen Burgund gerichteten Castellen erhob sich an der
Durance, wie eiserne Fesseln lagerten sich die Nachbarmächte um
das unglückliche Land. Einen kleinen Erwerb, vielleicht aber nur
das Tauschobject für Auxerre, können wir am rechten Rhoneufer
nachweisen: Viviers, gegen Ende des 5. Jahrhunderts noch westgothisch[738], zählt 517 zu den burgundischen Städten[739]; es kann
nur in dieser Kriegszeit an Burgund gefallen sein[740].

Der grosse Plan, der die Versäumnisse des 5. Jahrhunderts
wieder gut machen sollte, war nach glücklich begonnener Verwirklichung kläglich gescheitert. Sei es, dass von Anfang an die Verabredungen mit Chlodovech ungenügend waren, sei es, dass der Franke
dem durch Unglück geschwächten Könige die gemachten Zusagen
nicht hielt: das von den beiden Reichen in gemeinsamer Anstrengung
Erworbene kam mit Ausnahme eines verschwindenden Restes den
Franken zu Gute.

Ob ein förmlicher Frieden zwischen Gundobad, Chlodovech und
Theoderich diesen Zustand zum rechtlichen erhob, ist nicht festzu-
stellen[741]. Jedenfalls glaube ich die Thatsache, dass Ende 510 in
Lyon der Consulat des Boetius Junior noch unbekannt war, als Be-
weis dafür anführen zu dürfen, dass wenigstens damals ein solcher
Abschluss noch nicht erfolgt war[742].

étaient tombées dans son pouvoir; d'autres y tombèrent un peu plus tard. —
Im Jahre 517 ist selbst Cavaillon noch burgundisch; so bildet die Durance
fast bis zur Mündung die Gränze, die ostgoth. Castelle auf dem linken Ufer.

738. S. oben n. 644.

739. S. die 22. Unterschrift des Concil. Epaonense: Venantius episcopus civitatis Albensium.

740. Falsch ist, was *Pétigny* II p. 528 n. 1 von burg. Erwerbungen in
diesem Kriege sagt.

741. S. darüber die sachgemässen Ausführungen von *Junghans* p. 104,
105. Sehr entschieden gegen den Friedensschluss *Bornhak* p. 241, 242.
Gänzlich verkehrt *Valesius* L. VI p. 312; nicht minder *Pétigny* II p. 527:
Cette victoire (Anfang 510) amena immédiatement la conclusion de la paix,
que Théodoric toujours modéré, accorda à des conditions, qui concilièrent
tous les intérêts! Abschluss dess. nach p. 638 Mitte 510. Ganz ähnlich
Dahn II p. 150: Abschluss 509.

742. Die verdienstvolle Darstellung des Krieges von *Junghans* u. a. O.
ist in Wahrheit die einzige, mit der wir uns sorgfältigst abzufinden
haben. Liest man die Zusammenfassung der Resultate bei *Junghans*
p. 108—110, so ist allerdings der Unterschied zwischen ihnen und meiner
Darstellung kein geringer. Möge eine sorgfältige Kritik meine Abweichungen als berechtigt anerkennen, oder aber als unberechtigt nachweisen! Ich füge ein Wort bei über einige frühere Darstellungen dieses
Krieges. Bei *Baronius* ad a. 507 u. 508 ist die Darstellung der kriegerischen
Ereignisse eine völlig konfuse; bei *Valesius* L. VI p. 292 ff. ist die Darstellung bis zum Ende der angeblich ersten Belagerung von Arles (509)

An zehn Jahre voll starker Bewegungen schlossen sich noch Gundobads letzte Regierungs-jahre.
weitere sechs einer wenigstens dem Anscheine nach durchaus fried-
lichen und stillen Regierungszeit Gundobads, über die uns nur sehr
spärliche Nachrichten erhalten sind.

In den Vordergrund treten die religiösen Fragen, tritt das Verhältniss des Königs zu Avitus von Vienne, des Bischofs zu Sigismund und des Prinzen zu Beiden. Greifen doch diese persönlichen
Beziehungen so tief in die Geschichte des Reichs ein!

In religiöser Beziehung wie überall zeigt sich die sorgsam prüfende, Sein Verhältniss zu den reli-giösen Fragen.
selbstständige, nie grundlos verdammende Natur Gundobads: er legt dem
Bischof Chartenius und in ihm allen katholischen Bischöfen die Aufgabe
vor, ihm den Grund oder besser die Autorität zu zeigen, aus der her-
vorgehe, Gott(-Sohn) habe in der Gottheit Substanz gehabt, bevor er
hienieden wie ein Mensch geboren worden sei: wie Avitus meint, in
der Absicht, damit durch diesen Beweis jene verderblichste aller
Ketzereien besiegt werde, die unsern Herrn in Maria seinen Ursprung
genommen haben lasse [743].

Als aber der Bischof von Vienne dem Könige im Jahre 512 eine längere Auseinandersetzung über die in Constantinopel wiedererstandenen
angeblich Eutychianischen Ketzereien giebt, die zur Vertreibung des
Bischofs Macedonius von Constantinopel geführt haben, da finden
wir den Fürsten entschieden auf der Seite seiner katholischen Bischöfe,
und er gewährt die kaum misszuverstehende Bitte des Avitus: »wenn

---

klar, wenn auch in Manchem unrichtig, dagegen p. 310, 311 beginnt Verwirrung und Willkühr; die *Histoire de Languedoc* I p. 244—252 liefert
eine seltsame Combination aller tauglichen und untauglichen Quellen und
eigener Erfindungen; wie immer besonnen *Mascov* XI c. 13 u. 15, nur in
den Zeitbestimmungen ziemlich unbestimmt; mehr als dürftig *Manso* a.
a. O. p. 62—65; *Aschbach* a. a. O. p. 169 ff., der in Vielem an *Vaisse, te*
mahnt, zeigt eine nicht unbedeutende Erfindungskraft; über den Krieg
nach Chlodovechs Rückkehr gänzlich unsicher *Luden* III p. 90—93; *Fauriel* II p. 55—75, trotz der Ausführlichkeit ungenügend, weil nicht, kritisch
genug; *Huschberg* a. a. O. p. 663—668, 671 dürftig; bei *Pétigny*, Études II
p. 499—528 ist die Verwirrung der Ereignisse wieder grösser als bei *Fauriel*, wenn schon auch hier wieder manches Einzelne richtiger erkannt ist
als früher; *Dahn* II p. 149—151 behandelt die ganze Episode sehr beiläufig und ohne genaueres Eingehen. *Derichsweiler*, dessen Aufgabe es
gewesen wäre, diesen »überaus dunklen und wenig anziehenden Krieg«
möglichst sorgfältig zu behandeln, fördert die Sache um keinen Schritt:
s. dessen p. 72—76. *Bornhak*, Gesch. d. Franken p. 229—242, der die
Abhandlung von *Junghans* kannte und ihr sehr viel verdankt, hat nichts
Neues geleistet. Wo er gegen *Junghans* auftritt (mit Ausnahme des negativen Theils von n. 5 auf p. 232) wie p. 238 n. 4, stellt er sichere Resultate wieder in Frage.

743. *Aviti* ep. 28: Domno Gundobado regi.

die Ketzer beharren bei ihrem verbrecherischen Irrthum, so möge
Gott geben, dass auf Euer Geheiss und durch meinen Mund diese
Verkehrtheit, die durch ihr Wachsthum nur um so brennender wird,
durch eine einheitliche und immer gleichartige Auslegung der heiligen
Schriften zurückgeschlagen werde « [744]. Von Gundobad ermächtigt
schreibt der Bischof von Vienne auch in seines Fürsten Namen zum
Schutz der katholischen Wahrheit [745]. Sieht es nicht aus, als behielte
Gregor von Tours Recht, wenn er erzählt, der König habe das Be-
kenntniss der Dreieinigkeit abgelegt und heimlich gebeten, ihm das
Chrisma zu gewähren, Avitus aber habe die öffentliche Ablegung des
Bekenntnisses verlangt, und da der König diese aus Scheu vor sei-
nem Volke verweigert habe, sei er in seinem Wahnsinn gestorben [746]?

Gundobad bis zu
seinem Tode
Arianer.

Allein es wird sich zeigen, dass Gregor hier nur den Avitus
etwas eigenwillig ausbeutet. Alle Quellen stimmen zunächst darin
überein, dass Gundobad den Arianismus nicht verlassen hat. Wäre
es geschehen, der jubelnde Brief des Avitus würde gewiss nicht verloren gegangen sein!

Aus dem jedenfalls in Gundobads späte Zeit fallenden ersten
Schreiben des Bischofs von Vienne erkennen wir den König immer
noch mit seinen arianischen Bischöfen beraten, ob der heilige Geist
als Schöpfer oder als Creatur zu betrachten sei? In jenem Falle könne
er von der Gottheit nicht getrennt, in diesem nicht mit ihr vereinigt
werden. Wer verkennt hier die ausschliesslich arianische Argumentation, deren arianische Begründung dem Fürsten wichtig genug erscheint, um sie Avitus zur Widerlegung zu unterbreiten? Was vermag
dagegen des Letzteren Versicherung, kein Punkt der Erklärung des
katholischen Bekenntnisses sei dem Fürsten fremd; was die Bitte,
mit welcher der Bischof seinem Herrn den Katholicismus aufdrängen
will: » ich beschwöre Euch, Die nicht länger Eure Priester heissen zu
lassen, die dem heiligen Geiste widersprechen, Die nicht länger vor
Euch lehren zu lassen, die das Lernen weigern, Die nicht länger,
um eure Vervollkommnung einigermassen zu verzögern, lästern zu
lassen, was Ihr hört, welche nicht erkennen was Ihr glaubt; und

---

744. *Aviti* ep. 3 an Gundobad. Dieser Brief ist älter als ep. 2; vgl. den
Exkurs über die Avitischen Briefe.

745. Dieses Schreiben liegt vor in *Aviti* ep. 2: Domno Gundobado regi.
S. oben p. 172 n. 575.

746. *Gregor* II c. 34. Dieser Erzählung folgt *Baronius*, Annales ad a.
491. Ausg. Rom. 1595, T. VI p. 496.

selbst nicht länger die Ränke der Unwissenden und die Possen der
Listigen zu dulden, damit Ihr nicht aufgehalten werdet, öffentlich
zu bekennen, da Ihr doch schon lange in Euch selbst bekennt.«[747]?

Wider Willen zeigt diese Beschwörung den König den Einwän-
den seiner Priester noch sehr zugänglich. Gundobads Stellung zu
den religiösen Parteien ist an seinem Lebensende noch die gleiche
wie immer. Zwischen ihnen verhandelnd, duldet er hochmütige Ueber-
hebung weder von der einen noch von der andern. Auf der Seite
seines germanischen Volkstheiles stehend und zugleich eingehend in
die katholischen Lehren, fesselt er jenen durch seine Beharrlichkeit,
die Träger des Katholicismus durch die Aussicht auf seine Umwandlung an sich.

Anders der Sohn: ihm fehlte zu einer solchen Stellung die nötige
Festigkeit, und die verhängnissvolle Unsicherheit des Renegaten trieb
ihn weit davon weg. Wie der Vater diesen Eifer beurtheilte, wie er
seinen Sohn überhaupt schätzte, ist unerkennbar; dass diesem,
auch wenn er einmal nach Lyon kommt, um mit Gundobad Ostern
zu feiern[748], die nötige Ehrfurcht vor dem Vater sammt der Einsicht
in dessen Grösse fehlte, beweisen die Avitischen Briefe[749]. Die Rolle
des Prinzen im Staat ist eine äusserst bescheidene. Er nimmt Theil an
den Kriegszügen, an gewissen Thaten der königlichen Grossmut: aber
von einer Einmischung in wirkliche Regierungsgeschäfte keine Spur!
Zum Ersatz führte er den Titel rex, und dass er über bedeutende
Geldmittel verfügte, beweist die Nachricht des Marius zum Jahre
515: Sigismund habe zu Agaunum ein Klostergebäude errichtet. Da
das agaunensische Kloster schon im 5. Jahrhundert existirte[750], so

Marginalien rechts: Stellung des Sohnes zum Vater. — Sigismund nicht König neben dem Vater. Sein katholischer Eifer.

---

747. *Aviti* ep. 1 an Gundobad, a. E. Diese Stelle ist offenbar in
der oben angegebenen Weise von *Gregor* ausgebeutet worden. Ihre letzten
Worte lauten: ne .... suspendamini a professione, cum jamdudum in
confessione teneamini.

748. *Aviti* ep. 68: Domno Sigismundo.

749. *Aviti* ep. 21 u. 29.

750. Dieser Ans. schon *Pagi* ad a. 515 n. 6—8, der aber annimmt, 515
sei das monasterium vel collapsum vel eversum neu zu erbauen begonnen,
522 erst beendet worden. Vorsichtig sagt *Mascov* XI c. 31, dass Sigismund 515 das Kloster entweder gestiftet oder doch erneuert habe. Vgl.
auch dens. a. a. O. Anmerkungen p. 7 u. 8. Nicht genau meint *Rettberg*,
Kirchengesch. Deutschlands I p. 256, Sigismund habe zur Sühne der (522
geschehenen) Ermordung seines Sohnes Segerik das zerfallene St. Moritz-
kloster wieder aufgebaut. *Gelpke*, Kirchengeschichte der Schweiz I p. 116
betrachtet Sigismund als den zweiten Begründer des Klosters: 515 wurde
der Bau angefangen, 517 vollendet. *Derichsweiler* p. 83 nimmt das Kloster
vor 515 als zerstört oder in Verfall geraten an. Nähere Ausführungen über

lässt sich hier in keiner Weise an die Gründung des Klosters denken [751].

Daneben sah ihn Genf den Ketzerwächter machen. Ein mannichfach schwieriger Brief, von Avitus an Sigismund nach Genf gerichtet und nach Sitte der Zeit bei Gelegenheit eines jährlich wiederkehrenden Festes (wahrscheinlich dessen des h. Petrus [752]) geschrieben, preist den Prinzen, » der bei diesem Feste seine Sorge nicht weniger der Erforschung der ketzerischen Pläne als den Feierlichkeiten der katholischen Partei zuzuwenden habe. Denn da sich die Gegner hiebei in jährlicher Gemeinschaft versammelten, so müsse Sigismund sorgfältig dahin wirken, nicht durch die trügerische List der Gegner wieder das Unkraut überhand nehmen zu lassen, dem er selbst schon siegreich die Wurzel durchschnitten habe « [753].

Kloster und Aebte zu Agaunum vor 515 s. bei *Gelpke*, Kirchengesch. d. Schweiz I p. 109 ff.; bei *Gremaud*, Origines et documents de l'abbaye de St. Maurice; Fribourg 1857.

751. Die Worte des *Marius* ad a. 515: His consulibus monasterium Acauno a rege Sigismundo constructum est, lege ich so aus, dass 515 Sigismund zu Agaunum ein dort bisher noch nicht bestehendes gemeinsames Klostergebäude aufgeführt habe. *Gregor* III c. 5, der hier freilich den Marius benutzt, führt diess noch etwas näher aus: .... Sigismundus .... monasterium Agaunense cum sollerti cura cum domibus basilicisque aedificavit. Weder er noch *Marius* sprechen von einem reconstruere, reaedificare. Vgl. auch n. 470.

752. Ders. Ans. auch *Sirmond*, notae ad Aviti ep. 29.

753. *Aviti* ep. 29: Omni quidem vitae meae tempore debitorem me asserendi famulatus agnosco: sed impensius festivitate praesenti, quae sollicitudinem vestram non minus explorandis haereticorum conatibus, quam nostrae partis occupat cultibus celebrandis .... Unde illud, si mereor, quam primum scire desidero, utrum cum domno clementiae vestrae patre mentio illius ordinationis acciderit, quae bonorum pestem ab infernalibus latebris excitatam Catholicis Arianisque certantibus intromisit: vel si servatur adhuc credulitatis, immo simulationis illius dolus, quem non impressum animis, sed chartulis exaratum paulatim in antiqua sui dogmatis credulitate revocat litterata promissio. Quae certe si adhuc, ut coeperat, societati Arianae communione immixta est, claret gloriosior sub principatu vestro noster triumphus, cum duabus haeresibus in unum redactis tam acquirentibus quam convincentibus vobis et schisma ticorum numerus decrescit et schismatum. Ich glaube für bonorum, in welchem Wort offenbar die Bezeichnung einer Ketzerei enthalten seinrmusste, das nächstliegende Bonosiacorum lesen zu sollen. Vgl. *Gieseler* 1, 2 p. 276; vor Allem aber *Walch*, Ketzerhistorie III p. 605 ff., insbesondere p. 607. *Sirmond*, notae ad Aviti ep. 29 u. 30 denkt an Photinianer .Zugleich mit Recht und mit Unrecht. Mit Unrecht dem Wort nach; mit Recht insofern, als an einer Stelle wenigstens A v i t u s bestimmt Photinianer und Bonosiacer identificirt. S. ep. 3 (p. 567): Unde respiciendum est, quantum Eutychiani Bonosiacis barato profundiore mergantur. Illi Christo divinitatis honorem tantummodo adimunt, isti et corporis veritatem. Photinus hominis personam nos adorare deridet, hic nebulam. Vgl. noch *Aviti* fragm. ex libris contra Arianos, Bibl. max. patr. p. 595 u.

Interessant ist die Nachricht von den jährlichen Versammlungen der Arianer in Genf, wichtig die Erkenntniss der Stellung des Prinzen zu ihnen, wichtiger noch die Thatsache, dass wir hier wieder Avitus und seinen Bekehrten zusammen wider Gundobad stehen sehen. »Zunächst möchte ich wissen, fährt Jener fort, ob zwischen Euch und Eurem Vater die Rede auf jene Ordination gekommen ist, die die Pest des Bonosianismus aus ihren infernalen Schlupfwinkeln wieder aufgetrieben und in den Kampf zwischen Katholiken und Arianern hineingeworfen hat? ..... Und wenn jene bewusste Leichtgläubigkeit sich noch jetzt mit der arianischen Gesellschaft vermischt erhält, dann glänzt einst unter Eurer Herrschaft unser Triumph um so rühmlicher, als dann zwei Ketzereien auf eine zurückgeführt werden ..... und gleichzeitig die Zahl der Schismatiker wie der Schismata sich mindert.«

In dem Schoosse des arianischen Bekenntnisses machten sich also noch bonosianische Irrthümer geltend, und, was der Brief von einer ordinatio sagt, kann ich nicht anders verstehen, als dass Gundobad die Ordination eines mit diesen Irrthümern behafteten Mannes zum arianischen Bischof gestattet habe. Unter solchen Verhältnissen erscheint es natürlich, dass die Katholiken gern hinwegsahen über den Tod Gundobads in die Glanz versprechenden Zeiten des künftigen Herrschers. Gingen doch allmählig die Lebensjahre des Vaters zur Neige und überschritten die seiner Herrschaft schon die 4. Dekade!

In den Rahmen dieses Lebens hatte die Geschichte die gewaltigsten Umwandlungen gezeichnet! Ein blendendes Irrlicht glänzte zu seinem Anfang der Ruhm von Jahrhunderten noch über dem Sumpf des sinkenden Kaiserreichs, kräftig genug, um germanische Fürstensöhne in den Dienst dieses Reiches zu locken und den burgundischen Staat in die Schlingen seiner Politik zu verwickeln. Aus dem Dienste dieses Reiches, dessen Kaiser Gundobad mitgestürzt

Die Umwandlungen des Westens zu Gundobads Lebzeiten.

---

598 u. *Walch* III p. 612. — Noch viel später erfahren wir von *Eustasius*, Abt von Luxeuil (lebte zu Anfang des 7. Jahrhunderts), aus dessen Vita in den Bolland. 29. März III p. 786—790, dass er zog ad Varascos, qui partem Sequanorum provinciae Dubii fluenta ex utraque parte incolunt, Bonosi Photinique maculati errore. — Nicht daran zu denken ist, die Notiz des Avitus in seinem 24. Briefe an Stephanus von Lyon, es zeigten sich unter dem leider so weit verbreiteten arianischen Schwindelhafer ganz seltene und zur Ansteckung ungeeignete Spuren von Donatistenthum, zur Emendation der Stelle der ep. 29 benutzen zu dürfen. Uebrigens rät Avitus in diesem Falle, die Ketzerei durch Handauflegung ganz stille zu begraben.

und erhoben hatte, dessen faktischer Herr mehrere Monate er gewesen war, trat er ohne Bedauern in seine Heimat, in eine scheinbar geringere, in Wahrheit ungleich bedeutendere Stelle zurück.

Aus der Nähe konnte er die letzten Zuckungen des Reichs in Italien und Gallien beobachten : dann sank auch Odovakars Herrschaft und Theoderich trat an seine Stelle. Es folgte die Zeit, wo drei arianisch-germanische Reiche neben einander die Zukunft von Gallien und Italien in der Hand hielten, ohne gefährliche Rivalen zu besitzen. Auch sie vergieng: die Franken wuchsen, ihr König wurde von katholischen Bischöfen getauft und für Burgund bewies das Jahr 500 die Unmöglichkeit einer eigenthümlichen arianischen Politik. Nur noch kurze Zeit und es half selbst den westgothischen Nachbar über den Haufen werfen, um dadurch endlich wie ein Kiesel zwischen zwei Mühlsteine zu geraten.

Jetzt mochte der grosse Fürst den Beginn jener Aera des Friedens ersehnen, denn schlimm genug, wenn sie nicht kam !

Aber die Welt hatte sich nicht nur ausserhalb Burgunds verwandelt : Gundobad sah die Physiognomie seines Reiches in dem Verhältniss der Parteien, in dem Zustande der Sitten und des Rechtes in allen seinen Bestandtheilen eine völlig andere geworden. In seiner Familie hatten Tod und Verhängniss grosse Lücken gerissen : von vier Brüdern und drei Herrschern er der Einzige, jetzt ein Monarch, der noch lebte ! Später sollte ihn noch der herbe Schmerz treffen, eine Tochter, die Braut eines Königs, während ihres Brautstandes sterben zu sehen [754].

Inmitten dieses Wandels hatte die Persönlichkeit des Fürsten sich zwar entwickelt, aber in ihrem Wesen nicht verändert. Edles Maasshalten bethätigte sie in der Behandlung der religiösen Gegner, zeigte sie in der Tragung der Schicksalsschläge, die ihr beschieden [755], in der Bewältigung bedeutender innerer Erregung [756]. Ihr

Gundobads Persönlichkeit.

---

754. *Aviti* ep. 5 ... Non valentibus ista praescire potest equidem durum videri, vicinam thalamis virginem taedio incumbente praereptam : quae tamen ambita est ut regina, defuncta est incontaminata ; ..... ubi non diu esse potuit domina nec breviter extitit peregrina. Bezüglich der nicht ganz sicher zu bestimmenden Zeit dieses Ereignisses s. man das im Exkurs III über *Aviti* ep. 5 Gesagte.

755. *Aviti* ep. 5. Domno Gundobado regi .... Virtuti enim vestrae derogat, si quis super casu, qui contigit, consolationis aliquid scripto verboque suggesserit. Neque porro cadet in regiam quidem sed philosophicam mentem moeroris abjectio.

756. S. Seite 145 u. *Aviti* ep. 21.

Urtheil traf stets ebenso scharf wie gerecht und unbestechlich. Es
war Ausdruck innerster Ueberzeugung, wenn der König sein Gesetzbuch in dessen erstem Titel mit dem Gedanken eröffnete: Gerechtigkeit ist die Gott wohlgefällige Quelle irdischer Herrschaft, Unbe-
stechlichkeit des Richters die Basis alles Rechtslebens [757]. So sieht
der Fürst denn selbst den ihm zunächst Stehenden kein Unrecht
nach [758]. Freilich klagt dann der Bischof von Vienne Seinesgleichen,
wie die königlichen Gewalthaber mit Beschuldigungen und Verdächtigungen gegen ihn und sie rasch bei der Hand seien [759]; allein ihre
Klagen beeinflussten Gundobad ebensowenig wie ihre Verdächtigungen,
und mit ernstem Wort vertritt er den von den Katholiken verketzerten
Kaiser Anastasius ihnen gegenüber als einen trefflichen, Gott ergebenen und ihm treuen Mann [760]. Als Einer der die Wahrheit suchte,
ertrug er die Wahrheit und forderte von seiner Umgebung das frei-
müthige Wort [761]. Durchdringende Urtheilskraft befähigte ihn, das
Falsche von dem Echten und das, was er wusste, zu scheiden
von dem, was ihm fremd war [762]. Ein reger Drang nach Kenntnissen
verschaffte ihm eine Fülle geistiger Güter, wie sie von seinen germanischen Zeitgenossen nur Theoderich ähnlich besass. Ausser seiner
Muttersprache war er des Lateinischen, ja des Griechischen kun-
dig [763]. Die Schriften der geistlichen und der weltlichen Autoren
fanden in ihm den aufmerksamsten Leser [764]: die Bibel zieht ihn

757. Lex Burg. P. C. § 1.
758. S. den interess. 39. Brief des *Avitus.*
759. *Aviti* ep. 58 Viventiolo episcopo . . . . Ita namque apud nos per
momenta singula potestatum speratur adventus, ut, nisi illis venientibus
praesens esse curavero, ab eis qui solent in nobis etiam leviora culpare,
quamlibet simplex abscessus meus non solum negligentiae, sed etiam contu-
maciae deputetur. Vgl. auch *Aviti* ep. 45 in der Mitte; ep. 39 am Schluss.
760. *Aviti* ep. 2 an Gundobad: Quem quidam (scil. Caesarem Graecorum) et praeconio attollitis et fidelem deo deovotumque laudatis.
761. Vgl. *Aviti* ep. 47 u. 48 an und von Heraclius, bes. aber *Aviti* ep. 1
an Gundobad: . . . . in fine sermonis, cui non solum tribuitis sed injun-
gitis libertatem. S. auch *Ennodius*, Vita Epiph. p. 391 unten in n. 769.
762. *Avitus* rühmt am Ende der ep. 28 seine acrimonia und eloquentia.
Zuverlässiger freilich sind seine Aeusserungen in ep. 21 an Sigismund; s.
Note 523 a. E.; und die des vir illustris Heraclius vom Hofe Gundobads
in *Aviti* ep. 48: Quamquam praecellentissimus princeps cum sit ad in-
veniendum igneus, profluus ad dicendum, ita sensus scrutatus humanos, ut
semper conventibus mitissimo pareat auditu . . . . S. noch ep. 21 gegen
Ende: Quod cum sibi ex maxima parte pronuntiaret incognitum, adjecit
simpliciter, sic scriptum misissem sacerdotibus. . .
763. *Aviti* ep. 1 an Gundobad: Racha . . . . . quod ut nostis, con-
venientius exprimit uno vocabulo Graecus, dicens κενός. Vgl. ep. 3 an
dens. (p. 565 in der Mitte).
764. *Aviti* ep. 1. Nam genus hoc nominis etiam in saecularibus auctoribus,
nisi memoriam vestram per occupationes lectio desueta subterfugit invenietis

mächtig an, die beiden Testamente kennt er genau, und Stellen oder
Ausdrücke, die Zweifel oder Schwierigkeiten bereiten, legt er dem
sachverständigeren Avitus zur Aufklärung vor, um dann mit Interesse
dessen lange Antwortschreiben zu erfassen [765]. Die Bewegungen innerhalb der Christenheit seiner Zeit lässt er sich erschliessen: ja er
nimmt direkten Antheil an ihrer Weiterführung in die richtigen Bahnen [766]. Am tiefsten aber fassten ihn die höchsten religiösen Probleme,
an deren Lösung er mit ganzem Ernste und allem Eifer arbeitete [767].

Fast scheinen diese idealen Beschäftigungen den König zu sehr
in Anspruch zu nehmen, und es ist wahr, dass bei ihm der Cultus
des Denkens den des Handelns etwas zurückdrängte. Aber allzu
viel lässt er seine Herrscherpflichten nicht darunter leiden. Die
praktischen Bedürfnisse des Rechtslebens finden bei ihm offenes Ohr;
den ausserordentlichen Nutzen von Zeitmessern einsehend, wendet er
sich an Theoderich mit dringender Bitte, ihm doch eine Wasseruhr
und eine Sonnenuhr, wie er sie bei seinem Aufenthalt in Italien gesehen habe, sammt dem Werkmeister zu übersenden [768]. Zeigt diess
schon sein Wissen als ein lebendiges, so beweist das Zeugniss der Zeitgenossen über seine Beredsamkeit und seine dialektische Gewandtheit,
dass er eben so rasch als klar dachte [769].

Von seiner fürstlichen Stellung machte er einen echt königlichen
Gebrauch: die entlassenen Ligurer hatten von seinem Edelmut zu
erzählen; für den Unterhalt gelöster Gefangener in Arles, die zum
grossen Theile wohl aus Burgund stammten, sorgt er von Lyon aus
und die Vita Caesarii weiss uns zu berichten. wie einst, als der
Bischof von Arles grade zur Speisung dieser Gelösten seine letzten
Vorräte verwandt hatte, drei grosse Schiffe mit Getreide von
Gundobad und Sigismund zu seiner Unterstützung gesandt, angekommen seien [770]. Werke seiner Grossmut entstehen in Genf [771],

---

765. S. z. B. *Aviti* ep. 19 u. 20.
766. Davon zeugt besonders *Aviti* ep. 2; auch ep. 4.
767. *Aviti* ep. 1, 28.
768. *Cassiodorus* Variar. I, 45 u. 46.
769. S. *Ennodius*, Vita Epiphanii p. 391: Tunc rex probatissimus, ut
erat fando locuples et ex eloquentiae dives opibus et facundus assertor
verbis taliter verba reposuit . . . S. das Zeugniss des A v i t u s in n. 523,
das des H e r a c l i u s in n. 762.
770. V i t a C a e s a r i i, Boll. 27. Aug. VI p. 76, 77 . . . . . Gundebal-
dus et Sigismundus reges Burgundionum scientes quam alacer servus domini ad opera misericordiae festinaret . . . . tres naves, quas latenas vocant majores plenas cum tritico direxerunt.
771. S. oben n. 534.

und während der König den Arianern Gotteshäuser baut[772], muss ihm Avitus bekennen: »was meine Kirche, ja alle unsre Kirchen an·Gütern besitzen, ist Euer: denn Ihr habt sie uns entweder erhalten oder geschenkt«[773].

Und nach sich selbst wählte Gundobad seine Umgebung! Ohne Unterschied der Nationalität und des Bekenntnisses begegnen sich an seinem Hofe Laconius, sein edler, ihm gleichdenkender Ratgeber, »mit dem er sich benimmt, wenn er über Thaten der Pietät nachsinnt«[774], Aredius, dessen Vaterlandsliebe und Mässigung die Collatio episcoporum wider ihren Willen bezeugt, und dem die Tradition besondere Klugheit und Treue gegen seinen Herrn nachrühmt, und Placidus, dessen Charakter vielleicht seinem Namen gemäss war: dann die arianischen Bischöfe und Priester, nach Avitus freilich die Verführer des Königs, allein diesem selbst zufolge treue Theilnehmer an seinen höchsten Interessen, und der bedeutendste von Allen, der Bischof von Vienne selbst, dem Fürsten wohl am unähnlichsten, allein von ihm in seiner Grösse erkannt und wegen seiner Kenntnisse hoch geachtet.

Gundobads
Umgebung.

Wie wert dem Könige geistiger Umgang mit gebildeten Männern war, beweist seine Berufung des Avitus und seiner bischöflichen Genossen, um im Verkehr mit ihnen Trost zu finden über den Verlust seines Kindes[775].

Je umfänglicher sich der Charakter solcher Persönlichkeit enthüllt, um so unverschleierter tritt uns eine traurige Wahrheit entgegen.

Die Zeiten waren für solche Gestalten noch zu rauh, die Männer zu weich für Epochen, in denen die centrifugalen Kräfte der Geschichte nach Jahrhunderten der Entartung und Zersetzung zu einer geschichtlich treibenden Macht wieder zusammengeschmiedet werden mussten. Seltsam überragen an sittlicher Grösse und geistiger Bildung Gundobad und Theoderich ebensosehr das kaiserliche Gesindel des sinkenden Reichs, wie das rohe und stets noch verwildernde Geschlecht

---

772. *Aviti* ep. 6.

773. *Aviti* ep. 39 an Gundobad: ... Quicquid habet ecclesiola mea. immo omnes ecclesiolae nostrae, vestrum est de substantia, quam vel servastis hactenus vel donastis.

774. *Ennodius*, Vita Epiphanii p. 391: At ille (sc. Gundobadus) vocato Laconio, cui rerum et verborum fides semper tute mandata est: quem et praerogativa natalium et avorum curules per magistrae probitatis insignia sublimavere; cum quo confert quoties et pia et religiosa meditetur: et sicut non est sociata cum vitiis nobilitas ..... si quid ille benigne facere voluerit, duplicari iste hortatur adhibitus.

775. *Aviti* ep. 5.

der Merovinger : aber das Reich der Merovinger bestand, während die Werke jener arianischen Fürsten nach einer kurzlebigen Blüte rascher Vernichtung anheimfielen.

Gundobads Tod 516 vor dem 8. März. Gundobad freilich war glücklich genug, um das Ende nicht mehr zu erleben: denn nach mehr als vierzigjähriger Herrschaft starb er im Jahre 516[776], vor dem 8. März dieses Jahres[777].

Zweites Kapitel. Das sinkende Reich unter Sigismund 516—523.

Lage des Reichs nach Gundobads Tode. Es ist das Schicksal bedeutender Herrscher, nur selten ihrem Erben ihre Grösse zu hinterlassen, und Niemand empfindet diesen Abfall schwerer als diejenigen, deren Fürst Jener gewesen und Dieser geworden ist. Freilich die Lage des Reichs, als Sigismund[778] es überkam, glich nicht mehr der blühenden Epoche vor dem gewaltigen fränkischen Wachsthum. Der Versuch Gundobads, sich durch den Bruch mit der arianischen Politik zu stärken, war gefährlich misslungen. Allein was hinderte Gundobads Nachfolger, sich gegen fränkische Eroberungsgelüste dauernd Theoderichs Schutz zu sichern? Welche Möglichkeiten bot nicht die Mehrheit der fränkischen Herrscher nach Chlodovechs Tode für eine geschickte Politik des Theilens und Schwächens? Freilich, Erfolge konnten nur dann errungen werden, wenn der katholische Herrscher die gesammte Kraft beider Parteien seines Reiches in die Wagschaale zu werfen wusste, wenn er wie Gundobad die Katholiken, so auch die germanischen Arianer an sich fesselte: denn sie bildeten doch das Mark dieses Reiches.

Die Geschichte Sigismunds steht zu dem, was von ihm hätte ge-

776. *Marius* Chron. ad a. 516: Hoc consule rex Gundobagaudus obiit et levatus est filius ejus Sigismundus rex.
777. Vgl. das Datum des jetzt als T. 109 der Lex. Burg. edirten Gesetzes von Sigismund: Data sub die 8 Idus Martias, Petro consule. Aus dem Datum des T. 52 der Lex. Burg. will *Pagi*, Critica ad a. 509 n. 19 irrig schliessen, Gundobad habe bis 517 gelebt, während dagegen *Baronius*, Annal ad a. 509 (VI p. 594) Gundobad schon 509 sterben lässt, und daraus alle möglichen falschen Consequenzen zieht, die auf sich beruhen bleiben mögen. *Luden*, Gesch. des teutsch. Volks III p. 118 beharrt auch noch beim Jahre 517.
778. Die Form des Namens ist in dem Gesetze des Fürsten De collectis edictum (T. 109) Segismundus u. dem entsprechend schreibt Cod. L in der Ueberschrift der Lex. Burg. Segismundi, Cod. F. Segismundis, Cod. A, G, H, K Sigismundi. Die letztere Form bieten auch *Marius* und die Vita Sigismundi, während *Gregor* und *Fredegar* Sigimundus lesen.

schehen müssen, in schneidendem Gegensatz. In aberwitziger Verblendung bricht der Fürst von seinen wirklichen Stützen eine nach der andern, um endlich zu spät einzusehen, dass Alles, worauf er sich verlassen hatte, ein luftiges Gewebe seiner Phantasie war, welches der erste Sturm mitleidlos zerriss [779].

Auf einer Villa nahe bei Genf, die den Namen Quatruvium führte, wurde nach des Vaters Tode, aber auf des Vaters Geheiss Sigismund zum alleinigen König erhoben [780]. Er war ein Mann in reifen Jahren, als er den Thron bestieg [781].

Sigismund 516 auf der Villa Quatruvium zum Könige erhoben.

---

779. Das Verhältniss der Quellen *Marius*, *Gregor* und *Fredegar* für die folgende Zeit anlangend, so sind zu betrachten *Marius* ad a. 515, 516, 522, 523; *Gregor* III c. 5 u. 6; *Gregorius Epitom.* oder der sogenannte *Fredegar* cap. 34, 35, 36. Dass *Gregor* auch hier den *Marius* vor Augen hatte, erhellt daraus, dass der Anfang gerade die drei Ereignisse aneinander reiht, die *Marius* 515, 516 und 522 unmittelbar nach einander berichtet: indem Gregor nur die auf das agaunensische Kloster sich beziehende Notiz von der ersten Stelle des *Marius* aus historiographischen Gründen an die zweite stellt. Uebrigens ist *Gregor* über die Ermordung Segeriks viel ausführlicher und gut unterrichtet. Widersprüche finden sich zwischen Beiden für diese Periode nicht: sie ergänzen sich. Eine Differenz hinsichtlich der Gefangennehmung Sigismunds ist nur scheinbar. — *Fredegar* ist an dieser Stelle nicht nur ein epitomirter *Gregor*: eine Notiz über den Ort, wo Sigismund König wurde, ist ihm ganz eigenthümlich und findet sich sonst in keiner Quelle. Wo sie herstammt, kann ich nicht sagen. Wahrscheinlich hat er ausserdem auch den *Marius* benutzt. Das sublimatur in regnum des *Fredegar* weist wenigstens mehr auf das levatus est rex des *Marius*, als auf das regnum obtinuit des *Gregor*. Mir scheint *Fredegar* den *Marius* zwar gelesen, aber bei der Ausarbeitung nicht immer bei der Hand gehabt zu haben. Es ist nämlich Folgendes auffallend: *Marius* berichtet zu 516: H. C. Rex Gundobagaudus obiit et levatus est filius ejus Sigismundus rex und führt darauf fort ad a. 522: His Coss. Segericus filius Sigismundi regis jussu patris sui injuste occisus est. *Fredegar* erzählt diese beiden Thatsachen auch strikt hinter einander, das erste aber lautet bei ihm so . . . . filius Sigismundus apud Genavensem urbem, villa Quatruvio, jussu patris sublimatur in regnum. Dieses jussu patris ist materiell zweifellos richtig; allein da schon das sublimatus an *Marius* erinnert, so scheint mir der Ausdruck jussu patris auch hieraus entnommen und nur zu dem anderen Ereignisse gesetzt worden zu sein. *Fredegar* ist die einzige Quelle, welche nicht ausdrücklich erwähnt, dass Sigismund erst nach Gundobads Tode wirklich König geworden sei. Sonst stimmt er wesentlich mit Gregor überein, nur dass er vergrössernd von einer Gründung mehrer Klöster durch Sigismund spricht, und ist soweit natürlich für uns wertlos.

780. Alle Quellen sind darüber einig, dass Sigismund erst nach Gundobads Tode wirklich König wurde, während er schon früher den Titel rex führte. Man s. d. Stelle des *Marius* in n. 751; *Gregor* III c. 5 (der *Marius* folgt); den Ort bietet uns allein die, soweit sie Sigismunds Regierungszeit berührt, einzige originelle Notiz der *Historia epitomata* c. 34: Gundobadi filius Sigismundus apud Genavensem urbem villa Quatruvio jussu patris sublimatur in regnum. Es ist kein Grund, diese so specielle Notiz des in Burgund schreibenden *Fredegar* anzuzweifeln. S. auch die Vita Sigismundi § 4. Ueber die rechtliche Bedeutung des levari rex und

Erste Gesetz-
gebungsakte
L. Burg. T. 1 u.
T. 109. Es ist nicht ohne Interesse, die Motive und Tendenzen der ersten
gesetzgeberischen Leistungen des neuen Königs zu betrachten [782]. Die
eine bezweckt, dem Könige Diejenigen geneigt zu erhalten, die von
seinen Vorgängern königliches Land erhalten und den Fürsten dagegen
treue Dienstleistung versprochen hatten. Sigismund bestätigt ihnen die
Vergabung als eine erbliche, weist auf Vermehrung derselben als Lohn
der Treue, dagegen auf Verlust derselben als Strafe der Untreue
hin [783]. Es ist der auf seine Macht bedachte Fürst, der diese Ver-
ordnungen trifft. In dem andern Gesetze finden wir ihn thätig werden
auf Anlass des Bischofs Gemellus, ein in der Geschichte der burgundischen Gesetzgebung bis dahin unerhörter Anstoss: es ist der
kirchlich und bischöflich gesinnte Fürst, wie er uns in seiner weiteren Gesetzgebung und in seinem Leben oft noch entgegentreten
wird, der sich hierin in nicht misszuverstehender Weise offenbart [784].

Das Concilium
Epaonense
6—15. Sept. 517. Es konnte nicht ausbleiben, dass die Partei, welcher der neue
Herrscher angehörte, durch dieses Werkzeug in ihrer Hand mächtig
gehoben wurde, und von ihren Bestrebungen legt ein grosses Concil
schon im zweiten Jahre des Königs lautes Zeugniss ab.

---

782. sublimari in regnum s. man Th. II Buch 2. — Lediglich aus Gründen der
Etymologie schliesse ich mich der Ansicht an, es sei dieser Ort das kleine
le Carre, in der Gemeinde Meinier, nordöstlich von Genf — eine Ansicht, die J. v. Müller, Schweizergeschichte I p. 115 (1806) ausgesprochen
und neuerdings Vuy in der Note sur la villa Quadruvium (14. S. in den
Mémoires de l'institut national genevois T. X, Genève 1866) ausführlich
vertheidigt hat. Gegen so ziemlich die ganze Beweisführung des Letzteren will ich freilich hiemit Protest eingelegt haben. — Andere, so
Wurstemberger I p. 215 u. 86, denken an Carouge. Weitere Literatur über
diesen Punkt im Régeste genevois n. 50. Dass Sigismund erst
nach des Vaters Tode diesem allein folgte, behaupten schon richtig Pagi,
Critica ad a. 509 n. 19; begründet richtig Valesius, Rer. Franc. L. VII
p. 329 (der übrigens in seinen Bemerkungen zur zweiten Auflage wieder
in den überwundenen Irrthum zurückfällt). Ebenso richtig Fauriel II
p. 100; Gaupp, Germ. Ansiedl. p. 292; Clinton, Fasti Romani ad a.
515. — A. M. Mascov XI c. 31; Bluhme, Jahrbuch I p. 70; Wurstemberger I p. 215; Derichsweiler p. 81, 173. — Der Régeste genevois n. 50;
Luden III p. 118 u. Bornhak, Gesch. der Franken p. 259 lassen sogar
ausser Sigismund auch Godomar seinem Vater folgen.

781. Bedenkt man, dass Sigismund 494 heiratete, so muss er 516 doch
mindestens 40 Jahre alt gewesen sein. Bezüglich Sigismunds macht Fauriel II p. 100 seltsame Verwechselungen.

782. Den Nachweis, dass der jetzige T. 1 der Lex Burg. von Sigismund
und aus seiner ersten Zeit herrührt, s. man in Th. II Buch 1. T 1 § 1 u. 2
interessiren uns hier noch nicht.

783. T. 1 § 3 u. 4. Die staatsrechtliche Bedeutung und die rechtliche
Natur dieser Vergabungen im zweiten Band.

784. S. das jetzt bei Bluhme als T. 109 gedruckte De collectis edictum
vom 8. März 516. Cum venerabilis viri Gemelli episcopi digna et laudabili
suggestione conperimus ....

•

Im Juni 517 schon zeigte Bischof Viventiolus von Lyon den Bischöfen, sämmtlichen Klerikern, den Honorati und Grundbesitzern seines Territoriums an[755], wie am Anfang des Septembers in der Epaonensischen Parochie[756] eine Versammlung aller burgundischen Bischöfe stattfinden werde. Die Kleriker müssten, die Laien dürften erscheinen, um doch wenigstens Kenntniss zu nehmen von dem, was die Bischöfe allein zu beschliessen hätten und beschlossen haben würden.

Das Leben mancher katholischen Kleriker scheint damals allerlei Verdächtigungen ausgesetzt gewesen zu sein. Um diesem murmur occultum ein Ende zu machen, war in dem Ausschreiben Allen das Recht gegeben, gegen alle Kleriker öffentliche förmliche Anklage zu erheben: nur sollte der Ankläger den Beweis seiner Delation nicht schuldig bleiben dürfen.

Ein Brief des Avitus[757] an die Bischöfe seiner Provinz, wohl

755. Dominis devotissimis fratribus et episcopis, universis clericis, honoratis, ac possessoribus territorii nostri Viventiolus episcopus salutem. — Proposita sunt die IV Idus mensis quarti Agapeto Consule. — Der Brief ist abgedruckt bei *Mansi* VIII p. 556. Man ist hier leicht verleitet den 4. Monat mit dem April zu identificiren; allein das Concil von Epaona tritt am 6. Sept. 517 zusammen und Avitus unterzeichnet die Canones die XVII Kalendas mensis octavi, Agapito viro clarissimo consule, Epaone: also der 15. September fällt in den 7. Monat und das burgundische Jahr begann am 1. März. S. darüber auch *Mabillon*, De re diplomatica L. II c. 23 n. 4 und *Pagi* ad a. 509 n. 21.

756. Den Ort des epaonensischen Concils identificiren *Sirmond* in den Noten zum Concil und *Pagi*, Critica ad a. 509 n. 22, ebenso die Bolland. 5. Febr. I p. 671 (anders freilich 17. Oct. VIII p. 78 und 79) mit Yenne; ebenso *Mascov* XI c. 31; *Gaupp*, Ansiedl. p. 293; *Wurstemberger* p. 251; *Derichsweiler* p. 84. Die vielfach aufgestellten Ansichten über diesen Ort, der übrigens wirklich hier einmal ganz gleichgültig ist, führe ich nicht an, weil ich sie alle ausser der erstgenannten Ansicht für gänzlich verfehlt halte. So auch die von *Gelpke* I p. 125—132 ausgeführte (wo auch die andern citirt sind), der ganz grundlos und gegen alle Quellen das Concil in Verbindung mit der Einweihung des erweiterten Agaunensischen Klosters setzt, während von einer solchen Einweihung allenfalls etwas im Jahre 522, nichts aber im Jahre 517 verlautet. — Ist es richtig, was *Pagi* ad a. 509 n. 22 sammt seinem Gewährsmann behauptet, in den auf Yenne bezüglichen lateinischen Urkunden sei der Ort Epauna oder Eona genannt, so ist Yenne sicher die Stätte des Concils. *Avitus* äussert nämlich über diesen Ort Ep. 80: in parochia Epaonensi .... qui locus omnium fatigatione perpensa conventui satis opportunus est. Diess passt nur auf eine Parochie inmitten des Reichs und auf keine besser als auf Yenne.

757. Ep. 80. Die falsche Adresse lautet an Quintianus. Dieser, Bischof von Clermont, war weder geladen noch erschienen; an seiner Stelle muss der Name eines Bischofs, der Vienne untergeben war, gestanden haben. Richtig bemerkt diess schon *Sirmond* in den Noten zu diesem Brief. Es ist dieser Brief offenbar eines der identischen Schreiben, die Avitus an seine Suffragane behufs der Einladung zum Concile erliess. Vielleicht fehlt desshalb die Adresse.

15 *

etwas später als der des Viventiolus geschrieben, giebt den Tag der Zusammenkunft in dem hiefür sehr günstig gelegenen Epaona auf den 6. September an.

Es handelte sich zunächst darum, die seit langer Zeit vernachlässigten Concilien aufs Neue zu beleben. Der Pabst hatte den burgundischen Bischöfen heftigen Tadel über diese Lässigkeit nicht erspart [788]. Jetzt schlägt Avitus vor, doch mindestens alle zwei Jahre das Concil abzuhalten [789]. Das neue Leben sollte von der Epaonensischen Versammlung beginnen.

Zur besagten Zeit [790] erschienen auch wirklich alle burgundischen Bischöfe persönlich an dem Platz, nur Salutaris von Avenches musste sich durch einen Presbyter vertreten lassen [791]. Vom 6. bis zum 15. September dauerte die Beratung über die Feststellung der Canones, die schliesslich 40 an der Zahl am 15. unterzeichnet wurden [792].

Es ist ein charakteristisches Zeichen der Zeit, dass die Satzungen, deren Redaktion in den Händen der gebildetsten Romanen lag, in sehr unreinem Latein abgefasst sind [793].

Zweck des Concils war nach Avitus Auffassung die Durchberatung der für die burgundischen Verhältnisse anwendbaren Satzungen früherer Concilien, um in die Canones der neuen Versammlung

---

788. *Aviti* ep. 80.

789. *Aviti* ep. 80: Ergo quos bis per annum a sacerdotibus fieri seniorum cura decreverat, si bene perpenditis, utinam vel singula post biennia faceremus!

790. Es ist kein Grund, den Avitischen Termin zu verlassen.

791. Es unterzeichnen. 1. Avitus im Namen der sacerdotes provinciae Viennensis; 2. Viventiolus ep. ecclesiae Lugdunensis cum provincialibus meis; 3. Silvester episc. ecclesiae Cabillonensis; 4. Gemellus ep. eccl. Vasensis; 5. Apollinaris ep. civitatis Valentinae; 6. Valerius ep. civitatis Segestericae; 7. Victurius ep. civitatis Gratianopolitanae; 8. Claudius ep. eccl. Vesontionensis; 9. Gregorius ep. civ. Lingonicae; 10. Pragmatius ep. civ. Augustodunensis; 11. Constantius ep. civ. Octodorensis; 12. Catulinus ep. civ. Ebredunensis; 13. Sanctus ep. civ. Darantasiensis 14. Maximus ep. civ. Genavensis; 15. Bubulcus ep. civ. Vindonissae; 16. Saeculatius ep. civ. Deensis; 17. Julianus ep. civ. Carpentoratensis; 18. Constantius ep. civ. Vappencis; 19. Florentius ep. civ. Arausicae; 20. Florentius ep. civ. Tricastinae; 21. Philagrius ep. civ. Cabellicae; 22. Venantius ep. civ. Albensium; 23. Praetextatus ep. civ. Aptensis; 24. Tauricianus ep. civ. Nivernensium; 25. Peladius presbyter jussu Salutaris ep. civ. Avennicae. *Pagi*, Critica ad a. 509 n. 21 und ebenso *Dericks-weiler* p. 84 geben fälschlich 27; *Gelpke* I p. 118 ebenso unrichtig 26 Bischöfe auf dem Concil an.

792. S. oben n. 785.

793. A. M. *Warstemberger* I p. 250.

entweder das Alte unverändert wieder aufzunehmen, oder auch es durch sachgemässe neue Gesetze zu ergänzen [794].

Den eigentlichen Akten der Epaonensischen Zusammenkunft geht ein Stück voraus, welches Prooemium überschrieben ist und zu jenen selbst keineswegs gehört [795]. Hierin erklärt Eines der Mitglieder des Concils: praecipientibus tantis dominis meis ministerium proferendi sermonis assumo, und entschuldigt seine Schwäche zur Erfüllung dieser Pflicht. Da an Stelle der tanti domini gleich darauf der dominus meus tritt, so ist an die Mitbischöfe [796] in keiner Weise, sondern nur an den Fürsten Sigismund zu denken, und so erklärt sich auch die Verbindung des Prooemium mit den Akten des Concils: es entspricht den Vorreden der Concilia Agathense und Aurelianense, die gleichmässig die Gestattung des Concils durch die königliche Gewalt hervorheben [797].

Demgemäss scheint mir auch der Auftrag des Fürsten viel weniger darauf gegangen zu sein, eine Eröffnungsrede zu halten, als vielmehr dahin, der Mandatar solle dem Concil die nötigen Vorlagen machen, sie motiviren [798] und zugleich das Amt übernehmen, die Verhandlung vorwärts zu leiten [799]. Dieser Mandatar aber kann wieder kein Andrer sein, als Derjenige, dessen Namen von den Unterschriften zuoberst steht: denn man hielt auf Achtung der Rangordnung: es war Avitus [800]. Unverhüllt tritt auch sein Geist aus den Canones hervor!

Diese Beschlüsse zerfallen wesentlich in drei Gruppen: die grösste setzt sich zum Zweck, die Organisation der Kirche zu befestigen, die Disciplin innerhalb derselben straffer anzuziehen, das Kirchenvermögen zu sichern: eine zweite beschäftigt sich mit dem Verhält-

---

794. *Aviti* ep. 80: Justum est quantum reor, ut constitutis prioribus sub communis praesentiae opportunitate tractatis, nostris simul nobisque prout ordo collocutionis invenerit, vel insinuemus vetera vel si necesse est, etiam nostra jungamus. Vgl. die Praefatio zu den Canones, die genau denselben Gedanken bietet.

795. Schon richtig von *Hefele*, Conciliengeschichte II p. 662 bemerkt, dessen Auffassung von jenem Stücke ich übrigens nicht theile. S. oben n. 481.

796. So *Hefele* II p. 662.

797. S. oben p. 137.

798. S. den Schluss des Prooemium: Quoniam ergo, sicut volumus, tacere non sinimur, aliquid ut possumus jam loquamur.

799. So fasse ich das ministerium proferendi sermonis.

800. Man mag wieder die Analogie der Concilien von Agde und von Orléans beachten.

niss, welches die katholische Kirche dem Arianismus gegenüber einzunehmen habe? Die dritte endlich regelt bald übergreifend, bald ergänzend die Stellung der Kirche zur weltlichen Gesetzgebung [801].

Der Hauptpfeiler der kirchlichen Organisation war der Episkopat, der in den Metropoliten und schliesslich in Rom gipfelte. Es enthielt keine neue Satzung, wenn Can. 1 Jenen das Recht zusprach, das Concil zu versammeln oder die Provinzial-Bischöfe zur Ordination jedes Mitbruders aufzurufen: allein man gieng damit um, von jenem ersten Recht öfteren Gebrauch zu machen als bisher: der Brief des Metropoliten Avitus, welcher auf Geheiss Sigismunds dem Concil präsidirte, dachte an eine je zweijährige Berufung. Aehnlich wie das Concilium Gerundense im Juni 517 (Can. 1), so bestimmt nun auch Can. 27 des burgundischen Concils, dass die Ordnung der gottesdienstlichen Handlungen, wie die Metropoliten sie übten, auch von ihren Provincialen beobachtet werden müsste. Der Metropolite ist der oberste Wächter über das Kirchenvermögen: nur unter seiner Mitwissenschaft ist nach Can. 12 ein Bischof berechtigt, Kirchengut zu verkaufen. Er ist die oberste Instanz, an welche sich der vom Bischof wegen Verbrechen abgesetzte Abt wenden kann (Can. 19).

Finden wir hierdurch diese Autorität in ihrer Ueberlegenheit anerkannt und nach unten scharf abgegränzt, so beschäftigt sich das Concil nicht minder, die Autorität der Bischöfe innerhalb ihres Territoriums zu festigen und sie in Rechten und Pflichten abzugränzen von der Gewalt der Comprovincialen. Es ist von wesentlicher Bedeutung, dass Can. 5 den Bischöfen ein so zu sagen exklusives Recht an den Priestern ihres Territoriums in der Art einräumte, dass nur die ausdrückliche Abtretung des Presbyters seitens des Territorial-Bischofs das gottesdienstliche Amt des betreffenden Priesters an Kirchen und Bethäusern im Territorium des Cessionars zu einem erlaubten machte: durch wissentliche Duldung eines dieser Vorschrift zuwiderlaufenden Dienstes wurde der duldende Bischof, zu dessen Territorium der Priester eigentlich gehörte, dem Bischof, in dessen Territorium derselbe nun seinen Wohnsitz aufgeschlagen, verantwortlich. In gleichem Sinne verbot Can. 6 Priestern und Diakonen ohne

---

801. Die Vergleichung dieser Canones mit denen des Concilium Agathense von 506 und des Aurelianense von 511 ist sehr interessant: sie durchzuführen überschreitet aber meine Aufgabe.

Geleitschreiben ihres Bischofs das Territorium behufs Umherreisens zu verlassen. Hatten sie es doch gethan, so sollte ihnen Niemand die Communion reichen.

Klöster und Aebte wurden der Gewalt der Bischöfe in höherm Grad unterworfen als bisher. Die Gründung neuer Cellen und Mönchskongregationen (congregatiuncula) machte Can. 10 von der Kenntnissnahme des Bischofs abhängig, während Can. 9 die Möglichkeit einer steigenden Macht der Aebte durch das Verbot zu beseitigen suchte, es sollten nicht zwei Klöster zumal unter einem Abte vereinigt sein. Can. 19 bestellte den Bischof zum Richter über den Abt in Criminalfällen [602] und dehnte das Recht Jenes bis zur Befugniss aus, diesen abzusetzen, falls er sich eines Verbrechens schuldig gemacht habe. Weigerte sich der Abt, den Nachfolger aus den Händen des Bischofs anzunehmen, so devolvirte die Sache, wie gesagt, an die höhere Instanz des Metropoliten.

So wurde die kirchliche Verfassung immer mehr zu einer reinen bischöflichen Territorial-Verfassung geprägt. Diess zeigte sich besonders auch in den Bestimmungen über den Gerichtsstand der Kleriker: Can. 11 und Can. 24 [603]. Der Can. 31 des Concil. Arelatense II hatte noch festgesetzt, dass ein Streit zwischen zwei Klerikern nicht wider Willen des Bischofs an die weltlichen Gerichte gebracht werden dürfte [604], vielmehr die Bischöfe denselben beendigen sollten; nun verfügte das Epaonensische Concil nach Vorgang des Conc. Agathense Can. 32, freilich ganz allgemein, dass Kleriker überhaupt, also auch wenn sie einen Streit mit einem Laien hätten, sich ohne auf Anordnung des Bischofs nicht mehr klagend an die weltlichen Richter sollten wenden dürfen. Nur, wenn selbst angeklagt, sollten sie kein Bedenken tragen, sich dort zu stellen. Dagegen eröffnete Can. 24 den Laien die Befugniss, alle Kleriker kriminell zu belangen, und diess kann wohl nicht von den weltlichen Gerichten gemeint sein — wer wollte den Laien dort verwehren zu klagen? — sondern offenbar erklärten sich damit die Bischöfe bereit, Klagen über die Kleriker anzunehmen, und Letztere verpflichtet, vor ihnen Rede zu

---

802. So verstehe ich das in culpa aut fraude.

803. Interessant ist die Vergleichung der s. mit Nov. Valent. III T. 34, l. 1 pr. (Jahr 452, ed. *Haenel* p. 245, 246).

804. In der Nov. bedurfte es noch der Uebereinstimmung der streitenden Kleriker, um den Gerichtsstand vor dem Bischofe zu begründen!

stehen. Hatte ja doch das Einladungsschreiben des Metropoliten Viventiolus gleichfalls Allen [505] freigestellt, bei dem Concil gegen die Kleriker als Kläger aufzutreten!

So wurde der Weg angebahnt, auch für die Anklage gegen Kleriker das weltliche Forum allmählig überflüssig zu machen: ein Schritt zur weiteren Emancipirung vom Staate und zugleich zur festeren Disciplinirung des Klerikerstandes.

Hatte ein Kleriker ein Kapitalverbrechen begangen, worunter das falsche Zeugniss von Can. 13 besonders hervorgehoben wird, so sollte er nach Can. 22 die Deposition erleiden, in ein Kloster auf Lebenslang eingeschlossen werden und dort nur Laienkommunion erhalten [506].

Schloss Can. 3 zur Reinhaltung der Klasse der Kleriker die poenitentiam professi, die Kirchenbusse gethan hatten, von diesem Stande aus, und verlangte Can. 37 die vorherige Ablegung des Keuschheitsgelübdes [507] von einem Laien, der in den Klerikerstand eintreten wollte, so verbot Can. 21 die Weihung von Wittwen zu Diakonissinnen vollständig, und Can. 4 sorgte für kirchliche Reinheit der Beschäftigungen seitens des Klerus. Jagdhunde und Jagdfalken sollte kein Kleriker halten, und es ist interessant zu beobachten, wie der höhere Bischof in höherem Grade für die Enthaltung von unwürdigen Geschäften wie z. B. von der Jagd verantwortlich gemacht wird, als einfache Presbyter oder gar Diakonen.

Den Verkehr mit Frauen beschränkt Can. 20 für alle Kleriker, den Bischof eingeschlossen, auf bestimmte Stunden am Tag: den Zutritt zu Frauenklöstern untersagt Can. 38 Klerikern und Mönchen bis auf einige wenige Ausnahmsfälle ganz und gar.

Die Macht der Kirche ruhte aber nicht sowohl in ihrer Verfassung und in der sittlichen Reinheit ihrer Priester, als auch ausserdem noch wesentlich in ihrem Besitzthum. So suchte man dieses vor Veräusserungen sicher zu stellen. Nützliche Veränderungen (commutatio) waren dem Bischof zwar gestattet, allein abgesehen von solchen Geboten des Bedürfnisses durfte er von Sachen seiner Kirche nichts

---

505. Pateat cunctis, contra quem voluerit, licentia proponendi ... *Mansi* VIII p. 556. Aehnlich sagt Can. 24: Laicis ..... dummodo vera suggerant, proponendi permittimus potestatem.
506. S. die richtige Erklärung der Stelle bei *Hefele* II p. 664.
507. Can. 37: Ne laicus nisi religione praemissa clericus ordinetur. Ueber den Sinn *Hefele* II p. 666 u. 635 n. 2.

veräussern, wenn nicht der Metropolitan es genehmigte (Can. 12); seine testamentarische Verfügung über kirchliches Eigenthum war nach Can. 17 nichtig, falls er nicht der Kirche eben so viel aus eignem Vermögen zuwendete, als worüber er disponirt hatte. Wachte über den Bischof der Metropolitan, so wachte über den Presbyter und den Abt der Bischof: was der Parochialpriester und der Abt ohne Wissen des Bischofs von kirchlichem Besitz verkaufte, fiel doch dem Bischof wieder zu, denn dieser erhob nun gegen den Verkäufer den Anspruch des Käufers auf Lieferung der Sache (Can. 7 und 8)[808]. Auch sollte der Abt Sklaven der Mönche nicht freilassen, denn es sei ungerecht, dass während die Mönche täglicher Feldarbeit obligen, ihre Sklaven die Musse der Freiheit genössen (Can. 8). Ersitzungen kirchlicher Güter durch Kleriker wurden der Kirche gegenüber als wirkungslos bezeichnet, und ausdrücklich findet sich bei diesem Satz die beistimmende Autorität König Sigismunds erwähnt (Can. 18)[809]. Hinsichtlich der kirchlichen Munificenzen bestimmte Can. 14., dass, wenn ein Presbyter Bischof in einem andern Territorium wurde, er seinen sonstig erworbenen Grundbesitz zwar behielt, was er aber von kirchlichem Gut aus kirchlicher Munificenz erlangt hatte, alsbald zurückgeben musste.

Die Gesammtheit dieser Satzungen weist auf genaue Durchdenkung und klare Erkenntniss des Notwendigen seitens ihrer Begründer; Alles fügt sich in dem einen Gedanken zu einem festen Gebäude, dass die katholische Kirche gar nicht sorgsam und stark genug organisirt werden könne. Jeder Schritt auf diesem Wege war doch zugleich ein Triumph gegenüber dem Arianismus.

Die Kluft zwischen diesem und seinem Rivalen sollte der Vertiefung durch das Concil nicht ermangeln. Dass die Bischöfe nicht noch weiter gingen, veranlasste für den Augenblick nur furchtsame Klugheit, nicht Achtung vor dem Gegner[810]. Da es nicht anging, im Leben die Sonderung der Bekenner durchzuführen, so musste man sich freilich darauf beschränken, die katholischen Kleriker von dem befleckenden Umgange mit den Ketzern möglichst zu befreien. Unterfing

Verhältniss zu dem Arianismus.

------

808. Can. 7 .... in venditorem comparantis actione vertenda.

809. Es scheint mir ganz unzweifelhaft, dass die Worte: cum auctoritate domni gloriosissimi principis nostri in jus proprietarium praescriptione temporis non vocetur, dummodo patent ecclesiae rem fuisse zusammengehören und einen Satz bilden. Anderer Ans. *Hefele* II p. 664, der die Worte cum — nostri zu dem voraufgehenden possidere nimmt.

810. Man sehe oben p. 127, 128.

sich ein Solcher höherer Ordnung, dem Mahle eines arianischen Kleri-
kers als Gast beizuwohnen, so verlor er auf ein Jahr den Frieden mit
der Kirche. Hatte er das Glück, noch jünger zu sein, so sühnte eine
Tracht Schläge die arge That (Can. 15). Aus solcher Saat musste
der Hass spriessen. Denn nichts ist dem Menschen unerträglicher,
als von seines Gleichen gemieden werden zu sollen : allein man wollte
das ! Es war nach Gundobads Tode die Frage aufgetaucht, ob mit
der Bekehrung des Gründers einer ketzerischen Kirche — und mit dem
Gründer identificirte man auch dessen Erben und Nachkommen —
diese für den katholischen Cultus in Anspruch genommen werden
sollte ? Bischof Victorius hatte Avitus darum konsultirt und dieser die
Maassregel als unpolitisch verworfen [811]. Dieser Ansicht pflichtet das
Concil bei und bestimmt in seiner 33. Satzung : » Die Basiliken der
Ketzer, welche wir mit einem solchen Fluche beladen erachten, dass
diese Befleckung nie wegzuwaschen ist, verachten wir unsern
heiligen Gebräuchen zu übergeben «. Ich will nicht, hatte schon
vorher Avitus an Victorius zurückgeschrieben, dass man die Stätten
des ketzerischen Cultus betrete ; man mag an ihnen vorbeischleichen
wie an Zuchthäusern : von keinem Menschen besucht, mögen sie
verfaulen [812] !

Nur die Bethäuser, welche die Arianer den Katholiken entzogen hatten, offenbar wenn sie in einer Stadt zahlreicher wurden und
sich ausbreiteten, waren von jenem Fluch trotz ihrer ketzerischen
Verwendung nicht berührt ; sie sollten zurückgefordert werden dürfen
(Can. 33).

Ist hierin dem religiösen Eifer der genügende Ausdruck gegeben, welcher den höhnischen Triumph der Macht über die Schwä-
cheren, den Hochmut über die eigne Vortrefflichkeit durchklingen
lässt, jedoch immer noch etwas von der Angst vor der schlafenden
Gefahr enthält, so galt es doch zu Gunsten der Bekehrung dem
Gegner goldne Brücken über den emsig erweiterten Abgrund zu
bauen. Verzweifelnden Ketzern, die auf dem Krankenbette nach
rascher Bekehrung lechzten, durften die Presbyter auf eigne Hand
das Chrisma ertheilen (Can. 16, vgl. auch Can. 36). Den abtrünnig
Gewordenen nach Wiedervereinigung mit der Kirche Ringenden wurden

811. *Aviti* Ep. 6. S. oben p. 128, 129.
812. *Aviti* Ep. 6 : Haeretici cultus loca pervadi nollem, cuperem prae-
termitti in morem ergastulorum. Semper optandum est, non ut mutata
transeant, sed infrequentata torpescant.

die früher so schwierigen Wege hiezu geebnet: zweijährige strenge
Busse genügte (Can. 29). Sollte doch Keiner dadurch den Gegnern
in die Arme getrieben werden, dass man festgehalten hätte an einer
Austreibung ohne Hoffnung auf Rückkehr (Can. 36)!

Das Janushaupt der Beschlüsse zeigte nach der einen Seite
furchtbare Strenge und nach der andern versöhnliche Milde. Die
Lehre vom christlichen Bruder, wie sie Avitus aufgestellt hatte, ist
der Mund zu diesem Haupte[813].

Hiemit erschöpfen sich die wichtigen Bestimmungen des Concils
über die beiden Bekenntnisse: die Unversöhnlichkeit war besiegelt,
die Waffen der Katholiken zum Kampfe geschärft. Die Arianer hielten kein ebenso grosses Gegenconcil, sie zogen sich nicht fester zusammen; arianische Priester gaben sich vielleicht noch ferner, wie
zu Gundobads Lebzeiten, in steter Hoffnung auf Verständigung dazu
her, katholischen Diakonen an katholische Bischöfe ihre Briefe zu
tragen, die dann klugerweise den Absendern die Qualität ihres
Boten nicht entgelten lassen[814]. Der Arianismus schritt nicht vorwärts, das heisst er war verloren. Er hatte den Rückhalt am König
eingebüsst, seine heiligen Gebäude waren verhöhnt, der Umgang
mit seinen Priestern proskribirt worden. Die Zeit Gundobads, die
Zeit des Vermittlers war vorbei, und nun hielt der Katholicismus
selbst die Zügel des Reichs in Händen.

Neben diesen Canones steht nun, abgesehen von einigen unin-
teressanten Bestimmungen, noch eine dritte Gruppe, in welcher die
Kirche ihre sittliche Macht auf das Leben zur Geltung zu bringen
suchte: bald wohlthätig fördernd, die Trägerin einer reineren Mensch-
lichkeit, bald schützend, bald in falschem Wahne verwirrend.

*Sittengesetz-
gebung.*

Tausende von Männern und Frauen waren in trauriger Skla-
verei rechtlich der Willkür ihrer Herren preisgegeben. Wer im Missbrauch seiner Gewalt seinen Sklaven ohne Wissen des Richters
getödet hatte, den sollte von nun an zweijährige Exkommunikation
zur Sühnung des Mordes treffen (Can. 34). Derselben Strafe unterlag der flüchtige Mörder (qui saeculi leges evaserint: Can. 31),
während der in das Asyl der Kirche geflüchtete Sklave durch das

---

813. S. p. 174.

814. *Aviti* Ep. 35. Elpidio Diacono. Per quosdam clericos legis alienae
divinum munus in nuntio tuae incolumitatis accepi: nec minuit diligentis
gratiam qualitas portitorum . . . .

Asyl, wenn er ein schweres Verbrechen begangen hatte, wenigstens Sicherheit a corporalibus suppliciis erhielt (Can. 39) [815].

Dieses bedeutenden sittlichen Einflusses, den jene Zeit am wenigsten entbehren konnte, begab sich der Arianismus scheinbar bis zu einem gewissen Grade ebenfalls, und der katholischen Kirche würde ein voller Dank für ihre Sorge gebühren, wenn sie neben dem Guten besonders durch ihre unheilvollen Satzungen über Ehe und Eheverbote des sinnlosen Unheils nicht allzuviel gestiftet hätte.

Ein zum zweiten Male Verehelichter oder Derjenige, welcher eine Wittwe geheiratet hatte, sollte trotz entgegenstehender Gewohnheit weder Presbyter noch Diakon werden (Can. 2). Die Wittwe eines Presbyters oder eines Diakonus, die sich wieder verheiratet, wird so lange aus der kirchlichen Gemeinschaft ausgestossen, bis sie das unerlaubte Bündniss gelöst hat: ebenso geht es ihrem Manne (Can. 32).

Am verhängnissvollsten sollten aber, wie später für das ganze Mittelalter, so auch damals schon für das burgundische Reich die Satzungen über die Eheverbote wegen Affinität werden. Auch diesem Canon lag ein praktischer Anlass zu Grunde [816]. Derselbe eifrige Bischof Victorius von Grenoble hatte in Erfahrung gebracht, dass vor langen Jahren ein Bürger dieser Stadt, Namens Vincomalus, mit der Schwester seiner verstorbenen Frau die Ehe eingegangen hatte. Seinem eignen Urtheile in so wichtiger Sache nicht hinreichend trauend wandte er sich an seinen Metropolitanen Avitus, »ohne dessen Weisung er sich kaum getraue, über einen solchen Fall seine Entscheidung zu treffen«. Avitus schreibt umgehends zurück, gegen solche Schuld müsse notwendig eingeschritten werden, die nötige Auflösung der Ehe dürfe kein Bedenken erregen. Man könne einen solchen Mann zwar nicht mit unwiderruflichem Banne belegen, sondern nur zeitweilig von der Kirche aussondern [817]. In dem vorliegenden Falle solle sich aber Victorius wegen der langen Dauer der incestuosen Ehe mit der Auflösung derselben begnügen. Bestände das Paar

---

815. Vgl. darüber das Nähere in Th. II Buch 3.

816. Vgl. die zusammengehörigen epistolae *Aviti* 14—16, wovon die erste von Victurius an Avitus geschrieben ist; die beiden anderen von diesem an jenen gerichtet sind.

817. *Aviti* ep. 15: Oportet ergo hominem maritum duarum scilicet germanarum non irrevocabili anathemate percuti, sed propositis observationibus interim ab ecclesia sequestrari.

übrigens in seiner Verirrung, so solle er es exkommuniciren, bis es
seine verbrecherische Verbindung gelöst habe: dann möge er ihnen
verzeihen. Allein Victorius sandte, nachdem Kläger und Angeklagter
sich erst vor ihm gegenübergestanden hatten, den Vincomalus in
Begleitung eines Diakonus an Avitus selbst: dieser sollte entscheiden. Avitus fand den Delinquenten roh und gefühllos, warm nur in
seiner incestuosen Gesinnung. Was verstand er davon, wenn der Mann
einwandte, dreissig Jahre habe seine Ehe gedauert, und da sei doch die
Anklage wegen Incestes wohl verjährt; und wenn der Beschuldigte
verschüchtert nachher versprach, er wolle mit seiner Frau nicht mehr
leben und sich ihres Anblicks enthalten? So fällte Avitus das Urtheil:
die unselige Ehe ist durch eine unschuldigere Ehescheidung zu trennen.
Da aber das Versprechen des Inkulpaten, der sein ganzes Leben un-
treu gewesen ist, kein Zutrauen verdient, so soll er Bürgen stellen
für die Erfüllung seines Versprechens[818]. Zur Pönitenz soll er jedoch
nur ermahnt und nicht gezwungen werden.

So riss ein thörichter Wahn langjährige Ehen aus einander und das
Concil beschäftigte sich damit, hinsichtlich ihrer Eingehung von nun
an die Gränzen des Erlaubten und des Unerlaubten zu bestimmen. In
unterschiedsloser Weise incestus und adulterium für die blutschän-
derische Ehe gebrauchend verbietet es ausser den Verbindungen, die
man gar nicht einmal nennen dürfe, die Verbindung mit der Wittwe
des Bruders, mit der Schwester der verstorbenen Frau, mit der
Stiefmutter, der Stieftochter, mit den Kindern von Bruder oder
Schwester, mit der Wittwe des Onkels (Can. 30).

An dieser Frage, die alsbald praktisch werden musste, sollte
sich zeigen, ob die katholische Kirche mächtig genug war, ihren
Satzungen Geltung zu verschaffen. Wohl fügte sich das ohnmäch-
tigere Volk: aber wie, wenn ein Kampf mit den Gewalthabern ein-
trat? Wich die Kirche zurück, oder beharrte sie und liess es darauf
ankommen, ob sie geschlagen wurde oder durchdrang?

*Conflikt der Bi-
schöfe mit dem
König.*

Die Stärke der Kirche selbst gegenüber dem Königthume sollte
sich gerade daran erweisen[819]. Der Verwalter des königlichen Fis-

---

818. *Aviti* ep. 16: Nec sane promissio ejus fidelis putetur, cujus vita
extitit infidelis. Ipsis fidejussoribus emendatio secutura credatur, quibus
intercedentibus prior culpa laxabitur.

819. Die Quellen für das Folgende sind die zuverlässige, aber oft schwer
verständliche Vita Sancti Apollinaris Valentinae episcopi Boll. 5. Oct.
III p. 58—65 (momentan habe ich den Abdruck bei *Martene*, Coll. VI p. 779

cus [520] Stephanus hatte sich nach dem Tode seiner Frau mit seiner Schwägerin Palladia vermählt: im Widerspruch mit dem Epaonensischen Concile.

Die zwei Concilien in der Sache des Stephanus. Alsbald — die Zeit ist nicht bestimmt; vielleicht darf man an 519 denken und annehmen, das gleich zu erwähnende Concil sei denn nun zwei Jahre nach dem Epaonense berufen — treten die sämmtlichen burgundischen Bischöfe, darunter Avitus und Apollinaris, an einem nicht näher angegebenen Orte zusammen und verhängen über den Missethäter die Exkommunikation [521].

Ueber die Anmaassung der Geistlichkeit nun, die sich bis in die Nähe seines Thrones wagte, geriet Sigismund in heftigen Zorn: er schmähte sie, enthielt sich der Kirche und der bischöflichen Gemeinschaft [522]. Allein wie der König in seinem Unmute, so verharrten die Bischöfe auf ihrem Spruch. Sie begaben sich in das oppidum Sardinia der civitas Lugdunensium, offenbar ganz in der Nähe von

---

ff. vor mir) und das Concil. Lugdun. sanctorum patrum contra Stephanum, *Mansi* VIII p. 567—570. — Was die schlechte Vita Aviti, Boll. 5. Febr. I p. 674 in § 2—4 bietet, ist aus der Vita Apollinaris lediglich abgeschrieben. Ueber den Wert der Vita Aviti schon richtig *Pagi* ad a. 516 n. 4.

520. Vita Apollinaris § 3: Itaque accidit, ut quidam ex officio regis Sigismundi nomine Stephanus, qui super omnem dominationem fisci principatum gerebat. Der *Régeste genevois* p. 21 n. 57 macht aus diesem irrig einen prêtre Étienne..

521. Nur bei genauem Zusehen sind hier Irrthümer zu vermeiden. Der Can. 1 des Concilium Lugdunense contra Stephanum sagt: In nomine Trinitatis congregati iterato in unum in causa Stephani incesti crimine polluti atque in Lugdunensi urbe degentes decrevimus, ut hoc factum nostrum, quod in damnationem ejus vel illius, quam sibi illicite sociavit, uno consensu subscripsimus, inviolabiliter servaremus. Hier sind also die Bischöfe in der Sache der Stephanus zum zweiten Male und zwar diessmal in Lugdunensi urbe versammelt und bestätigen jetzt die Verurtheilung der ersten Versammlung. Damit stimmt auch die Vita Apollinaris genau überein. Sie sagt § 3: qua de re (nämlich der Incest des Stephanus) .... Avitus et Apollinaris .... synodalem institutionem servantes (Indicium für 519) cum reliquis pontificibus congregati ipsum Stephanum sacra communione privari sanxerunt (1. Concil); das 2. Concil erwähnt sie gleich darauf: Sed apostolici atque mirabiles viri ... ita se justitiae vinculo nexuerunt, ut quaelibet supplicia eidem inferrentur ut saeva passionum tormenta tolerarent. Visum est enim illis ut in oppido civitatis Lugdunensium quod nominatur Sardinia (s. n. 510), pariter tamquam exilio deputati .. comitarentur. Letzeres geschah auf die Wutausbrüche des Königs hin. Bevor sie sich nun trennen: Tunc omnes lacrymis divinam potentiam obsecrantes, ne se derelinquerent, valedicentes, celebrata oratione profecti sunt. Dieses zwiefache Concil in causa Stephani ist bisher gänzlich übersehen.

522. Concil Lugd. Can. 3: Quod si se rex praecellentissimus ab ecclesia vel sacerdotum communione ultra suspenderit ....

Lyon, in eine Art freiwilligen Exils. Als auch diess nichts fruch-
tete, hiess sie der König alle in ihre Heimat zurückkehren: die Einzelnen sollten für die einzelnen Monate dem König in seiner Residenz
gewärtig sein[823]. Und nun traten sie, bevor sie sich trennten, nochmals in Lyon zum Concil zusammen, beschlossen auf ihrer Verurtheilung unerschütterlich zu beharren und setzten die Maassregeln
fest, im Falle der König auf seinem Eigensinne bestehe[824].

Elf Bischöfe, meist aus Territorien, die Lyon ziemlich fern lagen, unterzeichneten die Satzungen: waren es die Konsequenten und
schraken ihre Genossen, wie es gerade diese Canones wahrscheinlich
machen, vor diesen extremen Schritten zurück? war es Zufall, dass
sie nicht vollzählig zusammenkamen und jedenfalls der Konsequenteste,
Avitus, fehlte? Dieser Zweifel lässt sich nicht lösen.

Die 6 Canones dieser 11 Bischöfe[825] kennzeichnen die Lage
der Dinge; sie bekunden die vollste Einsicht in das Wesen des Königs, eine beneidenswerte Klarheit über die zu ergreifenden Mittel.
Die Bischöfe verpflichten sich feierlich, die Verdammung des Stephanus und seiner Frau aufrecht zu erhalten und nicht nur diese Verdammung nicht aufzuheben, sondern gleichmässig überall einzu-
schreiten, wo dasselbe Verbrechen sich vorfinde. Alles Ungemach,
jeder Zornausbruch des Königs sei gemeinschaftlich zu tragen.

»Wenn der König sich fernerhin der Kirche und der Gemeinschaft der Priester enthält — sagt Can. 3 —, so geben wir ihm

---

823. Vita Apollinaris c. 3. Fortsetzung von n. 821. Videns vero rex
ille constantiam eorum incorruptibilem esse ab ira non desinens praecepit,
ut pontifices qui ibidem habitarent ad propria reverterentur et singillatim
per singulos menses regem operire deberent. Der Sinn des räthselhaften
operire scheint mir der zu sein: es müssten die Bischöfe auf je einen
Monat in der Hauptstadt sich aufhalten. Wenigstens heisst es weiter:
Sed quia .. Apollinaris in condemnatione .. perseverans videbatur, ipsum
primum studuit observare. Nun reisen die anderen Bischöfe ab.
Aber: In quo loco dum vir dei (scil. Apollinaris) morarum spatia necessitatis causa sustineret .... Dieser Ort aber ist nach § 4 derselbe wo auch
Sigismund weilt und das Ereigniss des § 4 spielt doch sicher in Lyon.
824. Man kann diese Maassregeln aber nicht mit *Derichsweiler* p. 87
dahin bezeichnen, sie hätten den königlichen Verfolgungen »in gewissem
Sinne das Interdikt über das Reich entgegengesetzt«. Auch ist es nicht
richtig, dass die Bischöfe sich wirklich ins Kloster begeben hätten. Sie
setzten nur fest, sie würden das thun, wenn der König beharren sollte.
825. Viventiolus v. Lyon; Julianus von Carpentras; Silvester v. Cavaillon; Apollinaris v. Valence; Victurius v. Grenoble; Claudius v. Besançon; Gregorius v. Langres; Maximus v. Genf; Saeculatius v. Dea;
Florentius v. Orange; Philagrius v. Cavaillon: ganz dieselben Namen
wie 517.

Zeit ⁸²⁶, in den Schooss der heiligen Mutter zurückzukehren, und jeder Bischof begiebt sich unverzüglich in ein ihm gelegenes Kloster — welches Keiner früher verlassen darf, als bis allen Brüdern insgesammt der Friede versprochen und wiedergegeben ist«.

Um den Erfolg dieser Maassregel vollends zu versichern und zu verhüten, dass nicht etwa die übrigen Bischöfe die Funktionen der ins Kloster Geflüchteten übernähmen, oder der König die erledigten Stühle neu besetzen liesse, erneuerte das Concil die alten Bestimmungen über die exklusive Herrschaft der Bischöfe in ihrem Territorium, die es dem auswärtigen Bischof verböte, in einem anderen Territorium als dem seinen zu fungiren (Can. 4), und schärfte wiederum den Satz ein, kein Kleriker dürfe den Stuhl eines noch lebenden Bischofs für sich annehmen. Die es doch thäten, träfe mit den Anderen, die bei ihrer Ordination mitwirkten, die ewige Exkommunikation (Can. 5).

Die strenge Disciplin innerhalb der Kirche diente jetzt als Waffe in dem Konflikt mit dem Königthum.

Um jedoch bis zu einem gewissen Grade der Ansicht des Königs Rücksicht zu zeigen, milderte das Concil die Schärfe der Exkommunikation des Paares insofern, als es ihm gestattete, bis zu dem Zeitpunkte des Gebetes des Volkes, welches nach den Evangelien gelesen würde, in den geweihten Stätten zu beten ⁸²⁷.

Die Sätze des Concils hatten in unerbittlicher Weise in Aussicht gestellt, was Sigismund in seiner Unselbstständigkeit nicht würde ertragen haben. Besass er ja doch nicht den Mut, auch nur so lange allein zu stehen, bis seine schwache Hand neue Stützen statt der alten würde gefunden haben. So liessen ihn die Bischöfe warten.

Auf königliches Geheiss hatten sich diese von Sardinia und Lyon in ihre Heimat zurückbegeben: nur Apollinaris von Valence sollte für den nächsten Monat gleich in Lyon bleiben ⁸²⁸. Der König wollte ihn beobachten, jedoch nicht sehen. Da erkrankte der Fürst heftig am Fieber. Die Königin aber, seine zweite Frau, wusste in ihrem Glaubenseifer nichts Eiligeres zu thun, als sich zu Apollinaris zu begeben und ihn zu bitten, doch behufs der Heilung ihres Gemahles zu

Des Königs Krankheit. Er giebt nach.

---

⁸²⁶. Locum ei dantes.

⁸²⁷. Can. 6: Domini quoque gloriosissimi regis sententiam secuti, id temperamenti praestitimus, ut Stephano praedictae vel Palladiae usque ad orationem plebis, quae post evangelia legeretur, orandi in locis sanctis spatium praestaremus.

⁸²⁸. S. oben n. 823.

interveniren. Der Bischof weigert sich, ihr zu folgen: sie netzt seine
Füsse mit Thränen und bittet, ihr wenigstens seinen Mantel (cuculla)
zu leihen, damit sie ihn über den König breiten könne. Dieser genas
dadurch alsbald von seinem Anfall. Nun fasst ihn aber reuige Er-
leuchtung: er bemüht sich zu Apollinaris, wirft sich ihm zu Füssen,
wie wenigstens die katholische Quelle berichtet, und bittet dringend
um Verzeihung, dass er den Gerechten Drangsale bereitet habe. Die
Canones der lugdunensischen Synode waren damit, soweit sie den
Schutz der Bischöfe vor dem Könige zu bewirken suchten, gegen-
standslos geworden [529].

Dieser Abhängigkeit von katholischen Priestern lag aber doch
wenigstens das Erfülltsein des Königs von der Wahrheit des katholischen Glaubens zu Grunde; er dachte durch ihre Hülfe eine grosse
Partei sicher an sich zu fesseln. So mag es nicht Wunder nehmen,
wenn er den Pabst Symmachus als den »Oberherrn der gesammten
Kirche« pietätsvoll anredet und sich von ihm Reliquien erbittet [530].

Devotes Verhältniss des patricius und Königs Sigismund zu den Kaisern Anastas und Justin.

Aber ein berechtigter Ekel erfasst uns, wenn wir den König
eines mächtigen Reiches vor dem römischen Kaiser des Orients, dessen
Arm wahrlich nicht allzuweit reichte, in Demut ersterben sehen [531].
Avitus ist es wieder, der im Namen seines Herrn die unwürdige Kor-
respondenz mit Anastasius vermittelt. Noch zu Lebzeiten Gundobads
im letzten Jahrzehnt des 5. Jahrhunderts hatte der Kaiser dem eit-
len titelsüchtigen Prinzen den Patriciat verliehen [532], den auch Gun-

529. Quelle für die letzten Angaben ist die Vita Apollinaris
§. 3 u. 4.

830. *Aviti* ep. 27: universalis ecclesiae praesul. Der Brief ist natürlich
vor 514 (dem Todesjahr des Symmachus) geschrieben.

831. Ueber die Chronologie der hier einschlägigen Briefe des Avitus
s. man den betr. Exkurs III.

832. Es ergiebt sich diess aus *Aviti* ep. 7. Papae Constantinopolitano. Dum domnus meus, filius vester, patricius Sigismundus gloriosissimum principem officio legationis expetiit, nobisque quoque deferendi
ad vos famulatus aditum dupliciter sancta opportunitate prospexit; ferner
aus *Aviti* ep. 84 … ad haec intimanda, vobisque commendanda quinetiam
meae militiae rudimenta, quae genitore quidem meo superstite
nutristis …. und aus dess. ep. 42 … quoscumque honorum privilegiis erigitis, Romanos putare debetis. Und eine noch nähere Bestimmung
liefert die Historia Abbatum Agaunensium, in den Bolland.
1. Mai I p. 84: Cum Sigismundus Gundebadi regis filius jam honore pa-
triciatus accinctus arianae pravitatis abjecisset perfidiam u s. w. Sigismunds Bekehrung musste ich oben p. 155 zwischen 496—499 setzen. In
diesen Raum fällt also auch die Verleihung des Patriciates, was mit der
Chronologie der Briefe des Avitus stimmt. S. den betr. Exkurs. *Vie-*

dobad und dessen Oheim Hilperik, Beide von den weströmischen
Kaisern ertheilt bekommen hatten. Aus einer Abreviatur, welche in
dem 12. und 84. Briefe des Avitus den Namen Sigismunds begleitet, und
welche dort vor dessen Regierungsantritt: sub nomine Domni C. S.,
hier nach demselben: sub nomine Domni Regis C. S. lautet, glaubte
man schliessen zu sollen, Sigismund habe ausser dem Patriciat dem
Anastasius auch noch den Titel Comes zu danken [832]. Allein eine
solche officielle Sprache wie die: Domnus Rex Comes Sigismundus
ist in den Quellen der damaligen Zeit ganz unerhört. Das C ist offenbar ein nicht verstandenes G und dieses G die Abkürzung des regelmässig dann n a c h rex stehenden Gloriosissimus, wenn auf das rex
noch der Name folgt. Auch ward in jener Zeit ausser der Würde des
patricius nur noch die des magister militum und des proconsul vom
Kaiser an germanische Könige verliehen [834].

Der Kaiser hatte an Gundobad die Bitte gerichtet, den Sohn
eines gewissen Laurentius nach Byzanz zurückkehren zu lassen. Der
damalige Prinz und Patricius verwendet sich bei seinem Vater dafür
und erlangt die Erfüllung »des Befehls« seiner kaiserlichen Hohheit«,
des ihm und den Byzantinern »gemeinsamen Oberherrn« (communis
princeps) «. Dankbar schreibt er nach Constantinopel, wie die Verleihung der Patricierwürde ihn zu einem Römer gemacht habe [835].

Wie aber das Niedrige immer tiefer sinken muss, so überbietet die
Kriecherei des K ö n i g s Sigismund weit die des Fürstensohnes.

»Mein Volk — so schreibt in ähnlichem Styl wie einst an Chlodovech jetzt Avitus als Echo seines Herrn an den Kaiser, um diesem zu huldigen [836], — mein Volk ist Euer; mir aber gereicht es mehr
zur Genugthuung, Euch unterthan, als König meines Volkes zu sein.
Es ist nur ein Ausfluss der bei meinen Vorfahren gegen Euch und
die Euren gehegten Ehrfurcht, dass uns die Berühmtheit (claritas)

---

sius L. VII p. 329; *Mascov* XI c. 31 und *Derichsweiler* p. 82 setzen die
Verleihung des Patriciates freilich in den Anfang von Sigismunds Regierungszeit.

833. So *Valesius* L. VII p. 329; *Sirmond* in den Noten zu *Aviti* ep. 42;
Mascov XI c. 31 und Anmerkungen p. 6; *Gaupp*, Ansiedl. p 295.

834. Man sehe Theil II, Buch 2.

835. *Aviti* ep. 47 und 49.

836. Ep. 83. Dieser Brief wurde von Theoderich in Italien aufgehalten und gelangte wahrscheinlich gar nicht, oder nur sehr verspätet an
seine Adresse. Desshalb sandte Sigismund die Ep. 84 nach, die ihn von
der Verzögerung der schuldigen Huldigung reinigt und sich über jenes
Aufhalten der Gesandtschaft beklagt.

die höchste schien, welche uns Eure Hohheit durch die Titel Eures
Dienstes verlieh: allen meinen Vorgängern lag das mehr am Herzen,
was sie der Gnade des Kaisers als was sie dem Erbe ihrer Väter ver-
dankten. Wenn wir unser Volk beherrschen —, glauben wir doch nichts
zu sein als Eure Diener . . . . Durch uns verwaltet Ihr nur die
Strecken ferner Länder, unser Vaterland ist nur ein Theil Eures
Herrscherkreises. Denn Eure Herrschaft von Gottes Gnaden kennt
keine Schranke«. »Wenn diess nun die allgemeine Stimme ist, so nehmt
daraus ab, wieviel mehr die Euch schuldig sind, die Ihr durch Ehren
erhöht, die Ihr zu Genossen Eurer Triumphe und aller Eurer Erfolge
macht durch die Ertheilung von Titeln Eurer Würden«. »So biete
ich Euch, erhabner Herrscher, brieflich Gehorsam und die Versicherung des Dankes: ich harre auf das Wort der erlauchten Rede
und bin begierig, ob Ihr mich nicht eines Befehles würdigt[537]«. Es
sind die Worte eines Menschen, der sich in seiner Ehrlosigkeit gefällt,
aber auch nur Worte[538]! Inhalt und zwar bedeutsamen Inhalt trotz
der unscheinbaren Form haben nur die letzten Sätze des Schreibens:
»Möge Eure Gewalt die Religion beschützen, welche den dienstbaren
Völkern die Wahrheit aufbaut und zugleich ihre Freiheit erweitert,
das Göttliche (caelestia) und zwar in gleicher Form (pariterque) zu
verehren«!

Allein dieser Brief sollte nicht ebenen Wegs an seine Adresse
gelangen. Theoderich, dessen politisches Glaubensbekenntniss die
Unabhängigkeit des Occidents verlangte, und welcher um jene Zeit
mit Anastasius in Streitigkeiten verwickelt war, konnte es nicht
gleichgültig sein, dass sein Schwiegersohn sich in unwürdige Abhängigkeit von dem Kaiser des Ostens begab. Er mochte überhaupt
der Entwickelung Sigismunds und seinem Uebertritt zum Katholicismus mit schweren Sorgen folgen, und sein Verhältniss zu ihm trübte
sich. Er war nichts weniger als ein Fanatiker, allein er duldete auch
nicht, dass die Arianer verfolgt wurden, und als 523 der Kaiser

Spannung zwischen Sigismund u. Theoderich.

---

837. Die wichtigste Stelle der Ep. 83 mag folgen: Vester quidem est
populus meus, sed me plus servire vobis quam illi praeesse delectat. Traxit
istud a proavis generis mei apud vos decessoresque vestros semper animo
romano devotio, ut illa nobis magis claritas putaretur, quam vestra per
militiae titulos porrigeret celsitudo: cunctisque auctoribus meis semper
magis ambitum est, quod a principibus sumerent, quam quod a patribus
attulissent. Cumque gentem nostram videamur regere, non aliud nos
quam milites vestros credimus ordinari.

838. Man s. hierüber des Näheren Th. II, Buch 2.

Justin ein solches Verfahren begann, widersetzte sich dem Theoderich auf das nachdrücklichste [839].

Sigismund glaubte vor der Abreise des mit Ueberbringung seines Briefes an Anastas beauftragten consiliarius genügend versichert zu sein, dass der König Italiens sich mit dem byzantinischen Kaiser friedlich verständigt habe. Theoderich aber verlegte dem Boten den Weg und verhinderte ihn, seine Reise fortzusetzen [840]. Die Klagen Sigismunds beim Kaiser über dies Verfahren beweisen die Entfremdung der beiden Fürsten — eine Thatsache von unabsehbarer Wichtigkeit für das isolirte, geklemmte burgundische Reich. Wie bitter klingen nicht die Worte Sigismunds, dass derjenige leider viel zu wenig eigne Devotion zeige, der die Freiheit des Verkehrs mit dem Kaiser verdamme und sich bestrebe, auch Andre zu dieser Unbotmässigkeit zu verführen [841]. Gerade in der Geflissentlichkeit, mit welcher Theoderich Sigismunds Absicht zu vereiteln gesucht habe, liege der beste Beweis für die 'Güte derselben [842].

Sonst enthält dieser zweite Brief des burgundischen Königs an den Kaiser nichts Neues, nur dass der Tod des dem Kaiser angeblich so sehr ergebenen und getreuen [843] Vaters des Schreibers ausdrücklich erwähnt und ein Verlangen nach weitern Würden ausgesprochen wird.

Kaum war indessen Kaiser Anastasius gestorben, so muss bei seinem Nachfolger Justin schon wieder ein Huldigungsbote aus Burgund angekommen sein: denn auf einer Lyoner Grabinschrift aus dem September des Jahres 520 finden wir plötzlich ganz gegen burgundische Sitte das Jahr zugleich nach dem occidentalischen und dem orientalischen

---

839. *Manso*, Geschichte des ostgothischen Reiches p. 157 ff.

840. Ep. 84 . . . . . unum de consiliariis meis, qui quantum ad ignorantiam Gallicanam ceteros praeire litteris aestimatur, venerandi comitatus vestri auribus offerebam, specialius securitate concepta, quod rector Italiae de pace vestra publice plauderet et rumore disperso redditam sibi Orientis gratiam coloraret. Interclusum est ergo atque prohibitum relationibus destinatis iter arreptum.

841. Parum enim propriae devotionis ostendit, si quis occurrendi libertate damnata alios quoque facere studeat indevotos.

842. Unde evidenter ipsum videtis allegare quid cuperem, qui tam sollicite conatus est impedire ne possem.

843. Igitur post obitum devotissimi fidelissimique vobis patris mei, proceris vestri, cui ad felicissimos integra prosperitate successus id quoque contigit divino favore votivum, ut laetam florentemque rempublicam vobis orbem regentibus sciret, vosque dominos nationum placido receptus fine derelinqueret: folgt die Stelle oben n. 832; dann führt der Brief fort: Sed magis magisque post eum cumulo sacrae dignationis augebitis sicut debebam vel optare par fuerat . . . folgt nun n. 840.

Consul bezeichnet[544]. Wahrscheinlich brachte der Gesandte im
Jahre 519 den Namen des für 520 designirten orientalischen Consuls
mit nach Burgund zurück und Sigismunds Diensteifrigkeit beeilte sich,
die Wahl auch für sein Reich zu promulgiren[545].

Es wäre eine falsche Auffassung, die völkerrechtliche Stellung
des burgundischen Reichs zum orientalischen Kaiserreich durch diese
Ergüsse afficirt zu denken. In jenen Worten lag eine rein theoretische
Anerkennung der römischen Oberhohheit: das Leben ignorirte diesen
Schatten und der kaiserliche Arm reichte entfernt nicht bis zur
Rhone. So spiegelt sich in diesen Briefen nur die sich wegwerfende
Gesinnung und die fehlgreifende Verblendung des burgundischen Kö-
nigs, der Theoderich kränkt und dafür Anastas und Justin zu ge-
winnen trachtet!

Dabei war Sigismund keine jener Naturen, die zum Bösen
gleich schwach wie zum Guten sich von jeder ärgeren Verschuldung
frei zu halten wissen. Seine Hinneigung zur Kirche hatte in ihm
keine Ausläuterung der Leidenschaften zu bewirken vermocht[546]. Des
Königs verstorbene Gemahlin, Theoderichs Tochter, hatte ihm ausser
einer Tochter noch einen Sohn Segerik[547] hinterlassen, welcher im
Jahr 522 in der Blüte der Jünglingsjahre stand.

Ermordung
Segeriks durch
Sigismund 522.

Der Jüngling, dem seine Mutter den Stolz der Amaler vererbt,
träumte davon, das Reich seines Grossvaters mit dem burgundischen einst zu vereinigen, und wie sehr die Verwirklichung dieses
Traums im Bereich der Möglichkeit stand, beweist der Verlauf der ostgothischen Geschichte. Es war eine vielversprechende Aussicht, einen
jungen kräftigen Fürsten an die Spitze der vereinten Königreiche treten

544. Die Inschrift steht bei *Rossi*, Inscriptiones christ. urbis Romae
p. XLIII und bei *Le Blant* als n. 663, II p. 549. Vgl. darüber den Exkurs
über die burgundischen Jahresangaben.

545. Ich schliesse mich hier ganz dem bei *Rossi* a. a. O. p. XLIV Gesagten an.

546. Für das Folgende haben wir zwei Quellen: *Marius*, Chron. ad a.
522. His coss Segericus filius Sigismundi regis jussu patris sui injuste
occisus est, und den umfänglicher unterrichteten oder wenigstens dar-
stellenden *Gregor* III c. 5. So wenig auf direkte Reden im *Gregor* zu
geben ist, so wenig sie auch hier als historisch beglaubigt erscheinen,
so gut unterrichtet erscheint hier *Gregor* dennoch. Sein Bericht passt auffallend genau in die burgundischen Verhältnisse, viel genauer, als bei
einer den *Marius* nur ausschmückenden Erfindung möglich wäre. Zu vergleichen ist auch *Gregor*, Miraculorum L. I cap. 75.

547. Der Namen lautet bei *Avitus*, Ueberschrift der 8. Homilie Segisricus, bei *Marius* ad a. 522 Segericus, bei *Gregor* und *Fredegar* Sigiricus,
in der Vita Sigismundi Sigericus.

zu sehen: noch einmal gönnte dann das gütige Geschick den Reichen
im Süden die Möglichkeit, den Franken die Spitze zu bieten. Es sollte
jedoch anders kommen: der eigene Vater tödtete den Sohn[848] und ent-
flammte dadurch nicht weniger den Zorn seines ohnehin schon erbitterten Volkes als den seines Schwiegervaters Theoderich.

Sigismunds zweite Gemahlin scheint eine burgundische Katholikin aus nicht sehr edlem Geschlechte gewesen zu sein. Der Stolz
des Jünglings aber trug es nicht, in ihr die zweite Mutter zu ehren
und sie bekleidet zu sehen mit dem Schmuck seiner Mutter, »ihrer
früheren Herrin[849]«.

In herbem Wort entlädt sich sein Unmut gegen die Frau,
welche dem Sohne mit ihren Waffen vergilt. Sie stiftet ihren leicht
geängsteten und von der Angst betäubten Gemahl auf, spiegelt ihm
vor, wie Segerik nach seines Vaters und seines Grossvaters Reich strebe,
wie ihm der lebende Vater hindernd im Wege stehe und er desshalb
auf dessen Tod sinne. Es ist die geschickte Benutzung unläugbarer
Thatsachen zum Beweis nicht vorhandener Schlechtigkeit, in welcher
intrigante Frauen so leicht excelliren. Der Jüngling war offenbar
ehrgeizig, er freute sich auf den Thron, er dachte stolz an die Vereinigung von Burgund mit dem ostgothischen Reiche, er sah ein, wie die
Schwäche seines Vaters solche Pläne nur hindern konnte, und rechnete auf ihre Verwirklichung nur von dessen Tode an: sein vorwärts
drängendes Wesen hatte seine geheimsten Gedanken wohl an das
Licht geschüttet und dem Hasse verraten[850]. Es bedurfte nur der
bestimmt ausgesprochenen Behauptung, dass Segerik auch darum die
Ursache des väterlichen Todes selbst sein wolle, und sie führte von jenen
Gründen getragen den König an einen Abgrund von Schrecken und
Angst, vor dessen Tiefe eine hastige That ihn, den Gefährdeten, Be-
trogenen, allein retten zu können schien.

Dem vom Weine berauschten Sohn rät der Vater, nach Mittag sich
schlafen zu legen, und als der Jüngling nichtsahnend dem Rate Folge

848. *Valesius* L. VII p. 336 sagt illustrirend: imitatur Gundobadum
— trium fratrum suorum interfectorem!

849. Segeriks Worte lauten nach *Gregor* III c. 5: Non enim eras digna,
ut haec indumenta tua terga contingerent, quae dominae tuae id est matris
meae fuisse noscuntur.

850. Es ist historisch durchaus unerweisbar, wenn *Dericksweiler* a. a.
O. p. 90 Segerik zum Haupt einer unzufriedenen Partei im Lande
machen will.

geleistet, ertheilt der König zwei Sklaven seine Befehle : sie schlingen
dem Prinzen einen Strick um den Hals und erdrosseln ihn [551].

Was half es, wenn der feigen Mörder jetzt zu spät die Reue
ergriff, er sich über die Leiche warf und bitterlich weinte, wenn er
in sein Agaunensisches Kloster flüchtete und dort viele Tage weinend
und fastend um Verzeihung flehte ? Den Himmel, die Heiligen und
das burgundische Volk versöhnte es nicht, dass er hier nun einen stän-
digen Chor von Psalmensängern errichtete [552]. Der Rückschlag dieser
Ereignisse auf das Volk muss vielmehr ein furchtbarer gewesen sein.
Dagegen erhielt der Fürst von anderer Seite reiches Lob über seine neue
fromme Einrichtung : es priesen ihn nämlich die katholischen Bischöfe
desshalb. Geschah es doch durch Bischof Maximus von Genf, dass Sigismund zu diesem Werke der Frömmigkeit angeregt wurde, und nun die
Frage einem Concil vorlegte, ob nicht an dem Ort, den das heilige Blut
der thebanischen Legion getränkt hätte, das Zusammenwohnen der
Mönche und der Laienfamilien aufgehoben, die Wohnungen des gemei-
nen Volkes entfernt und dort ein beständiger Tag gefeiert werden sollte ?
Die Aufforderung des Bischofs an Sigismund fand in sehr drastischen
Gründen ihre Unterstützung. Maximus führte dem König zu Gemüt.
handele er nach Vorschlag, so werde er unter dem Schutz der Heiligen

551. Segerik als ein »tragisches Opfer in demselben Kampf römischer
und nationaler Bestrebungen aufzufassen, in dem auch — freilich in ent-
gegengesetzter Weise — der westgothische Ataulph und die ostgothische
Amalasuntha unter dem Dolche von Meuchelmördern endeten«, gelingt
wohl nur *Derichsweiler* p. 91, der auch a. a. O. ohne jegliche historische
Stütze Sigismunds »Greuel das Zeichen zu einem allgemeinen Aufstande der Burgunden« sein lässt. Von einem solchen Aufstande
keine Spur !
552. Ueber diess Ereigniss sind wir verhältnissmässig gut unterrichtet
und zwar zunächst durch *Avitus*. Eine seiner Homiliae trägt die Bezeichnung : Dicta in Basilica sanctorum Agaunensium in innovatione monasterii ipsius vel passione Martyrum. Schon lange stand mir fest, dass
Frag. VI u. VII der Homilien in der *Sirmondischen* Ausgabe der
Homilia angehörten. Nun hat *Rilliet-de Candolle* in den Mémoires et documents publ. par la société d'histoire et d'archéologie de Genéve T. XVI
p. 60 u. 61 dieselben vollständiger aus der Papyrushandschrift des Avitus
mitgetheilt und sich in seiner gediegenen Abhandlung das. p. 43 ff. darüber des Weiteren verbreitet. — Dann gehört hierher eine wichtige Nachricht aus einer vorhandenen, leider aber ungedruckten Historia Abbatum Agaunensium, angeblich ab S. Achivi tertii Abbatis discipulo
conscripta. Die Stelle daraus ist in den Bolland. 1. Mai I p. 84 gedruckt.
Ferner berichtet *Gregor* darüber und zwar an zwei Orten : Histor III c. 5
und Miraculorum Lib. I c. 75 De sancto Sigismundo rege. Von diesen drei
Quellen weiss nur die zweite etwas Näheres über die Art und Weise, wie
Sigismund zu dieser Einrichtung gekommen sei ; gerade desshalb ist sie
nicht ganz zu kontroliren. Endlich ist noch die Vita Sigismundi § 6
zu beachten.

die Herrschaft und zwar die unversehrte Herrschaft sich am ehesten
bewahren. Es war also so weit gekommen, dass der König im Schoosse
seines Volkes für seine Herrschaft zu fürchten begann.

Das Concil aber beschloss, aus Agaunum alle Frauen und die
weltlichen Familien zu entfernen und lediglich die Familie Gottes,
d. h. die Mönche dort zu belassen. Diese sollten dann Tag und Nacht
den Gesang der Himmlischen nachahmend heilige Gesänge ertönen
lassen [853]. In Folge dessen wurde denn Sigismund Urheber dieser
frommen, im Abendlande ersten derartigen Institution [854] und am
Festtage der thebäischen Martyrer [855], am 22. September 522 [856], hielt
Avitus in der Basilica zu Agaunum zu Ehren der Neuerung seine
schwülstige Homilie.

Die ganze Fäulniss der Verhältnisse tritt in schroffen Gegensätzen nackt an den Tag: vor dem Priester, dem berufenen Manne
der Wahrheit sass ein Fürst, der seinen Sohn gemordet hatte, aber
die Wogen des Volksunwillens brachen sich lautlos vor den Mauern
des Klosters und der König fand in dem Spiegel des redenden Bischofs ein anderes Bild von sich, als in seinem eigenen Gewissen und
draussen in der unbequemen Welt. »Vieles hast du gethan — hört
er sich von Avitus angeredet, — du frommer Herr, auf dem Richter-

---

853. Das Wichtigste dieser Stelle aus der Historia abbatum Agaun.,
soweit es hieher gehört, ist: Eodem tempore (nach Sigismunds Bekehrung.
Maximus Genavensis urbis antistes . . . . ad hanc devotionem Sigismundi praecordia incitavit, ut de loco illo . . . . . . promiscui vulgi com-
mixta habitatio tolleretur . . . . . exclusisque actionibus tenebrarum dies
perpetuus haberetur: ita fore ut iisdem (scil. Thebaeis Martyribus) patro-
cinantibus et regno et regni integritate tutissime potiretur . . . Igitur habito consilio doch sicher mit den burgundischen Bischöfen allen oder
theilweise quod universitati dei instinctu placuit visum est, ut omnes
mulieres de loco eodem tollerentur et remotis familiis secularibus dei inibi
hoc est monachorum familia locaretur, qui die noctuque caelestia imitantes
cantionibus divinis insisterent pertractandis. Diese Erzählung wird durch
einige Stellen der Homilie des *Avitus* merkwürdig bestätigt. Ich
folge dem Text des Papyrus, ihn nur interpungirend: Quis enim (nega' rit
interdum tabernaculis officiorum mutacione vac'an'tebus illud glorios..
innovari, quo semper christianus sonit, semper Christus abexit, semper
au(diat'ur? . . . . . (sae)coli labor ad spem perpetuae quietis invitat.
Quibus occupatis actione (feli ci omne peccandi tempus excludetur . . . . . .
Mundum (qui'dem fugetis sed orate pro mundo, excluso a vobis
saecolo, cujus actum . . . . Incipiatur hodie et divotioni aeter-
nitas, dignitas regioni! Die Befragung der Bischöfe wird bestätigt
durch die Vita Sigismundi § 6 a. E.

854. *Gregor* III c. 5: Psallentium ibi (apud sanctos Agaunenses, assiduum instituens Lugduno regressus est sc. Sigismundus.

855. So ist doch wohl das vel passione Martyrum der n. 852 zu verstehen? Ders. Ans. *Rilliet-de Candolle* a. a. O. p. 42, 43.

856. Das Jahr giebt *Gregor* III c. 5 vgl. mit *Marius* ad a. 522 u. 523.

stuhl jünger als Mancher, am Altar zeitiger als Alle! — Vieles sage
ich, von dem wir bekennen müssen, wir sind ihm bisher Dank schuldig gewesen. Mit Geschenken bereichert, aber arm an Worten —
so haben wir Grosses empfangen und mit Wenigem gezahlt. Du hast
deine Kirchen geschmückt mit reichen Schätzen und mit Reichthum
an Gläubigen . . . . . Niemals aber haben wir deiner Tugend genügend Worte gegeben; jetzt aber gegenüber der Einführung dieses
feierlichen Psalmengesangs da halte ich es für ungenügend zu sagen,
du hast heute deine eignen Werke übertroffen [557].«

So verständigen sich der Fürst und die Bischöfe, nicht aber der
Fürst und sein Volk; jener Verständigung bedurfte der König und
der Katholicismus, dieser das Reich.

Es ist eine Erscheinung, die die ganze burgundische Geschichte
jener Zeit aufzeigt: je mehr das Reich seinem Niedergange entgegen-
geht, desto mächtiger und glänzender werden die Triumphe des
Katholicismus. Wir haben diese Macht siegreich wachsen sehen,
jetzt finden wir sie befreit auch von der letzten Angst, es möge ihr
die Herrschaft von einer anderen noch streitig gemacht werden: die
Ruhe der Gewissheit ist über sie gekommen.

Triumphe des
Katholizismus.
Avitus Homilie
zu Annemasse.
Herbst 522.

Eine glückliche Entdeckung hat uns eine andere Homilie des Avitus
vervollständigt. Sie wurde gehalten, als der Bischof von Vienne im
Herbst 522 von Agaunum zurückkehrte, und galt der Einweihung einer
Basilica, die Maximus von Genf in dem oppidum Namasce der Stadt
Genf gegründet hatte, nachdem zuvor ein heidnischer Tempel an
gleicher Stelle zerstört worden war [555]. Diese Urkunde, deren Inhalt

---

557. S. den Text bei *Rilliet-de Candolle* a. a. O. p. 60, 61, auch in der
Bibl. max. patr. IX p. 591.

555. Bisher besassen wir nur ein Stück dieser Homilie, das Fragm. II
der Ausgabe von *Sirmond* (Bibl. max. patr. IX p. 593 ; durch Auffindung
eines neuen Blattes der Avitischen Papyrushandschrift war *Delisle* in den
Mém. et docum. publ. par la société d'hist. et d'archéologie de Genève
T. XV p. 275—278, in den Stand gesetzt, uns den ganzen Text derselben mit sehr interessanten Facsimiles zu geben.
In der guten Abhandlung von *Rilliet-de Candolle* in dens. Mémoires T. XVI
p. 1—64 giebt dieser p. 24—29 einen neuen Abdruck sammt französischer
Uebersetzung. Diese beiden Abhandlungen sind unter Beifügung treff-
licher noch vollständigerer Facsimiles abgedruckt in den É t u d e s p a l é o -
g r a p h i q u e s e t h i s t o r i q u e s s u r d e s P a p y r u s d u VIme s i è c l e.
Genf und Basel 1866. — Der Titel der Homilia ist: Dicta in dedicatione
Basilicae quam Maximus episcopus in Januavin[sis] urbis oppido condedit
in ag . . ad senestrum (die 4 letzten Worte sind halb zerstört und desshalb nicht ganz sicher) distruc[to] inibi fano. Dicta omilia cum de in-
stitutione Acaunensium revertentis Namasco dedecatio caelebrata est.
Dass Namasce der ³/₄ Stunden östlich von Genf liegende Ort Annemasse
ist, hat *Rilliet-de Candolle* das. p. 16—19 ausser Zweifel gestellt.

vor Katholiken, Arianern und vielleicht noch verkappten Heiden
gesprochen wurde, enthüllt mit seltener Klarheit das feste Selbstbewusstsein der katholischen Kirche 5 Jahre nach dem Epaonensischen
Concil.

»Unser Weg — so redet der von Agaunum zurückkehrende Metropolite die lauschende Menge an — unser Weg gleicht einer Reise
durch Freudenbezeugungen und wird so gewissermassen durch ihre
fortdauernde Festlichkeit zu einem grossen Feste, und da wir von den
Beweisen der Liebe der Einen kommend denen der Zuneigung der Andern begegnen[859], so tröstet der Jubel der Freude für die ermüdende
Schwierigkeit des Weges. Es ist der Wille des Höchsten der Priester,
dass von Jahr zu Jahr[860] die Seelen sich zu Gott wenden, für die
Gebete Bethäuser entstehen und diejenigen ihren Lohn empfangen,
die den Martyrern Tempel erbauen. Die Ketzerei nimmt ab, und
dadurch gewinnt die Religion an Raum; auf Kosten des Unglaubens
(perfidia) wird der rechte Glaube bereichert. Fast kommen die
Strahlen einer vielversprechenden Zukunft schon in der Gegenwart
zu leuchtendem Durchbruch[861]. Der in den Weizen eingestreute
Schwindelhafer des arianischen Dogma verdorrt durch den stän-
digen Abfall seiner Bekenner[862]. Aufbewahrt aber werden davon
nur die Garben, die in die Fesseln ihres Unglaubens verstrickt in der
Gegenwart brennender Neid, in der Ewigkeit die brennende Strafe
verzehrt[863]. Jenen Neid aber schwellt auf die in diesen Tempel
nach glücklicher Umwandlung statt der Tempelschändung einge-
zogene Heiligkeit, die Neuheit an Stelle des Alters, der Adel an
Stelle der Entartung[864]. Wo der Cultus der Idole blühte, sehen wir
eine Stätte der Martyrer Früchte tragen; aus einem Tod bringen-
den Samen ist eine Saat des Lebens erwachsen . . . .
Auszehrende Missgunst der benachbarten Arianer wird freilich jetzt
die früher heidnischen Stätten erfüllen; denn wenn auch viel-

859. . . . dum ambolatur de virtutibus in virtutes . . .

860. Principis studio sacerdotis anni sucriscunt animae deo, orationibus
loca, praemia construentibus templa martyribus. Für anni ist sicher mit
Rilliet-de Candolle p. 24 annis zu lesen.

861. Paene est, ut in praesentebus jam subradiat quod promittetur in
futuris.

862. Proventu adsiduae separationis arescit.

863. Servantur manipoli vincolis allegati, quos poena in perenni saeculo,
in praesenti conburat invidia.

864. . . . de confusione nobilitas.

leicht hier kein Heide mehr ist, der mehrere Götter verehrt haben möchte, so wird der Ketzer unwillig seufzen, wenn er einen Gott verehrt sieht; denn er, der die Dreieinigkeit zerspellt, hängt an einer Mehrheit von Göttern [865] und in verwandter Lust an der Trennung zerbricht er gleich Jenen die Einheit und beruhigt sich bei seiner Dreiheit, wenn er von seinen Genossen dann eine Welt von Göttern geschaffen sieht; mag dann doch er, gedeckt von solchem Vorgange, sogar noch ganz entschuldbar bis auf nur drei Götter zählen.! Welches Recht hat aber derjenige, dem Christus nur ein leerer Name, zu beklagen, dass dieser Ort den Göttern verschlossen, frommer Tugend eröffnet ist? Niemand wird von der Theilnahme am Heile zurückgehalten: mögen sich Jene dazu verstehen, mit den Geretteten gemeinsam zu besitzen, was wir bisher mit den Verlorenen zu besitzen uns gesträubt haben. Denn wie wir verdammen die Bollwerke profaner Culte, so eröffnen wir unsere Tempel den Verehrern der Gottheit, die sich bekehren wollen.«

Bischof Avitus hatte ein Recht, seine Zeit zu preisen: von seinem Streben und Wirken weiss die Geschichte zu erzählen; der Fürst aber, dessen Volk in härterer Zeit als die seine kühn und ausdauernd für seine Unabhängigkeit rang, that für dieses wenig und gab ihm noch weniger etwas zu thun. Die Periode des Aufblühens war längst vorbei; die des Vegetirens hatte begonnen.

Wäre es wahr gewesen, wie der Bischof von Vienne dem Fürsten zurief, er habe unbedeutende Orte in blühende Städte verwandelt, es wäre für einen Herrscher eine rühmenswerte That. Allein dadurch, dass in jenen Basiliken entstanden, und die Orte heilige Patrone erhielten. waren die kleineren Gemeinwesen als solche noch nicht gehoben [566]! Wäre es wahr gewesen, was Avitus seinem Könige versicherte. man befestige die Städte besser, wenn man sie mit Kirchen, als wenn man sie mit Festungswerken umgäbe [567], der schwache berückte Fürst würde nicht so elend geendet haben [568]!

---

865. Es ist gerade die Umkehrung des Gundobadischen Vorwurfs vom Jahre 499; s. oben p. 149.

566. *Aviti* homiliarum fragm. 3: Generali exultatione gaudendum est, quod florentibus sceptris catholicae potestatis orationum loca, martyrum templa, liminum sacra, ornantur oppida non minus quam patronis: immo potius illustratae patrociniis fiunt urbes ex oppidis.

567. *Aviti* homiliarum fragm. 5: Noverunt si quidem sceptra saeculi nostri, in quo sit virtus temporis sui. quoniam inexpugnabiliter recte ut confidimus plus haec basilicis quam propugnaculis urbs munitur. Wie *Avitus* den Fürsten mit Lob betäubte, davon zeugt 'eine weitere Stelle dieses Fragmentes: Ad te nunc sermo liberior, o praesens, si quae sunt uspiam catholicarum gentium pater, religionis lumen, columen re

Angriff der
Söhne Chlodo-
vechs auf
Burgund 523.

Wahrer aber berichtet Gregor, »der König kehrte nach Lyon
zurück und die Strafe Gottes folgte ihm auf dem Fusse [868].« Denn nur
ein Jahr nach jenem Morde war es, als die Söhne Chlodovechs und
der Hrôthehilde, Chlodomer, Childebert und Chlotachar — die
beiden Letzten werden jedoch nicht ausdrücklich erwähnt — gegen
Burgund ziehen[869]. An der Spitze ihres Heeres rücken ihnen
Sigismund und sein Bruder Godomar entgegen. Es kommt zur
Schlacht; der Ort, wo, und der nähere Hergang, wie sie
sich vollzog. ist unbekannt. Da Theoderich, der Fürst der Auvergne, in diesem Kampfe nicht mitthätig war, so drangen die

gionis, exemplorum virtus, ecclesiarum pignus, temporum decus, civili-
tate sublimis, communione terribilis . . . . . Dass der Angeredete hier,
wie an den gleich zu erwähnenden Stellen Sigismund war, ist unzweifelhaft.

868. *Gregor* III c. 5 i. f.

869. Ueber die Ereignisse des Jahres 523 berichten: 1. *Marius* ad a.
523: Hoc consule Sigismundus rex Burgundionum a Burgundionibus
Francis traditus est et in Francia in habitu monachali perductus ibique cum
uxore et filiis in puteo est projectus. 2. *Gregor* III c. 6 (und lediglich diesen
excerpirend *Fredegar* c. 34, 35). Nach ihm ist der Krieg wieder durch die
rachsüchtige Hrôthehild entbrannt. Die Söhne, Chlodomer wird ausdrücklich hervorgehoben: Burgundias petunt et contra Sigismundum et
fratrem ejus Godomarem dirigunt: devictoque exercitu eorum Godomarus
terga vertit. Sigismundus vero dum ad sanctos Agaunos fugere nititur, a Chlodomere captus cum uxore et filiis abducitur atque infra
terminum Aurelianensis urbis in custodia positus detinetur. 3. Die V i t a
S i g i s m u n d i § 9 u. 10; sie verwerten wir nach Maassgabe der in dem
betr. Exkurs aufgestellten Grundsätze. Einzelne bestimmte Thatsachen
in ihr sind wertvoll; der Zusammenhang der Dinge ist ein gemachter.
4. Ueber das Verhältniss der Ostgothen zu den Ereignissen des Jahres 523
giebt Aufschluss *Cassiodorus*, Var. VIII, 10. Er berichtet im Namen
Athalarichs über die Thaten des Tulum an den Senat. Mittitur igitur
Franco et Burgundio decertantibus rursus ad Gallias tuendas: ne quid
adversa manus praesumeret, quod noster exercitus impensis laboribus
vindicasset. Adquisivit reipublicae romanae aliis contendentibus absque
ulla fatigatione provinciam; factum est quietum commodum nostrum,
ubi non habuimus bellica contentione periculum. Triumphus sine pugna
sine labore palma, sine caede victoria. Dass dieser Bericht auf 523 bezogen werden muss, beweisen die Unterschriften der ostgothischen Concile vou Arles 524, von Carpentras 527, Orange und Vaison 529. A. M.
Gaupp, Ansiedlungen p. 295 n. 2, der *Cass.* VIII, 10 auf den Krieg von
524 bezieht. Richtig *Pagi* ad a. 508 n. 7. 5. *Procop*, De bello Gothico I,
12. S. die Stelle n. 529. Als Inhalt des Vertrags zwischen Theoderich
und den Franken giebt *Procop* die gemeinschaftliche Unterwerfung Burgunds an. Sollte Einer der Verbündeten am Kriege keinen Theil nehmen,
so sollte er gegen Erlegung einer Conventionalstrafe doch die Beute des
Siegers theilen. Das Letztere habe nun klugerweise Theoderich gethan.
Dass diese Nachricht *Procops*, trotzdem er gleich darauf den westgothisch-
fränkischen Krieg von 507 mit Μετὰ δὲ einleitet, auf 524 bezogen werden
muss, ist schon richtig von *Manso*, Gesch. des Ostgoth. Reichs p. 60 n. x
erkannt, von *Junghans*, Childerich und Chlodovech p. 72 n. 1 u. 2, sowie
von *Dahn* II p. 153 n. 4 und von *Derichsweiler* p. 92 auch angenommen.
S. auch n. 529.

fränkischen Könige jedenfalls von Norden in Burgund ein. Dafür
spricht auch der spätere Rückzug nach Orléans, und so darf man sich
das Schlachtfeld nahe den nördlichen Grenzen denken. Resultat des
Kampfes ist die Niederlage der Burgunder: Godomar entkommt, Sigismund flüchtet einsam in die Berge, wahrscheinlich nicht allzuweit
von seinem Agaunum [570], welches er zunächst vermied, um nicht hier
sofort gefunden zu werden. Dort soll er, wie seine Lebensbeschreibung
wenigstens berichtet, eine Zeit lang unter der schützenden Maske eines
Einsiedlers gelebt haben. Allein auch dort fühlte er sich allmählich
nicht mehr sicher und jetzt flüchtet er zu dem letzten Asyl, was ihm
bleibt, nach dem Agaunensischen Kloster.

Nicht von einer Art Notwendigkeit gezwungen — wie die Vita
Sigismundi sich willkürlich den Vorgang auslegt —, sondern in ent-
rüsteter Verachtung liefern burgundische Männer den erkannten auf
dieser Flucht ergriffenen Fürsten an Chlodomer aus. in dessen Hände
auch die unglückliche Gemahlin Sigismunds mit ihren Kindern gefallen war [571].

Nach diesem Entscheidungskampfe, der den Franken als das
Ende des burgundischen Reiches erscheinen musste, zogen die verbündeten Brüder mit ihren Truppen in ihr Land zurück.

Während nun im Norden sich Burgunder und Franken en-
gagirten, wahrte im Süden des Reichs der Ostgothe Theoderich seinen Vortheil. Trugen die Franken den Sieg davon, so drohte ihr
Angriff auf die untern Rhonelande. Diesem wirksam entgegentreten
zu können und zu hindern, dass die Erwerbungen des Jahres 510 an die
Feinde verloren giengen, sandte er seinen mit diesen Verhältnissen vertrauten Feldherrn Tulum zum Schutz der gallischen Besitzungen dahin
ab. Durch diese Notiz, die wir dem bestunterrichteten Cassiodor danken, wird die ganze Erzählung Procop's von einem vorhergegangenen
Offensiv-Bündniss Theoderichs mit den Franken gegen Burgund,
deren Bedingungen sie schon an und für sich sehr verdächtig machen, einfach als Mährchen, wie es später im Volke umlief, erwiesen
und widerlegt [572].

*Sigismund den
Franken aus-
geliefert.*

*Die ost-
gothischen Ein-
fälle im Süden
des Reichs.*

---

570. Vita Sigismundi § 8: Versallis montem expetiit. Ich kann
den Ort nicht nachweisen, glaube ihn aber in die Nähe von Agaunum
legen zu sollen. Anders die Herausgeber der Vita, die ihn in die Nähe
Lyons versetzen wollen.

571. Alle Quellen stimmen darin, dass nur Sigismund und nicht auch
seine Familie auf der Flucht nach Agaunum ergriffen wurde.

572. *Pagi*, Critica ad a. 523 n. 18, *Derichsweiler* p. 92 und scheint's
auch *Dahn* II p. 153 n. 5 glauben *Procop*: *Mascov* XI c. 11 n. 2 verwirft

Als nnn Tulum den Ort seiner Bestimmung erreicht hatte und die
günstigste Gelegenheit zu einer Erweiterung der ostgothischen Grenzen
dadurch geboten fand, dass Franken und Burgunder noch ausschliesslich
mit ihrem eignen Kampf zu thun hatten (aliis contendentibus), so
griff er rasch entschlossen zu, und ohne einen Schwertstreich unterwarf er ein nicht unbeträchtliches Stück des burgundischen Reiches
nördlich der Durance [73].

Die Katastrophe von 500 hatte sich somit in noch weit ver-
derblicherer Form wiederholt: das Heer geschlagen, der König mit
seiner Familie in fremder Gewalt: so war das Reich wehrlos und
musste sich zunächst gefallen lassen, wenn freundliche Nachbarn es
zerpflückten. Allein wer meinte, jeder Keim der Selbstständigkeit sei
jetzt in ihm zertreten, der verwechselte Godomar mit seinem feigeren
Bruder. Die fränkischen Könige sind noch im Abzuge begriffen [674];
da rafft er schon neue Kräfte zusammen, sammelt seine Burgunder
zum Heer und nimmt sein Reich, freilich ohne die Verluste an die
Ostgothen wieder gut machen zu können, von Neuem in Besitz.
Seine ausdauernde Energie in dieser verzweifelten Lage, das Nichts-
Verloren-Geben, so lange der Mut nicht verloren ist, gemahnen an
seinen Vater, dessen würdigerer Sohn er gewesen zu sein scheint.

Godomar nimmt das Reich wieder.

Da der König sammt seiner ganzen Familie gefangen war, so
trat nun Godomar von selbst an die Spitze des Reiches: allein anfangs

---

und *Wurstemberger* I p. 254 ignorirt ihn. — Unrichtig sind die Bemerkungen *Fauriels* II p. 101 über fortgesetzte Feindseligkeiten der Ostgothen
gegen Burgund in den untern Rhonelanden.

73. So *Cassiodor* Var. VIII, 10. Warum diess erst nach Sigismunds
Tod gewesen sein soll, wie *Dahn* II p. 153 angiebt, sehe ich nicht recht
ein. Ebensowenig finde ich dessen Ansicht daselbst (die auch *Digot*,
Histoire d'Austrasie I p. 243 theilt) begründet, Godomar habe dieses Land
abgetreten, um sich der ostgothischen Feinde zu entledigen. Tulum
brauchte nur zuzugreifen; die Franken machten den Burgundern genug
zu schaffen. — Ueber den Umfang der burgundischen Verluste sehe man
das folgende Kapitel.

74. *Gregor* III c. 6: Discedentibus his regibus Godomarus resumtis
viribus Burgundiones colligit, regnumque recipit. *Luden* III p. 668 legt
diesen fränkischen »Bulletinstyl« so aus, Godomar habe die Könige aus
seinem Lande herausgeschlagen. Noch seltsamer sieht freilich *Fauriels*
(II p. 102) Darstellung aus: Godemar fit meilleure contenance; il se re-
tira suivi d'une partie considérable de l'armée et en si bon ordre que les
Francs n'osèrent pas l'attaquer de nouveau et regagnèrent leurs états
sans avoir conquis un pied de terre en Burgondie, mais résolus d'y revenir
l'année suivante! Was *Fauriel* II p. 101 auf Grund der Vita Sigismundi
von einer den Franken günstigen Partei des katholischen Klerus in Burgund zu vermuten wagt, ist für 523 vollständig unmöglich anzunehmen.

nur als eine Art Reichsverweser, als Vertreter des Königs, nicht als wahrer Herrscher. Denn der so genaue Marius [775] berichtet die Ordination Godomars zum Könige ausdrücklich erst nach Sigismunds Tod für das Jahr 524 [876]. Es lag dies wohl mehr an ihm, als an den Skrupeln seines Volkes, ihn noch bei Lebzeiten Sigismunds als König anzuerkennen.

Als jedoch Chlodomer von der Wiedererstehung des burgundischen Reiches unter Godomar hörte, dachte er sofort daran, zum zweiten Male gegen dieses zu ziehen. Zornig mochte er erkennen, wie sehr er sich durch ungenügende Beachtung dieses Sprossen des königlichen Hauses verrechnet hatte. Zum andern Male wollte er nicht erfahren, dass er einen König gefangen und dadurch nur seinem Verwandten zum Thron verholfen. Er baute mit den Mitteln der Merovinger, mit rücksichtsloser Grausamkeit und blutigem Mord vor. Sigismund, seine Gemahlin und seine beiden Söhne Gisclahad [877] und der nach dem Grossvater genannte Gundobad, die sämmtlich nach Orléans mitgeschleppt worden waren, werden noch im Jahre 523 auf seinen Befehl durch Hinabstürzen in eine Cysterne getödet [878]. Von ihnen entfloh Keiner mehr [879]. dessen wollte Chlodomer sicher sein. Dess-

Ermordung Sigismunds u. seiner Familie durch Chlodomer 523.

---

875. S. oben n. 869 sub 1 ad 523; ders. ad 524: His Consulibus Godemarus frater Sigismundi Rex Burgundionum ordinatus est.

876. Richtig *Valesius* L. VII p. 345; der *Régeste genevois* p. 21 n. 61.

877. Die Namensform variirt: Gystaldus, Sigladus, Gisgaldus, Gisclades. Boll. 1. Mai I p. 58 u. s. S. auch *Wackernagel* in der Beilage.

878. Ueber den Ort der That differiren die Quellen etwas: *Marius* sagt allgemein in Francia; *Gregor* III c. 6 sagt am genauesten apud Columnam Aureliensis urbis vicum; die Vita Sigismundi § 9 lässt die Gefangenen ad locum cui Belsa vocabulum est geführt und dort in den Brunnen geworfen werden. Zu den beiden letzten Angaben bemerkt *Bouquet* II p. 189 n. k, Columna sei entweder Coulmiers oder Colonmelle, beide nah bei Orléans; III p. 403 n. entscheidet er sich für Letzteres: Qui vicus in pagi Aureliensis Belsaeque confinio situs est. Belsa seu Belsia, la Beausse, non locus sed regio. Diese Bemerkungen erledigen vollständig die scheinbare Abweichung der Quellen von einander. Nach *Gregor* III c. 6 könnte es auf den ersten Blick scheinen, als habe man nur die Leichen in die Cysterne versenkt: Statimque interfecto Sigimundo cum uxore et filiis apud Columnam Aureliensis vicum in puteum jactari praecipiens, Burgundias petiit ... So fasst es auch *Derichsweiler* p. 93. Allein bei genauerem Zusehen stimmt auch *Gregor* mit *Marius* ad a. 523 und der in diesem Punkte gut unterrichteten Vita Sigismundi, Boll. 1. Mai I p. 87 in dem Sinne zusammen, dass das schimpfliche Versenken — capite deorsum dimerso, wie die indignirte Vita sich ausdrückt, — die Todesart war. — Die Todeszeit bestimmt *Derichsweiler* p. 93 fälschlich auf den 1. Mai 524. Ueber das Ereigniss sehe man auch noch *Gregor*, Miraculorum Liber I cap. 75.

879. Diess war das Motiv der That: ne manus eorum (scil. Francorum) effugeret, sagt die Vita Sigismundi § 9 viel treffender, als die fingirten Motive bei *Gregor* III c. 6.

halb hatten ihn auch die Vorstellungen des Abtes Avitus von S. Mes-
min von seinem furchtbaren Entschlusse nicht abbringen können, obgleich ihn dieser bei dem bevorstehenden Kriege an die göttliche
Vergeltung gemahnte [880]. Der fränkische König fürchtete weder diese,
noch die Rache seines Halbbruders Theoderich, der eine Tochter Sigismunds [881], die Suavegotta [882], zur Frau hatte.   .

So elend endete ein Fürst, der unter weit glänzenderen Auspi-
cien seine Herrschaft angetreten hatte. Seine Familie wie sein Reich
riss er mit in den gewaltigen Sturz, dem er willenlos entgegen eilte.
Unfähig seine Aufgabe zu begreifen und, hätte er sie begriffen, unfähig sie durchzuführen bietet Sigismund ein trauriges Beispiel eines
zum dienen gebornen Herrschers. Eitel, titelsüchtig, ohne die Selbstachtung des Mannes und Königs: so tritt uns in ihm eine jener unglücklichen Naturen entgegen, in denen der Wille sich nicht im Kampf
mit den Leidenschaften zum Charakter gestählt hat, in denen die
Schwäche sich paart mit einem Bodensatz wilder Rohheit, deren
drückendes Selbstbewusstsein sie stets aufreizt zu eigensinniger Beharrlichkeit und die der geringste Widerstand entwaffnet. In diesem
steten Kreislauf des Aufraffens zu trotzigem Thun und der tiefsten
Reue über das Gethane, wie soll da ein Mann herrschen und einen
Staat stätig lenken? Es ist ein Schicksal, wenn ein solcher Mensch
den Thron besteigt: seine Eitelkeit giebt seine Würde Preis, seine
Schwäche die Liebe seines Volkes, seine Rohheit die Hoffnungen seiner
Familie und seines Reiches sowie den Beistand mächtiger Fürsten; er
verspielt seine eigne Selbstständigkeit an katholische Priester und
waffnet sich in kurzsichtiger Verblendung wohl auch zum Widerstande
gegen diese, bis elende Verzweiflung ihn in ihre Arme zurücktreibt.
Sein Kloster zu Agaunum, welches er 515 so glänzend auferbaute,
das war sein eigentlicher Bestimmungsort, nicht der Thron, wo äussere Feinde ihn umgaben, während er jeden Haltes baar war [883].

---

880. *Gregor* III c. 6.
881. *Gregor* III c. 5. Hujus filiam Rex Theudericus accepit.
882. Den Namen bietet nur der sehr späte *Flodoardus*, Histor. Remen-
sis II c. 1, Bibl. max. patr. XVII p. 530.
883. Es ist beachtenswerth, dass wir, abgesehen von Stephanus, an
dem Sigismund grösseres Interesse genommen zu haben scheint, nur
von katholischen Klerikern erfahren, sie hätten dem Könige nahe gestanden. Wir finden ihn mit Avitus, Gemellus, Maximus verkehren und
ausserdem erzählt uns noch die Vita Lupi episcopi Lugdunensis,
Bolland. 25. Sept. VII p. 81—85 von *Lupus*: Sigismundi enim temporibus
iste clarere coepit: qui rex pius et puerulus devotus se ejus familiaritati
sociavit, quatenus erat providus et sanctitate conspicuus.

Das Königs-Haus stand unseres Wissens nur noch auf zwei
Augen: von vier Brüdern und ihren Nachkommen lebte nur noch
ausser der austrasischen Königin Suavegotta Godomar, zu dessen
Vernichtung sich nun Chlodomer bereitete. Sein Bruder Theuderich,
zu dessen Reichstheil die zu einem Angriff auf Burgund so gelegene
Auvergne gehörte, wurde zur Hülfeleistung aufgefordert, und ohne
daran zu denken, den Mord seines Schwiegervaters an dem Mörder
zu rächen, sagte der Gebetene seinen Beistand zu [884].

Drittes Kapitel. Das burgundische Reich und sein Sturz unter Godomar 524—532.

Godomar [885] war als König an die Spitze seines Volkes getreten,
als der Angriff Chlodomers 524 begann [886]. Selbst wenn uns Gregor
die Mitwirkung Theuderichs nicht ausdrücklich versicherte [887], so
liesse sie sich aus dem Orte schliessen, wo die entscheidende Schlacht
geschlagen wurde. Es war dies ein zur civitas Viennensis [888] gehöriger
Ort, Visorontia [889], das heutige Véséronce [890], gelegen etwas westlich von dem Punkte, wo die Rhone zwischen Genf und Lyon die
scharfe Biegung macht und ihr bisher südwestsüdlicher Lauf sich

Godomar wird König 524.

884 *Gregor* III c. 6 . . . . vocans in solatium Theudericum regem. Ille
autem injuriam soceri sui vindicare nolens ire promisit. Einige Handschriften haben volens; so offenbar diejenige, aus der *Fredegar* c. 36
schöpfte. Dieser macht sich daraus die Geschichte von Chlodomers Tode
zurecht, als sei er in der Schlacht deceptus ab auxiliis Theuderici gefallen. Allein weder *Marius* noch *Gregor* noch *Agathias* wissen davon etwas, und so ist das volens offenbar nur Schreibfehler. Ihn adoptirt aber
Valesius L. VII p. 346.

885. Die Namensformen sind bei *Marius* ad a. 524 und 534 Godomarus
und Godomarus; letztere Form bietet auch *Gregor* III c. 6; während
Fredegar c. 35 ff. Godomaris, der Stein von St. Evian (s. unten n. 905)
Gudomarus und die Vita Sigismundi § 4 Gundemarus lesen.

886. *Marius* ad a. 524: Iiis consulibus Godemarus frater Sigismundi
rex Burgundionum ordinatus est. Eo anno contra Chlodomerem regem
Francorum Viseroncia praeliavit, ibique interfectus est Chlodomeres.

887. *Gregor* III c. 6 . . Cumque pariter apud Virontiam (al. mss. Visorontia, Visoronitum; *Fredegar* c. 36: Veseroncia) locum urbis Viennensis
conjuncti fuissent, cum Godomaro configunt. Ausser dem hieraus
schöpfenden *Fredegar* c. 36 erwähnt keine Quelle derselben. Richtig *Valesius* L. VII p. 346; *Mascov* XI c. 34; *Wurtemberger* I p. 255; *Derichsweiler* p. 94. Falsch *Digot*, Hist. d'Austrasie I p. 243.

888. *Gregor* III c. 6 sagt statt civitas wieder urbs.

889. Die Varianten s. n. 886 u. 887.

890. *Bouquet* II p. 189 n. n; *Jacobs*, Géogr. de Grégoire de Tours,
Paris 1858 p. 142. Unrichtig *Mascov* XI c. 33. So nah bei Vienne, wie

nach Nordwesten wendet. Offenbar brach also Theuderich durch die Auvergne ein, während Chlodomer von Norden her mit ihm die Vereinigung suchte und sie, da Godomar sich östlich gezogen haben muss, an der Rhone fand.

Die Schlacht von Véséronce 521.

So entspann sich die Schlacht auf dem Blachfeld von Véséronce[591]. Ein Wurfspiess traf Chlodomer in die Brust und er sank

Derichsweiler p. 94 meint, liegt Véséronce aber nicht. — Eine christliche dem 6. Jahrhundert angehörige Inschrift aus Anse an der Saone, bei *Le Blant*, Inscr. chrét de la Gaule n. 661 A 'n. 521 der planches' II p. 546 lautet folgendermaassen:

IN HOC TVMV LO REQVI
'ES CIT BONE MEM ORIE'
VILLIGISCLVS QV I VIXIT IN
PACE ANNOS L . . . .
NA VESARONCI
EST XI KL IVLIAS
V̄C̄ CON

Ich glaube die letzten Zeilen so ergänzen zu können

PACE ANNOS L . . ET IN PVG
NA VESARONCI E MORTVVS
EST XI KL IVLIAS 'OPI
'LIONE VC CON

Das NA der 5. Zeile kann nämlich nur der letzte Theil eines Wortes sein, und Vesaroncia kann, wie mir scheint, nur als der Ort des Todes des Villigisclus gefasst werden. Die Ergänzung PVGNA liegt also sehr nah und ist sie richtig, so wäre damit der Schlachttag auf den 21. Juni 524 zu setzen, was wiederum weder zu spät noch zu früh wäre.

591. Ueber den Verlauf dieser Schlacht in ihrem letzten Theil dissentiren die Quellen. *Marius* (oben n. 586) verschweigt den Sieger; *Gregor* III c. 6 (wie sein Ausschreiber *Fredegar* c. 36, dessen Zeugniss daher nichts wiegt) lässt nach Chlodomers Tod die erbitterten Franken siegen, während *Agathias*, Hist. I, 3 den Burgundern den Sieg zuschreibt über die durch den Tod ihres Königs entsetzten Franken: Τότε δὴ οὖν τοῦ Χλωθομήρου τὴν κεφαλὴν οἱ Βουργουζίωνες ἀποτεμόντες, καὶ τοῖς ἀμφ' αὐτὸν στρατεύμασιν ἀναδείξαντες, ψυχοθείς αὐτίκα πεποίηνται ἄπαντας καὶ δυςέλπιδας, καὶ κατεάγη αὐτοῖς ἀγεννῶς τὰ φρονήματα, κατεπτηχότες τε ἦ-σαν, καὶ οἷοι οὐκ ἔτι ἐθέλειν ἀναμαχέσασθαι. καὶ δή τοῖς μὲν νενικηκόσιν, ᾗπερ ἄριστα αὐτοῖς ἔχειν ἐδόκει, καὶ ἐφ' αἷς ᾤοντο χρῆναι συνθήκαις, ὁ πόλεμος διελέλυτο. τοῦ δὲ Φραγγικοῦ ὁμίλου ὅ,τι ἐσέσωστο, ἄσμενοι ἐς τὰ σφέτερα ἐπανήεσαν. Es kann kein Zweifel sein, dass der Bericht des *Agathias* aus dem fränkischen *Gregor* vorgezogen werden muss und zwar aus zwei Gründen: 1. Der Bericht *Gregors* ist dichterisch gefärbt und in sich widersprechend. Nach ihm wird gleich Anfangs Godomar geschlagen, der vorstürmende Chlodomer wird von den fliehenden Feinden in eine listige Schlinge gelockt, geräth mitten unter sie und fällt. Wie die Franken den Tod ihres Königs bemerken: reparatis viribus Godomarum fugant, Burgundiones opprimunt, patriamque in suam redigunt potestatem — Godemarus iterum regnum recepit. — Allein der geschlagene fliehende Feind verzichtet auf schlechte Kriegslisten und wenn der Feind geschlagen ist, hat der Sieger nicht nötig, seine Kräfte wieder herzustellen und den Fliehenden noch einmal in die Flucht zu schlagen. Dennoch folgt *Valesius* L. VII p. 347 dem *Gregor*, diesen noch überbietend, nur dass er nach p. 349 Burgund nur stückweise fränkisch werden lässt, während die Histoire de Languedoc I p. 260 fast das ganze Reich unter-

tod zu Boden. An dem lang herabwallenden Haar erkannten die Burgunder den fränkischen König: sie trennen sein Haupt vom Rumpfe und zeigen es hoch an einer Lanze befestigt den fränkischen Truppen. Ihres tapferen Führers beraubt befällt diese bleiche Hoffnungslosigkeit, und die Kraft ihres Widerstandes ist gebrochen: die Burgunder bleiben Sieger und sie dictiren die Bedingungen des Friedens. Wer von dem feindlichen Heere sich gerettet hatte, war froh, seine Heimat wieder zu erreichen [692].

Leider lässt sich über den Inhalt des Friedensschlusses nichts auffinden [693]. Wahrscheinlich verzichtete aber durch feierliche Friedensgelobung der Frankenkönig Theuderich, mit dem Godomar es ja nun vor Allem zu thun hatte, auf alle ferneren Angriffe gegen Burgund. Als ihn eine Reihe von Jahren nachher die Brüder zum gemeinsamen Vorgehen gegen dieses Reich aufforderten, wollte er nicht mit ihnen gehen und führte sein nach dem Kampf verlangendes Heer lieber in die Auvergne [694].

So hatte Godomar durch festes Aushalten im Unglück sein Reich wieder errungen und das kaum gewonnene gegen mächtige Feinde kraftvoll und kühn vertheidigt. Freilich kämpfte er einen vergeblichen Kampf: er konnte die kleine Macht auf die Dauer nicht retten, er verschaffte ihr acht Jahre Frieden und ein Untergehen in Ehren.

---

worfen werden, einen grossen Theil aber in der Folge von Godomar wiedergewonnen werden lässt; ähnlich lässt *Gaupp*, Ansiedl. p. 295 die Schlacht für Godomar unglücklich ausgehen; ebenso *Bornhak*, Gesch. d. Franken p. 261, bei dem selbst das Gebiet von Vienne (!) fränkisch wird. Das burgundische Reich bestand nach jener angeblichen Niederlage noch 8 Jahre. Diesen Erfolg konnte nach der Schwächung von 523 nur ein entscheidender Sieg herbeiführen. Die durch 523 gewitzigten Franken hätten als Sieger dem Godomar das iterum regnum recipere sicher unmöglich gemacht. — Sehr richtig *Fauriel* II p. 103, 104 und *Derichsweiler* p. 95 und 176.

692. Die Darstellung folgt dem zuverlässigen Berichte des *Agathias* I, 3 (Corp. script. hist. Byzantinae III p. 19 u. 20).

693. Es wäre desshalb leicht möglich, dass ein förmlicher Friede gar nicht geschlossen wurde.

694. *Derichsweiler* a. a. O. p. 177 n. 43 macht auf eine Stelle *Procops*, De bello Goth. (II, 28) aufmerksam, worin Belisars Gesandte auf einen Treubruch der Franken gegen Thüringer und Burgunder hinweisen, um dadurch die Ostgothen von einem Bündniss mit den Franken abzuschrecken. *Derichsweiler* bezieht diess auf einen von ihm statuirten, seitens der Letzteren gebrochenen Friedensvertrag zwischen Franken und Burgundern im Jahre 533. Hätte die Stelle einen solchen Bezug, so wäre sie lediglich auf den durch den Krieg von 532 gebrochenen Frieden von 524 zu beziehen. Allein die Stelle handelt wohl nicht von dem πιστόν hinsichtlich geschlossener Friedensverträge, sondern zweckentsprechender von dem untreuen Verhalten der Franken gegen frühere Bundesgenossen.

Tod des Avitus. Aus diesen letzten acht Jahren des Sinkens sind nur sehr karge Nachrichten aus dunkeln Quellen mühsam zu erhalten. In ihrem Dunkel verschwindet die grossartige Gestalt des Avitus, der Gundobad überlebte, seinen Zögling Sigismund untergehen sah, aber das Ende des Reiches nicht mehr erblicken sollte. Dem Concil von Orléans im Jahre 533 wohnte schon Julianus als Bischof von Vienne bei. Die letzte Handlung, die uns von dem gealterten Kirchenfürsten überliefert wird, ist die Abhaltung einer Homilie zur Einweihung einer in Genf wiedererbauten Basilica, die die Feinde dort 523 zerstört hatten[595]. Da 524 kriegerische Ereignisse diesem Neubau hemmend entgegengetreten sein mögen, so fällt jene Einweihung wohl frühstens Ende 525 oder Anfang 526. Wann er starb, ist unsicher[596].

Avitus konnte einen Trost mit ins Grab nehmen, der Katholicismus brauchte vom Arianismus und von der weltlichen Gewalt nichts mehr zu fürchten; diesen Sieg aber hatte er mit erfochten, soweit Menschenkräften möglich war; er hatte nicht immer mit glänzenden Waffen gestritten, aber stets dem einen Ziel zugearbeitet mit klarem Denken und einer ungewöhnlichen Kraft der Leidenschaft und der Ueberzeugung. Unter dem neuen Könige war seine Rolle auch ausgespielt: Godomar theilte weder Avitus Anschauungen, noch war er gewohnt, sich von Fremden leiten zu lassen: er handelte selbstständig und im Geiste seines Vaters.

Reichstag zu Ambérieux Frühjahr 524 (?) Nicht lange nach Sigismunds Tod und Godomars Thronbesteigung rief dieser sein Volk zu einem Reichstag[897] nach Ambérieux zusammen[898].

---

895. S. unten p. 265.

896. So schon *Pagi* ad a. 516 n. 4. *Parizel*, De vita S. Aviti p. 69 vermutet den Eintritt des Todes für den Anfang des Jahres 525; ebenso *Cucheval*, De S. Aviti operibus p. 10. Unrichtig setzt *Derichsceiler* p. 90 den Tod vor 522.

897. Ueber die Bedeutung der Reichstage und ihr Vorkommen im burg.-romanischen Königreiche s. Bd. II Buch 2.

898. Von diesem Reichstage stammen die Gesetze, die überschrieben sind: Incipit capitulus noster, quem domnus noster gloriosissimus Ambariaco in conventu Burgundionum instituit, und die bei *Bluhme* den T. 107 der Lex Burg. bilden. Gegen *Bluhme*, welcher die Entstehung dieser Gesetze unter Gundobad und zwar ins Jahr 501 setzt, halte ich die Urheberschaft Godomars für evident nachweisbar. Ich muss hier indessen auf die Geschichte der burgundischen Gesetzgebung Bd. II Buch 1 verweisen. Die Zeit des Reichstags ist nur annähernd zu bestimmen. Das tempus excidii vom Jahre 523 ist vorbei (T. 107, 4), noch aber sind die Franken die inimici (das); schon kehren Gefangene aus Feindesland zurück (T. 107, 1, 2, 6); noch aber sind die Wunden kaum vernarbt (T. 107, 11). Am liebsten würde ich die Entstehung des Gesetzes unmittelbar nach Godomars Thronbesteigung und noch vor den Krieg des Jahres 524 setzen; eine Anspielung auf diesen

Die dort zu Stande gekommenen Gesetze werfen theilweise ein helles Licht auf die Zustände des Reichs nach dem Krieg von 523 [899]. Die Verluste an Menschen müssen gross gewesen sein »in dieser Zeit der Vernichtung[900].« Godomar sucht dem Staate neue Kräfte zuzuführen und sorgt für die Verhältnisse der Burgunder, die aus dem fremden Lande in ihre Heimat wiederkehren.

Nicht nur gefangenen freigeborenen Gothen, die aus Franken zurückkommen und in Burgund wohnen wollen, sondern allen Fremden, die dahin wandern, um sich dort niederzulassen, wird die Erlaubniss dazu ertheilt, und es werden Garantieen für ihre Freiheit getroffen[901]. Sklaven und Sklavinnen von Burgundern, die von ihren Herren ins Ausland verkauft aus Anhänglichkeit an das Vaterland nach Burgund den Rückweg finden, werden für frei erklärt[902]. Die Loskaufung der freien und unfreien Gefangenen aus Feindesland wird befördert durch Maassregeln, die dem Käufer wieder zu seinem Gelde verhelfen sollen[903].

Der wiederkehrende Freie erhält von seinen vorschnellen Erben die Sklaven zurück, die er einst verlassen und welche diese inzwischen an sich genommen haben[904].

Hauptsächlich aber musste Sorge getroffen werden für diejenigen Burgunder, die in den ostgothisch gewordenen Strichen nicht wohnen bleiben wollten und rhoneaufwärts ziehend in das burgundisch gebliebene Land ankamen. Sie verliessen ja ihr Gut und hatten Anspruch darauf, neu ausgestattet zu werden; es verstand sich von selbst, dass wieder die Römer herhalten mussten und wieder die Hospitalität Platz griff: allein um auch die römischen Unterthanen zu schonen, behalten diese jetzt bei der Abtheilung ihre

---

lässt sich nämlich nicht finden. — *Bluhme* hat seine Ansicht entwickelt im Jahrbuch für gem. deutsches Recht V p. 207 ff. u. M. M. L. L. III p. 499, 575 n. 19.

899. Nur soweit gehören sie hierher; im Uebrigen an eine andere Stelle.

900. T. 107, 4 .... tempore excidii. *Gaupp* a. a. O. p. 295 denkt fälschlich an 524.

901. T. 107, 3 u. 5.

902. T. 107, 2. Der Ausdruck more patriae (das jetzt folgende et bei *Bluhme* ist hier zu streichen) mancipium ad propria redit ist zweifellos als die Anhänglichkeit der Vaterlandsliebe (amor patriae) zu fassen.

903. T. 107, 4. Der Sinn dieses § ist der, dass das Rückkaufsgeld für fremde Ehefrauen nicht von der Frau, sondern von ihrem Manne gefordert werden muss; ferner 107, 6; vgl. indessen schon T. 56.

904. T. 107, 1.

sämmtlichen Sklaven und haben nur soviel als gerade notwendig ist, nämlich die Hälfte des Ackerlandes abzutreten [905].

Und um endlich die über Sigismund und seine katholischen Genossen erhitzten Arianer zu beruhigen und die Katholiken in ihrem Selbstbewusstsein zu dämpfen, befiehlt der König Achtung vor den Kirchen und ihren Priestern [906].

Parallel mit Godomars Sorge für das Reich geht dann das Bemühen, die Zahl der in Folge von Landverleihungen vom Könige Abhängigen dadurch zu vermehren, dass er die Nachsuchungen um solche Vergabungen erleichtert und ihre Erfüllung befördert [907].

Eine echte Regententhätigkeit spricht aus allen diesen Maassregeln; nur ein nicht unbedeutender Fürst konnte auch das in seinen Grundfesten erschütterte Reich noch so lange halten, als Godomar es vermocht hat.

Godomar kauft die Brandobrigi aus fränkischer Gefangenschaft.

Schwer zu entziffernde Andeutungen über Vorgänge des Jahres 527 enthält ein neuerdings bei Bearbeitung des Kirchhofes des alten Klosters St. Offange am Genfer See zwischen Évian und Tour-Ronde entdeckter Grabstein [908]. Er ist gesetzt zum Gedächtniss eines

---

905. T. 107, 11: De Romanis vero hoc ordinavimus ut non amplius a Borgundionibus, qui infra (s. oben n. 76) venerunt, requiratur, quam ad praesens necessitas fuerit, medietas terrae. Alia vero medietas cum integritate mancipiorum a Romanis teneatur . . . .

906. T. 107, 12; vgl. p. 185.

907. T. 107, 13 . . . . ut diligenter et fideliter requirant.

908. Ich gebe die Inschrift, die *Le Blant* n. 683, II p. 578 theilweise falsch liest, nach dem Facsimile in dem Anzeiger für schweizerische Geschichte und Alterthumskunde 1855 Tafel 5. Die Ergänzung der Inschrift ist mit völliger Sicherheit zu geben:

[IN HOC TVMV]LO RE
[QVIESCIT BONAE] MEM
[OR]IE ONOVACCVS
QVI VIXIT ANNS XIII
ET MINSIS IIII
ET RANSIIT X KL
SEPTEMBRIS
MAVVRTIO VI
RO CLR CONSS
SVB VNC CONSS
BRANDOBRIGI RE
DIMTIONEM A
DNMO GVDOMA
RO REGE ACCE
PERVNT

✝

gewissen Ouovaccus, der 13 Jahre und 4 Monate lebte und starb unter dem Consulate des edlen Mavurtius (527). Dann fährt die Inschrift fort: »Unter diesem Consul empfingen die Brandobrigi von dem Herrn König Gudomar die redimtio.«

Halten wir uns, jedoch ohne den ersten Theil der Inschrift aus dem Auge zu verlieren, zunächst an den zweiten, so bedürfen zwei Punkte der Feststellung. Dass die Brandobrigi eine Völkerschaft bedeuten, ist an und für sich klar; allein wo sassen sie und zu wessen Reich gehörten sie? Sie erhalten von Godomar die redemtio: den Loskauf, allenfalls auch ein Loskaufsgeld. Hat redemtio den ersten Sinn, so waren die Brandobrigi in eine der redemtio bedürftige Lage gekommen; sie gehörten dann zu Godomars Reich, und es gilt nur noch zu entscheiden, ob das zu lösende Verhältniss eine völkerrechtliche, oder aber eine staatsrechtliche Abhängigkeit darstellte?

Den zweiten Sinn kann redemtio hier nicht haben. Es ist in der burgundischen Verfassungs-Geschichte ganz unerhört, dass eine wenn auch noch so kleine Völkerschaft in einem ablösbaren Hörigkeitsverhältnisse steht. Am allerwenigsten zum »herrschenden Adel«. wie man wohl behauptet hat[909].

Es handelt sich also um eine völkerrechtliche redemtio: dann aber kann man nur an Kriegsgefangenschaft der Gelösten denken.

Allein wer kauft los? etwa Godomar sich selbst aus einer von ihm erduldeten Kriegsgefangenschaft? Diess ist unannehmbar. Die Brandobrigi waren damals keine kriegführende Macht; selbst wenn sie zum ostgothischen oder dem fränkischen Reich gehörten und sie den König fiengen, so waren sie nachher nicht die Herren des Gefangenen, sondern ihre Herrscher. Und von einer ostgothischen oder fränkischen Gefangenschaft hätte man gehört. Wie hätte denn auch inzwischen das burgundische Reich bestehen sollen? Man berief sich zwar, um eine solche Gefangenschaft nachzuweisen, auf eine Stelle Procops[910];

Ueber den Sinn dieser Inschrift sind zwei ganz entgegengesetzte Ansichten aufgestellt worden, eine von ihrem Herausgeber und ersten Interpreten *Gingins-la-Sarraz*, in dem Anzeiger für schweizerische Geschichte und Alterthumskunde, Zürich 1855 p. 48—50; die andere von *K. L. Roth* aus Basel, daselbst 1856 p. 6 ff., worauf *Gingins* das. p. 37 für seine Ansicht replicirte. Wir werden die Streitpunkte alsbald kennen lernen.

909. So fasst *Roth* a. a. O. p. 7 die Sache. Allein es gab weder einen Adel, noch einen davon abhängigen Hörigenstand. Ebenso wenig ist etwa an eine Auslösung der Colonen zu denken. Man vgl. die einschlägigen Abschnitte des 2. Buchs des Bandes II.

910. *Gingins* l. c. citirt *Procop* I, 13. Bei den Ereignissen des Jahres 534 wird diese Stelle ihre Würdigung finden.

allein es wird sich unten die vollständige Unzuverlässigkeit der citirten Stelle herausstellen. Wäre e r der Gefangene gewesen, so mussten
die Brandobrigi sein Lösegeld auch von Jemand Anderem als von
ihm selbst erhalten. So lässt sich an eine Lösung Godomars selbst
gar nicht denken! Es waren also die Brandobrigi die Gefangenen.

Sitz der
Brandobrigi. Der Name der Brandobrigi ist uns nun nur an dieser einen
Stelle erhalten. Anklingend von den gallischen Völkerschaften lautet
nur der Name des Theils der Aulerci, welche Aulerci Brannovices [911]
heissen. Die Wohnsitze dieser fielen wahrscheinlich zwischen Saone
und Loire, in den zur Diöcese Maçon gehörigen Distrikt Briennois [912],
und sie bildeten einen Gränzstrich des burgundischen Reiches nach
der fränkischen Auvergne hin.

Man hat nun die Identität der beiden ähnlich klingenden Stämme
behauptet [913], ist aber jeden Beweis dafür schuldig geblieben; ja allein
aus epigraphischen Gründen wäre diese Hypothese völlig zu verwerfen [914].

Denn der erste Theil der Inschrift widerlegt sie. Es ist ein
dreizehnjähriger Knabe, wohl noch im elterlichen Hause gestorben,
dessen Grab der Stein deckt. Wie soll die Loskaufung der Brannovices eine dankende Erwähnung finden auf einem Grabsteine am
Genfer See? Und doch ist der einzig denkbare Zusammenhang des
ersten und des zweiten Theils der Schrift der, dass der Verstorbene mit
an der Wohlthat theilnahm, deren der letzte Satz Erwähnung thut.
Diese redemtio war ein Ereigniss, welches allgemeine Freude weckte,
und irgend eine dankbare Seele gab dieser Freude, dass der Verstorbene von seinem eigenen Könige gelöst als Burgunder gestorben
sei, auf dem Stein ihren Ausdruck [915].

Diese redemtio bezog sich also auf die Bewohner von St. Offange
und der Umgebung [916]; hier sassen also die Brandobrigi, hier allein

---

911. *Caesar*, De bello Gallico VII, c. 75.
912. *Courtepée*, Description de Bourgogne I p. 279, 281; III p. 63, 96
(citirt bei *Gingins* a. a. O.). Man vgl. *Forbiger*, Handbuch der alten Geographie III p. 221, der sich auf *Anville*, Notit. p. 129 beruft.
913. *Gingins* a. a. O.
914. In dem negativen Theil ist die Ausführung von *Roth* a. a. O.
gegen *Gingins* a. a. O. vollständig gelungen und schlagend.
915. Ich sehe jetzt, dass auch *Le Blant* II p. 579 diese Ansicht mit
Entschiedenheit vertritt.
916. Diess hat schon *K. L. Roth* a. a. O. p. 7 schlagend nachgewiesen.
Die Replik von *Gingins* a. a. O. 1856 p. 37 ff. vermochte diess mit ihren
schwachen Beweisführungen nicht zu widerlegen.

konnte die lediglich in der Localsprache erhaltene Bezeichnung angewandt und verstanden werden. Wahrscheinlich bildeten die Brandobrigi einen Gau entweder der civitas Genavensium oder der civitas Valensium Octoduro, und dessen Bewohner kaufte 527 Godomar aus fremder Botmässigkeit zurück. Aber aus wessen?

In dem Jahre 523 entstanden nun dem burgundischen Reiche *Ihre fränkische Gefangenschaft.* zwei Feinde, die Franken und die Ostgothen, während 524 nur ein Zusammenstoss Godomars mit Chlodomer gemeldet wird [917]. Das Schlachtfeld von Véséronce schliesst den Gedanken aus, es seien die Franken 524 bis nach Genf und gar bis nach St. Offange gelangt. 523 aber finden wir in diesen Gegenden Feinde Burgunds. Ausschliesslich in diesem Jahre konnte jene Basilica in Genf verbrannt worden sein, nach deren Wiederaufbau Avitus diejenige Homilie hielt, die überschrieben ist: Dicta in dedicatione basilicae Genova. quam hostis incenderat. Denn vorher drang kein hostis bis nach Genf vor, und die Franken des Jahres 500, wenn sie überhaupt soweit kamen, brannten in Godegisels Hauptstadt schwerlich eine Kirche nieder.

Waren nun die Feinde, welche die Brandobrigi 523 mit- *Feindseligkeiten u. Erwerbungen der Ostgothen 523.* schleppten, Ostgothen, die vielleicht durch das Thor von Aosta über den grossen St. Bernhard nach Martigny gekommen und von da ihren Stoss weitergeführt hatten? Cassiodor verneint diess entschieden [918]. Nachdem er Tulums Verdienste im ostgothisch-fränkisch-burgundischen Kriege geschildert hat, führt er aus, wie Tulum wiederum nach Gallien geschickt worden sei, zu hindern, dass kein Feind sich an den ostgothischen Eroberungen von damals vergreife. Der gothische Feldherr geht somit nach der Provence. Die durch diesen Zug gemachten Erwerbungen giebt Cassiodor dahin an: adquisivit provinciam, was entweder volltönend bedeutet, Tulum erwarb eine Provinz, oder wie ich die Worte lieber auslege, den noch übrigen Theil der Provincia.

Nach den Unterschriften der ostgothischen Concilien lässt sich *Die ostgothischen Concilien 524—529.* der Umfang dieser Erwerbungen nur fast, nicht ganz genau bestimmen; denn es haben leider die Bischöfe nur ihren Namen und nicht die Stadt, der sie angehören, unterzeichnet; aus dem, was wir sonst wissen,

---

917. Es ist desshalb falsch, wenn *Valesius* L. VII p. 349 Theoderich 524 und die Hist. de Languedoc I p. 261: 523 und 524 seine Erwerbungen machen lässt.

918. Variar. VIII c. 10; s. oben n. 869 s. 4.

müssen wir also die Letzeren ergänzen, was bei der häufigen Gleich-
namigkeit der Bischöfe nur mit Vorsicht geschehen kann[919].

Auf dem am 6. Juni 524 unterzeichneten Concil zu Arles[920]
finden wir nun 1. Bischof Philagrius von Cavaillon; 2. Praetextatus von Apt; 3. Florentius von Orange; 4. Florentius von St. Paul
de trois châteaux; 5. Julianus von Carpentras; 6. Constantius offenbar nicht von Octodurum sondern von Gap: 7. Gallicanus von
Embrun[921].

Drei Jahre später wird ein anderes ostgothisches Concil zu Carpentras am 6. November 527 unterzeichnet[922]. Es finden sich vertreten
die Sitze 1, 3 (der Bischof heisst jetzt Vindemialis), 4 (jetzt Bischof
Heraclius), 5, 6, 7 und ausserdem noch 8. Vaison durch seinen Bischof Alethius.

Wieder nach zwei Jahren versammeln sich die Bischöfe in
Orange bei Gelegenheit der Dedication einer Basilica, welche der ostgothische Präfekt und Patricius Liberius dort hatte erbauen lassen.
Es wurde am 3. Juli 529 unterzeichnet und wieder sind vertreten
die Sitze 1, 2, 3, 4, 5, 6, 8. Zufällig fehlt Embrun[923].

In dem gleichen Jahre begegnen wir den Vertretern einiger
dieser Sitze auf dem am 5. November 529 unterzeichneten Concil von
Vaison[924]. Es waren repräsentirt die Sitze 3, 4, 6, 7, 8.

Mit historischer Gewissheit und direkter Beweisführung können
wir also Carpentras, Orange, ja Vaison als nach 523 im ostgothischen
Besitze befindlich nachweisen. Dadurch sind wir um so mehr berechtigt, zu den Bischofsnamen die Sitze in obiger Weise zu ergänzen
und auch die übrigen Städte den Ostgothen zuzuweisen. Ueber das
Bisthum Sisteron ist es mir nicht gelungen Zeugnisse zu finden; allein

---

919. Hiefür sind besonders die Bischofsverzeichnisse für die einzelnen
Bischofsitze in *Sammarthani*, Gallia Christiana, Paris 1715 ff., freilich nur
mit der nötigen Kritik gut zu benutzen.

920. *Mansi*, VIII p. 625 ff. Not. sub die VIII Idus Junias, Opilione viro
clarissimo consule.

921. S. auch schon *Valesius* L. VII p. 350; Hist. de Languedoc I
p. 261; *Mascov* XI c. 34 (nicht ganz genau); *Derichsweiler* p. 93 (gleichfalls ungenau).

922. *Mansi* VIII p. 707 ff.: sub die VIII Idus Novembris Mavortio v.
c. consule.

923. *Mansi* VIII p. 711 ff.: sub die V Nonas Julias Decio Juniore v. c.
consule. Ueber den Anlass dieses Concils s. dessen Praefatio.

924. *Mansi* VIII p. 725—728: sub die Nonas Novembres Decio Juniore
c. v. consule. Das Concil ist gehalten in Vasensi vico, also wohl auf einem
zu Vaison gehörigen Dorfe? Schon am 6. Nov. 527 für den 13. Nov. 528
angesagt kam es erst 529 zusammen.

die Ostgothen erwarben das Land nördlich der Durance bis an die
grosse Strasse aus den kottischen Alpen nach Embrun, Gap, Die
und zwar in der Weise, dass Die ausserhalb, Embrun, Gap und somit auch Sisteron innerhalb ihrer Gränzlinie blieben. Ende 529 ist
dieses gesammte Gebiet noch ihrer Botmässigkeit unterworfen.

Nun begegnet auf den Concilen von Arles, Orange und Vaison ein
Bischof Maximus; da im Jahre 517 der Genfer Bischof diesen Namen
führte. so wollte man in jenem Maximus diesen wiedererkennen [925], und
dann wäre ja auch Genf 523 ostgothisch geworden. Allein Maximus
heissen viele Bischöfe; der hier erwähnte vertrat wahrscheinlich Aquae
Sextiae. Dann meldet Cassiodor ausdrücklich, dass nur in den südlichen
Rhonelanden Erwerbungen gemacht worden seien und damit stimmt
auch die Constellation der historischen Verhältnisse. Die Ostgothen.
diess bezeugt gerade die Sendung Tulums, waren sich 523 seitens der
Franken nichts Gutes gewärtig.

Genf nicht von
ihnen ge-
nommen.

Hätte Theoderich versucht auch am Genfer See sich festzusetzen
oder hier Beute zu machen, so wäre er mit den siegreichen Franken
zusammengetroffen, die den flüchtigen Sigismund verfolgten und das
Reich occupirten. Diesen wird ja der gefangene Fürst ausgeliefert;
sie sind offenbar in der Nähe von Agaunum; sie müssen wohl zur
Strafe etwaigen Widerstandes die Genfer Basilica niedergebrannt
und wie im Jahre 500 Massen burgundischer Gefangener, worunter
die Brandobrigi, mitgeschleppt haben [926].

Die Franken
523 am Genfer
See.

Von einem solchen Zusammenstoss wird aber nicht nur nichts
gemeldet, sondern Cassiodor sagt ausdrücklich, jene Erwerbungen
seien ohne jeden Schwertstreich gemacht worden.

So ging Genf nicht an die Ostgothen verloren, diese waren es
also nicht, die den Brandobrigi hätten gefährlich werden können:
die Franken sind es, in deren Gefangenschaft Letztere geriethen.

Allein Godomar wusste nicht nur das gewonnene Reich zu
behaupten, sondern auch das Verlorene, wenn auch nur zum Theil,
wiederzugewinnen. 527 finden jene Gefangenen ihre Auslösung durch
den König; der Stein von Éviau ist nicht nur ein Leichenstein,

Verhandlungen
Godomars mit
den Ostgothen.

925. So *Mascov* XI c. 34; *Fauriel* II p. 104; *Gaupp*, Ansiedl. p. 296;
Gelpke, Kirchengesch. d. Schweiz I p. 45; *Derichsweiler* p. 93; der *Régeste
genevois* n. 60, 62—64. Dagegen *Rilliet-de Candolle*, Mém. et documents
de Genève XVI p. 9.

926. S. Lex Burg. T. 107, 4: De his, qui tempore excidii ad fidem (lies:
finem) inimicorum amissis mancipiis u. . . Die barbarischen Worte bedeuten: Wer von denen die zur Zeit der Vernichtung als Sclaven in das
Land der Feind fortgeführt worden sind . . . .

sondern auch ein ehrendes Denkmal lebendiger Dankbarkeit und Liebe des Volkes zu seinem letzten Herrscher.

Auch mit den Ostgothen müssen nicht ganz erfolglose Unterhandlungen angeknüpft worden sein. So lange Theoderich noch lebte, mochte dazu die Gelegenheit zu ungünstig, oder die Zeit zu kurz scheinen. Allein der grosse König starb am 30. August 526. Ihm folgte sein junger Neffe Athalarich unter der Vormundschaft seiner Mutter Amalasuntha. Meldet nun Cassiodor in einem schon in Athalarichs Namen an den römischen Senat geschriebenen Brief über Tulum, wie dieser 523 neue Erwerbungen gemacht habe und die Ostgothen diesen Vortheil noch besässen, so belehrt uns derselbe Cassiodor in einem Berichte des Jahres 534 an denselben Senat: «Der Burgunder wurde sogar in vollständige Devotion versetzt, damit er das Seine zurückerhalten könne; er gab sich ganz dahin, während er ein Geringes empfing. Er zog es vor, unzerstückt zu gehorchen, als verkleinert zu widerstehen. Denn er vertheidigt sein Reich am besten, wenn er die Waffen niedergelegt hat: durch seine Bitte erlangte er wieder, was ihm der Kampf entrissen hatte».

Gegenüber jenen Concilien-Unterschriften ist es ausserordentlich schwierig, zu sagen, worin jene Rückgabe seitens der Ostgothen bestanden habe? Nach den letzten Sätzen des Cassiodor müsste man annehmen, alles 523 Verlorene sei restituirt worden: nach den ersten ist das Restituirte nur ein geringes Stück. Im Vergleich zum ganzen Burgunderreiche kann die Einbusse von 523 freilich auch nur als ein Geringes bezeichnet werden. Leitet uns also der rhetorische Ausdruck des Cassiodor nicht irre, so muss angenommen werden, frühestens 530 sei Godomar das frühere Stück seines Reiches nördlich der Durance zurückerstattet worden gegen Abschluss eines Schutz- und Trutzbündnisses mit Athalarich[927].

Es ist wohl denkbar, dass Godomar erfolgreich geltend machte, sollte er überhaupt den Franken noch Widerstand leisten können,

---

927. Es ist ganz richtig, wenn *Valesius* L. VII p. 355 darauf aufmerksam macht, im Anfange von Athalarichs Regierungszeit sei diese Rückerstattung unmöglich anzunehmen. *Pagi* ad a. 524 n. 4 stellt ganz in Abrede, dass Godomar eine der ihm von den Ostgothen entrissenen Städte wiedererlangt habe. *Manso* Gesch. des ostgoth. Reiches p. 179 n. 8 ist über den Sinn der Cassiodorischen Stelle, Var. XI, 1 sehr zweifelhaft, spricht aber fälschlich von feindlichen Versuchen der Burgunder. Ich halte die Frage für noch nicht spruchreif.

was ja auch im ostgothischen Interesse läge, so dürfte man ihn nicht durch Vorenthaltung jener Gebiete noch mehr schwächen als diess schon geschehen wäre.

Trotz dieser Anstrengungen nahte das Ende des Reichs mit raschen Schritten: denn wirkliche Hülfe erhielt es von den Gothen keine. Acht Jahre genoss es noch trotz der Schläge des Jahres 523 und trotz der wenigstens zeitweisen Einbussen im Süden unter seinem kräftigen Könige des Friedens.

Da beschlossen im Jahre 532 die Brüder Chlotar und Childebert, aufs Neue gegen Burgund zu ziehen[925]. Theuderich wird zur

Sturz des Reichs durch die Franken 532.

925. Die Geschichte des Reichsunterganges festzustellen, ist mit mancherlei Schwierigkeiten verknüpft; obgleich eigentlich nur *Marius* ad a. 534 und *Gregor* III c. 11 in Betracht kommen. Denn *Fredegar* cap. 37 ist lediglich dem Letzteren entnommen und *Procops* Darstellung De bello Gothico I, 13 zu ungenau, um benutzt werden zu können. Er sagt *Μετὰ δὲ* (nach dem Thüringerkrieg) Γερμανοὶ Βουργουζίωνων τε τοῖς περιοῦσιν ἐς χεῖρας ἦλθον καὶ μάχη νικήσαντες τὸν μὲν αὐτῶν ἄρχοντα ἔς τι τῶν ἐκείνη φρουρίων καθείρξαντες ἐν φυλακῇ εἶχον, αὐτοὺς δὲ κατηκόους ποιησάμενοι, ξυστρατεύειν τὸ λοιπὸν σφίσιν ἐπὶ τοὺς πολεμίους, ἅτε δοριαλώτους, ἠνάγκαζον, καὶ τὴν χώραν ξύμπασαν, ἣν Βουργουζίωντες τὰ πρότερα ᾤκουν ὑποχειρίαν ἐς ἀπαγωγὴν φόρου ἐκτήσαντο. So richtig nun das Letzte ist, eben so sicher beruht der Bericht über das Schicksal Godomars auf einer Verwechselung mit Sigismund, dessen Gefangenschaft *Procop* auffallender Weise bei dem Kriege von 523 (I, 12) nicht miterzählt. Er weiss vag davon, verwechselt aber Zeiten und Personen. *Marius* nun ad a. 534 berichtet: Hoc consule reges Francorum Childebertus, Chlotarius et Theudebertus Burgundiam obtinuerunt, et fugato Godomaro rege regnum ipsius diviserunt. Er verschweigt, ob Theuderich noch lebt, oder schon gestorben ist: Theuderichs Todesjahr ist das 23. seiner Herrschaft, und da Chlodovech in der zweiten Hälfte von 511 starb (*Junghans* a. a. O. p. 119), so ist diess das Jahr von der zweiten Hälfte 533 bis zur gleichen Zeit des Jahres 534.

Bei *Gregor* nimmt sich die Sache anders aus; c. 11: Post haec (nach dem Thüringerkrieg, nach Theuderichs Rückkehr aus demselben, nach dem Krieg Childeberts mit Amalarich) Chlotacharius et Childebertus Burgundias petere destinant. Convocatusque Theudericus in solatio eorum, ire noluit (worin die Weigerung, seinen Sohn mitzusenden, schon enthalten ist). Aber das Heer Theuderichs verlangt, er solle ziehen, und um es zu beschwichtigen: Ille vero illuc (in die Auvergne) transire disponit ... Chlotacharius vero et Childebertus in Burgundiam dirigunt, Augustodunumque obsidentes cunctam fugato Godomaro Burgundiam occupaverunt. Bei *Gregor* lebt also Theuderich jedenfalls noch, ja es folgt dem Zug in die Auvergne noch seine Niederwerfung von Munderichs Aufstand (III, 14), die Aussöhnung Theuderichs mit Childebert (III, 15) und der wiedererwachende Zwist der Könige, ferner die Entsendung seines Sohnes Theudeberts nicht gegen die Burgunder, sondern gegen die Gothen (III, 21), der bis Béziers vorrückt und auf diesem seinem Zuge erst die Nachricht von der tödlichen Krankheit seines Vaters erhält, worauf er schleunig zurückkehrt. Es folgt dann (III, 23) der Versuch der Oheime, den Neffen seines Reiches zu berauben, und erst wie dies misslingt, eine Adoption Theudeberts seitens des kinderlosen Childeberts. Erst jetzt wäre also eine Zusammenstellung der Fürsten,

Hülfe aufgefordert: er lehnt die Theilnahme ab und zieht mit
seinem nach Beute gierigen Heere lieber in die Auvergne, um deren

---

wie sie *Marius* angiebt, möglich und das Jahr 534 des *Marius* stimmt in
dieser Hinsicht vortrefflich mit *Gregor*. Allein die Zeit der Eroberung
Burgunds ist nach Beiden scheinbar eine verschiedene, sowie sie sich auch
darin unterscheiden, dass *Marius* den Ort des Entscheidungskampfes nicht
kennt, *Gregor* dagegen nichts von der Theilung des Reichs berichtet.

Schon durch den ganzen Zusammenhang des Berichts gewinnt die
Darstellung *Gregors*, nach welcher sich die Eroberung Burgunds über 534
hinaufschiebt, eine selbst *Marius* gegenüber schwer wiegende Glaub-
würdigkeit. Es kommen ihr aber noch andere Stützen zu Hülfe. Das
Concil von Orléans, welches zusammengekommen ist nach seiner eigenen
Praefatio (*Mansi* VIII p. 835): ex praeceptione gloriosissimorum regum (d.
h. Childeberts und seiner Brüder, und unterzeichnet wurde sub die IX
Kal. Julias anno XXII domni Childeberti regis, also am 23. Juni 533, mit-
unterzeichneten die Bischöfe von A u t u n (welche Stadt nach *Gregor* bei der
Eroberung Burgunds belagert werden muss) und von V i e n n e. Ein Blick
auf die Karte lehrt uns, dass wenn im Juni 533 Autun und zugleich Vienne
der praeceptio der fränkischen Könige unterworfen ist, Burgund gefallen
sein musste und zwar schwerlich 533, sondern wahrscheinlicher schon 532.

Neuerdings ist ausser diesen Quellen von *Derichsweiler* a. a. O. noch
Cassiodor Var. XI, 1 zur Aufhellung dieser Verhältnisse benutzt worden.
Jede Beiziehung neuer Quellen ist dankenswert, wird aber verderblich,
wenn die nötige Sorgfalt weder den neuen noch den alten zugewendet
wird. Und diess ist gerade hier geschehen. So ist es doch nur irre-
führende Sorglosigkeit, mit der p. 177 n. 44 das Concil von Orléans in
den Juli 534 verlegt wird. Monat und Jahr ist falsch. Das Todesjahr
Theoderichs ist auch nicht 533, sondern 533—534.

Was nun aber *Cassiodor* anlangt, so ist sein Brief an den Senat, dem
er eine Lobpreisung Amalasunthas einflicht (es ist diess die von *Derichsweiler* angezogene Stelle), geschrieben noch zu Lebzeiten Athalarichs
(† 534), jedoch nach dem Tode des austrasischen Theuderich: im Jahre
534 (vgl. *Manso*, Gesch. des ostgoth. Reiches p. 340). Bei einem Pane-
gyrikus nun ist nicht die Zeitfolge, sondern die Ruhmwürdigkeit der Begebenheiten Norm der Disposition des Stoffes: das wäre zu berücksicht-
igen gewesen, um aus der späteren Erwähnung der Burgunder als einer von
den Franken unabhängigen Macht, nachdem vorher Theuderichs Tod erwähnt war, n i c h t zu schliessen, die Burgunder seien erst n a c h dessen
Tod abhängig geworden. Den Franken gegenüber getreten zu sein, das
war höchst ruhmvoll. Nur schade, dass das (offenbar gegen Theudebert)
ausgesandte Heer, wodurch die Franken so verwirrt geworden sein sollen
(Franci quam ingenti expeditione turbati sunt) nach der eigenen Aussage
Cassiodors wegen der Abberufung Theudeberts durch den Tod seines
Vaters gar nicht dazu kam, das Schwert zu ziehen: ordinatione credo
divina, ne nos aut affinium bella polluerent aut juste productus exercitus
vindictam aliquam non haberet (d. h. eine Sühne durch den Tod Theuderichs).
So zerfällt wohl die ganze von *Derichsweiler* p. 96 dargestellte Theilnahme
der Ostgothen am burgundischen Kriege in nichts; ebenso sein Frieden
von 533 (p. 177 n. 43) zwischen den Burgundern und Franken, in welchem
jene »durch ostgothische Vermittelung einen Theil des verlorenen Landes
zurückerhielten«. So interpretirt nämlich *Derichsweiler* die oben berührte
Fortsetzung in dem Cassiodorischen Brief (Vgl. oben p. 265).

Steht somit die Unterwerfung Burgunds vor dem Juni 533 fest, so
handelt es sich nur um die Erklärung und Lösung des Widerspruchs
zwischen dem so genauen *Marius*, dem wir stets zu folgen geboten fanden, und *Gregor*. Diese Lösung ist sehr einfach. *Marius* will gar nicht

Untreue zu strafen. Allein gleichzeitig mit ihm rücken dennoch die
Brüder nach Burgund aus und beginnen den Feldzug damit, Autun
zu belagern. Die Quellen sagen uns nicht, ob der König selbst sich
in die Feste geworfen; sein Entkommen macht aber die Auffassung
wahrscheinlicher, die auch dem kühnen Manne mehr entspricht, dass
er zum Entsatz nach dem Norden eilte, wo sich bei Autun die Entscheidungsschlacht entspann, die unglücklich für ihn endete. So

den Untergang des Reiches erwähnen, sonst hätte er sicher die ihm wohl
bekannte Belagerung Autuns in seiner lakonischen Weise eingeflochten,
sondern die Theilung desselben im Jahre 534 unter Chlotar, Childebert und Theudebert. Das »obtinuerunt« kann nach
dem sonstigen Sprachgebrauch von *Marius* gar nicht heissen, ein Land
überziehen und in Besitz nehmen: dafür gebraucht er immer
occupare oder ingredi, vgl. *Marius* ad a. 456, 489, 539, 556, 569, 574,
nur einmal ad a. 574 findet sich das erläuternde ingredi et obtinere.
Das obtinere für erlangen, einnehmen gebraucht er nur vom
Regierungsnachfolger, und auch hier überwiegt der Sinn, des »von nun
an im Besitze halten«. Sehr deutlich ist diess ad a. 500: et regnum ejus
paulisper obtinuit. Vgl. ad a. 555, 555. Der Sinn des *Marius* ist also:
534 hielten die Könige — Burgund in gemeinschaftlichem Besitz und,
da ja Godomar in die Flucht gejagt war, so theilten sie es in diesem
Jahre auf. So stimmt Alles zusammen, bis herunter auf das Schweigen
Gregors von einer Theilung gleich nach der Eroberung, das Jahr 532 und
534, die Theilnahme Theudeberts und die verweigerte Hülfeleistung seines
Vaters, das Concil von Orléans mit *Gregor* einerseits und *Marius* andrerseits. Und diess Zusammenstimmen sämmtlicher glaubwürdiger Quellen
verbürgt wohl die Richtigkeit ihrer Erklärung.

In das Jahr 534 setzen den Fall des Reiches: eigentlich *Valesius* L. VII
p. 378, obgleich dieser p. 379, 380 ihn »fast überzeugende Gründe für eine
frühere Okkupation Burgunds durch Childebert im Jahre 532 anführt« und
nachher die letztere Ansicht zur Grundlage für das Weitere nimmt; *Valesius* ist desshalb aber auch der Meinung, Theudebert habe nicht mit getheilt, weil zur Zeit der Theilung sein Vater noch gelebt habe. *Valesius*
war also der Wahrheit sehr nahe. Anders *Pagi*, Critica, der ad a. 524
n. 4 und ad a. 525 n. 17 den Krieg Childeberts und Chlotars gegen Burgund ins Jahr 525 setzt und Burgund durch einen vierten Krieg der
Söhne und des Enkels (Theudebert, des Chlodovech im Jahre 534 zerstört
werden lässt. Die Histoire de Languedoc I p. 268 sucht Gregor
und Marius so zu vereinigen: 532 verbanden sich Childebert und Chlotar
wider Burgund; Theuderich verweigert den Eintritt in das Bündniss, und
die zu schwachen Brüder nehmen 532 nur einige Plätze; 534 engagiren
sie dann noch Theudebert und Burgund fällt. *Muscov* XII c. 2 nimmt
keinen Anstoss an der Divergenz der Quellen, lässt aber Godomar fälschlich gefangen werden. *Fauriel* II p. 116, 133 und 134 folgt im Wesentlichen der Histoire de Languedoc, nur dass er 534 die Unterstützung
statt von Theudebert noch von Theuderich ausgehen lässt; *Gaupp*, Ansiedl.
p. 296 lässt das Reich 534 zu Grunde gehen. *Waitz*, V.-G. II p. 61 n. 3.
macht auf die Verschiedenheit der Quellen aufmerksam, ohne die Vereinigung zu versuchen; *Derichsweiler* p. 95, 96, 176, 177 lässt den Krieg
532 beginnen und 534 mit dem Falle des Reiches enden; ebenso *Bornhak*,
Gesch. d. Franken p. 278 und 287 und, scheint's, auch *Digot*, Histoire d'Austrasie I p. 259, 263, 265, 274. In dem Régeste genevois n. 65 drängt
sich der ganze Untergang ins Jahr 534 zusammen.

sagt auch Gregor: «während sie Autun belagern, schlagen sie Godomar in die Flucht und nehmen ganz Burgund ein»[929].

Der tapfere Fürst hätte einen ehrenvollen Tod auf dem Schlachtfelde wohl verdient: vielleicht wollte er sich wie 523 für sein Reich retten, aber es war zu spät. Er scheint der letzte Mann seines Geschlechts gewesen zu sein; er und es nahmen ein Ende mit Ehren. Des Königs

---

929. In dem schönen Werke von *Baudot*, Mémoire sur les sépultures de l'époque Mérovingienne, découvertes en Bourgogne et particulièrement à Charnay, Dijon und Paris 1860, berichtet der Verfasser vor Allem über die reichen Gräberfunde, die gemacht wurden auf der Halbinsel zwischen den Mündungen der Saone und des Doubs bei Charnay, westlich von dem Weg, welcher von Charnay (un village situé sur le bord de la Saône, entre Scurre, qui appartient au département de la Côte-d'Or, et Verdun, qui appartient à celui de Saône-et-Loire; *Baudot* p. 15) nach Pontoux (Pons Dubis) führt. Dass wir es bei diesem sehr ausgedehnten Todenfeld mit burgundischen Gräbern zu thun haben, scheint mir festzustehen. Wir danken ihm sogar eine burgundische Runeninschrift (s. *Baudot* a. a. O. Tafel 14, Figur 1; näher besprochen von *Dietrich* in *Haupt*, Zeitschrift f. deutsches Alterthum XIII p. 105—123). Aus der grossen Ausdehnung des Todenfeldes und der Unregelmässigkeit — die Leichen liegen nicht immer von Ost nach West, mehre Körper finden sich in einem Grabe beisammen, auch vereinzelte Glieder wurden gefunden (*Baudot* p. 16, 17, 96) — glaubte *Baudot* schliessen zu sollen, er habe es mit den Leichen eines Schlachtfeldes zu thun und lässt uns die Wahl, ob wir denken sollen an Rückzugskämpfe des 500 geschlagenen Gundobad oder an die Schlacht, die (nach *Baudot* p. 100) Godomar den Franken lieferte, ehe er sich nach Autun zog (*Baudot* p. 96—100; *Dietrich* a. a. O. p. 107 nimmt das erstere an). — Zunächst halte ich es überhaupt nicht für angemessen, bei Gräbern, in welchen 24 Halsbänder, 9 Vasen in Bronze, 35 Glasvasen, 500 irdene Vasen u. s. w. meist sehr wohl erhalten gefunden wurden, an Gräber von in der Schlacht Erschlagenen zu denken. Die burgundischen Frauen zogen gewiss nicht mehr mit in das Gefecht. Auch giebt *Baudot* p. 17 selbst als Stütze der Annahme, die Unordnung sei durch Ueberschwemmungen entstanden, die Thatsache an: Plusieurs fosses, creusées de quelques décimètres dans la couche inférieure de terre glaise, étaient plus régulièrement disposées. Und ich glaube allerdings in den Naturereignissen den Grund dieser Veränderungen in dem Lehmboden finden zu sollen.

Was nun speciell den Vorschlag anlangt, hier ein Schlachtfeld des Jahres 500 oder des Jahres 532 zu suchen, so halte ich ihn in beiden Formen für unannehmbar. Die Hauptschlacht des Jahres 500 fand bei Dijon statt; ich bezweifle nun sehr, dass sich ein fliehendes Heer nach der Saone wendet und nicht vielmehr auf alle Weise strebt, von keinem Flusse aufgehalten zu werden. Ueberhaupt hat *Baudot* p. 96 ohne es zu wollen schlagend nachgewiesen, dass es sehr unklug von den Burgundern gewesen wäre, auf dem Delta zwischen den Flussmündungen eine Schlacht anzunehmen. Im Fall der Niederlage blieb ihnen dann nur die Wahl, unter den Schwertern der Feinde zu sterben oder zu ertrinken. Auch verlegen die Quellen den Kampf des Jahres 532 viel weiter westlich nach Autun. Hier geschlagen konnten die Flüchtigen nur südlich nicht aber rein östlich fliehen. Die Lokaltraditionen von der Existenz eines Schlachtfeldes bei Charnay (*Baudot* p. 96, 97) mussten sich an einem Ort, wo so massenhafte Gebeine gefunden werden, von selbst bilden.

Loos ist die Flucht. Die Wellen der Geschichte spülten ihn weg, Niemand weiss, an welches Gestade.

Die Blütezeit der arianischen Reiche war vorüber und ihr Stern sank schnell. Das tolosanische Reich war gefallen, das burgundische ihm gefolgt; noch ein kurzes Jahr, dann warf Belisar die Vandalen in Afrika, jene «Todfeinde der rechtgläubigen Seelen» unter ihrem heldenhaften romantisch sentimentalen Könige Gelimer nieder und gleichfalls von Osten drohte der Schöpfung des grossen Theoderich schon das Schwert der Vernichtung.

Die Gestaltung des Mittelalters war entschieden: geknickt lagen die Staaten gegründet auf einzelne Volksthümlichkeiten, begraben die Volksreligion, die sich in die Völkerstaaten einschmiegte. Wie der Sturz jener nur die Vorbereitung zum Weltreiche der Karolinger, so war die Niederlage des Arianismus nur die notwendige Vorstufe zur Katholicität der abendländischen Christenheit. Das eine Ereigniss bedingt aber wieder das andere: über den Trümmern jener Beiden verbanden sich der erobernde Katholicismus, das eine geistliche Schwert, und der erobernde Weltstaat, das eine weltliche Schwert: bis der Friede auch zwischen ihnen floh und die beiden Schwerter in feindlicher Begegnung sich kreuzten.

Exkurs I.

———

Von den Quellen, deren Autoren erst nach dem Untergange des burgundisch-romanischen Königreiches lebten, ist für die Geschichte desselben die Chronik des *Marius,* Bischofs von Avenches, die zuverlässigste und die einzige, die annalistische Notizen bietet. Es wirft sich natürlich die Frage auf: woher hat denn *Marius* seine auf Burgund bezüglichen Nachrichten entnommen? Von diesen Nachrichten geht nur Eine, nämlich die zu 456 vor das Jahr 500 zurück. Es steht fest, dass *Marius* bis 493 die Ravennatischen Aufzeichnungen, die im Jahre 495 schliessen und nur in einer jüngeren Fortsetzung bis 533 gehen, benutzt hat. Vgl. *Mommsen,* Chronik des *Cassiodor* p. 570; *Palmann* II p. 211; *Waitz,* Die Ravennat. Annalen p. 87; *Wattenbach,* Geschichtsquellen 2. Aufl. p. 44 n. 1. Ich habe n. 219 nachgewiesen, dass die Nachricht zu 456 in *Marius* aus jenen Annalen geschöpft ist; wie denn überhaupt alle annalistischen Nachrichten über Burgund zwischen 455 und 495, also die Nachrichten zu 455, 456, 457, 472 und 473, auf die alten Ravennater Annalen als die letzte bis jetzt nachweisbare Quelle zurückgehen. Vor 455 finden sich nur bei *Prosper Tiro* ad a. 443 (n. 3) und dann bei *Prosper Aquitanus* ad a. 436, bei *Idatius* ad a. 436, 437 und bei *Prosper Tiro* ad a. 435 (sämmtlich in n. 1) annalistische Nachrichten über Burgund, die unsere Zeit noch berühren.

Nach 473 begegnen wir nun erst zum Jahre 500 wieder annalistischen Bemerkungen. Von diesem Jahre an nämlich bis zum Jahre 534 bietet allein *Marius* solche Notizen. Abgesehen von der Nachricht zu 500: Eo anno interfectus est Odoind Romae, sind alle Angaben desselben vom Jahre 500 bis zum Jahre 524 auf Burgund bezüglich; dann folgen vier Angaben zu 524, 525, 526 und 532 den Tod des Boetius, Symmachus, Theoderich und des Hypatius in Constantinopel berichtend; endlich wird 534 die Auftheilung des burgundischen

Reiches durch die fränkischen Könige erwähnt. Mit Ausnahme e i n e s Ereignisses (zu 509) sind alle registrirten Burgund berührenden Bemerkungen entweder Handlungen oder Schicksale der burgundischen Königsfamilie. Die historische Glaubwürdigkeit dieser Notizen ist eine so grosse, sie verraten (besonders bei bem Jahre 500) trotz ihrer Kürze eine so sorgfältige Kenntniss der Geschichte, dass sie unbedingt auf gleichzeitiger Aufzeichnung beruhen. S. n. 529; 779; 928. Auffallend ist, wie alle berichteten Begebenheiten mit alleiniger Ausnahme der jenseits der burgundischen Gränzen vollendeten Ermordung Sigismunds, die jedoch von Godomar zweifellos officiell bekannt gemacht wurde, den burgundischen Boden nicht verlassen: aus dem ganzen Kriege gegen die Westgothen und Ostgothen wird nur eine Thatsache namhaft gemacht, der zerstörende Zug des Mammo, der burgundisches Gebiet berührt. Mit den auswärtigen Verhältnissen Burgunds ist der Urheber jener Nachrichten somit unbekannt: er lebte also innerhalb des burgundischen Reiches selbst. Um so viel weniger können jene Nachrichten des *Marius* zu 500 a. E., 524—526 und zu 532 aus dieser Quelle geschöpft sein. Lokale Beziehungen des Autors möchten sich vielleicht in der Art und Weise, wie Mammos Verwüstung erwähnt wird, finden lassen: die Kürze der Notiz bei der Kenntniss des gothischen Zugführers könnte darauf hinweisen, dass jener Zug hart an dem Autor vorüberging; gleich darauf wird die Wiederherstellung Agaunums erwähnt. Vielleicht wäre sonach der Verfasser in der Gegend zwischen der Durance und der Isère zu suchen. Betrachtet man *Marius* und seine Nachrichten genau, so wird es durch ihre Structur, durch ihre chronologische Bestimmtheit ganz unzweifelhaft, dass auch ihre Quelle annalistisch angelegt war.

Dem Marius dienten also, soweit seine Chronik 500—534 Burgund betrifft, gleichzeitige, sehr genaue, im burgundischen Reiche angefertigte, sich nur auf den burgundischen Boden beziehende Nachrichten zur Quelle.

Wie nun hat er diese benutzt? Es ist kein Grund vorhanden, ihm hier eine andere Weise seine Quellen zu verarbeiten zuzulegen, als bei allen anderen Nachrichten auch, die er für wichtig genug hielt, um sie in sein Consuln-Verzeichniss einzureihen: nur dass ihn als einen burgundischen Bischof die sein Land betreffenden Ereignisse etwas mehr als andere interessirt haben mögen. Nun sind wir einigermaassen im Stande, ihn in seiner Ausbeutung der Ravennatischen Aufzeichnungen zu kontroliren.

Vergleichen wir die Nachrichten, die diesen entnommen sind — nicht aus den Ravennater Aufzeichnungen stammen 455 von et ingressus — pace; 460, 1 und 2; 463; 467, 2 — mit den verschiedenen Ableitungen aus den R a v e n n a t e r A n n a l e n , so sehen wir ihn zum Jahre 456, 2 aus einer Form dieser Aufzeichnungen schöpfen, die vollständiger war als alle uns erhaltenen Ableitungen, aus welcher direkt oder indirekt indessen auch der *Contin. Prosperi* und *Jor-*

danes schöpften. Vgl. n. 219. Die Form der *Marius'*ischen Nachrichten zu den Jahren 455 (levatus — Avitus) 461, 467, 473, 474, 476 ist fast wörtlich die des *Chronographus Cuspinianus* zu denselben Jahren, nur dass *Marius* überall die genauen Daten und 464 und 474 auch den Ort der Ereignisse weglässt, freilich zu 461 Ravenna zusetzt, welches im *Anon. Cusp.* nicht, wohl aber in *Cassiodor* zu diesem Jahre zu finden ist. Anders verhält es sich mit den Jahren 456, 1 und 2, 469 und 493. Im Jahre 456 fällt auf: et factus est episcopus [Avitus] in civitate; diese Nachricht bieten weder der *Chronogr. Cusp.*, noch *Cassiodor*, noch *Marcellin*, wohl aber, nur anders gefasst, der *Contin. Prosperi* ad a. 456; die Mitwirkung Majorians bei der Absetzung des Avitus ist *Marius*, der nicht erfindet, eigenthümlich; Placentia erwähnen *Chr. C.*, *Cass.*, und *Contin*; Letzterer und Ersterer allein die Mitwirkung Ricimers. Zu 456, 2 s. gleich oben! Den Beginn des Krieges zwischen Theoderich und Odovakar hat *Marius* richtig mit *Cassiodor*, *Marcellin* und dem *Anon. Vales.* zu 489, gegen den *Chronogr. Cusp.* (das Urbild desselben hatte wohl, wie die Worte His cons. statt Hoc cons. nicht beweisen, aber indiciren, die Ereignisse richtig registrirt) und gegen den *Contin. Prosperi*. Dem Ausdruck nach steht *Marius* hier dem Letzteren, dann dem *Chronogr. Cusp.* am nächsten. Dem in Italia des *Marius* entspricht jedoch nur das Italiam des *Cassiodor*.

Marius 493 stimmt von occisus bis Theodoricus wörtlich mit *Anon. Cusp.*; aber gegen diesen und die anderen Ableitungen bietet er mit *Anon. Valesii* und dem *Agnellus* als Ort der Tödung Odovakars Lauretum. Nach Allem ist es sehr wahrscheinlich, dass *Marius* die Ravennater Annalen im Original benutzt hat. Vgl. auch *Pallmann* II p. 212.

In den Nachrichten, die *Marius* bietet, folgt er seiner Vorlage unter Weglassung von dem nach seiner Ansicht Nebensächlichen meist fast wörtlich, stets sehr treu, nur dass 456, 2 zum falschen Jahre gestellt ist. Die Auswahl dessen, was er bieten will, ist freilich eine sehr knappe: die Hauptereignisse im Westreiche, besonders sofern sie auf Gallien Bezug haben, werden kurz erwähnt; die Erhebung Majorians, der Tod des Severus, der Krieg zwischen Anthemius und Ricimer, die Erhebung und der Tod des Olybrius, Romulus Augustulus, der ganze Krieg zwischen Theoderich und Odovakar werden übergangen: nur gleichsam nach grossen Marksteinen sollen die Hauptveränderungen im Römerreich, bei den Westgothen, bei den Burgundern angegeben werden; alles nach *Marius* Ansicht Untergeordnete bleibt weg.

Von 500 an werden ihm nun die burgundischen Ereignisse eminent wichtig: wir werden in seinen Angaben eine meist bis zur Wörtlichkeit gehende, jedenfalls inhaltlich sehr genaue Wiedergabe seiner Quellen, soweit er sie aufnimmt, erkennen dürfen; allein wir werden auch hier gewärtig sein müssen, dass er das ihn weniger Interessirende weglässt: ihn interessiren aber eigentlich nur bedeutende Ereignisse, mächtige Schicksale, weder Namen noch genaue Daten, noch genaue Ortsangaben.

Sollte sich also eine andere Quelle nachweisen lassen, die gleichfalls jene altburgundischen Annalen benutzt hätte, so könnten wir in ihr noch mancherlei wichtige Nachrichten finden, die zugleich unsere Kenntniss von der burgundischen Geschichte und unser Wissen von dem Zustande und Inhalte jener Annalen zu fördern im Stande wären. Vielleicht gelingt es in dem folgenden Exkurse einen solchen Nachweis zu erbringen.

Nun wirft sich die Frage auf, ob *Gregor* oder Eine seiner Ableitungen gleichfalls aus jenen Annalen geschöpft habe? Für Jenen ist die Frage identisch mit der anderen, ob *Gregor* den *Marius* oder direkt dessen Vorlage ausgenutzt habe?

Bei *Gregor* wäre an eine solche Benutzung der vollständigeren Vorlage des *Marius* überhaupt nur an folgenden Stellen zu denken: 1. II c. 28 a. A. von Fuit — Godomarus; 2. das. für die Namen von Hilperiks Töchtern; 3. II c. 33 für die näheren Modalitäten der Einnahme von Vienne; 4. III c. 5 für die Notizen über Sigismunds zwei Frauen und die Modalitäten der Ermordung Segeriks; 5. das. für die Einrichtung der Psalmenchöre in Agaunum (?); 6. das. für die Vermählung Theuderichs mit Sigismunds Tochter; 7. III c. 6 für den Krieg Chlodomers und seiner Brüder gegen Burgund und seine Folgen bis zu Sigismunds Tod; 8. das. für die Theilnahme Theuderichs am Kriege von 524; 9. für den Zug Chlotachars und Childeberts nach Burgund, die Belagerung Autuns und den Fall des Reiches.

Nun berechtigen uns weder *Marius* noch die Vita Sigismundi (s. den folgenden Exkurs) in jenen älteren Annalen abgesehen von ihrem Ausgangspunkt nämlich Gundiok historische Notizen bei anderen als den Jahren 443, 500, 509, 515, 516, 522, 523, 524 und 534 zu suchen. Sollte *Gregor* diese benutzt haben, so kann diess nur bezüglich solcher Nachrichten geschehen sein, die sich in jene Jahre einreihen lassen. Gar nicht möglich ist diess bei n. 2. oben; ebenso wenig bei 1., wo die Annalen weder das ex suo genere und das ex genere Athanarici neben einander bieten, noch die Namen der vier Söhne nennen konnten. Bei 3. wäre es denkbar; allein noch wahrscheinlicher sind hier fränkische Krieger als Quelle anzunehmen. Am plausibelsten wäre die Annahme bei 4, wo *Gregor* offenbar sehr genau unterrichtet ist. Allein des ermordeten Segerik vollbürtige Schwester war an Theuderich König der Franken verheiratet: wenn irgend Jemand konnte sie den näheren Hergang der scheusslichen That wissen, und dessen Kunde zu verbreiten lag wahrlich in fränkischem Interesse. Ebenso wenig ist es für 6 notwendig, eine burgundische und nicht eine fränkische Quelle anzunehmen. Für das Jahr 523 aber lassen sich sogar Verschiedenheiten zwischen *Gregor* und den alten Annalen statuiren: diese nennen Bolsa als Gegend, wohin die Gefangenen abgeführt und getödet worden seien (vgl. den folgenden Exkurs p. 286), jener sagt apud Columnam Aurelianensis urbis vicum; diese wissen die Namen von Sigismunds Söhnen, jener würde sie im Wissensfall sicher nicht übergangen haben; diese sind specieller über die Todesart als *Gregor*. Dieselbe Verschiedenheit herrscht für 524, wo *Marius* nur Chlodomer als Gegner Godomars in der Schlacht bei Veserontia nennt, während *Gregor* dort Theuderich ausdrücklich mitfechten lässt. Die neunte Nachricht aber lässt sich nicht unter 534 einreihen.

Nichts legitimirt uns also, nach Bestandtheilen der Annalen in *Gregor* zu fahnden: er hat den *Marius*, ihn die Vita Sigismundi nicht sie Beide eine gemeinsame Quelle benutzt. Von den Ableitungen des *Gregor* aber könnte nur *Fredegar* in der Historia epitomata an einer Stelle in den Verdacht der Benutzung der Annalen kommen: nämlich cap. 34: Sigismundus apud Genavensem urbem villa Quatruvio jussu patris sublimatur in regnum. *Fredegar* aber schrieb in Burgund (*Wattenbach* p. 76), konnte diese Thatsache also sehr wohl irgend wie erfahren, und würde jedenfalls seine ganze Erzählung anders gefasst haben, wäre es ihm vergönnt gewesen, diese zuverlässigen Aufzeichnungen zu benutzen.

Exkurs II.

Der historische Wert der Vita Sigismundi Regis

(S. Bolland. 1. Mai I p. 87 und 88.)

Für eine so dunkele Zeit wie die des burg.-rom. Königreiches wächst jede Quelle, die von den andern abweichende oder in diesen gar nicht vorkommende Nachrichten bietet, an Interesse, und an Wert dann, wenn wir uns berechtigt finden, ihr zu glauben. Ich prüfe desshalb in Folgendem die Lebensbeschreibung des Königs Sigismund, deren Verfasser sich nicht genannt hat, deren Entstehungszeit eine späte, aber keineswegs festgestellte ist.

Der Gegenstand der kleinen Schrift, welche von den Herausgebern in 11 §§ zertheilt wird, die in der Grösse der Mehrzahl nach fast gleich zwischen 13 und 23 Halbzeilen schwanken, ist umfassender als ihr Titel. Sie enthält eine kurze Geschichte einiger burgundischen Könige von Gundiok bis zur Beisetzung von Sigismunds Leiche im Agaunensischen Kloster. § 1 lässt die Burgunder zu Tiberius Zeit von der insula, quam mare Oceanum cingit, cui vocabulum est Scandania auswandern. Am Rhein müssen sie jussione imperatoris Tiberii burgos — custodire: daher ihr Name. Der Schluss des § ist Gundiok, § 2 seinen Söhnen Gundebadus und Gondegisilus und deren Zwist sammt seinem Ursprung gewidmet; § 3 enthält die Vernichtung der Gundobadischen Brüder Godegisel und Hilperik durch diesen, die Vermählung der Hrôthehild mit Chlodovech und das Ende des Kriegs von 500 ; § 4 geht auf Gundobads Söhne, ihre katholische Erziehung und besonders auf Sigismunds katholischen Eifer über, und macht Angaben über die Erlangung der Königswürde durch Letzteren. Die §§ 5—9 incl. sind Sigismund gewidmet. § 8 und 9 enthalten insbesondere die passio Sigismundi bis zu seiner und seiner Familie Tödung durch Chlodomer; § 10 und 11 endlich enthalten einen Bericht von der Uebertragung der Reste des Heiligen nach dem Agaunensischen Kloster und von deren wunderspendenden Wirkungen daselbst.

Was die geschichtliche Kenntniss des Verfassers der Vita im Allgemeinen anlangt, so ist diese sehr dürftig und lückenhaft. Der Ort des Burgunderreichs ist ihm Galliae (§ 1, 2 und 4); vor Gundiok fliehen die Römer Galliens sich zu verbergen; die nicht fliehen, werden vernichtet, ein dürftiger Rest (qui cum ipsis sc. Burgundionibus in Galliis eorum morsibus laniati divertebant contempti) wird unterjocht und der burgundischen Herrschaft unterstellt (§ 1 a. E. § 4 i. d. M.). Es sind diess unrichtige Vorstellungen eines römisch Denkenden : Barbarenthum und Grausamkeit, Lust zu verwüsten, Treulosigkeit scheinen dem Verfasser identisch (s. § 1 a. E., 2 i. d. M. ; § 8 und 9): Burgunder und Franken wiegen ihm in dieser Beziehung gleich viel; vgl. § 8 : Tunc Sigismundus — Versallis montem expetiit ibique — quatenus crudelissimae gentis barbarorum ferocitatem evaderet, singulariter habitare elegit; ferner § 9 a. E. : Ibique puteum ab antiquis [effossum] invenientes (scil. Franci), ut vesania crudelitatis suae satiarentur. — Unbekannt ist dem Verfasser die Regierung Hilperiks des Jüngeren (§ 2 a. A., s. n. 496), unbekannt das Erbrecht der königlichen Familie bezüglich der Königswürde, dem er eine Wahl des Volkes im Geschlecht substituirt : § 4. Defuncto autem genitore suo rege Gundebado licet incredula circa fidem Christi omnis gens Burgundionum una cum paucis Romanis — excellentissimum virum Sigismundum sibi regem elegerunt. Möglicherweise liegt hier nur ein Missverständniss des Verfassers bezüglich seiner Quellen vor; vielleicht überträgt er aber auch Sitten seines Volkes in seiner Gegenwart auf ältere Zeit : dann gehörte er jedenfalls nicht dem fränkischen Reiche an. Ebenso wenig wie über den Umfang des burgundischen Reiches in Gallien weis der Autor Genaueres über sonstige geographische Verhältnisse daselbst. § 9 nennt er Belsa einen locus, während eine ganze Gegend diesen Namen führt (la Beausse ; s. Anmerkung t zur Vita und *Bouquet* III p. 403 n. i). So kenntnisslos und somit der Fähigkeit zur Kritik beraubt kann uns der Autor und sein Werk nur durch den Wert oder Unwert seiner Quellen nützlich oder gleichgültig werden.

Betrachten wir , diesen festzustellen , genauer § 1—9 incl., die uns specieller interessiren, und suchen uns besonders die Sätze, deren Quellen nachweisbar sind. Die Art der Quellenverarbeitung entscheidet dann über die Genauigkeit, die wir den Stellen, wofür wir die Vorlage nicht nachweisen können, zuerkennen dürfen.

§ 1. Der erste Satz: Tempore Tiberii senioris Augusti .... egressa est quaedam gens de insula, quam mare Occanum cingit, cui vocabulum est Scandania erinnert fast wörtlich an die Origo gentis nostre Langobardorum, que egressa est ab insula quae dicitur Scandanan ...... ubi multae gentes habitant. S. Edicta regum Langobardorum ed. *Baudi a Vesme* (in dem Nachdruck von *Neigebauer* p. 1). Die Zeitangabe ist willkürlich aus der Quelle des folgenden Satzes beigefügt. Sonst ist die Origo eben einfach abgeschrieben. Fragt man nach der Berechtigung dazu, so ist es freilich nur die des Irrthums. Die Orig. Lang. I sagt nämlich, dass in Scandanan viele Völker gewohnt hätten; dass die Langobarden später Burgundaib besessen hätten und ihr König Godehoc gewesen wäre. Der folgende Satz von Cumque — vocantur stammt — diess beweist die ausschliessliche Erwähnung des Tiberius unter Verschweigung des Drusus — nicht aus *Orosius* VII, 32 (s. *Bouquet* I p. 597), sondern aus *Isidorus*, Etymolog. Lib. IX c. 2 § 99.

§ 2. Die Worte adeo ut ab invicem et a fraterna caritate discederent klingen an *Gregor* II c. 32: Cumque se invicem impugnarent. Die Darstellung des Kriegs vom Jahre 500 ist der Sache und zum Theil den Worten nach eng an *Marius*, Chron. ad a. 500 angeschlossen. Hier zeigt sich recht deutlich eine Eigenthümlichkeit der Vita, nämlich zwei Texte dadurch zu kombiniren, dass sie Ausdrücke und Sätze aus beiden eng mit einander verwebt. Nach der Vita ergreift Godegisel praeliandi voto cum Germanorum solatio, Sicambris adjunctus die Waffen gegen Gundobad. Das adjunctus entspricht dem Godegiselus Chlodoveo conjungitur der Historia epitomata c. 22, das cum Germanorum solatio dem cum suo solatio ders. a. a. O.; die ganze Auffassung des Kriegs ist nicht die des *Fredegar*, sondern des *Marius*, wie auch die Worte der Vita § 2 a. E. Quo fraudulenta belli factione fugato, regnum Galliarum paucis diebus sibi subjugasse visus est wenn auch zum Theil frei, zum Theil ungenau den *Marius* wiedergeben: Godegeselo hoc dolose contra fratrem suum ... machinante ..... et fugatum fratrem suum, regnum ipsius paulisper obtinuit.

§ 3. Non post multum vero temporis resumptis viribus Gundobadus Viennam obsedit: dejectisque portis ejusdem civitatis cum multo excercitu captum fratrem suum Gondegisilum cum uxore sua igne concremavit. Das non post multum temporis ist wohl nur eine Umschreibung des *Marius*: Eo anno; die folgenden Worte bis obsedit, diess beweist gerade das obsedit im Gegensatze zum circumdedit des *Marius* und des circumdat des *Fredegar* c. 24, sind aus *Marius* und aus *Gregor* II c. 33 kombinirt, wie denn auch die dejectae portae nur in *Gregor* II c. 33: Obsidentes portas capiunt ihre Grundlage finden. Das cum multo exercitu ist übertrieben aus *Marius* und ausserdem in der Stelle versetzt. Die Erwähnung des Untergangs Godegisels durch Feuer, eine

Abweichung von *Marius, Gregor* und *Fredegar*, verdient keinen Glauben. Im Laufe der Zeit nämlich wurde das Schicksal Viennes vom Jahre 500 übertrieben (s. auch die V i t a § 3 a. E.), ja — und diess zeigen am deutlichsten die G e s t a F r a n c o r u m cap. 16 — die Katastrophe, die zur Einführung der Rogationes durch Mamertus führte (s. *Avitus*, Homilia de Rogationibus, Bibl. max. patr. IX p. 591), wurde mit der weit späteren von 500 in Verbindung gebracht. Die Feuersbrunst von damals (s. *Avitus* a. a. O. p. 591) soll jetzt Godegisel vernichtet haben. — Die weiteren Worte von alium bis vocabatur sind nicht aus *Gregor*, sondern fast wörtlich (die wichtigste Abweichung ist die Namensform Sedeolenica) aus der H i s t o r. e p i t o m. c. 17. Von postea — convertit bietet uns die V i t a einen kurzen Auszug aus ders. c. 18—21. Der Schluss des § 3 ist wieder seltsam kombinirt. Von praeterea bis trucidavit fast wörtlich aus H i s t o r. e p i t. c. 24; pluresque Burgundionum morte condemnavit sind lauter dem *Marius* entnommene Worte; nihil — disponens fast wörtlich aus der H i s t o r. e p i t. c. 24; sicque — vendicavit frei nach *Marius* ad a. 500 a. E.

§ 4. Der Anfang schöpft seine Nachrichten entweder aus *Marius* 516 und 524, oder aus *Gregor* III c. 5; die H i s t o r i a e p i t o m a t a erwähnt nicht ausdrücklich, dass Godomarus (den die V i t a Gundemarus nennt) Sigismunds Bruder war; die Worte et quamvis — esse cultores sind nur eine Paraphrase des Satzes: Erant autem illi (Gundob. und Godegisel) quam populi eorum Arianae sectae subjectae bei *Gregor* II c. 32 a. A. Die angebliche Bekehrung Sigismunds, während er noch puer war, ist falsch (s. oben p. 185) und vielleicht eine Verwechselung des Vaters mit Segerik. Der Schluss des 2. Satzes von ut — persisteret scheint nur eine Verallgemeinerung von *Gregor* III c. 5: per multos dies in fletu et jejuniis durans.

Das defuncto autem genitore suo rege Gundobado erinnert an *Gregor* III c. 5: Igitur mortuo Gundobado. Die Erzählung von der Wahl Sigismunds zum König wurzelt vielleicht nur in einem Missverständniss der Ausdrücke des *Marius* ad a. 516: levatus est filius ejus Sigismundus rex und vielleicht auch der H i s t o r. e p i t o m. c. 34: sublimatur (Sigismundus) in regnum. Die Bestimmung des Gegenstandes am Schluss des §: qualem se suis obtimatibus praebuerit .... lectio subsequens edocebit verspricht beiläufig gesagt mehr, als die V i t a hält.

§ 5. Bis Interea haben wir eine freie Charakteristik der Frömmigkeit Sigismunds, wie sie aus traditionell gewordenen Zügen zusammengesetzt ist. Der Schluss von interea bis jussit ist *Fredegar* c. 34 zum Theil wieder wörtlich entnommen; jedoch beweisen die Worte cujus nequissimis deceptus consiliis, dass hier auch wieder *Gregor* III c. 5: uxoris iniquae consilio utens und per consilium nequam vorgelegen hat und in Einzelnem benutzt ist.

§ 6. Hier scheint mir in dem cum multa sanctorum loca perlustrasset vielleicht eine Verunstaltung der H i s t o r i a e p i t. c. 31:

et alia plura monasteria aedificavit zu liegen. Im Ganzen folgt der Gang der Erzählung aber *Gregor* III c. 5, und zwar einer Handschrift, die liest: psallentium ibi chorum assiduum instituens (s. *Bouquet* II p. 158 n. i); sie wird ausgeschmückt durch Zuthaten aus dem Glauben des Verfassers (ut credimus angelo nuntiante). Die Nachricht über die Beratung der Bischöfe durch Sigismund von Quo — corroboraverunt ist nicht nur dem *Fredegar*, Chron. c. 1 : et ad instar institutionis monasterii sanctorum Agaunensium, quod temporibus Sigismundi regis ab Avito et caeteris episcopis ipso principe jubente fuerat confirmatum entnommen ; vgl. auch die Vita § 7 a. A. Quod sanctum opus servitutis scilicet dei cum fuisset perfecte institutum et confirmatum pari consensu omnium; sondern es ist hierfür auch die Historia abbatum Agaunensium, von der ein Bruchstück in den Boll. 1. Mai I p. 84 (s. n. 853) abgedruckt ist, benutzt worden, und zwar der Satz : Igitur habito consilio (die Vita : sanctos atque apostolicos viros consuluit und Qua interrogatione inter se ventilata . . . . .) quod universitati dei instinctu (die Vita : Quo divinitus accepto consilio) complacuit visum est, und ferner der Satz . . . . qui die noctuque caelestia imitantes cantionibus divinis insisterent pertractandis ; vgl. die Vita : ut ad instar caelestis militiae psallentium choros institueret.

§ 7 ist nur eine vom Autor selbstgefertigte Einleitung zur beatissima passio, die in § 8 und 9 enthalten ist. Betrachten wir die Erzählung von Anfang des § 8 bis § 9 in der Mitte: eorumque regi Chlodomero, so fällt auf, dass der eigentliche Krieg von 523 gar nicht erwähnt wird. Der Verfasser knüpft an *Marius*, Chron. ad a. 523 : . . . Sigismundus rex Burgundionum a Burgundionibus Francis traditus est an und macht sich diese Thatsache zurecht, indem er ein Bündniss der meisten Burgunder mit den Franken fingirt. Die Motive dieses Bundes fehlen. Darauf flieht Sigismund : videns se hinc inde coangustari Versallis montem expetiit, und zwar um dort ganz einsam zu leben. Nun ergeben sich Burgundiones necessitate magis quam voluntate Francis ex integro. In der fingirten necessitas liegt der Versuch der notwendigen Rechtfertigung Sigismunds (vgl. § 4); mit dieser deditio ex integro stimmt aber schlecht § 9. Der Autor der Vita findet hier eine harte Nuss zu knacken, nämlich zu erklären, wie es gekommen sei, dass die Burgunder ihren trefflichen König verraten haben? Er ist nicht kühn genug, die Thatsache durch eine selbsterfundene zu ersetzen; aber er macht grosse Anstrengungen, um doch wenigstens einen glaubhaften Zusammenhang in die Dinge zu bringen. — Erst in Folge der burgundischen Versprechungen, den König den Franken auszuliefern, scheert dieser sein Haupt und legt den habitus religionis an, in welchem *Marius* den Gefangenen nach Franken abgeführt werden lässt. Nun aber überfällt den armen Autor eine zweite Not: *Gregor* III c. 6 (und fast wörtlich übereinstimmend Hist. epit. c. 35) meldet: Sigismundus vero dum ad sanctos Agaunos fugere nititur a Chlodomere captus . . . . Es gilt den König, der Versallis montem expetiit, von diesem dem Autor offenbar räthselhaften Orte weg und nach Agaunum zu bringen. Wie anders als dadurch, dass Burgunder ihn dort aufspüren, ihm vorspiegeln, er sei hier nicht in Sicherheit, und ihn nun statt den Einsamen sofort festzupacken, erst nach St. Maurice führen? Dort an der Pforte legen burgundische Schaaren vereint mit den Franken Hand an den König und fesseln ihn, um den Gefesselten den Franken (!) (*Marius* ad a. 523) und dem Könige Chlodomer (*Gregor* III c. 6; Hist. epit. c. 35) zu überliefern. Die Abführung der Gefangenen und die Tödung Sigismunds mit seiner Familie wird — freilich mit merkwürdigen einzelnen Notizen untermengt (darüber alsbald) — nach *Marius* und *Gregor* berichtet.

Die eingehende Betrachtung der Benutzung der Quellen im Einzelnen seitens des Verfassers der Vita zeigt uns diesen im Ganzen in folgendem Verhältnisse zu seinen Vorlagen. Der arme Autor befindet sich in einem traurigen Zwiespalt zwischen Wollen und Können. Sein Wille geht dahin, das Leben seines Heiligen zu schreiben unter grosser Achtung vor der historischen Wahrheit und vermittels sorgfältiger Combination seiner Quellen. Er folgt der oder den Quellen, denen er glaubt, und er glaubt keineswegs nur derjenigen, die ihm am besten passt. Sonst hätte er die Uebergabe Sigismunds durch die Burgunder nicht nach *Marius* erzählt, sondern nach *Gregor* und der Hist. epit. verschwiegen. Die Motive, warum er dieser oder jener Quelle vertraut, sind mit Bestimmtheit nicht nachzuweisen. Unter seinen Quellen ist hie und da auch die Tradition; so § 3 bei der concrematio Gondegisili, aber bezüglich einzelner bestimmter Thatsachen sehr selten. Er giebt seine Quellen bald wörtlich, bald frei aber richtig, wenn auch einmal etwas übertreibend, bald frei aber unrichtig wieder; diese Unrichtigkeiten in der Quellenwiedergabe, nicht zu verwechseln mit der richtigen Wiedergabe falscher Berichte, entspringen durchweg aus Missverständnissen, die in der grossen historischen Unkenntniss des Verfassers wurzeln, und sind desshalb leicht nachzuweisen. Manchmal passirt ihm, wie in der Verstellung des cum multo exercitu in § 3 eine kleine sachliche Ungenauigkeit. Dem Streben nach Kombination der Quellen entspricht eine wiederholte sorgsame, öfter geradezu komische Verschachtelung derselben. Aber die Kombination der Quellen fällt ihm nicht leicht, und am Schlimmsten ist er daran, wenn er als Historiker zu einzelnen Nachrichten seiner Quellen das historische Bild, dessen Züge sie sind, entwerfen soll. Da müssen stereotype Phrasen aushelfen (vgl. § 2 a. E. mit § 8 a. A.), oder ein dürftig erfundener bona fide gefälschter Zusammenhang der Quellen tritt an die Stelle der Wirklichkeit (so § 8 und 9). In allen Fällen also, wo sich zu der Unmöglichkeit einer Missdeutung von Quellennachrichten noch der Augenschein konkreter Wirklichkeit der von der Vita berichteten Thatsache gesellt, der Art dass jeder Gedanken an Erfindung seitens des geistig und wissenschaftlich so dürftig ausgestatteten Autors ausgeschlossen wird, dürfen wir eine verhältnissmässig treue Wiedergabe einer Quelle durch die Vita annehmen. Die Zuverlässigkeit oder Hinfälligkeit dieser Quelle entscheidet dann erst darüber, ob eine uns nur in der Vita gemeldete Thatsache unsere historische Kenntniss bereichert oder nicht.

Solcher der Vita ganz eigenthümlichen· Nachrichten sind folgende:

1. § 1 a. A. Tempore Tiberii senioris Augusti — egressa est quaedam gens de insula quam mare Oceanum cingit, cui vocabulum est Scandania, qui ex vocabulo quoque regionis Scandinii nuncupati sunt. Ihr Ursprung ist oben festgestellt; s. p. 260.

2. § 1 a. E. Nachdem die Burgunder zu Valentinians Zeiten Gallien betreten: atque ex suo genere levato rege nomine Gondiocho . . . .

3. § 2 a. A. Defuncto autem Gondiocho ipsius filii Gundebadus et Gondegisilus regno suscepto Galliarum phalanges terrasque inter se diviserunt: ita ut Gondebadus duas portiones suis ditionibus vendicaret, tertia Godegisilus esset contentus. Unde inter ipsos magnum jurgium est exortum.

4. §. 2 a. E. . . . contra eundem fratrem (scil. Gundobadum) natu et potestate majorem . . . .

5. § 3 a. A. Gondegisilum cum uxore sua igne concremavit (scil. Gundobadus).

6. Namen der älteren Tochter Hilperiks in § ·3 i. d. M.: Sedeolenica.

7. § 4: Die Namensform von Sigismunds Bruder: Gundemarus.

8. § 4 Mitte: die Stelle über die Wahl Sigismunds zum Könige defuncto Gundebado; s. oben p. 279.

9. In den Nöten des Jahres 523: Tunc Sigismundus — Versallis montem expetiit ibique . . . . singulariter habitare elegit.

10. § 9: Tunc Franci — . . . . [una cum conjuge et filiis] Gystaldo (Var. Sigladus, Gisgaldus Gisclades) et Gundebaldo vinctos ad locum cui Belsa vocabulum est perduxerunt. Ibique puteum ab antiquis invenientes . . . . . capitali sententia adjudicatum jussu fratris regis Glodomeri capite deorsum dimerso [cum conjuge et filiis in puteum jactaverunt].

Zwei dieser Nachrichten, die über den Flammentod Godegisels und über die Wahl Sigismunds zum Könige, haben sich uns als irrig herausgestellt: die erste ruht auf einer übertreibenden Tradition, die zweite auf einem Missverständniss der Quellen. Es bleibt übrig eine Reihe von Angaben, die sich lediglich auf Angehörige der königlichen Familie und ihre Schicksale beziehen. Auffallend sind hiebei die Namensformen Gondegisilus und Gundemarus, die weder *Marius*, noch *Gregor*, noch die *Historia epitomata* in dieser Form bieten. Bezüglich des zweiten Namens kann man in der That schwanken, ob die Form der Vita nicht die richtige ist? Auf dem Stein von St. Évian

(s. p. 262) wird der König Gudomarus geschrieben, der zweite Name in T. III der Lex Burg. heisst nach den besten Handschriften: Gundomares und Gondomares; vielleicht ist auf jenem Stein ein n ausgefallen und Sigismunds Bruder hiess nicht Godomar sondern Gundomar? Wäre diess der Fall, so hätte nur die Vita die richtige Form: dagegen spricht freilich die Form des Namens bei *Marius* und in den übrigen Quellen und die Corruption der Namensformen in den Codices der Biographie (vgl. § 2, 3, 9, woraus sich auch die Namensform Sedeolenica erklärt), so dass ich nicht zu entscheiden wage.

Auffallend ist ferner die scheinbar genaue Kenntniss gewisser Thatsachen der königlichen Familie. So die der Namen der Söhne Sigismunds, deren einer Gundobad noch die besondere Gewähr der Wiederholung derselben Namen in der Familie für sich hat. So ferner die Kenntniss der Existenz von Godegisels Gemahlin, die wir sonst nur aus der Urkunde des Jahres 587 (vgl. p. 160) kennen. So die richtige Behauptung, Gundobad sei Godegisel an Alter und Macht überlegen gewesen, die der unwissende Verfasser bezüglich des Alters gewiss nicht aus der Vormundschaft Gundobads über Hrötbehild abstrahirt hat. So ferner die Notiz über die Theilung von Land und Leuten unter Gundobad und Godegisel. Diese Nachricht könnte man anzweifeln: ihre Wahrheit ist mit Sicherheit nicht zu kontroliren; ihre Wahrscheinlichkeit aber gross genug. Sie wird stehen oder fallen mit dem Gewicht der hier der Vita zu Grunde liegenden Quellen. So weiterhin die auf die Erhebung Gundioks zum König bezüglichen Worte, die in der Form der Grundquelle aufgenommen scheinen. Sie bedürfen einer genaueren Betrachtung. Das levatus est rex ist ein den Rechtstitel, auf den Jemand König wird, im Dunkeln lassender Ausdruck. *Marius* z. B. gebraucht ihn ebenso von den römischen Imperatoren, als von Odovakar, als von den kraft Erbrechts auf den Thron steigenden burgundischen Herrschern, als von Athalarich. S. *Marius*, Chron. ad a. 455; 461; 467; 473—475; 516; s. auch 526; 532. Nun wird aber der Ausdruck begleitet von dem ex suo genere, und der Satz heisst also: die kriegerische Schaar tödete, nachdem sie aus seinem (oder ihrem?) Geschlecht einen König mit Namen Gundiok erhoben hatte, die römischen Bewohner Galliens. Bei den Burgundern galt das Erbrecht des königlichen Geschlechts nach der Königswürde, wie ja neben Gundiok auch sein Bruder Hilperik König ist; es verstand sich ganz von selbst, dass die Söhne des verstorbenen Königs kraft ihrer Zugehörigkeit zum königlichen Geschlechte die Würde des verstorbenen Vaters antraten. Davon ist hier aber nicht die Rede! Entweder bedeuten die Worte: Gundiok wurde von den Burgundern aus ihrem Geschlecht auf den Thron erhoben; oder aber sie sagen: aus dem Geschlechte des Gundiok wurde er selbst von den Burgundern zum König erhoben. In beiden Fällen zeigen sie an, wie mit dem neuen König ein neues Geschlecht auf den Thron kam, und zwar berufen durch die Stimme

des Volks. Nun meldet *Prosper Aquitanus* ad a. 437 (s. n. 1)
den Untergang des Geschlechts des Gundahar durch die Hunnen;
mit ihm stimmt *Gregor Tur.* II c. 28 in n. 154, und die V i t a ergänzt Beide mit ihrer Nachricht: mit Gundiok sei dessen Geschlecht
auf den Thron erhoben worden eine Nachricht, die von den übrigen
Quellen ebenso sehr unterstützt wird als sie wichtig ist.

Ich gehe über zu dem Bericht über Sigismunds Tod. Die Gefangenen werden der V i t a gemäss nach Belsa geführt, nach *Bouquet* III p. 403 n. i la Beausse, ein Landstrich, an das Gebiet von
Orléans gränzend. S. oben p. 279. Das capitali sententia adjudicatum ist natürlich nicht von einem wirklichen gerichtlichen Urtheil,
sondern von einem königlichen Machtspruche zu verstehen. Die nähere
Angabe der Versenkung in den Brunnen capite deorsum dimerso ist
entweder nur eine nähere Ausführung des in puteo est projectus des
Marius, oder aber wahrscheinlicher aus einer zunächst noch unbekannten Quelle aufgenommen. Die auffallendste Notiz ist die, dass
die Franken die Familie Sigismunds und ihn selbst in den Brunnen
werfen jussu f r a t r i s regis Glodomeri. Nach *Gregor* III c. 6 giebt
Chlodomer selbst den Befehl zu der scheusslichen That; ebenso nennt
die H i s t. e p i t. c. 35 ihn als den Thäter. Nach der V i t a selbst § 9
fällt die Rache wegen Sigismunds Tödung auf Chlodomers Haupt, und
dessen Sünde kann doch nicht nur darin bestehen, dass Franken und
Burgunder ihm den Sigismund gefesselt überliefert haben; sondern die
V i t a adoptirt stillschweigend die Weissagung des Avitus bei *Gregor* III c. 6 und in der H i s t. e p i t. c. 36 sammt ihrer Erfüllung. Diese
aber fassen Chlodomers Tod als Vergeltung für Sigismunds Tödung
durch Jenen. Nun ist Folgendes zu beachten:

Chlodomers Gemahlin heisst Guntheuca (*Gregor* III c. 6;
H i s t. e p. c. 37 hat Guntiucha); die männliche Form dieses Namens
kommt nur bei den Burgundern vor und *Wackernagel* interpellirte
mich schon seit längerer Zeit, ob die Guntheuca nicht nachweislich
eine Burgunderin sei? S. *Wackernagel* in der Beilage. Nach der
V i t a halte ich es nun für höchst wahrscheinlich, dass Chlodomer
d e r S c h w a g e r Sigismunds genannt werden soll, eine Bedeutung
von frater, die schon in der klassischen Zeit vorkommt. Hienach
wäre also die Guntheuca eine Tochter Gundobads gewesen. Ihr einer
Sohn führt auch den alten burgundischen Königsnamen Guntharius
(*Gregor* III c. 6) oder Gunthacharius (H i s t. e p i t. c. 37). Wäre die
Annahme gegründet, so hätte wieder nur die V i t a diese Verwandt-
schaft ausdrücklich erwähnt. Durchaus ungerechtfertigt wäre aber
der Einwand, der ältere Bruder Theuderich I. hätte nur eine Tochter
Sigismunds zur Frau gehabt, wie hätte der jüngere Chlodomer deren
Tante heiraten können?

Ist es nun eine, oder sind es mehrere Quellen, aus denen die
V i t a diese Nachrichten schöpfte? Bedenkt man, dass letztere
sich fast alle (nämlich die Notizen n. 2, 3, 4, theilweise 5,
6, 7, 9, 10) auf Gundiok, seine Söhne und deren Familie, seine

Enkel bis auf Sigismunds Tod beziehen, so ist diese Thatsache
zu auffallend, als dass wir an eine Ausnutzung mehrerer verschiedener uns verloren gegangener, und nicht vielmehr an eine Quelle
zu denken hätten. Da sie keine Könige vor Gundiok erwähnt, so hat
offenbar die Thronbesteigung des neuen Geschlechtes den Ausgangspunkt dieser Quelle gebildet; da sie Godomar kennt, haben wir keinen
Grund, sie nur bis zu Sigismunds Tod geführt zu denken. Da wir
aus ihr eine Reihe von neuen Thatsachen kennen lernen, die alle auf
Gundioks Geschlecht bezüglich sind, so hat sich die Quelle besonders
auf diess bezogen; da Alles, was wir auf sie zurückführen können,
in vereinzelten, zum Theil zeitlich weit auseinander liegenden, zum
Theil sich enger an einander hängenden Notizen über denselben
Gegenstand besteht, so ist unannehmbar, dass die Quelle nur hieraus
bestanden haben und nicht vollständiger gewesen sein, ja die Haupt-
fakta aus der Geschichte des burgundischen Königsgeschlechtes enthalten haben sollte.

Welcher Art war diese Quelle: annalistisch, oder eine zu-
sammenhängende Darstellung, oder eine Art series regum Burgundionum? Und wie vor Allem verhält sie sich zu *Marius*, dessen Chronik
vom Jahre 500—534 in ihren auf Burgund bezüglichen Theilen ja
gar nichts Anderes ist, als eine Einreihung der Hauptereignisse in
der burgundischen Königsfamilie unter die betreffenden Consuln? Ist
sie später als dessen Vorlage entstanden, oder hat sie ihrerseits den
Nachrichten des *Marius* zu Grunde gelegen?

Beachtet man, wie die Vita sich abmüht, einen dürftigen Zusammenhang der Darstellung z. B. zwischen der Wahl Gundioks zum
Könige und dem Zwist seiner Söhne zu erfinden, wie sie gleich *Marius*
von Hilperiks des Jüngeren Regierung nichts weiss und Gundobad und
Godegisel Land und Leute theilen lässt unmittelbar nach Gundioks
Tode, wie sie von Sigismunds Theilnahme am westgothischen Kriege
schweigt, ihre wertvollen Nachrichten überhaupt ganz isolirt und
neben dem Unzuverlässigsten stehen: so sprechen diese Umstände
entschieden gegen die Vorlage einer zusammenhängenden Geschichts-
erzählung. Ebenso wenig können wir eine series regum annehmen,
wo die Regierungsdauer der Könige eine grosse Rolle spielen würde.
Alle Indicien vereinigen sich aber, um in ihr Annalen zu erkennen,
in welchen zu einzelnen Jahren Ereignisse das burgundische Reich
betreffend eingezeichnet und die wegen ihrer genauen Kenntniss der
burgundischen, besonders königlich burgundischen Verhältnisse offenbar in Burgund abgefasst worden sind.

In der Vita Sigismundi erscheinen also gleichwie bei *Marius*
alte burgundische Annalen verwandt. Ob aber dieselben, oder zwei
verschiedene, diess muss noch entschieden werden. Finden wir in
der Vita aus den Annalen bedeutende Ereignisse gemeldet, von
denen *Marius* nichts weiss, so können die dort und die hier benutzten
Annalen nicht dieselben sein. Das Gleiche wäre der Fall, wenn die

Vita Ereignisse laut den Annalen wesentlich anders erzählte als *Marius*. Sollten aber die jenen Aufzeichnungen entnommenen Schicksale in der Vita dieselben wie die bei *Marius* sein, und böte jene vielleicht nur Modalitäten der Ereignisse, die *Marius* seiner Art nach als unwichtig würde weggelassen haben, dann läge Beiden dieselbe Quelle zu Grunde, und sie wäre treu und unversetzt wiedergegeben von dem Bischofe von Avenches, in der Vita entstellt durch die Kritiklosigkeit und Combinationssucht ihres Verfassers.

Offenbar ist Letzteres der Fall. Am wenigsten scheint damit freilich die Nachricht der Vita über Gundiok zu stimmen. In der Vorlage möchte sie etwa geheissen haben: Maximo et Paterio. His coss. Burgundiones ex suo genere levato rege nomine Gondiocho Sapaudiam petierunt ibique Romani sub eorum dominatione positi sunt. Die Erhebung Gundioks zum König aber und die Betretung der Sapaudia durch ihn, diese konnte *Marius* nicht in seine erst 455 beginnende Chronik aufnehmen. Sowohl nach *Marius* als nach der Vita schweigen nun die Annalen bis zum Jahre 500; denn nur hier kann die Nachricht über die Reichstheilung unter Godegisel und Gundobad und zwar als Motiv zu dem Bruderzwist gestanden haben. Die Vita würde sonst den Fehler nicht machen, die zwei Brüder unmittelbar nach Gundioks Tode derart theilen zu lassen. Ich zweifle nicht, dass in der Vorlage Beider der Zusatz zu Gundobads Namen natu et potestate major gestanden und nun die Theilungsnotiz zur Erläuterung dieses Zusatzes gedient habe. Das Motiv des Zwistes und das persönliche Altersverhältniss der Brüder war *Marius* nicht wichtig genug um es zu recipiren. Ob aber die burgundischen Annalen den Untergang von Godegisels Gemahlin meldeten, wie mir wahrscheinlich ist, oder ob hiefür der Vita die vergrössernde Tradition als Quelle diente, ist mit Sicherheit nicht zu entscheiden. Die näheren Angaben zu 523 und 524 in der Vita fügen sich denen des *Marius* ebenso natürlich ein. Die bisherige Deduktion erfordert nun, dass wir den Nachrichten der Vita, soweit sie auf jene Annalen zurückgehen, volles Gewicht zuerkennen; dass wir ferner, wo wir oben von einer Benutzung des *Marius* durch die Vita sprachen, diesem die altburgundischen Annalen substituiren, dass wir endlich, wo beide Ableitungen dasselbe Ereigniss berichten, den Bericht des *Marius* zur Grundlage nehmen: denn er ist wohl verkürzt aber genau und jedenfalls unversetzt mit fremden Elementen.

Zum Schlusse noch ein Wort, über den Ort wo, den Verfasser von welchem, und die Zeit worin die Vita Sigismundi entstanden ist. Bezüglich des Ortes liegt es schon an für sich nah, an eine Stätte schriftstellerischer Thätigkeit zu denken, die Sigismund besondere Verehrung schuldig war, ich meine Agaunum. Diese Vermutung wird bestätigt dadurch, dass der Autor in § 4 die wunderthätige Kraft des Grabes des Königs zu Agaunum als eine zu seiner Zeit noch fortdauernde rühmt und damit genau vertraut scheint; ferner durch die Art und Weise, wie über Agaunum gesprochen wird (vgl. die

Vita § 6 und 7); ferner durch die ganz übertriebene Wichtigkeit,
die der Verfasser dem Einfall, ständige Psalmenchöre zu errichten,
beilegt (er sagt § 6: Tunc non aliter nisi nutu dei, ut credimus angelo nuntiante, ipsi revelatum fuit ut . . . und ich bin sehr geneigt,
hierin einen Glauben der Klosterleute zu Agaunum zu sehen); endlich
und hauptsächlich durch die Benutzung der Historia abbatum Agaunensium, die wir doch sicher zunächst in Agaunum zu suchen haben.

Der Verfasser fühlt sich in entschiedenstem Gegensatze zu dem
Barbarenthum (s. oben p. 279); oft bricht die Bitterkeit des Römers
über die überwältigende Macht der Germanen durch (§ 1 a. E., bes.
aber § 4); er gehört wahrscheinlich einem Lande an, wo die Könige
noch erwählt wurden (s. oben p. 279); die auffallende Thatsache,
dass er die Origo gentis nostre Langobardorum kennt, scheint mir
mit dem eben erwähnten Hinweise verbunden ihn in das Langorbarden-
reich zu weisen. Danach wäre also der Verfasser ein Römer aus dem
Reiche der Langobarden gewesen, der in das Agaunensische Kloster
eingetreten die Vita des um dieses Kloster so verdienten Königs geschrieben hätte.

Die Zeit der Abfassung anlangend so ist das Jahr, vor welchem
dieselbe unmöglich stattgefunden haben kann, leicht zu bestimmen.
Von den jüngsten benutzten Quellen, *Isidor*, der Origo Langobardorum und *Fredegar*, ist letztere wahrscheinlich die jüngste.
Denn ich bin auch der Ansicht, dass *Bethmann* (Archiv für ältere
deutsche Geschichtskunde X p. 351 ff.) die Entstehung der Origo
Langobardorum dadurch, dass er sie erst gleich nach Grimualds Tode
setzt, zu spät annimmt, dass sie vielmehr entweder noch unter
Rothari (so mit *Baudi de Vesme Waitz* in den Gött. Gel. Anzeigen 1856
p. 1585) oder, wie ich noch lieber annehme, unmittelbar nach seinem
Tode entstanden ist. *Fredegar* aber schrieb frühestens erst um 600
(*Wattenbach*, Geschichtsquellen p. 78). Wohl darf man aus der
pietätsvollen Erwähnung des gloriosus und piissimus princeps Theo-
debertus rex Francorum (§ 10) im Gegensatz der schmucklosen Bezeichnung Theoderichs von Italien, Gundobads, ja Sigismunds (§ 2—5
und § 8) schliessen, dass das königliche Geschlecht der Merovinger
den fränkischen Thron noch besass. Der Satz des § 4 a. E., der
Verfasser wolle schildern, qualem (Sigismundus) se . . . . . suis
optimatibus praebuerit, zeigt, wie die Grossen des Reiches damals die
Sonne waren, um welche sich das Königthum und das politische Leben
überhaupt drehte. Die Abfassungszeit der Schrift wäre also am Ende
des 7., vielleicht auch erst am Anfang des 8. Jahrhunderts zu suchen.
Mit Genugthuung konstatire ich, dass die Vita von grossen Land-
schenkungen Sigismunds an das Kloster kein Wort sagt, dass also
die angebliche Schenkungsurkunde Sigismunds an dass Kloster (s.
deren zwei Formen bei *Pardessus*, Diplomata I n. CIII u. CIV und die
zweite korrekter und vollständiger bei *Gremaud*, Origines et docu-
mens de l'abbaye de St.-Maurice d'Agaune, Fribourg 1858 p. 17—
23), die trotz ihrer Benutzung der Historia abb. Agaun. in

historischer Hinsicht ebenso ungeheuerlich wie in juristischer und diplomatischer, und ebenso wertlos wie falsch und platt jedes weitere Wort über sie verbietet, dem Verfasser unbekannt, d. h. dass sie noch ungefertigt war.

_____

Exkurs III.

Zur Chronologie der wichtigeren Briefe des Avitus.

Bei dem reichen geschichtlichen Inhalt der Briefe des Viennensischen Bischofs, deren nur Einer (**ep.** 87 Papae Hormisdae Avitus) das Datum des Empfanges trägt (Accepta III Kalendas Februarii Agapito consule), ist ihre ungefähre zeitliche Bestimmung unumgängliche Pflicht Dessen, der sie mit Sicherheit ausnutzen will. Und wenn es auch nur selten gelingen wird, den einen oder den andern einem ganz bestimmten Jahre zuzuweisen, so wird es doch möglich sein, mehrere relativ, mehrere annähernd genau zu bestimmen.

I. Vor Allem bedürfen die Briefe an die burgundischen Fürsten und die von ihnen an Avitus der Betrachtung:

1. Avitus schreibt domno Gundobado regi 8 Briefe: **ep.** 1—5, 20, 28, 39, der König an Avitus einen: **ep.** 19.

2. Avitus schreibt domno Sigismundo 10 Briefe: **ep.** 21, 29, 30, 40, 44, 67, 68, 70, 81, 82; schon aus der Adresse erhellt, wie auch alle sonstigen Gründe beweisen, dass der Adressat noch nicht König war. Avitus schreibt nomine domni Sigismundi regis ad Symmachum Papam Urbis (498—514) einmal: **ep.** 27; nomine Domni C. S. (liess clarissumi oder Gloriosissimi Sigismundi) ad Vitalianum Senatorem einmal: **ep.** 42; sub nomine Domni Sigismundi ad Imperatorem (Anastasius † 518) einmal: **ep.** 69; sub nomine Domni Sigismundi Regis oder Domni Regis C. S. ad Imperatorem Anastasium zweimal: **ep.** 83 und 84.

ad. 1. Die Briefe an Gundobad beziehen sich mit Ausnahme weniger (ep. 5, 20 vgl. 19, 39) auf die grossen das 6. Jahrhundert bewegenden religiösen Streitfragen, besonders auf den Kampf von Arianismus und Katholicismus. Ein fester Ausgangspunkt zur zeitlichen Bestimmung derselben wird von dem Religionsgespräche von 499 gebildet: dort hatte Gundobad selbst mit aller Entschiedenheit das arianische Glaubensbekenntniss im Kampfe gegen die Katholiken als das seine aufrecht erhalten. a. In **ep.** 1 begegnen uns noch dieselben Fragen wie auf jenem Gespräche: der König ventilirt sie mit den arianischen Priestern und hat die Resultate ihrer Besprechung dem Avitus vorgelegt. Der Bischof bekennt, wie der König mit der katholischen Lehre in vollem Umfange vertraut sei, ja am Ende des Briefes behauptet er in demselbem Athemzuge, die arianischen Priester seien zwar noch des Königs Priester, allein im Grunde bekenne der König in seiner Seele schon lange (jamdudum) die katholische Lehre. Der Brief ist also jedenfalls längere Zeit nach 500 geschrieben, ohne dass das Jahr zu bestimmen möglich wäre. b. Von den beiden folgenden Briefen ist **ep. 3** der früher geschriebene und **ep. 2** nur die Erfüllung eines am Ende des ersteren ausgesprochenen Wunsches. Ep. 3 lässt sich zeitlich genau fixiren. Es heisst da: Actum est igitur cum rege Orientis anno superiore, ut hinc cum episcopo urbis suae — conferret. Gleich darauf wird die Verbannung dieses Bischofs Seitens des Kaisers erwähnt, und es steht nach den Angaben des Briefes ganz ausser Zweifel, dass Bischof Macedonius von Constantinopel gemeint ist. Vgl. auch *Sirmond*, notae ad Avitum p. 627. Dessen Verbannung trat 511 ein. *Baronius*, Annal. Eccles. ad a. 511; *Pagi*, Critica ad a. 511; *Clinton*, Fasti Romani ad a. 511. Der Brief wäre sonach 512 geschrieben. (*Sirmond* n. ad Av. p. 626 giebt für das Jahr der Verhandlung mit Anastasius fälschlich 512 an; vielleicht ist die Zahl nur verdruckt). Am Schlusse des dritten Briefes bittet Avitus den König, dass wenn die Eutychianer auf ihrer Ketzerei beharrten, der König ihn mit Abfassung einer officiellen Widerlegungsschrift betraue: Quod si forte pristino sceleri dogmatis sui, aut infidelitatis perseverantiam servant, aut aliquid novae molitionis accumulant — dabit deus, ut jussu vestro meoque famulatu pravitas, quae adhuc augmento accenditur, uno et semper aequali scripturarum caelestium magisterio propulsetur. Wenn nun derselbe Avitus in ep. 2 am Anfang ausruft: De cujus studii pietate processit, quod dimissa nuper clementis praecepti auctoritate jussistis, ut contra Eutychiani dogmatis redivivum furorem velut ab extincto resurgentis incendii fomite pullulantem de sacro scripturarum coelestium fonte exemplorum flumina deriventur, so beweist er, dass Gundobad inzwischen jenen Auftrag ertheilt hat, und zwar scheint diess ziemlich bald geschehen zu sein, so dass ep. 2 entweder auch noch 512 oder 513 geschrieben ist. c. **Ep. 4** entzieht sich der näheren Bestimmung, während der Tod von Gundobads Tochter, auf den sich die **ep. 5** bezieht, jedenfalls nach 500 eingetreten ist; denn Godegisels Schicksal wird darin erwähnt. Die Sätze aber: Hic repositum est (in der Katastrophe von 500), quicquid prosperum fuit catholicae veritati, womit Gundobad bezeichnet sein soll, und weiterhin der Trostgrund: quia nunquam respublica orphanitatis incurrit perniciem, quamdiu sustentantibus vobis mater Ecclesia non senserit orbitatem weisen auf einen Grad ziemlicher Annäherung Gundobads an die Katholiken hin, deren erst sehr allmählicher Eintritt den Brief mehr an das Ende der Regierung Gundobads hinaufrückt. d. Die Briefe **19** und **20,** obgleich jeglichen sicheren Anhalts entbehrend, entsprechen einer Gemütsstimmung des Königs, in welcher dieser sich nach Ruhe und Frieden sehnt. Vielleicht sind sie in die Zeit bald nach dem Ende des fränkisch-burgundischen Krieges gegen West- und Ostgothen, möglicher Weise noch später zu setzen. e. **Ep. 28** erwähnt eines Conciliums in Lyon, wo ausser Avitus ein sonst unbekannter Bischof Chartenius anwesend war. Hiebei an das Religionsgespräch von 499

zu denken ist unmöglich. Nach diesem hatte Gundobad wichtigere
Sachen zu thun, als sich von Bischöfen über dogmatische Fragen belehren zu lassen; der Inhalt des Briefes hängt aber so sehr mit den
Fragen zusammen, die Gundobad stets interessirten, dass aus ihm
eine nähere Zeitbestimmung nicht entnommen werden kann.
f. Ep. 39 in ein bestimmtes Jahr zu setzen, ist ebenso unmöglich
als unnötig. Der Brief ist juristisch sehr interessant, fällt sicher in
die Zeit von Gundobads Alleinherrschaft, ein Paar Jahre früher oder
später ist gleichgültig. Vielleicht bezieht sich die Verstimmung des
Avitus in Ep. 45 (vor der Schlacht von Vouglé verfasst) auf das
Ereigniss dieses Briefes.

ad 2. Von den Briefen des Avitus an Sigismund bilden
a. Die ep. 40, 81 und 82 eine höchst interessante Gruppe.
Sie beziehen sich auf ein gleiches Ereigniss: Sigismund ist ins Feld
gezogen. Ep. 40 sagt: Sed quia jam duce Christo processeratis und
wiederholt am Schluss: Quod superest, egressi felices ite sospites,
redite victores; nach ep. 81 weilt der Fürst in ipso susceptae expeditionis procinctu; ep. 82 verheisst die victoria, quae debetur. Alle
drei bezeugen das Interesse, welches der Katholicismus an der Erhaltung des schon katholischen Fürsten nimmt. In ep. 40 klagt Avitus: in sancto illo pectore sedem fidei nostrae adorare non merui; in
ep. 81 bittet er: ut, quamquam merito de indictae fidei firmitate se-
curis nobis, magis impenso cautelae vestrae munere trepidationi
nostrae et ignaviae consulatis; in ep. 81 schilt er sich: Videtur quidem de divina promissione diffidere, quicumque minus de vestra
prosperitate securus est. Offenbar berühren sie nicht nur ein gleiches,
sondern dasselbe Ereigniss: einen Kriegszug zur Zeit, als Sigismund
noch nicht König war. Wir kennen deren zwei: den wider die
Franken im Jahre 500 und den wider die Westgothen, der 507 aus-
brach. Gegen Chlodovech aber — was sollte da Avitus Ermahnung
helfen in ep. 40: Fidem vestram telis inserite, die nur an ketzerische
Gegner denken lässt? So sind die Briefe auf den westgothischen Krieg
zu beziehen: diess bestätigt auch ep. 82 glänzend, wenn hier der
Bischof alle echten Katholiken Gott bitten lässt, ut vobis — et fideliter vicina conjungat et feliciter adversa subjiciat: d. h. Gott möge
dem Fürsten die Nachbarmacht der Franken in Treue einen und den
Gegner glücklich unterwerfen. Der Krieg war also zur Vernichtung der Gegner bestimmt. Die Briefe, die die Nachricht der
Vita Eptadii in n. 671 trefflich ergänzen, sind also 507 geschrieben und zwar ep. 40 unmittelbar nach dem Ausmarsch, 81
vor der Vereinigung mit den Franken; und 80 ist nicht ganz genau
zu bestimmen. *Sirmond,* notae ad Aviti ep. 40 lässt diess völlig im
Dunkeln.

b. Eine zweite Gruppe von Briefen giebt Aufschluss über das
Verhältniss des Avitus und Sigismund zu Constantinopel: ep. 7, 42,
43, 44, 69, 83, 84. Ihr chronologisches Verhältniss ist folgendes:
a. In Dreien dieser Briefe ep. 7, 42 und 43 figurirt ein und derselbe

Laurentius, den Avitus gegenüber den byzantinischen Adressaten seiner Briefe einen vir illustris cliens oder cultor vester nennt. Dieser Laurentius war ein vornehmer Burgunder, von dem *Avitus* in ep. 42 sagt: miseramus dudum in parente famulum: und von dessen Sohn er zufügt: ecce adicimus in filio famulatum. Quo uno vobis directo qualiter cum aliis agatur advertite. Superest ut praefatus miles vester, cujus proles et illic gratiae vestrae porrigitur et hinc p a t r i a e reservatur . . . Der Vater war also lange Zeit vor dem Briefe nach Byzanz gesandt worden, und er lebte dort wahrscheinlich in officieller Stellung, während sein Sohn in Burgund und zwar am burgundischen Hofe zurückblieb. Daraus ergiebt sich die Unrichtigkeit von *Sirmonds* Vermutung (notae ad *Aviti* ep. 41), Gundobad habe jenen Sohn des Laurentius als einen Gefangenen und zwar als Geisel für den Vater in seiner Gewalt gehalten. Im Jahre 497 sehen wir diesen Sohn auf Bitten Chlodovechs und mit Erlaubniss Gundobads zu Besuch an den fränkischen Hof gehen (*Aviti* ep. 41 a. E.).

Von diesen drei Briefen gehen jedenfalls **ep. 42** und **43** mit derselben Gesandschaft; diese wird abgesandt von Sigismund (s. ep. 42) und da ep. 7, Papae Constantinopolitano, ausdrücklich erwähnt: Dum domnus vester patricius Sigismundus gloriosissimum Principem officio legationis expetiit und da auch hier der nämliche Bezug auf Laurentius hervortritt, so dürfen wir **ep. 7** als gleichzeitig mit den beiden andern abgesandt annehmen.

Die drei Briefe sind geschrieben zu Gundobads Lebzeiten (ep. 7 a. A.; ep. 42 i. d. Mitte); nach 497: denn der damals noch in Burgund weilende Sohn des Laurentius geht mit diesen Briefen nach Byzanz zu seinem Vater (ep. 42: s. gleich oben); nach der Verleihung des Patriciates an Sigismund (ep. 7 a. A.: ep. 42 a. A.). Ein weiterer Anhalt wäre gewonnen, wenn *Sirmond* (notae ad *Aviti* ep. 42) Recht hätte, den Adressaten Vitalianus des 42. Briefes zu identificiren mit demjenigen, der 514 und 515 gegen Anastas rebellirte. Allein der Name Vitalianus kommt in jener Zeit öfter vor. So erwähnt *Theophanes* unmittelbar neben diesem Vitalianus einen Archidiaconus Vitalianus (bei *Pagi* ad a. 514 n. 14). Ferner starb Gundobad Anfang 516; erst 515 schliesst der Kaiser mit Vitalianus seinen Frieden und macht ihn zum magister militum für Thrakien. Diesen Vitalianus vor dem Kriege nennt *Jordanes* den ultimus famulus des Kaisers: die Stelle bei *Clinton*, Fasti ad a. 515. An einen solchen konnte Prinz Sigismund nicht geschrieben haben: nach dem Kriege kehrte nach *Theophanes* bei *Pagi* ad a. 514 n. 14 Vitalianus nicht nach Constantinopel, sondern nach Hause, d. h. nach Mysien zurück.

Somit wird diese Annahme unmöglich. Den einzigen Anhalt bietet nun noch **ep. 7**. Ohne irgend wie hinreichende Gründe setzt *Sirmond* (notae ad. *Aviti* ep. 7) diesen Brief ins vierte Regierungsjahr des Sigismund und *Mascov* a. a. O. Anmerkung II p. 6 schreibt ihm diess einfach nach. Vielmehr scheint mir ep. 7 ihrem Inhalt nach am Besten in die Anfangszeit des die Eintracht der Kirche des Orients und Occidents anstrebenden Pabstes Hormisda zu setzen (20. Juli 514—523).

Diese Annahme wird bestätigt durch die Datirung einer Inschrift von Vienne (bei *Le Blant* n. 693); sie enthält ein Datum von einem Tage vor den Kalenden oder den Nonen oder den Iden des März 515 und giebt das Jahr an auch mit dem orientalischen Consul, welches, obschon dieser Ende März auch in Rom bekannt war, selbst dort nicht geschah (s. *Rossi*, Inscript. christianae urbis Romae I p. 431) und in einer officiellen Jahresbezeichnung in Lyon (s. L. Burg. T. 79 und Exkurs VII, die Daten zu 515) vom 1. März 515 sich ebenso wenig wie in einer Inschrift zu Vaison aus demselben Jahre (*Le Blant* n. 492) findet. Vor der Absendung des Sohnes von Laurentius nach Byzanz war von Vitalianus ein officielles Schreiben in Burgund eingelaufen und Avitus erwähnt noch eines Briefes des Laurentius an ihn selbst, der offenbar gleichzeitig mit jenem angelangt war : darin standen zweifellos wie in dem Briefe des Anastas an Hormisda vom 12. Jan. 515 (s. *Rossi* a. a. O. p. 431) die beiden Consuln des Jahres 515 angegeben. Nehmen wir also die Ankunft dieser Gesandschaft aus Byzanz in Burgund Anfang 515 an, so erklärt sich die Datirung der Viennar Inschrift ausgezeichnet. Und da nicht zu zweifeln ist, dass auch in Lyon, hätte man nur dort am 1. März 515 den orientalischen Consul schon gekannt, dieser im 79. Titel der Lex Burg. miterwähnt worden wäre, so kamen die Briefe aus Byzanz dort erst im Laufe des März an: woraus ein Argument für die richtige Ergänzung der berührten Inschrift aus Vienne gegeben wird. Es hätte sich danach Hormisda alsbald nach seiner Weihe als römischer Bischof mit Thimotheus von Byzanz in Beziehung gesetzt und ein Einverständniss mit ihm erreicht : Laurentius aber schrieb diess Ereigniss sofort nach Burgund. Die Briefe **7, 42** und **43** des Avitus gingen also 515 und zwar nach dem März dieses Jahres ab. β. Irre ich nicht, so ist gleichzeitig mit diesen auch **ep. 69** (Avitus in Sigismunds Namen an den Kaiser) abgesandt worden; und **ep. 44** bezieht sich auf die lateinische Abfassung von ep. 42 und 69, fällt also in dieselbe Zeit. γ. Dagegen sind **ep. 83** und **84** Huldigungsschreiben Sigismunds nach dessen Thronbesteigung, wahrscheinlich bald nach derselben, jedenfalls aber vor 518, dem Todesjahr des Anastas, verfasst. **Ep. 83** ist wohl der Brief, der laut ep. 84 von Theoderich aufgehalten wurde.

c. **Ep. 27** an Symmachus ist vor dem 19. Juli 514, dem Begräbnisstage dieses Pabstes, geschrieben. Vgl. *Jaffé*, Regesta pontif. p. 64.

d. Die übrigen Briefe an Sigismund dienen der Erläuterung des Verhältnisses, in welchem dieser Fürst zu Personen und Vorgängen des burgundischen Reiches steht. α. Vielleicht der wichtigste von allen ist **ep. 21**. Er bezieht sich auf eine collocutio regalis d. h. eine Unterredung, in welcher Avitus gegen die arianischen Priester

des Königs das Wort führte in Gegenwart des Fürsten, der sich nur
zuhörend verhält (Quod sane vereor audientis plus judicio satisfacere,
quam studio placuisse), nec aliquid a supercilio dominandi turbulentae commotionis interserens, und der am Ende der Disputation bittet,
es möge Avitus seine Gründe und Beweise den arianischen Priestern
schriftlich zustellen.

Die Unterredung fand Statt an einem Feste; Sigismund ist sehr
gespannt auf den Ausgang. Die ganze Situation ist eine gespannte:
eine frühere Unterredung wird unterbrochen und usque ad reditum
legatorum suorum fervor meditationis expectat. Der König intentionem suorum, etsi non optat corrigi, desiderat fatigari. Avitus
zweifelt, ob er der königlichen Aufforderung Folge leisten solle, er
werde den Gegnern doch nicht Genüge thun, »und davor müsse man
sich nicht weniger hüten, als vor dem Feind, während das feindliche Heer die inneren Zwistigkeiten mit öffentlichen Gefahren umgiebt« (nec minus ab eo cavendum, quam ab hoste, dum adversa acies
odia privata publica obsidione circumdat).

Dass der letzte Satz kein Bild, sondern eine Thatsache enthält,
beweist der Schluss des Briefes, von der Erbitterung der Katholiken
geschwellt. Und so kann es keinem Zweifel unterliegen, dass dieser
Brief sich bezieht auf die religiöse Disputation vor Gundobad, die bei
Gelegenheit des Festes des heil. Justus 499 zu Lyon gehalten wurde;
wir erhalten in ihm, da er unmittelbar vor dem Konflikt mit den Franken geschrieben ist, einen sehr wesentlichen Beitrag zur Erfassung der
Lage. S. n. 500 und 501 und p. 145 ff. β. Bezüglich der Briefe
29 und 30, von denen der zweite wohl auf den ersten bei Gelegenheit einer apostolica festivitas (*Sirmond* not. ad Av. ep. 29 und 30
denkt an das Fest des S. Petrus) abgesandten Bezug nimmt und kurz
nach diesem geschrieben sein dürfte, und die beide an Sigismund in
Genf gerichtet sind, ist eine genauere zeitliche Bestimmung ausser
der, dass sie unter Gundobads Alleinherrschaft geschrieben sind,
nicht möglich. Der sehnsüchtige Hinblick auf Sigismunds Regierungsantritt (ep. 29 i. f.) dürfte ein Grund sein, sie in ein höheres
Alter Gundobads zu setzen. γ. Glücklicherweise ist es ebenso unwichtig wie unmöglich, einen Zeitpunkt der Abfassung der **ep. 67,
68, 70** anzugeben. **Ep. 67** — und mit ihr gleichzeitig geht ab
ep. 74 Viro illustri Caertio und wie ich vermute auch **ep. 76** Viro
illustri Riconi — ist nach Ostern an Sigismund in Cabilo gerichtet
(vgl. auch *Sirmond*, not. ad *Aviti* ep. 67 und 68); **ep. 68** nach
Ostern eines andern Jahres an denselben nach Lyon (richtig *Sirmond*
a. a. O.); **ep. 70** ist ein Schreiben bei Gelegenheit des Festes des
S. Vincentius, aber nicht nach Cabilo, sondern an einen Ort der
Provence, wo sich Sigismund gerade aufhielt, gerichtet.

II. Von den andern Briefen des Avitus sind für Burgund wichtig
und bis zu einem gewissen Grade bald genauer bald ungenauer be-
stimmbar:

1. **ep. 6** Victorio episcopo, geschrieben nach Gundobads Tod, denn

es regiert ein katholischer König a principe regionis nostrae, cujus nobis praestitit in vera religione consensum), aber vor dem Concil. Epaonense (Sept. 517). Auf dieses bezieht sich auch **ep. 80,** jedenfalls 517 vor dem Sept. und nach dem Juni abgefasst. Vgl. oben p. 227. In dieselbe Zeit zwischen Gundobads Tod und das Concil von 517 ist die Briefserie zwischen Avitus und Victorius **ep. 14—17** zu setzen, die als Anlass zu Canon 30 des Concils betrachtet werden muss. Vgl. oben p. 236 ff. Der an Victorius gerichtete **66.** B r i e f muss in den Beginn seines Episkopats fallen; nur steht dessen Anfang nicht fest.

2. Die Briefe an Apollinaris, den Sohn des Sidonius (s. ep. 45 i. d. Mitte) und Bischof Eufrasius nach Clermont: **ep. 22, 38, 45, 46.** Von diesen ist **ep. 45** mindestens »mehrere Monate« später als **ep. 39** an Eufrasius abgefasst. Denn Dieser ist zweifellos der am Ende des 45. Briefes erwähnte amicus, qui (libellum) ut puto ad vos pervenire fecit, welchen Avitus (**ep. 38**) beauftragt, opusculum ipsum nec vacanter editum, nec omnimodis emendatum (vgl. ep. 45 i. f. Libellum — mihi inemendatum crudumque praerupuit) — Apollinari publicare atque excusare. Zur Zeit der **ep. 45** hatte Apollinaris das Werk schon gelesen und vor mehreren Monaten schon an einen ihnen gemeinsamen Freund darüber geschrieben. **Ep. 45** ist aber vor Alarichs Ende verfasst: Scripsistis circa vos dignationem domni regis Alarici illaesam et pristinam permanere. Dieser Brief kreuzt sich mit einem von Apollinaris verfassten. **Ep. 46:** Patet namque, tam unam nobis sollicitudinem nostri esse, ut litteris, quas harum portitor filius meus attulit, ante si bene metiamini responderem, quam venirent. Und nun giebt Avitus dem Boten **ep. 46** mit. Dagegen halte ich **ep. 22,** in welcher Avitus sagt, quia nobis diversis nuntiis dicebatur, vos dominorum quibus observatis accitu cunctos pariter evocatos, und wo er Gott dankt, qui prospero reditu in laetitiam vestros vosque revocavit in patriam, für nach der Schlacht von Vouglé geschrieben, von der *Gregor* II c. 37 i. f. sagt: Maximus ibi tunc Arvernorum populus, qui cum Apollinare venerat.

3. **Ep. 24** Stephano Episcopo, d. i. der Nachfolger des Rusticus und der Vorgänger des Viventiolus zu Lyon, ist jedenfalls zwischen 499, wo Stephanus zuerst als Bischof erscheint, und 517, wo Viventiolus schon Bischof ist, geschrieben. Die interessanten **ep. 25** und **26** spotten jeder Bestimmung.

4. Die sehr wichtige **ep. 31** ist geschrieben im Spätjahr 501 oder im Winter 501 auf 502. Avitus wollte selbst nach Rom kommen: sed — istud jam dudum per rationem temporum fieri posse cessavit. Der Brief bezieht sich auf eine Synode zu Rom bezüglich des Pabstes Symmachus, die causam quam — pene temere susceperat inquirendam divino potius servavit examini (Avit. ep. 31 i. d. Mitte). Es ist diess keine andere als die Synodus Palmaris, die «X Kal. Nov. Rufo Magno Fausto Avieno coss.« (23. Oct. 501) gehalten wurde, wo «tota causa dei judicio reservatur». Richtig *Sirmond*, notae ad Avit. ep. 31. Vgl. *Jaffé*, Regesta n. 472 (p. 62).

5. **Ep. 32** Liberio Praefecto. Dieser ostgothische Beamte, den *Cassiodorus* Var. XI, 1 praefectus Galliarum nennt, und an den Avitus in dieser Eigenschaft schreibt, konnte erst nach Beendigung des ostgothisch-burgundischen Krieges nach Gallien gesandt sein, während sein Vicar Gemellus nach *Cassiodor* III, 16 17, 41 noch während des Krieges dort erscheint. Der Brief kann also frühestens 510 verfasst sein.

6. **Ep. 36, 37, 88, 89.** Von diesen fällt **ep. 36** Viro illustri Senario comes patrimonii des Theoderich (vgl. *Sirmond* not. ad Av. ep. 36) in die erste Zeit des sanctus Hormisdas seu quicumque nunc ille est Papa und bezieht sich auf die erste Gesandschaft des Pabstes an Anastas (515; vgl. *Jaffé*, Regesta n. 465 und 466). Der Brief ist also Ende 515 oder Anfang 516 zu setzen. Dagegen ist **Ep. 37** Petro Episcopo, wie Avitus selbst sagt (perinde sanctum Papam et beatitudinem vestram — provincia nunc consuluit), nicht gleichzeitig mit dem gar nicht an den Pabst gerichteten **36. Brief** (so *Sirmond* not. ad Av. ep. 36, 37) sondern mit dem **87. Brief** Papae Hormisdae Avitus abgesandt, welcher sich ad effectum legationis secundo Constantinopolim destinatae bezieht, und den der Pabst empfing III Kal. Febr. Agapito Cons. (30. Januar 517); worauf Hormisda in einer Data XV Kal. Martias Agapito Cons. (15. Febr. 517) antwortete.

7. **Ep. 41** ist unmittelbar nach der Taufe Chlodovechs (Weihnacht 496) an diesen gerichtet, also wahrscheinlich Januar 497 verfasst. S. auch *Clinton*, Fasti ad a. 496 i. f.

8. Die beiden Briefe **47** Avitus viro illustri Heraclio und **48** Rescriptum viri illustris Heraclii möchte ich bald nach Gundobads Sieg von 500 setzen. Avitus sagt wohl auf diesen anspielend von der facundia Heraclii, quae regalium triumphorum praeconiis patrocinabatur. Der Gegensatz der Arianer und Katholiken ist selbst in der Nähe des Königs noch leidenschaftlich, was Gundobad in der Folge wohl mehr und mehr zurückdrängte.

9. **Ep. 78** Apollinari episcopo. Nach den Worten des Briefs: vel illam certe, quam nuperrime Rex Getarum, secuturae praesagam ruinae monetas publicis adulterium firmantem mandaverat, muss er bald nach 507 geschrieben sein. Diess in der Verbindung mit der interessanten Notiz, dass illi qui vastare limitem dicebantur reversi sunt lässt keinen Zweifel, dass der Brief in dieselbe Zeit, wie der Zug des gothischen Führers Mammo, nämlich in das Frühjahr 509 fällt. (Vgl. *Marius* ad a. 509. Unsere Darstellung p. 209 ff.)

Exkurs IV.

Ueber Gingins-la-Sarraz: Essai sur l'établissement des Burgunden dans la Gaule.

In den Memorie della Reale Academia di Torino, Tome XL erster Serie (1838) hat der schweizerische Antiquar Baron *F. de Gingins-*

la - Sarraz auf p. 189—293 einen Essai sur l'établisement des Burgunden dans la Gaule et sur le partage des terres entr'eux et les régnicoles veröffentlicht, welcher in der Schweiz und in Frankreich zu solchem Ansehen gelangt ist, dass wir, aber auch lediglich desshalb, Tadel verdienten, ihn unerwähnt gelassen zu haben.

Die Hauptresultate, zu denen der erwähnte Autor gelangt, sind folgende:

P. 190: Man muss zwei Epochen der burgundischen Niederlassung auf gallorömischem Boden unterscheiden: eine vorübergehende von 413—456 und eine dauernde, die mit 456 beginnt. P. 208: Die Burgunder wohnten auf dem linken Rheinufer bis zum Einbruch Attila's in Gallien (451); da flüchteten sie sich vor der hunnischen Cavalerie in die Defileen der Vogesen (mit Berufung auf *Fauriel* I p. 189, der selbst aber nur als Hypothese ausspricht, die Reste der Burgunder seien nach der Niederlage derselben in Belgien durch Aetius an der Spitze seiner Hunnen in den Vogesen sitzen geblieben). P. 209: Hier erwarteten sie die grosse Armee, welche Aetius im Verein mit den Westgothen von Süden heranführte, vereinigten sich mit dieser, schlugen tapfer die Schlacht von Chalons mit, blieben aber nachher noch provisorisch in den Vogesen sitzen. Da kommt der Tod des Aetius, der Sturz des Avitus und dans cette extrémité senden die Senatoren (mit Bezug auf die Stelle des *Fredegar* oben p. 9) der Provinzen, die von dem burgundischen Einfalle zunächst bedroht waren, zu den Burgundern, unterwerfen sich freiwillig und bieten gleiche Theilung des Landes an: p. 210. Die Stelle des *Prosper Tiro*, Chron. ad a. 443 ist weil im Widerspruch mit *Marius* zu verwerfen (wogegen schon *Waitz*, Forschungen I, p. 8 und 3 protestirt hat). P. 211 u. 212: Zuerst suchte Langres die Protektion der Burgunden nach; dann Besançon, die Hauptstadt der Sequanerprovinz: der Metropolis folgte die Provinz; Avenches und Nyon unterwarfen sich freiwillig; die doppelte Passage über den Bernhard und den Mont-Cenis war zu wichtig, um nicht von den Burgunden besetzt zu werden. Genf, Tarentaise und Martigny unterwarfen sich ebenfalls. Dies waren die Gränzen des 456 gegründeten Königreichs.

P. 213: In der Folge sucht auch Lyon auf den Rat des Sidonius die Protektion der Burgunder nach, welche aber 458 die Stadt an Majorianus zurückgeben müssen. Erst 470 erhielten sie die Stadt durch Vertrag mit Anthemius zurück, der ihnen zugleich Vienne und sein Territorium bis zur Durance und Vivarois gegen ihr Versprechen abtrat, die Auvergne gegen die Westgothen zu vertheidigen und die Suzerainität der Kaiser anzuerkennen (*Sidonius* ep. V, 6; *Vaissette*, Histoire de Languedoc I, p. 216). P. 214: So ist die Natur des burgundischen Rhonereichs zu keiner Zeit (auch 456 nicht) durch Eroberung getrübt, es ist durchweg durch Vertrag gegründet.

P. 215: Man hat bisher immer verkannt, dass man zwei Arten von Provinzen unterscheiden muss: 1. Die Provinzen, die sich freiwillig unterwarfen (La Séquanie, la Suisse Romane, les Alpes Penuines et Graies et les cités de Lingons et des Eduens firent leurs conventions particulaires avec les Burgunden) (!); 2. Die Provinzen, die Anthemius den Burgundern abtrat (!!) (La Lyonnaise, la Viennoise et le Vivarois).

In den ersteren trat die Herrschaft der Burgunden an die Stelle der römischen; in den letzteren behielt sich der Kaiser die Oberherrschaft vor.

P. 203: Die Burgunden waren ein Hirten- und Jägervolk, méprisant le séjour des villes. So kam es, dass sie sich immer die unfruchtbaren Striche zu ihren Wohnungen wählten.

P. 218: In der Franche Comté haben sie daher am meisten gesessen; daher ist jetzt noch fast das ganze Land nicht angebaut. Und selbst hier haben sie nur das mittlere und höhere Gebirge erhalten (p. 219).

Wenn wir, ohne uns noch tiefer in die Abhandlung einzulassen, behaupten, dass diess Alles Schöpfung einer naiven Geschichtsforschung ist, die ihre Phantasie zur Quelle der Thatsachen stempelt, dass der Verfasser unsägliche Mühe und einen Ballast antiquarischer Gelehrsamkeit an ein reines Nichts verschwendet hat, dass somit sein an und für sich sehr verdienstlicher Versuch, den schwierigen Gegenstand erschöpfend zu behandeln, zu unserm grössten Leidwesen als völlig missglückt bezeichnet werden muss, so erlauben wir uns diess zu belegen:

1. Ein methodischer Hauptfehler besteht darin, dass nicht die bestimmte Nachricht des *Prosper Tiro* zu 443 zum Ausgangspunkt gemacht wurde, sondern die durch und durch corrupte Stelle des *Fredegar* (s. n. 26) die Basis der Untersuchung abgab.

2. Falsch, weil rein erfunden, ist die ganze Geschichte der Burgunder von ihrer Niederlage 436 bis zu ihrer angeblichen festen Ansiedelung im Jahre 456. Richtig ist nur ihre Theilnahme in der Schlacht auf den katalaunischen Feldern.

3. Falsch ist das occupare des *Marius* für »eingeräumt erhalten« zu verstehen.

4. Naiv ist es, von Provinzen »cédées aux Burgunden par les magistrats des cités« zu sprechen.

5. Rein erfunden ist der Gang der Unterwerfung der Städte (p. 211 flgd.)

6. Rein erfunden ist der Vertrag mit Anthemius, rein erfunden also der so prätentiös hervorgehobene staatsrechtliche Unterschied in der Stellung der Provinzen.

7. Naiv ist die Ansicht, die Schlechtigkeit eines Landstrichs als Grund zu einer Bewohnung durch Burgunder gelten zu lassen.

Wenn mit solchen Mitteln und einer Methode, die die Historiker des 18. u. 19. Jahrhunderts noch als Belegstellen für nur mit Quellen zu beweisende Thatsachen anführt, versucht wird, im krassesten Widerspruche mit den Quellen eine Theilung des Landes unter die beiden Nationalitäten nach Cantonen zu behaupten und nachzuweisen, so dürfen wir uns wohl der Mühe überhoben erachten, den über 100 Quartseiten langen Aufsatz und die darauf gegründete Karte im Einzelnen zu berichtigen. Wir müssen aber innig beklagen, dass die ohnehin schon grosse Masse der sterilen Literatur über die burgundischen Verhältnisse durch solche unnütze und die allgemeinen Anschauungen von denselben durch gelehrten Schein verwirrende Abhandlungen noch mehr geschwellt wird.

Exkurs V.

Ueber die Familie der Herrscher des burgundisch-romanischen Königreiches, insbesondere über Hilperik den Oheim und Hilperik den Neffen.

Mit einer Kunst, die staunenerregend ist, gelang es den älteren Autoren über burgundische Verhältnisse, die wenigen Namen der burgundischen Könige in stets wechselnden, aber nie richtigen genealogischen Zusammenhang zu bringen: freilich grösser ist die Verwirrung kaum irgendwo gewesen, als bei unserem ehrwürdigen *J. Grimm* in seiner Geschichte der deutschen Sprache II. p. 704—706, die hier versucht, die Geschichte nach Anforderung der Sage zu formuliren. Aber selbst wo grössere Irrthümer vermieden werden, findet sich nicht selten noch eine nahe liegende Verwechselung zweier gleichnamiger Könige: nämlich der beiden Hilperik. In stillschweigender Kritik dieser falschen Ansichten fasse ich kurz die entscheidenden Momente für die Aufstellung eines sicheren und richtigen Stammbaumes der Familie der Herrscher über das Königreich an Rhone und Saone zusammen:

1. Der Stammvater des Geschlechtes der Herrscher ist unbekannt. Mit Gundiok kommt — und darin stimmen *Prosper Aquitanus* (n. 1), *Gregor v. Tours* (n. 154), die Vita Sigismundi (s. Exkurs II p. 285, 286) und die Thatsache, dass die älteren Namen der Lex Burg. T. III sich bei dem von 443—532 herrschenden Geschlecht nicht wiederholen, merkwürdig überein — ein neues Herrschergeschlecht auf den Thron. Vgl. p. 38 ff.

2. Gundiok und seine Frau. Die Lex Burg. T. III erwähnt des Stammvaters beide Söhne, den Vater und den Oheim Gundobads, als burgundische Könige. Der Vater ist Gundiok: *Gregor* II c. 28 (s. n. 154 und 277), der wahrscheinlich 437 nach Gundahars Vernichtung (n. 1) auf den Thron erhoben wurde und im Jahre 473 und zwar nach dem fünften März dieses Jahres starb (s. p. 67. n. 280 und p. 80 ff.). Da sein Sohn Gundobad in der Historia miscella der nepos und bei *Johannes Antiochenus* der ἀνεψιός des Ricimer genannt wird (s. d. Stellen in n. 210), so hatte Gundiok nicht eine Tochter, sondern eine Schwester Ricimers zur Frau: p. 51 und 52.

3. Hilperik der Oheim unterschieden von Hilperik dem
Neffen. Bei Gelegenheit des westgothisch-burgundischen Zuges gegen
die Sueven im Jahre 456—457 bemerkt *Jordanes* c. 44 (s. n. 219),
dass mit Theoderich die Könige der Burgunder Gnudiuchus et Hilpericus nach Spanien gezogen seien. Schon danach ist es sehr wahrscheinlich, dass jener zweite Sohn des unbekannten Stammvaters dieser
Hilperik gewesen ist. Nach dem Siege über die Sueven nennt der
Continuator Prosperi ad a. 457 (n. 219) von den beiden Königen des
Jordanes nur Gundiok einen aus der Sabaudia intra Galliam ad habitandum ingressus. Der Hilperik des *Jordanes* blieb also in der Sabaudia zurück. Wir vermuten, dass Gundioks Bruder Hilperik geheissen habe, wir wissen aus *Gregor* II c. 28 (s. n. 277), dass ein
Sohn Gundioks den gleichen Namen führte. Es gilt, jene Vermutung
zur Gewissheit zu erheben und die beiden Personen in den Quellen,
die Zweifel gestatten, zu unterscheiden. Solche Quellen sind a. jene
Stelle des *Jordanes* c. 44 ; b. die Vita Lupicini (n. 250), welche
eines vir illustris Galliae quondam patricius Hilpericus, eines vir singularis ingenii et praecipuae bonitatis in Genf zwischen 453 u. 462
oder 463 (s. n. 253) Erwähnung thut; c. die dasselbe Ereigniss be-
richtende Vita Romani, auctore *S. Gregorio Turonensi* (s
n. 251) nennt den gleichen Hilperik einen rex, qui tunc Burgundiae
praeerat, von dem verlautet: cum habitare apud urbem Janubam ;
d. *Apollinaris Sidonius*, Ep. V, 6 (s. n. 342) spricht im Herbst
474 (s. n. 305 u. p. 86—88) von einem magister militum Chilpericus victoriosissimus vir, den er V, 7 einen tetrarcha noster, einen vir
non minus bonitate quam potestate praestans nennt, dessen potestas
Lugdunensem Germaniam regit und der von seiner Gemahlin wohlthätig beeinflusst wird.

Eine grosse Wahrscheinlichkeit spricht dafür, dass a denselben
Hilperik wie b und c im Auge hat. Die Identität des mag. mil. Hilperik in *Sidonius* V, 6 und des tetrarcha noster in desselben V, 7
steht fest. Es fragt sich zunächst, haben alle Quellenstellen denselben Mann bezeichnen wollen ? Die Aehnlichkeit der Charakterisirung
des Hilperik in b und d ist so frappant, dass man allerdings die
Identität der bezeichneten Persönlichkeiten wahrscheinlich halten
möchte. Allein näherem Zusehn ergeben sich die tiefgreifendsten
Verschiedenheiten *a.* die Zeit betreffend: der Hilperik in a lebt 457,
der in b u. c zwischen 453 u. 462 od. 463; der in d dagegen im
Herbst 474; *β.* die Residenz betreffend: der Hilperik in a bleibt 457
in der Sabaudia zurück, der in b u. c residirt damit übereinstimmend
Apud Janubam urbem, der in d dagegen herrscht über das Land um
Lyon (p. 73); *γ.* die römische Würde betreffend: der Hilperik in b
u. c ist Patricius Galliae, d. h. er trägt nach dem Consulat die höchste
Würde des römischen Reichs (s. Theil II. Buch 2 ; *Sidonius*, Ep. V,
16), die über der des magister militum erhaben ist (sehr deutlich er-
hellend aus n. 209): der Hilperik in d aber ist 474 nur magister militum: sollte er derselbe sein mit Jenem, so müsste eine ganz unerhörte

Degradation stattgefunden haben; wäre dann diese Persönlichkeit der Bruder Gundioks, so hätte es entweder gleichzeitig zwei burg. Könige die magistri militum gewesen wären, geben müssen, was wieder als unannehmbar erscheint, oder aber es hätte Hilperik erst nach Gundioks Tode degradirt werden müssen; *d.* endlich tritt noch die Verschiedenheit hervor, dass der Hilperik in d verheiratet ist, während wir von dem in a, b und c diess nicht erfahren. Diese Verschiedenheiten der Lebenszeit, der Residenz, der Würde sind so evident und bedeutend, spotten, um sie auf dieselbe Person zu beziehen, so sehr jeder Vereinigung, dass die Quellen unmöglich ihre Nachrichten an dieselbe Person anknüpfen können.

Bezeugt nun die Lex Burg. die Königswürde des neuen Geschlechts auch bei Gundioks Bruder, finden wir in a und ziemlich gleichzeitig in b und c einen burgundischen König neben Gundiok dem magister militum, der Hilperik heisst und patricius ist, also mit dem mag. mil. Hilperik des Jahres 474 nicht zusammengeworfen werden darf, beweist die Lex Burg., dass von Gundioks Söhnen nur dieser sammt seinem Bruder herrschte, beweist damit kombinirt *Gregor* II c. 28, dass ein jüngerer Hilperik als Gundioks Sohn betrachtet werden muss, so folgt aus diesem Allem, dass der Hilperik in a—c wirklich der Bruder Gundioks, der in d dagegen der Sohn Gundioks war. Jener starb kinderlos und war sonach vielleicht unvermählt.

4. Die Söhne Gundioks, ihre Frauen und Kinder. Gundiok hinterliess 4 Söhne (*Gregor* II c. 28; s. n. 277):

a. Hilperik den Jüngeren, gestorben zwischen 473 u. 493 (p. 114 ff.); seine Gemahlin war die 506 verstorbene Caretene, deren Abstammung ungewiss ist (p. 117—119). Von ihr erhielt er zwei Töchter: *α.* die ältere, Saedeleuba (so Hist. e pit. c. 17), von der Vita Sigismundi § 3: Sedeolenica, mit ihrem Klosternamen Hröna genannt; *β.* und die jüngere, die an Chlodovech 492 oder 493 (s. p. 113) vermählte Hrôthehilde: *Gregor* II c. 28. Söhne hat Hilperik keine hinterlassen: s. p. 114 u. 115. Hilperik residirte von 473 an als Herrscher in Lyon, über sein Altersverhältniss zu den andern Brüdern verlautet nichts.

b. Gundobad, älter als Godegisel (p. 70 und Vita Sigismundi § 2: s. p. 284), regiert von 473 in Vienne (p. 73), nach Hilperiks Tod in Lyon (p. 120, 121), von 500—516 allein über das Reich. Ueber seine Gemahlin haben die Quellen nichts überliefert. Seine Kinder waren *α.* Sigismund (vgl. unten unter 5); *β.* Godomar (s. unter 6); *γ.* wahrscheinlich die Gemahlin des Frankenkönigs Chlodomer: Guntheuca s. oben p. 286; *d.* eine als Braut verstorbene Tochter: *Avitus*, ep. 5. Sigismund war als Thronfolger jedenfalls älter als Godomar; der Tod der letzterwähnten Tochter scheint erst in ziemlichem Alter Gundobads eingetreten zu sein (s. Exkurs III p. 291) und dieses Kind wäre demnach jedenfalls Eins der spätesten und jüngsten gewesen.

c. **Godegisel.** Regiert nach Gundioks Tode bis zum Jahre 500 in Genf; im Jahre 500 stirbt er zu Vienne (s. p. 73 u. n. 529). Seine Gemahlin ist nach einer fränkischen Urkunde des Jahres 587 (s. *Pardessus*, Diplomata I p. 156, 157; vgl. p. 160) die regina Theudelinda unbekannter Herkunft gewesen. Dürfen wir der **Vita Sigismundi** § 3 glauben (s. darüber p. 284, 288), so endete sie gleichzeitig und gleich gewaltsam mit ihrem Manne in Vienne.

d. **Godomar.** Seine Existenz erwähnt allein *Gregor* II c. 28 in n. 277. Wahrscheinlich starb er vor seinem Vater. S. p. 73.

5. **König Sigismund und seine Familie.** Sigismund ist im Frühjahr 494 verlobt: p. 108 n. 399, also spätestens wohl gegen Ende der siebenziger Jahre geboren. Er war **zweimal vermählt**:

a. mit der natürlichen Tochter Theoderichs des Ostgothen, der Schwägerin Aarichs II des Westgothen, die *Jordanes* c. 58 (s. n. 400) Ostrogotho nennt. Anders verhält sich die Sache freilich bei dem *Anonymus Valesianus* (in der Ausgabe der *Ammianus Marcellinus* von *Jac. Gronovius*, Lugduni Batavorum 1693 p. 720); da heisst es: Nam uxorem habuit ante regnum (scil. Theodericus), de qua susceperat filias: unam dedit nomine Arevagni Alarico .... et aliam filiam suam Theodegotham (*Procopius*, De bello Goth. I. c. die. nennt sie Θευδιχοῦσα) Sigismundo filio Gundebadi regis. Als ich 12 n. 400 schrieb, hatte ich den Text des *Anonymus* an dem Orte, wo ich schrieb, noch nicht aufgetrieben und war auf meine Excerpte beschränkt: ich hätte sonst nicht so unbedingt den *Jordanes* bevorzugt. Beide Quellen gehen hier wieder zweifellos auf die **Ravennater Annalen** als Grundquelle zurück, obgleich die Verschiedenheit von Arevagni und Ostrogotho sehr auffallend ist. Abgesehen davon ist beim *Anon. Vales.* die Unsicherheit des *Jordanes* dadurch gehoben, dass dort nicht wie hier die Namen der beiden Mädchen vorangestellt sind und fortgefahren wird: die Eine heiratete den, die Andre jenen König, sondern die Namen gleich als Objekte des dare benutzt werden. Es fragt sich, ob die Quelle die unbestimmtere Form des *Jordanes* oder die bestimmtere des *Anonymus* hatte? Ich glaube Jene: *Jordanes* hätte sonst bei der Wichtigkeit der Thatsache für ihn gewiss die Bestimmtheit der Vorlage sich angeeignet. Es wäre diess auch nicht die einzige Stelle, wo der *Anonymus* eigenmächtig verfahren wäre: s. *Pallmann* II p. 259—261; *Waitz*, die Ravennater Annalen p. 90. Da nun *Jordanes* die Thiudigotho an erster Stelle, der *Anonymus* dagegen die Theodegotha an zweiter nennt, so ist mit Sicherheit nicht zu sagen, welche von den beiden Benamten Sigismunds Gattin geworden ist? Doch giebt *Procop* die Θευδιχοῦσα dem Alarich.

Von der ersten Frau erhielt Sigismund zwei Kinder: α. eine ältere Tochter, s. den Titel der Homilie des *Avitus* in n. 617. Da im Jahre 524 Chlodovechs Sohn Theuderich von *Gregor* III c. 6 der Schwiegersohn Sigismunds genannt wird (s. auch n. 881) und Theuderichs Frau

Suavegotta hiess (n. 882), so kann diese Fürstin nur jene Tochter Sigismunds gewesen sein. Nicht lange vor 516 lebte sie noch in Burgund: n. 617 u. 618; β. einen Sohn Segerik (s. oben p. 245—247), den sein unnatürlicher Vater 522 ermorden liess.

b. Mit einer burgundischen Römerin: s. p. 246. Da im Jahre 523 zwei Söhne aus dieser Ehe existiren (s. n. 869 u. 877), so war damals die erste Gemahlin schon längere Zeit tod. Aus dieser Ehe entsprossen zwei Söhne, deren Namen (n. 877) allein die Vita Sigismundi aufbewahrt hat: α. Gisclahad und β. Gundobad.

Diese beiden Söhne, die zweite Frau und Sigismund selbst sterben 523 (n. 869 u. 878).

6. König Godomar. Jünger als Sigismund wird er 524 König (p. 257) und verschwindet 532 spurlos aus der Geschichte (p. 272 u. 273); mit ihm endete wohl der Mannstamm des Geschlechtes, welches mit Gundiok auf den Thron gelangt war.

––––––––––

305

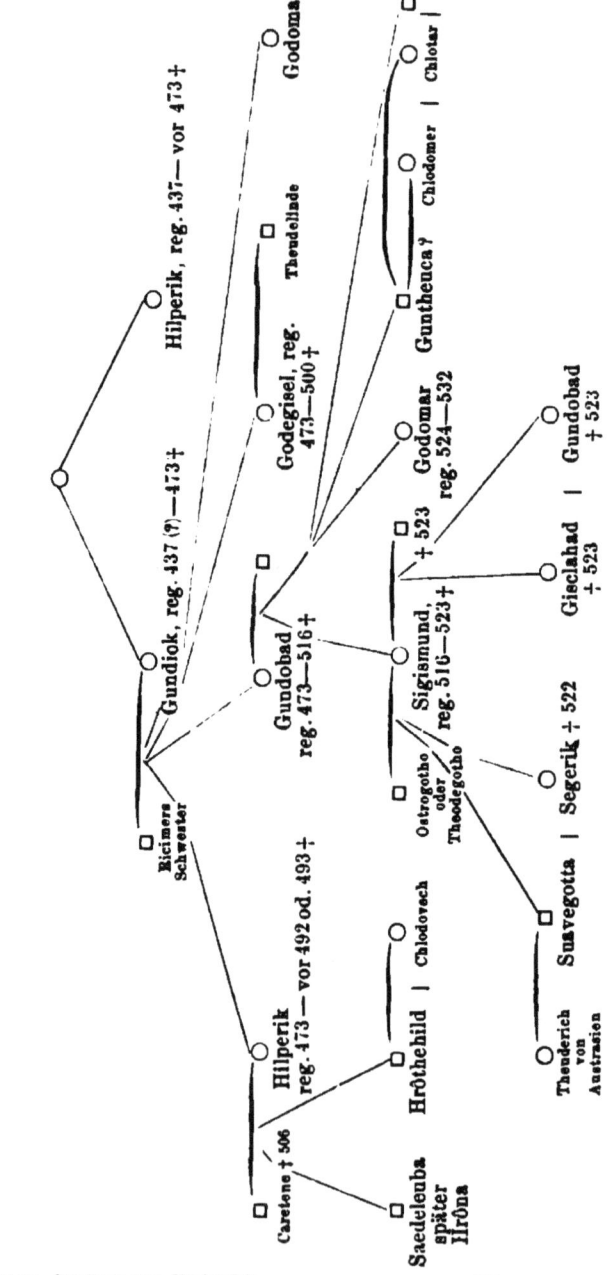

Stammtafel der burgundischen Königsfamilie.

Exkurs VI.

Die Gränzen des Reichs um das Jahr 500.

Je genauer man in die burgundische Geschichte eindringt, desto
beweglicher erscheinen die Gränzen des Reichs, desto schwieriger
ihre genaue Zeichnung in einem bestimmten Zeitpunkte. Die Hauptquellen für einen solchen Versuch sind die Unterschriften dreier
Concilien: des Agathense von 506, des Aurelianense von 511, besonders aber des Epaonense von 517 (s. n. 791). Giebt das Letztere
25 burgundische Bischofsitze an, so zeigen die beiden Anderen,
welche Städte nicht burgundisch waren. Da aber eine burgundische
Stadt von der nächsten nichtburgundischen oft weit abliegt, und von
Inschriften aus den kleineren Orten an den Gränzen sehr Wenige gefunden sind, so kann der Radius des zu ziehenden Kreises, wie wir
ihn annehmen, etwas grösser oder etwas kleiner werden, als er in
der Wirklichkeit gewesen ist.

Der *Geographus Ravennas* (IV, 26; ed *Pinder* et *Parthey* p. 236
—242) giebt nun zwar eine Reihe von civitates als burgundisch an:
seine Angaben sind aber für unsere Zwecke im Ganzen nicht zu benutzen, denn sein Burgund ist nicht unser Burgund, sondern kann,
wenn er überhaupt Städte nennt, die alle einmal zu einem Burgund
gehörten, erst nach dem Sturze des burgundisch-romanischen Königreichs den vom *Geographus* bezeichneten Umfang erreicht haben. Die
Städte Aquae — Ugernon (IV, 26; in der angef. Ausg. p. 238, 4—9)
waren ebensowenig wie Tarascon (p. 239, 17) je vor 532 zu Burgund gehörig. Dagegen scheinen mir seine Angaben der letzten burgundischen Orte in den Alpen (qui montes dividunt inter provinciam
Septimanam et Italiam, inter Burgundiam et Italiam u. s. w.: *Geogr.*
IV, 37; Glauben zu verdienen; denn hier verschoben sich zweifellos
die Gränzen viel weniger leicht, als anderswo; auch stimmen hiefür
seine Zeugnisse mit denen der anderen Quellen überein.

Die Gränze nun, die zu ziehen versucht werden soll, gilt dem
Umfang des Reiches, wie es nach dem Verluste Liguriens und der
Anfügung der alamannischen Distrikte (p. 97—108) bis zu Anfang
509 dastand.

Nehmen wir den uns bekannten östlichsten Punkt burgundischer Zugehörigkeit im Rhônethale: es ist Martigny (n. 791 s. 11;
Geographus Ravennas IV, 26 p. 237). Von hier giengen die Gränzen
nach den penninischen Alpen; so zwar, dass der Ort Summo Pennino
(Itinerar. Anton. ed. *Pinder* et *Parthey* p. 167, s. auch die Peutingerische Tafel) von dem *Geographus Ravennas* IV, 26 (p. 237)
nicht mehr zu Burgund gezogen wird. Von Italien aus giebt *Cassiodor*,
Variar. II, 5 die Augustanae clusurae als finales loci gegen Burgund
an (s. auch *Zeuss*, die Deutschen p. 470 n.): der Plural ist wohl zu
beachten und gemeint sind offenbar die Pässe des grossen und des
kleinen Bernhards.

Auf der Strasse über den kleinen Bernhard ins Thal der Isère nennt der *Geographus Ravennas* (p. 238) als die beiden ersten burgundischen Orte Catabolon und Breniton, wovon Letzteres zweifellos mit Bergintrum des Itinerar. Antonini (p. 164 und 166) und der Peutingerischen Karte identisch. Bei dem unverkennbaren Bezuge dieser Letzteren zum *Geographus Ravennas* würde man in dessen Catabolon ein verstümmeltes In alpe graia erkennen, welchen Ort die Peutingerische Karte als nächste Station vor Bergintrum setzt, wenn nicht der *Geographus Ravennas* IV, 30 (p. 250) diesen Ort und Arebribium, das Arebrigium des Itinerar. Ant. p. 164 und 165 und der Peut. Karte, statt zu Burgund zu Italien rechnete. Der erste burgundische Ort lag also an jener Strasse nordnordöstlich von Bergintrum. Von hier wurde die Gränze gebildet von der Höhe der graiischen und kottischen Alpen, deren ganze westlichen Abhänge, die Quelllande von Isère und Durance, burgundisch waren.

Einen festen Punkt gewinnen wir wieder an der Strasse durch die kottischen Alpen über Sisteron und Apte nach Arles. Der *Geogr.* führt IV, 27 Alcacothin (In alpe cottia: Peut. Tafel) als burgundisch, in IV, 30 aber Alpedina und Segatio d. h. wieder In alpe cottia und Segusio als italienisch auf. In Alpe cottia müsste also die Gränze zwischen Burgund und Theoderichs Reich gebildet haben; der nächste burgundische Ort ist dann westlich an der Strasse Brincatio (*Geogr.* IV, 27) oder Brigantio (Itin. Ant. p. 162). Nordwestlich von In alpe cottia an der Strasse nach Grenoble ist Savatio (*Geogr.* IV, 27) oder Stabatio (Peut. Karte) ......

Da es nicht gelingt, südlich der Durance eine burgundische Stadt nachzuweisen, die Concilienunterschriften und der *Geographus* aber gleichmässig ihr ganzes rechtes Ufer als zu Burgund gehörig bezeugen (s. n. 791; *Geographus Ravennas* IV, 27), so bildete von Briançon die Durance die Gränze bis zu ihrem Einfluss in die Rhône: Cavaillon (n. 791) und Avignon (*Marius ad a.* 500: s. n. 529; *Geographus* IV, 26) bildeten die südlichsten Vorposten des Reichs. Da nach n. 644 im Jahre 496 oder 497 Viviers noch zum Westgothenreiche gehörte, so muss, wie es ja auch *Sidonius*, Ep. III. 1 (s. n. 358) ausdrücklich sagt, die Rhône ein Stück weit Burgund von diesem geschieden haben. Wenn *Sidonius* an dieser Stelle das gothische Reich durch Loire und Rhône begränzt, so muss Letztere die Erstere da abgelöst haben, wo diese aufhört: so glaube ich die Rhône von Avignon bis zur Mündung der Drôme als Gränze annehmen zu sollen; von da zog sie sich nach der obersten Loire, westlich von welcher das Land gothisch ist (p. 91—93, p. 212, 213). Die Loire bildet nun den limes mindestens bis Nevers (n. 791 n. 24); wo sich die Gränze von ihr nordöstlich abzweigt, ist unbestimmt: sie läuft nun nach Auxerre (p. 189) und nördlich um diese Stadt her fast ganz östlich nach Langres dieses zu Burgund ziehend (p. 104 ff.). Auf diesem früher alamannischen Gebiete wird es nun schwieriger, die weitere Linie genau anzugeben: Besançon, Mandeure, Porentrui sind burgundisch (n. 384): das ganze Gebiet des Doubs gehörte somit zu diesem Reiche. Beiläufig sei bemerkt, dass ich gegen *Mommsen*, Verhandl. der kön. sächs. Gesellsch: d. Wiss. 1851, III p. 108 n. 1, vergl. freilich p. 107 n. 2 das., das doppelte Vorkommen von Besançon u. Mandeure (*Geogr.* IV, 26 u. 27) nicht auf ein Versehen des Abschreibers der Landkarte, welcher zweimal zu dems. Orte zurückkehrte, zurückführbar erachte, sondern bei der historisch feststehenden Umwandlung dieser beiden Städte aus alamann. in burg: verbunden mit dem von *Mommsen*, a. a. O. p. 106 Gesagten zwei Karten als vom *Geogr.* hier benutzt annehme, von denen die alamannische, wenn auch jünger als die Zeit der burg. Eroberungen (s. *Mommsen* das. p. 117) doch die alten alam. Gränzen noch aufwies. Wahrscheinlich zog sich nun die Gränze von Langres über Mandeure nach Porentrui, um von da ganz westlich nach Windisch zu laufen, dieses dem Reiche einverleibend (n. 791: 15). Der Versuchung, von Porentrui der grossen Rheinecke bei Basel zuzustreben, ist zu widerstehen. Der Bischof von Augusta Rauracorum fehlt auf dem epaonensischen Concile, während er das fränkische Concil von Orléans des Jahres 533 unterzeichnet (*Mansi* VIII p. 837); diese Thatsache bestätigt den *Geographus Ravennas* IV, 26, welcher Breisach, Basel, Augst nur als alamannische Städte aufführt.

Von dieser Spitze zwischen Reuss und Aar wird die Linie noch weit unsicherer. Von einer Ueberschreitung der Reuss nach Osten hören wir nichts: das Zeugniss des *Geographus Ravennas* IV, 26, der Rhein zwischen Basel und Constanz und dann Zürich sammt Umgebung seien alamannisch gewesen, stammt seiner letzten Quelle nach aus einer Zeit, in welcher Langres und Porentrui auch noch alamannisch waren, und die Nichtanführung jener Orte als später burgundisch gewordener beweist nichts, weil die östlichsten burgundischen Punkte, die der *Geographus* überhaupt kennt, Martigny und Porentrui sind. Irgendwelche andere Anhaltspunkte lassen sich aber nicht auffinden, so wünschenswert sie gerade hier auch erscheinen möchten. So sind wir jetzt ganz auf Vermutungen gewiesen. Die Hypothese, die am meisten für sich hat, ist die, dass die Gränze mit der Reuss und dann dem Emmen aufwärts lief und sich von hier nach der oberen Rhône zog, ohne dass sich auch nur vermuten liesse, wo sie den Fluss erreichte.

So war es ein bedeutendes Gebiet, welches die »Ueberreste der Burgunder« zu ihrem Reiche gezogen hatten, in seiner grössten Längenausdehnung (Avignon—Langres) gegen 60 geogr. Meilen lang und an seiner breitesten Stelle (Nevers—Vindonissa) über 50 geogr. Meilen breit, freilich nach Süden sich sehr verjüngend. Eine Reihe der bedeutendsten Cantone der heutigen Schweiz und ein grosses Stück des mittäglichen Frankreichs in sich vereinend verwebte sich das burgundische Gemeinwesen unlöslich mit der schweizerischen und der französischen Geschichte: gegründet von einem germanischen Volke darf die Betrachtung und Erforschung der Schicksale germanischer Völker nicht theilnahmlos an ihm vorübergehen.

Mit dem obigen Versuche mag man unter Anderem vergleichen:

Mascov, Gesch. der Teutschen, Anmerk. IV; *Zeuss*, die Deutschen
p. 470 n.; *Grimm*, Gesch. d. deutsch. Spr. II p. 703 n.; *Wurstemberger* I p. 205—212; *Derichsweiler* p. 79.

Exkurs VII.

Die Jahresbezeichnung in Burgund und ihre Eigenthümlichkeiten.

Vergebens würde Jemand in der Art, wie Burgund die Jahre
seines Bestehens bezeichnete, ein besonderes Streben nach Manifestation staatlicher Selbstständigkeit suchen. Wer nur die Mehrzahl
und nicht alle diese Datirungen kennte, möchte sich ganz auf
römischem Gebiete glauben. Ist diese Thatsache schon an und für
sich sprechend genug, so unterscheidet sie auch die burgundische
Jahresbezeichnung von der der Ostgothen, Westgothen und Franken,
wo überall die Selbstständigkeit des Staates auch hierin hervortritt.
(S. *Le Blant*, Inscr. chrét. de la Gaule p. LX und LXI). Dann
bieten ja aber auch einzelne Jahresbezeichnungen merkwürdige
Aufschlüsse für die Geschichte dieser und der ihnen benachbarten
Jahre: sie fordern deshalb noch besonders unsere Aufmerksamkeit.
Dass ich in dem Folgenden wesentlich auf den vortrefflichen Ausführungen *de Rossi's*, in dem 1. Bande seiner Inscriptiones christianae
urbis Romae (Rom 1861) fusse, bedarf kaum der Bemerkung, und
an vielen Stellen, wo ich diess Werk nicht ausdrücklich citire, habe
ich es stillschweigend im Auge. Von den Quellen für die folgende
Abhandlung sind sieben Zeitangaben officiell, weil Data von burgundischen Gesetzen (501: 2; 513: 1; 515: 1; 516: 1; 517: 2),
eine halbofficiell, weil zur Datirung eines Concils dienend (zu 517),
eine ist eine Briefdatirung (zu 517), alle anderen sind Daten von
Grabinschriften, die ich nach dem Werke von *Le Blant*, Inscriptions
chrétiennes de la Gaule citire. Nicht zu benutzen sind die Jahresangaben in der Chronik des *Marius*. Denn seine Consuln sind bis 493,
wenige Ausnahmen abgerechnet, die der Ravennater Annalen: die Vergleichung des *Marius* mit dem *Chronographus Cuspinianus* ergiebt Abweichungen nur bei 458, 469, 472, 484, 486, 490, 493, während
zu 455 und 491 *Marius* die im *Chronographus* fehlenden Consuln hat.
Abweichungen des *Marius* von Cassiodor sind bei 466, 469, 472, 490,
493 zu bemerken, während *Senator* bei 458, 464 und 484 die zwei
Namen in anderer Reihenfolge bietet. Von dem *Continuator Prosperi*
weicht *Marius* nur 482, 490, 493 ab. Es sind also nicht burgundische Jahresbezeichnungen, die *Marius* bis 493 bietet. Dieselbe
Thatsache ist zu konstatiren für die Consuln des *Marius* von 495—
535: hier ist der Zusatz zu dem *Chronogr. Cusp.* von 496—535

jedoch nicht *Marius* Quelle, welcher hievon in 33 Jahren abweicht, während er nur in 15 mit ihm stimmt. *Marius* bietet eine mit orientalischen Consuln sehr wohl ausgestattete Reihe und gerät dadurch in Widerspruch mit den Jahresangaben, die nachweislich aus Burgund stammen. Vom Jahre 509—533 ist es, abgesehen von Namensvarianten, genau die Consulreihe, die *Marcellin* in seiner Chronik bietet, nur dass natürlich dieser die orientalischen Consuln voranzustellen pflegt: von 523 rechnet *Marius* sogar auch wie *Marcellin* fortlaufend nach Indiktionen. Auch die Uebereinstimmung des *Marius* mit den Consuln in *Cassiodors* Chronik zu 495, 500—502, 504—506, 509—519 ist zu bemerken. In der Art der Bezeichnung von 496 und 497 würde *Marius* unter diesen Chroniken allein stehen, wenn nicht die *Continuatio Prosperi* ihm hierin gliche. Dagegen zu 507 und 508 ist *Marius* wirklich isolirt, indem er Venantius und Celer für 507 und P. C. Venantii (nicht P. C. Venantii et Celeris) für 508 angiebt. Sehen wir von dieser letzten Eigenthümlichkeit ab, so ist die Uebereinstimmung des *Marius* mit *Cassiodor* und noch viel mehr mit *Marcellin* viel zu auffallend, als dass wir in den Jahresbezeichnungen des *Marius* für 495 ff. burgundische Jahresbezeichnungen erkennen dürften, um so weniger als wir Differenzen zwischen ihnen und echt burgundischen bei folgenden Jahren bemerken: 500: s. im folgenden Datenverzeichniss n. 25—31; 501: s. n. 32; 506: s. n. 33; 507: s. n. 34 und 35; 510: s. n. 36; 511: s. n. 37, 38; 513: s. n. 39; 517 und 518: s. n. 44—49; 524: s. n. 55—57; 525: s. n. 58; 528: s. n. 61.

So besteht mein Material aus folgenden Daten:

Nr.	Jahr n. Chr.	Art der burgundischen Jahresbezeichnung.	Monat und Tag der betreffenden Bezeichnung.	Ort der betreffenden Bezeichnung.	Quelle der betreffenden Bezeichnung.
1.	466.	DOM N LEONE III	pridi E NONAS MARTIAS	Lyon.	Le Blant n. 74.
2.	469.	MARCIANO VV CC	XVKL FEBRARIAS	Grigny, südlich v. Lyon.	Ders. n. 97.
3.	470.	DN N SEVERO ET IORDANE VV CC	VII KAL OCTOB	Lyon.	Ders. n. 79.
4.		SEVERO ET IORDANE CONS	SVB DIE XIV. (liess VII) KL NOVEMBRIS DIE LVNAE LVNA XVII	Vaison.	Ders. n. 496.
5.	472.	FISTO ET MARCIANO CON........	SVB DIE XVI KL DECEMBRIS	Aoste, östlich v. Vienne.	Ders. n. 391.
6.	473.	DOM NOS LEONE VV C CON	VII K. IVLIAS	Lyon.	Ders. n. 72.
7.	481.	PLACIDO CONSVLE		Vienne.	Ders. n. 442.
8.	492 d.461.	SEVERINO VCCL. S.	TO Xo. KAL. MAIAS	Pothières, westlich von Langres.	Ders. n. 1.
9.	483.	FAVSTO VIRO C CONSS	SVB DIE ..... octOBRIS	Vienne.	Ders. n. 448.
	485.	S. zum Jahre 456, 497 u. 491.			Ders. n. 662 u. 474 B.
10.	486.	DECI. OVCC	XVI DECIMO KL APRILES	St. Maurice-de-Rémens, nördlich v. Briord.	Ders. n. 373.
11.		POST CON SYMM	SVB DI XI kalendas a PRILES	Anse.	Ders. n. 662.
12.	487.	POST CONS SYM	XIIII KL IVNIAS	Gréay-sur-Aix.	Ders. n. 399 A.
13.		BOETIO VERO CLARISSIMV CONSVLE	DIE III IDVS FEBRVARIAS	Briord.	Ders. n. 379.
14.		ITERVM PC SYMMACHII. V. C INDICTIONE	menSIS SEXTI	Saint-Thomé, etwas nördlich v. Viviers.	Ders. n. 481 A.
15.	499.	DEDAMIO VIRO CLAIGISSIMO CONSVLE	XIII KA IVLIAS	Briord.	Ders. n. 371 A.

Nr.	Jahr n. Chr.	Art der burgundischen Jahresbezeichnung.	Monat und Tag der betreffenden Bezeichnung.	Ort der betreffenden Bezeichnung.	Quelle der betreffenden Bezeichnung.
16.	490. / 491 od.492.	S. zu 491. / SExie S od. SEptie S. POST CONS SYMC IVNIoris viri clarisiMI CONSSSS	.... kalENDAS FEBRV-ARIAS	Valence.	*Le Blant* n. 474 B.
17.	491.	POST CONSVLATO LONGINI BIS ET FAVSTI	PRIDIE IDVS AVGVSTAS	Vienne.	Ders. n. 436.
19.		IND XV OLIBRIO IVNIORE CVNS	D IIII K DEC	Véséronce.	Ders. n. 399.
19.	492.	ANASTASIO ET RVFO VV C. C.	SVB DIE X KAL DECEM-BRIS	Lyon.	Ders. n. 32.
20.	493.	P. C. ANASTASI. ET RVFI. VV CC	II NON MARCIAS	Lyon.	Ders. n. 69.
21.		Gleiche Bezeichnung.		Lyon.	Ders. n. 77.
22.	495.	POSt cons .. ASTERII et Praesidii. S. auch zu 496.	..... KL APRILIS	Vienne.	Ders. n. 459 E. E.
23.	496.	PC VIAToris	SVB DIE VIII KL IANV-ARIAS	Aoste.	Ders. n. 391.
24.	499.	PAVLINO V K	SD. III. IDS. OCTVBRIS	Anse.	Ders. n. 12.
25.	501.	AVIENO VERO CLARISSIMO CONSOLE	VIII KALENDAS MAIAS	Briord.	Ders. n. 374.
26.		ABIENO CONSVLE	VII KAL MAIAS	Lyon.	Ders. n. 21.
27.		AVIENO VERO CLAS CONSOLE	PRIDE IDVS MAIAS	Briord.	Ders. n. 381.
28.		ABIENO V CONS	XVI KAL IVNIAS	Lyon.	Ders. n. 63.
29.		abieno üc. coñs.	sub d. VI KDS IVN.	Lyon.	Lex Burg. T. 45.
30.		AVIENO CV CON	VIII KL SEPTEMBRIS	Lyon.	*Le Blant* n. 67.
31.	502.	abieno üc. coñs.	sub die. III. noñ. septbr.	Ambérieux.	Lex Burg. T. 42.
32.	503.	S. zu 503. / PC ABIENI IVN V CON	K IAN	Lyon.	*Le Blant* n. 70.
33.	506.	Nomen Messalae consulis annus agens	Janque bis octona septembrem luce movebat	Lyon.	Ders. n.31 S. p.115.

34.	507.	S. zu 509.			
35.	509.	PCC VENANTI VIRI CLARISSIMI CC	SVB DIE XIIII K OCTOBRIS	Vienne.	Ders. n. 434.
	509.	PC CONS ITERVM MESALE VC CONS	SVB diAE C OCtOBRIS	Lyon.	Ders. n. 66.
36.	509.	S. zu 510.			
	510.	PoST CONSO LAT IMPoRTVNo VV C CLE	IIII NoNAS DECEMBRIS	Lyon.	Ders. n. 61.
37.	511.	FELICE	sepTEMB	Vienne.	Ders. 692.
38.		FELICE V. C. C.	V. K. NOVEMBRIS	Vienno.	Ders. 437.
39.		probo ūc.	vkl. iul	Lyon (?).	Lex Burg. T. 76.
	513.	S. zu 515.			
40.	514.	SENATORIS POST CINGVLA	sub đ kl mar.	Vaison.	Le Blant n. 492.
41.	515.	pc̄ senatoris. ūc. c̄.	Q . . . inARTIAS	Lyon.	Lex Burg. T. 79.
42.		FLoRENtio ET ANTHE mio	sub die. VIII. id marcias	Vienne.	Le Blant n. 693.
43.		pe˙ tro˙ ce		Lyon (?	Gesetz Sigismunds: bei Bluhme Lex Burg. T. 109.
44.	516.	agapito consule	sub die IIII kl apl.	Lyon ?	Lex Burg. T. 52.
45.		Agapeto consule	die IV Idus mensis quarti	Lyon.	Brief des Stephanus: s. Noto 785.
46.		anno. II. regni domni [nostri glorio- sissimi Sigismundi]	sub die. IIII. id iuñ.	Lyon (?)	Lex Burg. T. 62.
47.		ACApetOVIRo C CoNSoLE	DIAE QV . . TO KL AGV STASI	Lyon.	Le Blant n. 36.
4&.		Agapito viro clarissimo consule. Unterschr. des Concil. Epaon.	Die XVII kalendas mensis oc- tavi.	Epaone.	S. Note 785.
49.		PC AGAPETO	II NONON DECEMBRS	Ecully, wenig westlich v. Lyon.	Le Blant n. 14.
50.	518.	PC ITERVM AGAPITI VC CONSS	VIII KL: FBR	Vaison.	Ders. n. 489.
51.	519.	RVSTIANO ET VITALIANo VCL	DIAEXIIII KALEN OCTV BRS	Lyon.	Ders. n. 663.
52.	520.	SYMMACHO ET BOETIO. V. CC. COSS	VIII IDVS IVLIAS	La Terrasse, nordöstlich von Grenoble.	Ders. n. 469.
53.	522.	PC SIMMACHI ET BOETIII VV CC	III NONAS FEBR	Aoste, sö. v. Vésronce.	Ders. n. 390.

Nr.	Jahr n. Chr.	Art der burgundischen Jahresbezeichnung.	Monat und Tag der betreffenden Bezeichnung.	Ort der betreffenden Bezeichnung.	Quelle der betreffenden Bezeichnung.
54.		MAXIM. V. C.	XVI KAL MAIAS	Lyon.	Ders. n. 43.
55.	524 (?)	opiliono (?) VC CONsulo	XI KL IVLIAS	Anse.	Ders. n. 661. A. S. Note 990.
56.	524 od. 453.	VPILIONE VC CONS	VIIII kal. SEPteMBRAS	Vienne.	Ders. n. 694.
57.		OPILIONE	PRID. KAL. SEPT	Vienne.	Ders. n. 435.
58.	525.	PROBO IVNIORE VCC	NONAS . . . . . RIAS	Vienne.	Ders. n. 695.
59.	526.	OLIBRIO V C CONS	XIII kal. IANVARS	Vienne.	Ders. n. 689.
60.	527.	MAVVRTIO VIRO CLR CONSS	X KL SEPTEMBRIS	St. Évian.	Ders. n. 693.
61.	528.	PC MAVVrtii	VII KL MArT	La Mure, südlich v. Valence und südlich v. Grenoble.	Ders. n. 474. A.

*) Die Daten aus den burgundischen Gesetzen sind in der Form des Codex Parisiacus 4626 gegeben.

Wir besitzen also 61 Bezeichnungen, die sich auf 37 Jahre ver-
theilen, und da einige Postkonsulate zugleich Aufschluss über die
Bezeichnung der früheren Jahre gewähren, so liegen uns Angaben
über 43 Jahre von 466 an vor.

Ueber dieses Material will ich keine erschöpfende epigraphische
Abhandlung geben : ich greife nur das für meinen Gegenstand Wichtige heraus.

Wenden wir uns zunächst

1. zur Jahresbezeichnung. Mit einer einzigen Ausnahme
werden die Jahre nach römischen Consuln benannt. Diese Ausnahme
ist freilich eine officielle (n. 46) und stammt aus dem Juni 517.
Hier fehlt die Angabe des Consuls vollständig und sie wird durch die
Angabe von Sigismunds Regierungsjahr vertreten. Nichts wäre irri-
ger, als hierin einen radikalen Bruch mit dem bisherigen Systeme
erblicken zu wollen : 4 weitere Bezeichungen v. 517 (wovon n. 44
auch officiell) aus März, Juni, August, September (n. 44—48) nennen kein Regierungsjahr, sondern nur den Consul Agapitus. Am
Liebsten würde ich jene Ausnahme als eine Concession an Theoderich
erklären, der sicher Wert darauf legte, dass sein Schwiegersohn
nach den Jahren seines Thronbesitzes rechnete : einmal gemacht fand
sie keinen Anklang und desshalb keine Nachfolgerin.

Näher eingehend auf

a. die Jahresbezeichnung nach den Consuln be-
trachte ich zunächst einen der verschiedenartigen Zusätze zu dem
eigentlichen Consulnamen. In den Jahren 466, 470 und 473 (n. 1,
3, 6) begegnet uns der Zusatz dominus noster als D̄ŌM N, D̄N N̄
und D̄ŌM NOS, und wenn man auch vielleicht von diesen aus Lyon
stammenden Inschriften n. 1, freilich mit Unrecht (s. p. 324 u. 325), vor
die burgundische Zeit zurückschieben wollte, so sind 3 und 6 zweifellos
unter burgundischer Herrschaft entstanden. Nachgewiesener Maassen
ist die Ausstattung eines dem kaiserlichen Hause nicht angehörigen Consuls mit dem Zusatze Dominus noster, welche im 5. Jahrhundert wenn
auch nur noch selten vorkommt (s. n. 3), der Unkunde der Inschriften-
verfertiger zuzuschreiben (s. *Rossi*, Inscriptiones christianae urbis Romae I Prolegomena p. XXIII und XXIV): und diese Unkunde spricht
sich bei n. 3 auch darin aus, dass der Beisatz nur auf Severus bezogen
ist, da er die Form der Einzahl bietet. Interessant und für die anfängliche
Stellung der burgundischen Könige zu ihren römischen Unterthanen
charakteristisch bleibt aber die Thatsache, dass 466 und 473 in
Lyon auf öffentlicher Inschrift Kaiser Leo als dominus noster bezeichnet werden durfte und das Gefühl des magister militum Gundiok
oder Hilperik (s. p. 83) sich dagegen nicht sträubte. Ueber 473
hinaus freilich geht dieser Zusatz nicht: in n. 19—21 aus 492 und
493 finden wir diese Anschauungen geschwunden.

Ganz äusserlich betrachtet heisst nun das Jahr entweder nur
nach einem Consul, und zwar wieder, weil überhaupt in diesem Jahre
nur ein neuer Consul aus dem Occident oder dem Orient das Jahr

bezeichnete (so n. 1, 6, 7, 9, vgl. 11, 12, 14, 16; 13, 18, 23 für
495, 36 für 509, 40 — 42 für 514, 43, 54, 59 — 61) oder aber
weil der orientalische Consul nicht miterwähnt wird (so n. 2, 8, 10,
24 — 35, 37 — 39, 44, 45, 47 — 50, 55 — 58), oder endlich weil
von den zwei occidentalischen Consuln nur Einer genannt ist (so
n. 15); diesen Fällen entgegengesetzt sind die, wo das Jahr nach
zwei Consuln bezeichnet wird. Es sind diess regelmässig der occidentalische und der orientalische Consul, von denen Jener immer
mit Ausnahme von n. 17 zuerst steht: so n. 3, 4, 5, 17, 42, 51;
s. auch *Rossi* I Prolegomena XXXIII, XXXIV; einmal sind es zwei
orientalische Consuln: so n. 19 — 21 (so auch *Rossi* I p. 400), zweimal zwei occidentalische: n. 22 und 52, 53 (*Rossi* I Prolegomena
p. XLII, XLV und p. 404, 442).

Bei Weitem die Meisten dieser Bezeichnungen unterscheiden sich
hinsichtlich des gewählten Consulnamens übrigens in Nichts von den
Jahresbezeichnungen des Westens ausserhalb Burgunds.

Ich frage zunächst nach der Verbreitung der Kunde des Jahresconsuls in Burgund selbst. Es verlangte diese eine gewisse Zeit und
sie war vielen Zufällen unterworfen. Beweisend hiefür sind die Jahre
486, 487 und 515. Während die Inschrift 10 aus St. Maurice-de-
Rémens (nördlich von Briord) vom 17. März (das decimo ist offenbar
nur Wiederholung des X) schon nach dem Consul Decius des Jahres
486 rechnete, finden wir in dem Lyon viel näher liegenden Anse
noch am 22. März und in dem östlich von Véséronce gelegenen
Grésy-sur-Aix sogar noch am 19. Mai nach dem Postconsulat des
Symmachus gerechnet. Ja in St. Thomé (etwas nördlich von Viviers)
bleibt Decius das ganze Jahr hindurch unbekannt, und man rechnet
dort noch im August 487 nach einem zweiten Postconsulate des Symmachus. An einen andern Symmachus aber als an den von 485 kann
hier nicht gedacht werden (s. *Rossi* I p. 443). Wenn dagegen freilich
in Valence 492 oder wahrscheinlicher 491 Ende Januars nach einem
7. oder 6. Postconsulat des Symmachus junior (s. *Rossi* I das.) gerechnet wird, so ist die Unbekanntschaft mit allen Consuln von
486 — 491 in dieser bedeutenden Stadt unannehmbar: ich bin der
Meinung, weil in jenem Januar der Jahresconsul noch nicht in Erfahrung gebracht war, so griff derjenige, der die Grabschrift setzen
liess, auf ein Consulat zurück, an dem er vielleicht als Verwandter
des Consuls oder aus einem sonstigen Grunde ein persönliches Interesse nahm. Finden wir doch in Arles das Jahr 495 nach einem
10. Postkonsulate des Symmachus junior bezeichnet (*Le Blant* n. 538):
eine Erscheinung, die *Le Blant* (II p. 272) noch unerklärt nennt, die
ich aber auf dieselben Ursachen zurückführen möchte.

Das Jahr 487 bietet wieder die Erscheinung, dass Briord am
11. Februar 487 (n. 13) den Jahresconsul kennt, während er in
St. Thomé im August sammt dem Consul von 486 noch unbekannt
war. Im Gegensatz dazu weist das Jahr 501 eine ziemlich gleichzeitige Kenntniss des Consulates des Avienus in Lyon (24. April)

und Briord (24. Mai) nach. Sehr merkwürdige Resultate liefert das
Jahr 515, wo ein officielles Datum der Hauptstadt vom 28. Februar
nach einem Postconsulat des Senator rechnet, während eine Viennenser Privatinschrift, die mit der grössten Wahrscheinlichkeit
Quarto oder Quinto K Martias zu ergänzen ist (bei dem kleinen
freien Raum ist an NONAS oder IDVS, die in burgundischen Inschriften nie zu e i n e m Buchstaben abgekürzt werden, nicht zu denken),
also aus dem Ende Februars stammt, schon nach dem occidentalischen und zugleich dem orientalischen Consul das Jahr tauft. Ich habe
p. 294 auszuführen gesucht, dass diese Bekanntschaft mit den beiden
Jahreskonsuln Briefen aus Constantinopel ihren Ursprung dankte: der
Abgang der Briefe aus Byzanz muss nach Analogie des an Hormisda
gesandten (s. *Rossi* I p. 431), der vom 12. Januar datirt am 28. März
in Rom ankam in den December 514 gesetzt werden; damals war also
auch schon der für 515 im Occident designirte Consul dort bekannt, in
Burgund dagegen noch nicht. Der Gebrauch der beiden Jahresconsuln
in Vienne früher als in Lyon beweist einmal, dass man keineswegs erst
auf eine Promulgation des Jahresconsuls aus der Hauptstadt wartete,
sondern dass man sich mit einer zuverlässigen Nachricht über die Träger
des Consulates auch anderswoher begnügte, dass also überhaupt und allgemein die Ernennung der Consuln als ipso jure für Burgund verbind-
lich betrachtet wurde, und dann, dass die Tradition, den orientalischen Consul an zweiter Stelle mitzunennen, sobald man ihn überhaupt
kannte, in Burgund anders als in Theoderichs Reich noch allgemein und
nicht nur officiell festgehalten wurde. So auch n. 51 der Daten.

Einen merkwürdigen Beleg, wie das zufällige Bekanntwerden
des Jahresconsuls lokale Bedeutung erhielt, liefert die höchst interessante Serie n. 34—36, von denen n. 34 von Manchen gewiss gerne
auf 485 bezogen würde. Nr. 35 beweist, dass am 30. September
508 in Lyon, der Hauptstadt des burgundischen Reiches, weder
der Consulat des Venantius von 507 noch der des Venantius junior
von 508 bekannt war, n. 36 beweist ferner, dass am 2. December
510 in Lyon der Consul Boetius junior des Jahres 510 noch unbekannt, dagegen der Consul des Jahres 509 in jenem Jahr bekannt
geworden war (s. n. 699). Was nun die Inschrift $\overline{\text{PCC}}$ VENANTI
VIRI CLARISSIMI CC vom 18. September anlangt, so schwankt die
Wahl, da der Beisatz Junior fehlt, zwischen den Consuln des Jahres
484 und 507 (s. *Rossi* I p. 420). Nun liesse sich ja denken, dass
im Jahre 485 zwischen Odovakar und Burgund Missbelligkeiten geherrscht hätten und so die Meldung des ernannten Consuls unter-
blieben wäre; es würde diess sogar einen beachtenswerten Anhalt
zur chronologischen Feststellung der p. 101 — 103 erwähnten Feindseligkeiten zwischen Odovakar und den burgundischen Fürsten bieten. Allein gewichtige Gründe stehen dieser Ansicht entgegen: n. 11,
12, 14, 16 beweisen, wie das Jahr 485 nach Symmachus bezeichnet
wurde und diese Bezeichnung tiefe Wurzel geschlagen hatte. Schon
desswegen scheint es unannehmbar, diesen Symmachus Mitte Octo-

bers 485 den Viennensern noch fremd sein zu lassen. Dazu kommt nun, dass *Marius*, der hierin ganz allein steht, das Jahr 508 mit P. C. Venantii bezeichnet, während bei ihm 507 unter den Marken Venantio et Celere läuft. Jene Bezeichnung ist aber genau die unsrer Viennenser Inschrift, so dass ich annehme, *Marius* habe eine Lücke in seiner Vorlage mit der Consularbezeichnung der altburgundischen Annalen ausgefüllt. Ich muss mich daher entscheiden, n. 34 auf 508 und nicht auf 485 zu beziehen. Der Consulat des Venantius des Jahres 507 war also bis zum 30. September 508 in Lyon unbekannt geblieben, während Vienne am 18. September 508 ohne Rücksicht auf die Jahresbezeichnung in Lyon danach rechnete. Man könnte glauben, die Hauptstadt habe consequenter Weise nach keinem Consul gezählt, der dem Könige nicht officiell verkündet worden sei: allein dem widerspricht wahrscheinlich n. 36. Ich glaube p. 202 ff. bewiesen zu haben, dass die Feindschaft Burgunds mit Theoderich von 507 und der Kampf mit ihm von 508 — 510 am Anfang ununterbrochen fortging. Damit ist die Ansicht *Rossi's* I p. 484, das Bekanntwerden des Importunus sei auf einen Waffenstillstand Ende 508 oder Anfang 509 zurückzuführen, unvereinbar. Nun wäre es ja möglich, dass trotzdem während des Krieges eine Gesandschaft Theoderichs an Gundobad gelangt wäre: für wahrscheinlich halte ich es nicht und bleibe somit bei meiner Erklärung der Thatsache in n. 699 a. E. stehen.

Da man in Burgund bis zu 517 auch nicht einmal vorübergehend daran dachte, die Jahre anders als nach den Consuln zu bezeichnen, so war dort das Bedürfniss ihre Namen auf alle Weise zu erfahren ein sehr grosses: und man griff dankbar auch nach den Verkündigungen des Zufalls.

Leider fehlt uns alles Material, um festzustellen, ob von Lyon aus in prompter Regelmässigkeit wenigstens an die Grafensitze die Namen der Jahresconsuln gemeldet wurden; etwa mit dem Befehl an die Grafen, wie er manche Gesetze begleitet: Proponatur (L. B. T. 109 a. E.) oder in omnium notitiam ponere procuretis (T. 108 a. E.).

Es wirft sich jetzt die Frage auf: wann wurde durchschnittlich der Jahresconsul in Burgund bekannt? Zur Lösung der Frage bieten sich die frühsten ihn enthaltenden Daten und die Postconsulate, nach denen gezählt wird, während nicht an einem bestimmten andern Punkte des Reichs der neue Consul schon bekannt ist. Von den sonach in Betracht kommenden Daten stammen drei sicher aus dem Januar: 1. Januar 503 in Lyon (n. 32); 18. Januar 469 (s. *Rossi* I p. 364) aus Grigny auf dem rechten Rhoneufer südlich von Lyon (n. 2); 25. Januar 519 aus Vaison (n. 50). Von diesen zählt nur das mittlere nicht nach Postconsulaten, sondern nach dem Jahresconsul, der also offenbar schon Ende 468 von Anthemius an den magister militum Gundiok nach Lyon gemeldet worden war (l. 1 pr., l. 2 u. 3 C. Th. Ne quid publicae laetitiae S, 11). Eine weitere Bezeichnung aus Vienne herrührend datirt vom 2. — 4. Januar oder

Februar 523 (n. 58). Vier gehören sicher oder sehr wahrscheinlich dem Februar an: sie stammen vom 3. Februar 523 aus Aoste südöstlich von Véséronce (n. 53); vom 11. Februar 487 aus Briord (n. 13); vom 25. oder 26. Februar 515 aus Vienne und vom 28. Februar 515 aus Lyon (n. 41 und 42). Eine sechste Bezeichnung (aus Vaison) gehört überhaupt in den Anfang von 515 (n. 40). Von diesen letzten 6 Daten tragen nur 3 (n. 58, 13 und 42) die Jahresconsuln, die andern aus 523 und 515 rechnen nach Postconsulaten. N. 42 zog seine Kenntniss aus Byzanz (s. oben p. 294); bei n. 58 und 13 ist zweifellos die Kunde schon Ende 486 und 524 nach Burgund gelangt. Ende 486 darf wohl an einen diplomatischen Verkehr zwischen Burgund und Odovakar wegen dessen ligurischen Anmaassungen gedacht werden, s. p. 100 ff. Interessanter aber ist die Thatsache bezüglich 524: es ist das Jahr der Schlacht von Véséronce; ein Jahr früher hatten die Ostgothen burgundisches Land erobert. Mag nun Ende 524 eine Botschaft von Theoderich an Godomar, oder aber eine Godomars an den König der Ostgothen den Namen des Probus mit nach Burgund gebracht haben, jedenfalls liegt hier ein bedeutendes Zeugniss eines guten Einvernehmens beider Fürsten in diesem Jahre vor. Die natürlichste Annahme ist die, dass Godomar nach seinem Siege Theoderich gewinnen wollte und ihm nun die neuen Ereignisse mit der Bitte, ihre Resultate nicht zu stören, meldete.

Der März kommt mit sieben Inschriften in Betracht: n. 1, 10, 11, 20, 22, 43 und 44; die beiden letzten sind officiell. Davon bieten Drei Postconsulate: n. 20 vom 6. März 493 aus Lyon, n. 22 vom Ende März 495 aus Vienne, n. 11 vom 22. März 486 aus Anse, während das frühere Datum desselben Jahres in n. 10 schon nach dem Jahresconsul rechnet. Bei der Nachbarschaft von Anse und Lyon ist nicht anzunehmen, dass Consul Decius am 22. März 486 schon lang in der Hauptstadt bekannt war. Gegen die Mitte des Monats hin musste die Kunde nach Lyon gelangt und durch irgend einen Zufall rasch nach St. Maurice-de-St. Rémeus verbreitet worden sein. Es erinnert mich diess an die Gesandschaft des Epiphanius, die Theoderich an Gundobad absandte: schon am 25. Januar 494 beschlossen reist sie sicher möglichst früh und passirt doch erst im März die Alpen (Bibl. max. patr. IX p. 390; s. n. 402); hätte sie auch die Namen der beiden occidentalischen von Anastas ernannten Consuln nach Lyon zu melden gehabt, sie wären erst im März dort bekannt geworden. Gerade desshalb lässt sich auch nicht bestimmen, ob die beiden Postconsulate des Jahres 493 (n. 20 und 21), von denen Jenes aus dem März stammt, nur wegen des frühen Datums oder wegen der Ereignisse in Italien aushelfen mussten. Nach allem Dem bietet der Viennenser Postconsulat vom Ende März 495 nichts Auffallendes. Was n. 1 vom 6. März 466 anlangt, so führt sie wieder auf die Zeit des römischen Reiches zurück. Die Bedeutung von 43 und 44 wird erst nachher deutlicher hervortreten.

Vier Daten aus dem April : n. 8 vom 16., 17., oder 18. April 482 (vielleicht freilich auch 461) aus Pothières westlich von Langres, n. 25 und 26 vom 24. und 25. April 501 aus Lyon und Briord und n. 54 vom 16. April 523 tragen alle den Jahresconsul. Das erste Datum interessirt wegen des entfernten nördlichen Ursprungsortes. Nr. 54 beweist vergl. mit n. 53 wenigstens mit grosser Wahrscheinlichkeit, dass der Consul Maximus zwischen dem 3. Februar und dem 10. April in Burgund bekannt wurde. Das allein noch in Betracht kommende Postkonsulat n. 12 hat schon oben seine Erklärung gefunden.

Suchen wir aus den Thatsachen die Gesetze zu abstrahiren, so scheinen die in dieser Beziehung harmonirenden Daten 1 und 2 den Schluss zu verstatten, das zur Zeit des weströmischen Reiches schon am Ende des Jahres die für das nächste Jahr designirten Consuln nach Burgund gemeldet zu werden pflegten. Fassen wir dann zunächst die Jahre von 501 an ins Auge, in welchen zweifellos Theoderich die Ernennung der occidentalischen Consuln ausübte, so beweist die Bekanntschaft mit Avienus am 24. und 25. April 501 zu Briord und Lyon, die Unbekanntschaft mit Volusianus am 1. Jan. 503 zu Lyon, die Bekanntschaft mit Probus am 27. Juni 513 offenbar zu Lyon, die Unbekanntschaft mit Florentius am 28. Febr. 515 in der Hauptstadt, die Bekanntschaft mit Petrus und Agapitus am 8. März 516 und am 29. März 517 offenbar wieder in Lyon, die Unbekanntschaft mit Eutharicus Cilliga am 25. Jan. 519 zu Vaison, die Unbekanntschaft mit Maximus am 3. Februar 523 zu Aoste und die Bekanntschaft desselben Maximus am 16. Mai in Lyon, dass die Consuln von Italien aus — uns es wurden von hier aus nur die occidentalischen verkündet — nicht mehr als designirte am Ende des Jahres, sondern erst als ernannte am Anfange des folgenden nach Burgund gemeldet wurden, dass diese Meldungen weder im Januar noch auch im Februar, wohl aber im Laufe des März, jedenfalls vor Ende April in Lyon einzutreffen pflegten, während die Meldung beider Consuln über Byzanz in einem Falle sicher vor derjenigen aus Italien anlangte. Wo wir also während dieser Periode entweder den occidentalischen Consul nach Burgund gar nicht gemeldet finden, wie 507—510, oder wo er schon ganz im Anfang des Jahres kund wird, wie vor den Nonen des Januars oder Februars 525, da haben wir nach den besonderen Gründen dieser Erscheinung zu fragen.

Es bleibt noch die Zeit nach 476—500, d. h. die der Daten von 481—498 zu betrachten. Wichtig ist schon die einfache Thatsache, dass die Consuln von 481—488 alle in Burgund bekannt geworden sind. Für 484, 489 und eigentlich auch 490 fehlen uns die Materialien. Auch für diese Jahre möchte ich gestützt auf n. 8, 10—12 einerseits und n. 13 andererseits die Zeit des März als die der regelmässigen Bekanntwerdung des occidentalischen Consuls annehmen, und nach besonderen Gründen für eventuelle Verfrühung derselben spüren.

In den folgenden Daten spiegelt sich die Verwirrung der italienischen Dinge : am Ende 490 war zu dem occidentalischen Faustus der orientalische Consul Longinus bekannt geworden ; im August 491 rechnet Vienne in Ermangelung westlicher Consuln noch nach dem Postconsulate dieser Beiden ; am 28. November hatte man in Véséronce den östlichen Consul Olybrius für 491 noch erfahren (vgl. n. 17 und 18). Die beiden orientalischen Consuln Anastasius und Rufus figuriren am 22. November 492 in Lyon, dagegen der Consulat des Albinus, welcher wahrscheinlich vom Senate gewählt wurde (de Rossi I Prolog. XL und XLI ; p. 390), am 6. März 493 zu Lyon noch ebensowenig wie der von Anastas ernannte Viator Ende März 495 zu Vienne zu finden ist. Diese beiden Consuln, deren Namen doch wohl von Rom gemeldet werden mussten, können also frühestens wieder im Laufe des März noch in Burgund bekannt geworden sein. Das Jahr 498 wird nach dem, wie ich dafür halte, jedenfalls von Anastas ernannten Paulinus getauft.

Wir suchen noch die Resultate aus der burgundischen Jahresangabe für die burgundische Geschichte zu ziehen und vergegenwärtigen uns zunächst, von wem denn die Consuln ernannt wurden. Mir scheint es mit *Dahn* II p. 44 (vgl. auch *Rossi* I p. 389) gegen *Pallmann* II p. 383 (dessen Beweisführung ich nicht für durchschlagend erachte) für höchst wahrscheinlich, dass von 480 an Odovakar im Einvernehmen mit Zeno die occidentalischen Consuln — und zu ihnen rechne ich auch den Placidus des Jahres 481 — aufgestellt hat. Da nun (abgesehen von 484) von 481—488 sämmtliche occidentalische Consuln mit merkwürdiger Ausnahme freilich des Collegen des Dedamius : Sifidius zu 488 (s. darüber *Rossi* I Proleg. p. XLVIII und XLIX) in Burgund und einmal sogar sehr früh bekannt wurden, da mit Wahrscheinlichkeit 487 der burgundische Zug nach Ligurien gesetzt werden muss, so erhellt hieraus die interessante Thatsache, dass Odovakar trotz dessen mit den burgundischen Königen nicht völlig zu brechen für gut fand : offenbar anderweitig, im rugischen Kriege beschäftigt, wollte er Alles thun, sich nicht noch einen anderen Feind auf den Hals zu ziehen. Möglicherweise fällt sogar noch seine Okkupation Liguriens in diese Zeit (p. 102) : und auch hier verfolgte Odovakar dieselbe Politik, zum eigenen oder fremden bösen Spiele gute Miene zu machen.

Den Consul Faustus des Jahres 490 bin ich wie *Rossi* I p. XLI und XLII und p. 390 und *Pallmann* II p. 384 geneigt, auf eine Wahl des römischen Senates zurückzuführen, obgleich dieser rasche Wechsel der Autoritäten für mich etwas sehr Befremdliches hat. Da sowohl er wie sein orientalischer College 490 in Burgund bekannt wurden, so beweist diess für 490 eine Verbindung Burgunds mit Rom und Byzanz. Schade ist, dass wir nicht konstatiren können, ob 492 die Consuln Anastasius et Rufus schon früh in Burgund vorkamen : das Bekanntwerden des Olybrius Ende November 491 in Véséronce verbunden mit der Kunde des Anastasius et Rufus im Jahre 492 liesse sich so gut dadurch erklären, dass ähnlich wie Si-

gismund nach seiner Thronbesteigung und nach der des Kaisers
Justinus Boten mit Huldigungsschreiben nach Constantinopel sendet
(p. 242—245), so auch 491 Gundobad eine Gesandschaft an den
neuen am 11. April 491 auf den Thron gelangten Anastas abgeordnet
habe, die am Ende 491 nach Burgund zurückkehrend sowohl den
Namen des Olybrius als die der für 492 designirten Consuln mitgebracht habe. Feststellen lässt sich diese allerdings wahrscheinliche
Annahme nicht.

Wer die Jahresbezeichnungen von 494—500 incl. aufmerksam
betrachtet, wird das Fehlen eines besonderen occidentalischen Consuls zu 495, 496, 497, 499 und 500 verbunden mit der Ernennung
der beiden occidentalischen Consuln für 494 und des im ganzen
Römerreich allein anerkannten Viator des Jahres 495 durch Anastas
(s. *Rossi* I Proleg. p. XLII und p. 404 und 406) nur dahin deuten
können, dass bis zum Jahre 500 Theoderich keinen besonderen occidentalischen Consul aufzustellen pflegte, dass also auch der für 498
für das ganze Römerreich anerkannte Paulinus nicht von ihm ernannt
war (zweifelhaft *Rossi* I p. XLII). Ob aber die Consuln zu 494, 495
und 498 von Byzanz oder von Rom aus in Burgund bekannt wurden,
vermag ich nicht zu sagen.

Dass von 501 an die Consulbestellung für den Occident von
Theoderich besorgt und von diesem nach Burgund gemeldet wurde,
ist zweifellos (s. auch *Rossi* I Proleg. p. XLIII und XLIV p. 420
und 424): nur die Consuln zweier Jahre 515 und 520 dankt Burgund Verbindungen mit Byzanz; vgl. darüber schon oben p. 294.
Wir sehen zu den Jahren 501, 502, 506, 511, 513, 514, 516, 517,
522—527 keine Störung dieser Meldungen seitens der ostgothischen
Fürsten eintreten. Interessant ist die Meldung des Avienus Anfang 501 an Gundobad den Monarchen, und ein unverkennbares
Zeugniss, wie Theoderich dieser Entwickelung nicht feindlich gegen-
überstand. Vgl. n. 529. Bedeutsam ist ferner die Bekanntschaft des
Felix im Jahre 511. Von 507—510 hatte die Feindlichkeit zwischen
Ostgothen und Burgundern gedauert. Im folgenden Jahre war an
Stelle der Spannung das gute Einvernehmen wieder getreten: n. 37
und 38 bieten ein entferntes Indiz für einen wirklichen Friedensschluss durch die Mächte, eine Sache, die wir oben ganz im Zweifel
lassen mussten. Vgl. oben p. 214. N. 54 beweist, wie Segeriks
Ermordung nicht zum Abbruch aller Beziehungen zwischen Theoderich und seinem Schwiegersohne führte und n. 55—60, dass Godomar trotz der gothischen Okkupationen von 523 im Jahre 524 von
den Ostgothen nicht als Feind betrachtet, vielmehr Ende 524 freundschaftliche Verhandlungen zwischen ihm und dem Könige Theoderich
geführt wurden, und dass auch in den folgenden Jahren bis 527
(weitere Daten von Ausgiebigkeit fehlen) diese freundschaftlichen
Beziehungen nicht gestört wurden.

b. Die Angaben der Indiktion. Höchst vereinzelt und
nie in den officiellen Datirungen findet sich einmal vor dem Consul-

namen, einmal hinter ihm die Zahl der Indictio für das betreffende Jahr angegeben. Beide Fälle (n. 14 und 18) fallen in ein Quinquennium des endenden 5. Jahrhunderts: 487 (die zu ergänzende Zahl der Indictio ist X) und 491 (Ind. XV); aus dem 6. Jahrundert ist kein weiteres burgundisches Beispiel aufbewahrt.

2. Die Tagesbezeichnung. Die Tagesbezeichnung, in ihrer äusseren Form sehr bunt, bietet sich nur in zwei verschiedenen Gestalten: entweder der Monat wird genannt und der Tag in der üblichen römischen Weise bezeichnet; so ganz regelmässig und in den officiellen Gesetzesdatirungen ausnahmslos; oder aber die Monate werden gezählt (s. n. 14, 45 und 48), und es dürfte kaum ein Zufall sein, dass sowohl die n. 45 als auch die n. 48 von den zwei Metropolitanen des burgundischen Reiches herrühren. Dass der erste Monat nicht der Januar, sondern der März ist, wurde schon in der Note 785 bemerkt. Ueber die interessante Bezeichnung der Inschrift aus Vaison n. 4: SVB DIE XIV. (*Rossi* I Proleg. p. XCIV erweist, wie statt dessen auf dem stark beschädigten Stein DIE VII gestanden haben muss) KL NOVEMBRIS DIE LVNAE LVNA XVII, das älteste Burgund angehörige Zeugniss von der Anwendung des Viktorianischen Canons s. *Rossi* a. a. O. p. XCIV und XCV; vgl. auch *Mommsen*, die Zeitzer Ostertafeln, Abh. der Berl. Akad. 1863 p. 564.

Exkurs VIII.

Die Verbreitung des germanischen Elements über das Reich hin.

Es ist ein schwer Ding, sich in den germanisch-romanischen Reichen über die Zahlengrösse der Germanen neben den Romanen eine klare Vorstellung zu machen. Ungleich leichter erscheint es durchzudenken, wie abgesehen von dem numerischen Verhältnisse die verschiedenen nationalen Bestandtheile sich durcheinander schoben. Es wurde an früherer Stelle nicht nur bewiesen, dass die einzelnen germanischen Familienväter mit den possessores auf einem Grundstücke, welches allmählich zu zweien wurde, zusammensassen, sondern auch auf Grund der Quellen behauptet, germanische Ansiedler müssten über das ganze Reich verbreitet gewesen sein (p. 29). Für diese letztere Behauptung sei hier noch ein ausführlicher Beweis erbracht, welcher zugleich auch einer wenigstens annähernd richtigen Auffassung des numerischen Wachsthums des germanischen Elements zur Basis dienen kann.

Zu dieser Beweisführung benutze ich nur und allein solche Beweismittel, aus denen mit Sicherheit hervorgeht, dass zur Zeit des burgundisch-romanischen Königreichs an dem und jenem bestimmten

Orte burgundische Germanen vorhanden gewesen sind. Vgl. oben
p. 29, 57—59, 74—76, 261, 262.

Jene Beweismittel sprechen bald allgemein von der und für die
Anwesenheit burgundischer Bewohner in bestimmten Distrikten, bald
zeigen sie uns ein burgundisches Individuum zn bestimmter Zeit an
einem einzelnen Orte. Sie ergänzen sich also gegenseitig.

Die erste Redaktion der Gundobadischen Gesetzessammlung
(p. 107 wurde ihre Entstehung 488—490 gesetzt) ist von 32 und
nicht nur von 31 Grafen unterzeichnet. Von diesen sind nur ganz
Vereinzelte Träger römischer Namen. Da nun die Grafen ständige
Beamte waren und ihre Sitze von den Hauptorten des Reiches gebildet wurden (ausser den n. 791 genannten 24 Orten ausser Viviers
werden wir im 2. Buche des folgenden Bandes noch 8 weitere als
wahrscheinliche Grafensitze nachweisen), so belegt diese eine Thatsache schon die Existenz germanischer Familien in so ziemlich allen
bedeutenderen Städten des burgundisch-romanischen Königreichs.
Und die Aufgabe aller Grafen germanischer wie römischer Abkunft
zeigt das Zusammenwohnen einer national-gemischten Bevölkerung
in allen einzelnen Grafschaftsbezirken. Sie sollten Alle Anwender
der besonders auch zur Regelung der rechtlichen Beziehungen
zwischen Römern und Burgundern bestimmten sogenannten Lex Burgundionum sein. Wen diese umfassendste Rechts-Sammlung für das
Reich als Ganzes nicht schon überzeugte, dass diese Mischung der
Nationalitäten in ihm nicht nur lokal, sondern allgemein herrschte,
den würden folgende Stellen über die Aufgabe der Grafen eines
Besseren belehren müssen: Pr. Const. § 2: Omnes itaque admini-
strantes ac judices secundum leges nostras — inter Burgundiones
et Romanos a praesenti tempore judicare debebunt; T. 107, 10: Illud specialiter praecipientes (sagt hier Godomar), ut omnes comites
tam Burgundiones quam Romani in omnibus judiciis justitiam teneant.
— Omnes omnino causae ex legibus judicentur, ut justitiae ordo
teneatur, sicut lex parentum nostrorum pertinet. Die Execution der
im T. 54 gegen die burgundischen Anmassungen wider den römischen Besitzstand enthaltenen Strafdrohungen ist allen Grafen anbefohlen (s. den einschläg. § 4 oben p. 15 und 16).

Selbstverständlich ist ferner die Anwesenheit und nicht nur
vereinzelter Burgunder in den Residenzstädten der Könige; schon
der Hof bestand doch vornehmlich aus ihnen und es ist undenkbar,
dass die Könige in Genf, Vienne, Lyon nicht inmitten Derjenigen, in
denen sie ihren Halt fanden, gethront hätten.

Ich gebe jetzt noch die chronologisch fest bestimmbaren Einzel-
belege zu der behaupteten Verbreitung der Burgunder über das
Reich hin.

Es ist sehr interessant, dass die beiden ältesten datirten Grabschriften von Burgundern aus Lyon stammen (*Le Blant* n. 74 und
72; s. Beilage p. 393 u. 402); die eine aus dem März 466 ist die
Grabschrift eines fünfjährigen Kindes, welches mit seinen Eltern hier

eingewandert war. P. 74 ff. musste es unbestimmt bleiben, wann Lyon burgundisch wurde; jetzt wissen wir wenigstens, dass es Anfangs 466 burgundischer Herrschaft unterlag. Unter Severus also oder in dem auf ihn folgenden Interregnum geschah dieser bedeutende Schritt vorwärts. Die Nachrichten von anderen Burgundern, die in Lyon lebten, stammen aus folgenden Zeiten: aus 473 (*Le Blant* n. 72: Grabstein eines vierzigjährigen Vassio); aus 499 (Aredius auf dem Religionsgespräch zn Lyon: s. Beilage p. 383); aus der Zeit zwischen Hilperiks des J. Tode und 500 (der majordomus Tullii; s. p. 186, n. 623 und Beilage p. 400). Eine Inschrift, welche *de Rossi* für dem 5. Jahrhundert benachbart erklärt (s. *Le Blant* n. 665) und die den Grabstein zweier barbarischer Brüder, der Söhne eines gewissen Fagila (s. *Wackernagel*, Beilage unter diesem Worte) oder Sagila, schmückt, giebt Aufschluss über eine ganze burgundische Familie zu Lyon. Eines Ansemundus erwähnen die Briefe 49, 71 und 72 des *Avitus* in Lyon: die Zeit ist die der Gundobadischen Alleinherrschaft; im Jahre 508 stirbt nach *Le Blant* n. 66 die zwanzigjährige Burgunderin Susane daselbst; im Jahre 510 der gastliche Sara Gastigodus oder Gastileubus (s. *Wackernagel*, Beilage unter Gastigodus). Dass wir nun von 510 bis 532 jeder Kunde von andern Burgundern in der Hauptstadt entbehren, diess enthält eine dringende Aufforderung, dem Schweigen der Quellen hierüber keine allzugrosse Bedeutung beizulegen und überhaupt den Zufälligkeiten dieser Ueberlieferungen Rechnung zu tragen.

Wenden wir uns von Lyon östlich der Sabaudia zu: im Jahre 527 findet sich am südlichen Ufer des Genfersees zwischen Évian und Tour-Ronde der burgundische Knabe Onovaccus beerdigt; so hatten sich hier germanische Familien angesiedelt (vgl. p. 262 ff.). Es ist diess natürlich nur eine ganz vereinzelte Spur der zweifellos reichen Besiedlung der beiden Seeufer. Ueber 40 Jahre früher schon, nämlich zu 485, bietet uns Grésy-sur-Aix, südlich von Genf und östlich von Véséronce, den datirten Grabstein eines Aunemundus (*Le Blant* n. 388 A; dessen planches n. 273). Ist es wirklich richtig, dass dieser Burgunder 100 1/2 Jahr alt geworden sei (das Facsimile bei *Le Blant* lässt mir noch einige Zweifel), so zählte er im Jahre 443 fast schon sechzig Jahre und viel älter dürfte er kaum mehr den Wohnsitz gewechselt haben. So gelangen wir in die älteste Zeit der burgundischen Einwanderung zurück. Grésy lag also jedenfalls in der Sabaudia und wurde von Anfang an mit beschlagnahmt. Lenkt man von hier aus die Schritte westlich, so häufen sich die burgundischen Spuren zu beiden Seiten der Rhône auf einem kleinen Raume verhältnissmässig stark: sie begegnen in Aoste, in dem hiervon nordwestlich gelegenen Véséronce, wieder nordwestlich in Arandon, dann rechts der Rhône in Briord und in dem davon fast nördlich gelegenen St. Maurice-de-Rémens. Aoste ist nur mit dem 6. Jahrhundert vertreten: mit dem Grabsteine einer dreissigjährigen Frau aus dem Jahre 523 (*Le Blant* n. 390; Beilage p. 382) und dem eines vier-

jährigen Knaben, dessen Eltern also auch daselbst gelebt haben
müssen, aus dem Jahre 537 (*Le Blant* n. 393; Beilage p. 393). Aus
Véséronce, in dessen Nähe mancher Burgunder sein Leben auf dem
Schlachtfelde verlor, ist nur eine aus 491 stammende Grabschrift
eines vierundzwanzigjährigen Mädchens erhalten (*Le Blant* n. 385;
Beilage p. 382): ähnlich aus Arandon (*Le Blant* n. 384; Beilage
p. 383): Jahr 538 (?) der Grabstein eines achtjährigen Mädchens.
Dagegen bietet Briord vier wichtige Zeugnisse: den Grabstein eines
jedenfalls in reiferem Alter (das abgebrochene Stück der Inschrift
trug offenbar eine zweistellige Zahl, also XL oder LX) im Jahre 487
gestorbenen Manneleubus (*Le Blant* n. 379: Beilage p. 394): ferner
den eines sechzigjährigen 488 verstorbenen Burgunders (*Le Blant*
n. 374 A; Beilage p. 384, 385); ferner zwei weitere von burgundischen
Frauen (28 und 33 Jahre) aus dem Jahre 501 (*Le Blant* n. 374 und
361; Beilage p. 383 u. 403). Die beiden ersten dieser vier Daten führen
uns auch für Briord in eine Zeit früher germanischer Ansiedlung
zurück, und die germanische Strömung wird ziemlich gleichzeitig
auch St. Maurice - de - Rémens ergriffen haben, wenn uns auch von
dort nur der Grabstein eines 486 verstorbenen zwanzigjährigen Mannes
erhalten ist (*Le Blant* n. 373; Beilage p. 383).

Rechts der Saone sind nicht weit von Lyon Anse und vielleicht
auch Écully von Interesse: in Anse wurde der Grabstein einer 485
verstorbenen 45jährigen burgundischen Frau gefunden. Sie hatte
wohl auch schon längere Zeit hier gelebt, ehe sie starb; die Ueberschreitung der Rhône und Saone bei Lyon muss also bald nach der
Besitznahme Lyons stattgefunden haben. Wahrscheinlich lag auch
in Anse ein in der Schlacht von Véséronce gefallener burgundischer
Krieger, der dann sicher aus Anse stammte, begraben (s. n. 890;
Beilage p. 402, 403). Ist der Felocalus, der 518 in Écully 60jährig
starb (s. *Le Blant* n. 14; Beilage p. 388), wirklich ein Burgunder
gewesen, so beweist er die burgundische Einwanderung daselbst doch
mindestens gegen Ende des 5. Jahrhunderts.

Aus dem Norden des Reiches fliessen höchst spärliche Nachrichten: glücklicherweise stammt wenigstens Eine davon aus einer der
nördlichsten Städte: Auxerre. Jener ketzerische Barbar Sigifunsus,
der am Anfang des 6. Jahrhunderts zugleich mit Eptadius dort begegnet, ist ein Burgunder (S. Vita Eptadii, Boll. Aug. IV p. 780;
Beilage p. 398.) Eine zweite Spur stammt aus Chalons sur Saone:
Rico daselbst, an welchen *Avitus* ep. 76 schreibt, ohne dass sich
freilich die Zeit des Briefes genauer bestimmen liesse, ist gleichfalls
Germane (Beilage p. 396).

Südlich von Lyon fesselt zunächst Vienne: 483 starb daselbst
ein burgundischer Mann (vir spectabilis), dessen Altersangabe auf
dem Grabstein zerstört ist (*Le Blant* n. 448; Beilage p. 389). Da
dieser Mann schwerlich nur nach Vienne gekommen war, um da zu
sterben, vielmehr hier auch wohl längere Zeit gelebt hat, so lässt diess
Rückschlüsse thun auf eine ziemlich frühe Ankunft der Burgunder in

dieser Metropole. Aus dem Jahre 491 ist uns von eben da die Grabschrift des 30jährig verstorbenen Nandoredus erhalten (*Le Blant*
n. 458 EE; Beilage p. 394), und einige Zeit nach dem Sturze des
burgundischen Königreiches hören wir dort von einer ganzen burgundischen Familie: Ansemundus und seiner Frau Ansleubana und
ihrer Tochter Remila (543: s. die Urkunde bei *Pardessus*, Dipl. n. 149;
Beilage p. 382, 383, 396). Diese muss offenbar noch zur Zeit des
Reiches daselbst gelebt haben, ebenso wie der zu Revel-Tourdan
(nordw. von Valence und südw. von Vienne) im Jahre 547 69jährig
verstorbene Gundiisclus noch weit in dieses zurückreicht.

Aus Valence ist uns nicht nur ein dem Jahre 494 angehöriger
Grabstein des 37jährig verstorbenen Obtulfus erhalten (s. *Le Blant*
n. 474 B; Beilage p. 395), sondern es bietet uns auch die Vita
Apollinaris cap. 6 und 10 aus dem 6. Jahrhundert im Gefolge
des Bruders des Avitus einen archidiaconus Leubaredus und einen
puer Alifius, zwei burgundische Namen, deren Träger also gleichfalls nach Valence gesetzt werden müssen. Aus Vaison endlich besitzen wir eine Inschrift mit einem burgundischen Namen (*Le Blant*
n. 498; Beilage p. 399); aber es ist unsicher, welcher Zeit er angehört.

Das Bild von der Verbreitung des germanischen Elementes über
das Reich hin, wie wir es hier gegeben, ist freilich dürftig genug.
Weit entfernt auch nur alle Orte nachweisen zu können, wo sich
Burgunder niedergelassen haben, sind wir völlig ausser Stande, am
einzelnen Orte das numerische Verhältniss der beiden Nationalitäten
zu statuiren. Dennoch hat jenes Mosaik seinen Wert: wie die burgundischen Spuren bald hier, bald dort auftauchen, meist in der
Ueberlieferung vereinzelt, während in der der Tradition entsprechenden Wirklichkeit sicher stets eine Anzahl burgundischer Familien
bei einander wohnte, mahnen sie uns, das Fehlen germanischer
Spuren nicht mit einem Abhandensein burgundischer Ansiedler in
bestimmten Orten und ganzen Gegenden des burgundisch-romanischen
Königreiches zu identificiren. Der Schatz erhaltener Inschriften ist
noch lange nicht ganz gehoben: begünstigt von neuen Funden mag
ein späterer Forscher auf diesen Gebieten die abgebrochenen zer-
stückelten Linien zum wirklichen Bilde auszeichnen.

Berichtigungen und Zusätze.

Zu n. 162 : s. den Brief jetzt auch bei T h i e l, Epistolae Romanorum Pontificum Genuinae a S. Hilaro usque ad Pelagium II, I p. 146—147.

Zu n. 384 : bezüglich der philosophi des *Geographus Ravennas* theile ich ganz die Ansicht der mir während der Ausarbeitung durch mancherlei unglückliche Zufälle im Original erst ganz zuletzt wieder erreichbaren Abhandlung von *Mommsen*, Verhandl. der kön. säch. Gesellsch. der Wiss. III (1851) p. 115.

Zu n. 479 s. man das n. 644 Gesagte.

Sprache und Sprachdenkmäler

der Burgunden.

Von

Wilhelm Wackernagel.

———

I.

Die Sprache.

Die Eigenart der Burgundischen Sprache wird nur dann mit Zuverlässigkeit zu ermitteln sein, wenn die Betrachtung der überlieferten Worte bei dem Punkt inne hält, wo das altburgundische Reich seine Selbständigkeit verlor und sich den Königen der Franken unterwerfen musste, wenn man also auf diejenigen Belege sich beschränkt, die uns bis dahin theils von den Geschichtsschreibern des Alterthums und des Mittelalters, theils und hauptsächlich in dem Rechtsbuche der Burgunden selbst so wie in Urkunden, in Grabschriften und Inschriften auf Schmuckgegenständen, auf zweien der letztern (s. unten II, 1 u. 2) sogar in den Runen des Volks geboten werden. Diesseit des Jahrs 534 beginnt für alles Deutsch auf Burgundischem Gebiet der Zweifel, ob es auch Burgundisch, ob es nicht ebenso wohl Fränkisch, vielleicht auch Gothisch sei : denn ein Theil des Landes blieb für einstweilen in Ostgothischer Gewalt. Ja es haben sprachliche Einwirkungen von diesen zwei Seiten, namentlich von der gothischen her, schon früher stattgefunden : unter den Grafen, die das Vorwort der Gundobada unterzeichnen, ist mehr als einer, dessen Name entschieden unburgundisch, entschieden gothisch klingt, der mithin gleich so viel andern, die jenes Zeitalter hier oder dort auf Römischem Boden zu Glück und Ehren brachte, von Herkunft ein Gothe muss gewesen sein ; ausserdem liegen nicht wenige Worte der Burgunden nur in der Gestalt vor uns, wie der Fränkische Mund, wie Gregor und Fredegar u. a. sie aufgefasst.

Und noch etwas kommt hinzu, das die Genauigkeit in der Ueberlieferung der meisten Sprachbelege verkürzt, das sicher die Sprache selbst sogar in ihrer Echtheit und Eigenheit gestört hat, der Einfluss des Lateins der Unterthanen und der damit verbundne Gebrauch der lateinischen Schrift. Nicht bloss dass letztrer in zahlreichen Fällen

das Zeichen mangelte um den barbarischen Laut vollkommen zu
treffen; nicht bloss auch dass unter den ersten Schreibern und den
weiteren Abschreibern des Gesetzes vielleicht kein einziger war, der
selber Burgundisch verstand und sprach, dass sie alle, was von
Namen und sonstigen Worten der Barbaren darin vorkam, der eine
mehr, der andre weniger, der öfter, jener seltener entstellten: nicht
bloss dieses, offenbar haben die Burgunden selbst, seitdem sie unter
Römern sassen, sofort begonnen die eigene Sprache mit Gering-
schätzung zu behandeln und deren Reinheit und Richtigkeit vernach-
lässigt. Nur deshalb konnte sich dieselbe so bald in das Romanische
verlieren, nur deshalb Gunthioc (s. unten II, 1) sich in Runen und
doch auf Lateinisch *Gunthious* nennen, und wieder nur deshalb ihr
Recht sich zu Fachausdrücken verstehn, die aus Latein und Deutsch
zugleich gebildet waren, wie *trigildus* und *novigildus*, dreifacher, neunfacher Ersatz. Oder soll man hier vorziehn anzunehmen, das *tri* und
novi gehöre bloss der schriftlichen Niedersetzung an, der Verfasser
habe von den deutschen Worten eben nur so viel in Latein gebracht,
als er leicht vermochte, vor Gericht aber habe der Burgunde selber
doch *thrigild* und *neungild* gesprochen? Auch in der Lex Alam. VII, 1
kommt diess halblateinische *novigildus* vor und ebenda und in den
Rechtsbüchern der Langobarden *octogildus*, in der Lex Baiwar. aber
mit Ausnahme der Endung ganz auf Deutsch *niungeldus* I, 3. II, 12
und *driniungeldus* IX, 2. Von der gleichen Art mit *trigildus* und *novigildus* scheinen *Aridius*, der Name von König Gundobadas weisem
Rathe, und der Grafenname *Silvanus*: beide mögen erst aus dem Burgundischen und, wie wir beide zugleich an Franken, *Silvanus* auch
an einem Gothen finden (*Silvanus* ein Bischof der Gothen und ἐκ Γοτ-
θίας bei Epiphanius adv. Haereses LXX, 15, ein Franke bei Amm.
Marcell. XV, 5; Franken des Namens *Aridius Aredius* wiederholendlich
bei Gregor von Tours und in einer Urkunde von 573 bei Pardessus,
Diplomata Nr. 180), auch aus diesen Sprachen in so lateinischen
Klang hinübergezogen und es mag die eigentliche Form des erstren
Haritheu, die des letzteren *Silbawân* gewesen sein: *Haritheu* eine
Zusammensetzung von *hari* Heer und *thiu* Diener, *Silbawân* von *silb*
selbst und *wân* Hoffnung, ganz wie im achten und neunten Jahrhundert
wirklich *Herideo* vorkommt und *Selbgér Selphar Selbrât*, *Hildodn Leo-
dodn Theododn*. Noch Andres, das sich auf demselben Wege erklärt,
wird uns später entgegentreten. Freilich nennt uns die Schenkungsurkunde von S. Maurice (Pardessus Nr. 103 u. 104), ein Actenstück

das, je gewisser es untergeschoben ist, wohl um so eher nur altüberlieferte und beglaubigte Namen braucht, auch einen *Benedictus comes*,
einen *Bonifacius comes*, und diesen ist nicht mit solcher Vermuthung
und Rückübersetzung beizukommen; dann im J. 513 belegt die
Domna Remila vocabulo Eugenia eines Vienner Stiftungsbriefes auch
für Burgund die Sitte deutscher und lateinischer Doppelnamigkeit.
Es mochten sich aber die Burgunden dem Latein und der Latinisierung
um so leichter dahingeben, als sie schon längst, schon zu Valentinians I Zeit gelernt hatten sich für Verwandte der Römer anzusehen
(Amm. Marc. XXVIII, 5), auch sie also, den Franken ähnlich, die
ererbten Sagen von der Auswanderung aus einer entlegneren Heimath
in solche Gestaltung wendeten.

Dass übrigens die natürliche Gegenwirkung nicht ausgeblieben,
dass aus der Sprache der Eroberer und Beherrscher auch diess und
jenes in die der Unterthanen gelangt ist, belegt uns zum Überfluss
das Burgundische Rechtsbuch ebenfalls an mehr als einer Stelle.
Zwar nicht mit dem Worte *ambaxia ambascia ambassia* Tit. 104, das
man hier wie im Latein der Lex Salica Tit. 1 Unrecht thäte aus dem
gothischen *andbahti*, althochd. *ampahti* herzuleiten: Diez belehrt uns
(Wörterb. d. Rom. Sprachen I, 19), weshalb dasselbe schon in
früherer Zeit und unmittelbar aus dem lateinischen *ambactus* müsse
entstanden sein. Aber zu *vegius veius*, das von *wig* oder *weg* her-
kommt, ist mit vollerer Endung die Nebenform *vigator veiator*
(Tit. 95) sowie ein Sachwort *vigatura vegatura veiatura* gebildet
(XVI, 3), die Umgestaltungen *viator, viatura* machen das noch lateinischer, und wenn noch jetzt in Burgund wie bei den Picarden ein
Gemach unter der Erde, wo des Abends Weiber und Kinder sich beim
Rocken versammeln, *écraigne* heisst, mittelalterlich *escregne escriegne*
escrienne (Diez II, 282), so geht das in beiden Provinzen auf ein
altdeutsches Wort, ein Synonym des sonst hiefür üblicheren *tung*
(Haupts Zeitschr. VII, 125 ff.) zurück, das die Lex Burg. XXIX, 3
in der Form *screunia*, die Lex Sal. XIII, 2. XXVII, 18. 19. nov. 38.
die Lex Fris. Addit. I, 3. die Lex Sax. 33 und Karls d. Gr. Capitulare de
Villis 49 in der Form *screuna* oder *screona* gewähren. Jac. Grimm hat
zwar wiederholendlich, zuletzt vor Merkels Lex Salica S. IX u. LXXV,
die Ansicht geäussert, es sei diess *screona* aus dem lateinischen *scri-*
nium entlehnt: dagegen ist jedoch ausser der beträchtlichen Abweichung der Begriffe einzuwenden, dass weder langes noch kurzes
I lateinischer Worte sich jemals in ein deutsches *EO* verwandelt, dass

vielmehr *scrinium* schon im frühesten Hochdeutsch nur wiederum *scrini* lautet und ebenso, durch den Vocal von *écraigne* unterschieden, im Französischen *escrin écrin*. Wie aber nun das Wort aus dem Deutschen selbst erklären? Ich denke auf dieselbe Art auf die uns Jac. Grimm z. B. die Namen *Giilki* und *Iornandes* deutet (über Diphthonge nach weggefallenen Consonanten S. 50. über Iornandes und die Geten S. 4), auf die auch altnord. *lion* oder *koni* Friedensvermittler und Mann, fries. *liana* Eheweib (vgl. JGrimms Gramm. I. 1840 S. 418) und die oberdeutschen und fränkischen Namen *Leon Leona Leonardus Leonastes* zu deuten sind: wie hinter diesen *Gifuki* und *Iburnanths* liegt und *liofan* und *liavana* oder auf Burgundisch *leubana* (vgl. *Ansleubana*), einfachste Ableitungen von *leub liuf liaf* lieb, so hinter *screunia screuna screona* das angelsächsische *scräf* die Grube und das mittelhochd. *schrove* Kluft: *screunia* (und vorher hat man *scriunia* gesprochen) ist zusammengezogen aus *scrifunia*. Auf keinen Fall eine Entstellung von *scrinium*: nur umgekehrt haben einige Schreiber der Lex Burg. das unverstandene Fremdwort diesem lateinischen angeähnlicht und *scrinia scrinea excrinea* daraus gemacht.

Die Verderbniss, worin unter diesen Umständen die Mehrzahl der Burgundischen Sprachüberreste schriftlich aufgezeichnet ist, verbunden mit der verhältnissmässig geringen Zahl, welche dieselben überhaupt ausmachen (ich werde sie in dem zweiten Theile meiner Arbeit ohne sonderlichen Raumaufwand alle zusammenstellen können), diess beides mag die grammatische und etymologische Betrachtung allerdings erschweren: aber die Erschwerung steigert den Reiz, und wenn man nur die gehörige Vorsicht und genauere Unterscheidung braucht und namentlich der Pariser Handschrift *L* des Rechtsbuches das Gewicht beimisst, das zumal für diese Einzelheiten der Textherstellung ihr gebührt (ihr mehr als irgend einer der andern, die Bluhme durch die früheren Buchstaben des Alphabets bevorzugt), so wird es nicht an einer ganzen Reihe von Ergebnissen fehlen, die sicher genug und für die Geschichte unserer Sprache von Bedeutung sind.

Zu allervorderst erweist sich auf solchem Wege, dass die Behauptung Jac. Grimms (Gesch. d. Deutschen Spr. II, 708), die Burgundische Sprache habe nähere Verwandtschaft zur gothischen als zur althochdeutschen, unrichtig ist. Geben wir in dieser Beziehung nicht zu viel auf die Stammvereinigung, in welche Plinius Hist. Nat. IV, 28 die Burgundionen mit den Guttonen bringt: wie voll von Verkehrtheiten ist dieses ganze Verzeichniss der Stämme und der

Völker! Und noch weniger ist, wenn man die bunten Wechsel in unsrer ältesten Geschichte erwägt, darauf zu geben, dass die Burgunden gelegentlich auch (nicht fortdauernd, wie Grimm es ausdrückt) sich mit den Gothen in Verbindung zeigen: es kommt ja ebenso wohl die Feindschaft beider vor. *conflictantium procella regnorum* (Sidon. Apoll. Ep. VII. 10. vgl. III, 4. IX, 3).

Zwar in Betreff der Consonanten steht das Burgundische wesentlich auf einer und derselben Stufe mit dem Gothischen. Das veranschaulicht am besten gleich der Name des Volkes, der überall noch mit den drei Mediis *B G D* aufgefasst erscheint und noch nirgend mit den härteren Lauten des Althochdeutschen, der überall noch *Burgundiones* heisst, nirgend aber *Purcuntiones* oder *Purucuntiones*; auch das *Z* der Nebenform *Burgunziones*, die sich in Texten des Jordanis findet, *Βουργουνζίωνες* oder *Βουργουζίωνες* bei Socrates u. a., beruht ebenso auf einem *D* wie in *Scandia* und *Scanzia:* noch deutlicher diess, wenn auch *Burgundzones* geschrieben wird wie *Scandza*. Also *burg*, goth. *baurg*, zusammengesetzt, obschon nicht auf so fabelhaften Anlass noch in so später Zeit wie Orosius VII, 32 und nach ihm Isidorus Origg. IX, 2, 99. 4, 28 angiebt, zusammengesetzt oder abgeleitet mit *undia*, einem Wort oder Bildungsmittel von allerdings noch unklarem Sinne, da es sonst nur wenig auftritt: so in dem nah anklingenden Volksnamen *Οὐρουγουνδίωνες* oder *Οὐρουγοῦνδοι*, nach Zeuss (die Deutschen S. 695) einer andern und späteren Benennung der *Οὐργοι* oder *Οὔρωγοι*, gothisch in *néhvundja* Nächster und dem Femin. *hulundi* Höhle, ohne *I* oder *J* in dem Adverbium *sniumundó* eilig, althochd. in dem Neutrum *árunti* Auftrag, dem Masc. *hliumunt* Gerücht, dem Fem. *jugunt*, dem Adv. *nálunt* neulich u. a. Und doch wird, wenn man sicher gehn will, über diese Deutung (es hat dieselbe zuerst Jac. Grimm aufgestellt, Gramm. II, 343) nicht hinweg zu kommen sein, trotz aller Verlockung irgendwie auch in dem Namen des Volks jenes *gunthja* oder *gunth* Schlacht, Krieg wieder zu erkennen, womit fort und fort so viele seiner Könige benannt sind, *Gundiocus, Gundobada, Gundaharius, Gundomares:* ein Zusammenklang der um so bedeutsamer ist, da die Allitteration, welche sonst schon die Namen dieses Geschlechts verbindet (Gesch. d. Deutschen Litt. S. 29 u. 202), durch ihn noch verstärkt und befestigt wird. Auch *Gundomares:* denn der Accusativus hievon, nicht aber *Godomarem* ist im Rechtsbuche Tit. 3, wo Gundobada seine *regiae memoriae auctores* nennt, die bessere Lesart; Fredegarius oder

Abschreiber des Fredegarius folgen dieser Annomination, indem sie
umgekehrt *Godegiselus* gegen *Guntegiselus* vertauschen (Epit. 17. 28).
Dann wäre der erste Bestandtheil von *Burgundio* das Wort *bur*, das
auf Altnordisch s. v. a. Sohn, auf Althochd., wo der Regel nach die
Brechung *bor* gilt, s. v. a. Höhe und in Zusammensetzungen (*buro-
lang boralang*) eine Steigerung bedeutet, das auch ein alter Volksname ist, und jeder dieser Begriffe, auch der erste (man vgl. Namen
wie *Barnoildis Chindasvinthus Theganharius*), wäre sonst wohl passlich:
nur fehlte dann, was nicht wohl fehlen darf, der Bindevocal zwischen
beiden Theilen: es hiesse nicht, wie es dann doch heissen sollte,
Burogundio. Das Angelsächsische, das mit Schwächung des zweiten
Vocales *Burgendas*, und das Hochdeutsch des zwölften und dreizehnten
Jahrhunderts, das ebenso auch *Burginden Burgenden Burgende* sagte
(Schlettstädter Glossen XL, 17; Nib. B 497, 8. 526, 4. 683, 3),
verstand den Namen somit nur als Ableitung. .

Und ebenwie in diesem und anderen Beispielen mit den drei
Mediis, verhält es sich mit den übrigen Consonanten: gemeinsame
oder sonst entsprechende Worte zeigen den gleichen Mitlaut auf Gothisch und auf Burgundisch. Das aber nur, weil und insofern die
Gothische Sprache noch die Vertreterinn der allgemein altgermani-
schen Art und weil und insofern auch die Burgundische das noch ist
und sie noch nichts erlitten hat von der Lautverschiebung, die erst
ein Jahrhundert und darüber nach Aufsetzung des Rechts einen grossen
Theil des germanischen Sprachenstammes ergreifen sollte. Eine vor-
zugsweis nahe Beziehung des Burgundischen zum Gothischen drückt
sich also in den Uebereinstimmungen beider keinesweges aus: bestand
doch vielmehr in Dingen der Sprache ein so geringer Zusammenhang
der zwei Völker, dass, nachdem Ulphilas seinen Gothen schon längst
ein vollkommneres und vielgebrauchtes Alphabet gegeben, die Burgunden sich noch immer des vaterländisch echteren Futhark bedien-
ten: mit welchen Eigenthümlichkeiten, erörtert und erschöpft Dietrich
in Haupts Zeitschr. XIII, 119—122.

Bei Anerkennung eben nur dieses Verhältnisses zwischen Burgundischem und Gothischem tritt unter anderm auch ein auffälliges
Zusammentreffen beider, das sich in einem vereinzelten, aber um so
mehr anziehenden Falle findet, in die rechte Beleuchtung. Ich meine
den gothischen Namen *Optarith* oder *Optarit*, wie die Urkunde von
Ravenna (in Massmanns Goth. Urkunden von Neapel u. Arezzo),
Ὀπταρις, wie Procopius B. Gotth. I, 11 ihn schreibt, und dem gegen-

über den burgundischen *Obtulfus*. Der eine weicht wie der andre
von einem Gesetze ab, das sonst bereits im Gothischen waltet und
von da an je mehr und mehr für alles Deutsche sich festgestellt hat,
dem Gesetze nämlich dass einem ableitenden oder unmittelbar flec-
tierenden *T* kein *B* oder *P*, kein *G* oder *K*, sondern statt deren nur
die Aspirata der bezüglichen Organe, nur ein *F* oder *H* vorangehn
dürfe. Indessen mit Unverbrüchlichkeit und so beinah ausnahmlos
wie nachher im Althochdeutschen u. s. w. waltet diess Gesetz im Gothischen noch nicht: noch heisst z. B. von *mag* die zweite Person
gleichfalls *magt*, nicht *maht*, von *sök* und *graip* wiederum *sökt* und
graipt, und zu *fragiban* wird das Substantivum sowohl *fragibt* als
fragift gebildet (Luc. I, 27 u. II, 5). Dergleichen dann auch, nur
immer seltener, im weitern Verlauf unserer Sprachgeschichte, z. B.
gipt hapt skapt heipt auf Altnordisch, in dem einen der Merseburger
Zauberlieder *hapt* und *hepten*, bei den Franken die Eigennamen *Ap-
tacharius* (Greg. Tur. Hist. Franc. X, 3) und *Apthadus*, dann *Acto-
hildis Actuin* und andre der Art und das *dructis* der Lex Sal. nov. 41
mit Namen dazu wie *Droctoveus*, bei den Angelsachsen in der Genea-
logie der Könige von Kent (Jac. Grimms Deutsche Mythol. 1835,
Anhang S. III fg.) *Octa Victa Verta*, bei den Langobarden (Paulus
Diac. V, 23. 24) *Wectari*. Hier überall zeigt sich vielmehr ein
ganz anderes und sicherlich mehr organisches Gesetz in Geltung,
und zwar dasselbe das in den beiden pelasgischen Sprachen gilt: es
wird gefordert, dass vor die Tennis wieder eine Tenuis zu stehen
komme, ein *P* oder *K*. Und diess, wie es hier in einzelne Anwen-
dungen sich verliert, erscheint in der vorgothischen, der noch voller
reiner ursprünglicher germanischen Zeit, wirklich auch als das
alleinig allgemeine: da begegnen wir auf den verschiedensten Punkten
des Sprachgebietes Volks- und Lands- und Personennamen wie *Crup-
torix, Actavia* (Haupts Zeitschr. IX, 565 fg.), *Actumerus, Burcturi*
oder mit Umstellung nach friesischer Art *Bructeri* (Zeuss, die Deutschen S. 92. 351), *Tencteri, Victovali*, solchen Formen und keinen
andern, und wenn Cäsar in *Tencteri* ein *CH* schreibt, so schreibt er
auch dahinter ein *TH*, und nur er giebt das Wort so wieder. Ganz
hieran nun schliesst sich das goth. *opt* in *Optarith*, mit *P*, aber abgeleitet von einem Stamme mit *B*, von *ub*, der eigentlichen Form für
uf (denn in der Inclination heisst es *ubuh*): der Begriff kann ein ähnlicher wie der von *ufjô* Ueberfluss, aber auch, da *uf* zugleich ab und
auf bedeutet, der des Niederwerfens gewesen sein. Eben daher

kommen (JGrimm in Haupts Zeitschr. III. 147 ff.), schon nach jüngerer Art aspiriert, *aufid* vielleicht und *ufta* oft und in derselben Ravennatischen Urkunde die andre Benennung Optariths *Uftahari*; *Ufitahari* ist nur ein Schreibfehler: althochd. lautet es *Oftheri* wie *Optarith Ofterid*. Andrerseits haben die Burgunden, wie aus ihrem *Obtulfus* sich ergiebt, die Media ebenfalls nicht aspiriert, aber auch nicht zur Tenuis verhärtet: ich denke, weil sie der Abkunft des Wortes von *ub* sich noch bewusster waren, gerade wie die Franken, wenn sie statt *Apthadus* auch *Abthadus* schrieben, der Herkunft dieses *apt* von *ab*. Das sieht nun allerdings sehr ähnlich jenem goth. *fragibt* und *magt*. Da jedoch *obt* zugleich von dem, was hier zu allervorderst übereinstimmen sollte, wenn das Burgundische wirklich so sehr die Art des'Gothischen theilte, da es von beiden, dem *opt* wie dem *uft* der Gothen, entschiedenst abweicht, so bleibt als Gewissheit nur die eine Thatsache und Hauptsache stehn, dass die Burgunden, zum mindesten in diesem Worte, der Media vor *T'* noch nicht die Aspiration gegeben haben, und das hatten sie nicht allein mit den Gothen, sondern mit genug andern in späterer und schon in früherer Zeit gemein.

Neben all dem Zusammenklang aber der beiden Sprachen im Grossen und Ganzen wie in Einzelheiten machen auch (wir haben so eben ein Beispiel davon kennen gelernt) mehrfache, mannigfache und nicht unbeträchtliche Unterschiede sich bemerkbar, Unterschiede die man nicht überall auf die Rechnung unkundiger Schreiber setzen oder in dem ähnlicher Art erledigen, die man meistens nur so erklären kann, dass wirklich der Burgundischen Sprache von vorn herein ein andrer Character eigen gewesen als der Gothischen, und dann dass gegen die Zeit hin, wo das Reich zu Grunde gieng, auch sie in Verwirrung und innere Ungleichmässigkeit gerathen sei: ein solcher Zustand muss ja, länger oder kürzer, über jede Sprache kommen, wenn eine so durchgreifende Umgestaltung, wie im Deutschen die Lautverschiebung des siebenten Jahrhunderts war, sich vorbereitet.

Zweierlei jedoch oder dreierlei, worin man derartige Abweichungen theils gefunden hat, theils vermeinen könnte zu finden, muss ich gleich zum Voraus beseitigen. Einmal das Wort *hendinos*, nach der Angabe Ammians XXVIII, 5 der Burgundische Königstitel; Jac. Grimm (Rechtsalterth. S. 229. Gesch. d. D. Sprache II, 706) stellt denselben dem gothischen *kindins* gleich, der Uebersetzung von *ήγεμών*: «*H* mag hier für *CH* = goth. *K* vernommen worden

sein, ein vorläufer der ahd. verschiebung. wie auch ein Alamannen-
könig *Hortarius* für *Chortarius* steht, von *chortar* grex, ags. *cordher*.»
Gegen den Begriff, den letzterer Name hiemit erhielte, will ich nichts
einwenden, indem ich mich des Homerischen ποιμὴν λαῶν und daran
erinnere, wie auch in der altsächsischen Evangelienharmonie *werodes
hirdi*, *landes hirdi*, *burgô hirdi* und ebensolche Ausdrücke bei den
Angelsachsen s. v. a. König oder Fürst bedeuten. Indessen *chortar*
heisst eigentlich *quartar* und hiess zu jener Zeit gewiss auch noch mit
weicherem Consonanten *quardar*, und der *Hortarius*, den wiederum
nur Ammianus nennt (XXIX, 4), hat schwerlich so, sondern eher
etwa *Hrôtharius Hrôthaharius* d. i. Ruhmkrieger geheissen. Überhaupt aber sind Vertauschungen des *K* gegen *H* im Deutschen unnachweisbar, und ebenso unnachweisbar im Burgundischen die von
K gegen *CH*. Daher, wenn trotz dem Bedenken, das auch der Übergang von *I* in *E* vor der Consonantenverbindung *ND* erregen muss,
kindins und *hendinos*, oder dann noch besser *hendinus* oder *hendines*,
ein und dasselbe Wort sein sollen, ist *H* allerdings wieder in *CH* ab-
zuändern, aber in jenes *CH*, das die späteren Lateiner und nach lateinischen Vorlagen auch die Griechen häufig so wie jetzt die Italiäner brauchen, um da einen *K*-Laut zu bezeichnen, wo das blosse
C wie *Z* oder sonstwie zischend lauten würde: *chendines* wie *Chindus*
und *Chindasvinthus*, wie *Richila* und *Richimeres* u. dgl.; wird diess
CH dann auch vor andre Vocale als nur vor *I* und *E* gesetzt und
damit der im Lateinischen minder gewohnte Buchstab zu einem Gepräge der Barbarei gemacht, das die Schreibung den germanischen
Namen überhaupt aufdrückt, so ist der erste und eigentliche Anlass
hiezu doch immer in Worten jener Art zu suchen. Wie aber, wenn
der Fehler bei Marcellin vielmehr in dem ersten Vocal seines *hendinos*
läge? Die germanischen Völker haben ihre Könige nicht immer mit
einem Wort gerade dieses Sinnes, sondern, da eine Hauptpflicht der
Könige und aller Fürsten das Richteramt war (*hic etenim et rex illis
et pontifex ob suam peritiam habebatur et in summa justitia populos ju-
dicabat* Jord. 11), die einen wie die andern gern auch nur mit Rücksicht hierauf benannt. Belege für Quaden und Gothen bei Amm.
Marcell. XVII, 12 *regalis Vitrodorus, Viduarii filius regis, et Agilimundus
subregulus aliique optimates et judices variis populis praesidentes*; XXVII, 5
Athanaricum ea tempestate judicem potentissimum; XXXI, 3 *Athanaricus Thervingorum judex*: nach Themistius Zeugnisse zog Athanaricus
selbst es vor Richter zu heissen, nicht König; ihn oder seinen Vater

Rhothesteus meint auch Auxentius, wo er von dem *irreligioso et sacrilego judice Gothorum* spricht (Waitz über d. Leben d. Ulfila S. 15. 38), und noch in dem deutschen Ammonius des neunten Jahrh. VIII, 3 werden die Worte des Evangelisten *ex te enim exiet dux, qui regat populum meum Israel*, übersetzt *wanta fon thir quimit tuomo, ther rihtit min folc Israel*, also *dux* wiedergegeben mit einem Ausdruck der sonst und eigentlich den *judex* bezeichnet (ebd. XXVII, 2. LXII, 4. CV, 1. CXXII, 1) : 'dass auch *rihtári* bald die Verdeutschung von *rex* und *regulus*, bald die von *judex* ist (Graffs Althochd. Sprachschatz II, 422 fg.), gehört weniger hieher, da dieses Wort sein Ursprung zu dem einen und dem andern Begriffe gleich berechtigt. Haben nun die Burgunden ihr Königthum einst ebenso wie die Gothen aufgefasst ? Es erscheint in dieser Beziehung kaum bedeutungslos, dass diejenigen, welche die gerichtlichen Urtheile vollstreckten und die Bussen eintrieben, noch gegen Ende des Reichs in dem engsten persönlichen Verhältniss zu dem Könige standen, dass sie dessen leibeigene Knechte waren : Gundobada nennt sie deshalb in seinem Rechtsbuche XLIX, 4 u. LXXVI, 1. 3 *pueros nostros, wittiscalcos nostros*: altsächs. *witi*, althochd. *wizi* Strafe und *scalc* Leibeigener. Bekanntlich aber ist für Richter ein altverbreiteter deutscher Ausdruck *hunno* (wohl der früheste schriftliche Beleg in der altsächs. Evangelienharmonie S. 63, 22), und das muss, da ihm in gleicher Bedeutung *centenarius* und *centurio* zur Seite stehen, es muss auch nach dem, was die Germania des Tacitus 12 über die Zahl der Beisitzer des Richters meldet, von *hund* d. h. hundert abgeleitet und ebenso aus einem distributiv gebildeten *hundino* verschleift sein wie das *chunna* Hundert der Lex Sal. S. 95 aus *chundina*. Diess Wort denn, *hundino*, wäre an die Stelle des Ammianischen *hendinos* zu setzen und *hundina* damals der Titel eines Königs der Burgunden gewesen. Ammianus sagt selbst zwar auf lateinisch *rex*, aber noch Olympiodorus (Corp. Scr. Hist. Byz. ed. Bonn. I, 454) mag dem *l'εντιάριος* keinen höheren Namen als den eines *φύλαρχος* gönnen.

Sodann die Verhärtung des *H* in *CH*, die schon in älterer Germanenzeit für die Bevölkerung des mittleren Deutschlands bezeichnend und nachher eine unterscheidende Eigenheit zumal der Franken gewesen; römische und nachrömische Schreibung macht daraus gelegentlich ein blosses *C*. Dergleichen nun auch in einer nicht geringen Beispielzahl bei den Burgunden, stäts aber so, dass es dennoch unburgundisch ist. Diese Mundart selbst gleich der der Gothen und

denen der übrigen Germanen kannte allein das reinere *H*: Beweis
dafür so authentische Belege wie *hag* auf dem Bracteaten von Broholm,
wie im Rechtsbuche *Gislaharius* und *Gundaharius* nebst *Walaharius*
Wenaharius Hildegernus Hildeulfus; es ist lediglich fränkische Auffassung und Entstellung, oder es sind Namen von Personen fränkischer oder mitteldeutscher Herkunft, wo anstatt des *H* sich ein
CH oder gar nur ein *C* vorfindet, theils fränkisch theils mitteldeutsch,
wenn *Hilpericus* und *Gundaharius* auch *Chilpericus* und *Gundacharius*
oder *Gundicarius* heissen, Gundobads Nichte *Hröthehild* nun als Gemahlinn des Frankenköniges *Chrodechildis*, ein Bischof von Lyon *Char-*
tenius, eine ebendort begrabene Königinn *Caretene* und der erste der
Grafen, welche die Gundobada unterzeichnen, *Abcaris* oder *Aba-*
caris: daneben die burgundischere Lesart *abhaaris* d. i. *abaharis* wie
umgekehrt neben *walaharii wenaharii* die fränkischen *uallicarii ucni-*
carii uuanacharii. Nur auch darum, weil die Burgunden ihr *H* noch
leichter hauchten, konnte es gelegentlich, da wo es inlautend
zwischen Vocalen steht, sich ganz verlieren. Wir lesen neben
einander *Andaharius Gislaharius Gundaharius* und *Andearius Andarius*
Gislaarius Gislarius Gundarius; ebenso ist *Giseladus*, wofür auch *Gi-*
seladus und mit weiter gehenden Entstellungen *Sigladus Gisgaldus*
Gystaldus sich geschrieben findet, sicherlich nur aus *Giselahadus*
zusammengezogen: *giscl* eine später zu erörternde Ableitung von *gis*
Speer, *hathu* Kriegsglück; *Giselahadus* und *Giseladus* wie anderswo
Theodahadus und *Theodadus*, bei Procopius B. Gotth. I, 3 fgg. Θευ-
δάτος: die Franken hätten mit festerem Laute wie *Widrachadus* (Urkunde von 658 bei Pardessus Nr. 332) so auch *Giselachathus* gesprochen. Wenn es aber in der Urkunde von S. Maurice auch *Agano*
anstatt *Hagano*, auf Grabsteinen *Arigunde Arimundus Ildelo Orovelda*
heisst anstatt *Harigunde Harimundus Hildelo Horovelda*, und *Hari-*
theu (s. oben S. 332) in *Aridius* latinisiert wird, so konnte solch eine
Tilgung auch der Anfangsaspirata schwerlich aus der Sprache der
Burgunden selber kommen, sondern nur aus der der Romanen und
aus ihrer Feder, von ihrem Meissel.

Die Mundart der Franken verwendet jedoch ihr rauhes *CH* nicht
bloss anstatt des *H*, sondern auch, obschon nur seltener und nicht so
durchgehends, anstatt der Media *G*: der *Chochilaicus* Gregors von
Tours (Hist. Franc. III, 3) zeigt beiderlei *CH* neben einander: auf
Altnordisch hiess derselbe König *Hugleik*, auf Angelsächsisch *Hy-*
geldc: Müllenhoff in Haupts Zeitschr. VI, 437. Und es mag dieser

Tausch auch andern noch älteren Völkern eigen gewesen sein: der Name der *Chauci* dürfte sich am besten erklären, wenn man *chauc* gleichstellt mit *gauc* Gauch, jener geläufigen Schelte des Alterthums: ich habe von solchen Spottnamen der Völker anderswo ausführlicher gehandelt (Haupts Zeitschr. VI, 254 fgg.); den Chauken ward der ihrige darum gegeben, weil man ihre stolze Friedfertigkeit (Tac. Germ. 35) für Unmännlichkeit und Thorheit schätzte. Ein derartiges *CH* nun bietet vielleicht auch *Chrona*, nach Gregor von Tours (Hist. Franc. II, 28) der Name von Chrothechilds älterer Schwester: er könnte s. v. a. *Gróna*, die Grüne, die Wachsende bedeuten. Indess sie führte diesen Namen erst »mutata veste«, nachdem sie »se deo devovit« (vorher war sie *Sedeleuba* genannt: Fredeg. Epit. 17), und da erscheinen andre Auffassungen schicklicher, die wiederum das *CH* für *H* und das *O* entweder im Sinne eines *AU* oder kurz verstehen: *hriuwan*, im Aoristus *hrau*, heisst althochd. betrüben, *hraun* altnord. Stein- und Lavaboden, *hrono rono* althd. ein umgefallener Baumstamm, *hrynja* altnord. stürzen. Was aber das richtigere sei, *CH* für *G* oder für *H*, in jedwedem Fall ist die Form des Namens fränkisch und die burgundische war *Gróna* oder *Hrauna Hróna Hrona*.

Also diese Dinge kommen nicht in Betracht, wo anzugeben ist, was innerhalb des Consonantengebietes Abweichung des Burgundischen vom Germanisch-Gothischen sei. Mancherlei andres aber und solches, das uns die Sprache bereits in beweglicherem Fluss und in schwankender Unsicherheit zeigt. Ein Merkmal der Art haben wir so eben schon wahrgenommen, das Verschwinden des *H* in *Andaharius Andarius* u. s. w.; reihen wir daran sofort ein paar dem ähnliche Erscheinungen.

Wo ein *I* zur Ableitung dient, bleibt das entweder nach eigentlicher alter Regel unberührt und ohne weitere Wirksamkeit bestehn: *Aliberga Conia Coniaricus Fusia Sunia Wiliemeres Viliaric Vulfia*; oder (und das ist dem gothischen und allem früheren Sprachzustande noch ebenso fremd als dem späteren geläufig) es verliert sich theilweis oder gänzlich in den voraufgehenden Schlussconsonanten der Wurzel, und die Folge davon ist, dass dieser sich verdoppelt und verhärtet: *Guntello Tullii Villioberga Villigiselus Willimeres Vassio Siggo Sicco*; oder endlich, wiederum wenn so wie zuletzt hier der Stamm in *G* ausläuft, *G* und *I* fliessen in Einen Laut zusammen, sei das nun ein *J*, der Consonant der zwischen *G* und *I* in der Mitte liegt, sei es ein voll vocalisches *I*, das nun mit dem Vocal vorher zu einem Diphthongen sich verbindet: *regius rejus* oder *veius*. Von eben der Art ist im Latein Cassiodors und der Lex Visigoth. das aus gothischem *sagja* entstandene *sajo* oder *saio* (Jac. Grimms Rechtsalterth. S. 765 fg.). Gleichwohl sieht diese Verflüchtigung des *G* mehr romanisch als deutsch aus. *Saio* und *veius*, beides sind Appellativa: sie gehören zu denjenigen Worten der Barbaren, die. wenn man sie ins Latein versetzte. einer stärkeren Entdeutschung zu unterliegen pflegten als die Eigennamen. Und mag auch der Übergang von *agi* in *ai*, wie er sich mehrfach im Althochd. und Altsächsischen zeigt (z. B. *Agino Eino, Magino Meino, Ragino Reino*), ebenso schon der älteren fränkischen Sprache (JGrimms Gesch. d. D. Spr. 1, 539) eigen gewesen, mögen sogar schon in urältester Zeit, schon ehe μέγας und *magnus* sich in *mikil* verschoben, die Steigerungsformen *mais* und *maist* aus *magis* und *magist* entstanden sein, überall hier folgt unmittelbar auf das *ai* ein Consonant und setzt den verfliessenden Lauten wieder eine feste Begrenzung: bei *saio*, bei *véius* ist das nicht der Fall, das Wort nimmt ein Ende ohne noch seinen Schluss zu haben. Als das wirklich burgundische Verfahren dürfen wir nur die Verdoppelung anerkennen, die bei *Siggo Sicco* eintritt, und wie dieser Name buchstäblich so im Altsächsischen und Althochdeutschen wiederkehrt (Haupts Zeitschr. I, 3. Förstemanns Altd. Namenbuch I, 1086), stehen hier auch dem *veius* und *saio* die echteren Formen *wiggi* Pferd, *dwiggi dwikki* ohne Weg, *seggi* der Redende, der Mensch und *wârsecco* Wahrsager gegenüber.

Anders verhält sich mit *G* und *J* die Sache da, wo ersteres der Anfangslaut einer Wurzel ist. Das Gothische unterschied, wie Ulphilas Alphabet beweist, beide Consonanten aufs bestimmteste, und ebenso stäts die reinere Mundart der Oberdeutschen. Nicht aber so die des nördlichen Deutschlands, die der Sachsen, wenigstens wie die Evangelienharmonie sie beurkundet, der Friesen und der Angelsachsen: da verliert sich der Anlaut *G* in *J*, im Schreiben wird bald diess für jenes, bald auch jenes für dieses oder (so im Angelsächsischen) stäts nur *G* gesetzt, und gleichgültig bindet die Allitteration das eine mit dem andern. Diese Vermischung nun muss auch im Burgundischen gegolten haben: denn sicherlich nur, weil das *G* hier gleichfalls den halbvocalisch fliessenden Laut sich angeeignet, konnte es, wenn auch nicht nach nordischer Art von jedem ersten Wortanfange, doch in der Zusammensetzung von dem Anfange des zweiten Worts verschwinden, konnte *Hildigernus* zu *Hildiernus, Gundigisclus*

zu *Gundiisclus*, *Gundigisclus* zu *Gundisclus*, *Godigiselus* zu *Godisclus*
werden: es ist eine der zwei letzteren Formen, die eine Urkunde vom
J. 587 in *Gaudisellus* entstellt hat. Mitgewirkt zu der Abschleifung
haben natürlich auch die zwei benachbarten *I*: eine nothwendige Bedingung jedoch war diese Nachbarschaft wohl nicht: auch die Fränkische Mundart lässt oft genug das Anfangs-*G* d. h. wiederum *J*
eines zweiten Bestandtheils fallen, aber sie thut das nicht allein, wo
sich dasselbe mit *I* oder einem daraus abgeschwächten *E* berührt,
z. B. in *Chrotigeldis Chrodieldis Chrotildis* (vgl. den *Leovildus* d. i. *Leo-
rigildus* bei Le Blant, Inscriptions chrétiennes de la Gaule II, 456
Nr. 611 vom J. 582, *Leubildus Leuvildus* in Fredegars Epitome 82;
auch Namenformen wie *Erboildis* und *Marcoildis* dürften gegen
Jac. Grimms Gesch. d. D. Spr. I, 544 schicklicher so mit Aphärese
eines *G* aus *gild*, wo nicht mit der eines *W* aus jenem *vild* zu erklären
sein, das wir burgundisch in *Orovelda* haben): das fränkische *G*
fällt ebenso wohl vor dem volleren *A*-laut hin, z. B. (JGrimm a. a. O.
S. 541) *Arboastes Blandastes Leudastes*.

Mit Aphärese eines *W*. Alle deutschen Mundarten nämlich, im
beschränktesten Maasse noch die gothische, im ausgedehntesten sodann die des scandinavischen Nordens, lassen den Halbconsonanten
W, wenn ein Vocal darauf folgt, bald so, bald anders sich verlieren,
bald indem auch er in einen Vocal und zwar in den, der ihm zunächst liegt, übergeht, also in *U* (und dieses *U* kann sich wieder in
O abschwächen), bald indem dieses *U* mit dem Laut dahinter so in
eins verschmilzt, dass aus beiden sich ein Mischlaut bildet, bald endlich indem es ganz erlischt und nur der Laut dahinter bestehen bleibt.
Das Gothische hat von dem allem mit Sicherheit nur die Abschleifung
des Wortes *vulf* d. i. Wolf in *ulf*, sobald damit ein Name endigt,
z. B. *Atha-ulf*; das Gleiche von da an überall und auch im Burgundischen: also *Gundeulfus Hildeulfus Obtulfus Riculfus* und, mit einer
Einschaltung die durch das Wesen beider, des *L* und des *F*, veranlasst ist, *Vithuluf*: daneben jedoch heisst es unverändert nicht allein
Vulfia und *Vulfila*, sondern auch *Sigisvuldus* und selbst, als andre
Lesart für das letztere, *Sigesvulfus*. Ausserdem hätten, wenn auf die
Griechen zu gehen wäre, die Gothen auch *U* für *WI* und hätten so-
gar im Beginn der Worte so gesprochen: Οὐλίας Οὐλιαρις u. dgl.
Bei den Gothen selbst jedoch und bei den Römern finden wir stäts
nur die Schreibung *Wilia Viljarith* u. s. w., und so lässt auch das
Burgundische gerade diess *Wili* unberührt und sagt *Viliaric Wile-*

meres u. s. f.: wohl aber verwischt es, und zwar wieder nur als
zweiten Bestandtheil, drei oder vier andre ebenso anlautende Worte
und thut zugleich in dieser Richtung noch einige Schritte weiter:
auch aus *WA* macht es entweder *UA* oder *OA* oder in Folge dieser
Vocalisierung den Mischlaut *O*, oder aber es tilgt den Halbconsonanten vollends und belässt nur das *A*. Beispiel für *UA* ist *Na-*
sualdus. Der vordre Theil dieser Zusammensetzung. den für sich
allein wir in der Form *Nasua* schon bei Cäsar als den Namen eines
Sueven lesen (B. Gall. I, 37), ist, und warum nicht? unser Wort
Nase, althochd. *nasa*, altnord. *nasu nôs*. Hat doch auch Rom seine
Naso Nasica Nasidius Nasidienus, und worauf zielen die deutschen
Namen *Baino Cnira Hanto Lancha Wamba* und vielleicht auch *Mun-*
dus, wo nicht auf irgendwelche Auffälligkeit schon des Kindes oder
erst des Mannes an Bein, Knie, Hand, Hüfte und Bauch? Vgl. Dietrich
in Pfeiffers Germania XI, 197. Ich weiss hier zu Lande jemand lebend,
den die Leute seiner grossen Nase wegen den Nasenkönig nennen,
ganz ähnlich also unserm *Nasualdus*: denn der zweite Bestandtheil
(in *Engerald* sehen wir ihn noch unverändert) kommt von dem Zeit-
worte *valdan* herrschen. Beispiel für *OA Radoara*, eine Zusammensetzung aus *râd* Rath und *var* goth. achtsam. Wenn sodann aus
Nasuald später *Nasolt* geworden ist, so stehen dem zahlreich andere
Fälle auch mit späterem *olt* aus *wald uald oald* zur Seite, wie *Engerald*
Ingold. *Cariovalda Harioaldus Hariolt Herolt* oder aber mit voller Aus-
tilgung des *W Harald Herald*. Während aber *Nasualdus* für das
Burgundische nur noch die Vocalisierung des Halbconsonanten belegt
(denn die Inschriften zu Genf und Lyon mit den Namen *Aegioldus*
und *Fredaldus* sind beide nachburgundisch: s. Le Blant II, 2 u. I, 88),
belegt uns ein drittes Wort die Verschmelzung desselben mit dem
folgenden *A*, die ein *O* ergiebt, der Name *Emiocer*: hier kann der
zweite Theil nur das Adjectivum *wacer* wach, munter sein, das
z. B. auch (vgl. Dietrich a. a. O. S. 192 fg.) in *Odovacar Odovacer*
Odoacer Otochar Otachar enthalten, das auch allein schon Eigenname geworden ist: Οὐάκκαρος; ὁ Οὔαγρος; τὸ γένος Agath. I, 21. Das reichste
Beispiel aber gewährt uns ein burgundischer König: denn von den
wechselnden Formen *Gundiacus Gundiocus Gundincus Gundicus* beruhen
die letzteren auf *Gundivicus Gunduicus*, wie in der That ebenfalls geschrieben wird, *Gundiocus* aber und *Gundiacus* auf *Gundivacus*, während *Onovaccus* bei gleichem Ausgange keine solche Veränderung er-
leidet. Es ist das wesentlich alle vier Mal derselbe Name: aber die

Bildung schwankt zwischen der Aphärese und der Verschmelzung des *W*, zwischen dem präsentischen *I* und dem aoristischen *A* der Wurzel: das gleiche Schwanken, wie wenn eben daher (es ist unser *wachen*, das Grundwort auch zu jenem *wacar* und dem unzusammengesetzten altnord. *Vak* und langobardischen *Wacho* in Grimnis mâl Str. 54 und bei Paul. Diac. I, 21. *Οὐάχης Οὐάχις* bei Proc. B. Gotth. II, 22. III, 35), wenn eben daher die Lerche auf Althochdeutsch *lérihhâ* und *lérohhâ* und *lérahhâ* genannt wird, d. i. *laiswihhâ* oder *laiwcahhâ* die Furchenwacherinn, und der Wachholder sowohl *wechalter* als *wachalter* der immer wachende Lebensbaum. Die Sprache der Franken hat diesen Namen in Gleichklang mit den Namen ihrer Könige *Chlodovichus Chlodovechus Merovechus* hinübergezogen und ihn in *Gundevechus* umgewandelt, d. h. sie hat aus dem *C* jenes *CH* gemacht, welches nur s. v. a. *H* bedeutet und deshalb wie *H* auch wegfallen darf (altsächs. angels. *vih*, altnord. aber *vé* Heiligthum, Gott): wirklich kommt denn auch *Gundeveus* vor, während *Gundiochus Gundëuchus Gundichus* wiederum Verschmelzungen von *Gundivechus* und *Gundevichus* sind. Wenn aber auf dem Bracteaten von Broholm *Gunthious* steht, so ist da bei Anfertigung des Stempels die Rune für *K* übersehen worden. Und noch eines ist auf Anlass dieses Namens zu bemerken. Er kommt, soviel ich weiss, nur bei den Burgunden und nur an diesem einen Könige vor: das berechtigt und nöthigt uns in *Gunthëuca* oder *Gunthiucha*, der Gemahlinn zuerst des Frankenkönigs Chlodomer, dann, als derselbe gegen die Burgunden gefallen, seines Bruders Chlothachar, auch eine Burgundinn, eine nach Gunthioc benannte Nachkomminn desselben zu erkennen: gerade dieser ihrer Herkunft wegen, aus politischen Gründen, eilte Chlothachar so, dass er sie nach des Bruders Tod sich zum Weibe nähme.

Endlich nach all diesen Tilgungen von Halbconsonanten der Kehle, des Gaumens und der Lippe könnte es scheinen, dass gelegentlich noch einen vierten flüssigen Laut die Ausstossung treffe, auf alt- und angelsächsische, friesische und nordische Weise die Liquida *N* vor einem *S*. In *Ansemundus* bleibt dieselbe zwar, und es heisst nicht wie in jenen Sprachen *Ásmund* oder *Ösmund*; ebenso in *Ansleubana* und in *Fons* und *Sigifonsus*. Wenn jedoch auf der Spange von Charnay *Fusia* steht, so kann das, falls dabei kein Fehler waltet, allerdings kaum anders als mit Dietrich (Haupts Zeitschr. XIII, 119) so erklärt werden, dass der Name auf Grund desselben Adjectivums *funs*, das in

Fons und *Sigifunsus* vorliegt, gebildet, das *N* aber diessmal ausgefallen sei, wie in dem altsächs. angels. und altnordischen *fūs* das immer geschieht; *funs fūs* hat den Sinn von feurig, rasch, thätig. In Anbetracht indessen jener *ans* und *funs* mit verbliebener Liquida ist wahrscheinlicher, dass beim Einritzen der Runen das *N* nur sei vergessen worden: auf derselben Spange fehlt ja auch das erste *A* von *unthfanthai*, und eben erst haben wir bemerkt, wie in einer anderen Inschrift ein *K* verabsäumt ist. Freilich, wenn es gestattet wäre, wie Dietrich ferner thut, den «*Ulifūs*» des Procop (B. Gotth. III, 12. IV, 33) mit hieherzuziehen und in *Vilifūs*, *Vilifuns* zu deuten, so hätten auch schon die Gothen *fūs* gesprochen, und das würde die Annahme der gleichen Sprechweise für die Burgunden unterstützen. Procopius schreibt jedoch nicht Οὐλίφους, sondern Οὔλιφος: er meint also eher, indem er nach beständiger Art der Griechen das gothische *VU* mit einfachem ΟʹʹΥ wiedergiebt, den Namen *Vulf*, nur mit ebensolcher Erweiterung in *Vulif*, wie vorher die von *Vithulf* in *Vithuluf* gewesen. Und nirgend sonst ist bei den Gothen dergleichen nachweisbar: oft genug dagegen kommt bei denen in Spanien gerade *fons*, vollständig in den Consonanten und nur im Vocale romanisiert, ganz wie dort bei den Burgunden, vor, z. B. eben *Villiefonsus*.

Nicht also der Ausfall des *N*, wohl aber war dessen Einschaltung vor einem *S* burgundisch. Auch Gothen und Vandalen übten eine solche, wenn sie aus *Gaisericus Thrasaricus Thrasamundus Gensericus Thransaricus Thransamundus*, und ebenso einst die Angelsachsen, indem sie aus *nasu* zuvörderst *nansu* machten: denn nur so erklärt sich, dass ihnen nun die Nase *nōsu* heisst. In diesem Worte denn die gleiche Einschaltung bei den Burgunden: oder kann der Name *Nansa*, den eine Inschrift dem Namen *Nasualdus* beifügt, etwas anderes als gleichsam eine Abkürzung desselben sein? Wir haben darin aufs neue das schon vorher S. 345 erwähnte suevische *Nasua* vor uns (auch Töpferzeichen in Mommsens Inscr. Confoed. Helvet. Lat. S. 95 Nr. 352, 141 u. 142 gewähren neben einander *Nassus* und *Nansus*), nur jetzt mit Beseitigung des *U* oder gleich ohne diesen Ableitungslaut gebildet. Und noch etwas kam hinzu, das gerade bei *Nansa* zu solch einer Änderung Anlass gab, während sie doch bei *Nasualdus* unterblieb: die schwache Flexion des Wortes, die alle Casus hindurch jene Liquida in die Endung brachte: da floss dieselbe zugleich in die Wurzel über, und es fand eine Angleichung ganz eben der Art statt, wie wenn altnord. *Áganthýr*, althochd. *Agandeo* sich in *Augantyr Augandeo* verwandelt (Einh. Ann. 811) oder *Maganpert Meginhard* in *Manganpert Mengenhard.*

Der weitest greifende Unterschied jedoch des Burgundischen von dem Gothischen und dem alt und allgemein Germanischen beruht in der Art, wie das erstere mit dem *TH* verfährt. Es war diese ·Aspiration allerdings auch den Burgunden eigen : das wird uns von dem Futhark der Spange von Charnay und von den Runeninschriften derselben und des Goldbracteaten mit ihrem *unthfanthai* und *Gunthious* und *Vithuluf* bezeugt ; sodann von zwei anderen Inschriften die, obwohl sonst in lateinischen Buchstaben aufgesetzt, doch in den Namen *Athica* und *Baltho* die Rune für *TH* gebrauchen (in der ersten derselben, zu Revel-Tourdan und vom J. 563, giebt freilich der Abdruck Le Blants II, 150 Nr. 460 A *Adica*, die Abbildung aber auf Pl. 61 Nr. 368 zeigt deutlich die eher in ein *P* verzogene Rune) ; ferner von dem Rechtsbuche mit *Angatheus Athala Balthamodus Uthila*, von dem einen Texte der Urkunde von S. Maurice mit *Theudemodus*, mit dem *Theudelinda* einer Urkunde noch des Jahrs 567 und endlich dem *Gunthëuca* oder *Gunthiucha* und dem *Gunthegischus* Gregors von Tours und Fredegars in der Epitome. Wie aber für *Balthamodus* auch *Baltamodus* und *Baldamodus*, für *Theudemodus* in dem anderen Texte *Teudemomdus* geschrieben wird, so wiederholen sich diese Vertauschungen und namentlich die gegen *D* auf das häufigste, und letztere stellt sich als die eigentliche Regel dar. Soll man darin ein blosses Ungeschick der lateinischen Schriftgebuug erkennen? Ich glaube kaum : in den Namen der Gothen ward gleichzeitig ein lateinisches *TH* durchaus nicht gespart, sonst aber und früher trat vielmehr das härtere *T* an dessen Stelle wie *C* an die Stelle des *CH*, und es hiess z. B. *Teutoni Gotones Catumerus Fritigernus.* Richtiger daher wird die Annahme sein, es habe auf diesem Punkte schon im Burgundischen selbst, aber nicht hier allein noch hier zuerst (denn zu eben der Zeit geschah das auch im Fränkischen), die Lautverschiebung, die später durch alles Oberdeutsch hin *TH* in *D* umsetzen sollte, sich vorbereitet und einen Anfang gemacht. Beispiele solcher vorausgeeilten *D* sind *Aridius*, auf Althochd. *Herideo*: goth. *thiu* Diener ; *Baldaridus Baldaredus Fredeboldus*: goth. *balth*, ahd. *pald* kühn ; *Fredeboldus Fridigernus Fridigischus Fredemundus*: altsächs. *frithu*, ahd. *fridu* Friede, Schutz ; *Gundobadus Gundefuldus Gundiischus Gundaharius Gundomares Gundemundus Gundiocus Gundeulfus Arigunde*: angelsächs. altnord. *gúdh*, ahd. *gundja* (im Hildebrandsliede

gildea) Schlacht, Krieg; *Giseladus* d. i. *Giselahadus* (oben S. 341): altnord. *Hödh* der Gott des Kriegsglückes, angels. *headhu-*, ahd. *Ha-
dumár* u. dgl.: *Nandoredus Eunandus*: goth. *nanthjan* sich erkühnen,
nand ahd. Kühnheit: *Segisvuldus*: goth. *vulthus* Herrlichkeit. Mit *T*
dagegen *Chrotechildis* und *Gotia Goticus Suavegotta*: altn. *hródh* Ruhm,
ahd. *Hródhildis*; *Guth*, ahd. *Gud* Gothe (Jac. Grimms Gesch. d. D.
Spr. I, 439 fg.). *Chrotechildis* wird freilich nur von Gregor von Tours
und demselben Fredegar so überliefert, der auch *Chrotacharius*
schreibt (Chron. 70 fg., Gregorius aber Mirac. S. Martini I, 7 *Chrodechildis*), *Suavegotta* erst von Flodoardus, und letzterer Name zeigt
sich auch sonst entstellt: denn das *V* ist hier wie in der Lesart *mor-
ginegyra* L. Burg. XLII, 2. wie auch in den *Suavi* des Jordanis, der
Suavia Cassiodors und schon den *Suevi* Jul. Cäsars Romanisierung
eines deutschen *B*. Parallel solcher Verwandlung des *TH* in *D* geht
die des ursprünglichen *D* in *T*: hiefür aber giebt es mit Sicherheit
nur ein einziges und noch seitab stehendes Beispiel, *Gundebatus* als
Lesart neben *Gundebadus* in der Überschrift des Gesetzes: *badu*
Niedermetzelung, Schlacht, worüber nachher ausführlicher.

Zweifel, wie man es zurecht und auszulegen habe, erregt *wittimon* u. s. f., im Gesetz die Benennung des Kaufgeldes einer Frau.
Hier kann man das *T* (die besseren Texte verdoppeln es beinah
überall, und dennoch wird das hier ebenso wenig bedeuten als in
wittiscalcus, dessen *I* ja lang ist), man kann es dreifach auffassen.
Entweder es ist, da auch das Friesische *witma* oder *wetma*, das
Angelsächsische *veotuma* sagt, der ursprüngliche und unverändert
echte Laut, dasjenige *T* aus welchem auf Hochdeutsch *Z* wird; nur
erscheint dann jede Deutung des Worts unmöglich: es würde mit
goth. *veitan*, ahd. *wizan* sehen, beachten, strafen zu verbinden sein:
aber wie das? Jedoch wir finden im Angelsächsichen öfter ein *T*, wo
eigentlich ein *D* oder *DH* stehen sollte, z. B. *botl* neben altsächs.
bodl, *botm* neben althd. *podam*, und so könnte auch das *T* in *veotuma*
und *wittimon* eigentlich ein goth. *D* oder aber ein *TH*, d. h. ein
althd. *T* oder *D* bedeuten. Für *TH* als den rechten Laut spräche der
Umstand, dass im Althochd. das Wort ein *D* aufweist: da ist *widumo widimo widemo* die Übersetzung von *dos*, *widemen* von *dotare*,
wideméa von *lex Poppaea*; die Wendung des Begriffes, die somit eingetreten ist, zeigt sich noch enger gefasst in dem neuhochd. *Witthum*,
dem sein willkürlich geänderter Laut nur noch Bezug auf die
Wittwe giebt. Aber auch wenn wir *widumo* zu Grunde legen, stocken

Etymologie und Erklärung : wir haben weder eine Wurzel *with*, ahd. *wid*, welche hieher passte, noch befriedigt die Behauptung J Grimms, *widum* (denn diese Form setzt er an. Gramm. II, 241) sei aus *wihadum* zusammengezogen und diess von *wihan* abgeleitet : *wihan* ist so viel als machen und als vernichten, *facere* und *conficere*. So bleibt nur als drittes und letztes die Annahme übrig, das *T* in *wittimon* u. s. w. sei aus *D* verhärtet wie dort in *Gundebatus*, wie auch in dem *Rêdbat* der siebenten von den siebzehn Küren der Altfriesen, und ursprünglich habe der Burgunde *widima* oder sonstwie mit dem weicheren Zungenlaut gesprochen. Die Wurzel ist dann freilich nicht, wie Richthofen will (Fries. Rechtsquellen S. 1146), das altfries. *weddja* d. h. geloben und die wörtliche Bedeutung nicht Gelöbniss : denn *weddja* ist nur Umlaut eines früheren *vadjön*, hieraus aber konnte weder *witma*, wie es im Friesischen selbst zuvörderst heisst, noch *widima* noch *veotuma* hervorgehn. Sondern wir müssen unmittelbar auf das eigentliche Wurzelwort zurück, von dem auch goth. *vadi* Pfand und *vadjön weddja* kommen, auf das goth. *vidan*, ahd. *wetan* binden, verbinden, zusammenjochen : indem das Geld für die Frau davon benannt wird, hören wir aus der Schilderung, die Tacitus von dem Germanischen Ehabschlusse giebt (Germ. 18), zwei Schlagworte hervorklingen, die wie alles Einzelne in derselben richtig sind, *maximum vinculum* und *juncti boves*. Zwar sollte es nun auch im Althochdeutschen und hier mit noch besserem Fug als schon im Burgundischen *witumo* oder *witimo* heissen, nicht aber *widumo widimo* : theils jedoch mochte in einem Ausdruck, dessen Anwendung eine so eng beschränkte und gerade auf das Recht beschränkte war, der altüberlieferte Laut wohl haften bleiben, theils mochte das Subst. *wid*, ein Seil zum Binden aus gedrehten Reisern, mit einwirken, das seinem Begriffe nach verwandt erschien, obschon es aus einer ganz anderen Wurzel stammt, nämlich aus einer und derselben mit ahd. *widâ* und *irîa* Weide, mit lat. *vitis* und *vitta*. Sollen einmal, wie doch wohl nöthig ist, *wittimon veotuma witna* und *widumo* vereinigt werden, irgendwie und irgendwo muss man alsdann eine Unregelmässigkeit gelten lassen.

Ein ferneres Wort, das mit in die Geschichte des *TH* und zugleich, was seinen Begriff angeht, dicht neben *wittimon* gehört. Im Gothischen ist *mathl*, sonst dagegen *mahal* mit *H* ein Ort für öffentliche Versammlung und Besprechung und die Versammlung und Besprechung selbst und auch so viel als Verlöbniss, Vermählung und

als Rede überhaupt: bloss das Angelsächsische hat neben *mael* d. i.
mähel auch noch *mádhel* bewahrt, im Althochdeutschen giebt es mit
madal wenigstens noch Eigennamen wie *Madalfrid* und *Madalulf*,
und eben darauf (vgl. ahd. *stadal* und *gistallo*, *wadalón* und *wallón*)
beruht das *mallus* des fränkischen Rechtes. Das Burgundische nun
sagte erstlich gleichfalls *mahal*; nur sind in dem einzigen Belege,
worin sich uns diese Form des Worts noch zeigt, der Zusammensetzung *malahareda* (einfach so vereinigt und bessert sich in der
L. Burg. LXXXVI, 1 die Verderbniss und der Wechsel der Lesarten),
es sind da die beiden Consonanten umgestellt. Der gleiche Vorgang
trifft aber oft so leichte fliessende Laute: ich erinnere an althochd.
ahir und altsächs. *aroh* (Rieger im Alt- u. Angels. Leseb. S. 225);
ahd. *elira*, neuhochd. *Eller Else* und *erila*, *Erle*; *zuinele* und *zuilene*
Williram XXXI, 28. *gezuinile* und *gezwilini* Graffs Ahd. Sprachsch. V,
729; *Athalaricus* und *Alderih* Notkers Boeth. S. 2 Graff; altsächs.
bodl, angelsächs. *botl* und *bold*, fries. *bold blod*; althd. *nádala* und
nálda; *nótstadele* und *nótgestalde* Athis v. Wilh. Grimm S. 72; *ture-
stödelus dorestötelus* und *turestólda duristualda duristulidon* Traditiones
Wizenburgenses v. Zeuss; *mundoaldus* (*muntalde*) und mittelhd. *munt-
adele* Altd. Leseb. 190, 9; ahd. *Faganulf* und *Fanagulf* Förstemanns Namenb. I, 397; *nabagér* und mhd. *nageber*; noch näher vergleicht sich der ahd. Frauenname *Ahalagdis* für *Alahagdis* d. i. *Ala-
haidis* Förstem. a. a. O. I, 38, vielleicht auch schon aus früher Germanenzeit das *achlis* (germanisch *ehls?*) des Plinius Hist. Nat. VIII,
15, falls darunter, wie die Worte Cäsars B. Gall. VI, 27 annehmen
lassen, das sonst immer *alx* oder *alces* (germ. *elhs?*) genannte Thier,
der Elch, zu verstehen ist; am nächsten aber die Glosse *mahela man-
tica* Ahd. Sprachsch. II, 650 für *maleha*, *malaha*, während *gahamalos
i. e. confabulatos* in dem Wörterbuch der Langobardischen Rechtssprache (Haupts Zeitschr. I, 554) nur ein Fehler des undeutschen
Schreibers sein wird: gemeint ist *gamahalos* (Ed. Roth. 367). Eine
dem ähnliche Umstellung in dem Burgundischen Namen *Angatheus*.
Die eigentliche Form lautet *Aginatheus*, syncopiert *Agnatheus*, mit Aus-
werfung des Bindevocals im achten Jahrh. *Aganteus Agenteus*: aber
das *N* tritt vor das *G* zurück wie anderswo in *Aganfredus Agnifredus*
und *Angofridus*, *Agantrudis* und *Angedrudis*, *Raginharius* und *Rang-
harius*, *Ragnericus* und *Rangaricus*, wie auch in dem *andelago* Genit.
andelaginis und *andelang* oder *andelangus* der alten Rechtssymbolik
(Jac. Grimms Rechtsalterth. S. 196 fgg. 558), das, wie ich vermuthe

(nur ist hier nicht der Ort für die weitere Ausführung), der Schnür-
riemen der Beschuhung war.

Die Franken also haben das *THL* von *mathl* in *LL* angeglichen,
aber nicht erst als sie ihr Recht in Lateinisch brachten: schon
Ammianus Marcellinus nennt wiederholendlich einen Franken *Mallobaudes*; und auch nicht die Franken allein: um ein gut Stück früher
heisst auch ein Feldherr der Marser (Tac. Ann. II, 25) *Mallorendus*,
und der alte Name von Detmold ist *Theotmalli*. Und diese zweite
Behandlung des Wortes mag, wie es ja auch im Althochdeutschen
und Angelsächsischen zwiefach behandelt wird, gelegentlich ebenso
im Burgundischen gegolten haben. Ein christlicher Grabstein aus
Kaiser-Augst, bei welchem doch die erste Wahrscheinlichkeit dafür
spricht, dass er der eines Burgunden sei. gewährt den Namen
BAVDO::LLVS; wie aber wäre die Lücke im Beginn des zweiten
Bestandtheils besser auszufüllen, als indem man *Baudomallus* ergänzt
und somit einfach das Masculinum zu *Baudomalla*, einem fränkischen
Weibernamen des sechsten Jahrhunderts (Pardessus Nr. 137), und die
Umkehrung jenes *Mallobaudes* herstellt?

Und endlich noch ein Punkt aus der Pathologie des burgundischen *TH* bleibt zu berühren, und wieder müssen wir dabei von der
fränkischen Mundart, zugleich aber von der streng oberdeutschen
der Langobarden ausgehn. Eine bezeichnende Eigenheit dieser
beiden, vorzüglich jedoch, wie es scheint, der ersteren, ist das Über-
springen der Aspiration von Zunge und Kehle auf die Lippe, die
Neigung *TH* und *CH* oder *H* in *F* umzusetzen: ich habe davon
anderswo (Haupts Zeitschr. II, 555 fgg.) ausführlicher gehandelt. Ein
besonders hervortretendes Beispiel der Art ist der Ursprung des
mittellat. *feudum feodum feofum feus* d. i. Dienstgut, servitium, aus
thiuth, das im Gothischen, wie es zu der Wurzel von *thius* Diener
gehört, den Begriff von dienlich, nützlich, gut und Gut besitzt. Bei
einem dieser Worte nun, bei *thius*, begegnen wir, einmal wenigstens,
dem *F* für *TH* auch im Burgundischen. Zwar sagt dieses sonst *Agatheus Angatheus Aridius*: wenn aber in der Vita Apollinaris episcopi
(bei den Bollandisten unter dem 5 Oct. III oder in Martenes Ampl.
collectio vet. script. VI) Cap. 6 »unus ex pueris nomine *Alifius*« vorkommt, so dürfte man auch das kaum anders als mit jenem Aspiraten-
tausch erklären. Und der Name fällt noch recht in die classische Zeit
der Sprache: Apollinaris, Bischof von Valence, älterer Bruder des
Bischofs von Vienne Avitus, lebte um das J. 500, und die Biographie

rührt noch von einem vertrauten Landes- und Zeitgenossen her. *Ali* kann hier wie in *Aliberga* entweder das goth. *alis* alius sein, dann aber wohl mit derjenigen Wendung des Begriffes (vgl. lat. *alter* und *altercari*, franz. *altérer*), die dem goth. *aljan* Eifer zum Grunde liegt, oder auch abgeschwächt aus *ala* all: *Alatheus* wird als gothischer Name, *Aletheus* aus dem Frankenreich überliefert.

Die bisherigen Erörterungen des Burgundischen Consonantismus werden zur Genüge erwiesen haben, in wie beschränktem Maasse man befugt, ja wie unbefugt man eigentlich ist eine besondera nahe Verwandtschaft dieser Sprache mit der Gothischen anzunehmen: nicht besser jedoch berechtigt erscheint mir die entgegengesetzte Behauptung (Dietrich in Haupts Zeitschr. XIII, 122) «Das Burgundische ist ein mit dem Alamannischen mehr als dem Gothischen verwandter Sprachzweig». Wenn als dasjenige Merkmal des Alamannischen, das am frühesten mit Entschiedenheit hervortritt, die Verwandlung des anlautenden *K* in *CH* muss betrachtet werden (*Chnodomarius* Amm. Marc. XVI, 12. *Chonodomarius* Aurel. Vict. Epit. 42: goth. *knôd*, ahd. *chnôt chnôt chnuat* Geschlecht, Art), so weiss ja das Burgundische davon nichts: es sagt noch *kiano Conia Coniaricus Conigisclus*; und ebenso wenig ist die mildere Aspirierung im In- und Auslaut, die auf Althochdeutsch mit *HH* und mit blossem *H* bezeichnet wird, schon für das Burgundische angedeutet, wenn es *Rico Riculfus Audericus Hilpericus Sigisricus Viliaric* und wiederum *Coniaricus*, wenn es *Onoraccus Mucuruna* und *wittiscalcus*, *Gebeca* und *Athica* (Inschrift von 563 bei Le Blant II, 150 Nr. 466 A) und wiederum *Conigisclus Fridigisclus* sagt: *Rihlindis* und *Undiho* auf einem Reliquienkästchen in S. Maurice (Le Blant II, 560 Nr. 684) gehören wohl altburgundischem Gebiete, aber erst der nachburgundischen Zeit an. Es war sonach unempfohlen die mangelhafte Bracteateninschrift *Gunthious* für eine das *H* übergehende Latinisierung von *Gunthioh* und nun den Namen mit Hilfe von *joh* jugum zu erklären, «so dass das Ganze etwa den Kampfverknüpfer bedeutete»: Haupts Zeitschr. XIII, 50. Den Burgunden hat es noch wie den Gothen *juk* oder vielleicht schon *jok*, sicherlich nicht schon *joh* gelautet, und jedesfalls, wenn überhaupt diese Wurzel hier in Betracht kam, lag es näher dabei an überwinden und fechten, die Begriffe des Zeitwortes *jiukan*, zu denken. Ich habe oben S. 345 fg. eine andre Etymologie und Auslegung versucht.

Welche Stellung in der Geschichte und der Geographie der

Deutschen Sprache das Burgundische einnimmt, darüber werden uns
Fingerzeige von noch grösserer Deutlichkeit, von positiverer Art,
wenn wir jetzt auch noch das Vocalgebiet und das der Wortbildung
ins Auge fassen. Hier vollends ergiebt sich, dass es eine schwebende
Mitte hält zwischen den mundartlichen Gegensätzen, die bereits in der
Germanenzeit vorhanden waren und dann durch die Völkerwanderung
zu immer schärferer Ausprägung gebracht wurden, dass es bald hier
dem Marcomannischen und Alamannischen, bald wieder dort dem
Chattischen, Cheruskischen, Fränkischen und durch die Vermittelung dieser selbst dem Sächsischen näher steht, dass seine Art eine
Mischung aus ober- und mittel-, ja niederdeutschen Eigenthümlichkeiten und zugleich der überleitende Fortgang vom Früheren zum
Späteren, von der germanischen Sprechweise zu der mittelalterlichen
ist. Die um das Jahr 520 im Fränkischen Reiche verfasste Völker-
tafel (Müllenhoff in Mommsens Verzeichniss der Röm. Provinzen
S. 532 fgg.) trifft es somit nicht übel, indem sie Burgunden, Thüringer, Langobarden und Baiern unter Einen Ahnherrn bringt, und
trifft besser zu als dort bei Plinius (oben S. 334) der Stamm der Vin-
dili mit seinen Unterabtheilungen Burgundiones, Varini, Carini,
Guttones.

Entschieden oberdeutsche Art hat das *Á*, das lange *A* in *fara*,
in *Gudomarus Gundomares Videmarus Vindemarus*, in dem *Leudomarus* einer Inschrift zu Aoste von 547 (Le Blant II, 39 Nr. 394),
in der vordersten Sylbe von *Radoara*, in *Silvanus*, falls dieser Name
nicht durchaus lateinisch ist (oben S. 332), und in *Suavegotta*, einem
Beleg allerdings aus sehr viel späterer Quelle: nach chattischer und
fränkischer und gothischer Mundart gölte und gilt da überall ein
É. Besondre Besprechung verlangt zunächst *fara*, das nur einmal,
L. Burg. CVII, 11, und da nur durch eine Änderung des neuesten
Herausgebers, die vielleicht mehr glänzend als nothwendig und richtig
ist, so als Einzelwort vorkommt (die Handschriften haben *infra*,
Bluhme *in fara*); ausserdem gewähren es die Zusammensetzungen
faramannus Tit. LIV, 2. 3 und später (s. die Anmerkung Bluhmes)
burgundofaro, welch letztere in wechselnden und theilweise verderbten
Formen sowohl appellativ als Eigenname ist. Auf Gothisch lautet
diess Wort *fera* und bedeutet erstlich Theil, Leibestheil, Glied
(Ulph. Eph. IV, 16), dann Seite und Gegend (Matth. XXV, 41.
Marc. VIII, 10); hieran schliesst sich mit Leichtigkeit der abstractere
Sinn der Richtung und des Strebens, den allein das althochdeutsche

fára hat: nur einzelne Mundarten halten da noch den der Seite und zugleich, dem sonstigen Sprachgange entgegen, das *É* des Gothischen fest oder machen daraus ein *EA* oder *IA*, sagen auch noch *féra* oder *feara fiara*. Im Langobardischen aber (hier gilt der regelrechte *A*-laut) geht aus dem Begriffe Theil der politische Begriff Geschlecht hervor (Paul. Diac. II, 9. Ed. Roth. 177. Haupts Zeitschr. I, 552); dass auch die Sulioten die einunddreissig Geschlechter, in welche sie zerfielen, φαϱάς nannten, kann, wie schon Niebuhr bemerkt hat (Röm. Gesch. I, 345), nur ein Zufall sein. Das Burgundische endlich ist bei jenem ersten Begriffe stehn geblieben, und *fara* ist ihm s. v. a. Theilung und *faramannus* (in einigen Handschriften auch hier noch ein *E* anstatt des *A*) und *burgundofaro* der Burgunde, insofern er von dem Besitze seines *hospes* des Romanen seinen gesetzlichen Theil genommen hat, der *consors* eines *possessor* geworden ist. Die Art, wie man sonst wohl den *faramannus* versteht, ist aus enger Vergleichung bloss des langobardischen Wortes und aus unrichtiger Auffassung auch noch dieses einen hervorgegangen. Dem *–márus* oder *–máres* sodann (althochd. *mári*) stehn freilich in der Unterzeichnung der Vorrede des Gesetzes drei *–méres* gegenüber, *Widemeres Wilemeres Windemeres*, und noch ein *Willimeres* in einer Inschrift: dass aber der echt burgundische Laut das *Á* gewesen, wird durch die Königsnamen mit besserer Sicherheit verbürgt als durch die übrigen: für diese ist gothischer Ursprung denkbar und ist um so eher ein solcher anzunehmen, als unter den Grafen sogar noch ein *Wadamires* und einmal auch die Lesart *willimiris* auftritt, mit jenem *mir* d. i. eigentlich Friede, das sich die Gothen erst von den Slaven her angeeignet haben um es so an die Stelle ihres *mér* d. i. berühmt zu setzen.

In anderem Sinne, nämlich dem gothischen Diphthongen *AI* entsprechend, kommt langes *É* auch in der Mundart der Burgunden vor, so jedoch dass es nicht wie in der sächsischen den älteren Diphthongen überall verdrängt hat, sondern neben ihm dieser gleichfalls noch besteht, ein Verhältniss mithin der Art wie bei den Franken und gar den Oberdeutschen. *AI* als Flexionsendung hat die Spangeninschrift in dem Wort *untfanthai*, braucht also dasselbe in einem Falle, wo das Oberdeutsche lediglich sein langes *É* anwendet; in einer Wurzelsylbe der Weibername *Aisaberga*, womit sich im Gothischen entweder *ais* d. i. Erz oder das abgeleitete Zeitwort *aistan* achten vergleicht: mit *É* dagegen lesen wir *malahareda*, *Chartenius* und *Caretene*, also gerade

solche Worte die auch im Oberdeutschen noch ein unverändertes *AI*
aufweisen. Das erregt den Zweifel, ob hier nicht das *E* bloss durch
die lateinische Auffassung und Schreibung verschuldet sei. Zwar
weicht diese dem *AI* der Germanen keinesweges so gänzlich aus, noch
weniger, wie natürlich ist, die griechische: *Radagaisus, Gaisericus*
u. dgl. findet sich oft genug; oder sie braucht als Ersatz ihr *AE*,
und so ist *gais* als *gaesum* schon früh in die Sprache der Römer aufgenommen worden. Wenn aber z. B. Cassiodorus Var. Epist. V, 43
u. 44 *Gesalecus* schreibt, so ist das eine wie das andre *E* nur eine
romanische Verflachung: er hörte die Gothen noch alltäglich *Gaisalaik*
aussprechen; erst dann und erst da, wo *gais* oder jenes *ais* und *aisa*
ihr *S* gegen *R* vertauschten, gieng in Wechelwirkung damit für die
Deutschen selbst auch das *AI* in *É*, gieng *aisa ais* in *éra ér* und *gais*
in *gér* über, und Procopius hat ganz richtig ῾Ραδίγηρ: denn so ist de
Bello Gotth. IV, 20 ῾Ραδίγερ, ich meine nicht, zu ändern, aber zu
verstehen. Nach all dem bleibt es fraglich, ob *reda* und *ten* den
wirklich burgundischen Laut oder nur den ausdrücken, welchen der
Romane diesen Worten gab. *Malahareda* nun: den ersten Bestandtheil
dieser Zusammensetzung haben wir uns schon vorher auf S. 351 gedeutet; der zweite würde, wenn sein Vocal es zuliesse, aus dem sächsischen *ráde geráde* (Jac. Grimms Rechtsalterth. S. 567) zu erklären
sein: so aber kann nur auf das altnord. *reidha* Zurichtung, Zubehör
und das althochd. *reita*, fränk. *raida* in Worten wie *antreita prantreita*
fahsreita scafreita hariraida und wie jetzt noch *Hofraite* (Schmellers
Bair. Wörterb. III, 155) verwiesen werden: *malaharéda* also Ver-
mählungszurüstung, Ausstattung. Ob wir den Pluralis *rhedo*, womit
die Lex Angl. et Werin. II, 4 *ornamenta muliebria* übersetzt, zu *ráde*
oder auch zu *reita* ziehen sollen, können wir bei unserer Unkenntniss über die Mundart der Völkerschaft, für welche diess Rechtsbuch
aufgezeichnet ist, nicht entscheiden. *Tén* aber in *Chartenius* und *Ca-*
retene ist das gothische *tain*, auf Hochd. *zein*, Reis, Stab, Pfeilschaft
und Pfeil: Förstemanns Namenb. I, 1357 u. 1367 führt die männlichen Namen *Zeino* und *Wolfzein* auf, und wahrscheinlich ist auch
der weibliche *Zaigina* Sp. 1365 nur aus *Zaina* erweitert, mit ebensolcher Trennung des Diphthongen oder langen Vocales von der Liquida wie in *praun* und *prauen*, *heil* und *heigel*, *hantmál* und *hant-*
mahal u. dgl. (Haupts Zeitschr. IX, 371. Umdeutschung S. 20 fg.).
Chartenius erinnert an das altnord. Appellativum *herör* Heerpfeil
(Recht+alterth. S. 162); *Caretene* und was es sonst noch von Weiber-

namen mit *tena* giebt (auf fränkischem Gebiet, in dem Testament des
heil. Remigius von 533 bei Pardessus Nr. 118, *Auliatena Mellatena
Meratena Naviatena*), steht den zahlreicheren gleich, die auf *rúna*
endigen, am nächsten *Auliatena* dem altnord. *Aulrún Ölrún* (Völundar
kvidha Eingang u. Str. 4. 15; als Appellativ in Sigrdrífu mál Str. 7).
Es waren nach Tacitus Berichte (Germ. 10) »surculi«, also *tainós*,
in die man zum Behuf des Looses die Runen schnitt; von einem gerichtlichen Loose mit bezeichneten »talis de virga praecisis, quos *tenos*
vocant«, handelt die Lex Fris. XIV, 1; ein Lied der Edda (die Hýmis
kvidha Str. 1) lässt die Asen selber um Zukünftiges zu erforschen
teina werfen; auf Angelsächsisch aber ist *tán* zuweilen nur noch Loos
überhaupt, ganz wie bei Otfried *zeinen zeinôn* aus den ursprünglich
engeren Begriffen des Bedeutens und Ausdeutens (»surculos — interpre-
tatur« Tac.) in den allgemeineren bloss des Deutens, des Zeigens
übergeht. Beiderlei Namen, jene mit *rúna* und nun diese seltneren,
beinahe wie es scheint ausschliesslich fränkischen mit *téna*, zielen auf
den Vorbesitz der Schreib- und Lesekunst und der Gabe der Weissagung und des Zaubers, den das germanische Weib von je und überall
inne hatte.

Also im Burgundischen entweder stäts noch *AI* oder theilweise
schon an dessen Statt ein blosses *É*. Das letztere Verhalten mag
deshalb wahrscheinlicher dünken, weil ein zweiter Diphthong, dessen
Geschichte der des *AI* parallel läuft, gleichfalls in so schwankender
Art behandelt wird: das ursprüngliche *AU*, das die Gothen noch
überall unverrückt bewahren, zieht sich den Burgunden theils ebenso
in ein langes *O* zusammen, theils verharrt es bei seinem Doppellaute,
beides wiederum wie im Fränkischen und im Oberdeutschen, nur dass
hier das *O*, im Burgundischen offenbar noch das *AU* vorherrscht:
es heisst *Audemundus Audericus Audolena, Aunemundus Aunegilde*,
einmal und bloss einmal aber, wennschon die Wurzel schwerlich
eine andre als die der zwei letzteren Worte ist, *Onovaccus*; *Ostrogotho*, die von den Ostgothen her gekommene Königinn, wird
schon von Jordanis so benannt, nicht *Austrogotho*, und das in demselben Capitel (58) in welchem er doch *Audefleda* schreibt: *Ostrogotho*, wie ihm auch der Manns- und Volksname *Ostrogotha* lautet.

Neben diesem erst aus *AU* hervorgegangenen *O* besteht noch ein
zweites, das ursprünglich ist und von jeher so gelautet, auf der Stufe
des Althochdeutschen aber sich in *OA UA UO* diphthongiert hat:
diess in den Namen *Balthamodus Fremodus Theudemodus* und *Chrote-*

childis, ahd. *Baldmuot* und *Hruodhilt.* Ob das *O* in *Chrona* von ebensolcher Art oder aus *AU* vereinfacht oder kurz und aus kurzem *U*
gebrochen sei, die Antwort auf diese Frage hängt zum Theil davon
ab, wie man den fränkischen Consonanten im Beginne des Worts versteht: s. oben S. 342.

Zwei urdeutsche Diphthonge, deren Bestand und Gestalt das
Gothische doch unzweifelhaft macht, sind von den Römern und auf
Grund der römischen Vermittelung auch von den Griechen stäts nur
mit Entstellung wiedergegeben worden: ohne Ulphilas wüssten wir
so gut als nichts von dem *EI* noch von dem *IU* der Gothen und Germanen, sondern statt des ersteren bloss von einem *I*, statt des letzeren bloss von *EU* oder *EO:* denn hiemit behilft sich die lateinische
und die griechische Auffassung, während innerhalb des Deutschen
selbst *I* und *EO* erst nach der Römerzeit, auf der althochdeutschen
und den ihr gleichliegenden übrigen Stufen zum Vorschein kommen
und nur *EU* den Franken wohl schon vorher geläufig war. Unter
solchen Umständen mag ungewiss scheinen, ob die Burgunden in
*Gislabadus Gislaharius Rico Riculfus Audericus Coniaricus Hilpericus
Viliaric witiscaleus* wirklich das einfache *I,* das die Schrift bezeichnet, oder auch noch den Diphthongen *EI* gesprochen haben: wenn
aber *Eunandus Eunemundus Leubaredus Leuvera Manneleubus Sedeleuba Ansleubana leudus screunia Agatheus Angatheus Theudelinda
Theudemodus Teudemondus,* auf einem Grabsteine von 547 zu Aoste
(Le Blant II, 39 Nr. 394) *Leudomarus* geschrieben wird, so darf
man das zuversichtlicher für den Laut, den das Burgundische selbst
allmählich angenommen, halten, da eben diess auch der fränkische
Laut, und noch mehr da solch ein Uebergang von *IU* in *EU* nur die
richtige Folge des Herabsinkens von *I* in *E* ist, das wir nachher als
eine bezeichnende Eigenheit des Burgundischen werden kennen
lernen. *EO,* die andre, dem Latein vielleicht noch beliebtere Art
dem germanischen *IU* auszuweichen, wird nur durch die Nebenlesart
leodis in einer Stelle des Rechtsbuches und die Form des Namens
Teodemodus auf einer Inschrifttafel zu S. Jean-de-Bournay (Le
Blant II, 145 Nr. 461) bezeugt, deren Alter jedoch unbekannt, von
der es mithin auch zweifelhaft ist, ob sie wirklich burgundisch sei.
Dennoch, wenn es gleichwohl *Aridius* heisst (anderswo *Arideus*), so
ist das weder ein Festhalten noch eine Wiederherstellung des eigentlichen alten Lautes, sondern hauptsächlich in diesem *IU* und in ihm
noch mehr als in der Beseitigung der Aspiration beruht die Latini-

sierung, die hier einen burgundischen Namen getroffen hat: s. oben S. 332 u. 341. Wir haben S. 361 noch einmal von *IU* oder *EU* zu sprechen.

Unsrer jetzigen Betrachtung liegt noch eine Reihe von Abänderungen der Vocale vor, welche theils unmittelbar in den Bereich der Angleichung, theils doch in deren weiterem Umkreis fallen, Änderungen die zwar den Gothen fast sämmtlich fremd, aber fast sämmtlich schon in der vorgothischen Zeit nachweisbar und zugleich Hauptbelege dafür sind, dass die Burgundische Mundart ziemlich weitab von der Gothischen, aber darum keineswegs der Alamannischen an der Seite stehe.

Zuerst die diphthongierende Angleichung eines *A* der Wurzel an ein *U* der Schlusssylbe. Das Wort *badu*, das, gemäss seiner Zusammengehörigkeit mit *bidjan* sich niederwerfen, bitten, und mit *badi* Lager, Bett, eigentlich das Niederstrecken des Feindes, dann Kampf überhaupt bedeutet (in selbständiger appellativer Anwendung kennen es bloss die Sprachen des Nordens, die übrigen nur noch in Eigennamen), *badu* erfährt als Wirkung des *U*, womit es gebildet ist, eine zwiefache Änderung seines Wurzelvocals; ich habe davon bereits früher, in meinem Aufsatz über die Germanischen Personennamen (Schweizerisches Museum f. histor. Wissenschaften I. 1837. S. 106 fg.) gehandelt. Einmal auf Altnordisch den Umlaut in *Ö*, also *bödh;* bei Teutonen und Marcomannen in blosses *O*, also *Teutobodus* (und so verschwindet fast überall das *U* der Ableitung in das der lateinischen Flexion) und *Maroboduus*, während die *Marabadus* Cassiodors (Var. Epist. IV, 12) und weiterhin *Deotpato* neben *Theotbodo* noch das ursprüngliche *A* aufweisen: nicht anders stehen im Althochd. und Altsächsischen neben einander *Pato* und *Bodo*, die einfachsten Namenbildungen dieses Stammes, sowie die Zusammensetzungen *Badegisilus* und *Bodegisilus*, *Willibadus* und *Willibodo*, *Reginpato* und *Reginpoto*, *Heripato* und *Herbodus*, *Cundpato Gundbadingi* und *Kundpoto Gundbodingi* u. s. f. Dann aber, wie in altnordischer Mundart das *U* auch diphthongierend wirkt, so dass *bödh* auch *baudh*, *Bödhwild* auch *Baudhwild* heisst, mit derselben volleren Lautgebung noch anderswo *Baudo Baudegisilus Hariobaudes Marabaudus* (Cassiod. V. E. III, 34) *Merobaudes Mirabaudus* (ebd. IV, 46) *Theodobaudes* u. dgl. Diese Diphthongierung nun, welche die angeführten Beispiele auf der fränkischen wie auf der alamannischen Seite zeigen, zeigt gleichermassen inmitten beider das Burgundische: auch da kommt ausser *Gislabadus* und

Gundobadus noch *Baudomallus* und auch *Gundobaudus* vor, und es muss diese Form noch viel mehr, als schriftlich belegt ist, in Gebrauch gewesen sein, da nur sie die romanische Missdeutung und Entstellung *Gundobaldus Gundibaldus* (dieselbe die in einigen Texten Gregors von Tours Hist. Franc. II, 9 den Frankennamen *Genobaudes* oder *Genobaldus* trifft) vermitteln konnte.

Marius in seiner Chronik hat noch eine andre Verderbniss, statt *Gundobaudus* eine Erweiterung davon, *Gundobagaudus*. Soll aber Sinn und Feder des Bischofs wirklich so auf die Bagauden abgeirrt sein? Ihm zu Ehren schlage ich vor *Gundobagudus* zu ändern: damit gewinnt die Form ihre mühelose Erklärung und die Lautlehre der Burgunden eine anziehende Vorkömmenheit mehr. Es geschieht nämlich öfters, dass ein deutscher Diphthong sich wieder in seine beiden Vocale spaltet und ein eingeschobenes *H* oder *G*, bei den Franken auch *CH*, dieselben trennt. So wird *nastait* in *nastahit* gedehnt 'Lex Alam. 56. Haupts Zeitschr. IV, 472), *steic* in *stehic* (Altd. Leseb. 26, 4. 6), bei den Langobarden *Aistulf* in *Ahistulf* (Paul. Diac. VI, 26 u. s. f.), *laip marpais sculdais sonorpair* in *lahip* u. s. w. (JGrimms Gesch. d. D. Spr. II, 692), *hariraida* in *ariragida* (L. Ripuar. 64), *cuir* in *cugir* (Muspilli Z. 63 Schmeller), altsächs. *tuithón* in *tugithón* (Riegers Leseb. S. 335), *niun* in *nigun*, althd. *siusi siuso* mittellat. *seusius seususs seuses seuces* (vgl. *süsan* «stridere») in *sigusius* L. Sal. VI, 1. *segusius* L. Burg. 97, ahd. *ziulinta ziolinta* in *zigelinta* (Jac. Grimms Mythol. S. 1144 fg.), fränk. *swain* in *swachin*, mit Syncope des zweiten Vocales –*haidis haim chaim stain* in *hagdis hagm chagm stagm* (JGrimm vor Merkels L. Sal. S. XVII. Förstemanns Namenb. I, 581. 591); so lassen auch goth. *bauan* und *bagm* sich vereinigen und ebenso nun *Gundobaudus* und *Gundobagudus*, während *Gundobagaudus* einfach nicht zu verstehn und lediglich sinnlos wäre.

Eine zweite Angleichung des Burgundischen findet nicht so ihre Parallelen schon in uralter und ältester Zeit, sondern erst auf einer späteren Entwickelungsstufe und klingt zumal an das bewegte Lautspiel der altsächsischen Mundart der Evangelienharmonie und der mittelrheinischen Otfrieds an. Es ist diess der Umlaut von *IU* in *IA*, der in dem *kianó* der Spange von Charnay vorliegt, einem adjectivischen Adverbium dessen Stamm nach der Auseinandersetzung Dietrichs 'Haupts Zeitschr. XIII, 117) *kiuni* oder noch besser *kiun* geheissen und, wie das Wort zunächst mit *chien* ahd. Fackel und *kaun* altnord. Geschwür zusammenhängt, die Bedeutung von brennend

und scharf und dann auch von kühn muss besessen haben : als Wurzel
denke ich mir das althochd. Zeitwort *chiuwan* «mandere, comedere,
comminuere», als Grundbegriff also das Verzehren; das Feuer aber
wird gefrässig, unersättlich, beissend genannt *grádag* altsächs. Evan-
gelienh. 65, 11. 104, 11. 130, 23. 133, 11. *unfuodi* 78, 23. *bitar* 78,
22). Zugleich ist *kiand* ein Beweis mehr, dass die Burgunden, wenn auch
im weitern Verlaufe der Zeit, doch nicht ursprünglich und immer
EU statt *IU*, z. B. *keun* statt *kiun* gesprochen haben : *keund* hätte
sich eher in *keand* angeglichen. So beruht auch das vorher angeführte
sigusius der Lex Salica auf einer Form dieses Wortes, die noch das ältere
IU und nicht schon das später den Franken gewohnte *EU* besass.

In einem dritten Falle ist es kein selbständig offener Vocal, der
den Laut der Wurzel an sich zieht oder diphthongierend in denselben
hinüberspringt: die Angleichung geht vielmehr von einem solchen
aus, den ein Consonant mit in sich enthält, von dem *U* das nach
mannigfach üblicher Sprechweise in der Liquida *L* liegt: hievon berührt, trübt sich ein vorangehendes *A* in *O*, den Mittel- und Mischlaut zwischen *A* und *U*. Wohl das verbreitetste Beispiel ist, dass
sich *bald*, aber nur wo es den zweiten Bestandtheil eines Namens
hergiebt und damit sein eigentlicher Begriff etwas abgestumpft wird,
in *bold* verwandelt. Belege dafür aller Orten und Enden und einer
auch vom Burgundischen Gebiet : zwar die Entstellung *Gundobaldus*
ist nicht auch so noch verändert worden, aber die Schenkungsurkunde von S. Maurice hat einen *Fredeboldus comes*.

Endlich die Schwächung oder, wie auch gesagt wird, Brechung
der betonten kurzen *I* und *U* in *E* und *O*. Zu allererst, da dieselbe
aufkam, kann sie ebenfalls nur das Ergebniss einer Angleichung gewesen sein, ein Umlaut, herbeigeführt durch ein offenes oder in *H*
oder *R* enthaltenes *A*: das wird aus dem Gothischen ersichtlich, wo
die Diphthongierungen *AI* und *AU*, die den spätern und sonstigen
E und *O* entsprechen, beinahe ausnahmslos auf die Berührung mit
einem nachfolgenden *H* oder *R* beschränkt sind; das geht auch daraus
hervor, wie noch weiterhin die *E* und *O* selber zumeist bedingt erscheinen durch ein *A* oder einen dem ähnlichen Laut des Schlusses
oder ein *H* oder *R*. Aber schon in frühester Zeit, die wir sprach-
lich kennen, haben beiderlei Änderungen, die Diphthongierung wie
die Schwächung, über die gesetzliche Grenze hinausgegriffen : schon
um Jahrhunderte vor Ulphilas finden wir bei den Germanen des mittleren Deutschlands nicht allein Ναιρουσκοί und Χιρουσκοι, sondern

auch (und hier wirkt keine jener Ursachen mit) Σαιγίμηρος und
Σηγίμηρος, Σαιγίστης und Στγίστης. Und dieser mitteldeutschen,
entschieden ebenso ungothischen als unalamannischen Art schliessen
sich die Burgunden an. Diphthongiert haben sie wohl nicht, nicht
also *bairg* und *gairn* und *maurgin* ausgesprochen: wenn *Sedeleuba*, ein
ebenso wie *Sedegundis* (Fredeg. Epit. 82) und wie althochd. *Situwit*
und *Sitipoto* mit *sidu* Sitte gebildeter Name, in anderer Schreibung
Suedeleuba heisst und ein Priester, der späterhin bei einer von Sedeleuba gestifteten Genfer Kirche begraben worden, *Aegioldus* (Le
Blant II, 2 Nr. 371), doch wohl aus derselben dunkelen Wurzel
mit *Igo Igila Igulf*, so soll das *AE* schwerlich ein burgundisches *AI*
darstellen, sondern bezeichnet nur, wie das überhäufig im spätern
Latein und im früheren Deutsch geschieht, den halb *A*-artigen Laut,
den die genauere Aussprache von je her diesem *E* gegeben: das *A*,
die eigentliche Ursache der Schwächung, wirft sich auch hier in die
Wurzel, ohne jedoch dieselbe zu diphthongieren und mit der Qualität
zugleich deren Quantität zu ändern. Überall sonst kommt in der
Schrift nur das einfache *E* und gleichfalls nur das einfache *O* vor,
beides eben auch unter solchen Umständen wo den Gothen und den
Alamannen nur das reinere vollere *I* oder *U* gestattet war, und beides
ohne folgerechte Durchführung: mit dem *E* wechselt noch das *I*, mit
dem *O* das *U* ab, oft sogar in einem und demselben Worte und noch
viel weniger nach irgend welcher Regel als schon bei den Franken:
recht ein Merkmal wie die ganze Sprache selbst in einer Schwächung
und Brechung des Über- und Untergangs begriffen war. Ein *I* haben
*iddan Ingildus Aunegilde novigildus trigildus Usgildus Vistrigilde Gis-
cladus Conigisclus Fridigisclus Gundiisclus Villigisclus Hilpericus Theudelinda Silvanus* (S. 332) *sinistus Videmarus Windemarus Vithuluf wittimon*; ein *U Uno unthfanthai Uhila Gundefuldus Scudilio Tullii
Segisvuldus Vulfia Vulfila Gundeulfus Obtulfus Riculfus Vithuluf*. Ein
*E Engevald Aisaberga Aliberga Arenberga Villioberga Felocalus Fre-
modus Gemola Fridigernus Hildegernus Audolena Sedeleuba Teto Orovelda
Leuvera*; ob aber auch *hendinos* oder *chendines* (oben S. 338 fgg.)? die Verbindung *ND* widersteht sonst eher einer solchen Brechung; ein *O Obtulfus Orovelda morginegyba*, vielleicht auch (S. 342) *Chrona*. Dagegen
schwanken zwischen *I* und *E* (*E* ist jedoch der Regel nach das hand-
schriftlich mehr empfohlene) *Iniman Imelistanus Ymnemodus Hymnemondus* und *Ememundus Eniocer, Fridigernus Fridigisclus* und *Fredegisclus
Fredeboldus Fredemundus, morginegyba* und *morgangeba, Gibica* und

Gebica Gebeca, Hildegernus Hildeulfus Chrodechildis und *Heldigernus, Baldaridus* und *Baldaredus Leubaredus Nandoredus, Siggo Sigifunsus Sigismundus Sigisricus Sigisvuldus* und *Segismundus Segimundus Segericus Segisvuldus, vigius* und *vegius vejus, Wilemeres Viliaric Villigischus Villioberga* und *Weliemeres, Vinaharius* und *Wenaharius;* zwischen *U* und *O,* letzteres aber ist wiederum häufiger, *Uffo* und *Offo, Usgildus* und *Osgildus, Cunigischus* und *Conia Coniaricus Conigischus, Gudabadus Gudomarus Gudemundus* und *Godomares Godegiselus, Gutia* und *Gotia Ostrogotho Suavegotta, Sunia* und *Sonia.* Einzelne Handschriften des Rechts und sonstige Aufzeichnungen gewähren auch *Borgundio* für *Burgundio* (L. Burg. Vorrede 2. 4. 10. 12. Capit. 24. Tit. XCVI. CVII, 11. CVIII), *Fons* für *Funs, Gondebadus Gondegiselus Gondarius Gondomares Gondiochus Gondeulfus* neben *Gundobadus Gundiischus Gundaharius Gundomares Gundemundus Gundiocus Gundeulfus Gundefuldus Guntello Arigunde, Fredemondus Hymnemondus Teudemondus* neben *Fredemundus* und den anderen Namen von gleichem Ausgang: darin jedoch darf bloss romanische Auffassung gefunden werden: gerade diese Worte haben auch im Provenzalischen und Italiänischen ein *O.* Wie grosse Neigung aber die Mundart der Burgunden überhaupt zu solcher Lautschwächung trug, geht aus der Häufigkeit hervor, womit sie den Bindevocal zusammengesetzter Worte, das *A,* das *I,* das *U,* womit sie auch das *I* oder *A* in Ableitungssylben und das *A* am Schluss weiblicher Substantiva, all diese volleren Vocale in ein und dasselbe farblose *E* versinken liess. Von den Zusammensetzungen und den Ableitungen wird sogleich zu handeln sein; Weibernamen, die so endigen, sind *Aunegilde Vistrigilde Arigunde Susane* und *Caretene,* und doch hätte lateinischen Versen, wie solche den letzteren Namen bieten, *Curitena* besser angestanden: aber die Burgunden sprachen eben nicht mehr so.

Nach dieser Mosaik von Lautlehre nimmt uns jetzt noch die Wortlehre in Anspruch, sie nur für kürzere Zeit.

Als Bindevocal zusammengesetzter Nomina kommt erstlich das hiefür altgültige *A* vor: *Agatheus Angatheus Balthamodus Baldaridus Coniaricus faramannus Gislabadus Gislaharius Godamares Gundaharius Gundamares Leubaredus malahareda Wadamires Walaharius Viliaric;* ferner, in Folge wieder einer Angleichung an den Laut der vorausgeht, ein *U: Gududbadus Gundubada Mucuruna;* oder auch *O:* das aber scheint hier wie überall sonst in älterer Zeit nur eine Fortwirkung der Art, in welcher Griechen und Römer mit germanischen

Compositis zu verfahren pflegten: *Audolena Gudomarus Godomares Gundobadus Gundomares Nanduredus Onoraceus Villioberga*. Wenn jedoch das erste Wort schon für sich mit einem Vocale, mit *I* oder *U*, gebildet ist, so wird der Bindevocal entbehrlich, und es heisst *Felo-calus* d. i. *Felucalus* und neben *Coniaricus Viliaric* kürzer *Conigisclus Villigisclus*; ebenso *Gundibadus Gundiischus Gundiocus Gundiulfus Ari-dius Arigunde Arimundus Heldigernus Willimeres wittiscalcus*, vielleicht auch *Aliberga* und *Alifius*: nur *Wenaharius* zu *wini* weicht aus der Regel, da es eigentlich entweder *Weniaharius* oder *Weniharius* lauten sollte, und insofern ist die sonst entstellte Lesart *ueniacariae* richtiger. Noch öfter indessen wird das *A*, das *I*, es wird auch ein *U*, das eigentlich am Platz wäre, in jenes eben besprochene *E* hinuntergesetzt: abermals diess eine Uebereinstimmung des Burgundischen mit dem Fränkischen. Also mit *E* für *A Ansemundus Audemundus Audericus Aunegilde Aunemundus Chrodechildis Ememundus Engevald Godegiselus Godemarus Hilpericus Hymnemondus Ymnemodus Manneleubus morgine-gyba Suavegotta Theudelinda Theudemodus Treudemondus Welicmeres Windemeres*; für *I Aredius Caretene Wilemeres*; für *A* oder *I*, je nachdem *gunth* oder *gunthia* (oben S. 335. 348), *hild* oder *hildia* ist verwendet worden, *Gundebadus Gundefuldus Gondegiselus Gundemundus Gun-deuchus Gunduelfus, Hildegernus Hildeulfus*; für *U Fredeboldus Frede-mundus Fridegisclus Sedeleuba Segericus Widemeres*. In gleicher Be-deutung mit diesen stummen *E* zeigt sich hie und da bereits ein *I* gebraucht: *Audimundus Aunigilde Aunimundus Baldimodus Emiover Godigiselus Imiman Windimeres Vistrigilde*, vielleicht auch *Aliberga* und *Alifius*; bei *Fridigernus Fridigisclus Sigifunsus Sigimundus Sigiri-cus* liegt darin abermals eine Angleichung: denn der eigentliche Vo-cal wäre hier ein *U*. Zuweilen sogar verstummt der Bindelaut in der That und gänzlich, und die Worte treten ohne jede Vermittelung an einander, nicht allein wo das vordere zweisylbig ist wie in *Aren-berga morgangiba Segismundus Segisvuldus Sigisricus*, oder einsylbig, aber ganz vocalisch oder wieder auch auf *S* ausgeht wie in *Eunandus* und *Ansleubana*, das unmittelbar neben *Ansemundus* so geschrieben wird, oder das zweite seinen Anlaut *W* gegen *U* oder *O* vertauscht oder darein verschleift hat wie in *Nasualdus Radoara Obtulfus Riculfus*, sondern auch *Chartenius* hat kein *A*, kein *I*: vielleicht dass diese Syncope den bischöflichen Namen in Bezug auf das lateinische *charta* bringen sollte; und ebenso wenig *Levvera* und *Silvanus*: aber hier fällt der Mangel in eins zusammen mit der Angleichung und Ver-

schmelzung, die den Wurzelauslaut des ersten Bestandtheils, ein *B*
(S. 332), getilgt hat.

In ähnlicher Weise werfen zwei Worte, wenn eine Zusammensetzung mit ihnen schliesst, das Bildungs-*I*, mit welchem sie für sich
allein erscheinen, ab. Von den Alamannen ist *Badomarius Chrodo-
marius* überliefert, wie das Adjectiv althd. *mâri* lautet: bei den Burgunden sehen wir, ohne dass die Latinisierung ein *I* aufwiese *(Gundomarium* in der Lex Tit. 3 ist Fehler der Handschrift *K* für *Gundaharium)*,
Gudemarus Gundomares Videmarus Vindemarus, also schon ganz wie
das Althochdeutsche die Namen dieser Art und auch wie das Gothische (vgl. S. 355) sie behandelt und wie schon früher ein Marco-
mannenkönig *Marcomarus* genannt wird: aber den Gothen hiess
ebenso das Adjectivum einfach *mér*. Sodann *hari*, das ursprünglich
ein Masculinum, demgemäss auch nur s. v. a. Krieger gewesen (althochd. Glossen in Graffs Sprachschatz IV, 983) und erst von da aus
in den Collectivbegriff Heer ist erweitert worden; als zweiter Theil
eines männlichen Eigennamens hat es natürlich noch den älteren persönlich vereinzelnden Sinn. Mit ihm die Namen *Andearius Gislaharius Gundaharius Walaharius Wenaharius* und *Abcares* oder *Abcaris*,
Walahares oder *Walaharis* und *Andaharus*, welch letztere aus den
Genitiven *Abcaris Walaharis Andahari* sich ergeben: dort beruht die
Latinisierung auf einer burgundischen Form, die noch ebenso voll auf
I ausgeht, wie in der gothischen und meist auch in den oberdeutschen
Mundarten das geschieht; hier, bei *Andaharus* wenigstens, liegt die
Abkürzung *har*, die sonst mitteldeutsch und fränkisch, aber auch
langobardisch ist *(Rothar* in der Prosa und den Versen des Prologus
in Edictum Rotharis), zum Grunde. Möglich dass zu der Zeit, da
das Burgundische Gesetz geschrieben ward, *hari* und *har*, beides
neben einander galt; noch wahrscheinlicher jedoch dass man in Wirklichkeit überall nur die verkürzte Form gebrauchte und die vollere
bloss etwa da wieder aufnahm, wo es galt einen Namen lateinisch
umzusetzen: da empfahl sich *harius* durch ältere Herkunft und Gewohnheit besser.

Zusammensetzungen mit Partikeln finden sich unter den
Sprachbelegen, die uns zu Gebote stehn, nicht in so spärlicher An-
zahl vor, als man erwarten sollte: denn diese Belege sind ja meistens
Namen, und Namen hat unsre Sprache stäts nur seltener so gebildet.
Zuerst auf der Spange von Charnay das Adjectivum *unthfanth*, dessen
unth von Dietrich dem goth. *untha*, angels. *údh* ist gleichgestellt und

im Sinne der Trennung oder dem einer Hervorhebung ist gedeutet
worden (Haupts Zeitschr. XIII, 114 fg.); der zweite Bestandtheil
aber muss, ebenwie *fâthi fêdhe*, das im Alt- und Angelsächischen
das Gehen zu Fuss, und wie *fendeo fêdha*, das im Althochd. und
Angels. den Fussgänger und den Fusskrieger bezeichnet, herkommen
von *finthan* alts. *fithan* erfahren, finden, eigentlich gehen: *unthfanth*
also ein ausgezogener oder ein ausgezeichneter Fusskrieger. Ganz
unzweifelhaft freilich dünkt mich, was die erste Sylbe angeht, diese
Erklärung nicht, nur etwas mühsam. Denken wir an Worte wie auf
Angelsächsisch *ýdhlâd* Wellenfahrt, *ýdhlida* Wellenfahrer, Schiff,
und gar auf Althochd. *undgengio untkenkeo* «naufragus», *untscachôndi*
«fluctivagus», so dürfte es natürlicher scheinen das burgundische
unthfanth in gleichem Sinne mit letzteren Ausdrücken, mithin auch
als Zusammensetzung mit einem Substantivum, mit *unthja* Welle,
aufzufassen: dass schon ihm wie jenen *undgengio* u. s. w. der Bindevocal abgeht, wird nach den Beispielen desselben Mangels, die wir
so eben aus dem Burgundischen sonst vernommen, kein Einwand sein.
Grössere Sicherheit haben fünf andre Partikelcompositionen, fünf
Eigennamen, *Abcares, Andaharus, Ingildus, Usgildus* und *Vithuluf*.
Abcares oder *Abacares: ab* dem goth. *af*, *aba* dem ahd. *apa* näher
liegend; eine Bildung wie goth. *afhaim* von daheim abwesend, wie
im Griechischen die Namen Ἀποδήμιος und Ἀπόληξις, wie im
Deutschen selbst der weibliche *Aphilt Abachilda*, und als die rühmende
Bezeichnung eines solchen zu verstehen, der von dem Heere getrennt
für sich allein ficht, zu vergleichen also dem ahd. Namen *Einheri*
und den *einherjar* des nordischen Mythus und von wesentlich anderer
Art als sonst die Namen die auf *hari* endigen: denn hier ist das Wort
in seinem collectiven Sinn genommen. *Anda* ist im Gothischen, *vidh*
im Angelsächsischen, Altsächs. und Nordischen s. v. a. gegen, wider:
Andaharus mithin ein Gegenkrieger, *Vithuluf* altnord. *Vidholf* (s. oben
S.344.347) ein Gegenwolf: man kann damit *Andagis* und *Andulf*, *Widgér*
und *Widaroll*, *Geginheri* und *Kaganhart* zusammenstellen, und wie viele
Namen mit ἀντί, darunter z. B. Ἀντίλοχος und Ἀντίμαχος, hat die
griechische Sprache! Es war eine Uebereilung *Vithuluf* aus *widu*
Holz, Wald, ein Wort mit *TH* aus einem unaspirierten zu erklären
(Haupts Zeitschr. XIII, 50). Weiter mit *usgildan* übersetzt Ulphilas
Luc. XIV, 14 das griechische ἀνταποδιδόναι: *Usgildus* bedentet
demnach Vergelter; synonym damit ist der althochd. Name *Widar-
gelt*. *Ingildus* endlich (es haben den Namen auch die Gothen, die Alt-

und Angelsachsen, die Franken u. a.) wird uns durch kein Zeitwort dazu verdeutlicht, so wenig als das fränkische *Ingundis* oder das althd. *Infrid:* wie aber *in* auf Angelsächsisch zugleich ein Substantiv im Sinne von Haus geworden, so enthält schon die Partikel einen Bezug auf Haus und Heimath : neben dem angelsächs. *Inn*, dem althd. *Inno* haben wir auch *Haimo*, neben *Infrid* auch *Haimfrid*, und so mag, da *gield* und *gieldan* im Angelsächs. und Althochdeutschen auch s. v. a. Opfer und opfern ist, der Name *Ingild*, als man ihn zuerst gebrauchte, auf die priesterlichen Verrichtungen gedeutet haben, die im Heidenthum (vgl. Tac. Germ. 10) auch der Hausvater übte.

Von Ableitungsmitteln treten uns mehrere bemerkenswerth entgegen. Einmal *I* in *Conia* und den übrigen schon S. 342 fg. besprochenen Beispielen : ich sage *I*, nicht *J:* das Gothische freilich und das Althochdeutsche, in einzelnen Mundarten wenigstens, würde hier überall das letztere brauchen : dass aber den Burgunden ein rein vocalisches *I* gegolten, zeigt die Spange von Charnay, auf der nicht *Fusja*, sondern *Fusia* geschrieben steht. Ferner *IS* als Ausgang von *sigis* oder *segis* in den Namen *Sigisricus Segismundus Segisvuldus*; die Form *Sigisricus* hat Avitus : wenn derselbe Königssohn anderswo *Sigiricus* oder *Segericus* heisst, König *Segismundus* auch *Sigimundus* (Greg. Tur. sagt de Glor. Mart. 75 *Sigismundus*, Hist. Franc. III, 5 u. a. *Sigimundus*, ebenso Fredeg. Epit. 34. 35) und ein Haupt der Häretiker im Bisthum Auxerre *Sigifunsus*, so wird damit die einfachere Bildung des Wortes, deren das Fränkische wie das Alamannische sich bediente, eingetauscht; *sigis* hatten die Burgunden gemein mit den Gothen, den Scandinaviern (*sigur*) und den Angelsachsen (*sigor*). Endlich noch eine Fünfzahl von Wortausgängen, die wo sie an Appellativa treten verkleinernden, wo an Eigennamen eher bloss den liebkosenden Sinn besitzen : *I* in *Tullii*; *IC* in *Gibica Gebica Gebeca* (dieselbe Schwächung des Vocals auch der Ableitungssylbe wie in *Athela Athila*, *Arenberga*. *Emiocer*, *Guntello*, *Ildelo*, *Sigesvulfus*, *Walesta Walescus*, *wittemon wittimon*), und neben *Gibica* mag noch aus dem J. 563 *Athica* gestellt werden (Inschrift bei Le Blant II, 150 Nr. 466 A); *IL* in den Männernamen *Fagila Fastila Ildelo Uthila Vulfila* und dem weiblichen *Remila* ; viertens *CL*, die Verbindung der letzteren beider, die wir uns (vgl. das althochd. *Sunichilo*) aus *IKIL* syncopiert zu denken haben, in *Giscladus* d. i. *Gisclahadus* (oben S. 341), in *Conigisclus Fridigisclus Gundiisclus* und *Villigisclus*. Diess *giscl* kommt sonst noch oft, als erster wie als zweiter Bestandtheil, in Eigennamen vor, gothischen, vandalischen, varinischen, fränkischen, bei den Völkern aber von oberdeutscher Mundart nirgend. Die Schreiber entstellen es gelegentlich in *gisel*, und sie und bereits die Schriftsteller selbst halten *gisal*, *gisil* und *gisel* nicht überall recht aus einander : wir müssen und können (s. Schweiz. Museum I, 102 fgg.) das besser thun. Von einer Wurzel *gis*, deren allgemeineren Sinn am bestimmtesten das mit dem Laute des Aorists gebildete *gais* oder *gér* (oben S. 356) ausprägen mag, das die Benennung eines Speeres, lat. *gaesum*, persönlich aber aufgefasst (und so verwenden es als zweiten Bestandtheil zahlreiche Männernamen) s. v. a. vir fortis, lat. *gaesus* ist Servius zu Virg. Aen. VIII, 662), von eben dieser Wurzel kommt mit präsentisch langem *I* und ableitendem *AL* das Personwort *gísal* Geisel, eigentlich ein Kriegsgefangner, noch eigentlicher (vgl. das griechische αἰχμάλωτος) ein mit dem Speer gefangener: burgundisch haben wir diess in *Gislabadus* und *Gislaharius*. Mit dem kurzen *I* des Perfectums *gis* : die Eigennamen. in welchen allein es noch gebraucht erscheint, beweisen die Kürze : nur derentwegen konnte z. B. *Vitigis* auf Lateinisch und Griechisch so wie *tigris* decliniert werden; und sie thun für *gis* eben die Bedeutungen dar, welche *gais* besitzt, ebenfalls die Bedeutungen Speer und Held : nur deshalb war es möglich den grossen Vandalenkönig bald *Gaisaricus*, bald *Gizerichus* zu benennen. Hiezu nun ist *gisil* das einfache, *gisikil gisel* das gehäufte Verkleinerungs- oder Kosewort : besonders anschaulich, wenn sich bei demselben Namen beiderlei Ausgänge oder gar alle drei zugleich darbieten, *Aragis* und *Aragisclus*, *Ermengis* und *Hermegisclus*, *Vitigis* und *Vitigisclus*, *Muotgis Modigisilus* und *Modigisclus*, *Thiotgis Theudegisilus* und *Theudegisclus*; auch dem *Bertegiselus* einer Grabinschrift des J. 600 zu Guillerand (Le Blant II, 174 Nr. 174) steht anderswo *Berehtgis*, unserm *Godegiselus* noch *Γοδίγισκλος*, unserm *Fridigisclus* noch *Fridugis* und *Fredegisilus* zur Seite.

Ein fünftes derartiges Bildungsmittel. Nicht selten zeigt sich in Quellen des Althochdeutschen der Consonant der Ableitung *IL* verdoppelt (Jac. Grimms Gramm. II, 317) : nur zu erklären, wenn dem zunächst eine mit *I* noch erweiterte Form vorangegangen, wenn z. B. ausser und vor *sidila* auch *sidilja* gesprochen worden (und das Grundwort ist ja der lat. Plural *sedilia*) : erst hieraus denn *sidilla* und mit verstummendem Laute *sidella* : vgl. oben S. 342. Den gleichen Ursprung nur kann das *LL* des burgundischen Namens *Guntello* und so auch der althochdeutschen *Basilla Hezilla Listillo* genommen, er muss zuvor ebensolch ein *LI* besessen haben wie *Scudilio*, wie bei den Franken *Scupilio*, wie bei den Alamannen *Odilia*. Es ist ein Weibername und sein Declinationsvocal der unverändert burgundische: diess *O* verwehrt uns an eine Deminutivform nach romanischer Art zu denken: auch das Burgundische vertauscht ja wurzelhaftes wie ableitendes *I* gern gegen *E*. Vielmehr liegt uns hier ein altes und meines Wissens das älteste Beispiel einer echt deutschen Wortart vor, jener Koseformen, die von einem zusammengesetzten Namen nur den ersten Bestandtheil, auch diesen meist noch in irgendwelcher Kürzung, festhalten und dann auf Sächsisch ein *T*, auf Hochdeutsch ein *Z*, zuweilen auch, damit die Deminution noch kosender werde, noch als zweiten Schluss ein *IL*, ja als dritten noch ein *I* dahintersetzen, z. B. *Sigibert Sitto Sizo* (Gramm. III, 692), *Amallindis Amita* (Tradit. Wizenburg. S. 225), *Hiltipurch Hizila*, *Warinhari Werinzo Wazo Wezilo Wazili*. Ebenso denn *Guntello* d. i. *Guntilio*. Unmittelbar von *gunth* oder *gunthja* kommt das nicht, da es ein *T*, kein *TH* oder *D* aufweist: es rührt aber her von einem Namen, der damit begann, wie, im Burgundischen selbst belegt, *Gunthĕuca* oder anderswo *Gundiberga* oder *Gundehildis* oder *Gundelindis* u. s. w. Dieselbe Vieldeutigkeit bei den entsprechenden Koseworten des Althochdeutschen, bei *Gunzo Gunza Gunzila Gunzili*.

Schliesslich der Einblick in die Flexion der Burgundischen Mundart könnte dadurch ganz verbaut erscheinen, dass uns fast lediglich Substantiva, fast lediglich Eigennamen und diese fast immer in irgendwelcher Latinisierung des Ausgangs überliefert seien. Indess die genauere Betrachtung wird auch aus solchen Umgestaltungen heraus noch Einiges zu ermitteln vermögen, und ausser all den lateinisch gefassten Einzelworten haben wir ja auch mehrere, die unverändert burgundisch geblieben, ja in den Runeninschriften noch zwei ganze ganz burgundische Sätze, die, so überaus kurz sie sind, uns doch manches lehren und mehr noch errathen lassen.

Die Latinisierung beachtet hier so, wie sie dessen auch sonst gewohnt ist, den Unterschied zwischen starker und schwacher Substantivflexion und kennzeichnet denselben durch die Endungen, die sie den deutschen, den burgundischen Worten theils belässt, theils giebt. Die starken Masculina, und der Regel nach nur sie, erhalten im Nominativ die Endung *us*; die seltnere *es*, theilweise vielleicht auch *is*, hat ihren Beleg in dem *Willimeres* einer Inschrift sowie den Genitiven *Abcaris Widemeris Wilemeris Weliemeris Wadamiris* und den Accusativen *Godomarem Gundomarem* des Gesetzes: bei Namen, wie diese in ihrer Mehrheit sind, eigentlich gothischen auf *mér* oder *mír* (vgl. oben S. 355), war solch eine Umbildung alt und allgemein gebräuchlich: es ward damit das *S* des gothisch-germanischen Nominativs am wenigsten verändert. Das Burgundische jedoch hatte diese Nominativflexion, zum mindesten gegen das Ende hin, bereits verloren: auf dem Bracteaten steht schon ein unflectiertes *Vithuluf*, in anderen Inschriften *Engevald Iminnan Viliaric*. Im Gothischen selber bietet ungefähr zu gleicher Zeit, um die Mitte des sechsten Jahrhunderts, die Urkunde von Ravenna schon *Ufitahari* und *Vilja-rith* (die von Arezzo noch *Gudilaibs*); ja schon früher haben da Gefässinschriften die Nominative *Arrik* und *selsath* (Dietrich in Pfeiffers Germania XI, 203) und hat bei den Vandalen die eines Gewichtes, das in den Trümmern Carthagos wieder aufgefunden worden, *Ragi-nari* (Papencordts Gesch. d. Vand. Herrschaft in Africa S. 440).

Die schwachen Masculina bildeten auch im Burgundischen den Nominativ mit *A*, und das ward entweder ebenso ins Latein, dem ja ein männliches Wort mit *A* nicht widerstand, hinübergenommen: *Athala Athica* (Inschrift von 563 bei Le Blant II, 150 Nr. 466 A) *Conia Fagila Fastila Fusia Gebeca Nansa Sara Sunia Uthila Walesta Vulfia Vulfila*, so dass sie gleich mit den Femininis lauteten; oder aber es ward aus dem männlichen Vocal ein *O*, eine Aenderung, die im Lateinischen überall und von je her geläufig und dadurch doppelt empfohlen war, dass sie keinen Zweifel in Betreff des Geschlechtes offen liess und die lateinische Flexion durchgängiger übereinstimmend mit der deutschen selber machte: von der Art *Baltho Ildelo Manno Offo Rapso Rico Scudilio Siggo Teto Vassio* und als der älteste und der Grundbeleg der Name des ganzen Volks *Burgundiones*. Die Franken scheinen, gleich den Sachsen und den Oberdeutschen, diess *O* für *A* schon in der eigenen Sprache gebraucht zu haben.

Bekanntlich aber ist, was unsere Grammatik schwache Declination nennt, eigentlich auch starke, nur dass, eben wie bei den lateinischen Substantiven auf *O*, der Stamm noch mit *AN* oder *ON* gebildet und diese Endung mit denen der Flexion eng in eins gezogen, der Nominativus aber noch mehr verkürzt ist. Der stark flectierende althochd. Einzelname *Theodan* und der latinisierte Volksname *Teutonus* Plur. *Teutoni* ist noch dasselbe Wort mit dem goth. Appellativum *thiudans* König: der andere Name *Theodo*, die andre Latinisierung *Teuto Teutones*, beide nunmehr schwache Formen sind nur

Syncope und Apocope jener volleren starken. Dieser Ursprung der schwachen Declination und eine Art von Bewusstsein dieses Ursprunges wirkt nun das erste Halbjahrtausend des Mittelalters hindurch in auffallender Weise da noch fort, wo deutsche Namen, schwache Masculina sowohl als Feminina, lateinisch zu decliniren sind: die casus obliqui werden da nicht selten wieder durch Verbindung eines ableitenden *AN* (andre Vocalisierung ist minder gebräuchlich) mit den Endungen der ersten, der zweiten, der dritten Declination hergestellt, und es heisst z. B. von *Theoda* der Genitivus *Theodanae* (Cod. Lauresham. dipl. Nr. 356), von *Manna Mannani* und *Mannanis*, der Ablat. *Mannane* (Urkunde von Ravenna 575 bei Marini, Papiri diplomatici Nr. 76), von *Offa* der Dat. *Offano*, der Vocat. *Offane* (Brief Karls d. Gr. vom J. 774), von *Traguila Traquilla Tranquilla Trauvilla* d. i. *Traggvila* (bei Boeth. Consol. Philos. I Pr. 4 *Triguilla* d. i. *Triggvila*) der Accus. *Traguilanem* u. s. w., der Ablat. *Tranquillane* (Greg. Tur. Hist. Fr. III, 31. Fredeg. Epit. 44): die Beispiele gehören den Gothen, den Franken und dem mittleren Deutschland an. Und auch das Burgundische liefert deren. Eine Inschrift hat den weiblichen Genitivus *Gemolane*, und im Rechtsbuch giebt eine Reihe von Handschriften als Genitive der Grafennamen *Offo* und *Siggo* nicht *Offonis Siggonis*, sondern *Offini* und *Siggini Sicconi*, diese natürlich mit kurzem *O*, mit verstummendem *I*, ebenwie das *A* dort in *Gemolane*, in *Mannani* und *Offano* nur ein kurzes kann gewesen sein. Und so ist auch als Nominativ zu *Unani* nicht allein *Unanus*, wie es den altsächsischen Namen *Unan* giebt, sondern ebenso wohl und vielleicht noch besser *Uno*, die anderweit häufiger belegte Form, anzunehmen. Wie sehr man gerade auf romanischem Boden solcher Behandlung der deutschen schwachen Substantiva gewohnt war, zeigt uns besonders augenscheinlich die Umgestaltung, die das lat. *scriba* dort erfahren hat: man nahm das *A* für die deutsche Endung und sagte nun entweder mit frischer Latinisierung *scribo scribonis* oder, indem man jene Auflösung in Ableitungs- und Flexionssylbe auch hier anwandte, *scribanus*, ital. *scrivano*, franz. *écrivain*.

Wir knüpfen noch einmal an *Burgundiones* an. Ammianus und Andere schreiben in kürzerer Form *Burgundii Burgundi Βουργούνδοι*; im Nibelungenlied werden Nominativ und Genitiv der Mehrzahl auch *Burgonde Burgende* gebildet (2118, 4; 497, 8. 2165, 4. 2179, 4), und schon im Althochdeutschen ist *Burgund* sowohl als *Burgundio* ein Personenname: damit wird, in geradem Gegensatz zu dem eben

besprochenen Verfahren, das unterscheidende Merkmal der schwachen
Biegungsweise misskannt und ausgewischt. Und das geschieht noch
mehrfach. Wiederum bei Ammian, wenn er als die Benennung des
obersten Priesters *sinistus* angiebt (XXVIII, 5): die Burgunden sagten jedesfalls *sinista*, so gut sie als die Gothen denen Ulphilas das
griechische πρεσβύτερος damit verdeutschte; *sinista* eigentlich der
Älteste, ein als Substantivum gebrauchter Superlativ, dessen Posi-
tivus *sini*, abgesehen von Namen wie *Sini* selbst, wie *Sinedrudis Seni-
auchus* (Amm. Marc. XV, 5) *Ermensina*, appellativ nur noch in der
Zusammensetzung *siniscalcus sinescalcus seniscalcus* (Lex Alam. LXXIX,
3. Karls d. Gr. Capitulare de Villis 16. 47 u. a.), wörtlich Alt-
knecht, dem *siniscalco* und *sénéchal* der Italiäner und Franzosen, nachweisbar ist: das Gothische ersetzte denselben durch die weitere Ableitung *sineig*, die ebenso dem lateinischen *senex* entspricht wie *sini*
sinista dem lat. Genitivus *senis* und Comparativus *senior*. Noch un-
mittelbarer wird die schwache Flexion der Superlative auch für das
Burgundische bestätigt durch einen Namen der Grafenunterschriften,
dessen Genitiv in L und K, hier der besten und der nächstbesten Handschrift, nicht wie Bluhme unrichtig angiebt (ich habe beide selbst
mit Genauigkeit eingesehen) *uualesce*, sondern *vualeste*, dessen Nominativus also *Walesta* lautet; eine dritte gewährt *uualesti*, die übrigen
uualesse uualesci uualisci, zum Theil also nach der Declination in *US*,
zum Theil auch mit einer Consonantverwechselung die bekanntlich
häufig ist, die jedoch nicht überall von einem Versehen nur der
Schreiber, die zuweilen, und wahrscheinlich gerade auch in diesem
Falle, aus einer Verderbniss der Sprache selbst herrührt. Dieses
Walesta d. i. *Walista* (vgl. oben S. 367) gehört entweder als Superlativ zu dem Adjectivum *val*, dessen substantivisch gebrauchte
schwache Formen *Vali* und *vala* altnordisch die Namen eines Gottes
und einer Seherinn sind: den Begriff desselben lassen das altsächs.
welo Reichthum, die Interjectionen *wela wala wola* und andre Bildungen von eben diesem Stamm errathen. Oder, falls man annehmen
darf, die den Romanen beliebte Verrückung des *R* in *L* (Diez Gramm.
I, 207 fg. 289 fg.) habe gelegentlich das Deutsch der Burgunden mit
ergriffen, es ist in *Valesta* der alte Name der *Varistae* zum Einzel-
namen geworden, der Name eines Volks das ja mit auf dem Boden
Burgundiens sass und nun *Waresti*, wie schon vorher die *Varistae*
auch *Varisti*, oder mit jener Vertauschung des *ST* gegen *SC Waresci*
Warasci hiess und der Gau, den es bewohnte, *Warascus* (Zeuss, die

Deutschen S. 584 fg.): auch dann ist die Endung superlativisch, *Walesta Varista* der Superlativ zu *var* goth. achtsam (Müllenhoff in Haupts Zeitschr. IX, 132). Daneben finden wir bei den Burgunden selbst und freilich ebenso bei all den Uebrigen die lateinischen Formen — *giselus* und — *gisclus*, während auf Deutsch diese Bildungen doch sicherlich schwach giengen, nicht anders als die auf *ICA* und auf *ILA* (S. 367) und das schon dort verglichene althochd. *Sunichilo*: noch aber beweist die Genitivform *Conigiscle*, die sich einmal als Lesart findet, den richtig schwachen Nominativus *Conigiscla*. Ferner die Schreibungen *Gislabadus Gundobadus Gundobaudus*, denen anderswo *Ἀαβαδος Fridubadus Ἰλδιβαδος Cannabaudes* u. dgl. zur Seite und vorangehn: schon aus dem späteren *pato* oder *poto* (S. 359) darf man aber mit Gewissheit schliessen, dass es genauer *Gislabado Gundabado* heissen würde und auf Burgundisch *Gundabada*, vollständiger *Gundabadua* geheissen habe (das *U* aber fiel aus wie in *Nasua* und *Nansa*, *sarv* und *Sara*), und wirklich auch geht wieder aus dem Genitivus *Gundubade*, der in der Ueberschrift des Gesetzes Lesart ist, *Gundabada* als der eigentlich rechte Nominativ hervor.

Ein Substantivum, dessen Etymologie und Deutung schon durch die Verrückung des Schlusslautes seiner Wurzel uns sehr ist erschwert worden (S. 349 fg.), weicht nicht minder in Betreff der Beugung aus aller Regel heraus. Der Nominativus *wittima* würde nach gothischer Declinationsart den Accusativus *wittiman*, *wittimo* würde nach althochdeutscher *wittimun* oder *wittimon* verlangen: letzteres beides kommt auch vor, *wittimun* jedoch nur so, dass daraus (und gerade die besseren Handschriften bieten das überall) ein lateinischer klingendes *wittimum* geworden ist, und beides nicht als eigentlicher Accusativ, sondern im Sinn eines Ablativus hinter *de* (L. Burg. LXVI, 1. 2. LXXXVI, 2. CI), ja selbst in nominativischem Sinne (LXIX). Solche Erstarrung und Verderbniss wird nur begreiflich, sobald man den Anlass dazu bei den Romanen sucht, die sich in Satzbau und Flexion auf den Nominativ und den Accusativ und oft sogar auf den Accusativ allein beschränkten. Daher rühren ja auch in den verschiedenen Aufzeichnungen des Gesetzes Lesarten wie die Ueberschrift *Gundobado regis prolocus* und die Unterschriften *Signum uinahario com., Signum Siluanum com., Signum gundeulfu com.*: der Bedeutung nach lauter Genitive, der Form nach Accusative, drei davon mit derselben romanischen Abwerfung des Schlussconsonanten wie Tit. 97 in der Lesart *segutio* oder (um von zahllosen Beispielen nur noch eines zu geben) in den Schlussworten einer auf S. 379 angeführten Grabinschrift *post consolato Inportuno.*

Die weiblichen Substantiva endigen lateinisch ein paarmal auf *IS*: so neben *Aunegilde* und *Vistrigilde* auch *Aunegildis,* neben *Aumihilde Chrodechildis;* der Regel nach jedoch auf *A* oder, indem dieser vollere Laut sich abschwächt, eben auf *E* (vgl. S. 363), z. B. *Arigunde Theudelinda Orovelda,* während sonst den Namen dieser drei Arten vielleicht noch häufiger gleichfalls *IS* gegeben wird. Die ersteren werden im Burgundischen selbst als Ausgang des Nominativs ein *I,* die letzteren, je nachdem sie stark oder schwach flectierten, bald auch schon ein *A,* bald aber wie das Gothische ein langes *O* besessen haben. Unverändert diesen Schluss zeigt uns auch wirklich ein Grabstein in dem vorher S. 368 fg. erörterten Namen *Guntello:* es ist, wie Jordanis 58 aus dem Gothischen heraus *Thiudigotho* und *Ostrogotho* schreibt, während ihm mit *A* der Mannsname *Ostrogotha* lautet (Cap. 14 fgg.) und ebenso und *Vesegotha* die beiden Namen des Volkes (Cap. 2. 5 u. s. f.).

Aus der Declination der Adjectiva ist mit dem *unthfanthai* der Spange von Charnay der starke männliche Nominativ der Mehrzahl belegt. Und wie somit das Burgundische hier denselben Doppellaut als die gothische Mundart, noch nicht aber das gedehnte *E* der althochdeutschen hat, so stimmt es auch in einem andern Falle mit der ersteren überein. Das Gothische verwendet gern die schwache Neutralform des Accusativus Sing. als Adverbium, namentlich als Modaladverbium: dieselbe Form in derselben Bedeutung hat das *kiano* eben jenes Denkmals (oben S. 360 fg.); nur ist der Stamm einsylbig *kiun,* nicht *kiuni* anzusetzen, weil der Adverbsaccusativ sonst *kiunio* heissen würde. Im Althochdeutschen und Altsächsischen lautet die entsprechende Casusendung *Á,* so dass, wenn die Adverbia der Art und Weise jetzt noch viel häufiger als schon im Gothischen auf *O* (und zwar jetzt auf kurzes, während es dort lang ist) ausgehn, diess *O* einen anderen Ursprung haben muss: Jac. Grimm belehrt uns, welchen (Gramm. III, 110 fg.). Deshalb eben stelle ich unser *kiano* wohl mit gothischen Adverbien wie *thiubjó sprautó* u. s. f. zusammen, nicht jedoch mit den altsächsischen und althochdeutschen *diopo diapo, tiufo ziaro chuono.* Da aber die Adjectiva all ihre schwachen Formen aus der schwachen Substantivflexion entnehmen, so folgt aus *kianó,* dass die schwachen neutralen Substantiva den Accusativ und den Nominativ ebenfalls mit *Ó* gebildet haben, und andrerseits dass die früheren Bemerkungen in Betreff der schwachen männlichen Substantiva nun auch für die entsprechende adjectivische Biegung gelten. Zugleich sind *kianð* und jenes *Guntellð* ein Beleg mehr für den Grundsatz der deutschen Grammatik, dass die schwachen Neutra im Nominativ und Accusativ der Einzahl gleich wie die schwachen Feminina lauten.

Unthfanthai, *kianð*, beides wie im Gothischen, zwei von den drei Worten eines burgundischen Satzes ganz wie es der Gothe that flectiert: das gestattet uns anzunehmen, die burgundische Flexion sei mit der gothischen, die eben nur die alt und allgemein germanische war, noch weiter in eins gegangen, und es erscheint diese Annahme um so mehr gerechtfertigt, wenn wir auch das dritte Wort des Satzes, ein Zeitwort, zwar nicht buchstäblich in gothischer Art, doch derselben ähnlich gestaltet finden. Für den Begriff »gieng« hat das Gothische den Ausdruck *iddja*, in der dritten Person der Mehrzahl *iddjédun*, einen Aoristus welcher defectiv und in seinen Lauten auf die gleiche Weise aus *idida ididédun* verstellt ist (der Stamm ist *id*, griech. $i\vartheta\acute{v}\varsigma$, lat. *iter*, *comes comitis* u. s. f.), wie in den romanischen Sprachen z. B. *pridias* Glossae Cassell. G 15 aus *parietes*, *citiet citied* Chanson d'Alexis 21, 5. 34, 2 aus *civitas*, *amisties amitié* aus *amicitas*, *pities pitié* aus *pietas*. Unter den übrigen Mundarten des Deutschen kehrt dieses Stück Verbum nur noch in der angelsächsischen wieder und lautet da *eode eodon*, mit Vereinfachung des *D* und im Plural mit derjenigen Verkürzung des Suffixes, die überall nachgothische Regel ist. Ebenso gekürzt nun auch auf der Spange von Charnay *iddan*: aber das *D* ist hier noch doppelt und nur das *I* gleichfalls schon verschwunden: es mochte sich auf ähnliche Art in das *DD* verloren haben, wie es in *Siggo* die Ursache des *GG* ist (oben S. 342 fg.). Eines zwar fällt an *iddan* auf, das *A* der Endung, wofür aller sonstige Sprachgebrauch ein *U* oder doch ein *O* erforderte: es ist aber später ein bekanntes Merkmal des verfallenden Althochdeutschen, dass es die verschiedensten Vocale am Schluss der Worte gegen ein und dasselbe *A* vertauscht um so den Schwächungen in stummes *E* oder *I*, die sonst überall da um sich greifen, gleichsam ein Gegengewicht zu geben, und wohl mag diese zwiespältige Vorliebe bald für den entfärbten, bald für den helleren, selbst den unrichtigen helleren Laut ebenso schon in der verfallenden Sprache der Germanenzeit gewaltet haben. Auch das Romanische braucht die mannigfachsten unursprünglichen *A*, aber es beschränkt sich damit auf tonlose Anfangssylben (Diez Gramm. I, 161 fg.), so dass die Vergleichung nur halb zutrifft.

Endlich ist noch eine Conjugationsform auf dem Bracteaten übrig und diese von regelmässig starker Bildung: denn nur so kann das Wort *hag* verstanden werden, »Vithuluf stach oder schnitt«, nämlich das Brustbild und die Runen in den Prägestock. Das Präsens dazu muss *higa* lauten, und mit diesem *higa hag* gewinnen wir die Wurzel für *hig heg* angelsächs. Heu, *hag* hochd. Dorngebüsch, *hagen* und *behagen* gefallen, eigentlich anstacheln, *hagal* Hagel, *hagan* Dorn, *hagva höggva* altnord. hauen. Es scheint unnöthig mit Dietrich (Haupts Zeitschr. XIII, 50) ein ablautendes Zeitwort *higran* zu vermuthen, wozu *hag* der apocopierte Aoristus wäre, und gar bedenklich dessen andere Annahme, *hag* sei nur ein Sprech- oder Schreibversehen für *hiag*, den apocopierten Aorist von *hagvan*. Allerdings ist auf den Runensteinen des Nordens das Zeitwort *hagva haugva haga*, im Aoristus *hiag hiog hiug*, der ständig wiederkehrende Ausdruck für das Einmeisseln der Schrift (Dieterichs Runen-Sprach-Schatz S. 180 fg.): aber schwerlich dürfen wir zugeben, dass auch das Burgundische schon den grossen Schritt über die germanisch-gothische Art hinaus gethan und bei der Bildung der Aoriste Reduplication und Wurzelsylbe diphthongisch in eins gezogen habe: ihm lautete von *hagvan* diess Tempus unzweifelhaft noch *haihagv* oder *hehagv*.

II.

Die Sprachdenkmäler.

1. *GUNTHIOUS. UITHULUF HAG.* Eingeprägte Runeninschrift eines bei Broholm auf Fünen gefundenen Goldbracteaten, aus dessen Abbildung in dem Atlas for Nordisk Oldkyndighed (Kopenhagen 1857. Nr. XI) wiederholt und besprochen von Dietrich in Haupts Zeitschr. für Deutsches Alterth. XIII, 49 fgg.

2. *UNTHFNTHAI. IDDAN. KIANO FUSIA.* Runeninschrift, eingegraben in die Rückseite einer in dem Todtenfelde bei Charnay (Département Côte d'Or) gefundenen Spange von theilweis vergoldetem Silber, aus deren Abbildung in Baudots Mémoire sur les Sépultures des Barbares de l'Époque Mérovingienne, découvertes en

Bourgogne (Dijon u. Paris 1860. Pl. XIV) wiederholt und besprochen
von Dietrich in Haupts Zeitschr. XIII, 105 fgg. Vgl. oben S. 347.

3. Aufsatzblech einer Gürtelschnalle, von Kupfer und verzinnt,
gefunden im Waadtland zwischen Cossonay und Allens; eine Abbildung davon durch Troyon, der diess gleich dem nächsten Stücke
für celtische Arbeit hält, veröffentlicht in den Mittheilungen d. Antiq.
Gesellschaft in Zürich II (1844), 2, 28 fg. Taf. II Nr. 6. Auf dem
Rande, der eine Darstellung Daniels zwischen zwei Löwen umgiebt,
ist oben in auswärts gewendeter und mehrfach schief gelegter Schrift
eingegraben *SOSVISVSOI*, unten *IMIMAN FONS*. Die obere
Zeile scheint in zweimaliger Umkehrung und jedesmal mit andrer
Verderbniss den Namen *IESVS* zu meinen; das vorletzte *N* der unteren könnte auch für ein misslungenes *S* gelten.

4. Aufsatzblech einer Gürtelschnalle, von Kupfer und versilbert,
gefunden bei Lavigny im Waadtland; ausser einer Abbildung in der
so eben erwähnten Arbeit Troyons, Taf. II Nr. 1, liegt mir ein Abguss in der Mittelalterlichen Sammlung zu Basel vor. Als Bild abermals (es muss das eine Lieblingsdarstellung der Burgunden geworden sein: sie kehrt noch mehrmals auf solchen Schnallenblechen
wieder) Daniel inmitten zweier Löwen; als Randumschrift *NASV-
ALDVS NANSA † VIVAT DEO VTERE FELEX DANINIL*.
Deutlich so, nicht etwa in *DANIIIL*, ist der Name, der das Bild
erklären soll, entstellt.

5. Aufsatzblech einer Gürtelschnalle, von Kupfer und versilbert, irgendwo im Waadtland gefunden; ein Abguss in der Mittelalterlichen Sammlung zu Basel. Randverzierung von Thiergestalten;
das länglicht viereckichte Mittelfeld dreifach von oben nach unten
getheilt: in dem mittleren Theil ein Gefäss mit Blumen; in den beiden äusseren je zwei Reihen Buchstaben: rechts in der oberen Zeile
VVILLIME, in der unteren *RES F C E F*; links in der oberen
BALTHO E, in der unteren *MIOCER*. Es ist aber in dem Namen
VVILLIMERES das zweite *V* zwischen das erste und das *I* wieder
dazwischen eingegraben, das andere *I* in verkürzter Gestalt wie
nachträglich zwischen *L* und *M* gebracht, *M* und *E* sowie *R* und *E*
haben die Langstriche gemeinsam, *S* ist mit dem *F* verschlungen,
sodann *E* und *F* sind kleiner und zwischen die Rundung des *C* gesetzt; in dem Theile links sind *A* und *L* verbunden; *TH* ist mit der
Rune bezeichnet, aber in solcher Umgestaltung derselben dass ebenso
wohl ein *P* zu lesen wäre (vgl. oben S. 348 bei *Athica* und den

Ranthoaldus d. i. *Randoaldus* einer altchristlichen Mainzer Grabschrift, aus dem in Steiners Cod. Inscript. Roman. II, 341 Nr. 1620 wirklich ein *Raupoaldus* geworden ist); das folgende *O* steht in deren Rundung, so wie *M* sein *I* in sich, das *O* über sich hat und endlich auch *C* sein *E* in sich. Burgundisch sind hier nur die drei Namen *Willimeres Baltho Emiocer*, *F C E F* dagegen Abkürzungen lateinischer Worte: *F C* bedeutet *FIERI CVRAVIT*, *E F* dann vielleicht *ET FECIT*, so dass uns mit dem Folgenden der Künstler genannt ist, eben wie auf dem Bracteaten *Vithuluf* und wohl auch auf der Spange von Charnay *Fusia*, letzterer wenigstens als Schreiber der Runen, sich namhaft macht.

Es entgeht mir nicht, dass in Betreff der Inschriften 3—5 eher als in Betreff der vorhergehenden darf gezweifelt werden, ob sie noch innerhalb der Zeitgrenzen fallen, die wir unsrer Betrachtung gezogen haben, ob sie nicht jünger, vielleicht um ein Gutes jünger als der Untergang des Burgundischen Reiches seien. Für solch eine spätere Anberaumung dürfte man namentlich den Umstand geltend machen, dass diese Schmucksachen bei aller Rohheit der Kunst und bei aller sonstigen Uebereinstimmung mit den Fünden von Charnay doch schon einen gewissen Fortschritt über dieselben hinaus erkennen lassen, insofern hier der Zierrath, welcher die Flächen füllt, nicht mehr allein durch Lineamentverschlingungen, sondern bereits durch mannigfache figürliche Darstellungen erzielt wird; in gleichem Sinne könnte man die durchgehende Anwendung der lateinischen Sprache und Schrift, die so wie bei den Angelsachsen und Scandinaviern nur das nationale Zeichen für *TH* noch duldet, die Art von Bekanntschaft mit dem Inschriftenstil der Römer und, wenn man den Vocal des Namens *Fons* erwägt (oben S. 363), die schon weiter gediehene Romanisierung der Sprache in Anschlag bringen. Indess eine chronologische Entscheidung von Sicherheit wird auch mit diesen und dergleichen Bedenken nicht gewonnen, und so gestatte man mir die Belege 3—5 einstweilen in dieselbe Reihe mit den beiden ersten und all den übrigen zu rücken; man gestatte es mir ebenso bei der und jener datumlosen Grabinschrift.

6. In Einer, zugleich sitten- und sprachgeschichtlichen Beziehung legen durch ein merkwürdiges Zusammentreffen die letztaufgeführten drei Stücke gleichmässig Zeugniss ab: ich meine, für den Gebrauch eine Person mit zweierlei Namen neben einander zu bezeichnen, mit *Imiman* und *Fons*, mit *Nasualdus* und *Nansa*, mit *Baltho* und *Emiocer*.

Ein ferneres auch den Burgunden gehöriges Beispiel solcher Doppelnamigkeit und nicht bloss ein fehlerhafter Wechsel der Schreibung
wird es sein, wenn als der Name, den Gundobadas Nichte Sedeleuba
»mutata veste« geführt, bald *Mucuruna*, bald kürzer *Chrona* angegeben
wird (Greg. Tur. Hist. Franc. II, 28), ein noch gewisseres die *domna
Remila vocabulo Eugenia* oben S. 333. *Vocabulo* d. h. mit ihrem andern, nicht mit dem eigentlichen Namen. Das führt mich auf die
Herstellung noch eines Beleges, aus einer lückenhaften Grabschrift
vom J. 510, gefunden in S. Just bei Lyon; die Abbildungen bei
Alph. de Boissieu, Inscriptions antiques de Lyon (Lyon 1846—1854)
S. 578 Nr. 34, und bei Edm. Le Blant, Inscriptions chrétiennes de
la Gaule I (Paris 1856) Pl. 10 Nr. 38, geben dieselbe folgender
Maassen: HICCVIV:INHOC | CONDVN:::::MBRASEPVLCHRO |
SARAGA:::::::VSESTNOMINEQVIC | VMOM::::: | ETAPVTO
::::COVIXITA | VTNOMI:::::::VOCABOL:: | VITAEMER:TIS
COMMENDARET | QVIVIXITANNOSXLOBIIT | IIIINONAS DE-
CEMBRIS | POSTCONSOLATOINPOR | TVNOVVCCLE.   Die
Lücken alle ergänzen sich leicht, auch die in den Namen. Denn es
müssen eben deren zwei vorhanden sein, ein *nomen* und ein *vocabulum*, und das letztere muss Bezug auf die Gastlichkeit haben, die eine
Tugend des Burgundischen Volkes überhaupt (vgl. Lex Burg. Tit. 38)
und insbesondre nun dieses einen Burgunden war; Le Blant S. 33 fgg.
u. 138 führt eine Reihe von Beispielen vor, wo Grabinschriften auch
den einen eigentlichen Namen des Verstorbenen wortspielsweise deuten. Also: *Hic, cuius in hoc conduntur membra sepulchro, Sara Gastigodus est nomine, qui cum omnibus et aput omnes covixit ita, ut nominis
sui vocabulum vitae meritis commendaret, qui vixit annos XL, obiit IIII
nunas decembris post consolato Inportuno viri consularis clarissime.* Freilich wird der Steinmetz die zwei Worte *viri consularis* mit schlechte-
ren Endungen gesprochen haben, *viro consulare* etwa; den Fehler des
zwiefachen *V*, obschon er eben nur Einen Consul nennt, machen auch,
wie Le Blant S. 153 nachweist, andre. Der Name *Sara*, anderswo
Saro und *Sario* und *Sarus* (Jord. 24), wird mit goth. *saru* Schutz-
waffe, althochd. *saro* Waffenrüstung zu verbinden sein; *Gastigodus*
habe ich von Ulphilas, der Tim. I, 3, 2 und Tit. I, 8 φιλόξενος mit
gastigôd und Röm. XII, 13 φιλοξενία mit *gastigôdei* übersetzt. Vielleicht aber wäre (die Breite der Lücke lässt noch einen Buchstaben
mehr zu) die Ergänzung *Gastileubus* vorzuziehen: denn diess, in der
Form *Gestiliub*, war wirklich auch auf Althochdeutsch ein Name.

Somit bei den Burgunden, wo doch die Quellen fürwahr nicht über-
reichlich fliessen, ganzer sechs solcher Fälle, und dieselben sind
deutlich so beschaffen, dass jedesmal der eine Name, der im Schreiben vorangestellte, als der eigentliche und ursprüngliche, der andre
zweite als ein Beiname muss betrachtet werden, welcher der Person
erst später auf den oder jenen Anlass hin von den Uebrigen im Volk
und so auch aus der Sprache des Volkes geschöpft ist. Nur wie in
dieser Beziehung *Chrona* und *Mucuruna* sich verhalten, ist freilich
ungewiss; in der Verbindung *Baltho Emiocer* darf eher das vordere
Wort, dessen Sinn wohl bestimmter als der des zweiten im Bewusstsein
aller Sprechenden lag, für das *vocabulum* gelten, und *Remila* mag
das ihrige, das ja undeutsch ist, nur im Munde der romanisch redenden Einwohnerschaft Viennes geführt haben. Es sind aber,
nächst dem Rugierkönig *Feletheus qui et Fava* d. i. der Kleine
(Eugyppii Vita S. Severini Cap. 3 u. 9; *qui et Feva* Paul. Diac. I,
19), diese burgundischen Beispiele des Gebrauches von Namen
und Beinamen die ältesten oder gewiss doch von den ältesten,
die es giebt: zu gleicher Zeit den Gothen (ein neuer Unterschied
der beiden Völker) war, wie es scheint, die ganze Sache fremd.
Denn dem Ουίσανδος βανδαλάριος bei Procopius B. Gotth. I, 18 ist
dieses Wort doch wohl nicht als zweiter Name, sondern als Titel
beigefügt, derselbe Titel den Procopius B. Vandal. II, 10 halb griechisch
mit βανδοφόρος wiedergiebt (vgl. βάνδον ebd. II, 2, *banderarius* bei
du Cange und Diez Wörterb. d. Roman. Spr. I, 50), und wenn in der
Urkunde von Ravenna vier Gothen vorkommen, die anders im lateinischen Texte heissen und anders da, wo sie selber gothisch oder auch
lateinisch unterschreiben, *Mirica* und *Merila*, *Optarit* und *Uftahari*,
Minnulus und *Willienant*, *Danihel* und *Igila*, so ergiebt dieser Gegensatz wieder nur ein Verhältniss wie dort bei *Remila Eugenia:* der
Name des Textes (er klingt entweder an den der Unterschrift noch
mehr oder weniger ähnlich an oder lautet vollkommen anders) ist
der, mit welchem die Romanen der Stadt jene Gothen nannten; auch
auf diesem Wege kann neben *Iornandes* die Form *Jordanis,* die einzige übrigens die uns eigentlich beglaubigt ist, entstanden sein.
Desto allgemeiner in Gebrauch waren Doppelnamen wie die unserer
Grab- und Schmuckinschriften bei den andern Nachbarn der Burgunden, bei den Franken: da haben wir, aus den verschiedensten Gegenden des Reichs und Kreisen des Lebens belegt, den vielerwähnten
Herzog *Guntchramnus Boso* (weshalb so zubenannt, erklärt uns in

Kürze Greg. Tur. Hist. Franc. IX, 10) und die Königinn *Austrechildis cognomento Bobila* (ebd. IV, 25), da ferner einen *Chardegisilus cognomento Gyso* (Mirac. S. Martini III, 51), einen *Gundegisilus cognomento Dodo* (H. Fr. VIII, 22), einen *Mummolus abbas, quem Bonum cognomento vocant* (V, 5), einen *Vedastes cognomento Avo* (VII, 3), einen *Wistrimundus cognomento Tattonis* oder *Atto* (H. Fr. X, 29. Vita S. Aridii 19: *Tatto* und *Atto* sind gleichbedeutend). Ueberall hier auch der Beiname aus der Sprache der Franken selbst und so sehr in dem Munde Aller und gelegentlich so viel mehr als der ursprüngliche angewendet, dass letzterer daneben ausser Anwendung kam: Gregor von Tours sagt Hist. Franc. IV, 42 noch vollständig *Eunius cognomento Mummolus* und *Eunius qui et Mummolus,* bei aller ferneren Erzählung von derselben Person jedoch nur *Mummolus;* so bezeichnet auch Eugyppius Cap. 11 und 12 den Rugier Feletheus kürzer bloss mit dem Beinamen *Fava.* Weiter von da, vom siebenten, vom achten Jahrhundert an (ich erinnere nur noch an den *Karolus Tudis* oder *Tudites* oder *Martulus* oder *Martellus* der Franken) häufen sich die Belege je mehr und mehr und aller Orten und bahnt sich der Weg, der zuletzt in die erblich festen Geschlechtsnamen ausmünden sollte, immer breiter: denn es treten nun auch die Angelsachsen und die Scandinavier mit Beispielen ein: in Einhards Annalen 811 der Däne *Osfred cognomento Turdimulo* d. i. Dreckmaul. Im achten und neunten Jahrhundert vernehmen wir denn auch zuerst deutsche Ausdrücke für den Begriff von *cognomentum,* althochd. *binamo* oder, noch häufiger, *miltinamo,* das unserem *Uebernamen* sich vergleicht, angelsächs. *freonama* d. h. ein Name den es frei steht zu gebrauchen, in Alfreds Uebersetzung der Kirchengeschichte Bedas II, 5 u. IV, 2; *nomen* im Gegensatze dazu geben die Sanctgaller um das J. 1000 mit *alenamo* d. i. Hauptname: Marc. Capella S. 1 Graff.

7. Einzelne Worte, theils Appellativa, theils und vorzüglich Eigennamen, uns überliefert entweder in der Lex Burgundionum oder in Quellen geschichtlicher Art; auch die aus den Belegen 1—6 bringe ich hier noch einmal unter. Ich ordne dieselben alphabetisch und bezeichne die Namen von Personen des königlichen Hauses mit *K,* die von Weibern mit *W,* die der Grafen, welche das Vorwort des Gesetzes unterschreiben, mit *G*; letztere halte ich für zweckmässiger in der urkundlichen Genitivform aufzuführen. Und zwar wird deren Zahl weit über zweiunddreissig (s. Binding S. 107) hinausgehn, da es geboten scheint solchen Abweichungen der Handschriften, die

keine blosse Verderbniss des eigentlichen Namens sind, sondern ihn
gegen einen andern auch wirklich üblichen vertauschen, gleichfalls
einen Platz zu gönnen.

Abcaris mit den Lesarten *abacaris abhaaris abgaris* G: s. oben
S. 341. 365. 366. Bei der letzt angegebenen Lesart spielt entweder der
angelsächsische Namenausgang *gár*, der dem germanisch-gothischen
gais, hochdeutschen *gér* (S. 356) entspricht, herein, oder die Schreiber
denken an den König *Abgarus* der Christusbildlegende.

Agano Name eines Grafen in der Schenkungsurkunde von
S. Maurice, angeblich aus dem J. 523, bei Pardessus Nr. 103. 104.
Für *Hagano* von *hagan* Dorn: oben S. 341. Vielleicht auch dass
keine Tilgung einer Anfangsaspirata, sondern nur dieselbe Vocal-
angleichung aus *Agino* (goth. *agjan* schrecken) stattgefunden wie in
Agina und *Agana*, den zwei Formen des Weibernamens.

Agathei (so auch und nicht *amgathei* in der Handschrift L)
angathei G. Die gemeinsame Grundlage beider Formen des ersten
Bestandtheiles goth. *agan* sich fürchten und *agjan* schrecken: vgl.
S. 351; *theus* wie *dius* in *Aridius* und vielleicht auch *fius* in *Alifius*
das goth. *thius* Diener: vgl. S. 348. 352 fg.

Aisaberga W. Grabschrift von 491 zu Véséronce im Département de l'Isère; Le Blant II, 25 Nr. 388 giebt *Aisberga*, die Abbildung aber auf Pl. 45 Nr. 269 zeigt zwischen *S* und *B* eine Beschä-
digungslücke, die mit *A* oder einem anderen Bindevocal zu füllen ist.
Ais oder *aisa* ist das althochd. *êr* Erz (vgl. die mit *isan* und *gold* beginnenden Namen) oder *éra* Ehre, im Burgundischen beides noch mit
denselben ältesten Lauten die auch im Gothischen gegolten haben:
vgl. S. 355; *berga* gehört, ob in activem, ob in reflexiv-passivem
Sinn? zu dem Zeitwort *bergan*: es kehrt bei den Burgunden in *Aliberga Arenberga Villioberga* und sonst noch oft in weiblichen Namen
wieder.

Aliberga W. Grabschrift zu Aoste vom J. 523 bei Le Blant
II, 29 Nr. 390. *Ali* vgl. S. 353; *berga* s. *Aisaberga*.

Alifius: Vita Apollinaris episcopi Cap. 6. Vgl. oben S. 352 fg.

Andahari andearii andari G: oben S. 365. 366.

Ansemundus Aviti Epist. 49. 71. 72; Aussteller einer Vienner Stiftungsurkunde von 543 bei Pardessus Nr. 140, anderswo
(s. dessen Anmerkung) als Herzog bezeichnet. Wie *Ansleubana* (so
hiess die Gemahlinn Ansemunds von Vienne) ein Name der schon in
vorchristlicher Zeit muss aufgekommen sein, da *ans* (Jord. 13), alt-

nord. *ds* ein heidnisches Wort für Gott ist; *mund*, althochd. *munt* bedeutet Hand, Schutz, Beschützer: ebenso in *Arimundus Audemundus Aunemundus Ememundus Eunemundus Fredemundus Gundemundus Segismundus*, romanisiert (S. 363) in *Hymnemondus Teudemondus*.

Ansleubana W. Urkunde bei Pardessus Nr. 140: s. *Ansemundus* u. S. 364. Wegen *leubana* vgl. oben S. 334 und unten *Sedeleuba*.

Arenberga W. Grabschrift zu Briord vom J. 501 bei Le Blant II, 6 Nr. 374: *aran arn* ahd. Adler; *berga* s. *Aisaberga*.

Aridius Aredius Collatio episcoporum coram rege Gundebado; Greg. Tur. Hist. Franc. II, 32. Fredeg. Epit. 18 fgg. Vgl. oben S. 332. 341 und vorher *Agathei*. In dem fränkischen Testamentum Erminetrudis (sieb. Jahrhdt, Pardessus Nr. 452) der Weibername *Aridia*.

Arigunde (»qui vixit anno: : VIII«) W. Grabschrift wahrscheinlich von 538 zu Arandon: Le Blant II, 22 Nr. 384. *Ari* wie in *Aridius* und *Arimundus* für *hari* Heer: vgl. S. 341; das zweite Wort, einer der häufigsten Ausgänge altdeutscher Weibernamen, *gunth* oder *gunthja* Schlacht, Krieg: S. 364. Ueber die Endung in *E* S. 363.

Arimundus in einer Grabschrift zu S. Maurice-de-Rémens vom J. 486: Le Blant II, 4 Nr. 373. *Ari* s. *Arigunde*; *mundus* s. *Ansemundus*.

Athala, ein Mannsname der sich aus *ad talem, athelam, athilam, atillam* (Handschr. K, von Bluhme übersehen), *ad illum*, in der Lex Burg. LI, 1 Lesarten neben *Uthilam*, ergiebt: von *athal* Geschlecht, Adel.

Audemundi audimundi, abweichende Lesart neben *ememundi* G. *Aud* (auch in *Audericus Audolena*) goth. und altnord., *ðd* altsächs., *dt* althochd. Gut, Habe: vgl. *Aunegilde*; *mund* s. *Ansemundus*.

Auderici G. *Aud* s. *Audemundi*; *ricus* wie in *Rico Riculfus Coniaricus Hilpericus Sigisricus* und *Viliaric* das goth. *reik* Adj. mächtig, Subst. Machthaber.

Audolena W. in einer Grabschrift ungewissen Alters zu Albigny bei Lyon sowie auf eben solch einem Stein zu Vienne: Boissieu S. 599 Nr. 67 und Le Blant II, 582 Nr. 686. *Aud* wie in den so eben aufgeführten Namen; *lena* erklärt sich aus dem altnord. *lin*, althochd. *len* weich, sanft: althochd. der Mannsname *Lino*, auf Grabsteinen zu Amiens (Le Blant I, 428 Nr. 325) *Leudelinus* und *Valdolina*. Vgl. unten *Theudelinda* und *Sedeleuba*.

Aunegilde aunigilde aunegildis W. Lex Burg. LII, 2 — 4.
Aun ebenfalls in *Aunemundus*, mit *O* (vgl. S. 357) in *Onovaccus*, ein
Wort von dunklem Begriffe, da es auch sonst nur als Eigenname
(althochd. *Ono*, angelsächs. *Eana*) und im Beginne von Eigennamen,
z. B. dem angelsächsischen eines Königes *Eanmund*, nachzuweisen ist:
s. Jac. Grimm in Haupts Zeitschr. III, 144 fg.; nur so viel scheint
sicher, dass es ablautend zusammengehört mit *Iuno* (Haupts Ztschr.
I, 393), *Ionakr*, *Eunius* oder *Eonius* (Greg. Tur. Hist. Franc. IV,
42. V, 27 fgg.), *Eunemundus* und *Uno*, *Unigildis*, *Unemundus*. Vielleicht aber kommt uns Licht von einem andern nahe stehenden her,
nämlich von *aud* (s. *Audemundi*), das sich ebenso in eine Ablautreihe
iud aud ud einfügt: wir haben davon mit dem präsentischen Laute
Eudo und *Eudoses*, mit dem perfectischen *Udo* u. s. w. *Aunemundi*
steht als Lesart zusammen mit *audemundi*, und dieser Parallele von
aud und *aun* schliesst sich noch ein ganzes Gefolge weiterer an, *Audo*
und *Ono*, *Audila* und *Onilo*, *Autgildis* und unser *Aunegilde*, *Authari*
und *Onheri*, *Authildis* und *Onhildis*, unser *Audericus* und *Onericus*,
Aodulfus und *Aonulfus* u. s. f. Hieraus denn dürfte sich auch für
aun der Begriff von Habe und Gut und für beide Stämme, für den
mit *D* und den mit *N* gebildeten, eine und dieselbe entfernter liegende Wurzel ergeben: sie bietet sich uns burgundisch in *Eunandus*
und noch anderweit in nicht wenigen Namen mit *io* oder *eo* oder *eu*,
bei welch letzteren freilich Förstemann (Namenb. I, 392), ich weiss
nicht ob richtig, an das althochd. *êwa* denkt, ausserhalb des Deutschen
und dem Deutschen zunächst in *ἐΰς* (vgl. *Eunandus*) und dem lat.
juvo. Und eben daher mag mit *TH* noch ein dritter Stamm (s. *Uthila*)
entsprungen sein, während im goth. *ius* gut (Compar. *iusiza* besser)
und dem lat. *jus* ein vierter mit *S* vorliegt. *Gilde* sodann, der zweite
Theil von *Aunegilde*, kommt wie in *Vistrigilde* und gleich dem männlichen *gild* in *Ingildus* und *Usgildus* von *gildan* vergelten, opfern.

Aunemundus in einer Grabschrift von 485 zu Gréay-sur-Aix:
Le Blant II, 27 Nr. 368 A. Ausserdem *aunemundi auninmundi* G.
zweimal, und noch als abweichende Lesart neben *ememundi* G: vgl.
Aunegilde und *Ansemundus*.

Aunihilde W. in der Lex Burg. LII, 2—4 Lesart für *aunegilde*: vgl. das bei dessen Erklärung angeführte *Onhildis Onhili*, und
Chrodechildis Hildegernus Hildeulfus Ildelo: *hild* althd. *hiltja* Kampf.

Baldaridus, Baldaredus in Grabschriften zu Briord aus den
Jahren 488 und 467: Le Blant II, 8 Nr. 374 A u. S. 16 Nr. 379.

Balda d. i. *baltha* s. die zwei folgenden Namen; *rid* (über die
Brechung in *red*, die auch *Leubaredus* und *Nandoredus* zeigen, vgl.
oben S. 362 fg.) habe ich schon im Schweiz. Museum I, 101 fg. erörtert: es kommt von der Wurzel *reiten*, derselben von der auch *reda* in
malahareda, und ist s. v. a. Reiter oder als bereit; die andern frühesten Belege dieses Ausganges sind vorzüglich den Gothen und Vandalen
eigen; bei Polybius I, 77, 4 ein »Gallier« *Αὐταρίτης*. Procop verschleift zwar die deutsche Nominativform *riths*, gefüger für sein Griechisch, in blosses *ρις*, nimmt aber im Genitiv und Dativ das wurzel-
hafte *D* wieder auf: wenn also Victor Tunnunensis pg. 331 *Guntha-
rith* schreibt, dann Proc. de B. Vand. II, 25 *Γόνθαρις*; wenn die
gothische Urkunde von Ravenna *Viljarith* und *Optarit*, dann Procopius
Οὐλίαρις u. *Ὄπταρις*: flectiert heisst es auch ihm *Γονθάριδι* u. dgl.
Oder sind, da er den Accusativus wieder *Γόνθαριν* u. s. w. bildet,
die Worte auf *ρις* nur eben wie jene auf *γις* (oben S.368) behandelt,
ohne dass er dabei an das *D* der Gothen und Vandalen denkt? Jedesfalls hätte JGrimm diese Namen nicht (Haupts Zeitschr. III, 147 fgg.)
mit denen auf *hari* vermengen sollen.

B a l t h a m o d u s *baldamodus* *baltamodus* *baldimodus* Lex Burg.
LII, 2—4. Vgl. *Baltho* und wegen des Wechsels von *TH*, *D* und *T*
oben S. 348. *Môd* Muth, goth. Zorn: auch in *Fremodus Theudemodus Ymnemodus.*

B a l t h o in der fünften Schmuckinschrift. Goth. *balth*, althd.
pald kühn: vgl. Jord. 29 »*Balthorum* (od. *Baltharum*) ex genere —
qui dudum ob audaciam virtutis *balth* (od. *baltha*) i. e. audax nomen
inter suos acceperat (l. acceperant).« Vgl. oben S. 348.

B a u d o : : l l u s in einer undatierten christlichen Grabschrift aus
Kaiser-Augst: Mommsens Inscr. Confoed. Helvet. Lat. S. 63 Nr. 307.
Wahrscheinlich *Baudomallus*: s. oben S. 352 u. 359 fg.

B u r g u n d i o Burgunzio Borgundio Burgundius Burgundus: S. 335
fg. u. 370 fg. Als persönlichen Eigennamen finde ich *Burgundio* zuerst
bei Greg. Tur. Hist. Franc. VI, 15, dann in einer Grabinschrift zu
Lusinay aus dem Jahre 628 auf 629: Le Blant II, 42 Nr. 397 A.

C a r e t e n e W. K: in lateinischen Distichen abgefasste Grabschrift, vormals zu S. Michael in Lyon, der im J. 506 gestorbenen
Königinn gesetzt: Boissieu S. 572. Binding S. 117 fgg. Schon im J.
506, somit zu früh als dass man aus dem Worte *tena*, womit sonst
allerdings nur fränkische Namen zu endigen scheinen (oben S.356 fg.),
auf fränkische Herkunft der sehr christlichen Königinn schliessen

dürfte: aber sie wird aus einem den Franken verwandten mitteldeutschen Volke gewesen sein. Solche Herkunft mag auch das *C*
d. h. *CH* für *H* erklären (S. 340 fg.), wofern man es nicht auf die
Rechnung allein des Dichters setzen will, als welchen Le Blant
S. 70 fg. mit gutem Anschein Venantius Fortunatus vermuthet. Wegen des Ausganges in *E* vgl. oben S. 363.

Chartenius: »Rediens ab urbe Lugdunensi S. Chartenius episcopus« Avitus Epist. 38. Schwerlich, da es also Name eines katholischen Bischofs ist, ein eigentlich burgundischer Name: S. 341. 356
fg.; vgl. überdiess S. 364. .

Chilpericus s. *Hilpericus.*

Chrodechildis Chrotechildis Chrotchildis W. K. Beide *CH*
sind fränkisch für burgundisches *H*, und *D* wie *T* steht für *TH*
(S. 341. 349): *hrôdh* altn. Ruhm, *hild* s. *Aunihilde.* Die Nebenform *Chro-*
tigeldis oder mit Ausfall dieses weichen Lautes *Chrodieldis* und *Chrotildis*
Crotildis (S. 344) vergleicht sich der umgekehrten Vertauschung von
Aunegilde gegen *Aunihilde;* die Aenderung *Chlothildis* aber will auch
in den Namen der Königinn jenes *chloth* bringen, das in denen der
Könige der Franken von Geschlecht zu Geschlecht sich wiederholt:
man hat dasselbe mit Schmeller (Bair. Wörterb. II, 442) adjectivisch
und im Sinne des griechischen κλυτός zu deuten.

Chrona W. K.: die ältere der durch Gundobadus verstossenen
Töchter seines Bruders Chilpericus »mutata veste Chrona vocabatur «
Greg. Tur. Hist. Franc. II, 28; ebenso die Vita S. Chlothildis. Vgl.
oben S. 342. Die Lesart *Curona* ist Latinisierung: S. 332 fg.

Conie comae Come gonie gome G; *Coniarici comarici comericii*
G; *Conigiscli conegiscli conigiscle cunigiscli conigiseli* G: *cuni coni*
goth. *kuni* Geschlecht, Adel; *ricus* s. *Auderici, giscli giscle giseli* s.
oben S. 367 fg. u. 373.

Ememundi G: so jedoch oder vielmehr mit einem Striche
zu wenig *emenundi* bloss die Handschrift *L,* die übrigen *aude-*
mundi audimundi oder *aunemundi aunimundi.* Derselbe Name, nur
in der vorderen Hälfte schärfer vocalisiert und zugleich, wie es
scheint, in ein Wort der Kirche umgeschrieben (vgl. S. 364), in der
hinteren aber romanisch entstellt (s. *Ansemundus*), ist der Abt *Hym-*
nemondus des ersten Textes der Urkunde von S. Maurice, bei Pardessus Nr. 103: der zweite, Nr. 104, giebt *Ymnemodus.* Und eben
jene vordere Hälfte haben auch *Imelistamus* auf einer Grabschrift zu
Lyon (s. unten), *Imiman* in der dritten und

Emiocer in der fünften der Schmuckinschriften. Nach Otto Abels treffender Vermuthung (die deutschen Personen-Namen S. 50) ist sowohl das einfache *Imino Emino Immo Emma Imo* als das *Imna-, Imi-, Ema-, Emi-* u. s. f. zahlreicher Zusammensetzungen überall nur eine Verkürzung von *irman irmin*, einem Worte von dem gewiss ist, dass es niemals der Name eines Gottes, und wahrscheinlich dass es ein Ausdruck für den Appellativbegriff Volk gewesen: s. Schweizerisches Museum für histor. Wissensch. I, 116 fg. Wegen *ocer* vgl. oben S. 345.

Engebvald: so ohne die lateinische wie ohne die echt altdeutsche Nominativendung in einer undatirten Grabschrift zu Merlas bei Le Blant II, 148 Nr. 465. *Enge* die gebrochene Nebenform von *Ingo*, das sowohl selbständig ein Eigenname ist (es hiess bereits so der Stammvater der Ingävonen) als der erste Bestandtheil zahlreicher zusammengesetzten; Ursprung und Begriff sind freilich noch unaufgehellt: vielleicht, da mit *ing* auch die Patronymica endigen, hat die Wurzel den Sinn des Erzeugens, des Hervorbringens gehabt (vgl. *angar* ahd. arvum) und *Ingo* stellt denselben activ, — *ing* passivisch dar. Das *B* ist ein Versehen des romanischen Steinmetzen, *V* dessen Besserung: also *vald*, zu *valdan* walten, herrschen. Auf Angelsächsisch und Althochd. lautet der Name *Ingvald Incvald* oder althd. verschliffen *Ingold*. Vgl. oben S. 345 u. 370.

Eunandus in einer Grabschrift ohne Jahresangabe zu Briord. Le Blant II, 21 Nr. 283. *Eu* s. *Aunegilde; nand* (vgl. *Nandoredus*) althochd. Kühnheit, goth. *nanthjan* sich erkühnen: also ein Name ganz übereinstimmend mit dem griech. *Εὐτόλμιος*, wie denn fast sämmtlichen, die mit *io eo eu* beginnen, gleichbedeutend solche mit *εὐ* zur Seite stehn, z. B. *Ioman Eoman Εὔανδρος Εὐήνωρ*, *Iolida Eusendus Εὐέλθων Εὔπορος*, *Eoliut Εὔδημος*, *Eumund Εὔχειρ Εὔχειρος*, *Euréd Εὔβουλος*, *Euricus Εὔαρχος*, *Eowig Εὐπόλεμος*.

Eunemundi G: Lesart neben *aunemundi*. Vgl. *Aunegilde* und *Ansemundus*.

Fagila (»Fagile patri cum conjuge«): Lyoner in lateinischen Distichen abgefasste Grabschrift des fünften oder sechsten Jahrhunderts, die in einer Handschrift des neunten zu Valenciennes sich erhalten hat: Le Blant II, 551 Nr. 665. Zu goth. *faginôn* sich freuen und *fagr* gut, althd. *fagar* schön: anderswo der weibliche Name *Fagala* und Zusammensetzungen wie *Fagalint Faginolf* u. s. w. Es könne aber in der Handschrift statt *fagile* auch *sagile* gelesen werden: dem nun giebt auf Anrathen Jac. Grimms der Ritter de Rossi (Bolletino archeologico Napolitano VI, 11) den Vorzug. Andre und sichere

Beispiele von Namen des Stammes *sagen* sind mir unbekannt; das Mittelhochdeutsche hat einmal (Winsbecke 23, 9 g) ein Appellativum *segelaere* im Sinne von Schwätzer oder Uebelredner.

fara Lex Burg. CVII, 11? *faramannus* ebd. LIV, 2. 3: s. oben S. 354 fg.

Fastile G: *Fastila* Deminutivbildung (S. 367) zu altsächs. *fast*, goth. *fastei* fest.

Felocalus in einer Grabschrift vom Jahre 518 zu Écully bei Lyon: Boissieu S. 580 Nr. 37. Der Name kann, wie ebenda z. B. auf S. 550 Nr. 9 eine *Leucadia* († 431), S. 567 Nr. 27 eine *Thalasia* († 501) und S. 597 Nr. 61 ein *Adelfius* genannt wird oder bei Le Blant II, 16 Nr. 379 *Gerontius*, S. 30 Nr. 391 *Singenia*, S. 218 Nr. 492 *Pantagatus*, S. 233 Nr. 497 *Susonina* d. i. Σωζομένη, S. 551 Nr. 664 *Euchirius* vorkommt, es kann dieser Name lediglich aus Φιλόκαλος entstellt, er kann jedoch auch burgundisch sein und enthält alsdann in *felo* das goth. und althochd. *filu* viel, sehr, in *calus* aber dasselbe Wort, womit der Ampsivariername *Boiocalus* (Tac. Ann. XIII, 55 fg.) endigt. Diess *cal* wird zu *kala* altnord. frieren, starren, der Wurzel von *kalt* und *kühl* gehören: es ist mehr als eine bildliche Wendung denkbar, die den Begriff für einen Eigennamen passlich macht.

Fons in der dritten Schmuckinschrift: s. oben S. 346 fg. 363. 378.

Fredeboldus Name eines Grafen in der Schenkungsurkunde von S. Maurice: vgl. S. 348 u. 361.

Fredemundi G: vgl. S. 348 und *Ansemundus*. Auch die Namen, welche die zwei Texte der Urkunde von S. Maurice, bei Pardessus Nr. 103 und 104, einem und demselben Grafen geben, der erste *Fremodus*, der zweite *Fredebundus*, berichtigen sich wechselseitig in *Fredemondus Fredemundus*: man vergleiche, wie auch in Isidors Chronik der Vandalen einzelne Handschriften *Guntamundus* in *Guntabundus* entstellen. Stünde das eine oder das andere allein, so würde bei *Fredebundus* die Zusammenstellung mit *Areobindus Wolf-binth Sigebant*, bei *Fremodus* die Erklärung aus *fri* frei, edel und *mód* (s. *Balthamodus*) nicht irre gehn. Da das *I* jenes Adjectivums eigentlich kurz ist (goth. *freis*, aber *frija*, und angelsächs. *freo*), so durfte daraus nach S. 362 so gut bei den Burgunden ein kurzes *E* werden als bei den Langobarden, wenn diese eine freie Jungfrau (Lex Liutpr. 93. 120. Haupts Zeitschr. I, 554) und die edle Gemahlinn des Götterkönigs (Paul. Diac. I, 8) *frea* nannten und einen Freige-

lassenen *fulfreals* (aus *fulfrehals*: vgl. goth. *freihals*, fries. *frihals*,
angels. *freols* Freiheit, althd. *frihals*, altnord. *fridls* frei), was zwar
die Rechtshandschriften durchweg, zumeist in *fulfreal*, entstellen.

Fridigernus (die beiden ersten Buchstaben sind weggebrochen,
und anstatt des *G* hat der Stein oder haben die Abdrücke ein *C*):
Vienner Grabinschrift wahrscheinlich von 453 bei Le Blant II, 121
Nr. 448: *gern* begehrend wie in *Hildegernus*.

*Fridigisclus fridegisclus fredegisclus fredigisclus fredegiselus
fredeglisclus fredegliscus* Lex Burg. LII, 2—4: s. oben S.348 u. 367 fg.

Fusia in der zweiten Schmuckinschrift: s. oben S.342 u. 346 fg.

Gaudisellus s. *Godegiselus.*

Gebeca K: *gebeccam gebegam gebicam gibicam* Lex Burg. Tit. 3;
angelsächs. *Gifica* Vídsídh Z. 19, altnord. *Giúki*, mittelhd. *Gibeche*.
Kosewort (vgl. S. 367) zu der Wurzel *geben*, goth. *giban*: der Name
zielt, wie das noch deutlicher die alt- und angelsächsischen Königs-
appellativa *bággebo beaggifa* d. i. Ringspender, *goldgifa* Goldspender
und *mádhumgifa* Kleinodspender thun, auf die fürstliche Tugend der
Freigebigkeit; *Gebo Geba Gibilin*, das auch ein Kosewort ist, *Geba-
mundus Gebericus* u. a. nehmen die gleiche Richtung, während sich
Gebawin eher auf die Seite der von den milden Fürsten empfangen-
den stellt: zwar ist im Angelsächsischen auch *goldvine* Goldfreund
ein Wort für König, im Mittelhochd. aber bezeichnet es den Dienst-
mann und ebenso das altsächs. *bágwini*.

Gastigodus? Gastileubus? Lyoner Grabschrift vom Jahre
510: s. oben S. 379.

Gemola W: auf einem zu Vienne ausgegrabenen Schmuckstücke
von Gold der Genitivus (vgl. S. 371) *Gemolane*. Fränkisch und althochd. finden sich auch *Gimo, Gimbert* und *Gembert, Gimmond* und
Gemmund u. dgl.: unerklärbar, falls man darin nicht den präsentischen Laut zu *gaman* Freude erkennen mag. In der Ableitungssylbe aber kann der eigentlich burgundische Vocal nur *U* gewesen
und *O* nur dessen Romanisierung sein: S. 363.

Giscladus K: S. 341. 349.

Gislabadus K: S. 359 fg. 368.

Gislaharius K: *Gislaharium gislaarium gislarium gisclaharium
glisclarium* Lex Burg. Tit. 3. Vgl. S. 365 u. 366.

Godegiselus Godigiselus K. Greg. Tur. Hist. Franc. II, 28 fgg.
III Prol.: Fredeg. Epit. 17. 22; Marius *Godegeselus*; bei Fredegar auch
die Lesart *Gunthegiselus* wie in der Vita Sigismundi *Gondegiselus* und in

einer Urkunde von 587 (Pardessus Nr. 196) die Verderbniss *Gaudisellus* ; anderswo *Godegisclus Godigisclus*. *God gud* Gott wie in *Godomarus Gudomarus Godemundus Gudemundus Gudubadus*; *Gonde* — die Umkehrung der unter *Gundomares* angeführten Fehler; *giselus gisclus isellus* s. oben S. 343 fg. u. 368.

Godemundi godimundi G : s. *Gundomares*.

Gondarius Gondebadus Gondegiselus Gondeulfus Gondomares s. *Gundaharius Gundubada Godegiselus Gundeulfi Gundomares*.

Gotia gutia Lex Burg. CVII, 3; *goticus* ebd. 6 : s. oben S. 349. 363.

Gudomarus K. Grabinschrift von 527 aus dem Kloster S. Offange bei Évian : Le Blant II, 578 Nr. 683; *Godomarus* Greg. Tur. Hist. Franc. II, 28. III Prol. u. 6. 11; *Godemarus* Fredeg. Epit. 17. *Godemares* ebd. 34 : bei Marius *Godomarus* und *Godemarus*. *Gud god* s. *Godegiselus*; *mdri mdr* berühmt S. 365. Die Vita Sigismundi schreibt *Gundemarus*, wie umgekehrt (s. unten) *Gundomares* gegen *Godomares* u. s. f. vertauscht wird.

Gudemundi G. *Gudubadus* K. vgl. *Gundomares*.

Gundaharius K: *gundaharium gundacharium gundocharium gundecarium gundaarium gundarium gondarium* Lex Burg. Tit. 3; bei Prosper Aquit. zum Jahre 435 und denen, die weiter aus ihm geschöpft, *Gundicarius*, wie ebendort *Chunni* statt *Hunni*; Olympiodorus S. 454 *Γυντιάριος*. Vgl. S. 341. 364. 365.

Gundefuldi gundefulfi Guldefulsi (so die Handschrift K) *gundeulfi gundiulfi* G. Wegen *Gunde* — s. oben S. 364. Was den so wechselnd gegebenen zweiten Bestandtheil angeht, so wird das *fuldi* der besten Handschrift, falls es nicht dennoch ein Schreibfehler ist, mit dem *fuld* oder *fold* der von Förstemann I, 447 verzeichneten Namen *Fuldoin Foldger Foldet Folderich Foldulf* zusammen zu stellen, jedoch nicht aus dem angelsächs. *fultum* Hilfe zu erklären sein (denn *fultum* ist ebenso aus *ful-dôm* entstanden wie *vástum* aus *vásdôm* d. i. *veaxdôm*), sondern aus *folda folde fold* altsächs. angels. altnord. Erde, Land : es wäre das eine Namenbildung, die treffende Seitenstücke in den auf *Gau* und den noch zahlreicheren auf *Land* ausgehenden, darunter z. B. auch *Gundoland*, besässe; in Norwegen eine eigens so benannte Landschaft *Fold*, eingetheilt in *Vestrfold* und *Austrfold* (die Deutschen v. Zeuss S. 517. 519), in Deutschland der Personenname *Westarfoldan*, dem sich jedoch nur *Osterlant* gegenüberstellt. Denkbar ist aber auch, dass *F* in roher Art des Sprechens ein *V* vertrete, *fuldus* mithin s. v. a. *vuldus vulthus* (vgl. *Segisvuldi*) sei. Denn diese Verderbniss hat nicht allein lateinische Worte (s. Umdeutschung S. 24 fg.), sie hat ebenso wohl deutsche betroffen, und wir finden bei den Franken neben *ewa* auch *efa*, neben *Marcoveifa Sunnoveifa* auch *Baudofeifa Vinofeifa*: Jac. Grimm vor Merkels Lex Sal. S. LVII fg. Gesch. d. D. Spr. I, 540. In *feifa* ist diese Verhärtung zugleich eine Assimilation: nicht anders wird die Lesart *gundefulfi* (nur ein Schreibfehler dafür ist *guldefulsi*) auf *gundevulfi*, der volleren Form für *gundeulfi* (S. 344), beruhen. *Gundeulfus* und im zweiten Texte romanisiert *Gondeulfus* (S. 363) hat auch die Schenkungsurkunde von S. Maurice, Pardessus Nr. 103. 104.

Gundemundi G: s. oben S. 364, *Gundomares* und *Ansemundus*.

Gundiisclus (»qui vixit in secolo annus LXVIII«) in einer Grabschrift von 547 zu Revel-Tourdan: Le Blant II, 151 Nr. 461. Für *Gundigisclus*: s. S. 343 fg. 348 u. 367 fg.

Gundiocus Gunthious Gundiacus Gundivicus Gunduicus Gundiucus Gundicus Gunderechus Gundëuchus Gundiochus Gundichus Gundeveus K: vgl. Binding S. 38 und oben S. 345 fg. 348. 353.

Gundomares K: *gundomarem gundamarem gondomarem gondemarem*: so in der Lex Burg. Tit. 3 die Hälfte der Handschriften und die besseren: vgl. oben S. 335; die übrigen mit Verlust des *N* und so mit Vertauschung des *gund* gegen *god* (s. oben *Godegiselus*), mit Verwechselung also dieses und eines andern königlichen Namens (s. *Gudomarus*), *godamarem godomarem godomarum*. In gleicher Weise schreibt Paul. Diac. Hist. misc. XVI *Gudubadus* für *Gundubadus*, und *gundemundi* G. hat neben sich *gudemundi godemundi godimundi*, während *Godegiselus* und *Gudomarus* (s. oben) von der umgekehrten Vertauschung betroffen werden. Die altnordische Sagendichtung verderbt *Gundomár* in *Guthorm Guttorm Gudhzorm*; die deutsche bringt, indem sie gleichwohl die genealogische Alliteration bewahrt, dafür *Gérnôt* in die Namenreihe; die Thidhriks-Saga, ausgleichend und vermittelnd, nennt neben einander beide: Cap. 170 *Hinn elzti konongs sun heitir Gunnarr, en annarr Guthormr, thridi Gernoz, fiordhi Gisler.* Uebrigens hat in Tit. 3 der Lex die Handschrift K noch einmal *gundomarium*, fehlerhaft statt *gundaharium*.

Gundubada Gundobadus Gundebadus Gundibadus Gondubadus Gondebadus Gundebatus Gundobaudus Gundobagaudus Gundobaldus Gundibaldus K. der Urheber des nach ihm auch *Gundobada* be-

titelten Rechtsbuchs der Burgunden: Bluhme S. 497. Binding S. 70.
157; *Gundobadus Gundebadus* hiess auch der Sohn, den der Frankenkönig Guntchramuns von seinem Kebsweib Veneranda hatte: Greg.
Tur. Hist. Franc. IV, 25. Fredeg. Epit. 56; ausserdem *Gundobaudus*
ein Sohn König Segismunds. Vgl. S. 349 fg. 359 fg. 363. 373. Die Ableitung *Guntbadingi Gundbodingi* ist s. v. a. »Gundebada lege viventes«
(Bluhme S. 503), mit ähnlicher Wendung des eigentlich patronymischen
Sinnes wie bei *Karolingi* und *Lotharingi*: *Franci, tié wir ni heizen Char-
lingá* Notk. Boeth. S. 2 Graff; einzelne Quellen (Bluhme S. 504 fgg.)
sagen kürzer *Gundebadi* oder *Gundebaldi*, wie Widuk. II, 2 u. a. *Lotharii.*

G u n t e l l o W. (»Riculfus et jugalis sua Guntello«) in einer Grabschrift ohne Jahresangabe zu Briord · Le Blant II, 18 Nr. 350.
Kosende Kürzung und Verkleinerung eines wie *Gunthéuca* mit *gunth*
d. i. Schlacht zusammengesetzten Frauennamens: vgl. oben S. 368
fg. Das *O* burgundische Nominativendung: S. 374 fg.

G u n t h e g i s e l u s K. s. oben *Godegiselus.*

G u n t h é u c a Greg. Tur. Hist. Franc. III, 6. *Gunthiucha* Fredeg. Epit. 37. W. K: oben S. 346 u. 348.

G u n t h i o u s K. in der ersten Schmuckinschrift: s. oben
Gundiocus.

G u t i a s. *Gotia.*

h a g in der ersten Schmuckinschrift: s. oben S. 376.

h e n d i n o s: »Apud hos generali nomine rex appellatur hendinos«
Amm. Marc. XXVIII, 5. Ob dafür *chendines*, ob *hundino* zu lesen?
oben S. 338 fgg. 362.

H i l d e g e r n i hildierni hilgerni h e l d e g e r n i heldigerni G: *hild*
s. *Aunihilde*; *gern* s. *Fridigernus*; *hildierni* oben S. 343.

H i l d e u l f i h e l d e u l f i hildulfi G: *hild* s. *Aunihilde*, *ulf*
S. 344.

H i l p e r i c u s Chilpericus K: Binding S. 38; in der Vita Sigismundi § 3 entstellt *Chilpertus*. Althochd. *hilfa*, altsächs. *helpa* Hilfe
(über das *CH* in *Chilpericus* oben S. 341); *ricus* s. *Auderici.*

H y m n e m o n d u s s. *Ememundi* und *Ansemundus.*

i d d a n in der zweiten Schmuckinschrift: s. oben S. 375.

I l d e l o in einer aus Briord stammenden Grabinschrift vom
Jahre 467: Le Blant II pl. 43 Nr. 253; der Abdruck S. 16 Nr. 379
giebt *Idelo*. Mit Tilgung eines anlautenden *H* (oben S. 341) Demi-
nutivableitung von *hild*: s. *Aunihilde.*

I m e l i s t a n u s: nächstliegende Besserung von *Imelistanus*, wie

Boissieu S. 562 Nr. 21 auf einer beschädigten Lyoner Grabschrift des Jahres 466 liest; davor noch *lius*, wahrscheinlich der Ausgang eines sonst weggebrochenen ersten Namens : vgl. oben S.378 fgg. *Ime* s. *Ememundi*; *listanus* wie der spätere männliche Eigenname *Listin* von *list* goth. althochd. Weisheit, Kunst, List.

Imiman s. *Ememundi* u. S. 370.

Ingildus (»qui vixit annis IIII et mensibus octo«) in einer Grabschrift des Jahres 537 zu Aoste : Le Blant II, 38 Nr. 393. Vgl. *Aunegilde* und oben S. 366 fg.

kiano in der zweiten Schmuckinschrift : s. oben S. 360 fg. u. 374 fg.

Leubaredus heisst ein Archidiaconus des Bischofs Apollinaris von Valence in dessen Vita Cap. 10 : *leub* goth. *liub* lieb s. *Sedeleuba*; *redus* s. *Baldaridus*.

leudus leudis leodis leudes, in der Lex Burg. CI, 2 die Benennung eines freien Burgunden von geringerem Stande als dem eines *optimas* oder *mediocris*, also gleichbedeutend mit *minor persona* II, 2 und *inferior* XXVI, 3. *Liud* ist Volk und, gewöhnlich dann pluralisch gebraucht, einer aus der Menge, der Pluralis mithin die Menge selbst : die *inferiores* machten eben auch die grosse Masse des Volkes aus. Die Lesarten *leudis leodis leudes* könnten dadurch besser empfohlen scheinen, dass so mit Flexionsendungen der dritten Declination das Wort auch in den Geschichtsbüchern der Franken vorkommt, bald indem nur die Dienstmannen des Königs, bald auch indem sämmtliche freie Volksgenossen damit gemeint sind (Waitz Deutsche Verfassungsgeschichte II, 222 fgg.), in Rechtsschriften aber wie der Lex Sal., der Lex Fris., der Lex Angl. et Werin., in Capitularen und sonst, um mit einer frischen Kürzung des Begriffes und des Ausdruckes die Busse für einen getödteten Mann, das Wergeld, zu bezeichnen. Indess auch *leudus leudum* nach der zweiten findet sich, namentlich im letzten Sinne (JGrimms Rechtsalterth. S. 652 und du Cange), aber auch im ersteren (»Et dixerunt sapientes Burgundionum »Vivat rex, qui tales habet *leodos* !«« wie nämlich Chlodovech : Gesta reg. Franc. 13), und ebenso wird für das Recht der Burgunden das *leudus* der besten Handschrift gelten dürfen, um so mehr als diese Latinisierung durch die deutsche Flexion selbst noch näher gelegt war : *leud* hatte in der Mehrzahl, gewiss auch hier schon ohne *S* (vgl. oben S. 370), *leudei* oder *leudi*: auf gleiche Art nun lat. *leudus leudi*.

Leuvera W. in einer aus Briord stammenden Grabschrift von 487 bei Le Blant II, 16 Nr. 379 kann nur aus *Leubevera* (*Leubovera* bei Greg. Tur. Hist. Fr. IX, 39 fgg.) verschmolzen sein: oben S. 364 fg. *Leub* s. *Sedeleuba; vera* hier wie in anderen Namen das Femininum zu *wer* ahd., *vair* goth. Mann.

Maganus auf einer undatierten Grabschrift zu Vienne: Le Blant II, 89 Nr. 419 A. Als Appellativum bedeutet *magan* im Althochd. und sonst s. v. a. Macht, Kraft.

malahareda Lex Burg. LXXXVI, 1: vgl. S. 351 u. 356.

Manneleubus in einer Grabschrift zu Briord von 487: Le Blant II, 16 Nr. 379; in dem Pariser Testamentum Erminetrudis des siebenten Jahrhunderts (Pardessus Nr. 452) *Manileubus*. Das Althochd. hat *manaliub* als Adjectivum (belegbar die Ableitung *manaliupi* »humane« d. i. humanitas) wie auch als Namen. Vgl. *Sedeleuba*.

Manno in einer Grabschrift zu Briord von 501: Le Blant II, 6 Nr. 374. Vgl. *Manna* oben S. 371.

morginegyba *morginegyva* *morgangiba* *morgangeba* Lex Burg. XLII, 2 Morgengabe; *morgin* stimmt in dem Vocal der zweiten Sylbe zu der gothischen Form des Wortes (*maurgin*), *morgan* ist die althochdeutsche. Vgl. S. 349 u. 364.

Mucuruna W. K. nach mehreren Texten Gregors von Tours Hist. Franc. II, 26 der Name den Hilpericus ältere Tochter Sedeleuba »mutata veste« führte; die anderen haben *Chrona*. Für *mucu* (das zweite *U* steht durch Angleichung für *A*: S. 363) ergiebt sich aus dem goth. *mukamôdei* Sanftmuth, dem althochd. *muhho* Heimchen, *mulhhan* auf nächtlichen Raub ausgehn u. s. w. der Begriff des Stillen und Verborgenen; von den häufigen Weibernamen mit *rúna* oben S. 357.

Nandoredus: so am schicklichsten wird das bruchstückhafte und sonst verderbte *ANDOERDVS* einer Vienner Grabschrift von 494 bei Le Blant II, 139 Nr. 458 EE zu ergänzen und zu bessern sein. Le Blant vermuthet *Randoerdus*, also *rand* Schild, für sich allein nicht übel: aber *oerdus*? Könnte diess ebenso für *verdus* stehn wie z. B. *Landoardus* für *Landvardus* (vgl. S. 345), so begegnet doch *werd* d. i. werth sonst nirgend als zweiter Theil von Eigennamen. *Nandored* dagegen ist ein Name: das Ravennatische Testamentum Mannanis vom Jahre 575 (Marini, Papiri diplomatici Nr. 75) hat ihn in der Form *Nanderit*, mit derselben Vertauschung des *TH* (der im Auslaut eintretenden Aspiration des *D*) gegen *T* wie in den lateinisch

geschriebenen *Guderit Optarit Wiljarit* der gothischen Urkunde zu
Neapel neben dem gothisch geschriebenen *Viljarith*. Vgl. mithin
Eunandus und *Baldaridus*.

Nansa und *Nasualdus* auf der vierten Schmuckinschrift:
vgl. oben S. 347. 345 und *Engebvald*.

novigildus Lex Burg. IX. XIX, 11. XXXVIII, 8. XLV.
LXXVI, 2 neunfacher Ersatz wie *trigildus* LXIII, 1 dreifacher. Der
Nominativus kommt nirgend vor, er ist aber nach Anleit der gleich-
artigen Ausdrücke anderer Rechtsbücher (oben S. 332) und solcher
wie *duos geldos* und *novem geldos* in Karls d. Gr. drittem Capitulare
von 813 § 23 und 25, wie auch *weregildus* und *widrigildus* männlich
anzusetzen: das deutsche Wort *gild kelt* Vergeltung, Ersatz, Bezah-
lung (vgl. S. 366 fg.) hat ebenso wohl männliches als neutrales Geschlecht.

Obtulfus in einer Grabschrift zu Valence von 494: Le Blant II,
176 Nr. 474 B. Vgl. oben S. 337 u. 344.

Offonis Effonis uffunis offini G. *Uffo Offo* in ähnlichem Sinne
zu *uf* auf gebildet wie goth. *ufjo* Ueberfluss; in der Form *Offas*, mit
griechischer Umbildung des schwachen Nominativus, kommt der Name
schon auf einer der Siebenbürgischen Wachstafeln vom Jahre 167
vor (Massmanns Libellus aurarius S. 87 fg. 124), dann *Offa* als Name
mehrerer Könige der Angelsachsen. Ueber den Genitivus *Offini* vgl.
oben S. 371; zu *Uffunis* kann ein Nominativ *Uffuni* gemeint sein,
wie sich ein solcher althochdeutsch in der Form *Offuni* findet.

Onovaccus in einer Grabschrift von 527 aus dem Kloster
S. Offange bei Évian: Abbildung derselben und ungenaue Lesung
(*Ionovaccus*) durch de Gingins im Anzeiger für Schweiz. Gesch. und
Alterthumskunde 1855 Nr. 4, genauere (*Onovaccus*) von K. L. Roth
ebd. 1856 Nr. 1. Le Blant II, 578 Nr. 683 vermuthet, als ob hier
irgend Raum zu Vermuthungen wäre, *Ebrovaccus*. Ön s. *Aunegilde*;
vaccus oben S. 345 fg.

Orovelda in einer Grabschrift zu Briord von 467: Le Blant II,
16 Nr. 379. Es ist ein Name einer nach dem Tod des Herrn freigelassenen Sclavinn, und wie man leibeigenen Leuten gern auch
Namen gab, die auf ihre schmutzige Missgestalt hindeuteten (Rîgs
mâl Str. 12. 13), wie z. B. in solchem Sinne die Traditiones Corbei-
enses 229 eine *Horobolla* d. i. Dreckfass zeigen, ebenso wird hier,
mit romanischer Abwerfung des *H* (S. 341), das Wort *horo* zu erkennen sein. Der zweite Theil ist entweder, auch unaspiriert,

hild wie in *Aunihilde*, gebrochen wie in *Heldegernus Heldeul-
fus*, die Zusammensetzung also abzutheilen *Orov-elda* (möglich, da
der volle Stamm von *horo* auf ein *W* ausgeht: gen. *horawes*, adj. *ho-
rawin*), oder aber, und besser, da solch ein Hinüberführen des *W* in
die Zusammensetzung sonst nirgend nachweisbar ist, das gebrochene
Adjectivum oder Subst. *vild* altnord. wohlgefällig, Wohlgefallen: also
Oro-velda wie altn. *Bödhvild* und fränkisch *Hadowildis Waldovildis*. Vgl.
oben S. 344.

Ostrogotho Ostrogotha W. K. Tochter Theodorichs d. Gr.,
Gemahlinn König Sigismunds. Sie hat diesen Namen, der eben nur
s. v. a. Ostgothinn besagt, doch nicht etwa erst von den Burgunden,
sondern, wie aus Jord. 58 hervorgeht, bereits daheim erhalten; vgl.
weiter unten *Suavegotta* sowie die andere Namensangabe *Theodegotha*.
Ueber Jordanis Schreibung *Ostrogotho* oben S. 357 u. 374.

Radoara W. in einer undatierten christlichen Grabschrift aus
Kaiser-Augst: Mommsens Inscr. Confoed. Helvet. Lat. S. 63 Nr. 308.
Vgl. oben S. 345.

Raspso d. i. *Rapso* in einer Lyoner Grabschrift ungewissen
Alters bei Boissieu S. 597 Nr. 58. *Rapso* verhält sich zu dem althochd. *refsen*, Aor. *rafsta*, mit Worten strafen, tadeln, wie *capsa* zu
chafsa und angels. *vâps* zu *wafsa* Wespe. Neben *chafsa* kommt sogar
noch im Althochd. selbst ein unaspiriertes *caps*, neben *lefs* Lippe *leps*
vor, und so ist auch neben *rafsunga* die Schreibung *rapsunga* kein
blosser Schreibfehler: noch im Mittelhochdeutschen ist auch *repsen*
nachweisbar.

Remila W. »domna Remila vocabulo Eugenia« (vgl. S. 333
u. 379 fg), Tochter von Ansemundus und Ansleubana: Vienner Urkunde von 543 bei Pardessus Nr. 140. Verkleinerungsform (S. 367)
zu *rim*: s. *Walarimi*.

Rico Bürger von »Cabilo« (Chalons sur Saone): Aviti Ep. 76.
Zu goth. *reik*: s. *Auderici*.

Riculfus in einer undatierten Grabschrift zu Briord: Le
Blant II, 15 Nr. 380. Vgl. *Auderici* und oben S. 344.

Sara in einer Lyoner Grabschrift von 510: s. oben S. 379.

screunia: screunias excreunias screnias scrinia scrinea excrinea
Lex Burg. XXIX, 3: vgl. oben S. 333 fg. Die mit *ex* anfangenden
Schreibungen wollen der Romanisierung, welche dem anlautenden *SC*
ein *E* vorschlägt (Diez Gramm. der Rom. Sprachen I, 224 fg.), ein
besser lateinisches Aussehn geben.

Scudilio in einer Grabschrift von 487 zu Briord: Le Blant II
Pl. 43 Nr. 259; der Abdruck aber S. 16 Nr. 379 macht aus dem *D*,
so deutlich es ist, ein *P:* wahrscheinlich dass der *Scupilio spatarius*,
der das fränkische Testamentum Erminetrudis bei Pardessus Nr. 452
mit unterschreibt, dazu verlockte. Mit *D* hat den Namen auch Amm.
Marcell. XIV, 10, nur ohne *I* und als den eines Alamannen: »*Scudi-
lonem* scutariorum rectorem«. J Grimm, Gesch. d. D. Spr. I, 222, um
das deutsche Wort *Schild* mit σχῦτος *scutum scutulum* etymologisch zu
vereinigen (das goth. *skildus* sei umgestellt aus *skidilus*), fasst dieses
alamannische *Scudilo* als Uebersetzung von *scutarius* auf. Ich wage
nicht so viel und denke bei *Scudilo Scudilio* lieber nur an das althochd.
scutjan schütteln, erschüttern, »vibrare«: in gleicher Bildungsart
und Bedeutung scheint *Wanilo Wenilo* auf *hwenjan* schwingen zu
beruhen. Auch *scutisón* erschrecken dürfte in Betracht gezogen werden: *Scudilo* und *scutisón* verhielten sich ebenso wie *Agilo Egilo* und
egisón, *Hérilo* und *hérisón*, *Richilo* und *richisón*, das deminutive und
das intensive Wort. Die Lesung *Scupilio* würde freilich auch zu deuten
sein, entweder wie unser *Schöpflin* aus *schopf*, goth. und althoch.
skuft (dann wieder ein Name wie *Nasua* und die andern auf S. 345
angeführten), oder aus dem ahd. *scuphen* schwingen, schleudern, stossen.

Sedeleuba Saedeleuba W. K. nach Fredeg. Epit. 17. 18
der frühere Name der späterhin *Chrona* oder *Mucuruna* genannten
Tochter von Gundobadas Bruder Hilpericus; auch in Fredeg.
Chron. 22 *Sedeleuba regina.* Ueber *sede saede* s. oben S. 362; *leuba*
das goth. *liub* lieb (vgl. *Leubaredus Leuvera*), aber nicht, wie es in dem
weiter abgeleiteten *Ansleubana* wohl gemeint ist, passivisch zu verstehen, sondern activ, im Sinne von liebend, eben wie auch in unserem
Manneleubus, in *Fridiliuba Gundileuba* u. a. Die Vita Sigismundi § 3
schreibt jedoch *Sedeolenica*, und das hat zwar den Vorzug einer
ausdrücklicheren Compositionsbezeichnung, hat den Bindevocal *O*
(oben S. 363 fg.), und das *E* vor demselben geht auf jenes *I* zurück,
das Worte wie *sidu* auch in einem Theil ihrer Flexion aufweisen:
lenica indessen dürfte gleich so viel andrem in dieser Legende nur
entstellt sein, aus *leuba* entstellt schon durch den Verfasser selbst
oder dessen Schreiber. Sonst könnte man es auch als eine mit *IC*
gebildete Koseform (S. 367) zu dem *lena* von *Audolena* ziehn.

Segismundus Sigismundus Segimundus Sigimundus K; *segismundi* hat in der Ueberschrift des Gesetzes die Handschrift *L*. Vgl.
oben S. 363. 367 und *Ansemundus*.

Segisuuldi Sigisuuldi, in zwei Handschriften *Sigesuulfi*
G: *sigis segis* s. oben S. 367; *vuldus* S. 349; *vulfus* S. 344.

segucius eine Art Jagdhund: *segucium segutium segutio* Lex
Burg. Tit. 97. Vgl. oben S. 360 fg. 373.

Siggonis sicgonis sigoni sicconi G; *Sicco* auch auf einer altchristlichen Grabschrift aus Worms in Steiners Cod. Inscript. Roman. I, 288 Nr. 607. Von *sigu* Sieg: vgl. S. 342 fg. 367 u. 371.

Sigifunsus: »Quidam barbarus, haereticorum comitivam
exercens, nomine Sigifunsus« Vita Eptadii, Bolland. Aug. IV. pg. 780.
Vgl. S. 346 fg u. 367.

Sigisricus Segisricus Sigiricus Sigericus Segericus K: vgl.
oben S. 367 und *Auderioi*.

Siluani G: latinisiertes Burgundisch? oben S. 332. 364 fg.

sinistus: »sacerdos apud Burgundios omnium maximus vocatur sinistus« Amm. Marc. XXVIII, 5. Vgl. oben S. 372.

Suavegotta W. K. Tochter König Segismunds, Gemahlinn des
Frankenkönigs Theudericus I: späte und (S. 349) entstellte Ueberlieferung Flodoards, Hist. Rem. II, 1. Unsere Vorfahren liebten es den Kindern Namen zu schöpfen, die zugleich Namen von Völkern oder von
solchen abgeleitet oder zusammengesetzt mit solchen waren: Grund
und Anlass dazu sind für uns jetzt meistens nicht erkennbar, und
schwerlich haben auch überall die gleichen gewaltet. Als Beispiele
aus Bairischen Urkunden führt Schmeller in seinem Wörterbuch II, 481
Alaman Durinc Francho Freaso Hesso Huno Lancpart Peiri Purgund (vgl.
oben *Burgundio*) und *Sahso* an; dazu kommen noch anderswoher *Angilo*,
Anzo (Volk der *Antes*), *Baio* (Volk der *Boii*), *Britto*, *Cimberius*, *Dano*,
Gautus und *Gauto*, *Gotho*, *Haruth*, *Iuto*, *Semno*, *Suab* und *Suabo*, *Wa-
lah* und *Walaho*, *Wandil* und *Wandilo*, *Vangio*, *Warin*, *Winid* und
Winido u. a., aus unseren Quellen vielleicht *Walesta* (oben S. 372 fg.);
Zusammensetzungen *Burgundofaro* oben S. 354, *Gauthstradia* Aeb-
tissinn eines Klosters zu Besançon 624 (Pardessus Nr. 235; *stredan*
ist angels. fallen und fallen machen), *Thiudigotho* und *Ostrogotho*
die beiden Töchter Theodorichs des Grossen, des Ostgothen-
königs, und diese oder jene die Gemahlinn König Segismunds,
Windemeres in der Grafenunterschrift der Lex Burg., *Vindemarius* in
der Urkunde von S. Maurice, ferner *Enziman*, *Boiorix*, *Britobaudes*,
Danahildis, *Iuzoib*, *Warnacharius*, mit einem Stadtnamen *Romualdus*
oder *Rumoaldus* u. s. w. Zuweilen sind es zwei Völkernamen, die
sich zum Namen einer Person verbinden: so *Engilgoz*, *Walahun*,

Wandalgaud; man könnte vermuthen, um auszudrücken, das Kind
stamme vaterseits aus dem einen, mutterseits aus dem anderen Volke,
dasselbe was der Sinn der mit *halb* gebildeten Namen *Halbduring* und
Halbwalah scheint. Dem widerspricht indess, obschon das Wort
eben hieher zu ziehen ist, unser *Suavegotta*, wo zwar die Mutter
eine Gothinn war, der Vater aber doch kein Sueve. Wir erhalten
mit dieser Art von Namengebung nur ein Räthsel mehr zu den vielen
unserer alten Sprach- und Sittengeschichte, die noch der Lösung warten.

Suniae soniae G: goth. *suni* wahr, *sunja* Wahrheit. Der heil.
Hieronymus schreibt seinen 106ten Brief zwei gothischen Geistlichen
Sunniae et Fretelae d. i. *Frithilae;* bloss mit Verdoppelung der Liquida
Johannes Biclariensis (Chron. ad a. VI Mauritii) der westgothische
Mannsname *Sunna,* bei Gregor von Tours (Hist. Franc. II, 9) der
fränkische *Sunno.*

Susane W. in einer Lyoner Grabschrift von 508 bei Boissieu
S. 578 Nr. 33. Der Ausgang in *E* (vgl. oben S. 363) giebt dem
Wort ein entschieden burgundisches Gepräge, so dass, wenn eigentlich auch der biblische Name *Susanna* gemeint war, derselbe doch
auf *susan* ahd. »stridere« ist bezogen worden. Anderswo der Mannsname *Suso.*

Teto in einer jahrzahllosen Grabschrift zu Vaison: Le Blant
II, 233 Nr. 498. *Tato Tatto* oder mit anderer Vocalisierung *Teto
Tetto* eigentlich das Kinderwort für Vater, in welchem, da es einen
immer gleichen Naturlaut wiedergiebt, die deutsche Sprache ohne
Verschiebung mit den pelasgischen zusammenstimmt (τάτα τίττα tata),
dann aber auch in beiden Formen häufiger Eigenname, z. B. *Tato*
eines Langobardenkönigs, des Besiegers der Heruler, und *Tatto* oben
S. 381, als Eigenname (man gedachte dabei jenes Kinderworts nicht
mehr) auf Althochdeutsch mit Verschiebung des *T* in *Z* auch *Zazo Zezo.*

Theodegotha W. K. Während Jordanis Cap. 58 die zwei
Töchter Theodorichs *Thiudigotho* als die Gemahlinn Alarichs, *Ostrogotho* als die Gemahlinn Sigismunds bezeichnet, nennt der Anonymus
Valesianus dieselben *Arevagni* (was aber soll das heissen?) und *Theodegotha,* und die letztere wird dem Burgunden, die erstere dem Westgothen zum Weib gegeben: ich entscheide nicht, ob er oder Jordanis die gemeinsame Quelle besser benützt habe. *Theodegotha* oder
gothischer und theilweis auch burgundischer *Thiudigotho* (oben S 374)
trifft in seinem vorderen Bestandtheil mit *Theudelinda,* im zweiten mit
Ostrogotho überein.

Theudelinda W. K. In einer Urkunde von 587 bei Pardessus
Nr. 196 »ad monasterio, quod est dedicatione sancti Petri scitam
(lies *scitum* d. i. *situm*) in Lugduni civitate inter Rodanum et Ararim,
substructum a rege Gaudisello et a regina Theudelinda, sua sponsa
piissima.« *Theude* wie in *Theudemodus Teudemondus Theodegotha* das goth.
thiuda Volk; das zweite Wort nach gewöhnlicher Ansicht entweder *lint*
althochd. Schlange, Drache oder *lintd* Schild. Häufig aber wird anderswo *Theudelindis* u. dgl., auf einem zu Ebersheim bei Mainz gefundenen altchristlichen Grabstein *Lindis* geschrieben (*Lindis filia
Velandu et Thudelindi* Steiners Cod. Inscript. Roman. I, 271 Nr. 575),
und dieses *I* am Schlusse, wenn es nicht bedeutungslos sein soll,
weist darauf hin, dass unsern Alten hier noch ein drittes Wort und
wahrscheinlich nur diess im Sinne gelegen habe, das ahd. *lindi* weich,
sanft, ein Adjectivum also das gleichen Begriffes ist mit *lin* und *len* (s.
oben *Audolena*) und zu demselben sich so verhält wie im Lateinischen
lentus zu *lenis*. Wirklich heisst es ausser *Theudelinda* auch *Teudolina*
und ausser *Audolena Leudelinus Valdolina* auch *Audolendis* (Grabschrift zu Mainz bei Steiner I, 184 Nr. 390) *Leudelindis Valdelindis*.
Wie aber jenes *lindi* noch die einsylbige Nebenform *lind* besass, so
mögen wieder hierauf und nicht auf *lint* Schlange noch auf *lintd* Schild
die Namen beruhn, die auf Deutsch mit *lind* oder *lint*, auf Lateinisch
mit *linda* endigen wie eben unser *Theudelinda*.

Theudemodus in der ersten, *Teudemondus* in der zweiten
Aufzeichnung der Schenkungsurkunde von S. Maurice (Pardessus
Nr. 103. 104) Name eines und desselben Grafen; *Teodemodos*
oben S. 358. *Thiuda* s. *Theudelinda; modus* s. *Balthamodus; mondus*
d. i. *mundus* s. *Ansemundus.*

trigildus s. *novigildus.*

Tullii Major domus, erwähnt von Avitus Epist. 35. Es giebt
zahlreiche auf *I* ausgehende Männernamen (Förstemann I, 765 fgg.),
in denen dieser Vocal unzweifelhaft dieselbe Deminutivbedeutung hat
wie am Schlusse von Appellativen und auf Altdeutsch wie mundart-
lich noch jetzt: darunter auch, unbestimmt aus welchem Jahrhundert,
Zolli. Hiefür ist *Tullii* die burgundische Form; sie enthält zwei *I*:
das erste dient noch zu anderweitiger Ableitung (vgl. S. 342), zur
Ableitung von jenem Grundwort *tul*, auf dem auch der Volksname
Tulingi, der althochd. Mannsname *Zulling* sammt dem Ortsnamen
Zullinga, ferner goth. *Tuluni* (so ist bei Cassiod. Var. Epist. VIII,
9. 10 *Tulum*, und wie man sonst noch lese, zu verbessern) und

althochd. *Zullini* beruhn. *Zol* ist im Mittelhochdeutschen und noch in Mundarten des Oberlands ein länglicht rundlichtes Stück, besonders Holzstück, bald ein Klotz, bald ein Knebel, und *Klotz* und *Knebel* sind uns auch persönliche Eigennamen.

Uffunis G. s. oben *Offonis.*

Umbdemarus s. unten *Windemeris.*

Unani unnani G; der Nominativ *Unanus* oder noch eher *Uno:* s. oben S. 371 und ausserdem *Aunegilde.*

unthfanthai in der zweiten Schmuckinschrift: vgl. oben S. 355. 365 fg. 374.

Usgildi osgildi, mit unnützer, den romanischen Schreibern gleichgültiger Aspiration *husgild hosgeldi* G: vgl. oben S. 366 und *Aunegilde.*

Uthila: Uthilam, *ut illam* Lex Burg. LI, 1. Neben der Wurzel *iud aud ud* (s. oben zu *Aunegilde*) muss noch eine bestanden haben, die bei gleicher Vocalisierung (ob auch mit demselben oder verwandtem Begriffe?) auf *TH* ausgieng: von dieser die Namen *Euthio, Iuthungi, Eodunc, Eutharicus* u. a. und ebenso unser *Uthila.* Die Lesarten *ad talem* u. s. f. haben uns den Namen *Athala* ergeben.

Wadamiris G. *Wada* zu angelsächs. *vadan*, altnord. *vadha*, althochd. *watan* schreiten, angreifen; *mir* das goth. *mér* berühmt in slavischer Umformung (oben S. 355): ungeändert das letztere zeigen die Lesarten *uuadahameris* und *uuidemeris uuidimeris*, mit deren ersterer *uualahameris* gemeint sein mag (vgl. zu *Suavegotta*), während die letztere den in der Reihe der Unterschriften vorangegangenen Namen wiederholt; gleichfalls nur ein Versehen der Art ist die Lesart *uualaharii.* Derselbe Name mit *Wadamires* würde Ammians alamannischer *Vadomarius* (XVI, 12 u. s. w.) sein, wenn nicht die Mehrzahl anderer Zeugnisse, Aurel. Vict. Epit. 42, Zosimus III, 4 u. s. f. die Form *Badomarius* vorziehn liessen, eine Umkehrung von *Maroboduus* oben S. 359.

Walaharii Vuallaherii (Handschr. K) G; eben jenes und *uualaharis* auch als Lesart für *vuadamiris* und *uualarimi.* *Wal* Walstatt: vgl. *Walarimi; hari* Krieger S. 365. Die Lesart *uallicarii* fasst die fränkische Verhärtung *Walachari* (in dem Pariser Testamentum Erminetrudis bei Pardossus Nr. 452) lateinisch auf: S. 341.

Walarimi uualerimi G: *wal* wie in *Walaharius*; *rim* (ein weibliches Deminutiv dazu ist *Remila*) auch in fränkischen, altsächsischen und· althochdeutschen Namen wie *Dagrim Nandrim* u. s. w.: wohl die kürzere Grundform des goth. *rimis* Ruhe.

Waleste uualesti uualesci uualesri uualisci G: s. oben S. 372 fg.

Wallimeris, Lesart für *uualarimi* G. Gemeint wird *uualameris* sein: *wal* s. *Walaharii; mér* berühmt: S. 355. 365.

Vassio in einer Lyoner Grabschrift von 473 bei Boissieu S. 563 Nr. 23; auf fränkischem Gebiet in dem Testamentum Erminetrudis bei Pardessus Nr. 452. Kann so wie *vasnus* Knecht, Diener (L. Sal. XXXV, 5. L. Alam. LXXIX, 3 u. a.) zu *ridan wetan* binden oder wie *Wasa Wasand Wasuger Wasahilt* zu der althochd. Wurzel *wasan* »pollere« (*waso* Rasen), aber auch zum goth. *wasjan* kleiden gezogen werden: ich erinnere ausser dem oben S. 379 besprochenen *Sara* an goth. *hama* Kleid, Rüstung und an Eigennamen wie *Hamo Humadeo* u. a. Im ersteren Falle ist die Verdoppelung *SS* s. v. a. *DTH*, in den letztern rührt sie von dem ableitenden *I*-laut her: vgl. S. 342.

veius oder *vejus* s. oben S. 333. 342 fg.

Wenaharii Auenaharii uinahario G: *wini* althochd. altsächs. Freund, *hari* oben S. 365. Ueber die Lesarten *ueniacariae* und *uenicarii* S. 341 u. 364; *uuanaharii* und das ebenfalls fränkisch rauhere *uuanacharii* ist mit *wân* Erwartung, Hoffnung gebildet.

Widemeris G; dasselbe und *uuidimeris* als Lesart für *Wadamiris*; *Videmarus* im zweiten Texte der Schenkungsurkunde von S. Maurice: altnord. *widh*, althochd. *witu* Holz, Wald und goth. *mér*, althochd. *mári* berühmt: vgl. S. 355 u. 365. An *wid wit* weit zu denken, wie Hartmann von Aue Minnes. I, 329 a *wîte maere* sagt und es wirklich auch ein althochd. *witmâri* als Uebersetzung von insignis giebt (Ammon. CXCIX, 2), verbietet die voller, als hiemit vereinbar wäre, vocalisierte Form *Widiomarus*, die anderweit vorkommt.

Viliaric in einer undatierten Grabinschrift zu S. Laurent-de-Mûre: Le Blant II, 23 Nr. 386. Goth. *vilja* Wille; *ric* vgl. *Auderici*. Ueber den Mangel einer Nominativendung s. oben S. 370.

Villigisclus in einer undatierten, aber den Buchstaben nach dem sechsten Jahrhundert angehörigen Grabschrift zu Anse: Le Blant II, 546 Nr. 661 A. *Villi* goth. *vilja* Wille mit Verdoppelung des *L*: vgl. S. 342; *gisclus* oben S. 367 fg.

Willimeres in der fünften Schmuckinschrift: ein den Burgunden vielbeliebter Name: viermal, mit mannigfach wechselnder Form, unter den Grafen die das Rechtsbuch unterschreiben: *uuelie-*

meris Aueliemeris uuiliemeris willimeris willimiris; vilemeris Viliemeris; auilemeris d. i. *uuilemeris willimeris* als Lesart für *rualakarii; aueliemeris* d. i. *uueliemeris* als Lesart für *uualarimi* (Blulme 30 *Wallimeris;* was hier noch aus L und K angegeben wird, *uuilemeris* und *aueliemeris,* steht in keiner von beiden Handschriften). Goth. *vilja* Wille, zum Theil mit Brechung des *I* oder Verdoppelung des *L:* vgl. oben S. 342 u. 362; *mér* berühmt und *mir* S. 355.

Villioberga W. Grabschrift von 501 zu Briord: Le Blant II, 20 Nr. 381 u. Pl. 44 Nr. 262. *Vilho* vgl. *Villigischus; berga* vgl. *Aisaberga.*

Windemeris uuindimeris G, Lesart zu *Widemeris,* wie im ersten Texte der Urkunde von S. Maurice ein *Umbdemarus* d. i. *Uindemarus* oder *Uuindemarus* dem *Videmarus* der zweiten gegenübersteht (Pardessus Nr. 103 u. 104). Syncopiert aus *Winidemeres* und Zusammensetzung mit dem Volksnamen *Winid* Wende: vgl. *Suavegotta.*

Vistrigilde W. Grabschrift zu Anse von 485: Le Blant II, 547 Nr. 662. Als vorderer Theil die Bezeichnung einer Himmelsgegend wie in dem alamannischen *Vestralpus* Ammians XVI, 12. XVIII, 2 und dem fränkischen *Wistrimundus* oben S. 381, und wie es auch (diess und die oben bei *Suavegotta* besprochene Verwendung der Völkernamen stehen auf einer Linie) mit den drei übrigen Worten persönliche Eigennamen giebt: vgl. *Westarfoldan* und *Osterlant* oben S. 390, *Austrechildis* S. 381, *Ostrogotho* S. 396; der *Nordoalaus* in der nachburgundischen Inschrift eines Reliquienbehälters zu S. Maurice (Le Blant II, 560 Nr. 684) wird in *Nordoaldus* zu bessern sein. *Gilde* wie in *Aunegilde.*

Vithuluf in der ersten Schmuckinschrift: S. 344. 347. 366. 370.

wittimon uuittemon uittemon uuitimon uuitemon uitamon uuittimum uittemum uettimum Lex Burg. LXVI, 1. 2. LXIX (wo nur die Handschrift L in der Rubrik den Schreibfehler *Huuittemum* hat, K dagegen wie sonst auch *Uuittimum*). LXXXVI, 2. CI: s. oben S. 349 fg. u. 373.

wittiscalcus: wittiscalcis uitiscalcis utiscalcis uuidiscalcis, wittiscalcos wittiscalcos uitiscalcos Lex Burg. LXXVI, 1. 3: s. oben S. 340. 349.

Vulfie Vulfiae oder *Vulfile uuifile* d. i. *uulfile* G: zweierlei Ableitungen (S. 342 u. 367) von *vulf* Wolf, wie noch späterhin *Vulfio* und *Vulfilo.*

Ymnemodus s. *Ememundi* und *Balthamodus.*

Zusatz.

Auf S. 380 fg. ist ein Beispiel von Doppelnamigkeit bei den Gothen, das gerade auch Marius an die Hand giebt, übersehen worden. Der vorletzte König der Ostgothen hiess eigentlich *Badvila*: so steht auf seinen Münzen, einem authentischen Zeugniss (Friedländers Münzen d. Ostgothen S. 46 fgg. u. Taf. II), so auch in Marius Chronik unter den Jahren 547, 553 u. 568. Aber er führte den »Beinamen *Totila*: »Baduillâm, qui et Totila dicebatur« Hist. misc. 16 (Muratoris Rer. Ital. Script. I, 107 b) und daraus Eckehard von Urach (Chron. univ. bei Pertz, Monum. VIII, 130). Im weiteren Fortgang der Erzählung jedoch brauchen die Historia und Eckehard nur noch den Beinamen, und Procop, Agathias, Idacius u. a. sagen von vorn herein bloss *Τωτίλας Τωτίλλας Totila*. Man sieht, der Beiname hatte auch hier den eigentlichen Namen so gut als verdrängt und galt nun selber für den eigentlichen: daher bei Sigebert von Gembloux (Pertz VIII, 316) die Umkehrung des Verhältnisses beider: »Totila, qui et Baduilla«. *Badvila* ist Ableitung von *badu* oben S. 359, *Tôtila* von *Tato* S. 399, letztre zugleich, ebenwie althd. *Zuozo*, mit dem Ablaut gebildet. Die Bedeutungen, welche hieraus folgen, würden uns, soweit wir das Leben dieses Helden kennen, passlicher scheinen, wenn die Angabe Sigeberts richtig und vielmehr *Badvila* die erst später erworbne Benennung wäre.

Druck von Breitkopf und Härtel in Leipzig.